明清时期《感应篇》诠释研究

朱新屋 著

陕西新华出版
陕西人民出版社

图书在版编目(CIP)数据

明清时期《感应篇》诠释研究 / 朱新屋著. -- 西安 : 陕西人民出版社, 2025. -- ISBN 978-7-224-15697-3

Ⅰ. B951

中国国家版本馆 CIP 数据核字第 20241NM064 号

责任编辑: 张 现 晏 藜

封面设计: 蒲梦雅

明清时期《感应篇》诠释研究

MINGQING SHIQI GANYINGPIAN QUANSHI YANJIU

作　　者	朱新屋
出版发行	陕西人民出版社 (西安市北大街 147 号　邮编:710003)
印　　刷	陕西隆昌印刷有限公司
开　　本	787 毫米×1092 毫米　1/16
印　　张	29
字　　数	500 千字
版　　次	2025 年 2 月第 1 版
印　　次	2025 年 2 月第 1 次印刷
书　　号	ISBN 978-7-224-15697-3
定　　价	98.00 元

国家社科基金后期资助项目出版说明

后期资助项目是国家社科基金设立的一类重要项目，旨在鼓励广大社科研究者潜心治学，支持基础研究多出优秀成果。它是经过严格评审，从接近完成的科研成果中遴选立项的。为扩大后期资助项目的影响，更好地推动学术发展，促进成果转化，全国哲学社会科学工作办公室按照“统一设计、统一标识、统一版式、形成系列”的总体要求，组织出版国家社科基金后期资助项目成果。

全国哲学社会科学工作办公室

序　言

朱新屋的著作《明清时期〈感应篇〉诠释研究》即将付梓出版，嘱我作序。新屋在厦门大学完成了本科、硕士、博士的学业，这本著作是在博士论文基础上修改而成的。新屋在2013年获得博士学位，现在的书稿内容与十多年前的博士论文相比，已有不少变化，字数几乎翻了一倍，达到将近50万字。新屋在给我的电子邮件说："总体框架和基本结论变化不大，主要在文献方面做了充实，特别是《知见录》增加了不少，相信已基本没有遗漏。"我在重新阅读之际，感觉他对各类文献的论述与分析更为精准，似是"旧篇"，却是"新作"，既有"似曾相识"之感，又有"柳暗花明"之趣。经过十多年的沉淀，新屋的学术进步还是很明显的，故我非常乐于为该书撰序。

2003年9月，朱新屋进入厦门大学历史系就读本科。2003级本科生在厦门大学的百年校史上具有特殊地位，因为这批5000多名的新生拥有一个特殊身份——厦门大学漳州校区的第一届学生。校长在当时的开学典礼上说，漳州校区是学校思明本部之外的第一个长久性校区，它与校本部隔海相望、遥相呼应，使厦大成为中国第一道跨海办学的独特的风景线。不过，理想很丰满，现实很骨感。将漳州港的大径渔村建设为现代大学，虽是久久为功的事业，但草创时期仍面临着很多困难，教室、宿舍、食堂、体育场、图书馆等都还在建设之中。虽然达到了满足教学的基本要求，但学习条件远比本部校区艰苦。他们这群2003级新生就这样懵懵地与奋斗在漳州校区的厦大教职员工一起成为"创业者"，翻开了厦大历史的新篇章。从中学生转为大学生，主要不在于物质条件的改变，而在于求知氛围的转型，他们要与良师益友砥砺切磋，逐渐从被动接受知识转变为主动探索知识，培养出独立思考的习惯和解决问题的能力，这就是大学里“大师”比“大楼”重要的缘由。以此衡量漳州校区的软环境，应该说2003级的求知氛围并不理想。任课老师们的教学科研重心仍在本部，他们根据院系安排的课表渡海授课。渡海的车船衔接非常紧凑，留给老师们的弹性时间很短，踩点入课堂，踩点离课堂，师生难以形成充分的课后交流，更谈不上促膝长谈，解疑授道了。我作为当时主管历史系本科教学的副主任，虽然有时会多留一点时间与他们交流，但也只是浮光掠影之举。回想往事，我们这些为师者应该向他们致歉。不过，年轻人始终有一种原始的、直白的、旺盛的冲劲，历史系2003级同学并没有让我们失望，不少人以学术为志业，自觉地走上了一条“野蛮生长”的道路。2006年，他们的毕业实习安排在福建省福安市廉村。在开展田野调查之余，他们自诩为“廉溪学派”，对学术人生充满向往和自信。如今，朱新屋、徐鑫、巫能昌、董思思、孙杰、黄瑜、齐仁达、武勇、陈丽君、漆跃文、揭上锋等在高等院校和科研机构从事学术研究和人才培养，也逐渐成长为青年骨干。难能可贵的是，2013年的49位同学因感怀漳州校区的学习时光，在2012年设立“自强奖助学金”，以激励历史系的学弟学妹。

2003级同学按照厦门大学两校区跨海办学的培养模式，是一、二年级在漳州校区学习，三、四年级回到思明校区学习。经过2年的苦行僧般的“修炼”之后，2005年，他们回到思明校区，师生有了更多的交流时间，获得了更好的交流渠道。在历史系的本科训练中，执行了三年级撰写学年论文、四年级撰写毕业论文的模式。因当时朱新屋选择我作为学年和毕业论文指导老师，使我们有了密切讨论学业、学术的机会。相比同年级的学生，新屋的学术功底比较扎实，社会科学、文学作品均有涉猎，阅读量比较大。他的思维较为敏捷，也勤于动笔，除了写专业小论文外，日常还保持写日记和旧体诗词。他的学术兴趣偏重于思想史和文化史，擅长于文本分析和观念思辨。新屋学业成绩优秀而获保送资格，2007年9月，新屋获得推免资格，继续在厦门大学历史系攻读硕士学位，仍选择我作为指导老师。我的主要研究领域为近代经济史和区域社会史，学术关注点与新屋有所不同，担任新屋的指导老师后，一直存有“误人子弟”之担忧。不过，前辈老师们曾说过，好学生不是教出来的，我就常常以此释怀。在新屋的硕士学习阶段，我抱着师生教学相长的态度与之讨论，希望可以发挥他擅长的学术特点发现课题和选择课题。2008年8月，我获得哈佛燕京学社资助赴美访学。远隔重洋，既没有办法像现在那样以微信对他进行点对点指导，更无法以线上会议进行多人研讨。所以那段时间，新屋基本上处于“自由阅读”的状态。只能以电子邮件进行简要交流。但是，我们似乎等待着一个时机确定论文选题。

刚到美国，我目睹了次贷危机发展为全球性金融危机的过程，也观察到经济危机反映到日常生活层面，民众的心理副作用要远远大于经济损失产生的生活压力。在此情境之中，教堂等及其举行的宗教仪式起到了缓解恐慌心理的作用，道德关怀和宗教救赎成为人们重建社会秩序的精神支柱。受此现实启发，我阅读了有关救赎运动的学术论著，也重温了包筠雅的《功过格》，对儒家的道德救赎有了一些粗浅的认识。此时，新屋通过电子邮件交流读书情况，叙及翻阅《四库全书》发现了明清士大夫对《太上感应篇》有诸多注解与图释，觉得可以进行分析研究。新屋的探索触及了我在美国的现实感受，就鼓励新屋将其作为硕士论文选题。2010年，新屋完成了硕士论文《制造经典：明清士大夫与〈感应篇〉》。

2010年，新屋选择在厦大继续攻读博士学位。如果说，硕士论文只是中规中矩地迈过了学术研究的门槛，那么博士论文则是一项独立并具有冒险性的研究，甚至类近于赌博。如马克斯·韦伯的著名演说《以学术为志业》中指出：“学术生涯是一场鲁莽的赌博。”因为，这意味着一个青年将自己最富创造力的美好年华投入到一项未知前途的工作之中。经过一番讨论，新屋与我决定博士论文仍以《太上感应篇》为研究对象，进行社会史、阅读史、观念史、文化史等多维度的分析。完成这项研究具有一定难度。首先，明清士大夫关于《感应篇》的各种诠释本分藏于全国各地，新屋要遍访各图书馆予以抄录或复制。其次，《感应篇》作为经典文本，后人诠释之本往往呈现为道教、佛教和儒学相混杂，理学与经学相交织。新屋作为以史学为本位的研究者，如何进行脉络梳理和理论解释，如何在抽象与具象之间找到平衡，在历史书写上有很大挑战。3年的博士学习时间瞬息而过，2012年下半年，是新屋撰写博士论文的攻坚阶段，而我参加了科大卫教授主持的“中国社会的历史人类学研究”课题，正前往香港中文大学访学半年。与新屋讨论修改论文是我在冯景禧楼通过电邮完成的。在我的邮箱里，至今还保留着各个章节的不同版本，从初稿到修改稿再到定稿，逐章逐节，满篇批红。这是一个起伏不定的学术苦旅，既有新屋自己的不断自我否定，也有他与我的辩争与缠斗。论文修改过程非常艰辛，但是我们的磨合还算顺利。2013 年 5 月 31 日，新屋通过了博士论文答辩。答辩委员会主席是徐泓老师，委员是黄国信、黄顺力、刘永华、林枫四位老师，秘书是陈瑶老师。徐老师审查论文后，撰写了 5000 多字的评语。他就绪论尖锐指出，“余英时《中国近世宗教伦理与商人精神》一书是脱胎于 Max Weber, The Protestant Ethic and the Spirit of Capitalism《新教伦理与资本主义精神》，这两本书跟感应篇有没有关系实在不能评论，但是两书都在思考一个问题，个人的信仰价值为什么会最后导致群体的行为，这或许是作者应该要处理的问题。《感应篇》这样的书原本都是个人阅读，然后照书上的内容行事。这都是很个人的行为，为什么这么个人的行为会逐渐成为一种共同的行为，甚至让许多人投身于此，并且不断地去批注、刊印。背后一定有什么事情是光看《感应篇》看不出来的”。再如对第五章“《感应篇》的经典化诠释”的批评意见是，“在这一章里必须提醒作者，梁启超对清代学术的论述中讲到凡古必真，凡汉必好之言，多少有他今文家的偏见，用这个来解释惠栋引秦汉典籍的动机似乎不太好。另外，钱穆《近三百年学术史》似乎不见参考，这本书可能可以帮助作者厘清更多学派间的核心价值，进而发现注本中更深微的儒家意涵。”徐老师的意见一言中的，震耳发聩，期许深远。新屋在博士毕业后，到福建师范大学任教，完成了从学生到老师的角色转换。期间又结婚生子，成家立业，也完成了自己社会身份的转化。他在处理好繁重的教学任务和家庭责任之余，一直笔耕不辍，依照答辩委员会建议继续修改博士论文，拆分刊发了若干篇文章，书稿出版也获得了国家社科基金后期资助。念念不忘，必有回响，付出与回报都是公平的，恰如陆九渊诗云：“尽日寻春不见春，芒鞋踏遍陇头云。归来笑拈梅花嗅，春在枝头已十分。”

十年磨一剑，简略总结《明清时期〈感应篇〉诠释研究》的学术贡献，大致可归纳为几点：第一，对《感应篇》进行了系统全面的文本整理，最大限度地结合其他善书、官箴书、文集、地方志等资料，以及通俗小说、家训、宝卷、戏曲等文献，还关注到日记、笔记、书信、诗歌等资料，并在此基础上对《感应篇》诠释的作者、文类和目的进行互文性的比较研究。第二，以文本-社会的多维角度呈现了《感应篇》文本诠释的多元化、争论的修辞化和实践的日常化，指出《感应篇》等与儒家经典结合，并在庶民阶层中广为传播和普遍实践，是儒家伦理庶民化的重要内容，也呈现出儒学思想宗教化的面向。第三，将《感应篇》文本诠释嵌入到个人生命历程之中，不仅以此揭示明清士人内心价值和思想观念，而且通过微观的日常细节体现了外在生活实践。而这种以《感应篇》为载体的内与外的紧密连接，充分反映了明清时期集体性“心态”的生成机制。

当然，学术研究无止境，该书也存在缺漏。如果继续推进该课题研究，需要在两个方面予以加强：其一，现有论文资料过于精英化，但是对超越“神道设教”的民间资料运用不够充分。其实,《感应篇》文本诠释与底层民众的日常生活高度结合。我曾见过一份书单，是中山大学图书馆委托台湾某个机构收集的各层级庙宇出版的善书，相当一部分就与《感应篇》的诠释有关，版本也数以百计。其二，现有论述已关注到文本与个人生命的关系，但是个体生命的情景化分析略显单薄。重构生命现场离不开运用历史人类学方法，应该围绕资料较为系统的个案展开深入的田野调查，使研究更加具象化、更有穿透力。

一本书就是一段生命历程，写下文字就有生命感应，这是新屋的博士论文告诉我们的，这是冥冥之中的缘分。认识新屋的时候，我才过而立之年，如今已到“知天命”。新屋认识我的时候，是一位青葱少年，如今也届“不惑”。非常感谢这篇博士论文的存在，非常感谢这本书的出版，使我在撰序时不断回想往事，逐渐远去和模糊的人生记忆再次涌现。感念我们共同拥有的学术之旅，是为序。

张侃定稿于2024年国庆假期

目 录

第一章 绪 论

作为一种劝善戒恶的书籍，善书（或称劝善书）是明清时期的重要文献。自明中叶以降，生产和传播、阅读以及实践善书成为一种社会潮流，并一直持续到晚清民国时期。对于这种历史现象，学界多有研究而说法不一。酒井忠夫称之为“善书运动”①，王汎森称之为“儒门功过格运动”②，赵园称之为“修身运动”③，吴震则称之为“劝善运动”④。《太上感应篇》（以下或简称《感应篇》）作为“善书之首”，伴随着善书研究的兴起而进入人们的视野。本章拟在回顾中国善书研究历史的基础上，分析、提炼可进一步展开研究的可能性及其方法。

第一节 学术回顾及研究展望

善书研究滥觞于民国初年，至今已有近百年的时间。在近百年的时间里，善书成为多种学科的交叉研究领域，历史学、哲学、文学、传播学、社会学，乃至艺术学等学科都有所涉及。单从历史学来看，就形成了宗教史、社会史和思想史等研究范式。总体而论，基本上可以分为三个阶段：20 世纪初至 20 世纪 50 年代，研究主题侧重“国民道德”；20 世纪 50 年代至 80 年代，研究主题侧重“民众规范”；20 世纪 90 年代以来，研究视角出现“韦伯转向”。

---

① 酒井忠夫：《明末清初の社会にぉけゐ大众的读书人と善书・清言》，酒井忠夫主编《道教の综合的研究》，东京：国书刊行会，1977 年，第 370—393 页；酒井忠夫：《中国史上の庶民教育与善书运动》，多贺秋五郎编《中世亚洲教育史研究》，东京：国书刊行会，1980 年，第 301—302 页。对于这一概念，作者有时用“民众善书运动”，有时用“民间善书运动”。参见酒井忠夫：《中国善书研究（增补版）》，刘岳兵等译，南京：江苏人民出版社，2010 年，第 17 页。

② 王汎森：《日谱与晚明清初思想家——以颜李学派为主要的讨论》，王汎森《晚明清初思想十论》，上海：复旦大学出版社，2004 年，第 122—123 页。

③ 赵园：《〈人谱〉与儒家道德伦理秩序的建构》，《河北学刊》2006 年第 1 期。

④ 吴震：《明末清初劝善运动思想研究》，台北：台湾大学出版中心，2009 年，第 1—2 页。

一、"国民道德"：20世纪50年代前的善书研究

善书研究的兴起跟20世纪初年学界对国民性的探究和中国文化的认识密切相关。作为近代启蒙运动的重要话语，"国民"和"国民性"在当时引起知识界的普遍关注和讨论，他们企图通过批判和改造中国的国民精神，达到"新民"的目的[①]。这种思潮影响了当时学界对善书的研究。较早注意到善书研究的当属日本在华学者橘朴（1881—1845）。他以《京津日日新闻》主笔记者的身份在中国活动，在民俗学者中野江汉（1889—1950）的影响下，对中国道教产生兴趣并展开了研究。与传统道教研究不同，橘朴试图通过民众的道教信仰和道教思想理解中国，提出"通俗道教"概念以分析和揭示中国的民众世界的观念基础。橘朴所谓的"通俗道教"，指的是"在民间流行的所有关于道教信仰、行为和思想的总称"[②]。1923年1月12、13日，橘朴在自己主笔的日文报纸《京津日日新闻》上，以"朴庵"为名发表题为《与周氏兄弟对话》的文章，记述了1月7日（星期天）下午，他和另一日本人拜访位于北平新开路的周树人（1881—1936）、周作人（1885—1967）兄弟住处的情形[③]。在《与周氏兄弟对话》中，橘朴说："我在北京时曾同周树人议论过迷信。"他所请教的问题毫无疑问涉及"通俗道教"。其时橘朴目睹中国书店中有大量《感应篇》出售，因此，在"通俗道教"的研究中，首先对《感应篇》所蕴含的劝善内容进行了讨论，认为它作为"通俗道教"的经典，反映了"超阶级"的"支那的民族道德"的存在，而这种"民族道德"的社会基础就是下层知识人和庶民，它所显现的现实回报理念与面子意识一起，决定了生活在中国社会中的人们的生存方式以及相互联合的精神、道德要因[④]。后来他认为《感

① 马方方：《20世纪初新知识界的"国民"话语与新女性建构》，《史学月刊》2012年第12期。

② 沈殿忠主编：《日本侨民在中国》下册，沈阳：辽宁人民出版社，1993年，第1421页。

③ 关于橘朴此次拜访，鲁迅在《鲁迅日记》也有记载，不过相当简略。参见鲁迅：《鲁迅日记》，《鲁迅全集》第15卷，北京：人民出版社，2005年，第457页。另外，橘朴在其他著作中也两次提到与鲁迅的对话。参见橘朴：《通俗道教的经典（上）》，《月刊支那研究》第1卷第5号，1924年；橘朴：《道教と神话传说——中国の民間信仰》，东京：改造社，1948年。相关讨论和研究参见朱越利：《鲁迅和橘朴的谈话》，中国中日关系研究会编《日本的中国移民》，北京：生活·读书·新知三联书店，1987年；孙江：《橘朴和鲁迅》，《读书》2012年第3期。

④ 橘朴：《通俗道教的经典（上）》，《太上感应篇解说》，《月刊支那研究》第1卷第5号，1924年。后收入橘朴：《支那思想研究》，东京：日本评论社，1936年。值得注意的是，在发表这篇文章时，橘朴重述了报纸上已登载的他与周氏兄弟的对话情形，说明他重视此研究及那次谈话的关联性。

应篇》最便于为人阅读，因此将其翻译成日文①。尤可注意的是，橘朴在遗作《道教的神话传说》中还强调《感应篇》的重要性，并再次指出："道教中并存着理论的部分和通俗的部分，理论部分为道士和学者所有，与一般信徒并不存在什么直接的关系。倒是通俗的部分，更直接影响中国民众，所以要研究中国，就要去看看像《感应篇》之类的东西。"②

作为与橘朴谈话的参与者，周作人对橘朴的学术观点是如何评价的没有具体记载。不过，周作人的民俗学思想直接来源于日本学者柳田国男（1875—1962）。对于柳田国男的学术路数，周作人曾评述说：

> 柳田国男的主张逐渐确立，成为国民生活之史的研究，名称亦归结于民间传承。我们对于日本感觉兴味，想要了解它的事情，在文学艺术方面摸索很久之后，觉得事倍功半，必须着手于国民感情生活，才有入处；我以为宗教最是重要，急切不能直入，则先注意于其上下四旁，民间传承正是绝好的一条路径。我觉得中国民众的感情与思想集中于鬼，日本则集中于神，故欲了解中国须得研究礼俗，了解日本须得研究宗教。③

在确认了"民间信仰"与"国民性"之间的关系以后，周作人对《感应篇》等"通俗道教"的经典书籍的重视也就在情理之中。1930 年 6 月 16 日，周作人（署名"岂明"）在《骆驼草》上发表《拥护〈达生集〉等》，呼呼收集研究善书：

> 《感应篇》，则是我素所看重的儒教化的道教之好资料之一，与文昌帝君《阴骘文》、关圣帝君《觉世真经》堪称三璧。真正的中国国民思想是道教的，即萨满教的，但也混入儒佛的分子，其经典中的上列三书与《玉历钞传》就是这两派混合的成绩品。把这些成文的混合道教经典与不成文（却更为重要）的风俗礼节，广加采集，深加研究，所得结果也要比单从十三经、二十

① 漥德忠：《道教入门》，萧坤华译，成都：四川人民出版社，1996 年，第 65 页。

② 转引自葛兆光：《道教研究的历史和方法——在清华大学研究生课上的讲稿》，《屈服史及其他——六朝隋唐道教的思想史研究》，北京：生活·读书·新知三联书店，2003 年，第 150 页。

③ 周作人（署名"知堂"）：《乡土研究与民艺》，《古今》第 52 期，1944 年。

> 四史研究出来得更能得到国民思想的真相。所以我主张要趁现在沿街地摊上还有的时候，只要能够看到，尽量地多收，留作特种重要研究的资料，如能搜到许多，另辟一个书库藏贮更佳。①

周作人在这里所说的“真正的中国国民思想是道教的，即萨满教的”是否准确，另当别论，但是他认为《感应篇》等善书中蕴含了士人的世界观和人生理想，它们远比正史记载来得真实，是研究中国思想的重要资源。在文章的最后，周作人甚至高呼拥护的口号：“拥护《达生编》！拥护《戒淫宝训》与《太上感应篇》！拥护一切圣谕书籍！”在后来一篇署名为“十山”的《善书》中，周作人又补充说：“小时候看见家里有一堆善书，都是科举考试时去应试的人从善士手里得来……最普通的乃是《阴骘文》《感应篇》和《觉世真经》这一类……这些刻善书的善士大都是士大夫，所以印送的书以自己所能了解，足以代表那一阶级的人生观的为主。”②由此可见，周作人认为善书蕴藏着士人阶层（而不仅仅是普通百姓，这些人或可统称“善士”）的思想观念。

从20世纪20—30年代开始，中日学者注意到《感应篇》等善书的学术价值，不少人则进入了收集整理善书的行列③。其中以日本学者的文献收集成绩最佳，民俗学家直江广治（1917—1994）也在中国北方购买了不少善书④。1942年—1945年，日本学者泽田瑞穗（1912—2002）与直江广治等人在北京组织“风俗研究会”，周作人出任会长⑤。在研究会期间，泽田瑞穗专门收集过善书中的宝卷——需要说明的是，善书的覆盖面很广，

---

① 周作人（署名“岂明”）：《拥护〈达生编〉等》，《骆驼草》第6期，1930年6月16日。

② 周作人（署名“十山”）：《善书》，《亦报》1951年2月2日。

③ 1934年，贺箭村（生卒年不详）以“古今善述编述馆”的名义，收集编纂了《中国善书大辞典》（第二年由上海明善书局出版），该书共收录善书169种。参见王子今、刘悦斌、常宗虎：《中国社会福利史》，武汉：武汉大学出版社，2013年，第324页。不过，据其“自叙”可知，贺箭村此举并非出于学术研究目的，而在于“读善书之风气宏开，而作善事之人家亦广矣。作善事之人家既广，则祥庆自不期而自至，而世界自升平焉”。参见游子安：《劝化金箴——清代善书研究》，天津：天津古籍出版社，1992年，第242页。

④ 直江广治回忆说：“1942年夏，我在访问山西省解州的关帝庙时，发现庙前的路边有‘善书’出售，我便买了二十种左右。此外，1941年秋我在北京以北的顺义县白河沿岸的村庄采访民俗时，在一个道观中偶然发现有一房间内满满地收藏了许多‘善书’的版本，我非常惊喜。这些‘善书’大部分是小册子，是为那些对‘善书’特别有兴趣的人而印刷的，很多是免费赠送。其内容大部分是用具体的事例来强调孝悌节义和劝善惩恶。”参见直江广治：《中国民俗文化》，王建朗等译，上海：上海古籍出版社，1991年，第132页。

⑤ 木山英雄：《北京苦住庵记——日中战争时代的周作人》，赵京华译，北京：生活·读书·新知三联书店，2008年，第269页。

酒井忠夫指出：

> 因为善书是讲述流行民间的信仰，所以它的内容颇多兴味，或则分成章节以便于布道，或则可与乐器相合而吟唱，如道情和宣讲是。这与民族文学的戏曲小说之流相通。代表的民族道教善书计有《感应篇》《阴骘文》《功过格》《玉历宝钞》等。此外尚有合刊此等数篇的，以及其《应验录》等，不计其数，如《敬信录》《宣讲拾遗》《信心应验录》《丹桂籍》《配命录》《幽冥宝传》《泰山娘娘宝卷》《暗室灯》《阴律纪要》《敬灶全书》《关帝宝训》《针心宝卷济炼全科》《达摩宝卷》《苦海金堤》《白衣咒灵验记》《地藏菩萨灵异记》《梁皇帝忏》《随闻录》等。[①]

然而，在抗日战争时代环境下，日本学者尚无法对善书进行专门分类与专题研究，没有形成专门之学，相关研究成果尚不丰厚，涉及《感应篇》的研究就更少。大体而言，日本学者比较注重分析民众道德，就道教研究角度而论，他们将道教区分为"成立道教"和"民众道教（通俗道教）"，并将《感应篇》置于"通俗道教"的脉络中予以考察。比如，柳司气太（1870—1940）在《老庄思想和道教》（1935）中讨论了《感应篇》《阴骘文》《功过格》，认为它们构成了道教与庶民结合的神学教理[②]。在《华北村落社会》（1943）中，曾任满铁调查人员的平野义太郎（1897—1980）观察到《感应篇》在乡村中占据主导地位的现象，认为它已成为农业生活的"共同体精神"[③]。又比如，吉冈义丰（1916—1981）以亲身田野体验对善书产生了深刻印象[④]，认为"善"是民众宗教思想的核心，指出："贯穿中国民众思想的是'善'这个字。'善'不仅关系到民众的宗教

① 酒井忠夫：《中国的民族道教》，汪吉人译，《真如学报》1942年第3期。

② 柳司气太：《老庄思想と道教》，东京：关书院，1935年。

③ 平野义太郎：《北支の村落社会》第1卷，东京：白印本，1944年，第63—106页。在同样的架构下，平野义太郎还撰写了《支那における乡党の社会协同生活を规律する民族道德——功过格を中心として》，《法律时报》第15卷第11号，1943年。

④ 吉冈义丰到北京白云观体验道教的同时，将道教从一般的书面文献研究深入到民间信仰、风俗节庆等领域，对道教进行了田野调查，就注意到宝卷的传播。直江广治回忆："我的好友吉冈义丰先生曾告诉我，在石家庄的古佛寺，他亲眼看到以巫女样的老妪为首的几十个人在唱宝卷。这位老妪裹着头巾，面前放着一张堆有二十余册宝卷的长桌子。她用一根小竹板翻动着宝卷的书页，嘴里同时唱着戏文。周围的人敲着铜锣、木鱼、鼓、钹等，与之相配合。这是一种有组织的宣讲。"参见直江广治：《中国民俗文化》，第132—133页。

思想，它也是中国人所有思想的主干……’对中国人来说，善并不只是平面的伦理道德之劝诫语。它是中国人谋求社会生活时，视为与生命同价、或比生命更可贵而谨慎守护的中国人之‘魂’。”[①]进而认为“真正想了解民间的宗教思想，除了求诸善书之外，可说别无他途”[②]。

与日本学者相比，中国学者较少将“国民”和“国民性”议题的讨论同对《感应篇》等善书的研究结合起来，相关善书研究侧重文献版本分析。比如，陈垣对许缵曾（1627—1700）《太上感应篇图说》（1936）的版本进行过考订[③]。陈垣着眼于不同宗教系统之间的互动，揭示出“许缵曾出于天主教世家，却为道家著作《感应篇》作图说这一少为人所注意之事实”[④]。1942 年，藏书家周越然（1885—1962）因见宋版《感应篇》，而写了一篇比较宋版、清版《感应篇》的文章。周越然认为《感应篇》不能被简单视为道家书，指出：“《感应篇》言天道福善祸淫，道家书也，儒家轻视之。其实，余庆余殃之说，著于《周易》；天人相应之理，备于《春秋》。此书主旨，并不与儒教相悖。”[⑤]

由此可见，善书研究在民国时期尚未能构成一独立的研究领域，有关讨论《感应篇》的若干文章也属开拓性工作。但是，值得注意的是，这些研究从“通俗道教”“国民思想”等层面出发，在信仰生活层面已触摸到中国宗教实践的“统一性”和“多元性”问题[⑥]。在此过程中，他们有意或无意地回应了以根岸佶（1874—1971）为代表的日本学者提出的“国家—社会分离论”[⑦]，讨论了宗教信仰活动中经典理论和通俗实践之间的疏离关系，强调村落庶民信仰的自在状态，观察民间宗教与儒、释、道的糅杂情形。当然，这些研究还有很多地方不完善，尤其是在急于揭示“国民道德”的主观冲动之下，未能精细检证《感应篇》等善书的书志学源流以及背后各种思想相互融合、混淆和挪用的历史过程。

① 吉冈义丰：《中国民间宗教概说》，余万居译，台北：华宇出版社，1985 年，“原书序”，第 5 页。

② 中村元等编著：《中国佛教发展史》，余万居译，台北：天华出版社，1984 年，第 681 页。

③ 陈垣：《记许缵曾辑刻〈太上感应篇图说〉》，原刊于《图书季刊》第 4 卷第 4 期，1936 年。后收入《陈垣学术论集》第 1 辑，北京：中华书局，1982 年，第 232—238 页。

④ 王明泽：《陈坦事迹著作编年》，桂林：广西师范大学出版社，2000 年，第 122 页。

⑤ 周越然：《太上感应篇》，陈子善编《周越然书话》，杭州：浙江人民出版社，1999 年，第 171—174 页。

⑥ 参见刘永华：《“民间”何在？——从弗里德曼谈到中国宗教研究的一个方法论问题》，复旦大学文史研究院编《“民间”何在　谁之“信仰”》，北京：中华书局，2009 年，第 1—25 页。

⑦ 根岸佶：《中国社会に於ける指導層——耆老紳士の研究》，东京：和平书房，1947 年。

二、"民众规范"：20世纪50—80年代的善书研究

善书研究的整合性成果出现在20世纪60年代，当时参与民国时期中国社会调查的日本学者酒井忠夫出版了《中国善书研究》，这是迄今为止最系统的善书研究成果。酒井忠夫的研究起点是道教与秘密结社。在《日本的道教研究》中，酒井忠夫对日本的道教研究进行总结说："从明治初到1931年为第一阶段，有妻木指良、小柳司气太、常盘大定、幸田露伴、服部宇之吉、津田左右吉等。1931—1945年为第二阶段，有小柳司气太、橘朴、五十岚贤隆、永尾龙造、泷泽俊亮、直江广治、泽田瑞穗、吉冈义丰和他自己。第二次世界大战后为第三阶段，主要有吉冈义丰、大渊忍尔、窪德忠、宫川尚志等。"①从这一分期可以看出，酒井忠夫所承袭的学术传统仍是"通俗道教"的思路——其实，早在1942年，酒井忠夫就在《中国的民族道教》中将中国的道教区分为"教会道教"和"民族道教"（或"民众道教"），进而提出善书是"处理民众的、民族的宗教信仰之物"②。《中国善书研究》也是在此基础上展开的。

由于善书被定义为"国民思想"的典范和"民众道教"的经典，当时的讨论主要关注中国善书与民众道教的关系，定位在民众规范的层面进行讨论。酒井忠夫《中国善书研究》将善书视为"民众道德以通俗的形式客观化而总结成"的书籍，因此必然受到儒教规范的制约。酒井忠夫还将明清时期的敕撰书、"六谕""圣谕十六条"和《圣谕广训》等，作为善书研究的重要补充，主张"将对庶民社会的历史研究、王朝的教化政策及民众救济福利政策的历史研究结合起来"，进行一种综合性的历史研究③。尽管"不待朝廷的教化，一定的规范意识和道德实践至少在宋代之后的民间已经广泛地存在"，但是明清以来的民众规范，却深受明清王朝教化制度和政策——敕撰书、乡约、圣谕宣讲——的影响。换而言之，酒井忠夫固然非常注重善书作为"民众规范"的意义，但是更强调善书作为道德和教化媒介被推行为"民众规范"的历史过程（而不仅仅是文本分析）的研究。后来善书研究的开拓，得益于这种思路甚大。这种理路与同时期窪德忠对"民众道教"和善书的道教性质的怀疑不谋而合。

---

① 转见李庆：《日本汉学史》第三部《转折与发展（1945—1971）》，上海：上海外语教育出版社，2004年，第544页。

② 酒井忠夫：《中国的民族道教》，汪吉人译，《真如学报》1942年第3期。

③ 酒井忠夫：《中国善书研究（增补版）》，第20页。

窪德忠在战后对“民众道教”和“成立道教”的区分进行了反思，毋宁并不赞同橘朴、吉冈义丰、酒井忠夫等人所定义的“民众道教”。对此，窪德忠以善书为切入点，认为“从其内容看，善书不能作为道教书来对待”。随后，窪德忠在比较《感应篇》和《抱朴子》文本特征的基础上，确定《感应篇》具有儒家色彩。此外，窪德忠还区分了其他善书的特点，认为“大多数善书都是士大夫或属于乡绅阶层的人士为敷衍‘六谕’精神为目的创作”①。与此同时，楠山春树也指出：“从清代惠栋和俞樾的立场来看，似乎倒应该把《感应篇》称为通俗的儒教圣典。”②这与陈弱水对善书的性质判断有点接近，“善书的读者乃至作者，有许多属于常民文化层，但士人阶层诵持信奉的也不少，从善书也颇能看出一般性的文化倾向”③。窪德忠指出了善书作者的“乡绅”特征，对理解善书性质有重要的帮助。事实上，酒井忠夫是日本学界最早定义“乡绅”概念的学者之一。早在1952年，酒井忠夫就以阶层区分人群，把“乡绅”限为官职经历者，把举人以下的未入仕的人称为“士人”④。虽然这种观点并未引起学界关注，但是酒井忠夫在研究中对“善书运动”中的不同人群的“身份”内涵予以了关注，认为“由于农民、民众社会地位的提高，超越贵贱贫富的差别，把农民、民众作为‘大众’的意识，是在明末确定下来的。超越身份、职业区别的‘大众’意识的确定化这一从宋开始到明末清初的过程，也是中国大众文化发展的历史。这种民众文化的代表性之物，就是善书和清言”⑤。这种观点意义重大：酒井忠夫注意到历史过程与国民精神构造之间的关系，进而把原来局限于民俗学、宗教学的善书拉回到历史情景中来进行解读，主张将庶民社会、王朝政策和民众救济结合起来进行历史学的研究⑥。在《中国善书研究》中，酒井忠夫以各种善书为主构成的丰富资料为基础，沟通明清时期的政治文化、理学思想、乡绅地主、民众道教和庶民文

① 漥德忠：《道教入门》，第66页；漥德忠：《道教史》，萧坤华译，上海：上海译文出版社，1990年，第265页。

② 福井康顺等监修：《道教》第2卷，朱越利译，上海：上海古籍出版社，1992年，第48页。

③ 陈弱水：《近世中国心灵中的社会观》，《公共意识与中国文化》，北京：新星出版社，2006年，第121页。

④ 酒井忠夫：《关于乡绅》，《史潮》第49卷，1952年，转见檀上宽：《明清乡绅论》，刘俊文主编《日本学者研究中国史论著选译》第2卷，北京：中华书局，1993年，第457页。

⑤ 酒井忠夫：《明末清初の社会におけゐ大众的读书人と善书・清言》，酒井忠夫主编《道教の综合研究》，东京：国书刊行会，1977年，第391页。

⑥ 酒井忠夫：《中国善书研究（增补版）》，第20页。

化等概念。特别是在逐条比照产生于宋代的《感应篇》与魏晋六朝时期的《抱朴子》的善恶条目时，酒井忠夫指出，《感应篇》的主张及其具体的道德就已经与贵族时代的《抱朴子》不同，并具体列举了《感应篇》中哪些善行和恶行条目属于民众规范的范畴，哪些属于乡绅道德的范畴。酒井忠夫据此指出，明代儒家出现了把《感应篇》与《功过格》联结起来思考和力行的倾向，这是宋学（儒学/理学）民众化、通俗化过程的内容之一，而《功过格》则是士人具体实践蕴含于《感应篇》的民众道德的产物[①]。

在酒井忠夫的新思考影响下，具有宗教学背景的奥崎裕司紧随其后，继承其“乡绅”和“士人”的概念的同时，将善书研究置于“民众规范”范畴中加以讨论。在《中国乡绅地主研究》中，奥崎裕司以袁黄（即袁了凡）为讨论对象，在思想史和社会史的互动中考察了乡绅地主、善书著作和民众规范的关系，认为善书在经过乡绅地主的编纂、改造和传播以后，成了民众规范[②]。由此可见，奥崎裕司的研究蕴含着更多的学术面向：其一，延续谷川道雄“豪族共同体”的精神意涵。谷川道雄对中国历史的认识有一个基本出发点，即认为研究没有血肉的律令是不够的，因为这只理解了支配民众的政策，重要的是要看到凝结在制度中的时代精神和人的意志。而在中国中古的“豪族共同体”内，豪族对民众的指导权力不直接来自国家授权或大土地制，而是来自精神力量，即“知和德”——“知”是知识能力，“德”是伦理和道德，是被训练的品格，由此构成了共同体机制中的“德望”[③]。其二，延续重田德“乡绅统治（支配）论”的身份性内涵。重田德在《乡绅支配的成立与结构》中认为，“乡绅”是地位和特权的概念，属于政治社会范畴，而不是“乡绅土地所有权论”者设定的“经济范畴”[④]。由此看来，从精神世界观察“共同体”机制的展开，撑起了奥崎裕司的基本分析架构。在此基础上，奥崎裕司指出，在官僚的国家组织之外，有一个独立的民间社会存在并发展着；在国法维系的国家秩序之外，也有民间社会自己的发达秩序；在国法世界之外，还存在一个民众道德规范的世界[⑤]。

---

① 酒井忠夫：《功过格研究》，刘俊文主编《日本学者研究中国史论著选译》第 2 卷，第 508 页。

② 奥崎裕司：《中国乡绅地主の研究》，东京：汲古书院，1978 年。袁黄部分参见第 59—324 页。

③ 参见谷川道雄：《中国中世社会与共同体》，马彪译，上海：上海古籍出版社，2013 年。

④ 参见重田德：《乡绅支配的成立与结构》，刘俊文主编《日本学者研究中国史论著选译》第 2 卷，第 199—247 页。

⑤ 福井康顺等监修：《道教》第 2 卷，第 124 页。

从20世纪50年代到80年代，在“民众规范”成为核心议题之后，善书研究中的“民众道德”或“国民性”分析的色彩逐渐淡化，学界受“国家”与“社会”二元论的影响，在善书研究中转而提出“精英”与“庶民”的二元结构。酒井忠夫后来撰写《中国历史上的庶民教育和善书运动》①，奥崎裕司撰写了《中国明代下层民众的生活方式》②，大抵也是这种研究理路使然。这种研究理路在随后的发展中，特别是在最近三四十年中，受到“地域社会”（local society）和“地方精英”（local elite）研究的影响，善书研究逐渐出现了某种程度的“韦伯转向”（Weber Turn）。

三、“韦伯转向”：20世纪90年代以来的善书研究

随着明清史研究的深化和细化，从黑格尔式的历史观出发确立的“中国停滞论”存在着巨大的问题。奥崎裕司逐渐调整了先前研究的一些认识。比如，在《明末清初的利殖规范——功过格的一个侧面》中，奥崎裕司捕捉到明清变局中士绅阶层的意识变化与社会变迁之间的关系，认为通过对民众道教典籍（善书）的研究，“一定会弄清以乡绅和士人为中心的民间社会秩序的实质及一般民众思想的实质等问题”③。在日本学者的中国善书研究不断展开的同时，美国汉学家包筠雅（Cynthia Brokaw）也将研究集中于《功过格》。在博士论文——题为《决定自己的命运——16—17世纪中国之功过格》（*Determining One’s Own Fate: The Ledgers of Merit and Demerit in Sixteenth and Seventeenth Century China*）（1984）——的基础上，包筠雅出版了《功过格——明清社会的道德秩序》（*The Ledgers of Merit and Demerit: Social Change and Moral Order in Late Imperial*）（1991）。该书描述了明清时期《功过格》产生、发展和演变过程，讨论其背后的社会经济与思想文化背景，注重分析《功过格》所衍生的“道德行为的既定途径有效与否，行善时心灵的净化是否必要，以及利与义之间的关系”④等思想问题。

---

① 酒井忠夫：《中国史上の庶民教育与善书运动》，多贺秋五郎编《中世纪亚洲教育史研究》，东京：国书刊行会，1980年。

② 奥崎裕司：《中国明代の下层民众の生き方——善书にあられた一侧面》，《专修史学》1981年第13期。

③ 奥崎裕司：《明末清初の利殖规范——功过格の一侧面》，佐久间重男先生米寿纪念会编《佐久间重男先生米寿纪念明代史论集》，东京：汲古书院，1983年；福井康顺等监修：《道教》第2卷，第125页。

④ 包筠雅：《功过格——明清社会的道德秩序》，杜正贞、张林译，赵世瑜校，杭州：浙江人民出版社，1999年。该书2021年由上海人民出版社再版。

与此前的研究不同，包筠雅此书以“决定自己的命运”（即“立命”）为题，实际上致力于更细腻地把握善书的文献特性。包筠雅说：

> 功过格是这样一种文献，它通过特定形式表达出对道德（以及非道德）行为及其后果的某种基本信仰。其中列有具体的应遵循或应回避的事例，以此揭示对约定俗成的道德及对善的信仰，而这种善是由许多不同的、价值各异的、个别的善行实践构成的。①

将前人所认识的普遍的“善”个体化，将善书阅读视之为镜像效应，是很不一样的切入视野。这就意味着学界需要更为扎实的史料整理和深入研究，正如酒井忠夫所说：“功过格的研究，无论从中国的民族道德上来看，或从民众道教上来看，都有许多值得研究的问题，然而，要弄清功过格是什么，就不能不对它本身做书志学的研究，以作为整个研究的基础”②。不论自觉还是不自觉，这种研究与20世纪90年代以来中国研究的“韦伯转向”相吻合。

思考“韦伯命题”（Weber-thesis）对中国历史研究的有效性，以余英时《中国近世宗教伦理与商人精神》最具代表性。“韦伯命题”主要解决的问题，是评估宗教伦理对经济发展的影响。余英时想要讨论的具体问题，包括儒、释、道三教入世伦理的交织，及宗教和道德观念对商人和士绅阶层的影响。在研究手段上，余英时将明清商人阶层作为一种“理想类型”（ideal type）来把握，进而落脚于观察明清社会的整体变动，特别是士绅阶层受到社会变动以后的世界观和价值观念，对诸如人性、命运和神鬼的看法③。回到善书研究上来，这种强调“宗教伦理”的研究范式，更具体地表现为从“反映论”（客观论）到“影响论”（主观论）的转变④。在此以前的善书研究，包括酒井忠夫本身，都在有意无意中从“反映论”角度立论，指出明清善书具有反映明清社会经济变迁的重要价值。奥崎裕司的观点也一样，认为“功过格不仅成了体现中国民众意识变迁的史料，

---

① 包筠雅：《功过格——明清社会的道德秩序》，第244页。

② 酒井忠夫：《功过格研究》，刘俊文主编《日本学者研究中国史论著选译》第2卷，第499页。

③ 余英时：《中国近世宗教伦理与商人精神》，合肥：安徽教育出版社，第57—80页。

④ 典型的“反映论”研究，参见游子安：《明末清初功过格的盛行及善书所反映的江南社会》，《中国史研究》1997年第4期。

也是反映中国社会变迁的宝贵史料”[①]。与酒井忠夫和奥崎裕司等日本学者不同，包筠雅不再满足于从善书解释其背后所“反映”的历史信息，而是主张将关注点从书籍本身转移到背后的具体人群中来，关注善书对读者或作者（士绅）的影响。白恺思（Catherine Bell）在对“救世宝筏”《感应篇》的研究中，很明确地指出：“像善书一类的书籍，不仅仅是反映了（reflected），而是影响了（affected）他们的社会世界（social world）。”[②]原因很简单：善书的生产和传播、阅读和奉行，不仅仅型塑了他们的思想道德观念，同时也型塑了他们的日常生活实践。白恺思的研究显然建立在酒井忠夫对“儒学与大众教科书”关系的研究基础上的[③]——酒井忠夫曾指出，传统中国的儒学教育和大众观念受到明代社会变动的影响，二者存在非常复杂的交织互动关系——正是在这个意义上，善书被认为是士、庶共享文化（shared culture）的一部分。

显然，“韦伯转向”同时吻合了从社会经济史向社会文化史转变的学术取向[④]。在这种视野转向之下，善书研究当然就不再满足于分析善书背后所反映的社会变迁，而酒井忠夫提出的书志学研究也只能成为基础。更多的学者主张在细致分析善书材料（书志学）的基础上，对宗教仪式、书籍阅读、日常生活等社会文化史专题进行讨论。游子安的研究很好地体现了这种转变。从博士论文开始，游子安就致力于善书资料的搜集、整理和研究，先后出版《劝化金箴——清代善书研究》《善与人同——明清以来的慈善与教化》和《中国善书与宗教——游子安自选集》等三种著作。其中，《劝化金箴——清代善书研究》从清代善书的发展与流行、清代善书的个案研究和清代善书流通及其意义三个角度，对清代善书作了全面系统的介绍[⑤]；《善与人同——明清以来的慈善与教化》在《劝化金箴——清代善书研究》的基础上做了新的拓展：在研究时段上，将研究时段拓展到晚明和民初；在研究领域上，从善书拓展到以善人、善堂和善事构成的

① 福井康顺等监修《道教》第2卷，第118页。

② Catherine Bell，*Printine and Religion in China*：*Some Evidence from the Taishang Ganying Pian*，*Journal of Chinese Religion*，Fall，1992，pp. 173—186；*A Precious Raft to Save the World*：*The Interaction of Scriptural Traditions and Printing in a Chinese Morality Book*. *Late Imperial China* vol. 17，1996，pp. 158—200.

③ Tadao Sakai，*Confucianism and Popular Education Works*，in *self and Society in Ming Thought*，William T.de Bary（ed.），New York：Columbia University Press，1970. pp. 331—362.

④ 李伯重：《回顾与展望——中国社会经济史学百年沧桑》，《文史哲》2008年第1期。

⑤ 游子安：《劝化金箴——清代善书研究》，天津：天津古籍出版社，1992年。

“善的体系”“善书传统”和“善书世界”[①]。在完成这两部通论性著作的同时，游子安也注重个案和实证研究，比如，讨论善人黄正元和刘山英、梳理关帝系统善书，等等，这些文章构成其自选集《中国善书与宗教——游子安自选集》的主要内容[②]。

除了游子安以外，陈霞、李刚等则从道教史出发，对道教劝善书进行了综合研究[③]；张仙武以《文昌帝君阴骘文》为考察中心，对清代“阴骘文化”所体现的宗教信仰、政治文化和社会教化等进行了深入研究[④]。在欧美汉学界，代表性的研究包括：祈泰履（Terry Kleeman）以《文昌化书》和《文昌帝君阴骘文》为材料研究文昌信仰的传播，指出文昌帝君信仰从四川地方神向全国性神祇扩张的过程中，文昌帝君系善书所扮演的重要角色[⑤]；柯若朴（Philip Arthur Clart）和康豹（Paul Russell Katz）注重扶鸾类善书（鸾书）的研究，试图揭示善书背后的宗教背景和仪式语境[⑥]。特别是柯若朴对台湾武庙明正堂的研究，已经落实到具体的空间背景和仪式脉络中，讨论善书（鸾书）的生产和传播，与郭正宜《〈太上感应篇〉在闽西客家村落的实践》在研究进路上若合符节。后者以连城县培田村吴泰均为中心，讨论《感应篇》在闽西客家村落的阅读与实践[⑦]。最新的研究如张祎琛《清代善书的刊刻与传播》，从书籍史和印刷史的角度对清代善书进行分析，这些分析建立在对全国公藏机构收藏的737种善书样本的文献搜集基础上[⑧]，文献资料的搜集相对较为系统。

当然，书志学对于善书研究仍然重要，不少学者也继续在此脉络下展开研究。在此过程中，诚如张仙武所说，“《感应篇》是所有善书研究的起点”[⑨]，

---

① 游子安：《善与人同——明清以来的慈善与教化》，北京：中华书局，2002年。

② 游子安：《中国善书与宗教——游子安自选集》，台北：博扬文化出版公司，2012年。

③ 李刚：《劝善成仙——道教生命伦理》，成都：四川人民出版社，1994年；陈霞《道教劝善书研究》，成都：巴蜀书社，1999年。

④ 张仙武：《清代阴骘文化研究——以〈文昌帝君阴骘文〉相关文献为讨论中心》，台湾师范大学历史研究所博士论文，2010年。

⑤ Terry F. Kleeman, *A God's Own Tale: The Book of Transformations of Wenchang, the Divine Lord of Zitong*, State University of New York Press, 1994.

⑥ Philip A. Clart, *The Ritual Context of Morality Books: A Case—Study of A Taiwanese Spirit—Writing Cult*, M. A., University of Bonn (Germany), 1989. Paul Russell Katz, *Morality Books and the Growth of Local Cults: A Case Study of the Palace of Guidance*, *Journal of Humanities East/West*, 14, 1996, pp. 203—241.

⑦ 郭正宜：《〈太上感应篇〉在闽西客家村落的实践——以连城县培田村吴泰均为中心》，《成大宗教与文化学报》2008年第10期，第95—110页。

⑧ 张祎琛：《清代善书的刊刻及传播》，复旦大学历史系博士论文，2010年。

⑨ 张仙武：《清代阴骘文化研究——以〈文昌帝君阴骘文〉相关文献为讨论中心》，2010年，第190页。

作为“善书之首”的《感应篇》成为重点。其中，朱越利《〈太上感应篇〉与北宋末南宋初的道教改革》、王利器《〈太上感应篇〉解题》最具代表性。朱越利阐述了中国善书产生的时代背景，并分析了《感应篇》的主要内容及其在道教史上的地位①。王利器的研究虽题名“解题”，但就《感应篇》的产生时间、作者和影响等问题进行了精细考证，并提出与吉冈义丰以南宋李石为《感应篇》作者的不同意见②。不过，与此同时，一方面，《感应篇》本身经历的文本脉络和时代变化并未得到系统梳理，另一方面，文本的经典诠释如何反映明清以来的价值观和心态变化，乃至“情感结构”（structure of feeling），仍然是重要的研究视角。正因中国善书之重要性，除了历史学以外，诸如宗教学、社会学、历史学、哲学、传播学和艺术学等多学科，也前后涉足善书研究③。其中，在《感应篇》研究方面，即有郑志明和萧登福从宗教伦理的角度进行的分析④，故不再另赘。

第二节 问题意识和研究思路

历史学研究的细化，意味着对像《感应篇》这样的善书进行研究，必须建立在系统梳理其文本脉络的基础上。正如吕妙芬所说：“透过分析近世众多《孝经》文本的生产脉络与论述内容，考查《孝经》如何在中国近世社会中被不断诠释与运用等，不仅可以对明清的《孝经》学进行补白的工作，也能更贯通地理解《孝经》在历代的发展与变化，并对过去某些认知提出修正，且对《孝经》与近世政治、社会的关系有更深入的认识。”⑤这是很有启发性的研究视角。本节简要交代本书写作的问题意识和研究思路。

---

① 朱越利：《〈太上感应篇〉与北宋末南宋初的道教改革》，《世界宗教研究》1983 年第 4 期。此文后收入朱越利：《道教考信集》，济南：齐鲁书社，2014 年，第 123—147 页。

② 王利器：《〈太上感应篇〉解题》，《中国道教》1989 年第 4 期；吉冈义丰：《太上感应篇の作者について》，《宗教研究》第 127 期，1951 年。

③ 有关中国善书研究的全面回顾还可参见以下七种论著：（1）宋光宇：《关于善书的研究及其展望》，《新史学》第 5 卷第 4 期，1994 年 12 月，第 163—191 页。（2）宋光宇：《众善奉行，诸恶莫作——有关台湾善书的研究及其展望》，《台北文献》直字第 111 期，1995 年 3 月。（3）郑志明：《台湾善书研究的回顾》，《东方宗教研究》第 5 卷第 7 期，1996 年 10 月。（4）郑志明：《台湾善书研究的现况与展望》，《宗教哲学》第 2 卷第 4 期，1996 年。（5）郑志明：《台湾扶乩与鸾书现象——善书研究回顾》，南华管理学院，1998 年。（6）张祎琛：《明清善书研究综述》，《理论界》，2009 年第 8 期；（7）朱新屋：《20 世纪以来中国善书研究的回顾与展望》，《西华师范大学学报》（哲学社会科学版），2014 年第 1 期。

④ 郑志明：《〈太上感应篇〉的伦理思想》，《中国善书与宗教》，台北：学生书局，1988 年，第 41—62 页；萧登福：《道教与民俗》，台北：文津出版社，2002 年。

⑤ 吕妙芬：《孝治天下：〈孝经〉与近世中国的政治与文化》，台北：联经出版有限责任公司，2011 年，“导论”，第 4 页。

一、《感应篇》的研究价值

酒井忠夫在《中国善书研究》中将善书分为"古典善书"和"新兴善书"。其中，"古典善书"与橘朴等人所定义的"通俗道教经典"并无差别，即视《感应篇》《阴骘文》《功过格》《觉世经》为主要善书，而以《感应篇》为根基性读物。明清时期，《感应篇》被称为"善书之首""天下第一好书""人生必读书""官宰必读书""元宰必读书"，这些头衔已经体现出其重要性。其实，《感应篇》不仅是善书的理论总纲，也是善书的百科全书。后世所见的其他善书，均可看作是《感应篇》的注脚。日本学者中村元就将《感应篇》称为"居善书王座的经典"，并且指出"几乎所有的善书都是依据《感应篇》的模式编辑而来的"[①]。除此以外，《感应篇》在明清时期不仅影响最大，而且流行最广。据英文版译者铃木大拙（1870—1966）和保罗·卡鲁斯（Paul Carus）的研究统计，《感应篇》的版本可能较《圣经》或莎士比亚著作的版本更多[②]。葛兆光估计，明清时期的《感应篇》注本可能有十几种[③]，白恺思则估计在16—20世纪有超过20种[④]。然而，据本书附录二《中国近世〈感应篇〉知见录》所载，明清时期的《感应篇》诠释本多达210余种——显然这还是不完全统计。

正因为《感应篇》不仅是最早产生的善书，而且是所有善书的总纲，所以在历史上曾引起社会各阶层的广泛注意。同治二年（1863），张椿龄

① 中村元主编：《中国佛教发展史》，《天华佛学丛刊》第18种，中册，余万居译，台北：天华出版事业股份有限公司，1984年，第690—697页。另外陆旦明《桂苑功过格》"序言"［浙江省图书馆藏光绪二十一（1895）年刻本，第2a页］亦载："《蕉窗十则》，惩勉备焉；《阴骘》千言，劝戒具焉，皆所以发明《感应篇》之旨，要亦同条而共贯。"

② 转见杨联陞：《中国文化中"报""保""包"之意义》，香港：香港中文大学出版社，1987年，第61页。铃木大拙曾于1906年，与保罗·卡鲁斯共同英译出版《太上感应篇》《阴骘文》。参见铃木大拙：《铃木大拙禅学入门》，林宏涛译，海口：海南出版社，2012年，第215页。又，俞森林《中国道教经籍在十九世纪英语世界的译介研究》曾简要叙述过早期《太上感应篇》被翻译为外文的情况："1816年，雷慕沙让欧洲人注意到《太上感应篇》，他曾翻译过此经，并加注解与说明。1828年，儒莲发表了法文译文，成为标准译文。同年，克拉普洛特（Julius Heinrch Klaproth）将《太上感应篇》从满文翻译成德文。据理雅各考证，1830年，《太上感应篇》的英文译文在澳门出版的报纸《广州周报》（*Canton Register*）上发表。该为《太上感应篇》在英语世界的首个版本。理雅各所译《太上感应篇》于1891年与他所译之《道德经》《庄子》一起收入马克斯·穆勒（F. Max Müller）主编的《东方圣书》。"参见俞森林：《中国道教经籍在十九世纪英语世界的译介研究》，成都：巴蜀书社，2015年，第227页。

③ 葛兆光：《道教与中国民间伦理——以道教戒律与善书为中心的考察》，《葛兆光自选集》，桂林：广西师范大学出版社，1997年，第51—84页。

④ Catherine Bell，*A Precious Raft to Save the World*：*The Interaction of Scriptural Traditions and Printing in a Chinese Morality Book*. In *Late Imperial China* 17，1996，pp. 158—200.

(生卒年不详)宣扬科举阴骘而增订《国朝鼎甲征信录》,在“凡例”中就明确提道:“世传善书,汗牛充栋,要皆畅言《感应》诸篇之旨。”[①]更早一些,丁耀亢(1599—1669)以《太上感应篇阴阳无字解》为名续写《金瓶梅》时,也提及“替世人说法,作《感应篇》的注脚”目的[②],颇有以《感应篇》为“总纲”的意味。及至近代,蔡元培《中国伦理学史》虽然以为《感应篇》产生于汉代,但是仍敏锐地指出:“明人所传之《阴骘篇》《功过格》等,皆其流也。”[③]此外,英国汉学家翟理斯(Herbert A. Giles)在《中国文学史》中花了 7 页的篇幅介绍《感应篇》,借助“他者之眼”更可见《感应篇》之重要性[④]。犹有进者,早在明代末年,《感应篇》就被翻译成彝文[⑤];清代初年,在顺治皇帝的推动下,《感应篇》又被翻译成满文。在这种情况下,《感应篇》通行全国,并在少数民族地区流传。职是之故,中村元不免感叹于《感应篇》流传之广,认为“已经成为民众的心和骨肉”,说:“在众多中国人中,也许有人未尝听到过《论语》或《孟子》等书名,这并不足为怪。可是,如果有人没听过《太上感应篇》(略称《感应篇》),那真可说是奇迹了!”[⑥]

---

① 阎湘蕙编辑,张椿龄增订:《国朝鼎甲征信录》,周骏富辑《清代传记丛刊·学林类》第 19 册,台北:明文书局,1985 年,第 32 页。

② 丁耀亢:《太上感应篇阴阳无字解》,李增坡主编,张清吉校点《丁耀亢全集》,郑州:中州古籍出版社,1999 年,“自序”,第 2 页。

③ 蔡元培:《中国伦理学史》,长春:吉林出版集团股份有限公司,2017 年,第 53 页。原文是:“如汉之《太上感应》篇,虽托于神仙家,而实为墨学。明人所传之《阴骘篇》《功过格》等,皆其流也”。

④ 郑振铎在《评 Giles 的〈中国文学史〉》中批评说:“又如《感应篇》和《玉历钞传》二书,本位近代道士造作以愚庸夫庸妇的,不要说是要占文学史上的重要地位,恐怕还要与《三国演义》等同时小说同等并列也都附攀不上呢,而 Giles 则直率不疑的费了七页的地位来把他们详述了一下。”显然是对翟理斯对《感应篇》的重视感到不满。参见郑振铎:《评 Giles 的〈中国文学史〉》,《郑振铎全集》第 6 册,石家庄:花山文艺出版社,1998 年,第 53 页。

⑤ 马学良:《倮译太上感应篇序》,《云南彝族礼俗研究文集》,成都:四川民族出版社,1983 年,第 111—114 页。原载 1947 年 12 月国立南开大学文科研究所《边疆人文》第 4 卷合刊。任继愈主编《中国国家图书馆古籍珍品图录》(北京:北京图书馆出版社,1999 年,第 334 页)载:“《太上感应篇》,彝文。明刻本。彝族成《劝善经》。”

⑥ 中村元主编:《中国佛教发展史》,余万居译,台北:天华出版事业股份有限公司,1984 年,第 690 页。实际上,《感应篇》不仅被中国人所注意,也被西方传教士和学者注意,不断被翻译成各种文字。举例如嘉庆二十一年(1816),法国学者雷慕沙(Jean Pierre Abel Rémusat)以满文本为基础将《感应篇》翻译成法文;道光十年(1830),海因里希·库尔茨(Heinrich Kurz)在雷慕沙的影响下将《感应篇》以为德文;道光二十二年(1842),雷慕沙的另一弟子儒莲(茹理安,Stanislas Julien)复将《感应篇》译为法文;同治元年(1862),英国汉学家理雅各(James Legge)将《感应篇》译为英文。在东亚和东南亚儒家文化圈内,《感应篇》的流传更早就到达了日本、朝鲜和越南等国家和地区。参见福井康顺等监修:《道教》,朱越利译,上海:上海古籍出版社,1992 年,第 3 卷,第 232—254 页。另外王韬:《法国儒莲传》(《弢园文录外编》卷 11,沈阳:辽宁人民出版社,1994 年,第 416—418 页)对儒莲与《感应篇》有简要记载。

基于以上事实，尽管酒井忠夫认为《感应篇》等善书已成为超越社会地位、经济状况和宗教形态的书籍[①]，但是本书仍主张将焦点从“民众”转移到“士绅”上来——以“韦伯转向”的文化视角重新思考中国善书，就不能不注意到《感应篇》与明清士绅之间的复杂纠葛关系。主要原因在于：第一，明清时期《感应篇》的注者、编者和刊者多为士绅阶层，在实际的讨论中就不能不以士绅阶层为主；第二，明清士绅在论述《感应篇》时，常常默认其劝化的首要/主要对象是士绅阶层自身——这里当然不是要去做“精英—大众”或“上层—下层”，乃至“大传统—小传统”（great tradition—little tradition）的简单划分，而是正如姜士彬（David G. Johnson）所说，一方面，尽管可以认定《感应篇》在民众中间广泛流传，但对诸如“民众到底如何阅读”“阅读以后有何感受”等问题却无法给出具体答案，因此也就无法对《感应篇》与民众之间的关系做更系统深入的讨论。另一方面，即使能够确定某一文本的作者在编纂该文本时的预设读者，但这一文本所体现的仍然是作者自身（而不是预设读者）的思想观念[②]。更为重要的是，明清时期的《感应篇》诠释本显然是专为士绅阶层而作——参加《感应篇》诠释的明清士绅对此并不讳言。

《感应篇》与明清士绅之间的关系是如此密切，以至于很早就引起了相关学者的注意。1923 年 9 月 7 日，胡适（1891—1962）在回答孟森（1868—1938）“中国之士大夫，若谓不出于六经，试问古来更有何物为制造之具”的问题时，就说：“制造士大夫之具，往往因时代而不同，而六经则非其主要之具。往年读汪辉祖《病榻梦痕录》，见他律己之法，每日早起焚香读《太上感应篇》一遍，其事最简陋，而其功效也可以使他佐幕则成好刑名，做官则是好官。”[③]在 20 世纪 30 年代的“读经思潮”中，傅

① Tadao Sakai, *Confucianism and Popular Educational Works*, in *Self and Society in Ming Thought*, William T.de Bary (ed.), P. 341. 李孝悌指出：“它（《感应篇》）究竟透过什么样的方式对一般不识字的民众发生影响，则难以确知。”参见李孝悌：《清末民初下层社会启蒙运动（1901—1911）》，石家庄：河北教育出版社，1999 年，第 326 页。

② David G. Johnson, *Communication*, *Class*, *and Consciousness in Late Imperial China*, *in Popular Culture in Late Imperial China*, Berkeley and Los Angeles: University of California Press, 1985. pp. 34—74.

③ 胡适：《论六经不够作领袖人才的来源——答孟心史先生》，《胡适全集》第 4 卷，合肥：安徽教育出版社，2003 年，第 541—545 页。原信写于 1923 年 9 月 7 日。在一次题为《道德教育》的演讲中，胡适再次提到《感应篇》的重要性，认为“还有少数的人，想从书本子里得着一种道德教育。……比较上，功效最爱的还是一部《觉世真经》，和一部《太上感应篇》、一篇《阴骘文》。……一部《正谊堂全书》，那里比得上这一小本《太上感应篇》？这种书本里的道德教育，充其量不过是一班《感应篇》的信徒。”参见胡适著，谢泳、张弘编：《做最好的学问——胡适论趣味与治学》，北京：北京联合出版公司，2014 年，第 170 页。

斯年（1896—1950）也指出："作为乡绅的教科书，《感应篇》比《礼记》更有用。"[①]在持续关注《感应篇》之后，周作人在1940年提出："(《感应篇》）盖是道士的正宗，并不十分错。其后经士人歪曲，以行善为弋取科名之手段，而其事又限于诵经戒牛肉惜字纸等琐屑行为，于是遂益鄙陋不足道矣。"[②]胡适将《感应篇》视为与六经一样的"制造士大夫之具"，傅斯年则将之视为"乡绅教科书"，周作人认为诠释《感应篇》是士人"弋取科名之手段"，从中不难看出《感应篇》对明清士绅无远弗届的影响。

这种影响当然是《感应篇》演变所含有的儒家立场所致，道教研究者对此也有深刻的讨论。比如，窪德忠就非常怀疑将《感应篇》视为"民众道教经典"的观点，认为《感应篇》应当是某位"儒家"模仿《抱朴子》而作。特别是，窪德忠发现，《感应篇》中与宗教有关者只在"事神"中有23条，并且这23条还是为"俗人"（而非"出家人"）而写[③]。或因意识到这点，酒井忠夫在《中国善书研究》中指出："长期以来，几乎没有人从儒教的立场对善书进行研究……从广义的角度来看，善书的研究不应仅仅局限于佛教和道教方面的问题，而且还应探究儒教影响下民众的思想状态，从这些方面的研究中都可以发现重要的问题。"[④]尽管酒井忠夫以"儒教"论民众与善书的关系并不十分确切，也容易落入"制度性宗教"（institutional religion）和"弥散性宗教"（diffused religion）的陷阱，[⑤]因为明清士绅以儒家经典证明释、道二教的教义，或者强调世俗善书与儒家经典"相为表里"，是常见的修辞手段或话语策略。但是酒井忠夫后来仍以民众思想为本，从民间善书和日用类书等着手讨论民众规范，对这方面的论述并不充分，留下理解《感应篇》诠释的研究余地。

谈到明清士大夫文化的研究，不能不提到余英时。余英时长期关注儒家士人的知识体系、价值观念与文化典籍的密切关系。在论述中国文化的精神义理时，余英时并不赞同从"心性论"为基础的道德形而上，而是主张从历史学的立场出发，通过对形而下的经验材料的辨析和整理，凝练出

---

① 傅斯年：《论学校读经》，欧阳哲生主编《傅斯年全集》第5卷，长沙：湖南教育出版社，2000年，第45页。

② 周作人：《太上感应篇》，钟叔河编《周作人文选（1937—1944）》，广州：广州出版社，1995年，第248—249页。原文作于1940年1月1日，作者选择在元旦这天读《感应篇》并写下书话，似别有深意。

③ 窪德忠：《道教史》，第270页。

④ 酒井忠夫：《中国善书研究（增补版）》，第299页。

⑤ 杨庆堃：《中国社会中的宗教——宗教的现代社会功能与其历史因素之研究》，范丽珠等译，上海：上海人民出版社，2007年。

形而上的思想文化脉络。沿着这一思路反观明清时期的“善书运动”，就需要将思想世界与生活世界、学术思潮与宗教信仰（仪式）结合起来考察[①]。其他善书如《功过格》似亦具此研究价值，但是在明清士绅看来，“自治用《感应篇》，治人用《太微仙君功过格》”[②]，就此而言，与《功过格》相比，《感应篇》的诠释更能展现溼德忠、奥崎裕司、酒井忠夫等学者所希望看到的“儒教与民众思想”的内容。具体而言，本书对明清时期《感应篇》诠释的研究侧重两个面向：一是内在领域的角度。即分析《感应篇》如何被明清士绅发挥改造，原有儒学传统的感应之学如何被重新塑造，其中教义如何转化为士大夫文化（的一部分）。二是外在领域的角度。即着眼于文本诠释和传播如何影响明清士绅的日常生活，各种诠释文类如何相互交织形成社会意识，等等。职是之故，本书对《感应篇》诠释史的研究必须落实到思想史、生活史和社会史层面。这不仅是可能的，而且是必要的[③]。

二、“内倾转向”的研究视角

精神生产固然离不开物质生活，但其观念形态的抽象意义值得重视。近些年来，不少学者对经典文本的历时性特征进行梳理，其旨即在通过系统梳理某一文本的整体形态，进而探索明清士大夫文化的新面向。这方面的研究以伊沛霞（Patricia Ebrey）对《朱子家礼》[④]和吕妙芬对《孝经》的研究为代表[⑤]。《感应篇》各种诠释本的出现，也应视为明清士绅与经典互动的文化行为之一。即使是原有的士绅研究，也特别注重对士绅价值观和内在意识形态的呈现——这是余英时所谓“自性”的主要内涵。举例来说，罗威廉（William T. Rowe）对陈宏谋（又作陈弘谋，1696—1771）的个案研究，即旨在探讨 18 世纪的中国精英意识，包括：怎样理解他们所从事的事业？怎样看待他们所处的世界和社会？怎样认识这个世界社会的潜力和局限？他们所理想的世界到底是何图景？饶有意思的是，作为地

---

① 在《明末清初劝善运动思想研究》中，吴震就着重论述明清士绅在“劝善运动”中表现出的道德与宗教、理性与信仰之间的紧张、对立乃至互动等复杂面向，凸显德、福在个人、家族和社会一致化的过程。参见吴震：《明末清初劝善运动思想研究》，台北：台湾大学出版中心，2009 年，第 12 页。

② 钱谦益：《万尊师传》，《牧斋初学集》卷 71，上海：上海古籍出版社，1985 年，第 1602 页。

③ 黄俊杰：《从儒家经典诠释史观点理解解经者的“历史性”及其相关问题》，黄俊杰《中国经典诠释传统・通论篇》，台北：喜马拉雅研究发展基金会，1992 年。

④ Patricia Ebrey，*Confucianism and Family Rituals in Imperial China*：*A Social History of Writing About Rites*. Princeton：Princeton University Press，1991.

⑤ 吕妙芬：《孝治天下——〈孝经〉与近世中国的政治与文化》，台北：联经出版有限责任公司，2011 年。

方官员和著名士绅，陈宏谋也是著名的善书推广者。罗威廉发现，那个时代中国的士绅精英总是面临着——因此也总是试图解决——“道德主义”（内在领域）与“实用主义”（外在领域）之间的紧张关系①。

回到经典诠释与士绅精神上来，显然《感应篇》作为宗教文本，与《朱子家礼》和《孝经》等儒家经典有所不同。这种行为还不是简单的解经、注经，而是具有宗教含义或仪式特征的行为。比如，撰写《感应篇》序言或手抄《感应篇》必须“沐手敬书”，阅读《感应篇》必须“焚香告天”“静室端坐”，印行《感应篇》功德“等同造像”②。吕妙芬指出《孝经》具有宗教性意义，与此貌似相互一致，实则《感应篇》由于产生于道教、佛教影响的时代氛围中，与《孝经》在儒学宗教化的过程中所附加的宗教性当然不同③。那么，如何理解这种历史现象？如何理解明清士绅的内在心灵与宗教世界？在儒家思想发展过程中，经典的重新阐释极为重要，宋人围绕着“理”“性”“心”“诚”“敬”等概念进行诠释和体认，进而完成自我的内心性探寻，建构了宋明理学的精神世界。这种现象可借用余英时的“文化”概念做一步申说。余英时指出：“所谓文化，是指人生的精神层面而言，它不但有别于衣食住行之类的物质层面，也不同于有形的制度和礼仪，这一精神层面和物质层面当然是互为影响而不可截然分离的，但它本身仍具有一相对独立的领域，用佛教的术语说，即仍有‘自性’。”④这种“自性”就是“内倾的道德精神”，或如唐君毅所说的“人能不断地实践其性中所具之善”⑤——显然，这已不是宗教（religion）的体现，而是宗教性（religiosity）的体现；其本身也并非静态结构，而是传统和信仰之间互相作用的动态呈现。

从更通俗的角度来说，强调“自性”就是强调对“内倾的道德精神”的研究，也就是所谓“精神世界”的研究。对此，费孝通指出：“‘精神世

① William T. Rowe, *Saving the World: Chen Hongmou and Elite Consciousness in Eighteenth—Century China*, Stanford: Stanford University Press, 2001, pp. 141—145.

② 在明清时期，《感应篇》常被称为“天律”。参见朱日丰：《增订太上感应图说》，国家图书馆藏同治年间刻本，第 12a 页；躬行居士：《三圣经律解》，浙江省图书馆藏光绪十七年（1891）刻本，第 7a 页；佚名：《感应篇直讲》，南京图书馆藏三塘韩宗祠民国三年（1914）刻本，第 1a 页；郑定国：《感应篇图说》，上海图书馆藏光绪十五年（1889）刻本，第 2a 页。

③ 吕妙芬：《晚明〈孝经〉论述的宗教性意涵——虞淳熙的孝论及其文化脉络》，《“中央”研究院近代史研究所集刊》第 48 期，第 1—46 页。后收入吕妙芬：《孝治天下——〈孝经〉与近世中国的政治与文化》，第 133—168 页。

④ 辛华、任著编：《内在超越之路——余英时新儒学论著辑要》，北京：中国广播电视出版社，1992 年，第 76 页。

⑤ 牟宗三、唐君毅、徐复观、张君劢，等：《为中国文化敬告世界人士宣言》，张君劢《新儒家思想史》，北京：中国人民大学出版社，2006 年，第 552—595 页。

界’作为一种人类特有的东西，在纷繁复杂的社会现象中具有某种决定性作用；忽视了精神世界这个重要的因素，我们就无法真正理解人、人的生活、人的思想、人的感受，也就无法真正理解社会的存在和运行。”①其研究价值自不待言。从历史学的角度来看，这种“自性”也并非一成不变。余英时就指出，宋代士人与明清士人存在很大区别，如果说“宋代士人还有自上而下‘得君行道’的愿望”的话，那么“明代士人特别是以王阳明为代表，则转而采取自下而上以‘致良知’为基础的‘觉民行道’的路径”②。当然，促成这种转变的因素，既有外在的社会经济史因素，也有内在的思想文化史因素。就后者而言，阳明学由“得君”转向“觉民”，由“上层”转向“下层”，可引发的思考是多方面的。“良知即在事中”“良知不离日用”等观念意味着儒学理念的“世俗化”。在这种“内在倾向”的历史转变中，明清士大夫阶层“似乎确已接受了诚实不欺可‘得天之庇’的民间信仰”，《感应篇》在这种情况下对明清士绅阶层产生了深切的影响。余英时甚至指出，从朱珪和汪辉祖等明清士大夫与《感应篇》的关系可以看出，“天地、鬼、神、报应等观念对他们的确发生了拘束的力量，形成了他们的‘第二文化’”③。这与胡适之视《感应篇》为“制造士大夫之具”的表述如出一辙。

自明中叶以降，由“良知”唤醒每个人道德意识，进而达到整合社会秩序、实现修齐治平，是王阳明及其追随者的理想，但是，理想与现实必然存在差异，故而李孝悌指出：“从礼学家或理学家的著述出发，我们可能高估了18世纪道德的压制性，又同时轻估了这个时代的复杂性和殊异性。”④王汎森注意到，明清时期的“致良知”追求，可能存在道德的“自我膨胀”。在对晚明清初思想的讨论中，王汎森转向关注那些不被人注意的更复杂的内倾面向：在思想解放和生活逸乐的生存状态下，明清士绅阶层中间存在一种“道德严格主义”⑤；明清鼎革之初，明遗民在“不入城”“不赴讲会”和“不结社”等行为背后，蕴含着相当普遍和浓烈的悔罪心态，在此过程中出现的日谱、日录和记过格等文类，与时人的理学论著一

① 费孝通：《试谈扩展社会学的传统界限》，费孝通《文化的生与死》，上海：上海人民出版社，2009年，第240页。

② 余英时：《明代理学与政治文化发微》，《宋明理学与政治文化》，桂林：广西师范大学出版社，2006年，第10—57页。

③ 余英时：《中国近世宗教伦理与商人精神》，第242—244页。

④ 李孝悌：《儒生冒襄的宗教生活》，李孝悌《恋恋红尘——中国的城市、欲望与生活》，上海：上海人民出版社，2007年，第151页。

⑤ 王汎森：《明末清初的一种道德严格主义》，王汎森《晚明清初思想十论》，第89—106页。

样，成为型塑士大夫文化、影响士大夫心态的重要因素[①]。吴震同样指出："如果过于强调作为良知存在的理性自我的绝对优越性，而缺乏对天命的敬畏感，确有可能导向自我膨胀。晚明以降，以道德劝善书大量涌现为特征的宗教问题凸显便与人们对良知傲慢、自我膨胀之心的反省有关。"[②]相比较而言，吴百益（Pei-yi Wu）和王汎森揭橥"内倾"趋势中的"悔罪心态"，比吴震所谓的"反省"更具有宗教意义。吴百益甚至在中西对比中指出，明末清初士大夫由忏悔意识表现出的罪疚感，与基督教的忏悔相差不远，尤其是与宋代士大夫相比更有天壤之别[③]。王汎森还注意到，即使是"明型文化"与"清型文化"之间也存在重大区别：通过批判文人阶层生活方式、明人文化的某些风习以及士人社会生活的自我边缘化等方式，"清型文化"比"明型文化"呈现出更为"内倾"的历史形态[④]。由于儒学传统肯定现实生命、现世价值，其"罪孽感""比一般宗教乃至基督教要轻微得多"[⑤]，因此，在这种时代转折和文化转向过程中，《感应篇》之受到明清士绅阶层的重视并对其产生持续性影响，这至少部分可以归结为《感应篇》本身所具有的赎罪内涵——《感应篇》强调道德和命运的自我掌控、借助宗教的力量进行修身的做法，与明清士绅阶层的"内倾"和"悔罪"等心态若合符节。

就明清士绅阶层的儒家核心价值而言，从"不断地实践其性中所具之善"发展到"悔罪心态"，是道德精神上从"善"为基点转移到"恶"的重大变化。在明清士绅的忏悔反思过程中，史华慈（Benjamin I. Schwartz）总结儒家思维的"避免化约"模式起了作用[⑥]。《感应篇》各种诠释文本显示，"善恶""感应""祸福"等概念要用各种现象来理解，各个不同的叙事存在互通性、重叠性，而背后又反映着共同的道德倾向。《感应篇》本来承载的是"释道二教"的思想观念（所谓"二氏之学"），对"吾儒"而言，是相当异质性的文本，但许多话题既有相成、又有互补之处，因此

---

① 王汎森：《清初士人的悔罪心态与消极行为——不入城、不赴讲会、不结社》，王汎森《晚明清初思想十论》，第187—248页。

② 吴震：《〈传习录〉精读》，上海：复旦大学出版社，2011年，第223页。

③ Pei—yi Wu，*Self—examination and Confession of Sins in Traditional China*，*in Harvard Journal of Asiatic Studies* Vol. 39 no. 1（1979），pp. 26，36—37.

④ 王汎森：《清初士人的悔罪心态与消极行为——不入城、不赴讲会、不结社》，王汎森《晚明清初思想十论》，第238—239页。

⑤ 徐复观：《中国文化中的罪恶感问题》，徐复观《徐复观文录选粹》，台北：学生书局，1980年，第216—219页。

⑥ 本杰明·史华兹著：《论中国思想中不存在化约主义》，张宝慧译，《开放时代》2001年第5期。同时可参见余英时：《中国近世宗教伦理与商人精神》，第67页。

重构《感应篇》产生、流传、编纂与阅读的思想史背景，可以讨论《感应篇》如何与理学这种正统“意识形态”的合流，重塑新的感应观（感应/天人之争）、人性观（善恶/赏罚之道）和命运观（祸福/义利之辨），最终影响其日常生活实践——社会史和生活史（或生命史、人生史）面向。

三、“神道设教”范式的检讨

由于《感应篇》等善书“是一种不论贵贱贫富，儒、佛、道三教共通又混合了民间信仰的规劝人们实践道德的书”①，具有礼教规范和宗教伦理通俗化的社会教化功能，因此，儒家原有的“神道设教”就被视为善书研究的基本范式。“神道设教”出自《周易·观卦》“观天之神道而四时不忒，圣人以神道设教而天下服矣”，这本即已构成古典儒家的基本原理。演变到中国近世以后，主要针对政治方面的社会教化而言，在国家正规制度以外，借用神鬼等软性手段推行教化——正是在这个意义上，陈来指出轴心时代中国的经典（classics）兼具古典（classics）和圣典（scripture）的双重属性，“圣典”即意味着儒学的宗教性②。但是近世的重要变化，是“儒门淡薄，收拾不住，归之释氏”③。在这种情况下，原被视为“释道二教”范畴的《感应篇》等善书被当作“神道设教”的媒介。以往从“国民道德”到“民众规范”的讨论，都在以“神道设教”来理解《感应篇》等善书。这毫无疑问是非常重要的视野，不仅因为“神道设教”是构成明清统治者的教化手段，而且明清士绅在诠释《感应篇》时一再秉承儒家“神道设教”的传统，普遍把《感应篇》视为“神仙之遗言也”④“神仙之绪言”⑤。比如，冯桂芬（1807—1874）即认为：“而传之数千百年不废者，岂以其于圣人神道设教之意犹未大背邪？将所谓精气为物游魂为

---

① 酒井忠夫：《中国善书研究（增补版）》，第445页。

② 陈来：《古代思想文化的世界——春秋时代的宗教、伦理与社会思想》，北京：生活·读书·新知三联书店，2002年，第173页。

③ “儒门淡薄，收拾不住”是在近世儒释道三教之争（合）的历史背景下，王安石与张文定（张方平，1007—1091）之间的谈话时，由张文定提出的，原表述为“儒门淡薄，收拾不住，皆归释氏”，史载“安石欣然叹服。后以语张商英，抚几赏之曰：‘至哉！此论也！’”因此，这“八字箴言”（及其变体）后来被明清士绅用来哀叹儒学与释、道二教的消长。参见释志盘：《佛祖统纪》卷45，《续修四库全书》子部第1287册，第632b页。

④ 冯时可：《太上感应篇序》，《冯元成选集》卷14，国家图书馆藏明刻本，第44a页。冯时可补充说：“天不能动而言神也，教不能恐而言刑也，闾师党正之不足而有士师理官也，士师理官之不足而有卜筮巫祝也，岂得已哉！”（第44b页）。

⑤ 胡维霖：《太上感应篇续史序》，《长啸山房汇稿》卷2，《四库禁毁书丛刊》集部第164册，第页。

变，知鬼神之情状者非邪？”[①]这种论断在《感应篇》的诠释文本中非常普遍。

然而，这种解释尽管已经超越了单纯的社会经济史，深入到思想观念层面，但是很容易陷入“以今衡古”的陷阱，进而落入“科学—迷信”的窠臼。按“神道设教”的基本含义包括两个基本指向：其一，以“神道”（怪力乱神）为手段，以“设教”（政教教化）为目的；其二，以普通民众为“神道设教”的对象[②]。钱钟书曾引英国史学家吉朋（Gibbon）的话来描述“神道设教”的三种不同主体：众人（the people）视各教皆真（equally true），哲人（the philosopher）视各教皆妄（equally false），官人（the magistrate）视各教皆有用（equally useful）[③]。然而，就《感应篇》而言，这三句话仍需仔细辨析：“众人视各教皆真”，由于史料的缺乏，无法做出更详细的讨论；“官人视各教皆有用”，这本在“士绅”的教化范畴内；至于“哲人视各教皆妄”则未必如是，从明清时期的《感应篇》诠释来看，《感应篇》在明清时期主要受到士绅阶层，特别是大量理学家的推崇，其“内在倾向”、思想演变与社会变革所导致的对《感应篇》的“选择”，尽管是视“视各教皆有用”，但显然并非是“视各教皆妄”。就此而言，在《感应篇》诠释的动机方面，我们往往很难分辨“教化”同“修身”的界限，正如王东杰所说，“‘教化’绝非只是精英对大众的单向施教，而是双方的相互影响”“在一个善于‘反求诸已’的儒者那里，面对他人的‘教化’和面对自身的‘修养’，是一个连续的、无法分割的、相互促进的过程”[④]。

对于《感应篇》所承载的果报观念，曹聚仁（1900—1972）在《说缘》中表现出一种“了解之同情”。他把唐宋时期人们对“因缘果报”观念的接受，同现代人对“唯物史观”的接受相比拟，说：

我推想，唐宋之间的文人，接受了“因缘”的说法，也和

---

① 冯桂芬：《太上感应篇图说序（代林文忠）》，《显志堂稿》卷1，《续修四库全书》集部第1535册，第480b页。

② 历史文献对的“教化”有多种表述，比如“政化”“王化”“流化”“风化”“施化”“万化”“圣化”“德化”“道化”，等等。参见高木智见著，周吟译：《在修己与治人之间——汉代翕然考》，《中华文史论丛》2013年第1期。杨庆堃指出：“（神道设教）通过赋予道德秩序先天的公正性，使因果可以超越一切经验主义的证明；同时将正面的诠释引入到那些令道德解说尴尬的状况（因为如果无法进行道德解释，势必会造成人们无视群体道德），来加强道德秩序。”参见杨庆堃：《中国社会中的宗教》，第149页。

③ 钱钟书：《管锥编》第1册，北京：中华书局，1979年，第18—22页。

④ 王东杰：《乡里的圣人：颜元与明清思想转型》，南京：南京大学出版社，2021年，第205页。

> 我们接受"唯物史观"一样，拿到了一只百宝钥匙，开起来头头是道，觉得新奇有趣的。人类原需要精神上的麻醉药（麻醉药也不一定是坏东西，适度的麻醉，有时也很有效用的），把我们所无可奈何的"离合"，归之于前定的缘法，也是一种心灵的安慰。……唐宋文人，运用这一钥匙，也和一般人运用唯物史观一样，不够深入，所以，果报之说，变成了浅陋的《感应篇》，更是十分庸俗了！[①]

曹聚仁固然抱怨唐宋文人对"这一钥匙"运用得"不够深入"而变得庸俗，但是他甚至顺着梁启超对"因缘果报"的论述说，"就梁氏所说的推寻下去，岂不是慢慢地和唯物史观相接近了吗？"[②]由此可见，必须抛开对《感应篇》等善书的先入之见，代之以一种"了解之同情"，乃能真正"进入"善书历史。换而言之，由于现存关于《感应篇》诠释的传世文本和资料来自士绅阶层，要解读其背后的历史信息就必须先理解士绅的"意识形态"（或价值观念、集体心态、精神世界）。特别是从"内倾转向"视角理解《感应篇》，就必须超越"神道设教"的解释范式，把《感应篇》诠释视为理解明清士大夫文化的一把"钥匙"（而不是简单斥之为"迷信"）。这样一来，实际上也就回归到了"韦伯转向"的研究理路——显然，这里指的是与"韦伯命题"密切相关的"世俗化"问题。

按"世俗化"（secularization），原本是西方宗教变迁的重要术语，表达的是宗教与社会之间的张力结构。从社会结果看，宗教世俗化是社会剥夺了宗教所具有的超越意义，可视为"去神圣化"。不过，余英时指出："西方以外的社会（如中国）也有在不同的程度上经过类似的历史阶段（世俗化）的，因此这个问题可以说是带有普遍性的。"[③]从"世俗化"视角理解"神道设教"，显然不同于杨庆堃对整体（政治）图景的总体描述。查尔斯·泰勒（Charles Taylor）指出，世俗化包括政治领域的世俗化、公共领域的世俗化和个体信仰的世俗化三个层面。其中，查尔斯·泰勒尤为

① 曹聚仁：《说缘》，曹聚仁《山水·思想·人物》，北京：生活·读书·新知三联书店，2007年，第127—129页。曹聚仁还在给朱自清的信中说："我近来欢喜看看《太上老君感应篇》《文昌帝君阴骘文》以及《关圣帝君觉世真经》，觉得像我和先生，将来究竟要入什么地狱，来世究竟变什么畜生，那真是不可推测！"参见曹聚仁：《国故与生活——和佩弦先生谈谈》，贺昌盛主编《再造文明》，杭州：浙江教育出版社，2014年，第216页。

② 曹聚仁：《说缘》，曹聚仁《山水·思想·人物》，第129页。

③ 余英时：《中国近世宗教伦理与商人精神》，第87页。

强调第三个层面，亦即个体信仰的世俗化问题，认为研究者应更多地注意世俗化背后的个体心性和精神气质，而不是宏阔的社会实践进程①。回到明清时期来看，同样可见神圣与世俗相伴的社会现象：一方面，由于明清人口规模的迅速增长，科举学额并未相应扩大，越来越多的读书人未能进入国家官僚系统，甚至停留在只拥有低级别功名的生员阶层。由此“学优”与“入仕”之间未能建立同步性关系，“内圣”与“外王”的连续体关系被打断。于是，在一个开放性的社会中，个体及家族的命运不可避免地成为明清士绅需要思考的问题，他们希望借助其他文化（释道）来解决儒家“性善说”的性恶问题，以及在此基础上人对自身命运的掌控限度。另一方面，在明清商人阶层的兴起与“四民社会”的异常变动过程中，商人阶层表现出对宗教伦理的浓厚兴趣。特别是善书所承载的民间宗教“天报”等观念，对商人阶层的商业伦理（比如“不欺”“勤俭”等观念）产生了很大影响，商人阶层在此过程中也逐渐形成了自足的精神世界，不再依附于士人阶层。

那么，在世俗性的商业和经济活动兴起的明清时期，如何理解与信仰和仪式天然相关的神圣？亦即要更深刻地去理解《感应篇》发生“影响”（而不是单纯的“反映”）的社会机制（外在层面）和文化逻辑（内在层面）。结合查尔斯·泰勒特别强调的世俗化的第三个层面，以及明清士绅“内倾转向”的时代性，可以说个体信仰的世俗化代表了面对神圣与世俗的自由选择，《感应篇》如何在那种“内倾转向”的背景下被诠释，就理应从这方面来理解。前述“神道设教”基本含义的两个层面，前一层面代表了儒学宗教化的方面，后一层面代表了儒家伦理的世俗化或庶民化。围绕《感应篇》诠释展开的各种现象，均可视为这两个层面的表现。具体到《感应篇》的诠释而言，又可将其归纳为三个维度：其一，文本形态。在明清时期的《感应篇》诠释中，同一文本内部往往包含多种话语，旨在将《感应篇》等宗教性读物转化成世俗化的通俗性读物。张采（1596—1648）曾在为《太上感应篇注疏》所写“序”中写道：“古之立言称不朽者，非唯其言之可传也，亦必有功施天下后世者也。故凡笺注之言，主于训释；议论之言，主于发明；箴颂之言，主于风劝；纪载之言，主于鉴观。数者皆能明道觉世以有功者也。”②此书虽名《太上感应篇注疏》，但在封面“太

① Charles Taylor, *A secular Age*, The Belknap Press of Harvard University Press, 2007, pp. 1—4 .

② 《太上感应篇注疏》，邗江履道堂康熙辛未年（1691）刻本，奥地利国家图书馆藏，“张采序”，第 1b—2a 页。

上感应篇”旁胪列“注”“疏”“衍”“颂”“征事”等五种诠释话语。正是通过这种兼具“注疏”和“征事”等多种话语的诠释，儒家经典话语（经书和史书）进入到《感应篇》中间，与世俗话语和善书文本结合在一起，成为促成经典世俗化或儒学世俗化的重要方式。其二，文类形态。《感应篇》因其与日常生活、物质文化的交织，产生出许多的诠释文类，不同的诠释文类背后当然（至少）代表了（预设）读者的差异，特别是图说、直讲、印章、碑刻等文类尤为值得注意——从视觉文化的角度看，《感应篇》的图解常常带有相当数量的插图，而且其风格越来越趋于概念化。这些图解通常带有评点、句读符号，有时甚至运用不同的颜色，这些都有助于读者的快速默读和反复阅读。这是在文类形态上的世俗化表现。其三，空间形态。经过明清士绅阶层的塑造，《感应篇》成为商人、农民、工匠、士卒、衙吏等群体共享的阅读文本。按照郭孟良的说法，这构成一个“阅读金字塔”，以贵族、官绅组成的传统精英阅读阶层为顶层，以日益扩大的普通士人阶层为中层，以包罗广泛的阅读大众为基层，各个阅读消费层面既有纵向的渗透，也有横向的交叉，是一个相对稳定而又动态发展的结构模型①。通过这个相对稳定的结构模型，原本作为一种个体化行为的善恶报应信仰，升格成为一个时代的集体现象。因此，这种结构适应了“世俗化”趋势，在阅读《感应篇》的过程中，普通民众将其视之为简单易行的宗教戒行仪式。于是，如何理解这一庶民信仰伦理的产生呢？很显然，这需要从信仰实践层面，重构《感应篇》诠释的民间脉络和空间背景②，实现《感应篇》研究的真正“落地”。

不可否认，《感应篇》在文本形态、文类形态和空间形态的世俗化表现，在很大程度上出于“神道设教”的目的。但是，一方面，“神道设教”带有绝对的单向性（即游子安所说的“文化霸权”③），其具体的实践结果——比如，下层民众的阅读体验和实践效果，因没有留下更多的文献资料而无法揭示。退一步来讲，即使是出于“神道设教”的目的，也只是代表了士绅阶层的意识形态——正如姜士彬所指出的那样。可以想象，如果仅仅出于单一“神道设教”的目的，《感应篇》绝无法衍生出那么多的诠释文类/文本。既有研究指出，《圣谕广训》诠释文本之多样实是因帝国教化

① 郭孟良：《晚明商业出版》，北京：中国书籍出版社，2010年，第185页。

② 朱新屋：《中国善书研究的儒学维度及其困境——兼评吴震〈明末清初劝善运动思想研究〉》，常建华主编《中国社会历史评论》，天津：天津古籍出版社，2012年，第448—457页。

③ 游子安：《劝化金箴——清代善书研究》，第17页。

的空间需求[1],《孝经》诠释文本之多样乃因士绅阶层的倡导与实践[2],《感应篇》的情形毋宁与《孝经》更为相似。另一方面,并不是说《感应篇》研究中不应该注重"神道设教"层面——这甚至仍然是研究的起点和首要层面,只是说如果善书研究仅停留在"神道设教"的简单论述,那么就很容易忽视其背后的复杂性及其对理解中国社会底色的价值。因此,必须在研究超越"神道设教"的研究范式,从社会教化以外的"内倾转向"层面,理解明清士绅的《感应篇》诠释,以及这种诠释对"制造士大夫"的过程和意义。余英时强调的"自性"或"意识形态",也是与外在物质形态相表里演进的动态观念。李孝悌所说:"作为意识形态的儒家思想或理学,虽然是型塑明清士大夫价值观和日常生活的重要因素,但却决不是唯一的因素。"[3]换而言之,必须从儒学宗教化和伦理庶民化的过程,去双向(互动)理解明清士绅借助《感应篇》"神道设教",以及超越"神道设教"的可能、必要及意义。

第三节 资料、方法与框架结构

选择《感应篇》为研究对象,自离不开善书研究的学术脉络。然而,以往综合性的善书研究过于全面系统的观照,牵扯了更富有深度的讨论;专题性的善书研究,更因缺乏对该善书文献的系统梳理,无法建立更完整、更系统的专题讨论。吕妙芬所说"文本的生产脉络与论述内容",考查文本"如何在中国近世社会中被不断诠释与运用等"的研究思路值得重视。本节拟简要介绍《感应篇》的文本谱系及资料基础,交代本书的研究方法,并简要交代全书写作的框架结构。

一、《感应篇》的体例及内容

通常认为,《感应篇》产生于北宋末年(1105—1117),作者或言为李昌龄,或言为李石,但更多的学者主张:"其实《太上感应篇》的作者是一些不知名的道士。由魏晋道士草创,北宋初年某道士撮其精要,重新谋篇布局,使之短小精悍,便于流传。"[4]《感应篇》全书只有 1277 个字,

① 周振鹤撰集《圣谕广训——集解与研究》,顾美华点校,上海:上海书店出版社,2006年,第594—621页。

② 吕妙芬:《孝治天下——〈孝经〉与近世中国的政治与文化》,第329页。

③ 李孝悌:《恋恋红尘——中国的城市、欲望与生活》,第10页。

④ 李刚:《〈太上感应篇〉初探》,《宗教学研究》1988年第1期。

去重后仅有 571 个字①。虽然就篇幅而言，均大于 745 字的《阴骘文》和 484 字的《觉世经》②。印光法师指出："能知五千言者，可有几人？知五千言之平人，则不如知《感应篇》之平人，为得其诚意、正心、修身、齐家之益多多也。"③然而，正是这本明白易晓的善书，却得到大量明清士绅的诠释，所谓"《感应篇》自赵宋以来，注解者不下数百家"④。在实际的文本诠释中，《感应篇》被分成不同的卷数来注释，从一卷、两卷、四卷、八卷、十卷乃至三十卷不等。这些分卷固然代表了不同的诠释理路，但同时也说明了《感应篇》背后的复杂性。

为行文便利，现将《感应篇》的文本结构列表如下（表 1-1）。

表 1-1　《感应篇》的文本结构

章节	行文	内容
明义章第一	太上曰……如影随形。	此章首明祸福之义，乃全篇之纲领也。
示警章第二	是以天地……算尽则死。	此章先言恶报以示警。
鉴察章第三	又有三台……先须避之。	此章极言上天纠察之严。
积善章第四	是道则进……与人不追悔。	此章备举为善之端，使人知所奋励。
善报章第五	所谓善人……当立三百善。	此章备举善报，使人知所向慕。
诸恶章第六	苟或非义而动……杀龟打蛇。	此章备举恶行，使人知所儆戒。
恶报章第七	如是等罪……死亦及之。	感应之理已详于前，此复举横取枉杀等事，三致丁宁，盖人惟贪嗔易犯，故重言以示戒。
指微章第八	夫心起于善……而凶神已随之。	此章言心动即有神知，欲人谨之于微，以明如影随形之义也。

① 怡性堂主人：《感应篇集证》，南京图书馆藏同治九年（1870）刻本，第 4b 页。清人陶英说《感应篇》全书 1217 字。参见唐英：《太上感应经解序》，《陶人心语》卷 6，《四库未收书辑刊》第十辑第 21 册，第 755b 页。现代学者的统计常作 1274 字。参见丁培仁：《戒律类道经说略》，朱越利主编《道藏说略》上册，北京：燕山出版社，2009 年，第 397 页。

② 陈霞：《道教劝善书研究》，成都：巴蜀书社，1999 年，第 60、76 页。

③ 印光法师：《复温光熹居士书》，《印光法师文钞全集》第 3 册，北京：团结出版社，2013 年，第 1519 页。

④ 佚名：《感应篇汇编》，苏州图书馆藏道光己亥年（1839）刻本，"跋后"，第 1b 页。

续表

章节	行文	内容
悔过章第九	其有曾行恶事……转祸为福也。	此章言能改悔，即可挽回天心。
力行章第十	故吉人语善……胡不勉而行之。	此章正言总结善恶之报，勉人以力行也。

资料来源：尤鼒丞《感应篇图说》，国家图书馆藏（北京）中央刻经院民国元年（1912）刻本，第1—4页。参见本书附录一《〈感应篇〉正文校读》。

在明清时期《感应篇》诠释文本中，将《感应篇》分为十章是最为普遍的做法。概括而言，其内容可概括为四大部分：第一部分对应“明义章第一”至“鉴察章第三”，总体阐述福善祸淫和因果报应之道；第二部分对应“积善章第四”至“善报章第五”，详细罗列善人和善举；第三部分对应“诸恶章第六”至“恶报章第七”，详细罗列恶人和恶事；第四部分对应“指微章第八”至“力行章第十”，强调语善、视善和行善的重要性以劝善[①]。其中，全书所列“善行”条目共26条，“恶行”条目170条[②]——宋明以降，不少学者曾对《感应篇》这种记载“恶”多于“善”的做法提出过揣测和看法，大抵集中在两个方面：其一，“防恶”多于“劝善”。这实际上是为了防止道德功利主义。其二，劝“中人”和“下愚”多于劝“上智”。这实质上表明《感应篇》以“为中下设”的初衷[③]。

有关《感应篇》的文本源流，清代学者王家振（1843—1908）考据说：

> 《太上感应篇》一书，宋初李昌龄拔出于《道藏》，为之传注。南渡理宗命郑清之作序，用内帑刊布。于是始著录于《宋

① 包筠雅：《功过格——明清社会的道德秩序》，第36—39页。

② 游子安：《善与人同——明清以来的慈善与教化》，第53页。这一数据最早见于元代陈坚《感应篇图说》。参见陈坚：《太上感应灵篇图说》，《丛书集成续编》第46册，台北：新文丰出版公司，1988年，第603、605页。但是，后世对于《感应篇》中善行、恶行数目的统计，则常不统一，比如，孙治计得善行28种，恶行168种，与游子安统计略近。参见孙治：《太上感应篇序》，《孙宇台集》卷6，《四库全书禁毁丛刊》集部第148册，第718页。漥德忠计得善行16种22项，恶行94种155项，与游子安统计略远。参见漥德忠：《道教入门》，第67—68页。

③ 孙念劬：《全人矩矱》，《藏外道书》第28册，成都：巴蜀书社，1994年，“凡例”，第301页。

史·艺文志》。赵鹿泉曰："书盖唐以来道流之所为。"唐人尊老子为帝，以其所著书为经道家，因有"太上老君"之号。故引其言于首，而系之"太上"，以尊所出。似宋以上已有是书。钱竹汀述惠松厓征君，以为出汉魏《道戒》，与《抱朴子·内篇》所述略同，则又不始于唐矣。宋儒若真西山、明儒若高忠宪，皆尝序以行世。世祖章皇帝《劝善要言》多采节其粹语。至云间许鹤沙《图说》出，可谓极是书之大观矣。①

同时代的唐训方（1810—1877）考证相似，认为"是书乃修真者述太上之旨而为之。当在《玉钤经》《易内戒》《赤松子经》《河图记命符》诸书中，皆晋以前书《抱朴子》所述。"②后来王仁俊（1866—1913）在《感应篇儒义》中，或受乃师俞樾影响的缘故，将源头追溯到先秦《荀子·君子篇》中，"《感应篇》为道家书，实为儒家绪论，故荀卿书《君子篇》撮其总义，宏诣斯畅"③。然其所引则是《荀子·君子篇》中"圣王在上，分义行乎下，则士大夫无流淫之行，百吏官人无怠慢之事，众庶百姓无奸怪之俗，无盗贼之罪，莫敢犯大上之禁，天下晓然，皆知夫盗窃之人不可以为富也，皆知夫贼害之人可以为寿也，皆知夫犯上之禁不可以为安也，由其道则人得其所好焉，不由其道则必遇其所恶焉"④一句，与王家振、唐训方略有不同。时至今日，学者普遍认为与《抱朴子》有继承关系。吉冈义丰、陈霞、刘涤凡都对这种承继关系做过较为详细的说明。陈霞更是在《道教劝善书》中，就《抱朴子·内篇》的《对俗》《微旨》两篇与《感应篇》列表详细对照⑤。

尽管将《感应篇》和《功过格》等善书，归入庶民文化的社会范畴分析方法，不免有可商量的余地，但是从文本本身出发分析，则是可行的办法。与吉冈义丰等学者一样，酒井忠夫也曾（试图）分析《感应篇》与《抱朴子》之间的关系，主要着眼于两者之间的异同。尤可注意的是，酒井忠夫指出，《感应篇》中有大约40条恶行是《抱朴子》中所没有的。作

① 王家振：《题太上感应篇》，《西江文稿》卷10，《清代诗文集汇编》编纂委员会编《清代诗文集汇编》第750册，上海：上海古籍出版社，2010年，第463页。

② 唐训方著：《里语征实》卷上，冯天亮标点，长沙：岳麓书社，1986年，第46页。

③ 王仁俊：《感应篇儒义》，国家图书馆藏光绪丙午（1906）冬月俞氏立诚助刊本，"附录"，第1a—1b页。

④ 祝鸿杰注释：《荀子》，杭州：浙江古籍出版社，1999年，第223页。

⑤ 陈霞：《道教劝善书研究》，第35—39页。

者认为可能是宋代新儒教思想的内容影响了民众道教善书《感应篇》的结果。在接下来的部分，酒井忠夫将恶行分成50种，并指出前25种为宋以后庶民的善恶行为，后25种为宋以后官僚（士）的善恶行为[①]。这种分析或可为重新理解《感应篇》提供新的认识：其一，《感应篇》的出现是道教书籍，但受到佛教因果报应观念和儒家道德伦理观念的影响；其二，《感应篇》文本尽管浅白易懂，当"为中下设"，但就其具体的善恶条目而言，属于士、庶共享的范畴。甚至在明清士绅看来，《感应篇》更多的是为上层士绅而设。正是在这个意义上，我们无法将《感应篇》简单地进行社会范畴的分析，从而无法单纯用"神道设教"的基本原理予以解释。

在文辞表述上，《感应篇》主要继承了《抱朴子·内篇》的论述；在思想层面上，则融合《太平经》的"承负说"、《黄庭经》的"尸身说"和《抱朴子》的"积善说"于一炉，形成了相当完整的解释体系。其中，《太平经》的"承负说"，实受佛教"三世因果说"的影响，但是又提出在不同人或家族代际之间的因果报应：

> 承者为前，负者为后。承者，乃谓先人本承天心而行，小小失之，不自知，用日积久，相聚为多，今后生人反无辜蒙其过谪，连传被其灾，故前为承，后为负也。负者，流灾亦不由一人之治，比连不平，前后更相负，故名之为负。负者，乃先人负于后生者也；病更相承负也，言灾害未当能善绝也。[②]

由此可见，"承负说"的目标在家族，"三世说"的目标在个体，两者之间形成相辅相成的关系；而《黄庭经》的"尸身说"，代表了道教人体与宇宙同型同构的观念，即以身体为单位，身内为小宇宙，身外为大宇宙，因此，《感应篇》指出："又有三尸神，在人身中，每到庚申日，辄上诣天曹，言人罪过。"可见"三尸神"这种"在人身中"的"小宇宙"之神，与"三台""北斗神君"这种"在人身外"的"大宇宙"之神，亦构成相辅相成的关系；至于"积善说"，是由中古以《抱朴子》为代表的

---

① 酒井忠夫：《善书的流传以及新儒教、新道教和民间信仰（民间宗教结社）》，路遥主编《民间信仰与社会生活》，青格力译，上海：上海人民出版社，2012年，第1—80页，引文见第6—9页。

② 王明编：《太平经合校》，北京：中华书局，1960年，卷37，第70页。

道戒演变而来，倡导人的善行和恶行可以积累，并由这种道德命运影响自身物质命运[①]。因此，融合“承负说”“尸身说”和“积善说”为一体的《感应篇》，形成了相当自足的解释系统，在明清“善书运动”中取得了“善书之首”的地位，成为超越社会地位、经济状况和宗教归属的经典文本。

二、资料基础与理论方法

《感应篇》的正文文本仅有1277字，在流传过程中虽有个别字词略有差异，但正文主体并无变化，所以单纯依靠对《感应篇》本身的分析，不足以支撑一种新的研究。在这种情况下，本书在确立《感应篇》作为研究对象以后，从三个方向着手资料搜集：一是《感应篇》系统的文献，二是明清文人文集中的记载，三是地方志中的善书史料。在搜集资料的基础上，整理出（较为）完整系统的《感应篇》文献脉络（详见本书附录二《中国近世〈感应篇〉知见录》），并试图建立与文人文集和地方志资料，以及其他文类资料之间的互文性联系。

第一类资料，《感应篇》系统的文献。为系统梳理明清以来《感应篇》的诠释文本系统，笔者曾前后多次前往全国主要古籍收藏图书馆查阅文献，包括国家图书馆、上海图书馆、南京图书馆、浙江省图书馆和苏州图书馆，等。最后据搜集而来的文献，配合文人文集资料和地方志资料，整理成附录二《中国近世〈感应篇〉知见录》。当然这里搜集的显然还并非全部，包括存世和存目在内，共计诠释文本264种。除去书法、碑刻和印谱等文类外，尚有《感应篇》诠释文本234种（书法、碑刻和印谱三类共计30种）；即使再剔除宋元至明代中前期的《感应篇》诠释本（共计16种），只计晚明至民国时期亦共计218种，与吕妙芬整理的《晚明至民国〈孝经〉著作》[②]共计137种相比，也不遑多让。倘若考虑到《孝经》为儒家经典（“十三经”之一），而《感应篇》却是“释道二教”的产物，不仅“肤浅低俗”，而且“异端乱道”，是相当“异质性”的文本，那么这种数量所反映出来的社会文化史过程就更加重要。

陈弱水曾不无抱怨地指出：“善书基本上是‘一面之词’，只是教人为善，宣扬林林总总的德目，内容的性质过于单纯，不易显现文化意念的多

① 福井康顺等监修：《道教》，第2卷，第39—46页。

② 吕妙芬：《孝治天下——〈孝经〉与中国近世政治与文化》，第339—347页。

面性。”[①]这种观点大体不错：《感应篇》与其他善书文献一样，前后不同的诠释文本存在因袭的现象。这种抱怨也见诸明清文人文集中，比如，魏禧（1624—1680）《魏叔子文集》记载，好友彭士益（1610—1683）抱怨说：“举世传刻《感应篇》，自身无毛发效法，只是劝他人奉行，为自己忏罪耳。间一歆动善名，遂至放纵真盗，贻害地方，其去自杀一间，吾闻见此等多矣。”[②]甚至类似的抱怨在不少《感应篇》诠释本的“序言”部分也能见到，比如，求悔居士（生卒年不详）《太上感应篇试帖诗》就指出：“劝善惩恶之书，汗牛充栋，于科名尤所致意，而人往往束阁不观，转视为常谈而忽之者，以其千篇一律也。”[③]这种情况当然是客观存在，但是，另一方面，诠释文类的多样性，使得这种因袭增损的背后仍然饱含自身特性，代表了作者（注者、编者、刊者等）自身的心性观念。周亮工（1612—1672）就指出：“予见今之士所镌《感应篇》率百十家，书可满架，夫固太上之篇也。罗列事迹，稍易首尾，颜曰某辑，则是一家之言，非太上之篇也。”[④]由此可见，尽管善书诠释存在雷同性，但背后仍表现出诠释者各自的独特性。另外，即使是背后同一文本的前后因袭或增损，也同样具有研究的价值，至少可以看到某一时代的某些面向被突显，以及某一文本的普世性。

第二类资料，文人文集中的《感应篇》史料和善书文献。中国历史研究的特殊性在资料上的表现之一，就是大多存留下来的文献为士大夫阶层所创制。《感应篇》文献也不例外，在明清文人文集中保留了大量相关文献。举其要者，主要包括以下四种史料：一是《感应篇》（及其他善书）文本材料。如徐陶璋（1674—1738）《立命编》收录[⑤]《感应篇》正文，姚文然（1620—1678）《姚端恪公文集》[⑥]收录《感应篇备注》等。二是《感应篇》（及其他善书）序跋材料。在明清文人文集的善书材料中，这是其中最大的一类。本书共搜集到有关《感应篇》的序文和跋文200多篇，有些序言和跋文甚至与公藏机构的《感应篇》版本可以相互印证，无疑可以

---

① 陈弱水：《近世中国心灵中的社会观》，《公共意识与中国文化》，第121页。

② 魏禧：《魏叔子文集外篇》卷11，胡守仁、王能宪、姚品文校点，北京：中华书局，2003，第576页。

③ 求悔居士：《太上感应篇试帖诗》，上海图书馆藏同治十一年（1872）刻本，第5b页。

④ 周亮工：《寿汪生伯六十序》，《赖古堂集》（《清人别集丛刊》）卷16，上海：上海古籍出版社，1979年，第656—657页。

⑤ 徐陶璋：《立命编》，《四库未收书辑刊》第8辑第14册，第523—525页。

⑥ 姚文然：《姚端恪公文集》，《四库未收书辑刊》第7辑第18册，卷4—6，第650—672页。

很好地搭配使用①。三是人物传记材料。黄宗羲曾说：“余选明文近千家，其间多有与《实录》异同。盖《实录》有所隐避，有所偏党，文集无是也。且《实录》止据章奏、起居注而略之，一人一事之本末不能详也。”②文集中的人物传记材料与正史和地方志中的人物传记不同，撰写者带有更多的“解人”色彩。特别对下层士绅的传记来说，虽然具有很大的“润笔”成分，但保留了最原始的有关下层士人与《感应篇》关系的材料。这类材料又包括行状、行述、墓表、墓志铭、寿序和家传等不同的名目。四是日记、笔记、书信、清言、诗歌等材料。《感应篇》对明清士大夫文化产生重要影响的例证之一，就是士人常常通过书信交流相关问题的看法，成为士人日常交谈的重要话题。这些交流结果通常以日记和书信的方式体现出来。加上日录、日谱和日记作为修身方式的“公共性”，日记中包含了许多《感应篇》的文献，对于重构士人生活史和生命史有重要意义。除此以外，文集中的笔记和诗歌等文类，也包含不少《感应篇》材料。

第三类资料，地方志中的《感应篇》史料和善书文献。善书与地方志之间存在某种共同性，因为社会教化为两者共同的目标。明清地方志中不仅记录地方性的善书著作和善书艺文，也同时会记录大量有关士绅阶层编纂、刊刻、宣讲和阅读善书的重要材料，这些材料大量出现在《人物志》中。本书即从明清方志中搜集到与《感应篇》有关的人物传记资料186例。通过这些人物传记，既可以看到《感应篇》在地方社会流传的实际形态，也可以看到《感应篇》对地方社会和士绅阶层的影响，还可以大致重构明清《感应篇》流传的地域空间和社会空间。特别值得注意的是，明清地方志的编纂尤为注重人物志。比如，清代朱轼就指出：“志书所载，义例不一，而所最重者曰人物，曰风俗，曰山川形势。”③但与此同时，历来对地方志中的“人物志”资料使用极少。本书所见唯有山田贤《移民的秩序》和余新忠《明清时期的孝行与家庭生活》有较好的使用。其中，前者尤其使用了地方志中的“人物志”材料（特别是有关“善人”和“善书”

① 清代宋在衡《历代神仙通纪》共收录这类序文和跋文21篇。参见宋在衡：《历代神仙通纪》，《四库未收书辑刊》第8辑第30册，北京：北京出版社，2000年。另外，游子安指出：“清人为善书所撰注疏的序跋、撰著者的经历及背后的动机，这几个方面都可考究。”参见游子安：《善与人同——明清以来的慈善与教化》，第25页；游子安：《劝化金箴——清代善书研究》，第25页。

② 黄宗羲：《陆石溪先生文集序》，沈善洪主编《黄宗羲全集》第10册，杭州：浙江古籍出版社，2005年，第90页。

③ 朱轼：《陕西通志序》，《朱文端公文集》卷1，厦门大学图书馆藏同治十二年（1873）刻本，第13a页。

的材料)，讨论四川地方士绅与地方社会秩序之建构等问题①。

除此以外，本书还搜集和参考了大量其他文类的史料，比如，通俗小说、清言（格言/箴言)、家训、宝卷、类书和戏曲，等等。这些材料构成本书写作的基础。然而，如何将这些不同文类（genre）的文献结合起来，重构明清《感应篇》诠释所反映出的历史图景？这就必须借用文本诠释和文学批评中的重要概念——互文性（intertextuality)。互文性通常又被译为“文本间性”，指的是同等文本或不同文类之间由交叉互渗构成的网络关系，可以理解为一个文本对另一个文本的借用（appropriation)，或是两个或多个文本之间的互动。前后经由索绪尔（Ferdinand de saussure)、巴赫金（M. M. Bakhtin)、克里斯蒂娃（Julia Kristeva)、罗兰・巴特（Roland Barthes）等学者发展演绎，成为文本研究的重要方法②。在历史研究中，类似于“文本”与“语境”的关系，意指任何文本的研究都不能抽离出其所依存的历史语境，而是要考察该文本与周边文本，甚至其他文类之间的交织互动关系，讨论文献的生成和传播过程。安乐哲（Roger T. Ames）和郝大维（David L. Hall）就非常注重“互文性”在理解中国思想典籍中的运用，指出说：“对于中国的思想传统来说，这种互文性至关重要。并且，将某一文本由其所在的传统中抽离出来，且无视盖传统中其他文本对于这一文本的参考作用，从而理解这一文本，对于任何这样一种指望，中国传统思想的互文性也都将其排除在外。”③《感应篇》的研究尤需引入互文性分析方法，通过不同文类或文本的互文性，考察同一思想或观念的“形形色色的使用”④，进而揭示《感应篇》诠释中，新的话语世界和意义空间的生成。

三、概念界定及框架结构

与整个明清历史的整体演进相一致，《感应篇》等善书的发展也经历

① 山田贤：《移民的秩序——清代四川地域社会史研究》(1995)，曲建文译，卿学民、刘景文校，北京：编译出版社，2011 年，第 256—268 页；余新忠：《明清时期孝行的文本解读——以江南方志记载为中心》，张国刚主编《中国家庭史论》，天津：南开大学出版社，2003 年。另外，吕妙芬在讨论《孝经》时，也曾用到地方志资料。参见吕妙芬：《孝治天下——〈孝经〉与中国近世政治与文化》，第 53—70 页。有关方法论的讨论，参见朱新屋：《地方志中的善书史料及其利用——以光绪〈湖南通志〉为例》，《湖南城市学院学报》(社会科学版）2011 年第 6 期。

② 蒂菲纳・萨莫瓦约：《互文性研究》，邵炜译，天津：天津人民出版社，2003 年。

③ 安乐哲、郝大维：《切中伦常——〈中庸〉的新诠与新译》，彭国翔译，北京：中国社会科学出版社，2011 年，第 40 页。

④ 王汎森：《中国近代思想文化史研究的一些思考》，康乐、彭明辉主编《史学方法与历史解释》，北京：中国大百科全书出版社，2005 年，第 76—86 页。

了所谓的"明中叶转折"。酒井忠夫就曾指出其"善书运动"的概念，尤其指的是的16世纪—18世纪[①]。本书的研究揭示，尽管有史料表明宋元时期《感应篇》已经相当流行，但尚未影响到士绅阶层的思想争论和日常生活。《感应篇》真正成为一种儒家精英不得不正面面对的文本，是到了明中叶以后。周作人曾不无怨言地指出："中国文人当然是儒家，不知什么时候几乎全然沙门教（不是佛教）化了，方士思想的侵入原也早有，但是现今这种情形我想还是近五百年的事，即如《阴骘文》《感应篇》的发达正在明朝，笔记里也是明清最厉害的讲报应，以前总还要好一点。"[②]基于这种历史事实，本书将研究时段界定在16世纪中叶—20世纪中叶。不过在实际的讨论中，会超出这个限度，例如，《感应篇》的早期流传（宋元至明代中前期）作为背景，会在文中有所交代；而讨论到《感应篇》与晚清民初社会时，又会延伸到20世纪10年代—20年代的"道德革命"和"国民运动"。本书虽有意规避过于宏大叙事的讨论，但是正如罗德·艾克顿（Lord Acton）所言，"（历史学）研究的对象是问题而不是断代"[③]，因此并不算太长。

除了研究时段外，还有必要界定本书研究的区域空间，这显然要困难得多。从本书所列明清时期《感应篇》知见录来看，无论是作者群还是读者群分布都是跨区域性的，很难说不同区域之间的《感应篇》诠释存在多大差异。从另一方面来说，空间上帝国中心到帝国边陲的分布，本身也是"世俗化"的重要面向。刘志伟曾提出一种可以超越"区域"史研究的方法，就是人文主义取向的历史学。这种研究取向旨在"超越'国家—地方'二元对立的话语，本着强烈的人文主义关怀，追求一种历史理性和人文精神的理解和体验"，由抽象的制度、象征等层面引向对更为具体的人群的关注，因为"区域"历史的"创造者"生活在特定的历史环境下，但他们的身份认同并不由地域归属去界定。他们的活动空间和文化网络也没有地域界线的限制。这样一来，"历史的主体是人的活动以及他们的精神世界，而所谓的地方历史，只有通过作为历史主体的人的活动，才成为可以理解的事实"，在这种情况下，特定的区域就不再单纯被视为历史过程的单位，也被视为人们历史活动的空间。区域界线的流动、人群的流动和

---

① 酒井忠夫：《中国善书研究（增补版）》，第17页。

② 周作人：《关于雷公》，钟叔河编《周作人文选（1930—1936）》，广州：广州出版社，1995年，第505页。

③ 转引自余英时：《中国近世宗教伦理与商人精神》，第57页。

思想的流动，在这种历史视野中可以得到更好地展现，并且呈现出弹性的多元的历史解释[①]。因此，本书的实证讨论虽然以江南、华南等地为主，但不完全局限于这些区域。

本书的另一重要概念是“诠释”。与西方经典诠释学一样，中国本身有两千多年的诠释学传统，即历代对儒家经典的注释[②]。中国古代的士人相信，“只要控制经典的诠释权，也就掌握了对国家权力的理论支持”[③]，因此历来有注经、解经的诠释传统。借用西方诠释学的概念，由经典诠释而在文本（本文，text）之外，形成了类文本（paratext）[④]。具体到《感应篇》的诠释中来说，由诠释产生的类文本包括两个方面：其一，在《感应篇》注本内，包括封面题签、扉页题名、作者题名、著述形式、序言、凡例、条文注释、配备图画、分写姓名、跋文、印刷记录、捐资姓名和版存地点等。其二，在《感应篇》注本外，依托地方志和文人文集等文类，包括序（叙）文、跋文（书后）、日记、书信、目录、艺文、碑刻、诗歌和人物传记等。由此可见，本书所谓“诠释”是从广义上来理解的，不仅指对《感应篇》的文本诠释（编纂），也指与《感应篇》诠释而产生的一系列行为：刊刻、阅读、传播和信奉。从文本诠释返回到背后的诠释者来说，就是既要考察《感应篇》的编者、撰者、注者和纂者，也要考察《感应篇》的刊者、刻者和读者[⑤]。黄俊杰指出，儒家解经者的经典诠释不仅是认知的过程，也是体验的过程，亦即解经者的生命历程会影响其经典认知——反过来说，对经典诠释文本和类文本的分析，可以在解经者的经典认知（内在领域）之外，看到其生命历程（外在领域）[⑥]。据此可

① 刘志伟：《区域史研究的人文主义取向》，姜伯勤《石濂大汕与澳门禅史——清初岭南禅学》，上海：学林出版社，1999年，第1—7页。

② 蔡方鹿：《中国经学与宋明理学研究》上册，北京：人民出版社，2011年，第581页。

③ 艾尔曼：《经学、政治和宗族——中华帝国晚期常州今文学派研究》，赵刚译，南京：江苏人民出版社，1998年，第51页。

④ 法国学者热拉尔·热奈特（Gérard Genette）最早也最系统地提出了类文本的概念。在《类文本——诠释的门槛》中，作者提出两种类型的类文本：一种可称之为边缘类文本或书内类文本（peritext），包括作者姓名、书名（标题）、次标题、出版信息（如出版社、版次、出版时间等）、前言、后记、致谢甚至扉页上的献词等；另一种可称之为后类文本或外类文本（epitext），包括外在于整书成品的、由作者与出版者为读者提供的关于该书的相关信息，如作者针对该书进行的访谈，或由作者本人提供的日记等。参见 Gérard Genette, *Paratexts: Thresholds of Interpretation*, Translated by Jane. Lewin, Cambridge University Press, 1997.

⑤ 明清《感应篇》作者的题名包括许多方式，如编、著、撰、纂、辑；编集、辑注、披阅、辑校、参校、编次、校录、辑刻、增注、评注等等，因此，作者与读者、刊者之间通常存在重叠的情况。

⑥ 黄俊杰：《东亚儒学史的新视野》，台北：喜马拉雅研究发展基金会，2000年，第41—57页。

知，要理解明清时期世俗化的历史过程，就是要考察《感应篇》诠释话语的转变，以及具体地理解以下问题：明清士人为什么会采取这样的诠释路径？是什么样的状况驱使明清士绅用这种方式直面《感应篇》？《感应篇》的发展演变与明清社会的整体变动之间有什么联系？等。因此，本书将在行文中采用形而上与形而下、思想史与社会史、观念史与生命史相结合等分析方法。

基于学术回顾、资料基础及问题意识，本书在写作框架上以时代顺序规划全书框架：除“绪论”和“结论”外，共分五章。其中，第二章通过梳理儒学传统中的性—命论和感应观的发展演变，以及宋元时期《感应篇》的产生和流传情况，重点厘清明清《感应篇》诠释兴起的理学脉络。第三章至第六章，分别以晚明、清初、清中叶和晚清四个时间段为限，讨论不同时代的《感应篇》诠释。通过总体描绘和案例分析，梳理缩结交织于其间的思想争论和行为实践，详细展现每一时代不同的诠释主题和诠释特色。当然，在实际的写作中，不可能对各个研究时段做整齐划一的限定，比如，晚明部分会涉及清初部分；清中叶部分也会牵涉到清初部分，晚清部分则会涉及民国初年，等等。除此以外，书后还加了两个附录：附录一《〈太上感应篇〉正文校读》、附录二《中国近世〈感应篇〉知见录》为本书写作基础加以补充。

第二章 《感应篇》诠释的理学脉络

明清“善书运动”的兴起，自有其深刻的时代背景。现有研究普遍将其原因归结为商业发展、大众文化和社会变动等因素①。这种带有功能主义倾向的解释具有一定合理性，但是正如余英时所说，精神层面和物质及制度层面的关系“是互为影响而不可截然分离的，但它本身仍具有一相对独立的领域，用佛教的术语说，即仍有‘自性’”②。由此观察，外缘性动力可能不是根本性原因。也就是说，明清“善书运动”作为道德运动，应有相当同步的理学脉络。这是理解其成为“善书”、成为“运动”的前提③。本章在借鉴学界既有研究成果的基础上，从儒家人性论、命运观和感应观三个方面，解释明清《感应篇》诠释兴起的理学脉络④。

第一节 儒家性—命论的困境和调适

既有研究认为，先秦诸子百家的“哲学突破”、魏晋六朝的“宗教突破”、宋元以降的“三教合流”构成了中国善书的理论土壤⑤。这些认识

① 林祯祥：《宋代善书研究》，台湾东吴大学硕士学位论文，1997 年，第 38—81 页；陈霞《道教劝善书研究》，第 23—31 页。

② 余英时著，沈志佳编：《文化评论与中国情怀》，桂林：广西师范大学出版社，2006 年，第 7 页。

③ 韩德琳对晚明慈善事业史的研究也指出，这种外缘性的解释过于单一。参见 J.F.Handlin Smith，*Liberating Animals in Ming—Qing China*：*Buddlist Inspiration and Elite Imagination*，p. 53.

④ 需要说明的是，明清“善书运动”兴起的重要背景是“三教合流”——就“善书运动”而言，这不仅是原因，也是结果——这就意味着儒、释、道三教皆存在自身的困境。《感应篇》脱胎于道教《抱朴子》，在宋元时期也被认为是“道书”，那么，首先意味着道教自身的困境。比如，熊十力就指出：“魏晋以后，道家思想渐失其独立性。盖穷玄之徒，若果于孤往，则一涉道家，必以为未足而之于佛矣；若穷玄而不肯遗世者，则一涉道家，必以为未足而归于儒矣。儒者自有穷神知化与穷理尽性至命之学，道家又不及也。宋以后之儒与释莫不兼摄道家，但不能以道家名之。”参见熊十力：《十力语要》，长沙：岳麓书社，2011 年，第 54 页。本书之所以揭橥“理学脉络”而不是“思想脉络”，从儒家/儒学着眼而不是详细论述儒、释、道三教，一方面是因为超出笔者学力之外，另一方面是想要强调明清士绅接受（或反对）《感应篇》诠释的能动性（主体性）。

⑤ 吴震：《明末清初道德劝善思想溯源》，《复旦学报》（社会科学版）2008 年第 6 期。

在某种程度上来自于“回溯性追认”，尚难看出其背后的思想过程。其实，一方面，“学之大，莫大于性命”[①]，“性命之学”构成宋明理学的核心（“道”）；另一方面，善书的感念机制在“性”和“命”两个方面都有预设：就“性”而言，认为人性中有恶的成分，但恶可以依靠个体努力趋向于善；就“命”而言，认为个体命运可以改变，乃因个体道德行为的善恶所致。由此可见，两者之间在性—命观念上存在矛盾和紧张。因此，善书在明清时期被士绅阶层接受，必然经历了克服儒家性—命论困境的调适过程。

一、古典儒家的性—命论

性—命论构成中国近世儒家学说的核心。不过，近世儒者对于以孔孟为代表的古典儒家是否把性—命论（包括人性论和命运观）辨析清楚，则往往聚讼纷纭、莫衷一是。清初学者李光地（1642—1718）认为：

> “养气”章是说理，《告子篇》是说性，《尽心篇》是说命，合之则“穷理尽性以至于命”也。《论语》不说出根来，《大学》撮总说，《中庸》兜底便说出，至《孟子》“尽其心”者一章，说得透彻精到，发挥无余矣。周子《太极图说》、张子《西铭》，皆不过详细说一番，非至周、张始发此论也。“尽心知性，则知天；存心养性，所以事天；夭寿不贰，修身以俟，所以立命。”说得极平实，极精透。[②]

但是，更多的学者则不赞同“极平实、极精透”之论，认为孔子“罕言利，与命，与仁”（《论语·子罕第九》）[③]，并未将性—命观念说清楚——从更广阔的视角来说，何止是“利”“命”“仁”，就是与此密切相关的“天”“性”“习”等观念，孔子也同样“罕言”。子贡说：“夫子之文章，可得而闻也。夫子之言性与天道，不可得而闻也。”（《论语·公孙冶

---

① 曹无极：《性命说》，《万寿仙书》卷1，《四库全书存目丛书》子部第261册，第834a页。此书原由明代理学家罗洪先著，后由曹无极增辑。李颙也指出：“吾人一生凡事皆小，性命为大。”参见李颙：《四书反身录·中庸》，《四库全书存目丛书》经部第173册，第322b页。陈淳《北溪字义》将“命”与“性”放在开篇，亦可见其重要性。参见陈淳著：《北溪字义》，熊国桢、高流水点校，北京：中华书局，2009年。

② 李光地：《榕村语录》卷6《下孟》，北京：中华书局，1995年，第105页。

③ 朱熹：《四书章句集注》，北京：中华书局，2011年，第104页，标点略有不同。

长第五》)，正是此义。至于何以孔子“罕言利，与命，与仁”，历代学者多有不同认识。比如，清代学者胡天游（1696—1758）认为：“孔子明其不可测，故常罕言。”[①]章学诚（1738—1801）则说：“盖夫子所言，无非性与天道，而未尝表而著之曰：‘此性，此天道也’。故不曰‘性与天道不可得而闻’，而曰‘言性与天道不可得闻’也。”[②]与胡天游、章学诚的认识不同，现代学者牟宗三（1909—1995）认为，在先秦儒学当中，孔子、孟子和荀子三人的思考重点在于解决“周文疲弊”“礼坏乐崩”的文化秩序问题，对于生死（命运）等常用隐而不显、匿而不发的手法来表述[③]。由此可见，如果说前者是从“内”的角度进行解释，那么后者就是从“外”的角度进行解释，实际上更可能是内外两种因素兼而有之。

不论是什么原因造成“夫子之言性与天道，不可得而闻也”，但是由《论语》和《孟子》发轫的这种儒家古典性—命论，却相当重要也相当有影响力。为便于行文，先将古典儒家最为重要的两部著作《论语》和《孟子》对“性”和“命”的论述列表如下（表 2-1）。

表 2-1 《论语》和《孟子》中的“性—命”论

文献	观念	内容
《论语》	性	中人以上，可以语上也；中人以下，不可以语上也。
		性相近也，习相远也。
		唯上知与下愚不移。
	命	吾十五而有志于学，三十而立，四十而不惑，五十而知天命，六十而耳顺，七十而从心随欲，不逾矩。
		道之将行也与，命也；道之将废也与，命也。公伯寮其如命何！
		君子有三畏：畏天命、畏大人、畏圣人之言。小人不知天命而不畏也，狎大人，侮圣人之言。
		不知命，无以为君子。

① 胡天游：《命说》，《石笥山房集》文集卷 5，《续修四库全书》集部第 1425 册，第 406a 页。

② 章学诚：《原道下》，《文史通义新编新注》，仓修良编，上海：上海古籍出版社，1993 年，第 104 页。章学诚的这一看法，与顾炎武相近。顾炎武认为：“夫子之教人，文行忠信，而性与天道在其中矣，故曰：‘不可得而闻’。”参见顾炎武著：《日知录校注》，陈垣校注，合肥：安徽大学出版社，2007 年，卷 7，第 381 页。

③ 牟宗三：《心体与性体》，上海：上海古籍出版社，1999 年，第 164 页。

续表

文献	观念	内容
《孟子》	性	孟子道性善言必称尧舜。
		天下之言性也，则故而已矣。故者，以利为本。
		生之谓性也，犹白之谓白与？白羽之白也，犹白雪之白，白雪之白犹白玉之白与？然则犬之性，犹牛之性，牛之性犹人之性与？
		尽其心者，知其性也。知其性则知天也。存其心，养其性，所以事天也。
	命	夭寿不二，修身以俟之，所以立命也。
		莫非命也，顺受其正。知命者，不立乎岩墙之下。尽其道而死者，正命也；桎梏死者，非正命也。
		口之于味也，目之于色也，耳之于声也，鼻之于臭也，四肢之于安佚也，性也，有命焉，君子不谓性也。仁之于父子也，义之于君臣也，礼之于宾主也，知之于贤者也，圣人之于天道也，命也，有性焉，君子不谓命也。

资料来源：朱熹《四书章句集注》，北京：中华书局，2011 年。

从表 2-1 可以看出，孔子和孟子对“性”和“命”的讨论都不多——《孟子》中对“性”的讨论稍多，其原因主要在针对告子“生之谓性也”而提出论辩，同时《孟子》对“命”的讨论亦少[①]。在这种情况下，一方面，后人在讨论孔孟性—命论时，往往举证孔孟的其他言辞。比如，明代焦竑（1540—1620）就说：“世以出离生死之说创于西极之化人，而实非也。孔子不云乎曰：‘朝闻道，夕死可矣。’曰：‘未知生，焉知死。’曰：‘原始返终。’故知死生之说。”[②]另一方面，正如焦竑所说，因“独其言约而旨微，未尽阐晰，世之学者又束缚于注疏，玩狎于口耳，不能骤通其意”[③]，孔孟的性—命论给后世留下了许多阐释空间。其基本理路可以概括为两个方面：其一，从人性观上来说，孔子“性相近，习相远”引发了

① 杨儒宾：《“性命”怎么和“天道”相贯通的——理学家对孟子核心概念的改造》，《杭州师范大学学报》（社会科学版）2010 年第 1 期。作者指出《孟子》一书的两大辩论：一是辩“仁内义外”之说，二是辩性善之说。

② 焦竑：《焦氏笔乘》上册，李剑雄点校，北京：中华书局，2008 年，第 253 页。

③ 焦竑：《澹园集》上册，北京：中华书局，1999 年，第 82 页。

对"习"（才、情）与"性"关系的讨论，并借其"上知""中人""下愚"等概念引发了"性三品说"；以《孟子》为代表的"性善说"，更是在宋明新儒学以降成为主流。其二，从命运观上说，正如本杰明·史华兹所说："他（孔子）所能控制的惟一领域就是自己的修养，以及他对弟子们施加影响的能力。"①俟命、定命或宿命的观念，成为后世正统儒家的标签。其他如"天命"和"正命"等成为后世正统儒家讨论命运时最重要的概念。

二、儒家人性论的困境及调适

"性"与"命"的关系非常密切，所谓"在天曰命，在人曰性，一而已矣"②。"性"可以视为"命"的基础，或者说"性"之"善恶"决定了"命"之"祸福"。孟子"性善说"提出后，深受法家影响的荀子提出针锋相对的"性恶说"，至东汉扬雄复又提出折中式的"可善可恶说"。唐代韩愈《原性篇》已对此有详细梳理。从人性观的角度来说，自唐宋新儒学（理学）以后，孟子"性善说"彻底压倒了荀子"性恶说"，成为主流的人性观念。然而，正如陈淳所说，"孟子道性善，是专就大本上说来，说得极亲切，只是不曾发出气禀一段，所以启后世纷纷之论"③。由此一来，坚持"性善说"使得儒学面临着第一重困境，即"如果说人性是至善的，那么又如何解释恶的存在？"④王国维（1877—1927）从自身经验出发指认了这种困境，并认为产生这种困境的原因在于"性之为物，超乎吾人知识之外"：

> 至之性善、性恶一元论者，当其就性言性时，以性为吾人不可经验之一物，故皆得而持其说，然欲以之说明经验或应用于修身之事业，则矛盾即随之而起。余故表而出之，使后之学者勿徒为此无益之议论也。⑤

① 史华兹：《古代中国的思想世界》，程钢译，刘东校，南京：江苏人民出版社，2004年，第143页。

② 孙原湘：《原命》，《天真阁集》卷39，《续修四库全书》集部第1488册，第303b页。

③ 陈淳：《北溪字义》卷上，第7页。

④ 卜道成：《朱熹和他的前辈们——朱熹与宋代新儒学导论》，谢晓东译，厦门：厦门大学出版社，2010年，第128页。

⑤ 王国维：《论性》，洪治纲主编《王国维经典文存》，上海：上海大学出版社，2003年，第229—239页。

围绕这种在“说明经验或应用于修身之事业”所产生的矛盾或困境，后世儒家主要围绕两个方面对此进行理解：其一，从孔子“性相近，习相远”以及告子“生之谓性”展开讨论，衍生出对“性”与“习”“才”“情”等概念的关系的讨论。在这种思想解释的理念之下，认为性恶的发生并非“性”本身发生的结果，而是“习”“才”“情”发生作用使然，因为“性”在本质上是“善”的[①]。所以，陈弱水就指出，在儒家这种结构性的概念体系之下，“习”“才”“情”与“性”的关系“并非对等的观念”，而是彼此之间重叠[②]。“习”“才”“情”名虽不同，质却相似，同“性”存在许多重叠之处。

其二，在以“习”“才”“情”与“性”的关系解释人性恶的发生时，又与孔子“中人以上，可以语上也；中人以下，不可以语上也”和“唯上知与下愚不移”的说法相结合，衍生出董仲舒和韩愈的“性三品说”。“性有三品”的概念与汉唐时期的社会阶层，特别是魏晋时期九品中正制的设置有关，但是在“唐宋变革”贵族社会解体以后，这种观念仍然成为许多宋明以降士绅的观念，因此有必要稍做解说。在孔子《论语》提出朴素的人性分层——“中人以上”与“中人以下”“上知”与“下愚”的看法以后[③]，董仲舒做了较为系统的论述，提出“圣人之性”“中民之性”和“斗筲之性”等三个概念，认为“圣人之性，不可以名性。斗筲之性，又不可以名性。名性者，中民之性”[④]，这实际上已提出“性有三品”观点。随后唐代的韩愈将这种观点系统论述，“性之品有上、中、下三：上焉者，善焉而已矣；中焉者，可导而上下也；下焉者，恶焉而已矣”[⑤]。

宋儒对韩愈的梳理并不完全赞同，张载（1020—1077）提出“气质之性”所即为例证。在《正蒙·诚明篇第六》中，张载提出：“形而后有气

---

① 陈淳认为：“孟子道性善，是专就大本上说来，说得极亲切，只是不曾发出气凛一段，所以启后世纷纷之论。”参见陈淳：《北溪字义》卷上，第7页。关于魏晋时期的“才性论”，可参见唐长孺《魏晋才性论的政治意义》，唐长孺：《魏晋南北朝史论丛（外一种）》，石家庄：河北教育出版社，2000年，第285—297页。

② 陈弱水：《唐代文士与中国思想的转型》，桂林：广西师范大学出版社，2009年，第311页。

③ 焦袁熹认为：“韩退之《原性》‘三品之说’本于荀悦、申鉴，而世罕知之。然三品者亦依仿孔子言‘上智、下愚不移’而为是说也。”参见焦袁熹撰：《此木轩四书说》卷7《论语》，《景印文渊阁四库全书》经部第210册，第615b页。

④ 董仲舒著：《春秋繁露》卷10《实性第三十六》，赖炎元注译，台北：商务印书馆，1984年，第274页。

⑤ 韩愈：《原性》，马其昶校注，马茂元整理《韩昌黎文集校注》，上海：上海古籍出版社，1986年，第19—22页。

质之性，善反之，则天地之性存焉。”①这是人性论以“气质之性”与“天地之性”对举，指出“天地之性”纯善无恶，“气质之性”纯恶无善，后者乃因受到气凛的缘故。这是宋明“性二元论”的开端。不过，张载的贡献不在于指出了人性恶产生的原因，而在于在韩愈等人“性有三品”的基础上，增加了“理”和“气”等概念维度，为宋明理学讨论“性”与“命”的命题提供基本的叙事模式。因此，这一概念为后来程颐和朱熹继承并发展，自此以后，“为学为自求变化气质”成为主流的观念。比如，程颐（1033—1107）指出：

> “性”字不可一概论，“生之谓性”，此训所禀受也。“天命之谓性”，此言性之理也。今人言天性柔缓，天性刚急，俗言天成，皆生来如此，此训所禀受也。若性之理，则无不善。曰天者，自然之理也。②

程颢则认为告子的“生之谓性”指的是“气质之性”，而《中庸》“天命之谓性”指的是“义理之性”。朱熹综合张载和程颐的性论，认为每个人的“天命之性”是相同的，但人的气质不同导致人与人的“气质之性”有差异，可见“性有三品”中的“性”指的就是“气质之性”③。朱熹在论述中反复以“天地之性”与“气质之性”对举，比如，“天地之性，太极本然之妙，万殊之一本也；气质之性，二气交运而生，一本而万殊也”；比如，“论天地之性，则专指理言；论气质之性，则以理与气杂而言之。非以气为性命也”，等等，这些论述特别注重从“理”与“气”的关系角度立论④。朱熹还指出：“天命之性，若无气质，却无安顿处”“天命之性，非气质无所寓”⑤。针对宋儒的“性二元论”，唐君毅指出：

> 依张程以降，所谓义理之性与气质之性之分，以观孔孟荀董所谓性，则大皆以孟子所言者纯为义理之性，而荀董所言者为气质之性，而孔子之性相近之性，则或说之为义理之性或说

① 张载：《张载集》，北京：中华书局，1978年，第23页。
② 程颐、程颢：《二程遗书》卷24《伊川先生语十》，北京：中华书局，1981年，第313页。
③ 陈来：《宋明理学》，上海：华东师范大学出版社，2004年，第136—137页。
④ 朱熹著，黎靖德编：《朱子语类》卷4，王星贤点校，北京：中华书局，1986年，第68页。
⑤ 朱熹：《朱子语类》卷4，第66、67页。

> 之为气质之性，而其论不定。然要之皆是就孔孟荀董之言所及之性之真实意旨所在中所涵之义以为之分别，而初不重在其言之表面之为何，亦不重其言者之为人之如何，故亦不以孔子为至圣便以其言性之论，即必是最高之义理之性，或兼能知之性之义理气质之分也。此朱子之所以说此性之有义理气质之分，其说起于后世之张程也。此则与佛家之为论者以最高之义皆佛说，凡佛说者无非最高者，同大不同矣。①

唐君毅所说儒家论性之方式同佛教大不相同，固不必论，但是他以宋儒所提出的“义理之性”与“气质之性”概念，重新解读孔子、孟子、荀子和董仲舒等古典儒家的人性观念，并得出结论说“以孟子所言者纯为义理之性，而荀董所言者为气质之性，而孔子之性相近之性，则或说之为义理之性或说之为气质之性，而其论不定”，这已不仅将宋明儒家同古典儒家勾连起来，而且可谓得儒家人性观之三昧。

从儒家人性观上说，宋儒“性二元论”的提出对“性善”和“性恶”的消解，旨在安顿“天理”（善）和“人欲”（恶）之间的紧张②。因此这种观念也为明清儒家所继承和发挥。明清时期，虽然有些理学家反对“气质之性”的概念——特别明显地表现在明清转型时反理学的实学家（比如颜元）身上③，但大多数儒家精英已经接受了这种“本然之性”和“气质之性”的概念。虽然常常表现为“性一元论”，但是正如沟口雄三所说，晚明以前以“本然之性”的变化为主轴，晚明以降以“气质之性”的变化为主轴，不仅承认人性中恶的成分的存在，而且继续主张是恶之形成是气质渲染的结果④。由此“天地之性”和“气质之性”构成了“性”的两个层次：“天地之性”相当于“第一性”，较“气质之性”更为内在（“理”），人人皆有；而“气质之性”则是“天地之性”受到“气”的熏染所形成的人性，是现实面的性，亦是人性中恶的来源，可以称之为“第二性”。这样一来，以“天地之性”（或“义理之性”“天命之性”“自然之性”“本然之性”）与“气质之性”对举，提出人性的二元论学说（二元实为折中的

---

① 唐君毅：《中西哲学与理想主义》，《唐君毅全集》第 28 卷，北京：九州出版社，2016 年，第 201 页。

② 余英时：《中国近世宗教伦理与商人精神》，第 143 页。

③ 颜元：《驳气质性恶》，《颜元集》，北京：中华书局，2009 年，第 1—3 页。

④ 沟口雄三：《明清时期的人性论》，刘俊文主编《日本学者研究中国史论著选译》第 7 卷，第 156—180 页。

另一种表达），有效地解决了儒家性—命观念的第一重困境[①]。

三、儒家命运观的困境及调适

儒家对“性”的理解和讨论（人性观）只是基础，对“命”的关注（命运观）才是目的。宋明理学家提出“气质之性”概念，不仅在坚持“性善说”，而且系统地解释了人性恶的问题。不过，当焦点集中在“命运观”时，儒家性—命论的第二重困境也显而易见，即个人道德状况（善恶）与命运状况（祸福）之间无法建立对应关系——亦即吴震所说“德”“福”一致与否的伦理问题[②]。在孔子和孟子等古典儒家的理论中，宿命论（或俟命论、安命论）色彩极为浓厚。其中一个重要的原因，在于古典儒家认为如果个体道德状况的改善，是出于追求改变命运的母题，这有悖于正统儒家的义利之道。但是，这种道德同命运之间的疏离，从一开始就造成个体命运的多重无法解释。古典儒家很早就认识到这点，而在此后秦汉以迄唐宋儒家提出比先秦诸儒更复杂的“三命说”，试图来解释人命运中的可控制和不可控制因素，以此消解儒家性—命论的第二重困境。不妨先梳理出中国古代有关“三命说”的思想及其演变，整理列表如下（表2–2）。

表 2–2 先秦至宋明“三命说”的演变情况

<table>
<tr><th>时代</th><th>先秦</th><th>秦汉</th><th>魏晋</th><th>宋明</th><th>内容</th></tr>
<tr><td rowspan="3">三命说</td><td>定命论</td><td>正命论</td><td>寿命论</td><td>受命论</td><td>以天命为固定，不可改易者也。</td></tr>
<tr><td>正命论</td><td>随命论</td><td>随命论</td><td>随命论</td><td>天眷无常，依人之行事以降祸福。</td></tr>
<tr><td>俟命论</td><td>遭命论</td><td>遭命论</td><td>遭命论</td><td>上天之意在大体上是福善而祸淫，然亦有不齐者焉，贤者不必寿，不仁者不必不禄也。夫论其大齐，天志可征，举其一事，吉凶未必。</td></tr>
</table>

资料来源：傅斯年《性命古训辩证》，欧阳哲生主编《傅斯年全集》，第 2 册，长沙：湖南教育出版社，2000 年，第 598—600 页；余英时《东汉生死观》，侯旭东等译，上海：上海古籍出版社，2005 年，第 63—77 页；王充著，黄晖撰《论衡校释》（《新编诸子集成》第 1 辑），北京：中华书局，1990 年，第 44—58 页；汪士铎《三命说》，《汪梅村先生集》卷 3，《续修四库全书》集部第 1533 册，第 615b—616b 页。

---

① 有关宋明理学中“性二元论”更详细的论述，参见李晓春：《天命之性与气质之性——宋代性二元论研究》，华东师范大学哲学系博士学位论文，2001 年。

② 吴震：《德福之道——关于儒学宗教性问题的一项考察》，《船山学刊》2012 年第 4 期。

从表 2-2 可以看出，“三命说”将命运分成三个部分：命定的部分、可控的部分和不可控的部分。虽然从总体上讲，这种命运观仍是宿命成分更多一些，但是已逐渐承认个体命运的多样性：既有固定的成分，又有可以改变的部分，还有意外的成分。从“定命论”到“受命论”，是宿命论的观念；从“正命论”到“随命论”，是立命论的观念；而从“俟命论”到“遭命论”，则是“善恶报应”失灵的现象[①]。因此，这种“三命说”固然逐渐走出单一的宿命论主张，但尚未完全解决儒家“德福一致”的问题[②]。对于这一问题，由“气质之性”的概念和“为学大益，在自求变化气质”的观念所带来的变化，为明清士人对命运的论述提供了积极取向。尽管朱熹强调“人之为学却是要变化气凛，然极难变化”[③]，但已强调个人气质或“气质之性”的可变化性。其弟子陈淳（1159—1223）说得更明白，“虽下愚亦可变而为善，然工夫最难，非百倍其功者不能”[④]，这已经脱离“性三品说”认为“下愚”“纯恶无善”的观点，认为即使是“下愚”也能通过修行努力改善个体的道德状况。人性观的这种变化，必然导致命运观的变化。

与王国维所说“性”为“吾人不可经验之一物”相似，“命”在实践中会产生多元形态。比如，普遍坚持宿命论的明清士绅，在命运观念的实践中对星相之学、命理之学和占卜之学充满浓厚的兴趣。这种现象背后的思想指向性，就在于希望能在人性之善恶与命运之祸福之间建立对应关系——如果不满足于“宿命”，总是可以找到通往“立命”的途径。举例来说，明初大儒宋濂（1310—1381）指出：“近世大儒于禄命家，无不嗜谈而乐道之者。”[⑤]清代学者陆耀也曾抱怨说：“世人不知命之在我，乃一以委诸气数，而又以为必有程度、期限可以推而前知，于是年月日时，干支相克，津津然出于士夫之口。”[⑥]由此不难看出命理之学在明清士大夫中间

---

① 胡元玲：《刘宗周慎独之学阐微》，台北：学生书局，2009 年，第 72 页；陈宁：《中国古代命运观的现代诠释》，沈阳：辽宁教育出版社，1999 年，第 1—6 页。

② 需要说明的是，思想史的演进绝非是以单一和线性的方式演进，在坚持正统儒家义利观的情况下，宿命的观念从未被完全取代或彻底打破。参见 Stevan Harrell，*The Concept of Fate in Chinese Folk Ideology*，*Modern China*，Vol. 13，No. 2，Symposium on Hegemony and Chinese Folk Ideologies，Part I（Jan.，1987），pp. 90—109.

③ 朱熹：《朱子语类》卷 4，第 69 页。

④ 陈淳：《北溪字义》卷上，第 7 页。

⑤ 宋濂：《禄命辨》，《銮坡后集》卷 6，转引自黄明理《儒者归有光析论》，台北：理仁书局，2009 年，第 66 页。类似的表述见于朱国桢《涌幢小品》（《续修四库全书》子部第 1172 册，第 255a 页），“士大夫人人能讲，日日去讲，又有大讲他人命者”。

⑥ 陆耀：《述命》，《切问斋集》文集卷 1，《四库未收书辑刊》第十辑第 19 册，第 246 页。

的流行程度。这反过来促成了新的命运论述，董士锡（1782—1831）、张望（生卒年不详）、李绂（1675—1750）、全祖望（1705—1755）和孙原湘（1760—1829）等曾撰写有关文章[①]。除此以外，戴名世（1653—1713）与胡天游都曾撰写《命说》，以反对当时术士的星相之学[②]。钱大昕（1728—1804）更是对当时著名的善书作者朱珪（1731—1807）"好谈性命，询予八字"颇感不屑，作《星命说》以示其为"术家孟浪之学"[③]。这反过来说明命运的焦虑成为当时士大夫的普遍议题，而诉诸术士之星相学则成为普遍手段。

这种生活实践必然引发价值理念的讨论。晚明孙慎行（1565—1636）就认为："《诗》《书》治世，导人为善。其言福善祸淫，章明不爽，后世人士屑越，多借口'正谊不计利，明道不计功'之说，以为高远，遂尽废所为小心昭格之义，而儒之教始穷。"[④]这里所要指出的是，建立在人性观基础上的命运观，由于受到正统义利之辨的影响而导致"儒之教始穷"。由此可见，至少在晚明以降，对儒家命运观的困境已有充分的认识。总体上来说，明清时期由"性二元论"（背后是"理气二元论"）所导致的"命二元论"越来越占据上风，明清士绅提出的诸多"命二元论"概念，比如："有定之命"与"无定之命"（李绂）、"分定之命"与"形气之命"（曹无极）、"一已之命"与"天下之命"（戴名世）、"性命之命"与"祸福之命"（黄彭年），等等，均旨在解决这种困境。更准确地说，这种折中性的"命二元论"，部分是坚持儒家义利观的需要，部分是解决儒家宿命观的需要。其中，李绂（1675—1750）提出的"有定之命"与"无定之命"概念最具代表性，也最有影响力。黄进兴在《李绂与清初陆王学派》中对李绂的命运观进行考察时指出，这种命运观是理解李绂思想的起点[⑤]。在清代初年的社会氛围中，李绂仍坚持陆王心学，并试图系统整理陆王学统，甚

① 这些文章不少收录于贺长龄主编：《皇清经世文编》，卷 4《学术四》、卷 69《礼政十六》，北京：中华书局，1992 年，第 119—120、1738 页。美国学者司马富（Richard J. Smith）在讨论清代占卜的研究中，已经注意到了这些文献。参见司马富著：《清代的占卜》，单富良译，伊沛霞、姚平主编《当代西方汉学研究集萃・思想文化史卷》，上海：上海古籍出版社，2012 年，第 245—276 页。

② 戴名世：《命说》，《南山集》卷 1，《续修四库全书》集部第 1419 册，第 39b—40a 页；胡天游：《命说》，《石笥山房集》卷 5，《续修四库全书》集部第 1425 册，第 406 页。

③ 钱大昕：《星命说》，《潜研堂集》卷 3，吕友仁校点，上海：上海古籍出版社，1989 年，第 49—50 页。

④ 孙慎行：《文昌化书记后》，《玄宴斋集五种》卷 3，《四库禁毁丛刊》集部第 123 册，第 176b—177a 页。

⑤ 黄进兴：《李绂与清代陆王学派》，南京：江苏教育出版社，2010 年，第 78 页。

至与当时被确立为官方意识形态的程朱理学形成抗衡。以此为基础，李绂提出了“有定之命”和“无定之命”的划分，认为“人所以不能为圣贤者，病在信命……且人之所以不能为圣贤者，又病在过于信命”，在此基础上提出“命之说有二：有有定之命，有无定之命。有定之命，俟之而已；无定之命，立之而已。故君子有俟命之学，有立命之学”①。在《原命》中，李绂同样借用“理”和“气”“积”等概念，对“命之有定”和“命之无定”进行具体阐述。黄进兴认为，在李绂的思想中，“应对有定之命的是宿命之学，应对无定之命的是立命之学”②。李绂曾经实践过《功过格》并给友人的《功过格》题过序言③，因此，其命运观就不能单纯在儒学（理学）内部来理解，而是与当时的“善书运动”有关④。

对于晚明以降折中/调和“俟命之学”（儒家）与“立命之学”（善书）、“义理之命”（儒家）与“气数之命”（术士）的做法，康熙年间学者俞长城（1668—1722）在《知命解》中曾有过详细总结：

> 古之言命者，或言气数，或言义理，或兼气与理而归其权于冥冥之中。言气数者，十干之变化，五行之生克是也。然天下有同命而祸福殊，是气数不足凭也。言义理者，为善得福，为恶得祸之说也。夫申生被谤，岂不孝乎？比干剖心，岂不忠乎？是义理不足恃也。兼理与气而归其权于冥冥之中者得之，不得，曰有命是也。⑤

该文系俞长城反驳袁黄立命之说而作，引文中所说“或以气数”，指的是星相、占卜和术数之学的命运观；“或以义理”，指的是正统的儒家命运观。俞长城认为，两者均无法完善的解释命运，只有兼“理”和“气”而言并将之归于第三者——“天”（“冥冥之中者”）才能解释，因此，最终结论是以儒家正统的知命观念统筹受命—安命与回命—立命两种观念归于调和，认为“安其命者，受命也；回其命者，立命也。受命、立命皆曰

---

① 李绂：《原命》，《穆堂初稿》卷18，《续修四库全书》集部第1421—1422册，第404页。

② 黄进兴：《李绂与清初陆王学派》，第79页。

③ 李绂：《原命》，《穆堂初稿》卷18，第404页。

④ 朱新屋：《在宿命与立命之间——李绂与晚明清初命运观的调和》，《天中学刊》2013年第2期。

⑤ 俞长城：《知命解》，《可仪堂文集》卷1，《丛书集成初编》第2493册，北京：中华书局，1985年，第3页。

知命。受命者，后天；立命者，先天。夫如是，而圣心一命矣，圣身一天矣”[①]。由此可见，经由理性的思考，俞长城虽然反对袁黄的立命说，但已将“受命”与“立命”结合起来，开始融合两者而形成更具解释力的“命二元论”。稍晚的纪昀（1724—1805）与俞长城的观念颇为相似，指出：“有安命之学，有立命之学，是二者若相反，然安命即立命也。夫徼幸于所不可知，是谓不安命；颓然而不为所当为，是谓不立命。不徼幸所不可知，而务为所当为，久之未有无获者，是谓安命以立命，其理昭昭然也。”[②]纪昀不仅认为“安命”与“立命”并不相悖，而且认为两者是二而一、一而二的统一关系。这样一来，儒家性—命论的第二重困境得以有效解决，善恶（人性）与祸福（命运）之间的对应性关系得以建立。

第二节　感应观的融合、发展与建构

善书（《感应篇》）在宋代的产生，诚与道教世俗化之发展关系密切，但单纯从宗教的角度，显然无法全然解释明清士人对《感应篇》的浓厚兴趣[③]。人性观和命运观的变化当然是非常重要的思想因素，但是人性观与命运观之间建立联系的文化机制，却是在诉诸第三者——“天”的过程中所形成的感应观念，亦即感应机制的背后是“天”与“人”的关系问题——最重要的主题当然是对“天”的属性的讨论。由于“传统中国的世俗秩序（‘人道’）是以人们理解中的宇宙秩序（‘天道’）为模范或基础的”[④]，因此，宋明理学家致力于将性命观与天道观打通[⑤]。这背后实际上预设了作为中介的感应观的融合、发展和建构，这一过程对《感应篇》的产生、发展和传播产生了非常重要的影响。

---

① 俞长城：《知命解》，《可仪堂文集》卷 1，第 5 页。

② 纪昀：《梁天池封翁八十序》，《纪文达公遗集》卷 9，《续修四库全书》集部第 1435 册，第 383b—384a 页。

③ 宋光宇指出，讨论《感应篇》产生的历史原因是非常重要的学术问题。朱越利、李刚等学人从道教演变脉络进行过讨论，指出宋代道教的民间化和世俗化发展——亦即道教史上所谓“新道教”的形成，是善书得以产生的重要原因。参见宋光宇：《关于善书的研究及其展望》，《新史学》第 5 卷第 4 期，1994 年 12 月；朱越利：《〈太上感应篇〉与北宋末南宋初的道教改革》，《世界宗教研究》1983 年第 4 期。

④ 张洪彬：《祛魅：天人感应、近代科学与晚清宇宙观念的嬗变》，上海：上海古籍出版社，2021 年，第 3 页。

⑤ 杨儒宾：《“性命”怎么和“天道”相贯通的——理学家对孟子核心概念的改造》，《杭州师范大学学报》（社会科学版）2010 年第 1 期。

一、宋代以前感应观的演变

《感应篇》等善书主张的立命观念，指出人行善（语善、劝善、视善）的目标在于追求幸福，而这两者之间建立联系的关键在于"感应"的观念和机制[①]。"感应"为基本的世界观与社会意识，蒲慕州在《追寻一己之福》中指出，中国古代很早就形成了感应式的宇宙观[②]。葛兆光也指出，先秦时期的宇宙图式认为，"现象世界中，拥有同一来源、同一结构、同一特性的不同事物是有神秘感应关系的"[③]。追根溯源，感应观念滥觞于《周易》，即《周易·下经咸传》所载："咸，感也。柔上而刚下，二气感应以相与。"[④]《世说新语》曾载殷仲堪（？—399）同高僧慧远（334—416）的经典对话，有"易以感为体"之说[⑤]，则感应观念在《周易》中的重要性由此可见。可以理解，《周易》在被捧为"群经之首"以后，这种"感应"观念得到后世儒者的不断阐释，也相当深刻地影响了中国普通民众的日常生活，属于葛兆光所谓"一般的知识、思想和信仰"的范畴[⑥]。比如，清代学者焦循（1763—1820）就指出："自学《易》以来，于圣人之道稍有所窥，乃知《论语》一书，所以发明伏羲、文王、周公之旨。"[⑦]在这种儒家经典观念影响下，明清时期甚至达到了"夫《易》者，千世学者之所聚争也"的地步[⑧]。就"性命论"而言，罗汝芳（1515—1588）就说："夫《易》者，圣圣传心之典，而天人性命之宗也。"[⑨]《易》成为探求"性命之道"的根本载体。

感应观自《周易》发轫以后，在相当长的时间内以"阴阳"和"五

① 正如吴震所说，"不得不诉诸客观的第三者——上天"。参见吴震：《德福一致——关于儒学宗教性问题的一项考察》，《船山学刊》2012年第4期。

② 蒲慕州：《追寻一己之福——中国古代的信仰世界》，上海：上海古籍出版社，2007年，第12页。

③ 葛兆光：《中国思想史》第1卷，上海：复旦大学出版社，2001年，第130页。

④ 南怀瑾、徐芹庭注译：《周易》，北京：商务印书馆，2011年，第212页。

⑤ 原文如下：殷荆州曾问远公："易以何为体？"答曰："易以感为体。"殷曰："铜山西崩，灵钟东应，便是易耶？"远公笑而不答。这段经典对话引发了后世有关"易"有无"定体"的讨论。参见刘义庆著：《世说新语校笺》，徐震堮校，北京：中华书局，1984年，第132页。

⑥ 葛兆光：《思想史的写法——中国思想史导论》，上海：复旦大学出版社，2004年，第10—26页。

⑦ 焦循：《论语何氏集解》，《雕菰集》卷16，《续修四库全书》集部第1489册，第286a页。

⑧ 倪元璐：《儿易内仪以》，《丛书集成初编》第0427册，上海：商务印书馆，1936年，第1页。

⑨ 罗汝芳：《近溪子集》，《罗汝芳集》上册，方祖猷、梁一群、李庆龙等编校整理，南京：凤凰出版社，2007年，第78页。

行”观念为基本架构，成为一种普遍性的宇宙图式。作为一种宇宙观，感应观指的是一种认为在“现象世界中，拥有同一来源、同一结构、同一特性的不同事物是有神秘感应关系的”[①]。“阴阳”和“五行”等宇宙因素因同型同构而被组成“同类相感”关系，是所谓相关性宇宙观（Corrective Cosmology），与普遍联系的天人感应观念绾结在一起[②]。在这种相关性宇宙图式中，感应成为最普遍的思维方式和最基本的思想观念[③]。秦家懿（Julia Ching）指出：“它们都假定在微观与宏观之间有一种相关性与和谐性，这种相关性与和谐性对主流的中国思想来说是基本的，它们也反映在朱熹及其与他有直接联系的前辈的看法中。”[④]后来经由汉代董仲舒、王充（17—97），以及魏晋时期思想家的系统发挥和演绎，成为具有先验性特征的天人感应理论——当然董仲舒、王充等人所阐发的感应理论，很大部分是对世俗皇权提供合法性证明（即所谓“君权神授”），但仍然是以“阴阳”和“五行”为基本架构，对同类相感的感应机制的发展。这种感应观念对古人的生活世界产生了很深远的影响[⑤]。杨联陞从语言学角度，对“报”“保”“包”等观念的研究，同属于对这一过程的讨论范畴[⑥]。

当然，对宋代以前感应观最系统的研究来自刘涤凡《唐前果报系统的建构与融合》。刘涤凡指出：“就今天形成果报大杂糅的系统来看，以同质性关联于其下的几个主要从属系统是：天报、儒家的德报、道教的罪福承负报、佛教的三世因果轮回业报；而以异质性套联于其下的只有法家的法报。”[⑦]而这个“果报杂糅的系统”是在唐宋以后才形成的，其实质是以下六种传统的融合体：原始天报观、德报、法报、阴阳五行报、佛教业报、道教罪福报[⑧]。原始天报观大致对应先秦时期，以天命解释王朝变革的观念；德报、法报和阴阳五行报则在秦汉时期得到主要发展；佛教业报和道教罪福报是在东汉以降，佛教进入中土、道教逐渐兴起以后的报应观念。

---

① 葛兆光：《中国思想史》第1卷，上海：复旦大学出版社，2013年，第50页。

② 秦家懿：《朱熹的宗教思想》，曹剑波译，厦门：厦门大学出版社，2010年，第6—9页。

③ 王爱和：《中国古代的宇宙观与政治文化》，金蕾、徐峰译，上海：上海古籍出版社，2011年。

④ 秦家懿：《朱熹的宗教思想》，第32页。

⑤ 格里高里、伊沛霞：《〈唐宋时代的宗教与社会〉前言——宗教与历史背景纵览》，伊沛霞、姚平主编《当代西方汉学研究集萃·宗教史卷》，上海：上海古籍出版社，2012年，第173—174页。

⑥ 杨联陞：《中国文化中“报”“保”“包”之意义》，香港：香港中文大学出版社，1987年。

⑦ 刘涤凡：《唐前果报系统的建构与融合》，台北：学生书局，1999年，第6页。

⑧ 刘涤凡：《唐前果报系统的建构与融合》，第507—511页。

由此可见，有关因果报应（“果报”）的观念是随着佛教的传入和道教的兴起而出现的，杂糅于儒家原有的关联式宇宙观——以阴阳和五行为架构的同类相感观念，将原有开放式的感应观框限在道德的范畴内，使“感应”从一种宇宙图式转变为道德图式。该时期感应观融合、发展和演变的历史过程，非常明显地体现在汉魏六朝至隋唐时期的志怪小说（博物体小说）上[①]。陈寅恪在《〈忏悔灭罪金光明经冥报传〉跋》中注意到：

> 至《灭罪冥报传》之作，意在显扬感应，劝惩流通，远托《法句》《譬喻经》之体裁，近启《太上感应篇》之注释，本位佛教经典之附庸，渐成小说文学之大国。盖中国小说虽号称富于长篇巨制，然一察其内容结构，往往为数种感应冥报传记杂糅而成。若能取此类果报文学详稽而广证之，或亦可为治中国小说史者之一助欤！[②]

陈寅恪的观察虽是基于中国小说史研究立论，但是对中国善书史研究亦多有启发。虽然其所说“本位佛教经典之附庸”仍值得商榷，但“远托《法句》《譬喻经》之体裁，近启《太上感应篇》之注释”明确点出中古志怪小说对近世善书的影响。就本书研究的主题来说，特别值得注意的是，在当时的诸多志怪小说中，出现了大量题为“感应篇”（或“感应经”）的著作（详见表2-3）[③]。

表2-3 宋代以前的“感应篇”文献

作者	书（篇）名	资料来源
东方朔	《感应经》	脱脱等《宋史》卷206志159《艺文五》，第5224页
干宝	《感应篇》	王尽忠《干宝研究全书》，第221页
王延秀	《感应传》	魏征等《隋书》卷34志29《经籍三》，第1010页

① 参见李剑国：《唐前志怪小说史》，北京：人民文学出版社，2011年，尤其第266—288页。

② 陈寅恪：《〈忏悔灭罪金光明经冥报传〉跋》，《金明馆丛稿二编》，北京：三联书店，2001年，第291—292页。

③ 实际上，除了表中所列题为“感应篇”或“感应经”的著作以外，儒家经典著作《孝经》亦有“感应章”，还有狐刚子（生卒年不详）《感应类从谱》、张华（232—200）《感应类从志》、王彀（约853—942）《报应录》等三种。此外，唐初释道世（596—683）所撰《法苑珠林》中亦有“感应缘”部分。

续表

作者	书（篇）名	资料来源
李淳风	《感应经》	脱脱等《宋史》卷 205 志 158《艺文四》，第 5209 页
佚名	《神仙感应篇》	谢维新《事类备要》别集卷 94《虫豸门》，第 438a 页
佚名	《琱玉集·感应篇》	佚名《琱玉集》卷 12，第 36—61 页
释净辩	《感应传》	刘惠卿《佛教中国化进程与晋—唐文言小说演进研究》，第 71 页
佚名（隋）	《感应录》	石昌渝主编《中国古代小说总目·文言卷》，第 98 页
陈烁	《感应经》	左圭辑《百川归海》，《中国丛书综录选注》，第 6 页

资料来源：王尽忠《干宝研究全书》，郑州：中州古籍出版社，2009 年；魏征等《隋书》，北京：中华书局，1973 年；脱脱等《宋史》，北京：中华书局，1976 年；谢维新《事类备要》，《景印文渊阁四库全书》子部第 939—941 册；佚名《琱玉集》（《丛书集成初编》第 173 册），北京：中华书局，1985 年；罗志欢撰《中国丛书综录选注》上册，济南：齐鲁书社，2017 年；刘惠卿《佛教中国化进程与晋—唐文言小说演进研究》，成都：西南交通大学出版社，2019 年；石昌渝主编《中国古代小说总目·文言卷》，太原：山西教育出版社，2004 年。

正如乔松年（1815—1875）所说，这里所列的《感应篇》/《感应经》当然不是宋以降的善书《感应篇》，只是“其名偶同耳”①。但是正如日本学者太田辰夫所说，“感应传（又称灵验记）是汇集有关由于佛菩萨信仰而特别灵验的故事，自六朝直至唐代层出不穷”②，这种观察仍有重要价值。这里之所以详列这些题为“感应篇”（或“感应经”）的文献，不仅是因为这些文献最大程度地反映了中古时期人们的感应观念——这些以“感应”命名的著作，背后都体现了相当重要的物类相感或同类相感的现象（“异”），是将日常生活中的感应现象的书面化表达（“常”）③，而且最早

① 乔松年：《萝藦亭札记》，山右历史文化研究院编《山右丛书初编》第 5 册，上海：上海古籍出版社，2014 年，第 656 页。

② 太田辰夫：《西游记研究》，王言译，上海：复旦大学出版社，2017 年，第 44 页。

③ 比如，张华《感应类从志》，“书中语多俚陋，且皆妖妄魇制之法，其为依托无疑也”。参见永瑢、纪昀主编：《四库全书总目》，北京：中华书局，1983 年，卷 130《子部四十·杂家类》，第 1113 页。据张乡里考证，“《感应类从志》应该是《博物志》的一部分”。参见张乡里：《〈感应类从志〉与〈博物志〉关系考》，《浙江树人学报》（人文社会科学）2016 年第 2 期。另外，王枝忠指出，《搜神记》卷 4—5 主要是收录神灵感应故事，原本即题为“感应篇”。参见王枝忠编：《搜神记·搜身后记》，长春：春风文艺出版社，1999 年，第 21 页。

的善书《感应篇》出现于宋代，后来明清“善书运动”所见诸善书，皆以畅谈“感应”为旨要①，详列这些题为“感应篇”（或“感应经”）的文献，足以表明在宋代《感应篇》产生之前，“感应篇”之名就已经存在——更准确地说，“感应篇”之名经历过从通称向专称的演变②。

这当然与魏晋时期的“宗教突破”受到释道二教的因果报应观念的影响有关③。释道二教因果报应观念的意义，将原有普遍联系的感应观念框限在道德范畴内讨论，不仅窄化了原有感应观念的泛论倾向，而且加深了感应的道德维度。在道教方面，表现为由《太平经》的“承负说”、《黄庭经》的“尸身说”和《抱朴子》的“积善说”构成的完善解释体系；在佛教方面，表现为由东晋慧远（334—416）提出并得以系统发展的“因果三世说”。这些因素都为善书尤其是“善书之首”《感应篇》所继承——特别是《抱朴子・内篇》更被学者普遍认为是《感应篇》的直接源头④。《抱朴子》主要记载道教戒律或“仙道戒”。著者葛洪（284—364）借此指出修行仙道者必须遵守世俗人伦，并指出人可以通过积累善行获得长生；人的寿命虽然由天所定，但人的行为善恶能增减其寿命，因此已经包含了丰富的劝善止恶观念。

从以上梳理可以看出，宋代以前的感念观念已因佛教的传入和道教的兴起发生了相当程度的融合，原始的“天报”、儒家的“德报”，与佛教的“业报”、道教“果报”，甚至是法家的“法报”等观念相互杂糅交织在一起。换而言之，最迟发展至宋代，感应观念就不再停留在以“阴阳”和“五行”观念为基础，不再停留在“君权神授”背景下为王朝提供统治合法性证明。到了宋代以后，释道二教对儒家学说带来更大的挑战，在“儒门淡薄，收拾不住”的情况下，正如程颐所说：“释氏之学，更不消对圣人之学比较，要之必不同，便可置之。今穷其说，未必能穷得他，比至穷

---

① 在这些以“感应”为名的篇章和著作中，明清思想界追溯最多的当属《孝经・感应章》和东方朔《感应经》。例如，清代朱溶《重镌感应篇经史考》就将《孝经・感应章》、东方朔《感应经》和李昌龄所传《感应篇》放到同一谱系中。其中，论及《孝经・感应章》时，作者指出：“言修身慎行，致应感之福，故以名章。感应之说，见于《孝经》，非独老氏之言也。”参见朱溶：《重镌感应篇经史考》（南京图书馆藏道光十一年［1831］刻本，第1a页）。

② 或正因受到这种传统的影响，即使在明清时期，仍有人使用非专指《感应篇》的“感应篇”之名。饶宗颐对此已有过简要描述，所指文献包括《孝经・感应章》、王廷秀《感应传》、何妥等《三十六科鬼神感应等大义》、王劭《舍利感应记》《法苑珠林・感应缘》《琱玉集・感应篇》等，参见饶宗颐：《澄心论萃》，上海：上海文艺出版社，1996年，第112页。

③ 余英时：《中国思想史上的四次突破》，何俊编《余英时学术思想文选》，上海：上海古籍出版社，2010年，第571页。

④ 袁朗：《葛洪〈抱朴子〉接受研究》，华东师范大学博士学位论文，2015年。

得，自家已化而为释氏矣。”[①]面对这种冲击和挑战，宋儒高度重视和发展感应观念自在情理之中。

二、宋代感应观的转型

唐宋以前感应观的融合和发展，将原有普遍联系、同感同构的感应观念逐渐局限于善恶和祸福之间的因果报应或道德报应方面，是非常重要的发展。联系善书最早出现在宋代的历史事实，很显然宋代是感应观转型的关键期，既有的研究已经注意到这点。比如，魏文华在研究中将感应观念分为三种：原始天命观、天人感应论和宋明天理观[②]。作者将“宋明天理观”单独拈出，可见宋明时期的转折性意义。包弼德（Peter. K. Bol）在《历史上的理学》中，也提到一种“旧有的天人感应观”[③]。其言外之意，无非是说宋代出现了一种“新的天人感应观”。这也足以表明感应观念在宋代的转型特征。除此以外，沈铭贤指出，中国古代的感应学说经历了从“天—人”到“人—天”的转变，意味着在“天”“人”感应过程中，“人”作为主体性或主导性力量的确立或突显[④]——在此过程中，“天”的属性也得到新的阐释。根据日本学者内山俊彦的研究，古典儒家所理解的“天”，“与其看作主宰宇宙的人格神，不如看作‘支配宇宙人生的理法’更确切一些”，古代《诗》《书》中的“天”都“不是被称为‘上帝’的有人格的主宰神”[⑤]，但是由宋儒发展出的这种天理观、（新的）天人感应论、“人—天”说，共同指向一个目标：以人的行为本身“感”天而“应”之后，“天”作为人格神的理解被凸显了出来。在这种思想语境中，“天”被当作保证个体道德善恶与命运祸福建立联系的终极依据（亦即感应之“道”）。

宋代感应观的融合和建构，具体可以从两种著作中展现：一种是《物类相感志》，另一种是《太平广记报应部》[⑥]。就前者而言，根据日本学者山田庆儿考证，《物类相感志》虽然署名苏轼（1037—1101），但作者实为

---

① 程颢、程颐：《二程遗书》卷15，第193页。

② 魏文华：《大儒董仲舒》，石家庄：花山文艺出版社，2009年，第251页。

③ 包弼德：《历史上的理学》，王昌伟译，杭州：浙江大学出版社，2010年，第141页。

④ 沈铭贤：《从“天人感应”到“人天感应”——“天人合一”的古今命运管窥》，《哲学研究》1997年第10期。

⑤ 内山俊彦著：《孟子中的天与人——以自然观与政治思想的关联为契机》，曹峰译，刘黛校，曹峰主编《日本学者论中国哲学史》，上海：华东师范大学出版社，2010年，第63—78页。

⑥ 更详细、全面而系统的论述，参见刘涤凡：《唐前果报系统的建构与融合》，第351—376页。

赞宁（919—1001）。所谓“相感”，指的是两种事物或现象之间一方对另一方的作用。全书所要呈现的是自然世界的相互感应现象，分为身体、衣服、饮食等12个部门，分别记述了物类相感的种种特殊现象，共计448例。因此，这里所说的“感应”，是在一般意义上、不具道德伦理色彩的意义上使用的。山田庆儿据此指出：“感应原理是中国人思考方法中的基本原理之一，尤其是天人相感论构成了他们思想框架中的一个重要组成部分”，同时还指出，《物类相感志》的出现“意味着在北宋初年人们已能根据物类相感原理对相当多样的自然现象进行统一的把握，且已严密地确定了物类相感概念的内涵”①。由此可见，这虽然是自然意义上的感应认识，但足以说明宋代感应观念具有普遍性和总结性特征。

如果说《物类相感志》体现的是自然（知识）认识意义上的（非道德化的，在善恶与祸福之间建立对应关系的）感应观的话，那么另一种著作——《太平广记报应部》就将这种因果报应的观念体现得最为明显。需要说明的是，该书虽然是民国学者将宋代类书《太平广记》中的报应故事截取出来，单独成书行世的②，但因其内容出自《太平广记》，因此代表的仍是宋代（及以前）的观念。兹将《太平广记报应部》所引文献和事例制表如下（详见表2-4）。

表2-4 《太平广记报应部》所引文献和事例

所引文献	事例人物
《报应记》	卢景裕、赵文若、蒯武安、睦彦通、杜之亮、慕容文策、萧瑀、袁志通、韦克勤、沈嘉会、白仁哲、窦德玄、宋义伦、李岗、王迤、王令望、陈惠妻、何景、张玄素、李丘一、于昶、裴宣礼、吴思玄、银山老人、崔文简、姚待、吕文展、张国英、李廷光、陆康成、薛严、任自信、宋衎、王偁、李元一、鱼万盈、于李回、张伯达、董康成、吴可久、开行立、何老、勾袭义、赵安报应记、张政、李居报应记、元初、兖州将军、杨复恭弟、蔡州行者、贩海容
《法苑珠林》	赵文昌、柳检、赵文信、刘弼、司马乔卿、孙寿、李观、豆卢主人、陈文达
《三宝咸通记》	新繁县书生
《冥报记》	陆怀素、尼修行、高纸

① 山田庆儿著：《〈物类相感志〉的产生及其思考方法》，王文亮、黄玮译，《哲学研究》1990年第4期。

② 佚名：《太平广记报应部》，浙江省图书馆藏京都藏经书院晚清民初（1905—1912）刻本。

续表

所引文献	事例人物
《广异记》	长安县系囚、卢氏、陈利宾、王宏、田氏、李惟燕、孙明、三刀师、宋参军、刘鸿渐、张嘉猷、魏恂、杜思讷、龙兴寺王、陈哲
《纪闻》	李虚
《金刚经鸠异》	丰州烽子、张齐丘、王孝廉、叚文昌、卢候王、孙咸、僧智灯、王从贵妹、左营五伯、陈昭、王忠斡、僧惟恭、王沔、董进朝、僧法正、沙弥道荫、何轸、王殷、王翰、高涉
《宣室志》	宁勉
《述异记》	巴南辛

资料来源：佚名：《太平广记报应部》，浙江省图书馆藏，京都藏经书院 1905—1912 年刻本。

在文献的物理形态上，《太平广记报应部》与《弘替法华传》《金刚般若集验记》《金刚经鸠异》《金刚经受持感应录》《金刚经感应传》和《金刚经新异录》等书编辑成一种，编辑者在编选本书时，已预设两者之间在思想观念上的一致性。从表 2-4 中可以看出，《太平广记报应部》（或者说《太平广记》）的知识来源，出自《金刚经鸠异》《报应记》《法苑珠林》《三宝咸通记》《冥报记》《广异记》《宣室记》《述异记》等众多汉唐以来的博物体小说或志怪小说①。这些著作所述故事，多与释道二教的果报观念、地狱观念有关②。兹举“卢景裕”故事为例，《太平广记报应部》载：“后魏卢景裕，字仲儒，节闵初为国子博士，信释氏，注《周易》《论语》，从兄神礼据，乡人反叛，逼其同力以应。西魏系晋阳狱，至心念《金刚经》，枷锁自脱，齐神武作相特见原宥。”③这种记载不禁让人想到，俞樾（1821—1907）在《茶香室丛钞》中考证《劝善书》的缘起时指出：“宋太平兴国中李昉撰《太平广记》，首列引用书目有《冥报拾遗》《阴德传》

① 关于这些文献与小说之间的关系，以及宋代小说与善书之间的互文性，参见凌郁之：《走向世俗——宋代文言小说的变迁》，北京：中华书局，2007 年，第 74—92 页。

② 吴震指出，像洪迈《夷坚志》这种“鬼怪故事集”，与善书“应当属于同样的观念空间，因为鬼神叙事的背后，正含有善恶报应、道德劝惩的寓意”。参见吴震：《明末清初劝善运动思想研究》，第 5 页。日本学者水越知对李昌龄《乐善录》的研究，也得出同样的结论。参见水越知：《李昌龄〈乐善録〉について——南宋期の善书に关する一考察》，《东方宗教》（日本）2009 年第 113 期，第 66—84 页。

③ 佚名：《太平广记报应部》，第 1a 页。

《感应传》《报应录》《报冤记》《警诫录》等书，皆宋以前旧籍，亦劝善书也。”[①]俞樾将《冥报拾遗》《阴德传》等视为劝善书的观点是否准确自不必论，但从中可见宋儒在搜罗和汇总志怪小说时，其背后蕴含着相当丰富而顽固的感应观念。

宋代感应观论述的普遍兴起，反过来影响了理学家的表述。本来，在古典儒家那里，“天人感应”中的“天”，并不指人格化的可以主宰世间道德的“天”，而是被解释为非人格的、在世界与人事的背后存在并起决定作用的宇宙理法[②]。现在存在于宋代理学家观念中的天人感应，因受唐宋以前佛教和道教因果报应的影响而越来越具有道德性和宗教性意味。在所有宋人对“感应观”的论述中，对后世感应观念的发展影响最大的，当属前引程颐“天地之间，只有一个感与应而已，更有甚事”的论述[③]。将“感应”分“感”与“应”二者，指出感应不仅在观念层面而且在事实层面上作为宇宙（天地）的普遍法则存在。除此以外，程颐还指出“有感必有应，凡有动皆为感，感则必有应，所应复为感，（所）感复有应，所以不已也”，在“感”与“应”之间建立了直接性的、必然性的关联，由感到应、由应到感构成循环无端的链条。虽然程颐是用“感应”来讨论“赤子之心”“已发”与“未发”等理学命题，落脚于“动者何？此心之发也”，并且强调“感通之理，知道者默而观之可也”[④]，但是这种无限扩展“感应”并且“感”与“应”之间存在直接性和必然性联系的观点，既反映了宋代感应观的总结性和转型性特征，也影响了明清儒者对善书的认知。

在朱熹弟子蔡元定（1135—1198）的《地理发微论》中，作者辟出专门章节《感应篇》论述感应之理，颇能看到宋代感应观的转型过程。兹全引如下：

> 感应者，言乎其天道也。夫天道不言，而响应福善祸淫皆

① 俞樾：《茶香室丛钞续钞》卷13《劝善书》，《春在堂全书》第6册，南京：凤凰出版社，2010年影印，第345页。

② 内山俊彦：《孟子中的天与人——以自然观与政治思想的关联为契机》，第63—78页。

③ 程颢、程颐：《二程遗书》卷15，第196页。

④ 程颐：《伊川易传》卷5，《景印文渊阁四库全书》经部第9册，第176b页。程颐甚至承认“积善说”，指出“天下之事，未有不由积而成。家之所积者善，则福庆及于子孙；所积不善则，灾殃流于后世”的道理（第168a页）。这一思路为朱熹所继承并进一步发挥，后者指出“凡在天地之间，无非感应之理，造化与人事，皆是感应。且如雨旸，雨不成只管雨，便感得一个旸出来；旸不成只管旸，旸已是应处。又感得雨来，是所感复有应，所应复为感。寒暑昼夜，无非此理”。参见朱鉴编：《朱文公易说》卷5，《景印文渊阁四库全书》经部第55册，第102a页。

> 是物也。谚云："阴地好，不如心地好。"此善言感应之理也。是故求地者，必以积德为本。若其德果厚，天必以吉地应之，是所以福其子孙者心也，而地之吉亦将以符之也；其恶果盈，天必以凶地应之，是所以祸其子孙者，亦本于心也。而地之凶，亦将以符之也。盖心者，气之主。气者，德之符。天未尝有心于人，而人之一心一气，感应自相符合耳。郭氏云："吉凶感应，鬼神及人"。人于先骸，固不可不择其所而安厝之。然不修其本，惟末是图，则不累祖宗者寡矣，况欲有以福其子孙哉！地理之微，吾既发明之，故述此于篇末，以明天道之不可诬，人心之所当谨。噫！观是书者，其知所戒哉！①

关于蔡元定此书，《四库全书总目提要》称："元定之学，旁涉术数，而尤究心于地理。是编即其相地之书。"谈到书中《感应篇》时，又说："原感应一篇，明福善祸淫之理"，随后评论说："盖术家惟论其数，元定则推究以儒理，故期说能不悖于道"②。由此可见，作为理学家的蔡元定，为了标榜其学说与术数家"惟论其数"不同，转而"推究以儒理"，进而使得"感应"学说"能不悖于道"（即纳"释道"于"吾儒"之内）。受到宋儒诸如此类的论述，包筠雅观察到："至迟到12世纪，'感应'和'因果'（'因果报应'）在一些环境下被替换使用：在道教和佛教经典中，它们都意指超自然的报应，尽管在高深的哲学著作中，它们才可能还保持着各自的原始含意。"③

三、明清感应观的发展

宋代转型以后的感应观，在明清时期得到进一步发展。先是明清理学家继承了宋儒对感应的论述，诸如孙奇逢（1584—1675）、汤斌（1627—1687）、李光地（1642—1718）、彭定求（1645—1719）及方东树（1772—1851）等理学家，均高度重视感应在整个儒家思想系统中的地位。比如，孙奇逢说："圣人之道，感应而已。"④汤斌则说："天下之理，感应二者而

---

① 蔡元定：《发微论》，《景印文渊阁四库全书》子部第808册，第195b—196a页。

② 参见郑同点校：《四库全书术数初集》第1册，北京：华龄出版社，2006年，第180页。

③ 包筠雅：《功过格——明清社会的道德秩序》，第54页。

④ 孙奇逢：《孙夏峰先生年谱》，张显清主编《孙奇逢集》中册，郑州：中州古籍出版社，2003年，"康熙十年八十八岁"条，第1436页。

已。”[①]李光地指出：“见得天地间，都是感应之理。”[②]彭定求强调：“窃惟天地间，万有不齐，一感应之道尽之矣。”[③]方东树则说：“天下万事万物，莫非感应。”[④]等等。这种思想氛围无疑为理解明清“善书运动”的开展具有重要意义。在理解明清感应观的发展时，在朱溶（生卒年不详）和杨际春（生卒年不详）等人先后阐发的《感应篇经史考》中，在“目录”之下保存了一份《阐论感应事理名人姓氏》。循着这份名单，核对有关文献，是理解明清感应观发展脉络的基础（详见表 2–5）。

表 2–5 宋明以降“阐论感应事理名人姓氏”及其文献

<table>
<tr><th>朝代</th><th>作者</th><th>相关文献</th></tr>
<tr><td rowspan="3">宋代</td><td>程颐</td><td>《二程遗书》</td></tr>
<tr><td rowspan="2">真德秀</td><td>《感应篇序》</td></tr>
<tr><td>《感应篇序（代外舅作）》</td></tr>
<tr><td>明代</td><td>袁黄</td><td>《立命篇》</td></tr>
<tr><td rowspan="13">清代</td><td rowspan="2">顾炎武</td><td>《日知录·说经》</td></tr>
<tr><td>《日知录·惠迪吉从逆凶》</td></tr>
<tr><td>汤斌</td><td>《汤子遗书·语录》</td></tr>
<tr><td>陆陇其</td><td>《功行录广义序》</td></tr>
<tr><td rowspan="2">方苞</td><td>《与翁止园书》</td></tr>
<tr><td>《答门人问学》</td></tr>
<tr><td>陆耀</td><td>《书张啸苏〈天人篇〉后》</td></tr>
<tr><td rowspan="2">张尔岐</td><td>《天道论（上、下）》</td></tr>
<tr><td>《袁氏立命说辩》</td></tr>
<tr><td>罗有高</td><td>《书济阳张子立命说辩后》</td></tr>
<tr><td>姜宸英</td><td>《州泉积善录序》</td></tr>
<tr><td>朱彝尊</td><td>《感应篇集注序》</td></tr>
</table>

① 汤斌：《汤子遗书》卷 1《语录》，《景印文渊阁四库全书》集部第 1312 册，第 428b 页。

② 李光地：《榕村语录》卷 28《治道二》，北京：中华书局，1995 年，第 502 页。

③ 彭定求：《感应汇传序》，贺长龄等《皇清经世文编》卷 4《学术四》，北京：中华书局，1992 年，第 125 页。

④ 方东树：《感应篇畅隐（节录）》，国家图书馆藏《仪卫轩遗书》同治十三年（1874）刻本，第 3a 页。

续表

朝代	作者	相关文献
清代	彭定求	《感应汇传序》
	王复初	《答范彪西书》
	刘开	《持盈论》
		《贵齿论》

资料来源：朱溶、杨际春等：《感应篇经史摘典养正评注》“阐论感应事理名人姓氏”，南京图书馆藏光绪十四年（1888）淮南书局刻本，第 1a 页。

在表 2-5 所列 15 位作者、共 20 种文献中，与《感应篇》等善书直接相关的文献就有 10 种。其他 10 种尽管并非直接因善书而起，也与善书所承载的善恶报应观念密切相关。表中所列 15 位作者绝大多数都是理学家——除了宋代程颐和真德秀外，明代袁黄、清代王复初（生卒年不详）、刘开（1784—1824）亦可称为理学家；文献中涉及的人物如翁止园（即翁荃，生卒年不详）、张啸苏（即张鹤，生卒年不详）和范彪西（即范鄗鼎，1626—1705）则均为明清时期理学家。这反映出明清“善书运动”与理学及理学家之间的复杂纠葛。就文献类型而言，主要包括三种：一种是理学的专题论述（如刘开《持盈论》），一种是与友人之间的通信（如方苞《与翁止园书》），还有一种则是为善书所写的序言（如姜宸英《州泉积善录序》）。文献类型的多样，表明有关善书讨论的话题在明清理学家的日常活动中占据着相当重要的位置。

明清理学家对感应问题的重视，当然不能简单视为“善书运动”单向发展的结果，两者是相互型塑、互为因果。与此同时，这跟传统时期“以《易》解经”的儒学传统有关①。比如，姚文燮（1627—1692）在《重刻太上感应篇注考说定序》中就说：“尝闻之，象山曰：‘六经皆我注脚。’夫注脚岂惟六经哉！古今无所谓书自有点画，而遂有《易》。《易》有太极以至仪象卦爻，迭相为注，是《易》自为注也。故古今之书，无一不从《易》中，无一部为注中注也。”②那么，在“以《易》解经”的传统下，

① 参见姚彬彬：《从“以经解经”到“以〈易〉解经”——清代以来儒学经典诠释中的一条哲学性进路》，《福建师范大学学报》（哲学社会科学版）2020 年第 6 期。该文在讨论宋代理学家的“感应”观念时，多次引用宋代理学家的《周易》著作，如程颐《伊川易传》、朱鉴编《朱文公易说》等。

② 姚文燮：《重刻太上感应篇注考说定序》，《无异堂文集》卷 3，《清代诗文集汇编》编纂委员会编《清代诗文集汇编》第 106 册，上海：上海古籍出版社，2010 年，第 114 页。

明清理学家如何借助《感应篇》等善书文献阐述和发展感应观念呢？兹以表2-5中所列朱彝尊（1629—1709）《感应篇集注序》为例。为行文便利起见，兹全引如下：

> 浮屠老氏之学，虽戾于儒者之言，至其自修之勤则一也。释氏有因果之说，道家亦有感应之篇。然福善祸淫之原，《易》《书》《诗》著之详矣。夫曰："祸福无门，惟人所召"，本闵子马之词；"吉凶之报，如影随形"，同孔安国尚书传。若其自省之严，涕唾不敢北向，夜起不敢裸露，以为明神居焉，惧或殛之，庶几合乎君子慎独之旨矣！夫鬼神之为德，莫备乎圣人之言。自二氏之说兴，而言鬼者归之释氏，言神者归之老氏。小人之为不善，其畏人之心恒不胜其畏神之心，故以《易》《书》《诗》喻之。彼谓迂阔而莫之信，易以二氏之说，无不悚然共听，非真穷其义而乐其言。无他，信生于所畏也。因其畏与信而导之，则为力也易。君子之于佛老，恶其无用于世。苟有以善天下之权，无戾乎儒者之旨，则未尝无取焉，求其同归于善而已。宛平刘先生宣人俾工刻《感应篇集注》以行。先生儒者也，其道德文章，悉本圣人之训，独勤勤斯编示人，夫亦谓老氏之徒，其自修之功犹严且慎若是，为君子儒者宜何如焉？是则先生用意之微。予遂不揆梼昧而序之也。①

这是朱彝尊为刘宣人（即刘芳喆，生卒年不详）《感应篇集注》所作序言，其内容主要包括三部分：其一，从"感应"（天人）与"报应"（因果）之间的关系切入，以带有辩论色彩的口吻进行论述。朱彝尊开篇以"浮屠老氏之学，虽戾于儒者之言，至其自修之勤则一也"始，显然是为反驳浮屠、老氏与儒者（在感应与报应观念上）相悖的观念而作，所以至末尾才以明显辩论性的词汇落脚于"夫亦谓老氏之徒，其自修之功犹严且慎若是，为君子儒者宜何如焉？"其二，借助儒家经典的记载，追溯并重新解释古典儒家的感应理论。朱彝尊以《易》《诗》《书》三种儒家典籍为

① 朱彝尊：《感应篇集注序》，《竹垞文类》卷17，《四库全书存目丛书》集部第248册，第350页。

例，将福善祸淫、因果报应的观念追溯到古典儒家[①]。其三，以“舍因果而谈感应”的方式，在客观上杂糅了儒家感应观念和释道因果报应。更早一些，明代末年澹归和尚（即金堡，1614—1680）就站在“他者”的角度观察到：“夫因果之说，儒者所讳，恐其流于佛氏，而论感应即不之疑。”[②]晚清陶澍（1779—1839）则说，人们之所以“舍因果而谈感应”，是因为“言因果不若仍言感应之真切了当也”，《感应篇》只是“（释道）二氏”“袭其意而变其名耳”[③]。由此看来，作为一代大儒，朱彝尊《感应篇集注序》以“自修之勤”谈论儒释道三教之间的互联共通，从儒家经典中追溯“感应”的源头，其出发点当然在“发展”儒家感应理论，但客观上却为善书做出了辩护，不断消解二者之间的矛盾，以达到“同归于善”的最终目标[④]。

对于明清理学家热衷于讨论感应的现象，王汎森指出，这不仅是“善书运动”带来的结果，而且给正统儒者同时带来了启示与威胁，因为善书所承载的报应观念，“它不是一些零零碎碎的办法，而是一整套新的行善观念及作法”，在这种情况下，“正统儒者又想在理论的层次上，反驳或标示对因果报应观念的不同意”，可是“他们常常表现出一种矛盾的心态”[⑤]。像朱彝尊一样以辩论姿态展开对感应观念的论述，在明清时期几乎成为理

① 在明清理学家的论述中，《易经》“积善之家，必有余庆；积不善之家，必有余殃”，《尚书》“惠迪吉，从逆凶，惟影响”，《尚书》“惟上帝不常，作善，降之百祥；作不善，降之百殃”等是最常被追溯和使用的经典资源。这种做法实受顾炎武《日知录》影响。参见顾炎武著：《日知录校注》卷2，陈垣校注，合肥：安徽大学出版社，2007年，第67—68页。

② 澹归和尚：《刻太上感应篇序》，《遍行堂集》文集卷6，《清代诗文集汇编》编纂委员会编《清代诗文集汇编》第46册，上海：上海古籍出版社，2010年，第375页。“舍因果而谈感应”则出自毛奇龄的观察。参见毛奇龄：《日南和尚增释感应篇序》，《西河集》卷50，《景印文渊阁四库全书》集部第1320册，第439b页。

③ 陶澍：《感应篇集证序》，《印心石屋文钞》卷15，陈蒲清主编《陶澍全集》第6册，长沙：岳麓书社，2010年，第182页。

④ 在清代周正《取此居文集》中，天头处留下了李应廌（谏臣，1639—1704）的评点。后者在周正《重刻太上感应篇引经征事序（代）》中，在“吾尝读《太上感应篇》而窃叹曰：‘人心不古。’古者教治人醇……”处点评说：“从源头说起儒家正论”；在“夫有所为而祛不善就善，是感应之说行也……”处点评说：“说感应已落第二义，用意甚微”；在“天下有无所为而为善者，则有所谓而为善者不善；天下无无所为而为善者，则有所谓而为善者善……”处点评说：“转笔郊旋床都非人曾道过”；在“夫天不足以动之，吾谓仍动之以人，则不离乎感应之说也……”处点评说：“百折至此”；最后在“且夫厌其旧而新是喜，人情也。吾新是书，人为其新也，而观志未可知矣……”处又点评说：“大海回澜”。参见周正：《取此居文集》，《清代诗文集汇编》编纂委员会编《清代诗文集汇编》第149册，上海：上海古籍出版社，2010年，第524—525页。

⑤ 王汎森：《日谱与明末清初思想家——以颜李学派为主的讨论》，王汎森《晚明清初思想十论》，上海：复旦大学出版社，2011年，第121页。

学家的普遍做法。除了表 2-5 所列文献以外，在诸多理学家的文集中均可见各类善书的序文、跋文。这些序文、跋文与朱彝尊《感应篇集注序》一样，往往遵从三段式的叙事结构：先是撇清跟释道二教的关系，进而追溯古典儒家的感应论述，最后在为自身行为辩护的同时，认为善书不仅“无戾乎儒者之旨”，而且与儒家经典一样，“同归于善”。在这种情况下，古儒怎样论述感应观念已经不重要，重要的是明清理学家在糅合儒家感应观和善书报应观的同时，最终推动感应观从宇宙图式向道德图式转向，反过来为明清“善书运动”的发展提供了思想契机。

第三节 宋元时期《感应篇》的流传

北宋末年（约 1101—1117），《感应篇》成为中国最早的善书[①]。从宋元到明代中前期，是《感应篇》早期流传的年代。现存最早的诠释文本，以李昌龄所传《感应篇》为最早[②]——李昌龄显然不是《感应篇》最早的作者，一方面，按照俞樾的解释，“凡传，所以释经也”[③]，可见“传”本身也是经典诠释的一种形式或文类。另一方面，至晚清林昌彝仍在猜测《感应篇》的作者到底是谁，“道家之有《感应经》，系魏晋间修仙者，述太上道戒；或以为抱朴子弟子滕升所撰”[④]。这里当然不必讨论这种不可能有结论的问题，只是想要强调的是，明清时期的《感应篇》诠释是建立在早期流传基础上的。因此，在讨论明清时期的《感应篇》诠释以前，有必要交代宋元至明代中前期的《感应篇》流传情况。

一、宋代善书的真实与想象

有关宋代的善书，林祯祥已做过较为系统的考察[⑤]。这里重新提出对

---

① 朱越利：《〈太上感应篇〉与北宋末南宋初的道教改革》，《世界宗教研究》1983 年第 4 期。

② 施舟人（Kristofer Schipper）和傅飞岚（Franciscus Verellen）考证，李昌龄很可能是《感应篇》的注释者，而《道藏》本李昌龄《感应篇》中的灵验故事，因涉及南宋部分的内容，因此将作者归于李昌龄是一种错误，其作者应当是郑清之（字安晚，1176—1253），但是并无确切证据说明其作者和起源地。参见 Kristofer Schipper and Franciscus Verellen，edt. *The Taoist Canon*：*A Historical Companion to the Daozang*，Chicago & London：The University of Chicago Press，2004. Vol. 2，p. 740—741. 饶宗颐亦指出：“今观其《感应篇》传，多征述北宋大臣事迹，谅多为道徒所增益，非李书之旧矣。”参见饶宗颐：《澄心论萃》，第 111 页。

③ 俞樾：《第一楼丛书 · 湖楼笔谈》卷 1，《春在堂全书》第 2 册，第 657 页。

④ 林昌彝：《重锓刻感应篇笺注》，《小石渠阁文集》卷 3，《续修四库全书》集部第 1530 册，第 391b 页。

⑤ 林祯祥：《宋代善书研究》，台湾东吴大学硕士学位论文，1995 年。

宋代善书的理解，是想从明清《感应篇》流传的角度，考察宋代善书的双重性格——“想象的”与“实际的”。在事实层面上，作为“善书之首”的《感应篇》的确产生于宋代，并且宋代还产生了《乐善录》等其他善书；在想象层面上，酒井忠夫曾反复指出：“将先儒先贤与《功过格》相结合的故事，是《功过格》试图附加上儒教之权威的表现”，其原因在于“为了强调善书的内容与圣人之教之间并非毫无关系……以至于把宋学之先儒也抬了出来”。在此基础上，酒井忠夫认定“宋代先儒力行这种作为《感应篇》之实践方式的《功过格》，完全是后世明代所编出来的故事”①。这已很好地揭示了宋代善书的“实际”与“想象”双重性格。

虽然《感应篇》出现于宋代的观点为大多数人所接受，但是因《感应篇》“其文古朴”“非魏晋以后人所能作”②，故仍有不少明清士绅更愿意将善书的源头追溯到唐宋以前。比如，惠栋（1697—1758）、孙志祖（1737—1801）、阮元（1764—1849）、顾堃（生卒年不详）和梁章钜等③。兹以顾堃《觉非庵笔记》为例：

> 惠氏栋云：“《太上感应篇》即《抱朴子》所述汉世道戒，如三台、北斗、司命、灶神之属，证诸经传，无不契合，非后人所能假托。”然《隋（书）·经籍》《唐（书）·艺文志》皆无之，《宋史·艺文志》始有“李昌龄《感应篇》一卷”。此书之传，盖自李始矣。据仇山村《跋》，则宋有李善斋注，其后郑相安晚、汤侯北村、徐公博雅辑而为赞，衍而为解，韵而为诗。今惟郑清之书载于《道藏》，余无闻焉。④

这段话的重点在前半部分，顾堃引惠栋之说以追溯《感应篇》与汉世道戒（实《玉钤经》）之间的关系。钱钟书敏锐地指出：“《抱朴子》本引《玉钤经》云云此说，影响后世颇深。如《太上感应篇》《阴骘文》《功过

① 酒井忠夫：《中国善书研究（增补版）》，第353—355页。

② 语出清代钱大昕、穆天展《梓潼阴骘文碑》，现存嘉定安亭中学。参见嘉定区地方志办公室、嘉定博物馆编《嘉定碑刻集》中册，上海：上海古籍出版社，2012年，第945页。

③ 阮元：《两浙金石志》卷16《元太上感应篇注释碑》，《续修四库全书》史部第911册，第182a—199b页；梁章钜：《浪迹三谈》卷3《太上感应篇》（《清代史料笔记丛刊》），北京：中华书局，1981年，第453页；孙志祖：《读书脞录》卷7《太上感应篇》，《续修四库全书》子部第1152册，第285a页。

④ 顾堃：《觉非庵笔记》卷6，《续修四库全书》子部第1154册，第101b页。

格》等，皆由此衍出。”[①]此间缘由可从钱大昕《重刊太上感应篇笺注序》中见其端倪，“盖其时浮屠氏之书未行中国，所言祸福，合于宣尼余庆余殃之旨，不似后来轮回之诞而难信也”[②]。其观念和目的与将善书及宋儒关联起来显然一致。此外，顾堃所考后半段指出，除李昌龄（传）本外，宋代尚有“郑相安晚、汤侯北村、徐公博雅辑而为赞，衍而为解，韵而为诗”等三种《感应篇》版本[③]，但是，由于汤侯北村、徐公博雅其人及其著作今皆不可见，所以尚难断定宋代是否还有其他诠释本。

有关宋代《感应篇》的文献甚少，除李昌龄传外，相关文献只有晁公武（1105—1180）《郡斋读书志》的部分考证，以及真德秀（1178—1235）的两篇序言等材料[④]。其中，真德秀所撰两篇《感应篇序》最为知名和重要。清人盛百二（1720—？）《柚堂笔谈》曾指出：“真西山先生《感应篇序》有二：一为冯道录作，一代外舅作，而前篇更为谨严。”[⑤]在后世对真德秀与善书关系之建构中，通常使用或追溯的资源正是前篇。真德秀为南宋著名理学家，是将程朱理学正统化的重要思想家。明清时期的士人阶层不免将真德秀与《感应篇》乃至《功过格》联系起来，将其视为善书的重要作者——有时称《感应篇》为《真西山感应篇》，称《功过格》为《真西山功过格》，当然更为常见的做法是将真德秀《感应篇序》（与顺治《御制劝善要言序》）置于《感应篇》诠释文本卷首，其背后的象征意义已不言而喻。清代丁丙（1832—1899）《武林坊巷志》载：“杭州武举吴姓者，精拳勇，日事扛帮唆讼，拉诸友憩连桥蒋相公庙，一友从旁翻阅《太上感应经》，吴揶揄曰：‘此等书，只好哄愚夫愚妇耳！士大夫岂宜演说？可笑真西山一代大儒亦序。’此语未毕，忽仆地呕血不止。诸友扶归，询之，吴云：‘是时见左右判官大喝一声，心胆俱落。’不三日而殂。此钱塘张溥字鼎玉者所目睹，三韩明鼎识。”[⑥]这段描述非常形象地说明，中国善书史上的真德秀已具有某种“神格”——这种神格恰恰来自真德秀以正统理学

① 钱钟书著，范旭仑、李洪岩编：《钱钟书评论》，北京：社会科学文献出版社，1996年，第184页。

② 钱大昕：《重刊太上感应篇笺注序》，《潜研堂集》文集卷25，第423页。

③ 施舟人和傅飞岚也认为，根据《道藏》本前所见的诸多序文和跋文，《感应篇》在太一宫（胡莹微）版本同时或稍后的几年应当有多种地方性的版本。参见 Kristofer Schipper and Franciscus Verellen，edt. *The Taoist Canon*：*A Historical Companion to the Daozang*，p. 742.

④ 晁公武著：《郡斋读书志》，孙猛校证，附志卷上《太上感应篇八卷》，上海：上海古籍出版社，1990年，第262页。

⑤ 盛百二：《柚堂笔谈》卷4，《续修四库全书》子部第1154册，第35a页。

⑥ 丁丙：《武林坊巷志》卷29《羲和坊二》，王国平总主编《杭州文献集成》第27册，杭州：浙江人民出版社，2014年，第282页。

家的身份撰有两篇《感应篇序》。职是之故，明清时期通常将此表述为“真西山表彰之”①。

与真德秀一起被想象为善书史上的重要人物的，还有赵概（995—1083）。两者之间的不同，在于真德秀因其序言（理论）与《感应篇》联系在一起，赵概（康靖公）因其实践与《功过格》联系在一起。赵概曾担任宋代枢密使和太子太师等职，其最为人熟知的故事是《宋史》中所载与欧阳修（1007—1073）同馆而不以私报公的故事，“概秉心各平，与人无怨怒。虽在事如不言，然阴以利物者为不少，议者以此刘宽、娄师德。坐张诰贬六年，念之终不衰，诰死，恤其家备至。欧阳修遇概素薄，及修有狱，概独抗章明其罪，言为仇者所中伤，不可以天下法为人报怨。修得解，始服其长者”②，由于这种道德和故事基础，赵概的故事被后世一再演绎，甚至被曲解。这就是赵概以白豆（红豆、黄豆）、黑豆分代善恶以修身的故事。

这一故事常见载于明清的诸多善书中，兹以刘沅（1767—1855）《感应篇注》中所载为例：“宋赵康靖公概尝置瓶豆于案上，每一念起，必随善恶以豆别之，善则投一白豆，恶则投一黑豆，始则黑豆绝多，继而渐少，久而善恶二念皆忘，瓶豆二物亦皆弃而不用”③。这一故事并不见于《宋史》，亦不见于宋代笔记。酒井忠夫曾考证这一故事的起源，认为赵概与《续高僧传》中的道绰（562—645）一样，后者“劝人念弥勒佛名，或用麻豆等物，而为数量，每一称名，便度一粒，如是率之，乃积数百万斛者，并以事邀结，令摄虑静缘，道俗向其绥导，望奉而成习矣”④。由此既可见善书之产生同佛教的密切关系，亦可见赵概之实践《功过格》的例子，正如明清时期的善书对真德秀的描述一样，是一种想象和建构。只不过饶有意思的是，明清士人对此多有效仿，比如，“徐文靖公（溥）尝效古人，以黄黑二豆同贮一瓶，每举一善念、道一善言、行一善事，投一黄豆；不善，则投黑豆者。始黑多黄少，渐积参半，久之，黄者乃多云”⑤。

---

① 邱嘉穗：《倡刻感应篇序》，《东山草堂文集》卷1，《四库全书存目丛书》集部第259册，第19b页。

② 脱脱等：《宋史》卷318列传77《赵概传》，北京：中华书局，1976年，第10365—10366页。

③ 刘沅：《感应篇注释》卷2，厦门大学图书馆藏《槐轩全书》本，第12a页。亦可参见觉罗乌尔通阿：《居官日省录》卷2，官箴书集成编纂委员会编《官箴书集成》第8册，合肥：黄山书社，1997年，第53页。

④ 释道宣：《续高僧传》卷12《道绰传》，转见酒井忠夫：《中国善书研究（增补版）》，第342页。另外据酒井忠夫考证，袁黄在其《四书删正》中，已注意到“前辈以白豆黑豆，自分记善恶，初时黑多白少，后时白多黑少，后来遂不复有黑豆”的做法。参见酒井忠夫：《中国善书研究（增补版）》，第312—313页。

⑤ 吴震：《明末清初劝善运动思想研究》，第189页。

除了实践主体不同以外，其中的差别只是白豆与黄豆、红豆的不同而已。

其实除了真德秀和赵概以外，宋代的许多士大夫如富弼（1004—1083）、欧阳修、韩琦（1008—1075）、赵抃（赵清献公，1008—1084）、司马光（1019—1086）、苏轼（1037—1101），等等，均被建构为善书史上的重要人物①。其中，尤其以赵清献公“焚香告天”的故事最为明清士绅模仿效行②。而且这些模仿效行赵清献公的明清士绅，往往与《感应篇》或《功过格》关系密切，要皆离不开善书编纂、阅读和实践活动。于是，像李昌龄、郑清之等《感应篇》的诠释者，也成为灵验故事的主人公。比如，清代觉罗乌尔通阿（生卒年不详）《居官日省录》记载：“参知政事郑清之，字德源，拟作《感应篇赞》。踰年未果，忽得目眚，甚异，乃齐心研思，日裁数章，疾遂已。”③对此，酒井忠夫非常明确地指出，这是明清士人建构出来的虚假事实④。指出这种建构的事实当然重要，但是更重要的是，这种被建构出来的历史成为明清士人开展道德训练、进行《感应篇》诠释的重要历史资源——显然《感应篇》等善书要获取流传的合法性，明清士人要为自己诠释《感应篇》提供更多的思想支撑，这是一种非常重要的手段。甚至可以说，明清士人建构出来的善书史上的宋代士大夫集体群像，已经具有某种宗教性的意味：不仅是用以加强善书劝善能力的手段，也是自我信奉的重要体现。

这个建构的过程很可能与宋元时期的其他善书有关，这一时期的善书“大多属于果报灵验的小说故事集，其所采录的故事不乏历史上著名人物的事迹”⑤。这些善书包括《厚德录》《太微仙君功过格》《积善录》《乐善录》《为政善报事类》等⑥——《为政善报事类》为元代叶留（生卒年不详）所撰，当属官箴书的一种，但归入到善书亦无不可。该书的主要内容采入春秋以降迄于宋代的官宦事迹，其中有关宋代的部分，就收录了上述

① 兹举两例：一是唐秉钧《文房四考图说》卷 8《日省簿说》（《续修四库全书》子部第 1113 册，第 414a 页），认为“太微仙君有《功过格》，东坡苏公遵行推广，遂盛行于世”，即为一例。二是颜茂猷《迪吉录》（《四库全书存目丛书》子部第 150 册，卷 8《功过格》，第 679b 页）“附功过格引”载范仲淹、苏洵、张陵等接受《功过格》的事情。

② 比如，施仁（近甫）“悬赵清献遗像于退食之堂，焚香告之曰：‘倘有负心，愿公示谴’。暇与诸生讲论不辍”。参见李清馥著：《闽中理学渊源考》，徐公喜等点校，卷 53《县令施近甫先生仁》，南京：凤凰出版社，2011 年，第 591—592 页。

③ 觉罗乌尔通阿：《居官日省录》卷 2，官箴书集成编纂委员会编《官箴书集成》第 8 册，第 54 页。

④ 酒井忠夫：《中国善书研究（增补版）》，第 353—355 页。

⑤ 吴震：《明末清初劝善运动思想研究》，第 4 页。

⑥ 林祯祥：《宋代善书研究》，第 11—18 页。

士大夫的言行事迹——其中的很多故事，从引用来源可知，有许多引自《感应篇》。比如，对赵清献公的记载题为“夜香告天”（引自《言行录》），全文为“宋参政赵清献公，日有所为事，夜必露香告于天，其不可告者，则不敢为也”①。这种叙事显然启发了明清士人阶层对赵清献的模仿、想象和建构。宋代李昌龄所传《感应篇》，已有灵验故事的记载。至元代《积善录》等善书的出现，更以灵验故事为主体，因此，叶留《为政善报事类》不仅收录了善书中的叙事，而且受到灵验故事叙事的影响。正如序言作者陈颢（1193—1268）所说：“周衰道丧，王政渝夷，善善恶恶相焉施彀，而天道福善祸淫之鞭，不于其身，于其子琢，较然桴鼓。”②正是在这个意义上，《为政善报事类》也就不妨看作是用善书的叙事方式，在重新叙述正史中的循吏故事时渗入和演绎了善恶报应的观念③。

如果说宋代善书并未像明清士绅所想象（或建构）的那样，与士大夫阶层有如此密切的关系，那么在事实层面上其流传情况到底怎样呢？一种可行的办法是，通过李昌龄传《感应篇》所附录的八则感应故事，及元代叶留《为政善报事类》所引出自《感应篇》的八则感应故事，分析当时的读者及流传范围。李昌龄《感应篇》所附录八则感应故事的主人公依次为：王湘、周篪、王竺（及王净）、云游道人、王巽、杨琛、沈球、真大圭④。其中，除王巽、杨琛和沈球三人身份为进士以外，其余身份均不甚详；在这三位进士中，其“善行善报”又均与刊刻（而非阅读或实践）《感应篇》有关。此外，云游道人为道教人士，其他人的身份（如王竺、真大圭等）则为普通乡民。叶留《为政善报事类》所载故事多与宋代人有关，故事的主人公除韩琦、欧阳修、尚霖等宋代士大夫以外，尚有刘初、县吏刘安民和二女等普通乡民，以及王老志和王昌遇等宗教人士。由此可见，叶留《为政善报事类》与李昌龄《感应篇》所附感应故事结构相似⑤。在

---

① 叶留：《为政善报事类》卷6《夜香告天》（阮元辑《宛委别藏》），南京：江苏古籍出版社，1988年，第79页。

② 陈颢：“为政善报事类序”，叶留《为政善报事类》，第1页。

③ 宋代士大夫对许逊道团（净明道）的推崇，可能也是这种建构的重要原因。参见秋月观瑛：《中国近世道教的形成——净明道的基础研究》，丁培仁译，北京：中国社会科学出版社，2005年，第130—141页。

④ 李昌龄：《太上感应篇》，《道藏》第12册，第3—5页。其中，王湘和周篪的感应故事在《乐善录》中亦有引用，参见李昌龄：《乐善录》卷2、卷3，《续修四库全书》子部第1266册，第295页、第300b—301a页。另外，李昌龄《乐善录》还收入《丛书集成初编》（第2687册，北京：中华书局，1985年），然是版仅存上、下两卷，无王湘及周篪故事。

⑤ 叶留：《为政善报事类》，卷5《熟审两讼》，第2页；卷5《私贿不受》，第5b—6a页；卷6《丹阳讼省》，第1b页；卷7《先阅断案》，第3a—4a页；卷9《同庚怀德》，第1b—2a页；卷9《处女弗犯》，第3b页；卷10《授道赐号》，第4b页。

此基础上，大体上可以较为确定地认为，宋元时期《感应篇》的流传范围在士绅阶层中间尚不多见，主要集中在佛教和道教人士以及普通民众中间，这种流传情况与明清时期多有不同。

二、从“道书”到“伪道书”

《感应篇》在宋元时期的演变，似乎能够说明宋元时期的主要读者群集中在宗教界和普通民众两种社会群体。在产生于宋代元初时期的三种新的《感应篇》诠释版本中，有两种与宗教有关——虚靖天师（张继先，1092—1128）《感应篇颂》和殷震亨（1243—1332）《感应篇集注》；另外一种为陈坚（生卒年不详）《感应篇图说》，是最早的图说诠释本——以“图说”的形式进行诠释，显然是为了普通民众的阅读和传播。除此以外，《感应篇》还被收入元代末年的日用类书——《居家必用事类全集》中，这显示出《感应篇》作为一种大众读物的普及性。在这几种《感应篇》诠释文本中，虚靖天师和殷震亨的诠释著作出现时间不详，陈坚《感应篇图说》出现于泰定甲子年（1324），而《居家必用事类全集》公认出现于元代末年。为此不妨先讨论发生于元代至元年间（1264—1294）的佛道大辩论，因为这场辩论使得《感应篇》被贴上了“伪道书”的标签。

元代末年的佛道大辩论引起了道教研究者的普遍关注[①]。学界咸以道教《化胡经》教义引起辩论为主要原因，但陈垣在《南宋初河北新道教考》中提出不同的看法，认为“焚毁《道藏》之事，道家讳言，《释藏》有专书载之。释祥迈《至元辩伪录》是也……然此特其副因耳，其主因在回复侵地，不在辩论化胡也”[②]。但是不论辩论原因为何，这场争论最终以道教失败告终，并接着出现对《道藏》的焚毁则是可以确定的事实。揆诸史料，焚毁道书一事前后凡有三次：其一，辩论结束以后（1258），道士被要求焚毁伪道书45部；其二，至元十年（1273），少林长老奏请再次焚毁伪道经；其三，至元十九年（1282），元世祖下御旨除了老子《道德经》外，其余“说谎经文”尽行焚毁（三年以后更是将命令推行到全国），并在至元二十八年（1291）由佛教释祥迈撰写《至元辩伪录》，以至于出现陈垣所说“道家讳言，《释藏》有专书载之”的结果。这次焚毁《道藏》的做法，使得道教文献受到极大的损害。根据卿希泰所说：“粗略计之，

① 漥德忠：《道教史》，第166页。

② 陈垣：《南宋初河北新道教考》，上海：上海书店，1990年，第47页。

共禁794种，2500卷，相当于半部明《正统道藏》被烧绝了。”[①]《感应篇》作为道教典籍，自无法幸免于“伪道书”的命运。

何谓“伪道书”？陈垣认为，“何谓伪？谓老子《化胡》等经也”。这里需要进一步追问的是，《感应篇》何以与《化胡经》等“人知其伪久矣”的道书一起，被归入到“伪道书”的行列？这却颇为耐人寻味。早在宋代李昌龄等人传释《感应篇》时，已经跳出道教的传播范围，进入到世俗群体的视野中。后来真德秀的两篇序言，将《感应篇》定位为“道教儆世书”，并以理学的感应理论支撑感应观念非释、道二教所独有的观点[②]。真德秀尽管没有明确说明《感应篇》对士人阶层和佛道群体的作用，但却指出其对于普通民众的意义。从内容上说，《感应篇》主体内容袭自《抱朴子》，但已经不再一味强调“劝善成仙”等道教修身养性层面，而是借用了佛教的三世观念和儒家的道德伦理，“剔除了《抱朴子》中秘密的、昂贵的炼金术处方，不再提及通常属于排他性道教和佛教教派的特定神祇”，[③]进行综合性的劝善论述。正是在这个层面上，可以看到《感应篇》“伪道书”的隐喻。

帝王和官方的打压使得宋元时期的《感应篇》仍未能引起士人阶层的重视：一方面，虚靖天师的《感应篇颂》写于佛道辩论之前，另一方面，殷震亨的《感应篇集注》今已亡佚，但从其生平经历来看，亦与道教有密切关系——《昆山郡志》和《太仓州志》中的传记未曾明说，但《吴中人物志》则直接点明其道士身份：“殷震亨，字符震，崇明西沙人。出家为宝庆观道士。工诗，所著有《在山集》。元大德间人也”[④]。除了宗教家外，陈坚《感应篇图说》成为继李昌龄和郑清之《感应篇》诠释文本之后，流传至今最新和最重要的著作。李昌龄的诠释特色是：“旁引释道经论，及世间传记，以为善恶报应之验，最有发明”[⑤]，陈坚书则“析条比事，例图附之，揭之座右焉”。阮元猜测，这是因为“元季纂图互注，书林积习”，然而遗憾“此必有木刻并图行世，而刻石不及列图也”。陈坚著作的基本架构，是围绕《感应篇》中的26种善行和170种恶行展开解说。此书至“至正壬辰，君实嗣子恕斋从仁摹以上石，图说则清末丁丙刊入

① 卿希泰主编：《中国道教史（修订本）》，成都：四川人民出版社，1996年，第3册，第225页。

② 真德秀：《感应篇序》，《西山文集》卷27，第418a页。

③ 包筠雅：《功过格——明清社会的道德秩序》，第43页。

④ 张昶：《吴中人物志》卷11《列仙》，《续修四库全书》史部第541册，第319a页。

⑤ 释志盘：《佛祖统纪》卷35，第463b页。

《武林往哲后编》”[①]，成为阮元《两浙金石志》收录《元太上感应注释碑》的机缘。

阮元自身以汉学为宗，在编写《两浙金石志》时，对所收入的金石志自有所考订。通过考订，阮元断言，陈坚此书“博考经传，系合同异，似全出一手。然核其大概，动以君国立言，颇与南宋时事吻合，殆即善斋之书而损益之欤”，认为陈坚此书是在李昌龄（善斋）的基础上损益而成，因此有很多内容相同或相似[②]。为行文便利，兹将陈坚与李昌龄《感应篇》两种诠释本列表如下（表 2-6）。

表 2-6 李昌龄与陈坚《感应篇》诠释比较简表

条目	作者	诠释内容
忠孝	李昌龄	东乡司命曰：有萧邈之才，绝众之望，养其浩然。不营富贵，或至贞至廉，不食非己之食，不衣非己之衣。纷华不能散其正气，万乘不能激其名操。或先世有功，流逮后嗣。易世谏化，改氏更生。此皆有应仙格，当登仙品。然毕多历年所，始得渐进。至于至忠至孝，则今日谢世，明日便当补为地下主者，覆从地下主者，便当进补仙阶，大抵忠也者，人臣之大节。孝也者，人子之本事。使为臣而皆不忠，则为君者复何望于臣；为子而皆不孝，则为父者复何望于子。如此则君臣之分，父子之伦，一切丧矣。人不禽兽如，必夷狄如也。惜其不知忠孝，乃超度之本，得获庆世，莫此为速。不闻吕公诲，兰公期之事乎？惜吕公诲为御史中丞，正色直言，倾动朝野。一日独坐，恍见一青衣授以一丹曰：“此清凉丹也，上帝非久南游炎州，命予纠正群仙，彼州大热，故先以此赐公”。再拜吞之，不啻冰雪。下咽未几，果捐馆。时朱明复出登第，在湘江见公，跨一玉角鹿，左右皆青衣小童，吏兵数百，前后呵拥，明复迎揖曰：“君其已仙乎？”公曰：“吾此行侍上帝南游，不及款曲”，乃口占一诗曰：“功行偶然书玉阙，衣冠无限葬尘埃。我今从帝为丝纠，更遣何人直柏台”。言讫不见。兰期家世孝悌，聚口百余，上下和睦，略无间言。一夕有一真人降自斗中曰：“吾乃斗中孝悌王也，夫孝至于天，日月为之明。孝至于地，草木为之生。孝至于人王，道为之成。子能孝悌，吾所以亲耳。予子既得见，吾得道毕矣”。后果如言。然则至忠至孝，其予度世岂不捷？疾呼忠孝者既如此，则不忠不孝者当如何哉？
	陈坚	臣事君以忠，孝为百行之原，事君尽忠，事亲尽孝，分所当为，臣子之大节。

① 饶宗颐：《澄心论萃》，第 111 页。

② 阮元：《两浙金石志》卷 16《元太上感应篇注释碑》，第 198b 页。

续表

条目	作者	诠释内容
射飞	李昌龄	太上曰：混沌既分，天地乃位。清气为天，浊气为地。阳精为日，阴精为月。日月之精，为星辰和气，为人傍气，为兽薄气，为禽繁气，为虫种类相因，会合生育，随其业报，各有因绿。然则人之与飞有以异乎？肇论所谓“天地与我同根，万物与我一体”，非诳语也。然飞之所以与人异者，特福业不同躯壳异。窃尝孜之载物，籍诚有自人而沦入其中者，亦有自仙而游戏其中者，刘安民本一富家，以好尚虚名，而道无实，至死后乃为凤凰。经六十年复得为人，于此生中勤苦修道，始得尸解，今在清华宫中。黄安世本一儒士，以志慕飞腾，而心不精，至死后乃为飞鸿。经九十年复得为人，于此生中精进修行，始得上升，今在皇曾。快乐天非自人，而沦入飞中者乎？辽东华表柱，尝有一鹤飞集其上，人欲射之。鹤语人曰：“有鸟，有鸟”，丁令威去家千载，令来归城郭。随是人民，非何不学，仙冢累累。唐明皇在沙苑，尝射一鹤，既中又复矫翅，直向西南飞去，及次年幸蜀，于明月观乃见箭在壁间，问箭所自。道众曰：“去载重阳日青城道士徐佐卿带此而来，留之而去”。始知其鹤乃佐卿也，非神仙游戏其中者乎？
	陈坚	潘浚谏孙权曰：“铉绝指破，皆能为害”。盖谓不惟损于物命，亦恐因以伤生。

资料来源：李昌龄：《太上感应篇》，《道藏》第 27 册，第 4—5 页；陈坚：《太上感应灵篇图说》，《丛书集成续编》第 46 册，第 603、610 页。

从表 2-6 可以看出，正如阮元所说，陈坚《感应篇图说》与李昌龄《感应篇》不仅在内容上有前后因袭之处，即在断（章）句体例上亦与李昌龄《感应篇》几乎完全一致。这种因袭承续可以看作是两者预设读者群的一致。“李昌龄有注《感应篇》，旁引释道经，论及世间传记，以为善恶报应之验”的做法[①]，显然并未将士人阶层作为预设读者。从宋理宗御书“诸恶莫作，众善奉行”于篇首，并特赐禁钱予以刊行开始，其目的都在推行社会教化。恰如金朝先廷“跋文”所说“正所以开千万世愚夫愚妇为善之门也”[②]。至陈坚《感应篇图说》表现得更为明显，仇远的跋文已经说得非常明确：“久闻陈氏父子皆好善，知有天刑人祸，出入起居，恐惧修省，举头若有神明，暗室屋漏，若十手十目之指，视何止一乡之善士而

① 释志盘：《佛祖统纪》卷 35，第 463b 页。

② 先廷：《太上感应篇跋》，李昌龄传《太上感应篇》，《道藏》第 27 册，第 3 页。

止哉”[①]。从体例上来说，陈坚此书揭橥的“图说”体，或与中古时期的宗教画像、唐宋时期的通俗文学有关，这种善书著作的目的当然是“为中下设”，预设普通民众为阅读对象[②]。从以上分析可知，宋元时期的《感应篇》诠释表现出两个总体趋向：一是作者多为宗教家，比如虚靖天师、殷震亨、僧绍时、李道纯等，二是预设读者多为普通民众。

三、明代敕撰书与《感应篇》

宋元以降至晚明（指嘉靖以后）以前，新的《感应篇》诠释版本只有三种：刘长春（1351—1432）的《感应篇集注》、顾亮（生卒年不详）的《感应篇注》和陈嘉谟（1486—1570）的《感应篇句解》[③]。由于关于顾亮和陈嘉谟的生平资料极少，其《感应篇》著作也已亡佚，而刘长春与元代殷震亨和宋代李道纯（1219—1296）均为道士，因此，晚明以前的《感应篇》在很大程度上尚局限于宗教（道教和佛教）内部流传，普通民众中间的读者或已不少，但至少在士人层面阅读者尚不多。比如，本书所见明清《感应篇》读者的180余则故事中，涉及明代的本就不多，即使是涉及明代的部分，也多为晚明事例，因此，明代中前期的状况殊难勾勒。只能就仅有的顾亮和陈嘉谟等作者生平来分析。

顾亮的传记见于《吴中人物志》及《(崇祯）吴县志》等文献中，其中尤以《(崇祯）吴县志》文献记载最详。兹引如下。

> 顾亮，字寅仲，生五月而父伯雍没，鞠于母金。幼颖悟不凡，遭舅氏累荡产，继值憸人匿所托，以女归。亮欲觊释怨，寻致讼，母因卒。亮痛焉曰：“吾终不以仇人女为妻”，遂出之。……声誉日起，学者推之。至是乃复娶，知府况钟闻而敬礼，建书塾于木兰堂西，延亮为府僚，弟子帅自持甚谨，训迪方严。历

① 陈坚：《太上感应灵篇图说》，第601页。

② 遗憾的是，也许是因为刊刻不便的缘故，陈坚《感应篇图说》只保留了“说”，而未保留“图”。后来新出现的图说体《感应篇》诠释本，均以清初许缵曾（鹤沙）为缘起，不再追溯陈坚之著作。

③ 万斯同：《明史》卷135《艺文志》，上海：上海古籍出版社，2008年，第3册，第446a页；黄虞稷：《千顷堂书目》，《景印文渊阁四库全书》史部第676册，卷16，第435b页；曹允源、吴秀之等纂修：《(民国）吴县志》，台北：成文出版社，1970年，卷56上《艺文考一》，第926页。在明清文献的记载中，有时会误将殷震亨的《感应篇》注本归入僧绍时的名下，或即因同为宗教专家的缘故。参见曹炳麟、王清穆等纂修：《(民国）崇明县志》卷16《人物·僧道》，台北：成文出版社，1975年，第1364页。

> 后知府李从智、朱胜、汪浒，凡十有五年，不废其教席。亮以一布衣于四公交际宾主间，未尝一齿公事。惟民生疾苦，政事得失，知无不言。四公欲以才荐亮，力止之。当况时，亮子犯薄刑，求宽，亮固请实之法。汪为人坦率，有门客狂斐者，任之不疑。亮窃虑辞归，汪果为客所误，人咸以亮为知己。后以寿考终。所著有《东斋集》《家范匡正录》，又取诸史传有关劝惩者，注《感应篇》二十卷。①

《吴县志》明言此传记取自《吴信传略》，可见顾亮在吴县甚有名望。除了《感应篇注》以外，顾亮尚有《辨惑续编》《省己录》《家匡正录》《厚伦集》和《束斋集》等著作。虽然这些著作今已不可见，但从标题来看，无疑与《感应篇注》一样具有劝善性质。其中，《辨惑续编》更是“因谢应芳之书增损衍释之”②，而元代谢应芳（1296—1392）《辨惑编》，正是记载佛教因果报应的书籍。顾亮并无任何功名，终身职务只是学堂塾师和知府的幕僚。其学注重实践，并对民生疾苦、政事得失多有关注。生平最重要的经历，似乎是前后凡两见的诉讼，均与家庭成员有关。这两次经历应对顾亮有深刻的触动：一是对诉讼的厌恶，二是对人情世故的体认。顾亮后来“取诸史传有关劝惩者，注《感应篇》”，或与这种经历有关。因为在明清时期，诉讼（好讼与息讼）是善书出现的对立语境之一③。据此也不难看出，顾亮注释此书的方法，是纯粹以事（“史传”）劝善，出发点应当在推行教化，挽救世道。

与顾亮相比，陈嘉谟相关资料更少，这位《感应篇句解》的作者生卒年尚难确定，惟据黄虞稷（1626—1692）《千顷堂书目》，列其书于吴应宾（1564—1635）《感应篇注》之前④，约略知其生平当在晚明以前。因此，从总体上看，明代中前期的《感应篇》已经逐渐引起了学者的注意，但是尚未深刻地影响到士人生活。当时《感应篇》的作者和读者，与宋元时期一样，以佛教和道教等宗教人士及普通民众居多。即使有顾亮和陈嘉谟等乡绅阶层诠释过《感应篇》，其目的亦在推行社会教化（而非

① 曹允源、吴秀之等纂修：《(民国）吴县志》，卷 66 上《列传》，第 1172 页。

② 李铭皖、冯桂芬等纂修：《(同治）苏州府志》，台北：成文出版社，1970 年，卷 136《艺文志一》，第 3222 页。

③ “斗合争讼”在《感应篇》中即被归入恶行。参见李昌龄：《太上感应篇》，《道藏》第 27 册，第 99 页。

④ 黄虞稷：《千顷堂书目》卷 16，《景印文渊阁四库全书》第 676 册，第 435b 页。

自我修身)[①]。这可以结合当时的敕撰书展开讨论。

元明鼎革以后，明太祖和明成祖均致力于推行社会教化，以稳定社会秩序。不仅制定了诸如里甲制度、黄册制度等一系列刚性的国家制度，而且刊印了大量软性的敕撰书以劝善惩恶、推行教化。民国学者李晋华(1899—1937)很早就注意到这一现象[②]，至酒井忠夫《中国善书研究》，更是在李晋华的基础上做了更为详细的考证，将“这些主要的敕撰道德书从《皇明实录》《明史稿·艺文志》《明史·艺文志》及各种书目中抄列出来，进而从教化的观点加以必要的说明”[③]。根据李晋华的统计，有明一代敕撰的图书超过200种，绝大部分成书于洪武、永乐两朝。虽然其劝善对象以外戚、臣民和皇室为主，但是“民间的因果报应思想，在民间信仰中所表现的规范意识的方式，甚至还有原原本本地被采用的”[④]。最典型例子当属《大明仁孝皇后劝善书》。此书分为“嘉言”和“感应”两部分。其中，“嘉言”部分摘录历代先贤劝善格言，“感应”部分则举历代善恶报应事迹[⑤]。酒井忠夫指出，《劝善书》等所示的方法“就是原原本本地采用民间的劝戒书的方法”[⑥]。或许正是因为这一原因，《四库全书总目提要》认为“其所采辑，兼及三教，盖意主劝戒下愚，不及所作《内训》之纯粹也”[⑦]。与此同时，酒井忠夫还注意到明太祖“六谕”和明成祖《御制劝善阴骘》等教化文本对明代社会及善书的影响。这些做法既是对宋理宗为《感应篇》题写“诸恶莫作，众善奉行”及赐禁钱刊刻《感应篇》的继承，又开启了清代统治者对六谕和善书的教化改造。

---

① 韩德琳对放生活动的研究也指出，宋元至明代中前期的放生活动主要来自社会上层人士——包括僧侣阶层、统治者和少数为了推行自己教化理念的官僚——的推动，似与《感应篇》和善书的这种演进若合符节。参见 Joanna Handlin Smith, *Libberating Animals in Ming-Qing China: Buddlist Inspiration and Elite Imagination*, p. 52; Joanna Handlin Smith, *The art of doing good: Charity in Late Ming Dynasty*, University of California Press, 2009. p. 16.

② 李晋华:《明代敕撰书考附引得》，北平：哈佛燕京学社，1932年。据李晋华考证，有明一代270余年间，敕撰的图书大约200余种，很大一部分是诏告、教育皇亲国戚、文武大臣的历史著作。参见李晋华:《明代敕撰书考附引得》“自序”，第I页。不过李晋华也指出，属于“劝惩”类的敕撰书，“则都为无聊”，显属偏见。参见李晋华:《明代敕撰书考附引得》，“自序”，第II页。

③ 酒井忠夫:《中国善书研究(增补版)》，第23页。

④ 酒井忠夫:《中国善书研究(增补版)》，第41—43页。

⑤ 仁孝皇后徐氏:《大明仁孝皇后劝善书》,《四库全书存目丛书》子部第120册，第91—481页。关于此书的研究，可参见陈步桐:《〈大明仁孝皇后劝善书〉研究》，哈尔滨师范大学历史系硕士论文，2021年。

⑥ 酒井忠夫:《中国善书研究(增补版)》，第45页。

⑦ 永瑢、纪昀等主编:《四库全书总目》，卷131《子部·杂家类存目八》，第1118页。

第三章 《感应篇》与“善书运动”的兴起

在中国善书史上，明清士绅习惯将《感应篇》同《功过格》相提并论，所谓“宋之季，《感应篇》出焉；明之季，《功过格》出焉”①。虽然在“明之季，《功过格》出焉”以后，生产和传播、阅读和实践善书始发展成为“善书运动”，即同袁黄《立命篇》对《功过格》的改造紧密相关②，但是，一方面，《感应篇》更早引起士人阶层的注意；另一方面，作为一种实践性善书，《功过格》之编纂本身依托着作为理论性善书的《感应篇》。即使是在经由袁黄改造，《功过格》“盛传于世”以后，《感应篇》的影响也并不亚于《功过格》。显然，《感应篇》与“善书运动”之间的关系值得重新认识。

第一节 晚明理学家的《感应篇》争论

无论是《感应篇》还是《功过格》，在晚明思想界都引起了相当激烈的讨论。王汎森指出，当时的儒者主要从三方面反对《功过格》：其一，反对其因果观念；其二，反对其只在事后改过，有“落后著”之弊；其三，认为《功过格》除记过之外，还记功，有功利之习，且显示自满心理③。不过，当时的理学家对《功过格》和《感应篇》的攻击仍有不同：围绕《功过格》，主要表现为义利之辨；围绕《感应篇》，主要表现为正统异端

① 陆陇其：《功行录广义序》，《陆陇其集》卷 8，陆陇其著，王群栗点校，杭州：浙江古籍出版社，2018 年，第 188 页。

② 袁黄及其对《功过格》的改造，主要参见奥崎裕司：《中国乡绅地主の研究》，第 59—324 页；Liu Ts' un—yan, *Yuan Huang and His 'Four Admonitions'*, *Journal of the Oriental Society of Australia*, Vol. 5, No. 1 & No. 2（11967）, pp. 108—132；Cynthia Brokaw, *Yuan Huang（1533—1606）and The Ledgers of Merit and Demerit in Harvard Journal of Asiatic Studies*, Vol. 47, No. 1（Jun., 1987）, pp. 137—195；包筠雅：《功过格——明清社会的道德秩序》，第 63—113 页；酒井忠夫：《功过格研究》，刘俊文主编《日本学者研究中国史论著选译》第 7 卷，第 497—542 页。

③ 王汎森：《明末清初的人谱与省过会》，《“中央”研究院历史语言研究所集刊》第 63 本第 3 分，1993 年 9 月，第 679—712 页。

之辨。当时被视为异端的李贽和泰州学派，与以正统自居的东林党人，都卷入到对《感应篇》的讨论中。在人性观相对一致的情况下，当时的争论主要围绕命运观和感应论展开。

一、李贽刊刻《感应篇》

晚明《感应篇》诠释最引人注目的转变，是引起了一系列理学家的注意。其中，最具转折性意味的事件，无疑是李贽（1527—1602）前后两度刊刻《感应篇》。而在李贽之前，久居南京的陕西三原王氏家族成员王恕（1416—1508）很早就开始奉行《感应篇》。王岱（约1610—1683）《重刊感应篇序》载：

> 《太上感应》一篇，前哲传衍已久，先儒经屡增删，著为事应。了凡袁先生更立《功过格》，以为报施不爽，若数计指画，挟左券而求也，故其书盛行于时。大司农王公玉铭梓善本于京师。盖先生先世自太保端毅公，及其大人兵部尚书郎，皆信奉梓传无恙。当玉铭先生庚午闻禄，即有绯衣告语之兆。今官至辅台，又足为事应之一征。[①]

可见三原王氏家族从王恕开始，至王宏祚（玉铭，？—1670）[②]均曾刊刻并信奉《感应篇》。对王氏家族信奉《感应篇》的记载，同样见于宋琬（1614—1674）《重刻太上感应篇叙（代王玉铭烱卿）》。其中写道：“昔余高王父端毅公剔历先朝，懋建勋伐。自筮任以及悬车，朝夕奉是篇。如蓍蔡及其年且耄矣，犹辑典籍格言并梓以行世，乘今二百有余年，手澤宛

① 王岱：《重刊感应篇序》，《了莽文集》卷1，《四库全书存目丛书》集部第199册，第28b—29a页。

② 清陈毅《摄山志》载：王宏作，字玉铭，陕西三原籍永昌人也。官户部尚书，转大司马，加太子太保。厚重赛言。明习国家典故，畅晓时务，凡边腹要害，吏治民模，咸留意咨访，其所论建，无不当上意而碑益黔黎。暮年致仕，家江南，优游养重，常赐兼金文币，宠甚屋。问道于楚云禅师，师示“薪火交煎，识性不停”之语。暮然有会，力参“万法归一，一归何处”，语默动静，纯一无间。常致书于楚云师，谓：“王安石、张无尽皆自言‘于宗门有所契证’。然安石偏执，无尽躁竞。偏执、躁竞，气情封，尚不能括和心虑，移风厚俗，况能人如来大圆觉海哉！意谓我辈中学道，必如李文靖、范忠宣，表里洞彻，始终修谨，忠诚敬静，清白端方。虽不绍心灯，亦调御金仙之所许也。”其持论如此。临终前二日，手书贴摄山为别，预记时日，无疾而化。参见陈毅：《摄山志》，南京：南京出版社，2017年，第88页。

然在也。”[①]从王恕至王玉铭的例子，可以看到为明代中期《感应篇》诠释的转折性。这种转折性意义因“异端”李贽刊刻《感应篇》而被放大。

在以往的研究中，袁黄——一位被视为“异端”并拿来与李贽相提并论的思想家——因改造《功过格》而被视为“善书运动”兴起的标志。然而，这种观点的背后是否存在善书史上的依据？从更广阔的视角来看，李贽刊刻《感应篇》及其对“善书运动”的意义显然值得关注。职是之故，本段选择以李贽两次刊刻《感应篇》为讨论起点。据李贽《选录睽车志叙》记载：“余昔在秣陵时，与焦弱侯同梓《感应篇》。后隐于龙湖精舍，复辑《因果录》。”[②]显然，在李贽的思想活动中，《感应篇》《因果录》和《睽车志》等三种善书相当重要，无论是在时间上还是在观念上都构成了连续性。其中，《睽车志》为北宋郭彖（伯象，生卒年不详）所著，体例与魏晋六朝志怪小说相同，内容则是记录当时的见闻和鬼怪灵异故事[③]；而《感应篇》和《因果录》两种善书，一为李贽所刊刻，一为李贽所编辑。前者为“说理型”善书，后者为“记事型”善书[④]。据《李贽年谱》可知，李贽曾两度住在南京；在南京刊刻《感应篇》一事，则当时在南京刑部员外郎（1570—1577）任上[⑤]。

虽然李贽和焦竑所刻《感应篇》版本今已不可见，但留下的几篇序言却为我们重构这一事件及其观念提供了重要参考。李贽“自序”保存在《因果录》中，与《因果录序》实为同一序言。据《因果录》卷首所载“释氏因果之说，即儒者感应之说。余在白下时，闻嘉乐有慕空居士者，道是《太上感应篇》最肤浅，故与一二同治遂梓而受之，以见其最不肤浅也”[⑥]，可知其刊刻《感应篇》存在辩论倾向。对此，李贽在“自序”中进一步申说：

> 天下之理，感应而已。感则必应，应复为感，儒者盖极言

① 宋琬：《重刻太上感应篇叙》，《安雅堂文集》卷 1，《续修四库全书》集部第 1405 册，第 27 页。另外，柳存仁曾以王恕信仰因果报应为例，论证道教对明代理学家日常生活的影响。参见 Liu TSs’ un—yan, *The Penetration of Taoism into the Ming Neo—Confucianist Elite*, in *T’oung Pao*, Second Series, Vol. 57, Livr. 1/4（May, 1988）, p. 33.

② 李贽：《选录睽车志叙》，《续焚书》卷 2，张建业主编《李贽全集注》第 3 册，北京：社会科学文献出版社，2010 年，第 188—189 页。

③ 郭彖：《睽车志》，《丛书集成初编》第 2716 册，北京：中华书局，1985 年。

④ 陈霞：《道教劝善书研究》，第 31—64 页。

⑤ 林海权：《李贽年谱考略》，福州：福建人民出版社，1992 年，第 85 页。

⑥ 李贽：《因果录注》，张建业主编《李贽全集注》第 12 册，北京：社会科学文献出版社，2010 年，“自序”，第 1 页。标点略有不同。

之。且夫上帝何常之有？作善降之百祥，作不善降之百殃。故曰：“获罪于天，无所祷也。”天人感应之理，示人显矣。彼谈性命者，以福禄寿为幻梦；纵欲乐者，以杀盗淫为天性。不能修慝辨惑，而谓报应非圣人之经，不能爱物仁民，而谓去杀乃惑世之语。噫！见其生不忍见其死；闻其声不忍食其肉。虽祭祀燕飨，礼不可废，亦必远庖厨焉。圣贤岂导人于杀乎？爱物如此，仁民可知。此大德者，所以必得其位、必得其禄、其名与寿也。如感应之理为诬，圣人何用谆谆焉明五福以劝之，而为是断然必得之语哉！是篇言简旨严，易读易晓，足以破小人行险侥幸之心，以阴助刑赏之不及。凡我有官君子、道学先生，但知与善之公，勿执异同之见，则言出人信，靡感不通，岂直愚民之福，某也受赐多矣！①

通过这篇序言，可以更好地理解李贽对慕空居士“《太上感应篇》最肤浅”观点的批驳。开篇对“感应”的论述，几乎是程颐的翻版。在依次列举了儒家经典对感应（报应）的论述后，李贽认为一则感应之理不诬，二则《感应篇》可助刑赏之不及，故谓“《感应篇》最肤浅”显然是错误的论调。不过，具体到当时的历史语境来看，慕空居士“《感应篇》最肤浅”的观点，当指“言简旨严，易读易晓”而言，并不是全盘否定《感应篇》。换句话说，因为《感应篇》“言简旨严，易读易晓”而适用于教化普通民众，对于士绅阶层来说，当然是“最肤浅”的。

在南京刊刻《感应篇》三年后，万历五年（1577），李贽从南京刑部郎中出任云南姚安知府。同一年，好友骆问礼（1527—1608）由南京兵部郎中出任云南布政司右参议，兼洱海分巡道②。出任姚安知府的李贽，修葺庙学，集生讲学。骆问礼一向反对阳明心学，更将佛老之学视为“异端”，因此，认为当时的李贽已“多入于禅”③，对其姚安讲学颇持反对意见。然而，在李贽担任姚安知府的第三年刊刻《感应篇》时，骆问礼却出人意料地为其作序，颇有“殊途同归”之意。按李贽担任姚安知府任时，“一切持简易，任自然，务以德化人”④，故有重刊《感应篇》之举动。重刊《感应篇》之时，李贽请骆问礼撰写序言：

① 李贽：《因果录注》，第 7 页。
② 林海权：《李贽年谱考略》，第 99—102 页。
③ 骆问礼：《李太守好奇》，《万一楼集》卷 56，《四库禁毁书丛刊》集部第 174 册，第 666a 页。
④ 顾养谦：《送行序》，转引自林海权《李贽年谱考略》，第 107 页。

《太上感应篇》不知何人所著，窃尝玩其语意，本自浑融，而批注特详，大率近于轮回之说。盖佛氏之徒为之者，为凡民设也。夫君子之为善，非曰“吾以祈福也”；其不为不善，非曰“吾以惧祸也”。性本如是，吾求得其性而已。作善降祥，作不善降殃，与夫惠迪从逆之吉凶，非不言之，要未尝著。夫事应何者惧，夫说之易穷也，而道所当然，虽死不避义所不与，即富贵视如浮云。故曰：夫成功则天强为善而已。是篇所著，善恶之报，真如影响。君子读之，即未必以为然，知其立言之意有在；而庸人读之，即素号强愎，将有不觉其面赤内热，而悔罪之不暇者。孔子曰：“君子自已，而置法以民。”夫古之君子，岂不欲以己之所能者教天下，而使之一蹴同归于至善哉！顾气禀习俗之不齐，有不容不为之区别而概诬之者，而民尚不能从，于是不得不齐之以刑；刑罚穷而报应之说兴焉。天定胜人，虽迟速不同而终不能逃。即或近于诞妄，要在使人悔过而迁善。所待者凡民，而所以待之者，君子之心也。姚安李使君省刑薄敛，兴礼乐，崇教化，粹然一出于正，而复梓是篇，其纳民于善之心，无不至矣。爰喜而书之。①

在这篇序言中，骆问礼对《感应篇》给予充分肯定。不过，骆问礼与李贽之间的区别也显而易见：骆问礼在这里仍然对佛老（因果报应）之说带有仇视心理，认为《感应篇》乃“佛氏之徒为之者，为凡民设也”，李贽刊刻《感应篇》的目的，在于“省刑薄敛，兴礼乐，崇教化”。而联系李贽第一次刊刻《感应篇》，论及“某也，受赐多矣”来看，李贽的目的显然并非如此简单。从李贽的思想体系来看，其对感应之理的信奉相当深刻。对于“天下之理，感应而已”的观念，也不止在《感应篇序》（《因果录序》）中透露，在注释《周易》“咸山泽”条时，也曾有过同样的表达；在《九正易因》中，更是完全重复了这种观点，“呜呼！感为真理，何待于言；感为真心，安能不动！天地如此，万物如此。”②这里所说的“感应”，不仅是指“儒者盖极言之”的“天人感应”，而且混合了“释道二教”的“因果报应”。因此，李贽在《因果录》“序言”的前半部分，重点

① 骆问礼：《重刻太上感应篇序》，《万一楼集》卷36，第459b—460a页。

② 李贽：《九正易因》，张建业主编《李贽全集注》第15册，第185页。

在阐述这两者之间的统一不悖，指出“释氏因果之说，即儒者感应之说”。其实，李贽在南京刊刻《感应篇》时，正是与泰州学派交往最密切的时期；在姚安刊刻《感应篇》时，正是从儒学转向佛学的时期。因此，有必要将李贽的感应观念及其刊刻《感应篇》的行为，放到当时更大的思想网络中加以理解。

二、泰州学派的“造命”观念

在明清思想史上，对李贽是否归属于泰州学派尚存争议①。不过，李贽在南京刑部员外郎任上，曾于万历元年（1573）两次会见过泰州学派领袖王畿（龙溪，1498—1583）；次年另一领袖王襞（王艮之子，东崖，1511—1587）正在南京讲学，两人似见过面②。后来彭绍升在《居士传》中又说，李贽“于时诸老师，独推龙溪王先生、近溪罗先生，尝从之论学”③，益见两者之间的密切关系。在南京与泰州学派领袖的两次会面，正好发生在李贽第一次刊刻《感应篇》前后（1573—1574）。与此同时，晚明“善书运动”的兴起，本就与泰州学派之间存在千丝万缕的联系。袁黄《功过格》的改造得益于泰州学派甚多，而泰州学派内部成员（如陶望龄、陶奭龄兄弟、秦弘祐等）都积极实践《功过格》。因此，李贽对《感应篇》的推崇与泰州学派之间的关系就值得另做思考。

虽然包筠雅认为，袁黄“坚持独立于两个主要的理学派别之外”④，但在现实层面上，袁黄与泰州学派的管志道（1536—1608）和杨起元都有交游关系。这种交游是否对泰州学派的善书思想产生过影响，没有直接的证据，但是同为泰州学派领袖的周汝登（1547—1629），的确是在与袁黄交谈讨论之后开始使用《功过格》的。除了周汝登以外，其他成员如陶望龄（1562—1609）和陶奭龄（1571—1640）兄弟、陶望龄的弟子秦弘祐（生卒年不详）等都是典型的例子⑤。这从周汝登对《功过格》的论述中看得更清楚。周汝登指出：

> 无善者无执善之心，善则非虚，未尝嚼着一颗米，而饔飧

① 吴震：《泰州学派研究》（北京：中国人民大学出版社，2009年）即持这种看法。

② 林海权：《李贽年谱考略》，第85页。后来学界认定李贽为泰州学派的最主要原因，也因李贽认王襞为师。

③ 彭绍升：《居士传》卷43《李卓吾传》,《续修四库全书全书》子部第1286册，第550a页。

④ 包筠雅：《功过格——明清社会的道德秩序》，第73页。

⑤ 酒井忠夫和包筠雅都曾对这些历史事实做过论述。参见酒井忠夫：《中国善书研究（增补版）》，第215—231页；包筠雅：《功过格——明清社会的道德秩序》，第117—126页。

之养废乎？未尝挂得一缕丝，而衣裳之用缺乎？且中所述云谷老人语："明祸福由己，约造化在心。"非大彻者不能道。谓非上乘法，不可也。[①]

随后，周汝登借"上士"和"中下"等"性有三品"的观念，对此进行解说，认为"上士假之游戏，以接众生；中下援之钩引，而入真智。启之入门，诱之明了"。对于"上士"来说，善书的意义在于启迪民众，对与"中下"的意义来说，在于通过善恶报应等功利诱惑而趋向于真智。更进一步，周汝登明确地指出："兹文（袁黄《立命篇》）有无限方便存焉""兹文于人大有利益，宜亟以行""兹文之行，利益必广"[②]，以至于后来周汝登"会袁公于真州，一夜之语，而我心豁然，始知世间有此正经一大事，皈依自此始"，开始奉行《功过格》。他自述说："余览了凡公立命之言，因以劝二三子，共发积善之愿，而予以身先焉。为录以记，月系以日，日系以事，虽纤小弗违，虽冗沓弗废也。"[③]不仅自己奉行《功过格》，而且劝说朋友一并奉行，周汝登对善书的推动由此可知。与此同时，据怡性堂主人《感应篇集证》记载，周汝登（海门）曾诠释过《感应篇》，题为《感应篇辑略》[④]。从这种零碎散乱的历史现象中，可以进一步讨论泰州学派、李贽与《感应篇》等善书的关系。

除了周汝登以外，另一位与《感应篇》有密切关系的泰州学派成员是杨起元（1547—1599）。杨起元曾为《感应篇》撰写序言，目的是解决张思明对《感应篇》的疑惑，因此同样具有辩论色彩。杨起元在《感应篇序》中写道：

张子思明读《太上感应篇》而问曰："是果太上所说否乎？"予曰："子试言《洪范·九畴》是天锡否？"张子默然。予又曰："子疑乎？履信思乎顺，是以自天佑之，吉无不利也。"张子悦归，与乃翁言之。乃翁某号欣然谋诸梓，以广其传，可谓仁人

---

① 周汝登：《立命文序》，《东越证学录》卷 7，《四库全书存目丛书》集部第 165 册，第 548b 页。

② 周汝登：《立命文序》，《东越证学录》卷 7，第 549a 页。

③ 周汝登：《日记录序》，《东越证学录》卷 7，第 549a 页。

④ 怡性堂主人：《感应篇集证》，南京图书馆藏光绪六年（1870）刻本，卷首附录，第 4—5 页。据酒井忠夫的研究，陶望龄也曾为《感应篇》写过序言，时间为"万历甲辰八月"。参见：酒井忠夫：《中国善书研究（增补版）》，第 241 页。然本书搜寻未果。

也已。予因征其理之不悖于吾儒，俾读者信受奉行，同归皇极之中，并受向用之福则法施，功德岂有量哉！[①]

从“因征其理之不悖于吾儒”的观点来看，杨起元与李贽的看法若合符节，都是从论证儒释合一的角度推广《感应篇》。除此以外，杨起元对圣人和立命的观念多有阐述，认为“圣人者，立命者也”[②]，由此可见泰州学派的“圣人”观念和“立命”观念。杨起元指出：“感应者，三才之至理；祸福者，群生之定业。后世学者讳言，即言之止，归之幸不幸而已。”[③]认为“感应”是沟通“天”“地”“人”三才的最高真理。在杨起元看来，后世学者讳言因果报应（感应），或将感应归于幸或不幸的原因，在于不知“圣人吉凶与民同患”的道理，原因在于，一方面，《大禹》等经典对因果报应的记载相当详细；另一方面，“今夫田夫野妇，日不知书，然一闻祸福报应之际，即凛然畏惮者，其真性未漓也”[④]。

回到李贽与泰州学派的关系上来，学者已指出泰州学派对李贽思想观念的两大影响：其一，王艮“圣人之道，无异于百姓日用。凡有异者，皆谓之异端”的观念，对李贽“道”和“异端”观念的影响；其二，王艮“满街皆圣人”的观念，对李贽“人人皆可为尧舜”“尧舜与途人一，圣人与凡人一”观念的影响[⑤]。此二者又可归为另外两种观念——“造命观”和“三教观”。就“造命观”而言，王艮“我命虽在天，造命却由我”的观念，主张个体可以掌控自身的命运[⑥]。这与“满街皆圣人”“人人皆可为尧舜”的观念相结合，鼓励人们通过自身努力改变自身的道德命运，并在改变自身道德命运的情况下，改变自身的物质命运（社会地位、经济状况）。这种“造命”至“成圣”的观念，继承了宋儒对“圣人”的重新发现并将其极端化。岛田虔次就指出，“圣人可学而至”这样的主张是宋学（理学）的整体的根本性的动机、大前提，而克服自身的欲望以达到圣人之学，是宋明以降思想史展开的基础[⑦]。善书能走出“劝善成仙”的宗教

① 杨起元：《太上感应篇序》，《证学编》卷 4，《四库全书存目丛书》子部第 90 册，第 394b—395a 页。

② 杨起元：《太上感应篇序》，《证学编》卷 4，第 394b 页。

③ 杨起元：《太上感应篇序》，《证学编》卷 4，第 394a 页。

④ 杨起元：《太上感应篇序》，《证学编》卷 4，第 394b 页。

⑤ 林海权：《李贽年谱考略》，第 86 页。

⑥ 王艮：《心斋王先生语录》卷下《再与徐子直二》，《四库全书存目丛书》子部第 10 册，第 37b 页。

⑦ 岛田虔次：《朱子学与阳明学》，西安：陕西师范大学出版社，1986 年，第 22 页。

畛域，以“希贤成圣”为标的，与宋明理学的这种特质是分不开的。在这一层面上，儒学“成圣”与佛教“成佛”、道教“成仙”（《抱朴子》和《感应篇》的共同目标）一样，是道德命运的最高标准，因此，袁黄《立命篇》等善书倡导的立命观念，就与泰州学派的“造命”观结合在一起，成为推动“善书运动”兴起的重要基础。

就“三教观”而言，阳明后学普遍推崇儒释道三教合一的观念。李贽在姚安刊刻《感应篇》时，已经完成其生命历程中学术兴趣的转移——学者指出：“五十岁是李贽一生的重要转折点。此后佛教对他的影响愈来愈深”[①]。李贽在《圣教小引》中，回顾生平时说：“五十以后，大衰欲死。因得友朋劝诲，翻阅贝经，幸于生死之原窥见斑点。”这里所说的“友朋”必是包括王畿（龙溪）和罗汝芳（近溪）在内。黄宗羲《明儒学案》载：“罗近溪入禅，而龙溪则兼老子之说。”这是对泰州学派三教观念的确切描述。泰州学派主张三教合一的重要结果，是混淆了“吾儒”与“释道”的“正统—异端”之辨，甚至提出“吾儒”要“明二氏”，“始有所证，须得其髓”。虽然三教合一的目的是三教归儒，但在客观结果上，“为善书创作及流通开辟了道路”[②]。由此不难理解泰州学派与《功过格》《感应篇》等善书关系之密切。后来李贽一再拿来与袁黄相提并论，被当作晚明清初最著名的“异端”[③]，正可说明其刊刻《感应篇》之影响，在思想上的冲击实不亚于袁黄对《功过格》的改造。

三、东林党人的“感应”观念

在中国善书史上，万历二年（1574）李贽刊刻《感应篇》，与万历三十年（1602）袁黄撰写《立命篇》（又名《阴骘录》《功过格》《了凡四训》《省身录》等[④]）具有同样重要的意义。其背后当然与善书得到当时士绅群体的整体性支撑有关——如果说泰州学派与《功过格》的关系更为密切的话，那么东林党人就与《感应篇》的关系更为密切。在东林学派内部，

---

① 林海权：《李贽年谱考略》，第 97 页。

② 酒井忠夫：《中国善书研究（增补版）》，第 231 页。

③ 查继佐：《罪惟录列传》，列传卷 18《李贽袁黄》，周骏富辑《明代传记丛刊 · 综录类》第 6 册，台北：明文书局，1991 年，第 2336—2337 页。作者论到“负畸性，外名教，岂有乐地！以为可以严凡听。即众射不慑，顾卓吾、了凡，其至性或不为圣贤所诛，而颇为伪务圣贤者所诛”。同时参见张尔岐：《袁氏立命说辩》，《蒿庵集》卷 1，张翰勋点校，济南：齐鲁出版社，1991 年，第 44—49 页。作者指出：“文士之公为异端者，自昔有之，近代则李贽、袁黄为最著。”

④ 吴震：《关于袁了凡善书的文献学考察——以〈省身录〉〈立命篇〉〈阴骘录〉为中心》，《中国哲学史》2016 年第 3 期。

至少作为领袖的顾宪成（1550—1612）和高攀龙（1562—1626）都有非常丰富的感应论述。包筠雅指出，东林党人"发展'儒家'的感应理论""在为儒家的某种感应理论制造论据之时，这些思想家可以利用儒家经典本身在这种问题上的模棱两可态度"[①]。从本书的研究主题来说，与其说东林党人借《感应篇》等善书"发展"儒家的感应理论，不如说是借用儒家的感应理论来"论证"《感应篇》等善书的性命观念和因果观念。

在纠正阳明后学"入于狂禅"并将其视为"异端"的过程中，东林学派扮演了重要角色。东林党人尤其注重"正统—异端"之辨，对泰州学派的"狂禅"表现更是持批判态度。高攀龙曾专门撰《异端说》批判云栖袾宏（即莲池大师），分别就"良知说""辨佛书多才人所作""三教一家"和"三教同说一字"等展开批判[②]。然而，正如酒井忠夫所说："他们的立场也并非完全排斥三教思想的"[③]。就《感应篇》的争论而言，东林党人无疑持肯定态度。本来，对于以"正统"和"醇儒"自居的顾宪成和高攀龙来说，"释道之说"最不能容忍。于是，在对待《感应篇》的态度方面，东林党人与骆问礼有相似之处：两者同样反对"释道之说"，同样反对阳明后学，但对《感应篇》的推崇却高度一致。包筠雅指出，顾宪成并不反对"前生和来世"的说法，只是强调儒家和佛教之间的不同[④]。这种程式化的观念适用于描述顾宪成和高攀龙的其他观念。比如，就"立命"而言，顾宪成认为"人言佛氏只是理会生死，愚谓不但佛氏，即吾儒亦只是理会生死"[⑤]，甚至用"感应"去解释生死之"偶然"与"非偶然"。在《英风纪异序》中，顾宪成提出："谓偶然者，所以表感应之机无常，万变而不测；谓非偶然者，所以表感应之理有常，一定而不爽。"[⑥]这实际上解释了感应机制失灵的原因。

与顾宪成相比，高攀龙的论述更直接地表达了对《感应篇》的推崇和辩护。从《高子遗书》可以看出，高攀龙曾前后两次为《感应篇》撰写序言：一篇名为《重刻感应篇序》，一篇名为《合刻救劫感应篇序》。与顾宪成对"前生和来世""立命"和"感应"的论述一样，高攀龙也特别强调儒

---

① 包筠雅：《功过格——明清社会的道德秩序》，第 146—147 页。

② 高攀龙：《异端辩》，《高子遗书》卷 3，《景印文渊阁四库全书》集部第 1292 册，第 375b—376a 页。

③ 酒井忠夫：《中国善书研究（增补版）》，第 277 页。

④ 包筠雅：《功过格——明清社会的道德秩序》，第 146 页。

⑤ 顾宪成：《小心斋札记》卷 6，《顾端文公遗书》，《四库全书存目丛书》子部第 14 册，第 286a 页。

⑥ 顾宪成：《泾皋藏稿》卷 7，《景印文渊阁四库全书》集部第 1292 册，第 92a—93a 页。

家之“感应”与释道“报应”的不同。比如，在《重刻感应篇序》中写道：

> 天地间“感应”二者如环无端，生人物之万殊。感应所以为神，非有神以司感应也。凡世人所受一饮一啄，莫不前定，皆应也，命之不可易者也；凡世人所作一善一恶，各以类分，皆感也，命之自我造者也。惟即感为应，故即人为天。不然，是有天命无人事，圣贤修道之教，皆赘矣。或以为是近于佛氏因果之说而讳言之，不知佛氏因果之说，即吾儒应感之理。圣人以天理如是，一循其自然之理，所以为义；佛氏以因果如是，慑人以果报之说，所以为利。其端之殊在杪忽间耳。今惧涉于佛氏之因果，并不察于感应之实然，岂不谬哉！然则命之既定者不可得而易，与曰：何不可易也？数即气也，气即理也，理即心也。心之变化无方，而善之与恶殊，致恶以有心，为大善以无心，为诚有心之恶，祸斯速矣；无心之善，感斯神矣。是以圣人重无心之感，有其感之理易而气易，气易而数易，皆自心之变化也。此人之所以为天，而命之胥由人造也。端铭厉君，重刻《感应》《救劫》等篇，使人知感应之实，而诚于为善，其功大矣。吾特明感应者，皆神所为。神者，皆人心所为。天地之道，为物不二者也。[①]

从引文可知，与同时代的许多理学家一样，高攀龙以义利之辩来排辟佛教[②]，指出虽然“佛氏因果之说，即吾儒应感之理”，但是“吾儒感应之理”因“循其自然”，所以为义；“佛氏因果之说”因“慑人果报”，所以为利。这一观点的提出，与高攀龙对感应观念的理解有关，“感应所以为神，非有神以司感应”，认为“感应”之所以普遍存在，并非因为有神祇（如太上老君、三尸神、灶神等）在背后作为主宰。这种自然感应的观念，与古典儒家对天人感应的理解非常相似[③]。以这种感应观为基础，高攀龙提出了一种折中式的命运观，“凡世人所受一饮一啄，莫不前定，皆应也，命之不可易者也；凡世人所作一善一恶，各以类分，皆感也，命之

---

① 高攀龙：《重刻感应篇序》，《高子遗书》卷9上，第561页。

② 黄宗羲指出：“程朱之辟佛氏，其说虽繁，总是只在迹上，其弥近理而乱真者，终是指他不出。明儒于毫厘之际，使无遁影。”因此，由宋元到明清辟佛的总体转变，是从“夷夏之辩”转移到“义利之辩”。参见黄宗羲：《明儒学案》，卷首“发凡”，沈善洪主编《黄宗羲全集》，第5—6页。

③ 内山俊彦：《孟子中的天与人——以自然观与政治思想的关联为契机》，第63—78页。

自我造者也”。这种观点既强调了感应存在的必然性，又指出命运既有“不可易”的成分，又有“自我造”的成分。职是之故，包筠雅认为“高攀龙也拒绝一种宿命论立场”[①]，显然在最终的落脚点（命运观）上，高攀龙（和顾宪成）已经与古典儒家不同。

然而，高攀龙有意识地在命运观方面与袁黄、李贽和泰州学派区分开来——而不是像包筠雅所说的那样，仅仅在感应观上制造区别[②]。高攀龙主张一种折中式的命运观，从来没有肯定过袁黄和泰州学派的“造命”或“立命”观念。比如，在《高子遗书》卷一《语录》中，高攀龙提出类似的看法：

> 天地间“感应”二者循环无端，所云“定数莫逃”者，皆“应”也；君子“尽道其间”者，皆“感”也。“应”是受命之事，“感”是造命之事。圣人祈天永命，皆造命也。我由命造，但知委顺而不知尽道，非知命者也。[③]

尽管认为“但知委顺而不知尽道，非知命者也”，但是已从古典儒家（圣人）的角度来重新解释“造命”，指出“造命”只是君子“尽道其间”的结果。由此可见，一方面，高攀龙在感应观上区分了儒家感应与释道报应之间的区别，认为“感应者何？义理也”，至于在《感应篇》中以鬼神的方式呈现报应，原因仅仅在于“名之曰义理，人以为迂；名之曰鬼神，人以为灵”，是一种迫不得已的做法；另一方面，高攀龙在命运观上走出了古典儒家的俟命（或宿命）观念，主张一种近乎二元论的折中式命运观，从而与同时代的袁黄、李贽和泰州学派区分开来。

当然，晚明时期由《感应篇》和《功过格》引发的思想争论，远不止泰州学派和东林党人，最著名的批判者当属“乘王学流弊而起”的刘宗周。其代表作《人谱》对善书的批判，相关研究已多，兹不复赘。总而言之，善书在晚明得以迅速影响到士绅阶层，与思想界的激烈而持续的争论密不可分，《感应篇》的流传比以往更盛。比如，崇祯甲戌进士文德翼（约1649年前后）曾说：“近时士大夫盛重《感应编》。”[④]康熙十一年（1672），

---

① 包筠雅：《功过格——明清社会的道德秩序》，第150页。

② 包筠雅：《功过格——明清社会的道德秩序》，第151页。

③ 高攀龙：《高子遗书》卷1《语录》，第341b页。

④ 文德翼：《致福方书序》，《求是堂文集》卷2，《四库禁毁书丛刊》集部第141册，第325b—326a页。

进士周灿（1604—1673）在《房慎菴感应篇衍义序》中又说：“今日持讲《感应篇》者遍天下，余亦持诵中人。”[①]与周灿几乎同一时期的大儒魏象枢（1617—1687）也在给友人的信中透露：“我近见士大夫率以《感应篇》劝世，自是好念头。”[②]凡此皆可说明，《感应篇》在当时引起了包括理学家在内的士人阶层的普遍注意。在说理型善书《感应篇》和实践型善书《功过格》的双重影响下，明清士绅阶层显然很难避免对报应观念的讨论。

第二节　王志坚与《感应篇》的新诠释

晚明以降，《感应篇》在净土信仰、文学结社、慈善活动和对征奇集异等爱好的驱动下，产生了新的诠释模式。据本书所见，在李贽刊刻《感应篇》（1574）以后，至明清鼎革的七八十年时间里，出现了30多种新的诠释文本。其中，具有转折性意味的当属王志坚《感应篇续传》。与早期的《感应篇》诠释本相比，王志坚《感应篇续传》呈现出生活化、实践化和世俗化的趋向。后来的《感应篇》诠释本，有许多都承继了王志坚的风格。

一、王志坚及其《感应篇续传》

王志坚（1576—1633），字弱生、淑士，号闻修，江苏太仓琅琊王氏家族成员。其父王临亨（1548—1601），万历十七年（1589）进士，曾先后担任刑部主事、杭州知府等职。王志坚另有兄弟王志庆（字与游）和王志长（字平仲），俱为举人，同为复社成员，在当时的江南地区颇有文名。顾天埈（1561—？）《止庵王公墓志铭》曾略叙其家族历程：

> 公姓王氏讳临亨，字止之，别号止庵。其先本江左也。胜国时有古川者，自分水为昆山州学正，因家焉。古川之十世孙赠礼部主事，乐葵翁讳时旸，乐葵之子讳三锡，进士，守光州。光州之伯子，讳重鼎，叔子讳贵惪，公伯之次子而嗣于叔，俱以公贵赠刑部员外郎。[③]

① 周灿：《房慎菴感应篇衍义序》，《愿学堂文集》卷2，《四库全书存目丛书》集部第219册，第308b页。

② 魏象枢：《寄毕亮四同年书》，《寒松堂全集》卷10，《四库全书存目丛书》集部第213册，第455b页。

③ 顾天埈：《止庵王公墓志铭》，《顾太史文集》卷5，《四库禁毁书丛刊》集部第9册，第89a—91b页。

由此可见，琅琊王氏由古川迁移至昆山之一支，发展至王临亨为第十世，王志坚为第十一世。在以王临亨为过渡的家族谱系中，昆山王氏家族形成了良好的家族传统。孙承宗（1563—1638）《高阳集》载：“王志坚隽才鸿略，裘度清襟，擢自轩抡，试于留署，而尔丕承家学，式赞庭谟，静综政局纷纭，独揽便宜。”[①]从“丕承家学”可知，王志坚兄弟受王临亨的影响甚大。

根据《明史·王志坚传》，可以大体归纳出王志坚的生平：万历三十一年（1603）举人，万历三十八年（1610）成为进士，先后担任南京兵部主事、兵部员外郎、兵部郎中、贵州提学佥事、浙江驿传和湖广学政等职[②]。另外，根据相关史料可知，王志坚曾组织读史社和昆山社，前者为南京兵部任职期间所创，后者当在此前，两者均属文社性质[③]。这些经历对王志坚的学术取向产生了重要影响，故《明史·王志坚传》载：

> 先经后史，先史后子、集。其读经，先笺疏而后辨论。读史，先证据而后发明。读子，则谓唐宋而后无子，当取小说家之有裨经史者补之。读集，则定秦汉以后古文为五编，考核唐宋碑志，援史传，捃杂说，以参核其事之同异、文之纯驳。[④]

由此可见，王志坚经、史、子、集均有较高造诣，同时也很注重对各种杂说稗史资料的捃摭。据同治《苏州府志》记载，王志坚的其他著作尚有《读史商语》四卷、《研北琐言》一册、《古文续编》三十卷、《四六法海》十二卷、《河渚笔记》八卷、《说删》十六卷、《表异录》二十卷、《感应篇续传》二卷、《河渚集》二十七卷、《香严室诗草》，等等。其中，还特地注明《感应篇续传》乃是“续李昌龄书”[⑤]。那么，王志坚笺注《感应篇》的目的是什么呢？

---

① 孙承宗：《高阳集》卷16《制词》“南京兵部车驾清吏司署员外郎事主事王志坚”条，《四库禁毁书丛刊》集部第164册，第358b—359a页。

② 张廷玉：《明史》卷288列传176《文苑四》，北京：中华书局，1974年，第7401—7402页。

③ 张廷玉：《明史》卷288列传176，第7402页；何宗美：《文人结社与明代文学的演进》，北京：人民出版社，2011年，下册，第339页。

④ 张廷玉：《明史》卷288列传176，第7402页；另参见钱谦益：《王淑士墓志铭》，《牧斋初学集》卷54，第1351—1353页。

⑤ 李铭皖、冯桂芬等纂修：《(同治)苏州府志》，卷137《艺文志二》，第3264页。

由于史传资料甚少，无法详细地从生命史和生活史对此予以解答，但至少涉及以下三个方面：其一，王氏家族传统及其对品行和慈善的关注。根据顾天埈《止庵王公墓志铭》可知，王临亨著作包括《蒙训》四卷、《女训》二卷、《慈俭训》四卷、《越剑编》四卷等四种[①]。其中，前三种都有劝善功能（兼具家训和善书性质）。另外，同治《苏州府志》所载“王志庆传”如下：

> （王志庆）性孝友，居丧哀毁，三年不御酒肉。事两兄笃敬，终身无间。少与太仓张采、长洲徐汧善，凡邑中利病，辄引绳批根，白诸两台董刈调剂之。崇祯末有良民三十余人，被仇诬告密，令御史治之。志庆诉于有司，得尽释。既遇大旱，益忧愤，疽发于背而卒。[②]

这段引文包含了许多当时的社会史信息，比如，江南城市民变、地方士绅、灾荒救济，等等，这从侧面反映出王志庆作为“乡绅”的社会定位。其二，王志坚的文学结社活动。虽然王志坚所创的读史社和昆山社为文学结社，但从其他资料来看，当时流行的这种文学结社与《感应篇》等善书的交流有密切关系。比如，几乎同时期的陈嘉猷（万历丙午科举人），与其他四位文友（合称“博士四友”）结为金兰社，“博士葺文庙，取材于江，而筏解桴人骇散。有峩冠朱衣者捍之，得不败，卒以成功，故博士好谈太上感应事”[③]。其他如刘宗周与证人社[④]、颜茂猷（1578—1637）与云起社[⑤]，乃至下文将讨论的姚文然等，均可为佐证。其三，王志坚受到净土宗的影响。《明史》对王志坚“其于内典，亦深辨性相之宗”的论断

---

① 顾天埈：《止庵王公墓志铭》，《顾太史文集》卷 5，第 9b1 页。另可参见张大复：《昆山人物传》卷 10《皇明昆山人物传 · 王临亨》，《续修四库全书》史部第 541 册，第 714b—716a 页。

② 李铭皖、冯桂芬等纂修：《（同治）苏州府志》，卷 94《人物志》，第 2260 页。

③ 张大复：《昆山人物传》卷 10《皇明昆山人物传 · 陈嘉猷》，第 716a—717a 页；同时参见李铭皖、冯桂芬等纂修：《（同治）苏州府志》，卷 94《人物志》，第 2260 页。

④ 吴震：《“证人社”与明季江南士绅的思想动向》，《中华文史论丛》2008 年第 1 期。

⑤ 关于颜茂猷与云起社及善书的研究，可参见吴震的系列论著：《晚明时代儒家伦理的宗教化趋向——以颜茂猷〈迪吉录〉为例》，《国学学刊》2009 年第 1 期；《“云起社”与 17 世纪福建乡绅的劝善活动》，《云南大学学报》（社会科学版）2012 年第 5 期；《颜茂猷思想研究——17 世纪晚明劝善运动的一项个案考察》，北京：东方出版社，2015 年，第 219—302 页。

已透出端倪[①]。除此以外，钱谦益在《王淑士墓志铭》中也说："其自任最重读佛书，研相而穷性，阐教而闳宗。手写《华严》，至再著《太上感应篇续传》，以辅翼因果之书，暗以楮柱。世之盲禅，而不轻与之辩驳，亦此志也。"[②]"暗以楮柱"四字，表明佛教对王志坚笺注《感应篇》的影响。彭绍升撰《居士传·王志坚传》更是直接将王志坚视为净土宗居士：

> 王弱生，名志坚，万历中进士，官终湖广提学。其学博通内外，与弟平仲、与游并礼云栖宏公，称弟子。弱生尝手写《华严经》，至再晚修兜率观。卒于官。未卒前两月，嘉定徐成民治阎罗事，言弱生已注名上，生兜率矣。既弱生自官所寄所著《弥勒忏》归，乃验成民言不虚也。平仲名志长，与游名志庆，皆博学有高行，老于公车，其手书《华严经》各一部。[③]

由此可见，王志坚与王志长、王志庆同为净土宗弟子，师事云栖祩宏（1535—1615）。云栖祩宏即著名的"晚明四大高僧"之一，是晚明"善书运动"和慈善事业的重要推动者。在善书方面，云栖祩宏以《放生戒杀文》闻名。另据茅元仪（1594—1640）《暇老斋杂记》记载："云栖大师因以释家之道损益《感应篇》。"[④]可知云栖祩宏曾注释过《感应篇》，则王志坚的《感应篇》诠释，不可能不受乃师之影响。

二、王志坚与李昌龄诠释比较

揭橥王志坚诠释《感应篇》的诸多背景，自有助于理解王志坚兄弟的《感应篇》诠释活动。然而遗憾的是，王志庆《感应篇广续传》今已不可见，唯王志坚《感应篇续传》因曾被引用于注释宋代邵雍（1011—1077）的《梦林玄解》，保留了其中的三则注释——分别是"弃法受赂""以私废公""败人苗稼"，均是对《感应篇》"恶行章"条目的诠释。透过这三则注释，足以窥见王志坚与李昌龄《感应篇》诠释之间的异同。为此现比较列表如下（表 3-1）。

---

① 张廷玉：《明史》卷 288 列传 176，第 7402 页。另外，据唐代高僧智圆（976—1022）《闲居篇》卷 19，《中庸子传》记载："儒者，饰身之教，故谓之外典；释者，修心之教，故谓之内典也。"转见余英时：《中国近世宗教伦理与商人精神》，第 138 页。

② 钱谦益：《王淑士墓志铭》，《牧斋初学集》卷 54，第 1352 页。

③ 彭绍升：《居士传》卷 44《王弱生》，第 558a—559a 页。

④ 茅元仪：《暇老斋杂记》卷 22，《续修四库全书》子部第 1133 册，第 702a 页。

表 3-1　王志坚与李昌龄《感应篇》诠释比较简表

《感应篇》	诠释者	诠释内容
弃法受赂	李昌龄	太上曰：曲直轻重，而首以弃法受贿为言者，何哉？盖弃法必因受赂。赂一入则以直为曲，以曲为直，一切皆不问矣。惜其不知一法一律，鬼神皆得主知。弃法受赂，爵禄便当灭夺。昔范鲁公质未显时，坐封丘茶肆中，受所持扇偶题“大暑去酷吏，清风来故人”之句。忽一怪陋人前揖曰：“酷吏冤狱何止如大暑也，他日当深究其弊。”因携其扇去。公惘然者久之。后数日道过一庙，庙门有一土木鬼，状貌酷类向所见者，扇亦在其手中，公大异之。及大用，遂首议律条，繁广轻重无据。吏得因缘为奸，周祖因召公详定，是名刑统，孰谓鬼神不主知乎？侯监为江夏令，与胜缘山长老居约有旧，每乘暇必访之，访则院家必已为具。一日又至，则延殊阙，监怪问之居约曰：“公每到土地，必先报曰。相公来此番不报，是以失于延待。”监大惊，密谕居约，使问土地所以不报之由。是夕居约伏得梦曰：“侯监本不合作宰相，与吾有所统摄，是以常报。近为受胡氏白金六十两，枉断一事，天曹已削下宰相名籍，但得作监司而已。与吾无复统摄，故不伏报，然则爵禄孰谓无减削乎？”惜其不知不弃法者，便当度世。昔王长迈本潼传一推司，以不敢弃法受赂，竟为上帝收录。白日上升，今为保和真人。王老志本濮州一推司，亦以不敢弃法受赂，竟遇钟离授以道要，遂能前只祸福徽庙。时尝召王赐号洞微。呜呼！存心如此，是宜上与道合，岂吏人能之，而士夫反不能乎？
	王志坚	余友归安仰思忠，质直爽闿，精堪舆家术。闽故方伯何公先为湖州太守，其壻六合尹林克正知思忠，乃延之入闽，为方伯公择葬地，而其姻某氏亦欲葬父，因送过其家。连日探幽涉险，得一地甚佳，方点穴间，雨骤至，遂下山，约天晴再往。是夜思忠梦一老者问曰：“今日之地佳乎？”曰：“佳。”曰：“此切勿与之，此人为考官，卖三举子，当有阴祸，若葬此地，法当荣其子孙，非天意矣。”明日，思忠因问克正曰：“昨大尹公先为何官？其宦业何如？”曰：“先为某县教谕，转此官不久，遽卒，他无所短长，但闻为考官时，通关节得贿甚多，乡评以是少之。”思忠畅然内警，遂托故辞归，越二三年，遇其乡人问：“某大尹葬何所？”其人曰：“因与势家争坟地致死人命，官事牵缠，至今未葬，家业亦且凋落矣。”思忠每与余道此，相对叹异。人之素行不可玷，福地不易得，而冥报之说，不可不信。

续表

《感应篇》	诠释者	诠释内容
以私废公	李昌龄	国而忘家，主而忘身，公而忘私，臣之分也。其可以私而废公乎？苟或以私废公，不免以是为非，以贤为否，败乱国事，莫此为速，是以君子不敢为也。赵康靖公概初与欧阳文忠修同在馆阁，概重厚寡言，修颇轻之。及修以其甥秽事连逮上怒，狱急二府皆欲文致其罪，群臣莫敢言。概独慨然上疏曰：“欧阳修以文学为近臣，不可以闺房暧昧事轻加污蔑，臣与修踪迹素疏，修之待臣亦薄。所惜者朝廷大体耳。”或谓概曰：“公不与欧阳公有隙乎？”公曰：“以私废公，概所不取，何敢为乎？”至和中赵抃为御史，范公镇为谏官，以论陈恭事，有隙，熙宁中王介甫执政，恨景仁数讦之于上前，欲因事中之一日，上问景仁于介甫。介甫曰：“请问赵抃，便可知其为人。”及问赵抃，则曰：“忠臣也。”上曰：“卿何以知其为忠臣？”曰：“嘉佑中，仁宗违豫镇首请立皇嗣，以安社稷，非忠臣乎？”既退，介甫切责曰：“公不与之有隙乎？”曰：“何敢以私废公，某所以直言不隐者，先国家而后私仇也。”若二公者，真可谓公而忘私者也。
	王志坚	汪玉山起为大宗伯，知贡举，将赴京，约故人某至富阳一寺中，与同宿。私语之曰：“某此行获预贡举，肖试程文，当于《易》义，冒子中用三古字。”其人感悦而去。玉山既入闱，搜《易》卷中，果有一卷正合，遂实前列拆卷，非某也，数日某造焉。玉山以其售之他人也，切责之，某言：“无之，但临场病作，不能进棘耳。”他日中式者来谒，玉山问曰：“公文则诚善矣，然《易》义冒中用三古者，何中者？”对曰：“兹事甚怪，某来就试时，假宿富阳寺中，见一棺停庑下，僧指曰：‘此官员女也，殡且十年矣，无人来葬’。是夕梦一女子曰：‘妾某官女，今有一言相告。子今就试，可于《易》义冒、中、则三古字，必中榜。归途过此，乞为妾管葬，今将葬之’。”玉山惊叹不已。夫世之以私废公者，宁不虑幽暗中有鬼神窃听之，以破其计者乎？

续表

《感应篇》	诠释者	诠释内容
败人苗稼	李昌龄	败人苗稼，此特田夫野獠所为，固无足道。请以前辈务农重杀、讲求水利一二美事言之，庶几后之临民者皆只则效。高通议赋知唐州，土旷人寡，历五代至本朝，领县四户六千百五十有五。公至相视田，原知其可耕所不至者，人力耳。于是大募两河流民，计口受田，增户一万一千三百二十有八。乃至山林榛莽之地，悉变为良田。张学士纶为江淮发运副使，疏五渠，导太湖以灌民田，复岁租米者六十万斛。许司封逖知兴元，大修山河堰溉民田者，四万余顷。鲁冀州有开初知确山兴废陂，以灌民田者，已数千顷。程修撰师孟知石州，凡汾晋诸州山谷，有水可以灌民田者，悉相其地。洒而为渠，辟田凡一千余顷。许公规知丹阳，适大旱，公冒禁决练湖以救民田，岁大获者一万余顷，练湖冒决者死。陈谏议省华初知栎阳，邑有郑白渠可以引水灌民田，久为邻邑疆占，公至陈本末申诸司，由是雍遏之弊，一旦尽去，水利均及灌民田者，一千余顷。王刑部济初主龙溪簿，县有陂塘，绵亘数千里。先为大姓输课，而独专其利。公至，悉夺以灌民田，由是一邑无愆亢之患。苗待制时中初主宁陵簿，邑有古河，岁久湮废。公主请发卒疏导，以灌，民田。由是一邑之田尽成沃壤。
	王志坚	予初闻先大夫云："吾邑数十年前有两富人，玄相仇其一，有田既下种矣。其一密召仆某与稗数斗，令夜散彼田中，仆念彼家力作，何忍误之。然迫于主命，不得已乃私蒸其稗，其主潜行察焉，则仆已遍布之矣。已而皆不生，其事载无人知者，后仆之子登进士，仆竟受封典，老且病，自度不免矣，忽梦一人告之曰：'以尔某年某月日事，子尔贵子，今更延尔寿'。每忧虑也，仆方与子孙言之，病亦果愈，又享禄，数年乃卒。"

资料来源：李昌龄：《太上感应篇》，《道藏》第 27 册，第 52、66—67、72—73 页。邵雍：《梦林玄解》，卷 23《梦占》，《续修四库全书》子部第 1064 册，第 212b—213a、214a、214b 页。

从表 3-1 的比较可以看出，王志坚和李昌龄对《感应篇》的诠释，在风格上差异甚大。比如，在诠释"弃法受赂"条时，李昌龄举了范鲁公质、王长迈本潼两例，王志坚则举了"余友归安仰思忠"一例；在诠释

“以私废公”条时，李昌龄举了赵康靖公概（及欧阳文忠、王介甫）等例子；王志坚则举了“汪玉山起”的例子；在诠释“败人苗稼”条时，李昌龄举了“高通议赋、张学士纶、许司封逖、鲁冀州有开初、程修撰师孟、许公规、陈谏议省华初、王刑部济、苗待制时中”等九个例子，王志坚则举了“先大夫”所述“吾邑数十年前有两富人”的例子。李昌龄用以诠释的资料来自史传，而王志坚则来自日常生活见闻。如果说元代陈坚承袭李昌龄的诠释风格，那么王志坚就表现出同李昌龄非常大的差异性诠释——王志坚的诠释风格毋宁说是生活化、世俗化的[①]。

王志坚的这种诠释风格，不由得让人联想到袁黄对《功过格》的解说，“宁愿描述他同时代人的经历，而不是以伟大却遥不可及的历史人物故事来说明功德积累的有效性”[②]。出现这种相同的叙事方式，一个重要原因是王志坚受到袁黄《立命篇》的影响。以往认为“善书运动”的兴起，以袁黄《立命篇》、云栖袾宏《自知录》和颜茂猷《迪吉录》为标志，其中尤以前者影响为最大。晚明复社士人俞汝言（1614—1679）不无疑惑地说：“嘉善了凡袁先生……所著《易补传》《图书解》，里中罕有传者，而《功过格》《祈嗣真诠》盛行于世，不可解也。”[③]这“不可解”原因，就与袁黄《立命篇》的叙事方式有关。一方面，袁黄用“现身说法”讲述自身的因果报应故事，另一方面，袁黄还讲述了同时代人的灵验故事，这些故事来自袁黄自身的所见所闻[④]。这种叙事方式的影响是很大的，清初冉永光（1636—1718）就回忆说：“予少阅袁了凡所传立命之学，喜其言有证据，而导人以为善之路也。”[⑤]故游子安指出，袁黄以后的善书作者争相模仿这种叙事方式[⑥]。王志坚生活年代距离袁黄更近，在诠释《感应篇》时不可能不受这种“有证据”的善书叙事方式的影响。

---

① 包筠雅：《明末清初的善书与社会意识形态变迁的关系》（第 32 页）指出，晚明以前的善书“主要是为了给道教或者佛教的教派用而写的”，晚明的善书则是“现世化”和“儒家化”的善书。

② 包筠雅：《功过格——明清社会的道德秩序》，第 106 页。

③ 语见朱彝尊：《经义考新校》，上海：上海古籍出版社，2010 年，卷 59《易五十八》，第 1096 页。类似的疑惑见于方孝标：《祈嗣真诠序》，《光启堂文集》（不分卷），《续修四库全书》集部第 1405 册，第 508a 页。作者指出：“先生著书甚多，而今学士大夫，以及愚夫愚妇之所诵法而尊行者，则《立命说》《祈嗣真诠》二书。”

④ 张仙武：《清代阴骘文化研究——以〈文昌帝君阴骘文〉相关文献为讨论中心》，2010 年，第 98—101 页。

⑤ 语见梁显祖：《大呼集》卷 7，《四库禁毁书丛刊》集部第 74 册，第 641b 页。

⑥ 游子安：《善与人同——明清以来的慈善与教化》，第 142 页。

三、从《表异录》到《感应篇续传》

从更广阔的视角来看，袁黄《立命篇》叙事风格尚属外围影响，在内在层面上，王志坚《感应篇续传》新诠释风格的形成，还同其社会生活背景及学术和思想脉络有关——毋庸赘言，前者指的是王志坚的净土宗信仰和江南地方社会的佛教氛围，后者指的是王志坚受到晚明学风影响对野史小说等文类的重视。

就前者而言，冯贤亮的研究指出，晚明清初时期的江南地方社会，由于佛教信仰的深入，民间或祈年祷雨，或问药求签，往往都在佛教寺庙中进行。载于国家正史志书中的僧户数，也远远高于道户或儒户[①]。冯贤亮当指禅宗而言，实则净土的影响更盛。作为一种居家就能修行的佛教宗派（居士佛教），净土宗的影响更大。从彭绍升《居士录》可以看出，晚明清初的许多江南士绅，不仅受过正统的儒家教育，而且深刻信奉净土信仰。净土宗以净土为皈依，以念佛为手段。念佛的修行方式具有简单易行的特点，因此深受普通民众和士人阶层的欢迎。从出世与入世的角度来说，净土宗表现出两种不同的发展方向：一种是以义学为特征的唯心净土，主张对现实社会积极改造，建立人间净土，另一种是以救赎为特征的弥勒净土，主张因失望于现实社会而向往极乐世界[②]。这两种表现方式，在客观上均与《感应篇》等善书观念相吻合——前已论及，善书对命运观念具有“双刃剑”式的影响：既鼓励人们积极积累功德，改变命运，也为无法改变个体命运的人们提供了宿命式的安命方法[③]。在这种情况下，当时的许多《感应篇》诠释者都是净土宗居士。王志坚师从净土大师云栖袾宏，并且两者都曾诠释《感应篇》，在诠释风格上就不能不受到净土宗的影响。

就后者而言，《明史》指出，王志坚的读书方式，遵循经、史、子、集的顺序，在读子时又指出唐宋以下无子，因此“当取小说家之有裨经史者补之”。这里值得注意的是“小说家”与“经史”的关系。在传统学术范畴中，“小说家”与儒家、医家、形家、养生家、释家和杂著一起列入

---

① 冯贤亮：《明清江南的正统寺庙、民间信仰与政府控制》，《江苏社会科学》2002 年第 3 期。

② 王公伟：《试析中国净土思想发展的路径》，《社会科学战线》2005 年第 6 期。

③ 章太炎曾明确指出：“净土一宗，最是愚夫愚妇所尊信的。他所求的，只是现在的康乐，子孙的福泽。以前崇拜科名的人，又将那混账的《太上感应篇》《文昌帝君阴骘文》等，与净土合为一气，烧纸、拜忏、化笔、扶箕，种种可笑可鄙的事，内典所没有说的，都一概附会进去，所以，信佛教的，只有那卑鄙恶劣的神情，并没有勇猛无畏的气概。”参见章太炎：《答铁铮》，《章太炎全集 · 太炎文录初编》，别录卷 2，上海：上海人民出版社，1985 年，第 368—375 页。

“子部”。因此，在王志坚看来，唐宋以后无子部，必须从“小说家”中细致考究“有裨经史者”，以补充“子部”的不足。这样一来，这里所说对待子部“当取小说家之有裨经史者补之”的态度，就与对待集部“援据史传，摭采小说，以参核其事之同异、文之纯驳”不同，两者是在不同层面上立论的。谢国桢在谈到晚明清初的学术风气时就指出，嘉靖以降，江南文人对明代典章制度、朝野遗闻，以及地方风俗、书林掌故的兴趣大增，野史杂惩、果报小说极为兴盛①。特别是安徽徽州、江苏苏州一带，借助发达的印刷出版技术，这种学风尤为兴盛。

在这种地方学术背景下，王志坚也不免受到影响。其著作《表异录》就是“征奇集异，粲然炫目”②，实类似于记录鬼怪神异的笔记小说。王志庆在给《表异录》所写序言中，就称王志坚“学术极有原本。其综核史氏，贯通千载，若置身当时，不止讽解文义。此岂循文逐句漫事涉猎而能然者。是编征奇集异，人有同好。然吾恐以是编求先生，先生隐矣”③。由此可见，王志庆虽颇认可王志坚的学术造诣，但“然吾恐以是编求先生，先生隐矣”仍暗示出，王志庆并不是王志坚《表异录》的“解人”，毋宁认为此书并非王志坚的代表作。

王志庆的看法不免偏颇。实际上，《表异录》最能体现王志坚“征奇集异”的学术风格。这种风格运用到《感应篇》诠释中来，吴震指出：“一方面可以增强故事的趣味性、可读性，另一方面也表明这些故事不仅仅是向人讲述的，更是自己的生活经验本身。”④因此，《苏州府志》称王志坚《感应篇续传》乃“续李昌龄书”，只有放到补充、完善的意义上才能理解。对此，钱谦益《王提学志坚》指出：“至再著《太上感应篇续传》，以辅翼因果之书。其大指在于箴俗学、杜狂禅，欲以实际胜之，而不蕲以辨博树帜也。”⑤同王志庆的序言相比，此堪为解人之词。在后世所见《感应篇》诠

---

① 谢国桢：《明末清初的学风》，上海：上海世纪出版集团，2006 年，第 92—95 页。

② 王志坚：《表异录》，《丛书集成初编》第 0194 册，北京：中华书局，1985 年，“陈世修序”，第 1 页。

③ 王志坚：《表异录》，“王志庆序”，第 1 页。

④ 吴震指出，这一类故事与历史故事有很大的不同：一方面可以增强故事的趣味性、可读性，另一方面也表明这些故事不仅仅是向人讲述，更是自己生活经验本身（可以增强故事的可信度和亲近度）。参见吴震：《明末清初的劝善运动思想研究》，第 517 页。

⑤ 钱谦益：《列朝诗集》，丁集卷 13 之下《王提学志坚》，《续修四库全书》集部第 1624 册，第 128a 页。另外需要注意的是，钱谦益本身也极信奉佛教和因果报应观念。兹以《瑞光寺兴造记》所载为例，其称“报应因果之说，儒者所不道。然吾观富贵烜赫者，未几而囊金椟帛，弃掷道路，遗胔腐骨，狼籍乌鸢，视浮屠之四众瞻仰粥鱼，斋鼓安隐高闲者，所得孰多？呜呼！士大夫之于浮屠，不独思愧也，岂亦可以知惧矣乎？”参见钱谦益：《牧斋初学集》，卷 42《瑞光寺兴造记》，第 1106—1108 页。

释本中，多见引用王志坚“一为学道之人言，一为世俗之人言”者。这暗示了王志坚《感应篇续传》的文本定位。兹以怡性堂主人《感应篇集证》为例：

> 《感应篇》凡数千言，一篇之中，深浅精粗，先后互见。即如一杀戒也，曰：“昆虫草木不可伤”，其细矣。曰：“非礼烹宰”，则不禁食肉也。曰：“无故剪裁”，则不禁衣帛也。又曰：“春月燎蜡日，无杀龟打蛇”，似乎益为之宽其途者。盖一为学道之人言，一为世俗之人言也。学道之士，得其说而精求之，可以超凡入圣；而流俗造孽之人，亦可去其太甚，不至漫无提防。一部《感应篇》，须如是看，人人皆可领益。[①]

针对《感应篇》中内容重复问题，王志坚将其归结为“盖一为学道之人言，一为流俗之人言也”，足见王志坚将《感应篇》视为士庶共享的书籍。这里所说的“学道之人”，很可能既指像王志坚一样的佛教居士，也可能指像王志坚一样受过儒家经典教育的精英士绅。可以说，“一部《感应篇》，须如是看，人人皆可领益”的观念，代表了王志坚对《感应篇》的最基本看法。这种观念加上净土宗信仰、文学结社、慈善活动和对征奇集异的爱好，共同型塑了王志坚《感应篇续传》，并对晚明以降的《感应篇》诠释产生了深远影响[②]。

第三节　善书与儒生冒襄的生活世界

梁其姿指出，传统中国行善的目的主要是满足行善者本身的需求，即“以施善人的意愿为主，受惠人的需求为次”[③]。这是相当有见地的观点。具体到善书而言，有所不同的是，明清时期的善书作者同读者往往很难区分——至少善书作者首先是善书读者。这使得对《感应篇》诠释的讨论，还应从读者的阅读和实践行为出发，管窥善书对明清士绅生活世界的影响。本节以如皋冒氏家族成员冒襄为例，结合如皋地方社会、冒氏家族传

①怡性堂主人：《感应篇集证》，第10a页。

②酒井忠夫指出：“在这些注解书中作为事例被引用的民间故事，与明末的短篇小说的内容有相通之处。事件也都是明末以后、为民间所常见的事件”，可谓与此相吻合。参见酒井忠夫：《中国善书研究（增补版）》，第481页。

③梁其姿：《施善与教化：明清的慈善组织》，石家庄：河北教育出版社，2001年，第237、307页。

统和冒襄自身心性，综合讨论善书对晚明士绅生活世界的影响。

一、善书与梦境

冒襄（辟疆，1611—1693），是"明末四公子"（陈贞慧、侯方域、方以智、冒辟疆）之一，也是著名的明遗民。其著作主要包括《巢民诗集》《巢民文集》《影梅庵忆语》三种，相关材料另有其时与诸同仁留下的《同人集》一种，清末第二十世孙冒广生（鹤亭，1873—1959）所撰《冒巢民先生年谱》一种。本节得以建立的起点，正是收录于《巢民文集》第四卷的《梦记》一文[①]。结合以上所述各种史料，从善书与梦境的维度开始讨论。

善书与梦境之间的关系密切且由来已久。按照狭义的善书定义，善书是用扶乩的办法生产出来的，常常表现为降乩托梦[②]。王志坚《感应篇续传》之所以被用来注释邵雍《梦林玄解》，已很能说明善书与梦之间的关系，尤其是在选择注释的三则条目中，均有涉及梦的内容，两者之间的关系益为可见。但是扩而言之，善书与梦境之关系，主要表现为三种方式：一是有些善书是在梦境影响下引起并产生的；二是有些善书是在梦境引导下被注释和改造的；三是有些善书是在梦境影响下被实践并传播的[③]。冒襄的例子可以归入第三种类型。为了更清楚地看到善书与冒襄梦境的关系，兹先列表如下（表 3-2）。

表 3-2 冒襄《梦记》所载梦境情况

做梦时间	涉及内容	涉及善书	涉及善行
1638 年 5 月 17 日	祖父、母亲、寿命	/	拜阖邑各神
1638 年 5 月某日	父亲、祖父、寿命	/	拜关帝
/	考妣、寿命、疾病、阴骘	《功过格》	行善
1638 年 6 月中旬	财物	/	/
1638 年 6 月某日	母亲、父亲、长子、疾病	《功过格》	拜城隍庙、拜关帝
1638 年 12 月 20 日	祖父	《感应篇》	拜关帝

资料来源：冒襄：《梦记》，《巢民文集》第 4 卷，第 596a—599a 页。

---

① 冒襄：《巢民文集》第 4 卷《梦记》，《续修四库全书》集部第 1399 册，第 596a—599a 页。

② 宋光宇：《宗教与社会》，台北：东大书局，1995 年，"导言"，第 6 页。有关扶乩与善书之关系，参见游子安：《劝化金箴——清代善书研究》，第 52—54 页；酒井忠夫：《中国善书研究（增补版）》，第 356 页。

③ 前者的例子参见游子安：《劝化金箴——清代善书研究》，第 54 页；后两者的例子参见吕妙芬：《施闰章的家族记忆与自我认同》，《汉学研究》第 21 卷第 2 期，2003 年 12 月，第 305—336 页。

中国古代对梦的关注由来已久，但明末清初时期，对梦的记载大量出现在士人文集中，因此，梦（或谈梦、说梦）可以说已成为当时社会的一种文化事象。通常，明清士人文集中对梦的记载似乎都有虚构的成分，而且对梦的解释通常是在“道德的隐喻”（moral metaphor）范畴中被理解的，从而上升到个体命运的范畴[①]。研究者注意到，宋明理学以降，梦就与感通或感应勾连了起来[②]。也就是说，梦的发生与善书之劝善实际上共享着同一套运行机制，即感应机制。尽管如此，冒襄的《梦记》尚另有不同。就本书目之所见，《梦记》为明清时期士人所载对梦的描写中最翔实的一篇。如果再考虑到同时代士人文集中对冒襄梦境的描述，就不免会对这篇《梦境》的价值另眼相看[③]。除此以外，讨论梦境似乎是当时士人中间流行的话题，比如，冒襄本人就在《答丁菡生询回生书》中，讨论像梦这种“不见不闻与独知独觉之事”[④]。而冒广生在所编《冒巢民先生年谱》中，也两次提到友人与冒襄论列梦境的文字，分别见“（顺治）十八年辛丑五十一岁……黄周星以鸳鸯梦引寄”条，“（康熙）三十年辛未八十一岁……许抡以纪梦诗寄”条[⑤]。明清士人之间的这种讨论，从形式上论证了梦境与冒襄生活世界的紧密关系。

如表 3-2 所示，冒襄《梦记》中共载有作者 28 岁时所做的 6 次梦——当然，《巢民文集》所见远不止这个数目。这些梦所牵涉的主题以及冒襄对这些梦的叙述结构都惊人的一致。相关主题主要包括家族、财物、疾病（寿命）、善书与善行，叙述结构则是梦境与现实、困厄与善行的相互交织。就此而言，这 6 个梦其实可以当作一个梦来看待和解析。其所涉及的主题背后，实际上也就是开篇所提的“孝”的问题。在这方面，冒襄是典型的例子。《如皋县志》和《冒巢民先生年谱》均引了其父冒起宗（1590—1654）完全相同的话来表达，“（索笔书示两孙）尔父天生孝子，不可不学”“尔父胸中天空海阔，学得一分便是孝子”[⑥]。毕竟，在善书之劝善主题中，“孝”是最重要的一种。

《梦记》的起源，在于当时冒襄之弟冒裔（其时 15 岁）正刊刻《感应

① 黄明理：《儒者归有光析论》，第 65—96 页。

② 刘文英、曹田玉：《梦与中国文化》，北京：人民出版社，2003 年，第 500 页。

③ 陈维崧：《苏孺人传》，冒襄辑《同人集》卷 3，《四库全书存目丛书》集部第 385 册，第 102b—103a 页；冒广生：《冒巢民先生年谱》，《北京图书馆藏珍本年谱丛刊》，北京：书目文献出版社，1999 年，第 70 册，第 397 页。

④ 冒襄：《答丁菡生询回生书》，《巢民文集》卷 3，第 579a—584a 页，引文见第 579a 页。

⑤ 冒广生：《冒巢民先生年谱》，第 455、494 页。

⑥ 冒广生：《冒巢民先生年谱》，第 446 页。

篇》(疑即冒起宗所注《感应篇》),作者“因简旧稿付之”[①]。因此,就善书的文本结构而言,冒襄所写《梦记》可以看作是善书中的感应故事或灵验故事。这种故事在明清善书中普遍可见,其目的是用这种类似于“现身说法”的例子来强化善书背后的善恶报应或因果报应观念。以这种文类来看,感应故事或灵验故事虽有一定的夸张嫌疑,但出于作者自身生活经验的例子实际上仍是实录的成分居多。尤可注意的是“旧稿”二字,表明冒襄此文写作有年:1638 年写成,1664 年付梓,中间间隔 26 年之久。据《冒巢民先生年谱》记载,“……详《梦记》中。是秋同盟陈则梁、魏子一两兄悉其实,索梓以传,襄秘之不欲语怪”[②]。因此,当冒裔刊刻《感应篇》而冒襄付梓该篇时,可以看作冒襄个人观念的转变。这样一来,《梦记》所载就可看作是冒襄生活世界的实录(所谓“追忆直书为记”)。

二、善书与童蒙

前段可以确定冒襄《梦记》中提到两种善书:《功过格》与《感应篇》。至于文中前后 8 次提到的“关帝”,应当与“三圣经”之一的《觉世经》没有关系。原因是冒襄此文作于崇祯十七年(1644),而《觉世经》的出现时间一般认为在康熙七年(1668)[③]。因此,此处反复提及关帝,当与关帝信仰在明末清初的兴盛有关。虽然关帝庙或武庙系统被列为与文庙系统并行的崇祀系统是雍正三年(1725)的事情[④],但有理由相信,关帝在获得这种官方封赐地位之前,已经受到民间的普遍信奉。

结合前文所论,从善书流传的历史脉络来看,冒襄所处的明末清初时期,正是酒井忠夫所谓“善书运动”的历史时期。当时流行的善书,实际上主要是《感应篇》和《功过格》。《感应篇》既是中国传统社会出现的首部善书,同时也是综合性的善书,因此被称为“善书之首”,而《感应篇》在明末清初的流行,主要与受到明世宗、徐皇后和清世祖顺治皇帝的重视有关[⑤]。至于《功过格》系统,则是一种操作性很强的善书,袁黄“创立”新的《功过格》,宣称通过精确的善恶行为的计算,可以掌控自己的道德

---

① 冒襄:《巢民文集》,第 599a 页。

② 冒广生:《冒巢民先生年谱》,第 398 页。

③ 游子安:《劝化金箴——清代善书研究》,第 128 页。

④ Prasenjit Duara, *Superscribing Symbol: The Myth of Guandi, Chinese God of War. The Journal of Asian Studies* 47, no. 4, (Nov. 1988), pp. 778—795.

⑤ 刘涤凡:《道教入世转向与儒学世俗神学化的关系》,台北:学生书局,2006 年,第 121—133 页。

命运和物质命运[①]。自从袁黄的《立命篇》以来，《功过格》对当时社会几乎产生了一种笼罩性的影响。彭绍升说："了凡既殁后百有余年，而《功过格》盛传于世。世之欲善者，虑无不知效法了凡。"[②]张履祥则抱怨说："万历以来，袁黄、李贽之说盛行于世……家藏其书，人习其术，莫知其非也。"[③]著名儒者陈继儒（1558—1639）甚至专门写了一篇《(袁了凡）斩蛟记》，对袁黄进行刻薄的嘲弄——其书虽从侧面讥讽朝廷的无能和昏暗，但未始不无嘲讽其学说的意味[④]。因此，袁黄、李贽的学说在士人中间引起了很大的争议。

然而，冒襄之所以受到《感应篇》和《功过格》的影响，实际上与其童蒙教育有关。与同时代的许多士人不同，在《巢民文集》和《冒巢民先生年谱》中，并没有直接对善书义理的论述；但是冒襄从小就耳濡目染到善书及善恶报应等观念，则是不可否认的事实。从相关史料中透露出的些许信息，可以帮助我们在某种程度上重建冒襄的善书阅读史。在如皋冒氏家族中，有两位与冒襄有直接关系的族员与《感应篇》密切相关：父亲冒起宗和同父异母的兄弟冒裔。后者刊刻《感应篇》一事，已在《梦记》中明确提及。冒襄之父冒起宗则亲身注释过《感应篇》，其版本虽今已不可见，但在万斯同（1638—1702）《明史》和黄虞稷（1629—1691）《千顷堂书目》中均有记载[⑤]。冒起宗注释《感应篇》的经过，在后来的《感应篇》版本中被作为灵验故事传载，其大致原因乃是受到科举挫败的影响，在随后发愿增注《感应篇》后数年，即举业有成，进士及第[⑥]。虽然因父亲冒起宗常年在外居官，冒襄从小追随祖父冒梦龄居多[⑦]，但从冒起宗对《感应篇》的信奉之深、冒梦龄对冒襄的疼爱之深中，不难揣测冒襄应从小即读过《感应篇》。至冒裔刊刻《感应篇》时，则可确定冒襄已经读过《感应篇》。而事实上，明清时期，把善书作为童蒙读物是许多士绅家庭的普遍做法。比如，晚清陶澍《感应篇集证序》即明确提到《感应篇》可作

---

① 包筠雅：《功过格——明清社会的道德秩序》，第 43—44 页。

② 彭绍升：《居士传》传 45《袁了凡》，扬州：江苏广陵古籍刻印社，1991 年，第 634 页。

③ 包筠雅：《功过格——明清社会的道德秩序》，第 63—64 页。

④ 陈继儒：《斩蛟记》，薛洪绩、王汝梅主编《明清传奇小说集・稀见珍本》，长春：吉林文史出版社，2007 年，第 229—230 页。有关考订研究参见孟森：《袁了凡〈斩蛟记〉考》，《心史丛刊》，秦人路校点，长沙：岳麓书社，1986 年，第 159—167 页。

⑤ 分别参见：万斯同《明史》，卷 135，志 190，第 446a 页；黄虞稷：《千顷堂书目》卷 16，《景印文渊阁四库全书》史部第 676 册，第 435b 页。

⑥ 李孝悌：《恋恋红尘——中国的城市、欲望和生活》，第 117 页。

⑦ 冒广生：《冒巢民先生年谱》，第 371、381 页。

为童蒙读物[①]。在更早一些流传至今的《家言》或《家训》中，也多有提到善书作为童蒙读物[②]。梁其姿对17—18世纪蒙学的研究，已相当准确地指出了这点[③]。就本书的研究而言，同时代的汤来贺（1607—1688）在为冒襄50诞辰作序时，明确提到冒起宗和家族的这种善书实践对冒襄的影响：

> 辟疆乐善好施，不特以文章自见，予既深知之矣。尊公嵩少先生守正不阿，所至有贤声，其集《感应篇注》实有善俗维风之意。观辟疆赈荒，皆得之于是篇，可谓善承亲志矣。然而辟疆所学又当有进乎是者，尚敦尚俭，素以励俗维风为意，以躬行实践为本，由高明以底于沉潜。如登岱岳者必陟其巅，如溯黄河者必探其源。以此事亲，以此修己，以此训子若孙，则传千古而高出于卿相之上者，予将于辟疆见之矣，则海陵父子不得专美于前矣。[④]

汤来贺为江西南丰人，崇祯十三年（1640）进士，与冒襄在如皋赈济灾民（详下文）前后担任扬州府推官。《扬州府志》称其“时岁大荒，来贺请得米五千石，及募输之谷，设厂煮粥，更立药局以救饥民之病者，仍以余米及赎锾购麦，备来岁赈。次年果复饥，分坊案，籍人各与麦一升”[⑤]，可见其对地方慈善事业的关注。更值得注意的是，汤来贺《冒辟疆五十序》的描述与冒襄自己的论述很是相近，后者在为周亮工（1612—

① 陶澍：《感应篇集证序》，《印心石屋文钞》卷15，陈蒲清主编《陶澍全集》第6册，第182页。

② 参见陈仪：《陈学士文集》卷8《家言》，《丛书集成初编》第2494—2498册，北京：中华书局，1985年，册3，第187—188页；蒋伊：《蒋氏家训》，《丛书集成初编》第0977册，北京：中华书局，1985年，第3页；于成龙：《于清端公治家规范》，楼含松主编《中国历代家训集成》第6册《清代编一》，杭州：浙江古籍出版社，2017年，第3308—3309页；湖南光绪：《邵陵初修族谱》，中共闻喜县委宣传部编《裴氏家训汇编》，北京：中国发展出版社，2018年，第339页等。施闰章就是从8岁开始阅读《感应篇》的。参见吕妙芬：《施闰章的家族记忆与自我认同》，第307页。

③ 梁其姿：《十七、十八世纪长江下游的蒙学》，张国刚、余新忠主编《新近海外中国社会史论文选译》，天津：天津古籍出版社，2010年，第128—155页。

④ 汤来贺：《冒辟疆五十序》，《内省斋文集》卷23，《四库全书存目丛书》集部第199册，第494b—495a页。

⑤ 姚文田、阿克当阿等纂修：《（嘉庆）扬州府志》，台北：成文出版社，1974年，卷44《宦绩志二》，第3156—3157页。

1672）父亲周文炜（1588—1643）《吉祥相》（可能是风水书籍）作跋文时（即《家宅四十吉祥相》），即明确提到“襄三世奉持《太上感应篇笺注》行世四十余年，当疾病□生患难祸害时，受用此篇不尽”[①]。由此可见，家学传承与童蒙教育对冒襄的善书阅读产生了很大的影响。

除了童蒙之外，冒襄善书阅读的另一个来源可能是与同时代士人的交相谈论。冒襄《梦记》中明确提到自己是在实践《功过格》，这种实践程度，从“青出于蓝，而更胜于蓝”的对数字的讲求中可以看出来[②]。明清鼎革以后，冒襄安居于水绘园中，水绘园便成为当时大江南北士人往来的中转地或落脚地，《冒巢民先生年谱》载当时名士“来未尝不留，留未尝辄去，去未尝不复来”[③]。他们在水绘园中吟诗作赋、听戏论文，期间不免论及善书。其中就包括对善书颇有研究且受善书影响颇深的陈瑚（1613—1675）和施闰章（1619—1683）[④]。因此，总此而论，冒襄从小经受过善书的启蒙教育，在此后又与大江南北的士人普遍有所交往，这也是善书能对冒襄的生活世界产生强烈影响的原因。

三、善书与疾病

前已述及，善书虽产生于宋代，在宋元至明代中前期也曾广泛流传，但真正对整个社会（尤其是士人阶层）产生深刻而广泛的影响则是在袁黄《立命篇》（《功过格》）以后。包筠雅注意到，袁黄的《功过格》曾经是士人中间令人信服的文献，当时就有士人抱怨它甚至比经典更受士人欢迎[⑤]。之所以受到欢迎，是因为善书或袁黄的例子戳中了传统中国士人最致命的关口——举业与家业。拿吴震的话来说，明清之际的儒者普遍关心的话题是：道德行为如何保证个人与家族得到最大限度的福祉[⑥]。不过，对于处于明清交替时期的冒襄来说，举业一端早已无法实现——终明之季，冒襄

① 冒襄：《跋周太翁〈吉祥相〉》，《巢民文集》卷 6，第 627b 页。

② 李孝悌：《恋恋红尘——中国的城市、欲望和生活》，第 124 页。

③ 冒广生：《冒巢民先生年谱》，第 449 页。对水绘园的具体描述参见李孝悌：《冒辟疆与水绘园中的遗民世界》，《恋恋红尘——中国的城市、欲望和生活》，第 54—102 页。

④ 冒广生：《冒巢民先生年谱》“顺治十七年庚子五十岁”载“夏陈瑚率其门人来讲学”，参见第 452 页。关于冒襄与陈瑚之关系，另可参见冒襄：《寿陈太公八十序》，《巢民文集》卷 1，第 569b—570a 页。关于陈瑚、施闰章与善书之关系，分别参见吴震：《明末清初劝善运动思想研究》，第 341—448 页；吕妙芬：《施闰章的家族记忆与自我认同》，第 307、330—332 页。

⑤ 包筠雅：《功过格——明清社会的道德秩序》，第 63—64 页。

⑥ 吴震：《明末清初的劝善思想运动研究》，“导论”，第 28 页。

都未能取得举人头衔[1]；入清以后，冒襄更是绝不出仕。

无法获取功名、兼济天下，只好退而求其次[2]。在这种境遇下，“此时日记中常见的梦，相当程度地表达了人们关心的主题”[3]，冒襄对个人和家族成员的身体与寿命情况异常关注。在《梦记》中，虽然冒襄只提到4个家人——母亲、长子、次子和堂婶——的两种病——“乳忽生岩”（可能是乳腺癌）、“种痘”（可能是天花病），冒襄自己的寿命也达到了较长的83岁，但终冒襄一生，都处在目睹家人与自身疾病的忧患之中。要了解善书对冒襄生活世界的影响，必须放到冒襄的个人生命史脉络中来考察。冒襄的人生观，似在《答丁菡生询回生书》中已有明确表达：“仆少年不自揣度，安谓此生钟鼎之奉应属分内，故视一切甚易、甚渺”[4]。这种表面上对“身外物”的洒脱，反衬出的恰恰是冒襄对个人和家族生命的重视。为了直观起见，以下就冒襄一生所遇疾病情况简列成表（表3-3）。

表3-3 《冒巢民先生年谱》所见冒氏家族疾病情况

时间	年龄	家族成员	疾病情况
1617	7	曾祖母	“甲寅笃病半载，时王父治会昌，有神君颂。万民代祷，得愈……丁巳复病，遂不起。老母目不合睫，衣不解带，如是者百日，尪瘦骨立，日下血数升……”
1617	7	弟冒京	“夏弟冒京殇”
1619	9	祖母	“王母患滞下，水米沾者两月……己未秋，王母患滞下，就医海陵……”
1621	11	弟冒偕	“从蜀归弟偕殇于途”
1630	20	冒襄	“……头场入谷，竟以病阻三场……”
1635	25	祖父	“秋宁州公卒”
1636	26	祖母	“秋祖母宗太宜人卒……太宜人复陡患痰疾，遂不起。”

① 实际上，冒襄很可能是自身不愿意涉入官场而对科举不感兴趣，如陈继儒在《冒辟疆寒碧孤吟序》中即说：“辟疆仙品，若使学道，故是黄鹤背上人；而约束于祖父家训，不得以举子业鸿”，参见冒襄辑：《同人集》，第19a页。另据冒广生《冒巢民先生年谱》，冒襄曾前后两次拒绝明朝的征召（1642、1643），三次拒绝清朝的征召（1673、1679、1682），这种情况即使是在明遗民群体中，也并不多见。

② 后来华乾龙在寿序中，将冒襄的这种生活状态描述为：“古云：穷则独善，达则兼善。以独善之势而行兼善之事，以兼善之功而食兼善之报。”参见华乾龙：《冒巢民先生暨配苏孺人双寿序》，冒襄辑《同人集》卷1，第54b页。

③ 王汎森：《晚明清初思想十论》，第171页。

④ 冒襄：《答丁菡生询回生书》，《巢民文集》卷3，第583页。

续表

时间	年龄	家族成员	疾病情况
1638	28	长子冒兖	“冬长子兖殇”
1638	28	次子禾书	“……禾书则濒死而后复苏……”
1638	28	母亲	“……戊寅春，老母马恭人危病复多征应不祥……”
1645	35	冒襄	“……自重九后，溃乱沉迷至冬至前，僵死一夜复苏……”
1647	37	冒襄	“夏病甚……久抱奇疾，血下数斗，肠胃中积如石之块以千计。骤寒骤热，片时数千语，皆首尾无端，或数昼夜不知醒。医者妄投以补，病益笃，勺水不入口者二十余日。此番莫不谓其必死……”
1649	39	冒襄	“秋疽见于背……己丑秋疽发于背，余五年危疾者三，而所逢皆死疾。”
1650	40	妻董小宛	“妻董小宛卒”
1654	45	父冒起宗	“宪副公卒……”
1667	57	长媳	“冬禾书妇姚卒……丁未残腊骤亡。”
1669	59	庶母	“冬庶母刘孺人卒”
1670	60	次媳	“秋丹书妇苏卒”
1672	62	妻苏孺人	“孺人比得痰疾，一足不良于行。卒之日，犹嫛躄至马恭人前问寝膳。忽痰蹷仆阶下，不能语，遂卒。”
1676	66	母马恭人	“夏马恭人卒”
1688	78	冒襄	“秋病几殆……忽得危疾，不孝等计无所处，刮股以进，病旋愈……”
1690	80	冒襄	“病复几殆……庚午又病，危殆五日而复。”

资料来源：冒广生：《冒巢民先生年谱》，北京：书目文献出版社，1999 年。

从表 3-3 可以看出，冒襄一生经历了重大的疾病与死亡事件 22 次，这在他 83 年的生命历程中也许不算太多。但是很显然，表中所列并非全部，也不包括由天灾人祸带来的灾难①。同时从表格中可以看出，冒襄一生中经历过亲人夭折 3 次、亲人重病 4 次、亲人死亡 9 次、自身重病 6

① 就冒襄的实际情形而言，战乱带给他的影响显然比各种自然灾害要大，具体参见冒广生：《冒巢民先生年谱》，第 433—436 页。

次。尤为关键的是，2次夭折和1次死亡均发生在冒襄28岁（即写作《梦记》时）之前；就冒襄个人而言，后2次重病也许并不重要，但第一次重病影响了科举，中间3次重病则每次都可置他于死地。正如《影梅庵忆语》中所说，“余五年危疾者三，而所逢者皆死疾”①。这种关键时期发生的重病，也许打击了冒襄生存的欲望，却坚定了他对善书与善行的信仰。

在医疗水平低下的古代，几乎每一次重病都可能终结个体生命，这使得人们将自身命运的考虑置于非常重要的位置。虽然同样没有直接的史料证明疾病到底对冒襄的善书信仰产生了多大的影响。不过，一方面，善书与疾病的关系极为密切，这既表现在善书与医书交织互动②，也表现在为祈祷病愈而奉持善书的例子绝不下于为科举而祈祷的信奉③。另一方面，冒襄《梦记》中所言及之善书，正是在出现疾病的情况时发生的。在这方面，冒襄与冒起宗不同，如果冒起宗是为“权力”祈祷的话，那么冒襄就是为“健康”祈祷。彭师度（1624—？）在《水绘庵二集序》中写冒襄，说：“先生当天人交忌之时，而欲使善者好，不善者不恶，身之所遇，无不志得而意满焉。”④其实，“身之所遇，无不志得而意满焉”的客观结果或许有所夸大，但“先生当天人交忌之时，而欲使善者好，不善者不恶，身之所遇”的主观愿望却是冒襄的真实写照。

四、善书与慈善

从冒襄奉行《感应篇》和《功过格》的情况来看，冒襄的目的在于为个人及家族成员的命运祈祷。其祈祷内容已经游离于科举，专注于疾病、寿命等个人方向。而通过其《梦记》所载实践《功过格》的情况，已经可以看出善书与慈善之间的交织关系。如果说拜关帝及合邑诸神尚属于“宗教世界”的个人生活的话，那么冒襄积极参与江南地区的慈善事业，却已经属于社会生活的一部分。

《如皋县志》为我们留下了有关冒襄慈善活动的记载，也留下一个完全不同的冒襄形象——如果说正史中的冒襄是著名的“晚明四公子”，野史中的冒襄是与“秦淮八艳”董小宛勾连在一起，那么地方志中的冒襄就

---

① 冒襄：《影梅庵忆语》，北京：外语教学与研究出版社，2009年，第120页。

② 参见汪昂：《勿药玄诠》，不分卷，《续修四库全书》子部第1030册，第100页。

③ 比如，刘沅《感应篇注释》中所载499则灵验故事中，有善报主题故事192则，其中又有79则与疾病或寿命有关。参见刘沅：《感应篇注释》，厦门大学图书馆藏咸丰六年（1856）重刻《槐轩全书》本。

④ 彭师度：《水绘庵二集序》，冒襄辑《同人集》卷1，第31b页。

仅仅是一位“乐善好施”的“善士”。晚明时期流行的戒杀放生活动，在冒襄身上也有体现——冒襄曾在水绘庵中专辟出一角，作为放生池。与“三世崇奉《感应篇》”一样，冒襄参加放生活动也是家族传承的结果，所以施闰章才在诗歌中写到“冒家三世皆放生”①。对于放生活动本身，冒襄的看法是：“余常谓戒杀放生，此佛家事，而儒生每每行之者，正以非时无权不能救人，藉此以长养我生机耳”②。根据韩德琳的研究，晚明放生活动的流行，很大程度上归因于儒家精英对自身社会地位的想象，是自我满足和确认的结果③。冒襄及其友人的放生活动似乎另有不同，从“正以非时无权不能救人，藉此以长养我生机耳”的记载来看，冒襄更有重整地方社会秩序的责任意识。

明末的江南社会，各种天灾连着人祸，社会秩序极为混乱。加上甲申前后战争的影响，社会更为动荡不安。根据《如皋县志》可知，在短短十年左右的时间里，如皋发生过两次饥荒（1639、1652）、一次蝗灾（1640）、一次旱灾（1641），外加甲申之变的战乱（1645），天灾人祸接踵而至，极大地影响了如皋地方社会，也影响了冒襄的个体感受。冒襄一生最主要的慈善活动有两次，时间分别是崇祯十二年（1639）和顺治九年（1652），即发生在两次灾荒期间。其主要的慈善内容就是救济难民。对于冒襄的第一次救济活动，《如皋县志》有详细记载：

> 崇祯十二年（1639），邑大饥疫，邑人冒襄赈恤之。明季大江南北率苦饥，而庚辰尤甚。斗米钱千贯，麦钱四百，荞花麦梗价几与米谷等，人相食。襄忧之，为粥于路以食饿者。四门分设厂，请亭长及邑中文学治之。自腊月朔至来年四月，所全活数十万人。又粜米五百三十余石，他所买药饵，城外若丁偃双店、河马塘、掘港、芹湖诸场堡，全活又不下十余万人。阁部史可法及一时当事交章，以襄名入告，皆不就。襄虽慷慨以救荒为己任，然产业实不过中人。当救荒时，妻苏议环奁饰诸器，具付质库矣。④

① 施闰章：《逸园放生歌》，马汝舟、扬受延等纂修《（嘉庆）如皋县志》，台北：成文出版社，1970 年，第 1991 页。

② 马汝舟、扬受延等纂修：《（嘉庆）如皋县志》，卷 5《赋役二》，第 525 页。

③ Joanna F. Handlin Smith，*Liberating Animals in Ming—Qing China*：*Buddhist Inspiration and Elite Imagination*，*The Journal of Asian Studies*，Vol. 58，No. 1（Feb.，1999），pp. 51—84.

④ 马汝舟、扬受延等纂修：《（嘉庆）如皋县志》，卷 5《赋役二》，第 522—528 页。

对于第二次救济活动，《如皋县志》的记载稍简：“顺治九年（1652），大旱饥疫，邑人冒襄赈恤之。身膺危疾，死。知县陈秉彝为文祷于神，又步行延隐君江汉龙诊治，三日复生”①。不过，依据所附知县陈秉彝《告城隍疏》，可以对此加以详述。《告城隍疏》全文如下：

> 秉彝承乏兹土，上天降怒，连年旱荒相仍。前奉上行，专力拯救，夙知本邑冒绅襄三世居官，一意好德。辛巳为诸生时，曾活皋城内外数万众，乡党咸称。秉彝造门拜请，遂身任西厂一处，饥民日盈四千，襄凌晨风雪，稽核精详，给粥之外，多带家僮，瘗死亡、扶老幼、拯病危，倾屡岁之粮，散千金之资，任劳三月有余，延救不计其数。忽然染疫，已绝生理，而随赈垂死者十六人。但襄孝友文章，与救人血心，声称远迩，脱有不虞，天道何知。若秉彝不德，即宜身膺诛谴，何忍贻患万民，并及拯救首领。伏乞俯鉴。哀悯立赐回生，上以广上帝好生之仁，下以昭积善延年之理。谨疏。②

冒襄在参加的两次救济难民的活动中，与其奉行《功过格》积累功德一样，入不敷出。《如皋县志》载其妻苏氏，“当救荒时，妻苏议环奁饰诸器，具付质库矣”③，“司李公负清流之望，喜结交天下之豪俊，又性好施予。两次赈荒，苦不给，则脱簪珥以助之，无怨色”④。可见苏氏在跟随冒襄救济难民时，不仅经济上捉襟见肘，而且自身感染重病，险些付出了生命的代价，最后根据知县陈秉彝在城隍庙的祈祷，乃“三日复生”。那么，到底是什么原因使得冒襄甘于在如此窘迫的情况下，冒着如此巨大的风险参加慈善活动？陈秉彝《告城隍疏》说冒襄“三世居官，一意好德”或是重要原因，但显然并非全部。在《如皋县志》所附冒襄《劝赈四则》中，我们可以看到冒襄对慈善事业理解的广度和深度，这或许可以解释为什么冒襄要奋不顾身地参加慈善活动。

冒襄《劝赈四则》主要从以下四方面阐述慈善救济之重要：其一，这些灾害虽然“能厄贫贱之人，不能厄富贵之人”，但是“倘疾视其死而不

---

① 马汝舟、扬受延等纂修：《（嘉庆）如皋县志》，卷5《赋役二》，第522—528页。
② 马汝舟、扬受延等纂修：《（嘉庆）如皋县志》，卷5《赋役二》，第522—528页。
③ 马汝舟、扬受延等纂修：《（嘉庆）如皋县志》，卷5《赋役二》，第528页。
④ 马汝舟、扬受延等纂修：《（嘉庆）如皋县志》，卷19《列女传》，第1686页。

救，不惟无天，是无人也。自绝于人，不惟绝人，是绝我也。无人无天，而并无我，虽拥富贵亦何异沟中之瘠焉”。其二，富贵之家与贫贱之家互相依靠，离开贫贱之民的租佃劳动，富贵之家亦无法存活，因为“彼饥寒之民，除一死之外无余法。与其饥寒而必死，或为盗贼可以幸生。一旦乱起，舍大家何适焉？”其三，富贵之家之所以获得现有的社会地位，是受到上天恩赐及祖宗积累阴骘的结果，因此倘若不加救济，是“将天地祖宗阴培默佑，一时铲断，良可悯惜”，而“阴骘之理，自古及今，从无二辙”。其四，富贵之家虽然能戒杀放生，但更重要的是救济灾民，“余尝谓戒杀放生，此佛家事，而儒生每每行之者，正以非时无权不能救人，藉此以长养我生机耳”。因此当有客问“救荒非一人事，而子又无其权，汲汲皇皇，手拮据，口卒瘏，早夜以图愿，大难副得无，空抱杞人之忧乎”之时，冒襄的回答是“余昂藏七尺，业已年及三十，天之爱斯人也，未必三十年后，更见此灾祲，目击不救，何忍虚度此一生乎？”①

冒襄对慈善事业的这种认识，已然超出了同时代的许多士绅。从《劝赈四则》中也不难看出，冒襄对慈善事业的认识受善书影响甚大。由于对善书的崇奉，相信阴骘可以积累，而冒氏家族能有当时的社会地位（“三世居官”），也是祖先积累阴骘的结果。通过信奉《感应篇》和《功过格》等善书，希望能积累阴骘，继承家族传统的同时，提升或至少是保持现有的家族和个体命运，冒襄反复思考着有关慈善的问题。正是在这种“善有善报，恶有恶报”的因果报应观念下，冒襄不顾经济条件（无钱）和政治条件（无权），甚至也不顾个人安危，积极参与地方慈善活动，并产生了深远的影响②。

第四节　善书诠释与《迎天榜》编撰

冒襄之信奉《感应篇》等善书，受到其父冒起宗的影响甚大。虽然冒起宗《感应篇增注》今已亡佚③，但是从《感应篇》诠释史的角度来看，冒起宗在其文集中留下了有关本书撰写缘起、过程和结果的故事，这一故

① 马汝舟、扬受延等纂修：《(嘉庆）如皋县志》，卷5《赋役二》，第522—528页。

② 范景文：《题冒襄救荒记》，周际霖、周项等纂修《(同治）如皋县续志》，台北：成文出版社，1970年，卷16《补遗》，第687—690页。

③ 冒起宗书对当时及后世影响甚大。比如，在前引刘宗周批判袁黄的名著《人谱》中，就曾引用冒起宗的《感应篇增注》。参见刘宗周：《人谱类记》，卷下《记警好色第三十六之下》，《景印文渊阁四库全书》子部第717册，第231b页。

事随后进入《感应篇》诠释中成为知名的灵验故事。本书前已论及，陈寅恪尝指出：“盖中国小说虽号称富于长篇巨制，然一察其内容结构，往往为数种感应冥报传记杂糅而成。若能取此类果报文学详稽而广证之，或亦可为治中国小说史者之一助欤！”[①]这种论述对明清善恶报应故事的认识同样具有方法论意义。本节将分析冒起宗故事同戏曲《迎天榜》创作之关系，并借此管窥明清时代的“身份感觉”。[②]

一、黄祖颛及其《迎天榜》

相对于明清江南史来说，黄祖颛（1633—1672）几乎是可以忽略不计的“小人物”，似乎并不具有代表性。放到善书史上来看，黄祖颛却具有典型意义。现存黄祖颛传记资料甚少，学者多据王昶（1725—1806）等纂修《（嘉庆）直隶太仓州志》“人物·文学”为史料，然其记载仍嫌简略：

> 黄祖颛，初名迁，字项传，以长洲籍为凛贡生。幼隽颖，有才名，为文汪洋浩淮，士大夫推之。事亲孝，藉束修以供甘旨。夜有私奔者，力拒之。见道旁患疡弃儿，养之愈，使去。长洲有富人借其名以避役，祖颛不知也。及岁试，以新例见斥。王掞为翰林时，招之，改今名，入太学。卒年四十。[③]

本段除介绍黄祖颛字号及籍贯等基本信息以外，还记载了三个环节：一是颇富才名，为士林所重。即所谓“幼隽颖，有才名，为文汪洋浩淮，士大夫推之”，“王掞为翰林时，招之，改今名，入太学”。二是孝顺长辈，于乡里和善。即所谓“事亲孝，藉束修以供甘旨。夜有私奔者，力拒之。见道旁患疡弃儿，养之愈，使去”。三是科举坎坷，受他人连累。即所谓“长洲有富人借其名以避役，祖颛不知也。及岁试，以新例见斥”。

地方志的纂修以教化为标的，对前面两个环节的突显正此用意。至于着重刻画的第三个环节，于地方教化而言并不重要，但对黄祖颛个人生命历程却至为关键。后来黄侃（生卒年不详）《黄项传墓志铭》即基本上围

① 陈寅恪：《〈忏悔灭罪金光明经冥报传〉跋》，《金明馆丛稿二编》，第 291—292 页。

② 岸本美绪：《明清时代的身份感觉》，森正夫、野口铁郎、滨岛敦俊、岸本美绪、佐竹靖彦编《明清时代史的基本问题》，周绍泉、栾成显等译，北京：商务印书馆，2013 年，第 364—386 页。

③ 王昶等纂修：《（嘉庆）直隶太仓州志》，卷 36《人物·文学》，《续修四库全书》史部第 697 册，第 568b 页。

绕此一环节展开：

> 顺治十年春，隐湖毛子晋招虞、娄诸名士为文会，诸生一中有颀而髯者，予阅其文甚奇，酒间知为黄子项传，遂定交。又三年，项传授经沙溪，与里中诸子抵掌论文，予以为吾当中速售者，宜莫如项传，而竟不得知以死。死后十余年，予乃执笔而志其墓。呜呼！悲夫项传名迁，改名祖颛。先世大兴人，曾祖某卜居太仓。祖某、父某皆不仕。项传少时读书，一目数行，有“圣童”之目。时桴亭确庵倡道东南，爱项传才，招致门下。项传以其间览河渠食货之书，通毛郑京何之学，为文汪洋浩瀚，不名一家。西山张公视江南学政，拔项传第一，手其卷谓诸生曰：“此子今岁不发解，吾不相士矣”。既而项传试锁院不遇，而适有奏销之事。先是项传居太仓，而诸生之籍隶长洲。有富而狡者借其名以避役，项传不知也。及岁试，竟以新例见斥。项传讼于有司，有司漫不省，则走之浙，应童子试，学使者金公赏其文，亦置第一。有忌者殴诸途，项传匿絮中以免。时项传年四十，遇无妄之灾，益愤懑不自得，乃附舟入都。学士宋公、祭酒徐公交口誉之，得入太学。康熙十一年壬子秋闱，项传方患痢，匍匐入试。一日夜暴下数十次，同事者阅其卷，文义灿然，字书遒劲，不知其病且惫也。既出闱，卧王颛庵编修寓中，病已不支，至二十二日而绝。或言闱中诸公，素重项传，欲取冠本房，久之，知项传病且死，乃易他卷。嗟乎！是项传少迟数日之死，而得一举未必死；即死犹幸身亲见之也。秋榜夕以发，项传朝以死。彼苍者天，并其一日之虚名，亦靳之。呜呼！可哀也已。项传娶沈氏，生一子，年仅数岁，以某年月卜葬于某阡。铭曰：孰使子才，孰使子穷。又孰使子年之不丰，彼苍者天，曷其梦梦。我作铭词，以慰其终。①

作者黄侃传记见《直隶太仓州志》，其载“黄侃，字孝直，州学生，

① 黄侃：《黄项传墓志铭》，王宝仁《娄水文征》卷60，扬州：江苏广陵古籍出版社，1991年，第14a—15a页。国家图书馆藏。本资料由温海波代为拍摄，谨此致谢。另孟森在研究“奏销案”时曾引用过这一史料，但误将作者“黄侃”写作“陈侃”。参见孟森：《奏销案》，《明清史论著集刊正续编》，石家庄：河北教育出版社，2000年，第367—385页。

好学，尤肆力于古文。王掞任浙江学政，延之入幕衡文。所著详《艺文类》”[①]。由此可知，黄侃与黄祖颛之关系，初为文友（得益于毛晋），后为幕友（得益于王掞）。这篇墓志铭写于黄祖颛“死后十余年”，之所以由黄侃执笔，就在于他与墓主之间的这种关联。因此，尽管其中不免有为死者讳的成分，但总体较为可信。从墓志铭及其他史料可以看出，黄祖颛虽然“片纸不入公门”，但是交游甚广，颇受士林重视，如黄侃在墓志铭中提到的就包括“西山张公”，即江南学政张能麟（生卒年不详）；“学使者金公”，即浙江学政金镜（生卒年不详）；“学士宋公、祭酒徐公”，即长洲宋德宜（1626—1687）和昆山徐元文（1634—1691），皆地方要员。此外举其要者如黄祖颛曾师事理学家陈确（1604—1677）和诗人吴伟业（1609—1672），交游王抃（1628—1692）、王掞（1644—1728）兄弟和尤侗（1618—1704）等文士，以及出版家毛晋（1599—1659）和理学家陆世仪（1611—1672），等等，皆名重一时。由此可见，黄祖颛本应是“大名鼎鼎”的人物，死后在墓志铭中呈现出的生命轨迹却完全以毫不成功的科考为重点，却是不能不令人惊讶的。

根据黄侃《黄项传墓志铭》，可以归纳出黄祖颛三次参加科考的情形：第一次参加科考时间不详，其时黄祖颛已取得生员资格（“诸生”），所谓“既而项传试锁院不遇，而适有奏销之事。先是项传居太仓，而诸生之籍隶长洲。有富而狡者借其名以避役，项传不知也。及岁试，竟以新例见斥。”此次科考因受“奏销案”的牵累未果[②]。为此黄祖颛曾提起诉讼以抗议，然“有司漫不省”，于是在被免去生员资格后，只好“走之浙”，“应童子试”，企图重新取得生员资格，是为黄祖颛第二次参加科考。为参加此次科考，黄祖颛将原名“黄迁”改为“黄祖颛”。这次科考本来相当顺利，因为“学使者金公赏其文，亦置第一”，但“有忌者殴诸途，项传匿絮中以免”，再次铩羽而归。由于“时项传年四十，遇无妄之灾”，于是黄祖颛“益愤懑不自得，乃附舟入都”，进入京城（顺天）以后，因“学士宋公、祭酒徐公交口誉之”，乃“得入太学”，重新取得生员身份。至康熙十一年（1672），黄祖颛第三次参加科考，为顺天壬子科乡试。此行又因身患痢疾，尽管“同事者阅其卷，文义灿然，字书遒劲”，甚至“或言闱中诸公，素重项传，欲取冠本房”，但因出闱不久即病死于同年王抃寓所，再次无缘科名。对此王抃在自撰《王巢松年谱》中亦载：“项传力疾完场，

---

① 王昶等纂修：《（嘉庆）直隶太仓州志》，卷 36《人物 · 文学》，第 568 页。
② 孟森：《奏销案》，《明清史论著集刊正续编》，第 367—385 页。

抵寓已委顿之极，到第七日，竟尔长逝。”[①]乡试时间通常为八月十六日，此处“到第七日，竟尔长逝”与墓志铭“至二十二日而绝”若合符节。这就是黄祖颛短短四十年的生命历程。

以上各种史料几乎如出一辙地呈现出一个“为科举而生，亦为科举而死”的黄祖颛形象，这在明清时期当然并不少见。特别需要说明的是，在黄祖颛的科举生涯甚至整个生命历程中，因受“奏销案”影响而被取消生员资格一事，对其影响极大，所以黄侃在墓志铭中说“遇无妄之灾，益愤懑不自得”。这当然相当可信，不过就本书论述的主题来说，这种影响似不可高估。因为在黄祖颛的著作中所呈现出来的黄祖颛形象，尽管仍有“为科举而生，亦为科举而死”的面相，但也有因阅读善书而强烈且顽固信奉善恶报应的面相。揆诸史料可知，黄祖颛的著作主要有《咏物三百律》《太上感应篇铎句》和《迎天榜》三种。其中《咏物三百律》的撰写时间不详，而《太上感应篇铎句》和《迎天榜》均在“奏销案”（1672）发生之前，对此陆萼庭已有考证[②]。这里想要澄清的问题是：黄祖颛撰写《太上感应篇铎句》和《迎天榜》并不是“奏销案”影响的结果。亦即就黄祖颛当时的心态而言，信奉善书和科考受挫之间的关系，毋宁是前者对后者的单向度影响。或者说黄祖颛的科考经历当然为理解其《迎天榜》创作提供了参考，但这种生命经历与善恶报应观念是交互为用的。

黄祖颛《迎天榜》传奇的主要内容，是讲述四位既是同乡，又是同文社社友的袁黄、冒起宗、俞都、王用汝的故事。其中，袁黄坚持行善，俞都勇于克服意恶，改变了本来命中注定没有“禄籍”的结果，最后不仅进学、中举，进士及第，而且获得子嗣，家庭兴旺；冒起宗则因从小持诵《太上感应篇》，坚拒私奔之女，参加乡试时，因病重由人背着进场，却自有鬼魂相助，使他“文思大发，把七篇都完卷了”，因此科场得意。“文字最低”，被同社文人看不起的王用汝，则因为人忠厚，“片纸不入公门”，而且孝行为人称道，最后也得以实现科考理想。基于袁黄、冒起宗、俞都、王用汝四人的善恶报应故事，黄祖颛宣称，人间的功名取决于天上的定榜，其根据是科举士子自身行为的善恶，这也是该戏曲得名的由来。《迎天榜》现收入《古本戏曲丛刊》第五集，分上、下两卷，卷首回目有40出，但正文内缺“劝试”“招寻”“逼逃”“注经”“忆子”等5出，故全书

① 王抃：《王巢松年谱》，《丛书集成续编》第37册，上海：上海书店出版社，1997年，第799页。

② 陆萼庭：《〈迎天榜〉传奇作者考》，《清代戏曲家丛考》，第77—84页。

实为35出戏目[①]。全书由于“杂采诸人之事，强为牵合补缀，拖沓冗乱，殊鲜动人之处”，因此文学价值并不算高[②]。然而本书无意也无能讨论其文学叙述和文艺价值，而是试图回到历史文献学的立场中来，讨论文献生产中诸如制度环境、文化氛围和作者心态等更深层面。

二、冒起宗故事的原型与进入

正如黄祖颛“自序”所言，《迎天榜》是以袁黄（即袁了凡）和俞都故事为经，以王用汝和冒起宗故事为纬，杂糅而成，故其故事原有所本。对此，除了黄祖颛“自序”所交代“袁了凡《立命说》，及俞净意《感神记》”以外，在《迎天榜》“挈领”部分亦有说明，所谓“贡士换进士是袁了凡的《立命篇》，乡科改甲科是冒嵩少的《感应注》，榜末升两榜是王从先的《文昌碑》，老儒变乡老是俞净意的《灶神记》”[③]。这里提到的四种著作均为晚明清初流行较广的善书著作。其中，袁了凡的《立命篇》创作于16世纪中期，可以看作是“善书运动”开始的标志，酒井忠夫亦称此后的善书为“新型善书”[④]；《灶神记》的作者未必是俞净意，在善书著作中亦流传甚广，通常以《俞净意遇灶神记》为题，被收录在各类善书著作中[⑤]；王从先《文昌碑》尚难考实，善书中亦极少见；至于冒嵩少的《感应注》实为《太上感应篇增注》，流传范围或不及前三者，今亡佚不存。因此，在《迎天榜》的四位主人公中，能确实考证其史实的只有袁了凡（即袁黄）和冒嵩少（即冒起宗）。后来王昶等纂修《（嘉庆）太仓州志》只记《迎天榜》的内容为“述袁了凡、冒嵩少阴德诸事，以示劝”[⑥]，或出于这种原因。

作为细致的考证，本应将这四个故事按照不同的文类或人物做成四个系列史，然而王从先的故事不仅无法考证来源，而且现存善书中亦未见到；俞净意故事常见于善书，但未能考证其史实情况；至于袁了凡《立命

① 愈园主人（黄祖颛）《迎天榜》，“目录”，第1—2页。戏目分别是：卷上：挈领、祠集、闺诫、祀灶、露态、遇仙、笺拒、婢殒、定榜、劝试、点鬼、闱助、诧捷、立命、尸谮、察意、失雏、招寻、再捷、收嗣；卷下：逼逃、劝娶、改适、齐拒、注经、遣合、仙咏、忆子、感神、锡胤、降鸾、旅戳、改相、迎榜、同捷、覾子、舐目、减粮、度魂、祠圆。

② 李修生主编：《古本戏曲剧目提要》，北京：文化艺术出版社，1997年，第472页。

③ 愈园主人：（黄祖颛）《迎天榜》，“自序”，第1页。

④ 游子安：《善与人同——明清以来的慈善与教化》，第10页。

⑤ 张仙武：《清代阴骘文化研究——以〈文昌帝君阴骘〉相关文献为讨论中心》，台湾师范大学历史研究所博士学位论文，2010年，第115—117页。

⑥ 王昶：《（嘉庆）太仓州志》，卷60《杂缀·纪闻》，第211页。

篇》所载故事，则多为学界所注意，柳存仁（Liu Ts'un-yan）、奥崎裕司和包筠雅均对此做过详细研究，所能论述的空间已非常有限①。因此，这里所能分析的只剩下“冒起宗故事”。然而这未必不是好事，至少从作者黄祖颛的角度来看，四个故事中毋宁以冒起宗故事与其自身最为相似（详下）。更为重要的是，与袁了凡一样，冒起宗（1590—1654）在历史上实有其人，这为讨论带来了更多便利。如杨受廷（生卒年不详）、马汝舟（生卒年不详）等纂修《（嘉庆）如皋县志》载：

> 冒起宗，字宗起，号嵩少，万历戊午举人，崇祯元年进士，授行人。五年考选，授南考功司主事，升郎中。七年，出为兖西佥事，监军河上，鼓励将士，贼不敢一骑潜渡。久之，闻父讣归服阕，备兵岭西，以卓异闻。旋调湖南衡永参议。会张献忠破襄阳，再调襄阳监军。独与左良玉收合余烬。历一岁，以城守招抚，功被上赏，量调宝庆，即拂衣归。竟以岭西旧事坐降级。十七年，起副使督上江漕储。寻乞休，卒。著《拙存堂诗文》《经质》《史拈》《拟陶集杜》数十种，皆为世所重。子襄、褒别有传。②

可知冒起宗为明代江苏如皋望族——冒氏家族的重要成员，是“明末四公子”之一冒襄的父亲，主要著作包括《拙存堂诗文》《经质》《史拈》《拟陶集杜》等③。不过，冒起宗虽贵为进士，但是万斯同（1672—1755）私撰《明史》和张廷玉（1672—1755）主编《明史》均无传记，可见其事功并没有太多值得书写之处。

---

① Liu Ts' un—yan, *Yuan Huang and His 'Four Admonitions'*, *Journal of the Oriental Society of Australia*, Vol. 5, No. 1 & No. 2, pp. 108—132；奥崎裕司：《中国乡绅地主の研究》，东京：汲古书院，1978 年；Cynthia Brokaw, *Yuan Huang（1533—1606）and The Ledgers of Merit and Demerit*. *Harvard Journal of Asiatic Studies*, Vol. 47, No. 1（Jun., 1987），pp. 137—195； 包筠雅：《功过格——明清社会的道德秩序》，杜正贞、张林译，赵世瑜校，杭州：浙江人民出版社，1999 年。

② 杨受廷、马汝舟等纂修：《（嘉庆）如皋县志》，卷 16《人物》，台北：成文出版社，1970 年，第 1172 页。冒起宗传还可参见穆彰阿、潘锡恩等纂修：《大清一统志》，卷 106《冒起宗传》，上海：上海古籍出版社，2008 年，第 2 册，第 723 页。另，邹之麟（实由陈维崧代撰）：《冒起宗墓志铭略》（即陈维崧《中宪大夫嵩少冒公墓志铭》），参见杨受廷、马汝舟等纂修：《（嘉庆）如皋县志》，卷 20《艺文》，第 1876—1878 页。

③ 参见白宝福：《明代如皋冒氏家族研究》，西南大学历史文化学院硕士学位论文，2010 年。

然而，就是这位正史无传的冒起宗，其故事却一再进入善书，成为善书中报应故事的主角。只要翻检冒起宗的著作就不难发现，其背后的原因与冒起宗“自少奉父师之教，凡跃冶不祥之事，无一之敢蹈，而尤崇信《太上感应》一编，若崩若登之状，业业者三十年矣”有关①。冒起宗虽著述多达数十种，但保存至今的只有文集《拙存堂逸稿》《驭交记》和《万里吟》三种。据《拙存堂逸稿》可知，如皋冒氏家族及其外戚马氏家族，似都有信奉《太上感应篇》《文昌帝君觉世经》等善书的传统②。后来冒起宗不仅奉行《太上感应篇》，而且亲自为《太上感应篇》作注。在晚明“善书运动”的时代潮流中，黄祖颛《迎天榜》中冒起宗故事或来源于其他善书，但追溯其远源，其实冒起宗故事的原型却非常清楚，来自其《拙存堂逸稿》所载《戊辰梦兆纪事》无疑。兹全引如下：

余于万历丙午列子矜，时年十七也。读书稍暇，庄诵《太上感应篇》，辄有孳孳意。戊午登乡荐，年二十九矣。是科临场，以不慎病疡，几殆。比入闱及午，四肢欲脱，昏昏如梦。中夜燃烛，目不见卷格，竟不知何处下笔。天明出闱，沉卧若僵，且余无论大小试，所作虽经岁弗忘，此番不记一字。及揭榜后，例赴学院亲供，见墨卷则字字端楷如平时，不似愦愦笔迹。吁！信神助哉！己未下第，遂发愿增注《感应篇》。摭拾援引，心手交瘁。每注完一段，辄付梓，其原稿则焚之家神前。因念好色损德尤甚，而文人故犯者多也，故于“见他色美，起心私之”一条下，备载古今报应事，以助猛省。当日佐余缮写，则余儿襄之塾师、南昌罗君名宪岳者。辛酉罗君归而入泮，相别八年所矣。戊辰正月初二日，罗君夜梦，见道妆如仙流者三人，一老翁，二少年。老翁苍颜黄服中立，二少年披紫衣左右侍。老者手出一册，左顾曰：“尔读来”。左立者朗诵良久。罗君窃听之，愕然曰：“此冒孝廉《增注感应篇》内‘见他美色’二句之全注也”。读既毕，老者曰：“该中”。旋顾右立者曰：“尔试咏一诗”。即应声曰：“贪将折桂广寒宫，那信三千色是空。看破世间迷眼相，榜花一到满城红”。咏毕，老者笑而去。罗君醒而作书，详述梦中诗，访乡人之商于吾皋者，椷寄吾儿襄曰：“尊公捷南宫

① 冒起宗：《重刻文昌宝训序》，《拙存堂逸稿》卷2，国家图书馆藏清初刻本，第28b—29b页。

② 冒起宗：《马一卿丈人八十寿序》《真实修行图说序》，《拙存堂逸稿》卷2，第46a、66a页。

> 无疑矣。但榜花二字难解，当是梦中误听耳，其余一字不差也”。书以二月初九日至，彼放榜而余果得第，老仙之言验矣。八月十三日，余以使闽归里，襄儿出罗君书，因谕儿曰：“观此则色之一关，我辈可不慎哉”。十月既望，抵温陵，过旧友陈宗九斋头，偶抽阅一类书，开卷即见“榜花”二字，注云：“唐大中以来，礼部放榜，姓氏稀僻者，号榜花”。而余姓实应之。其戊午闱中有神助，大都类此，但以言彼行耳①

冒起宗曾亲身撰写《太上感应篇增注》，在多种史料中可以得到证明。如陈维崧（1625—1682）《中宪大夫嵩少冒公墓志铭（代）》记载：“冒氏讳起宗，字宗起，号嵩少，广陵如皋人……先后著述有《得全堂文集》若干卷，《得全堂诗集》若干卷，《七游草》若干卷，《律陶集杜》《经质》《史拈》共若干卷，又纂辑《暗合囊编》若干卷，《郑文恪序》，又《古今将相兼资志》若干卷，又《与张成倩罗》，及《申注太上感应编》，又《批注金刚》诸经，又著《释藏寤言》，凡所著及所纂辑书，不下数十万言。”②《戊辰梦兆纪事》以塾师罗宪岳托梦降乩的故事引入，将冒起宗因信奉《太上感应篇》而科举得第的故事演绎得栩栩如生。由于冒起宗在《戊辰梦兆纪事》中已预设了观众（reader/audience）作为传播故事的他者（the others），因此故事后来进入善书中就显得合情合理③。

---

① 冒起宗：《戊辰梦兆纪事》，《拙存堂逸稿》卷 6，第 73a—75a 页。游子安曾考察过中国善书史上的刘山英和黄正元故事，参见游子安：《修省者的画像——善书笔下的黄正元与刘山英》，《善书与中国宗教——游子安自选集》，第 17—42 页。另外，这种叙事方式颇类似于福柯（Michel Foucault）所说的“自我技术”（technologies of the self），即作者（通过阅读传记）形成自我以及（通过写作传记）将自我塑造成知识客体的方法。参见季家珍：《历史宝筏——过去、西方与中国的妇女问题》，杨可译，南京：江苏人民出版社，2011 年，第 13 页。

② 陈维崧：《陈迦陵文集》，《四部丛刊初编》集部第 281—282 册，卷 5，上海：上海书店出版社，1989 年，第 67—71 页。

③ 兹以怡性堂主人：《感应篇集证》（同治九年刻本，南京图书馆藏，“阴骘文纪验”，第 8—11 页）所载为例，全故事如下：冒起宗，如皋人，自幼虔奉《感应篇》。尝遇美妇挑之，不动。万历戊午，抱病入闱，神昏目眩，草率完卷。出闱不记一字，及中式见墨卷字皆端楷体，始知神助。己未会试下第，发愿增注此经。念色最害重，文人每忽，因于“见他美色”二句下，备列报应以儆世，塾师罗宪岳助写焉。崇祯戊辰正月初二，岳梦至一府，二紫衣少年左右侍，一黄衣老翁中坐，手持一册，左顾曰：“尔读来”。岳悉听之，即起宗所注《色戒》也。曰：“宜中”。右顾曰：“尔咏诗”。诗曰：“贪将折桂广寒宫，哪信三千色是空。看破世间迷眼相，榜花一到满城红”。岳醒，作书寄起宗之子襄，曰：“尊翁今春高捷无疑矣，唯‘榜花’二字未明”，及期果中。异日起宗过旧友陈宗九斋头，开卷见“榜花”二字，注云：“唐大历中，礼部方榜，姓氏稀僻者号榜花”。而冒姓实应之。后起宗官至左布正使司。

还需说明的是，《迎天榜》中的冒起宗故事非常注重“戒色”——书中对邬璧遣侍女倩香调情，引诱冒起宗的情节，着墨甚多，情节亦回环往复，这是与《戊辰梦兆纪事》并不相侔。然而，这并不能否定《戊辰梦兆纪事》就是冒起宗故事的原型。固然《戊辰梦兆纪事》并未有戒色的情节，但冒起宗所注《太上感应篇》却对戒色有特别强调，所谓“因念好色损德尤甚，而文人故犯者多也，故于‘见他色美，起心私之’一条下，备载古今报应事，以助猛省。”不仅在注释《太上感应篇》时特别强调“戒色”，而且冒起宗在日常生活中也尤其注意这一环节，因此《戊辰梦兆纪事》中有所谓“八月十三日，余以使闽归里，襄儿出罗君书，因谕儿曰：‘观此则色之一关，我辈可不慎哉’”的反复强调。大约正因为冒起宗对“戒色”的着重强调，《太上感应增注》也就在流传中被误作《戒色文》或《色戒》来看待[1]。后来善书中流传的冒起宗故事基本上保留了《迎天榜》的这一情节，但或并不袭自《迎天榜》，而是由其他善书作为中介随后进入《迎天榜》的[2]。

① 刘宗周：《人谱类记》，《景印文渊阁四库全书》子部第717册，卷下，第231b页；怡性堂主人：《感应篇集证》，“阴骘文纪验”，第11a页。另外，刘宗周所引“冒起宗《戒色文》”条或即冒起宗《增注太上感应篇》对“见他色美，起心私之”条的注释。兹全引如下：诸恶业中，贪色一关最难打破。故“三百篇”首称关雎，而桑间濮上之什，备载垂戒，乃知此病，古今皆然。然分两种，而受病亦有浅深。庸夫俗子，色知难断，意械未工，显蹈明行，罔知顾忌。至于文人学士，雅擅风流，侈标逸韵。或贿不足饵，而以才诱，或直不能，遂而以巧媒缱绻，则托于夙因邂逅，便神为天合。终日戒不淫，淫心时炽；逢人说寡欲，欲种更滋。干名犯分，裂检溃闲，机关不止，千般流毒，直兼数世。我愿世人宁甘朴拙，莫羡多情。纵有机缘，且思阴报。若腐言不堪入耳，岂往事总涉虚无。殷鉴炯炯，亦可畏也。

② 周梦颜《安士全书》所载冒起宗故事，注明来自《冒宪副纪事》（疑即《戊辰梦北纪事》）。全文如下：如皋冒嵩少，讳起宗，己未下第归，注《太上感应篇》，于“见他色美”下，尤致意焉。时助写者，其西宾罗宪岳。后罗归南昌，崇祯戊辰正月，梦一道妆老翁，左右二少年侍，老翁手持一册，呼左立者诵。罗窃听之，即“见他色美”注语也。诵毕，老翁日：“该中。”复呼右立者咏诗，即咏日：“贪将折桂广寒宫，那信三千色是空。看破世间迷眼相，榜花一到满城红。”罗醒，决冒公必中，即以是兆寄其子。及榜发，果登第，后官至宪副。参见周梦颜：《安士全书》，袁了凡译，夏华等编译《了凡四训》，沈阳：万卷出版公司，2016年，第232页。这种故事流传的一种可能途径是：冒起宗在刊行《太上感应篇增注》时，将《戊辰梦兆纪事》作为感应故事收录其中，而后进入其他善书或《迎天榜》；或者更为直接的猜测是，冒起宗《戊辰梦兆纪事》是专为《太上感应篇增注》而写的，在刊行时收录到其中并随后进入其他善书。因为后来冒起宗之子冒褒和冒裔在重新刊刻《太上感应篇增注》时，复又邀请冒襄撰写了《梦记》，同样是作为感应故事收录到其中。参见朱新屋：《浮生六梦——善书与儒生冒襄的生活世界》，武汉大学历史文化学院编《珞珈史苑（2012年辑）》，武汉：武汉大学出版社，2013年，第215—232页。

三、黄祖颛的《感应篇》诠释

通过考察冒起宗故事的原型及进入善书的可能途径，可以看出冒起宗故事与黄祖颛生平之间的诸多相似性。陆萼庭观察道，“作者把自己的种种情事都写进冒起宗的故事里，剧中说，冒起宗在考场中病笃；从上一节知道，作者最后应顺天乡试，正患痢疾，也是抱病进场的，两者都有惊人相似之处”①。“两者都有惊人相似之处”固无疑问，只是这里所说的两者不仅仅是指黄祖颛和《迎天榜》中的冒起宗，而且也包括冒起宗故事的原型。由于没有见到冒起宗的《戊辰梦兆纪事》，也未曾发现冒起宗增注《太上感应篇》的事实，当然只能认为黄祖颛依照自身的生命经历“虚构”了冒起宗故事。实际情况恰恰相反，正因为有冒起宗故事的原型及其感应故事的存在，使得黄祖颛创作《迎天榜》有了“虚构”的基础。就冒起宗故事的整体故事架构而言，《迎天榜》并不具有太多原创性或虚构性。

在王昶等纂修《(嘉庆）直隶太仓州志》“杂缀・纪闻”中，黄祖颛的形象有所不同：

> 《写吟集》云：“黄祖颛项传，少奇颖。数岁能作诗、古文辞。弱冠学诗吴梅村祭酒之门，才名噪一时。尝著《迎天榜》传奇，述袁了凡、冒嵩少阴德诸事，以示劝诫。王奉常烟客为命优谱其声词，招集名流，揖项传居上座，引满称觞，人咸以为佳话。中年后无子，著《太上感应篇铎句》，系五占、七律各一首，多发聋振聩语。书成，遂得一子。”②

志书明言本段引自《写吟集》，然对《写吟集》却没有更多史料可以借鉴。不过，这段史料不仅增进了对黄祖颛才情和交游的认识（师事吴伟业），而且比照《戊辰梦兆纪事》可以看到黄祖颛与冒起宗故事的更多相似性。为行文便利，兹制表如下（表 3-4）：

---

① 陆萼庭：《〈迎天榜〉传奇作者考》，《清代戏曲家丛考》，第 77—84 页。

② 王昶等纂修：《(嘉庆）直隶太仓州志》，卷 60《杂缀・纪闻》，第 211 页。另邓长风误将《太上感应篇铎句》解为《太上感应篇》和《铎句系》两种著作，且误黄祖颛字“项传”为“琐传”。参见邓长风：《五位清代江苏戏曲家生平考略——美国国会图书馆读书札记之十六》，《铁道师院学报》（社会科学版）1994 年第 1 期。

表 3-4 黄祖颛与冒起宗故事的比较

	冒起宗	黄祖颛
科考经历	是科临场，以不慎病疡，几殆。比入闱及午，四肢欲脱，昏昏如梦。中夜燃烛，目不见卷格，竟不知何处下笔。天明出闱，沉卧若僵。	康熙十一年壬子秋闱，项传方患痢，匍匐入京……既出闱，卧王颛庵编修寓中,病已不支,至二十二日而绝。
信奉善书	自少奉父师之教，凡跃冶不祥之事，无一之敢蹈，而尤崇信《太上感应》一编，若崩若登之状，业业者三十年矣。	我辈钝根人，一日不念功名则一日悠忽，一日不畏鬼神则一日纵弛，一日不信因果则一日堕落。予惟恐悠忽之不已而纵弛，纵弛之不已而堕落耳。不知其他也。
诠释善书	已未下第,遂发愿增注《感应篇》。摭拾援引，心手交瘁。每注完一段，辄付梓，其原稿则焚之家神前。因念好色损德尤甚，而文人故犯者多也，故于“见他色美，起心私之”一条下，备载古今报应事，以助猛省。	予尝以五言古诗、七言绝句注《感应篇》，名之曰：铎句。盖以有韵之言，咏歌嗟叹入人深也。
善恶报应	书以二月初九日至，彼放榜而余果得第，老仙之言验矣。	中年后无子，著《太上感应篇铎句》，系五占、七律各一首，多发聋振聩语。书成，遂得一子。

资料来源：冒起宗《戊辰梦兆纪事》《重刻文昌宝训序》,《拙存堂逸稿》卷 6，第 73a—75a 页；卷 2，第 28b—29b 页；王昶等纂修：《（嘉庆）直隶太仓州志》，卷 36《人物·文学》，第 697 册，第 568 页；卷 60《杂缀·纪闻》，第 698 册，第 211 页；黄祖颛：《迎天榜》，“自序”，第 1 页。

从表 3-4 中可以看出，黄祖颛与冒起宗无论是在科考经历、信奉善书方面，还是诠释善书方面，都有惊人的相似性；即使是在善恶报应方面，两者的结局也都是善报——冒起宗科举及第，黄祖颛中年得子——尽管这并不是黄祖颛所更看重的善报结果。

黄祖颛与冒起宗之间的这种惊人相似性，一定为黄祖颛撰写《迎天榜》提供了直接的契机。甚至可以推断,《迎天榜》所载冒起宗故事有关婢女倩香调情一节，亦是黄祖颛自身经历比附的结果，即志书所谓“夜有私奔者，力拒之”①。因此，在黄祖颛的著作中，戏曲《迎天榜》与善书

① 王昶等纂修：《（嘉庆）直隶太仓州志》，卷 36《人物·文学》，第 568b 页。

《太上感应篇铎句》是最重要的作品。不过，两者创作的先后顺序不太清楚——据黄祖颛《迎天榜》“自序”，《太上感应篇铎句》当在《迎天榜》之前；而据王昶等纂修《(嘉庆）直隶太仓州志》，《太上感应篇铎句》当在《迎天榜》之后——两相比较，自当以前者为准，但无论如何，两者关系密切却可确定不疑。对此，黄祖颛在《迎天榜》“自序”中已有明言：

> 予尝以五言古诗、七言绝句注《感应篇》，名之曰：铎句。盖以有韵之言，咏歌嗟叹入人深也。居恒每读袁了凡《立命说》，及俞净意《感神记》，辄悚息终日。客岁病中无以自娱，因合而传之，复纬以王、冒二子。此四子者，生不必同时，产不必同方，发不必同榜，而其科名同，科名之出于鬼神因果又同。虽谓之生同时，产同方，发同榜可也。客戏谓予曰：“子匏落矣，犹艳心科名耶？”予告之曰：“我辈钝根人，一日不念功名则一日悠忽，一日不畏鬼神则一日纵弛，一日不信因果则一日堕落。予惟恐悠忽之不已而纵弛，纵弛之不已而堕落耳。不知其他也”。客曰：“善哉，世有甘于悠忽而藉口科名之不足重，甘于纵弛堕落而倡言鬼神之不足畏，因果之不足信者，自误多矣”。知此意者当亦知是编之作，无异于《感应铎》之咏歌嗟叹，而其现身说法，当场果报，自警警人，更为胜之。即音律之未精，才情之未妙，其亦不必深论也已。①

从引文中可以看出，黄祖颛自身对《迎天榜》的定位是：“无异于《感应铎》之咏歌嗟叹，而其现身说法，当场果报，自警警人，更为胜之”，即两本著作不仅具有同一性质（善书），而且《迎天榜》可以看作是《太上感应篇铎句》的补充。由于补充的方式是“现身说法，当场果报，自警警人”，因此相较于《太上感应篇铎句》的“咏歌嗟叹”，“更为胜之”。黄祖颛的这种自我定位和定性是理解《迎天榜》的重要脉络②。

遗憾的是，黄祖颛《太上感应篇铎句》今已不存，无法做更多深入的

---

① 愈园主人（黄祖颛）：《迎天榜》，“自序”，第 1a—1b 页。

② 现身说法是明清善书叙事的常见手段，实际上，不论是袁了凡的《立命篇》，还是冒起宗的《戊辰梦兆纪事》，均采用了现身说法的方式。参见游子安：《善与人同——明清以来的慈善与教化》，第 142 页。

分析[①]。但是，结合黄祖颛的《咏物三百首》等资料，仍可就其外围层面做相关讨论。对此，尤侗（1618—1704）的“序言”提供了重要依据。其序云：

> 黄子项传，近刻《落花诗百首》及《百声百幻诗》寓予，竟读未尝不每篇称善也。或病其雕虫之伎，壮夫不为。不知士君子当蓬藁之时，上不能视草庙堂之上，次不能飞檄军旅之间；仰屋梁以窃叹，挟铅椠而何之？于是刻画风云，绘绣丘壑，与禽鱼草木互相赠答，藉以消磨日月，驱策牢愁，大抵无聊之所为作也。世有读黄子之诗者，略其辞，悯其志可矣。[②]

出身长洲（今苏州）的尤侗虽亦饱读诗书，从小被誉为“神童”，顺治皇帝亦称之为“真才子”，但六入科场皆名落孙山。后来勉强出仕，亦遭弹劾降级[③]。至康熙二十一年（1682），长子尤珍（1647—1721）高中进士，时已年逾花甲的尤侗兴奋地感叹：“知足不辱，知止不殆。吾年逾六十，子幸成名，可以休矣。”[④]从中可见尤侗对科名的渴望，一如黄祖颛本身，这段简短的序言也就不妨当作解人之词。就本书的论述主题来说，最为重要的是，尤侗和尤珍父子两代的科考故事后来也进入到善书中，成为科举灵验故事：

> 长洲尤太史侗，字展成，六十二岁时，帝君颁敕一道令，自陈誓词。二月三日圣诞，作《桂香殿赋》以献。后展成八十六岁，年高而健，晋翰林侍讲。尤侗与彭骏声凝祉、文治同上公疏，又各具誓词，发露忏悔。元皇答教云：“尔等既有诚心，自加奖拔，盟誓已出，须要时时检点，自古圣贤以及仙真，莫不历尽艰难，苦持功行万卷念归正，一事勿欺，著书以正人心为本，立己已扶持世道为先，乃配享朝廷，追陪天阙，生或掩仰，

① 黄祖颛：《太上感应篇铎句》虽已不存，然刘鸿典《感应篇韵语》［光绪辛巳年（1881）刻本，厦门大学图书馆藏］提供了诗歌诠释《太上感应篇》的范例，可资参证。

② 王昶等纂修：《（嘉庆）直隶太仓州志》，卷 53《艺文二》，第 124a 页。

③ 王钟瀚点校：《清史列传》，卷 72《尤侗传》，北京：中华书局，1987 年，第 5782 页。

④ 王钟瀚点校：《清史列传》，卷 72《尤侗传》，第 5782 页。

死必彰闻”。尤侗之子尤珍，壬戌庶常。①

而且更有意思的是，怡性堂主人《阴骘文集证》中的这段感应故事，亦改编自尤侗自制的《悔庵年谱》，一如《迎天榜》传奇之改编《戊辰梦兆纪事》②。虽然无法定义《桂香殿赋》的文本属性，但至少在这则感应故事里，《桂香殿赋》却无疑充当了善书的角色，在尤侗的“善”与尤珍的“福”之间建立了跨越代际的联系。因此，尤侗和黄祖颛之间的相似性，就恰如黄祖颛与冒起宗之间的相似性：两者均对科名抱有强烈的渴望，但又有同样坎坷的科考经历，由此带来的落差将两者推向了对善书及因果报应的信奉。也因此，尤侗序言对于理解黄祖颛及其《迎天榜》具有重要意义③。

黄祖颛身上充满两重性：一面是对科名的深切渴望，一面是对善书的顽固信仰。这集中交织在《迎天榜》的创作中。黄祖颛《迎天榜》中的冒

---

① 怡性堂主人：《阴骘文集证》［同治九年（1870）刻本，“阴骘文纪验”，第8—10页］载“长洲尤太史侗，字展成，六十二岁时，帝君颁敕一道令，自陈誓词，二月三日圣诞，作《桂香殿赋》以献。后展成八十六岁，年高而健，晋翰林侍讲。尤侗与彭骏声凝祉、文治同上公疏，又各具誓词，发露忏悔。元皇答教云：尔等既有诚心，自加奖拔，盟誓已出，须要时时检点，自古圣贤以及仙真，莫不历尽艰难，苦持功行万卷念归正，一事勿欺，著书以正人心为本，立己已扶持世道为先，乃配享朝廷，追陪天阙，生或掩仰，死必彰闻。尤侗之子尤珍，壬戌庶常”。

② 尤侗：《悔庵年谱》，“康熙十八年己未，年六十二岁”条，《北京图书馆古籍珍本丛刊》第172册，北京：书目文献出版社，1998年，第59—60页。兹全引如下：先是玄皇帝颁敕一道，令各自陈誓词，春朝复亲降坛教戒备，至二月三日圣诞，予作《桂香殿赋》以献，右局深激赏之。廿二日，杜、黄二真官合词保奏：“尤侗道新精进，保无退转，应召还本职，使其安享余年，再闻大道。”玄皇准令。局中咨查城隍等司，于廿七日回咨申奏，上帝施行。予且感且愧，永矢不忘，故略述本末，若此览者，讶其志怪也。//三月朔日，太和殿御试《璇玑玉衡赋》并四六序、《省耕诗》排律二十韵，赐饭体仁阁下，钦取五十人，予列二等。当上阅卷时，询予履历，相国冯公（溥）启奏世祖赏识前事。上为动容，久之，特授翰林院检讨，纂修《明史》。予虽二十年栖遁，归志浩然，而感恩深切，不敢告辞，遂勉出供职。移寓斜接，为久留计，但臣朔之饥，恐不免耳。真人命予作《酒歌》《蔬食歌》《独宿歌》，以励志焉。//是春，王师平湖南。七月，地忽大震，发屋拔木，压倒人畜无算，越三月始定。家中或传予震死者，予为一笑，作诗云：“寄谢世人皆欲杀，于陵仲子皆无恙。”因忆丙戌年事，戏语人曰：“这秀才恰两遭也。”是冬，史局开，总裁为掌院叶讱庵（方蔼）先生，掌坊张素存（玉书）先生，而徐立斋学士即家起为监修官，予列第五班，分纂《弘正诸臣列传》。坊人刻予《杂组三集》。

③ 从仅存黄祖颛的两首诗歌来看，尤侗所谓“不知士君子当蓬藁之时，上不能视草庙堂之上，次不能飞檄军旅之间；仰屋梁以窃叹，挟铅椠而何之”体现得相当清楚。其一为《刁斗声》，“鹿角严施貔虎营，辕门刁斗击残更。大风猛士秋行阵，细柳将军夜驻兵。寒逼旌旗霜暗剥，响侵壁垒月初横。中宵玉帐浑无睡，惊起床头剑一鸣。”其二为《落花》，“芒鞋是处惜芳丛，一段离愁万点红。水面文章随境妙，镜前颜色到头空。方踈似密怜新影，已去还来任好风。月下魂归谁识得？惟闻环佩笛声中。”参见汪学金辑：《娄东诗派》，《四库未收书辑刊》第九辑第30册，卷20，第331页。

起宗故事，其原型来自冒起宗自撰的《戊辰梦兆纪事》。当《戊辰梦兆纪事》进入冒起宗《太上感应篇增注》成为感应故事，《迎天榜》就借来与袁了凡、王从先和俞净意等人的善恶报应故事杂糅在一起，以新的文体形式进行演绎；而且在黄祖颛将自身经历与冒起宗故事的再三比附中，增加了婢女倩香调情的情节。《迎天榜》中的冒起宗故事，也就不仅是对《戊辰梦兆纪事》的简单改编，而且可以视为黄祖颛的身世自况。不论是作为戏曲的《迎天榜》，还是作为善书诠释本的《太上感应篇铎句》，都应当视为"仁人君子居下位不得已而救世之作也"[①]。因此，本节之所以不厌其烦地从黄祖颛《迎天榜》中引出冒起宗故事，从冒起宗故事中引出《太上感应篇铎句》，再从《太上感应篇铎句》中引出尤侗及其感应故事，不仅在于对《迎天榜》的文献生产过程，诸如制度环境、文化氛围和作者心态做相关考订，而且希望通过对这一生产过程的分析，进而看到晚明清初科举制度、善书运动和士绅文化的交织互动。

---

① 语出夏炘：《玉成会叙》，《景紫堂文集》卷 5，《清代诗文集汇编》编纂委员会编《清代诗文集汇编》第 565 册，上海：上海古籍出版社，2010 年，第 583b 页。原文是："昔陆清献公有言曰：'宋之季也，而《感应篇》出焉；明之季也，而《功过格》出焉。是皆仁人君子居下位不得已而救世之作也。故曰：'《易》之兴也，其于中古乎？作《易》者，其有忧患乎？'今心如诸君子之为此会，非此意耶！"

第四章 政治教化、理学辩论与善书诠释

从中国善书史来说，明清之间毋宁是连续的[①]。酒井忠夫认为“善书运动”的高潮出现在16世纪—18世纪，实际上也指出了两者之间的延续性。这种延续性大致表现在三个层面：其一，在政治层面上，清代统治者延续了明代统治者敕撰书和御制善书的传统，善书成为推行社会教化的重要资源；其二，在思想层面上，明遗民群体在清代初年对善书展开过相当激烈的批判，大多延续了东林党人和刘宗周的批判思路；其三，在实践层面上，许多清代士绅仍以《感应篇》作为修身立命的资源。本章聚焦清代初年，将《感应篇》诠释置于清初政治、思想和社会发展的多重视域中考察。

第一节 从圣谕宣讲到善书教化

总体而言，明清王朝的教化政策以六谕、圣谕宣讲为中心内容。在此基础上，明清帝国建立了一套包括木铎、乡约等在内的制度性教化体系。为配合这套教化体系的开展，清代统治者创制了诸多御制和非御制的善书诠释文本。在这种情况下，通俗浅白的《感应篇》等善书进入帝国统治者的视界，进而得到地方官员和乡绅的提倡引导，进入基层社会的教化实践。这种历史图景首先是在圣谕宣讲的脉络中展开，最终深刻地影响了包括帝国边陲在内的庶民生活。

一、御制善书与圣谕宣讲

明清统治者尤为重视社会教化，圣谕和乡约为两个重要的制度措施。洪武三十年（1397），明太祖“上命户部，下令天下民，每乡里各置木铎

① 对明清之际连续与断裂的研究，形成了多种解释模式。主要参见刘志刚：《时代感与包容度——明清易代的五种解释模式》，《清华大学学报》（哲学社会科学版）2010年第2期；赵世瑜：《“不清不明”与“无明不清”——明清易代的区域社会史解释》，《学术月刊》2010年第7期等。有关从善书或宗教角度看明清之际的连续性，参见吴震：《明末清初劝善运动思想研究》，第508页；吴震：《从“宋明”转向“明清”——就儒学与宗教的关系看明清思想的连续性》，《复旦学报》（社会科学版）2010年第1期。

一，内选年老或瞽者，每月六次持铎徇于道路，曰：‘孝顺父母，尊敬长上，和睦乡里，教训子孙，各安生理，毋作非为’。”这是明初木铎老人之制的起源。其中，木铎老人徇于道路所宣讲的六句话，就是所谓的“圣谕六言”或“圣谕六条”，简称“六谕”[①]。赵克生指出，明代的圣谕宣讲以嘉靖朝为界限，嘉靖以前采用木铎老人循道宣讲的模式，嘉靖以后将圣谕宣讲与乡约结合，以乡约会讲为主要模式[②]。常建华则指出，明代乡约有广义和狭义两种理解，狭义的乡约制度指的是设立约正，宣讲“六谕”[③]，则“乡约”同“圣谕”之间的紧密关系由此可见。犹有进者，明代宣讲圣谕就同宣讲《感应篇》结合在一起，冯时可（1542—1621）《武陵集》记载：“首列圣谕牌位，官府设坐于东乡，先生设坐于西，诸生侍立于台上，八社约正副立诸生下，首讲《圣谕六言》，次讲《太上感应篇》全文。其中，引证事实三条。讲毕，约正副仍率以退。”[④]

明代将圣谕与乡约相结合的教化政策，为清代统治者所重视和继承。顺治九年（1652），顺治皇帝重新颁布“六谕”，并于每州县设立一名乡约，定期向民众讲演，“乡约及其主要助手由各地居民从60岁（实岁59）以上、声誉卓著的生员中指定；如果当地没有这样的生员，那么也可以选举60岁或70岁以上、名声好的普通人来担任”[⑤]。发展至康熙九年（1670），康熙皇帝颁行“圣谕十六条”。全文是：“敦孝弟以重人伦，笃宗族以照雍睦。和乡党以息争讼，重家桑以足衣食。尚节俭以惜财用，隆学校以端士习。黜异端以崇正学，讲法律以儆愚顽。明礼让以厚风俗，务本业以定民志。训子弟以禁非为，息诬告以全善良。惩匿逃已免株连，完钱粮以省催科。联保甲以弭盗贼，解警岔以重身命。”自此以后，清代的圣谕宣讲以“圣谕十六条”取代了原有的“六谕”。雍正二年（1724），雍正皇帝颁行《圣谕广训》，对“圣谕十六条”进行逐条详解。按照制度规定，《圣谕广训》宣讲的时间为每月初一、十五，或每月初二、十六，集会宣讲形式由

---

① 常建华：《乡约的推行与明朝对基层社会的治理》，朱诚如、王天有主编《明清论丛》第4辑，北京：紫禁城出版社，2003年，第4页。

② 赵克生：《从循道宣诵到乡约会讲——明代地方社会的圣谕宣讲》，《史学月刊》2012年第1期；赵克生：《明代地方社会礼教史丛论——以私修礼教书为中心》，北京：中国社会科学出版社，2011年，第152—184页。

③ 常建华：《乡约的推行与明朝对基层社会的治理》，第19页。

④ 冯时可：《乡约文》，《武陵稿》（不分卷），中国国家图书馆编《原国立北平图书馆甲库善本丛书》第822—825册，北京：国家图书馆出版社，2013年，第49a页。

⑤ 萧公权：《中国乡村：19世纪的帝国控制》，张皓、张升译，北京：九州出版社，2018年，第220页。

官方安排[①]。时任广州知府的戴肇辰（1810—1890）在《从公录》中，记录了当时广州府宣讲圣谕的情形：

> 本府于上年春下车之始，先于府署头门捐廉，延聘儒生，设立讲案，逐日宣讲《圣谕广训》及各种先正格言、果报善书，复于省佛、石龙各埠，设立讲案三处，并颁发条例，通饬南番等十四县，督率所属官绅，于城乡墟市广设讲案，延聘老成笃实、口音清亮之儒生作为讲生，逐日开讲。现据各该县陆续报称，共设有一百八十一所。有官为捐廉倡设者，有提支地方公项举办者，有绅士捐资倡率者，有公局绅士轮流开讲者，有乡耆自行开讲不受脯金者，良以好善之心，为人所同。而劝善之举，又诸绅士所乐与有成者也。[②]

这段记载反映的是道光时期广东圣谕宣讲的实况，显示出国家行政、宗族组织和士人社团等多种力量参与其中，共同推动圣谕宣讲的立体开展[③]。值得注意的是，“延聘儒生，设立讲案，逐日宣讲《圣谕广训》及各种先正格言、果报善书”表明，当时的圣谕宣讲是同“先正格言”“果报善书”等材料结合在一起的。

在以往的研究中，早期如李晋华和酒井忠夫都曾注意到圣谕教化与善书编纂、流传的关系[④]。后来刘涤凡在《道教入世转向与儒学世俗神学化的关系》中，详细排比明初“敕撰书”中存有的“基本善书”，认为最著名当属仁孝徐皇后《劝善书》和明成祖《为善阴骘》两种。前者共分 20 卷，每卷分嘉言、感应两项，收有三教劝善嘉言和古今感应事例；后者共分 10 卷，主要是明成祖闲暇时阅读前人传记有关善恶报应的故事集成[⑤]。至清代初年，顺治、康熙和雍正皇帝大力推行善书，以“敕撰”形式出现

---

① 周振鹤：《圣谕、〈圣谕广训〉及其相关的文化现象》，《圣谕广训——集解与研究》，第 581 页。

② 戴肇辰：《从公录三录》，刘俊文主编《官箴书集成》第 8 册，合肥：黄山书社，1997 年。相关情形还可参见杨相衍：《福州书场史话》，福建省政协文史资料委员会编《文史资料选编》第 3 卷《文化编》，福州：福建人民出版社，2001 年，第 259—277 页。

③ 赵克生：《明代地方社会礼教史丛论——以私修礼教书为中心》，第 3 页。

④ 李晋华：《明代敕撰书考附引得》，第 II 页，顾颉刚在“序言”中提到，“观此二百种敕撰书中，成与洪武、永乐两朝者超过半数，洪武一朝又几两倍永乐”；酒井忠夫：《中国善书研究（增补版）》，第 22—84 页。

⑤ 刘涤凡：《道教入世转向与儒学世俗神学化的关系》，第 123 页。

的善书包括顺治《御制劝善要言》《御制太上感应篇》等。特别值得注意的是，顺治十二年（1655），《感应篇》还被翻译成满文，史载“命译为满洲文，以颁廷臣”。

何谓“御制”？清代史学家谈迁（1593—1657）在《北游录》中说：“甲午冬，驾驻南海。子大学士冯铨导之注述，于是纂《劝善要言》，纂《范行恒言》，纂《内政辑要》，纂《资政要览》，纂《顺治大训注太上感应》，笃注《唐诗五七言》，俱称‘御制’云。”①由此可见，所谓“御制”实际上多由冯铨（1596—1672）“操刀”。其中，《劝善要言》采辑各类劝善格言266条，共分两卷，满文、汉文各一卷；《范行恒言》则旨在论述儒家所倡导的“伦理”和“礼义”，共分孝顺训、和睦训等11篇；《内政辑要》收集了中国历代后妃的嘉言善行，共42章41则；《资政要览》分三卷30篇，既阐述为政之理，又征历代为政之事。这些著作都是与《感应篇》具有同样劝善性质的劝善书。《顺治大训注太上感应》则是以《感应篇》正文为蓝本进行注释，其要义在于教化天下。此外，据金梁（1878—1962）《光宣小记》记载：

> 《殿本书目》考世祖御制、敕纂诸书现存十五种：“如《人臣儆心录》《资政要览》《内则衍义》《孝经衍义》《大清律集解附例》，此六种《官史》及《四库》均载录；如《易经通注》《孝经注》《道德经注》，此三种《官史》不载，《四库》已录；如《上皇太后万寿诗》《内政辑要》《太上感应篇注》《讲筵恭纪》《劝学文》《范行恒言》，此六种《官史》《四库》均未载录。《清史稿·艺文志》尚有《牛戒汇钞》，吴松邻刻有御制《孝献皇后行状》。②

---

① 谈迁：《北游录·纪闻下》，北京：中华书局，1960年，第393页。对这一历史过程，方孝标《光启堂文集》（《讲章集录序》，第514b页）记载：“世祖皇帝御极之十一年春正月，诏群臣言时政得失，台谏多以经筵日讲请，上乃诏辅臣。先举日讲其增损古典礼，并选词臣之才学兼优品端音亮者以闻，于是辅臣列满汉十一人，上而用其七，臣标与焉。明年开经筵，经筵典尤巨，其讲官必列六部堂上，官及翰林三品以上，姓名听简用是，时得十二人，臣标又与焉。自是先帝一意文学，虽深宫便殿巡行搜狩，无不命讲官从。或时相与考论二帝三王正心诚意之道，与汉唐以来事不师古，而所以兴衰治乱之由。下至民间疾苦，盗贼凶荒，山川远近，风俗因革，无不令详切以陈。称旨辄喜，即不称亦包容而训勅之，无拒色。又尝裒《四书五经笺疏》《传解大全》之书，旁迨《老子》《楞严》《太上感应篇》诸集，命讲臣分节合注，以备观览，或亲制序以宠之。”凡此皆可见清初帝王对编纂善书的重视。

② 金梁：《光宣小记》，上海：上海古籍出版社，1998年，第68页。

可见顺治皇帝御制书籍之多。

顺治皇帝御制善书的另一个重要原因，是对经典诠释权力的掌控。杨念群指出："清代再也没有出现《大学衍义》或《大学衍义补》《圣学格物通》这样的专门教化帝王的经筵文献，也说明清代士人诠释经典的角色已发生了彻底的变化。"[①]在这种情况下，清代帝王"扮演的是任意择取儒典以裨其用的实用论者"，重新成为集"道统"和"政统"于一身的"明君"。从《感应篇》诠释的角度来说，由此造成的社会文化史"后果"是从顺治皇帝开始的，"御制"善书行为既具有很具体的现实意义，也有很强烈的象征意味。许多后出的清代《感应篇》诠释本，篇首常附有顺治《御制劝善要言序》和康熙《圣谕十六条》，正是这种象征意义的体现。比如，朱日丰（生卒年不详）《增订太上感应篇图说》在附录此序之后，还有相关说明，在一定程度揭示了这篇序言的象征性意义：

> 《劝善要言》一书，乃顺治十二年（1655）世祖章皇帝博采群书之要，自六经子史以及百家之言，凡有当于劝戒者，汇成一编，冠以玉音，颁行天下。伏读御制序文，所以化天下之为善，而劝天下之改过者，谆谆惟恐弗至。斯古帝王善与人同之意，不是过也。《感应篇》中要语皆已选入编内，而又命内院词臣翻译《感应篇》，引经征事，刊刻颁布，可知圣心之乐善不倦。如此，凡属臣民尤不可不惕然自警矣。故敬梓斯序于此书之首焉。[②]

这段记载揭示了《御制劝善要言》与《感应篇》之间相辅相成的关系，也进一步证实了顺治皇帝《御制劝善要言序》已成为具有象征意义的文本，以此串联圣谕宣讲与善书教化。比如，游子安指出，清代社会教化经历了从宣讲圣谕到宣讲善书的演变[③]。李孝悌则认为，乡约（圣谕）"基本上是一种过于直接的道德教训，难以和有宗教色彩的宣道相比"[④]。因此，圣谕宣讲与善书教化的结合，也是制度发展的客观诉求。

正如吴震所说："注释活动及其欣赏态度与清廷政府运用政治机器强

① 杨念群：《何处是"江南"？——清朝正统观的确立与士林精神世界的变异（增订版）》，北京：生活·读书·新知三联书店，2017 年，第 104 页。

② 朱日丰：《增订太上感应篇图说》，国家图书馆藏同治年间（1862—1874）刻本，第 1 册，第 4 页。

③ 游子安：《从宣讲圣谕到说善书——近代劝善方式之传承》，《文化遗产》2008 年第 2 期。

④ 李孝悌：《清末的下层社会启蒙运动（1901—1911）》，第 335 页。

力推动善书宣传有关”[1]。清代帝王的“御制”善书活动，直接引发了各级士绅的应和行为，由此推动了善书在清代的大发展。毛奇龄回忆：“予束发时，或有授予《立命编》者……其后数年，渐有条列其事于其书后者。又数年，当国朝初年则又变而为《感应篇》，取道家《太上感应》一书而句释之，且疏事其下。”[2]从中不难看出《感应篇》毋宁比《功过格》更受欢迎的事实。具体而言，这些事实包括：顺治十二年（1655），顺治皇帝御制《感应篇》；顺治十四年（1657），许缵曾编纂《感应篇图说》；顺治十七年（1660），徐天行等编成《感应篇注疏》；康熙三年（1664），王梦兰完成《感应篇通解》[3]。19 世纪后期，陈劢（1810—1888）在《太上感应篇注证》中回顾清代《感应篇》诠释文本的发展，就直接指出了皇权的作用和影响，说：“国朝顺治十三年，世祖章皇帝谕刊颁赐群臣，举贡诸生，皆得编辑，自此流传益广，笺释者百数十家。”[4]在这种情况下，各地方士绅自下而上与皇帝“御制”相呼应，最迟至 18 世纪上半叶，《感应篇》诠释除了印谱、印章等文类为后出以外，其余文类均已出现。从大处说，可以分为经说、理说（直讲）、图说、事说（史说）、诗说（歌说）、印说（碑说、书说）等多种形式；从小处讲，可以更具体地分为引经、赘言、句解、说定、集验、引经征事等体例。列表如下（表 4-1）：

表 4-1 明清时期《感应篇》诠释文类表

文类	文类举例
经说	引经；儒义；考原；衍义；疏衍；经传；经史绎；经史考；引经征事；引经笺注；经史鉴证；经史参同；经文注释；引经笺注图说；经史集说通解
理说/直说	注；集注；注释；直讲；缵义；赘言；句解；章句；增注；集说；汇注；注证；会解；直解；通释；浅说；增疏；集解；铎句；说定；畅隐；辑解；大意；俗解；新注；注疏；注案；义绎；广义；新注；御注；律解；章句注；注证案；引经笺注；劝世诫文；汇注增疏；试帖诗笺注；引证句解
图说	图说；图注；像注；图证；引经笺注图说

① 吴震：《明末清初劝善运动思想研究》，第 416 页。

② 毛奇龄：《嘉定李氏功行录序》，《西河集》卷 43，第 369a—370a 页。

③ 吴震：《明末清初劝善运动思想研究》，第 510 页。

④ 陈劢：《太上感应篇注证》，国家图书馆藏光绪十六年（1890）刻本，“自序”，第 1 页。

续表

文类	文类举例
事说/史说	续传；注证；征事；纲目；集验；灵验；训证；征信；化书；注案；例证；集证；注证案；灵验记；灵异记；例证语；深信录；经史绎；经史考；引经征事；记述灵验；经史参同；征史随录；经史鉴证；引证句解；分句纪事；经史集说通解
诗说/歌说	颂；诗；语录；韵语；谚注；说咏；试帖诗；试帖诗笺注
印说/碑说/书说	印章；印谱；碑刻；书法

资料来源：附录二：《中国近世〈感应篇〉知见录》。

这些不同文类虽有部分（印谱、印章等）纯属士人艺术爱好，但主体是针对不同读者群而创作的。比如，借鉴“圣谕十六条”乃至《圣谕广训》的部分内容刻成碑刻树立在地方社会，《感应篇》也制成碑刻，作为“美教化，移风俗”的手段[①]。这种碑刻通常与书法结合在一起，由书法名家书写之后勒石成碑[②]。又比如，《感应篇直讲》主张可以以会讲、演讲、家讲、馆讲、摘讲和劝讲等方式进行劝善宣讲[③]，显然受到了圣谕宣讲影响[④]。另外，许缵曾的《感应篇图说》则有别于元代陈坚的《感应篇图说》。该书不仅以“引经”和“征事”的方式对《感应篇》进行诠释，而且在刊行时附加上“绘图”。图说的形式无疑为普通民众而写，具有推

① 章学诚：《刻太上感应篇书后》（章学诚《章学诚遗书》，北京：文物出版社，1985 年，第 322 页）指出：“于是丐书是篇，俾良工勒之贞石，摩榻以贻同好，则文以书重，或可藉以不亵弃尔。”

② 叶昌炽《语石》论及杭州著名的《元太上感应篇注释碑》时，即提到“书棚帖肆，以世所传《太上感应篇》及《阴骘文》之类，楷书精写，刻石装池，售之学僮，既便临池肄业，即可为座右铭，其用意良善”，并将这种做法追溯到魏晋时期。参见叶昌炽：《语石》，韩锐校注，北京：今日中国出版社，1995 年，卷 3，第 255 页。有关书法同善书的关系，参见王学雷：《书法与〈劝善书〉》《阅读还是观看——晚清书家与劝善书》，逄成华主编《书法与生活：中国当代书法批评的另类视角》，上海：上海人民出版社，2018 年，第 378—382、553—566 页。

③ 佚名：《太上感应篇直讲》，第 6—7 页。据酒井忠夫《中国史上の庶民教育与善书运动》（第 309 页）考证，《感应篇直讲》是在康熙年间出现的。本书所见最早的《感应篇直讲》“序言”，为乾隆丁酉年（1777）湖南黄体端所作，参见佚名：《太上感应篇直讲》，浙江省图书馆藏同治年间刻本，第 1—2 页。游子安也曾注意到这一版本，参见游子安：《善与人同——明清以来的慈善与教化》，第 35 页。游子安指出：“《感应篇直讲》与《太上宝筏图说》二书，是众多《感应篇》注释本中，重印次数最多，近年仍重刻的两种。”参见游子安：《善与人同——明清以来的慈善与教化》，第 34 页。

④ 游子安：《劝化金箴——清代善书研究》，第 40—41 页。

行社会教化的重要意义[①]。以致后来言说《感应篇图说》，无不指出“始于云间许鹤沙（许缵曾）”。

综上可知，清代的圣谕宣讲与《感应篇》等善书融合在一起，成为基层教化最主要的形式[②]。比如，陈弘谋《五种遗规・训俗遗规》所收《王孟箕讲宗约会规》，记载圣谕宣讲时将儒家经典，“并将国家律法及《孝顺事实》《太上感应篇》《善恶果报》之类”一并宣讲[③]。更重要的是，这种教化形式贯穿了整个有清一代。比如，《刘铭传抚台前后档案》收录了一份题为“台湾府转饬各乡村《感应篇》诸书分日讲解”的材料，其载“《感应篇》诸书洵足觉牖愚民；惟禀请照《性理书》考试，碍难准行”。又说“仰台湾道转饬各县传知各乡：于宣讲《圣谕》之暇，即将《感应篇》《阴骘文》《觉世经》分日讲解，以资惩劝惩”等[④]。从中不难看出，即使到了晚清时期，圣谕宣讲与善书宣讲的结合仍是清帝国推动政治教化的重要手段。

二、于觉世和贾棠的华南实践

魏象枢在《重广感应篇序》中说：“天有教而不言，则寄之天子；天子有教而不劳，则责之臣工。夫内外大小诸臣皆所以奉天子而广天之教者也。”[⑤]在这种理解中，地方官员的职责是“奉天子而广天之教”。从各种文集和地方志中可以看出，自清代初年开始，上至省级巡抚官员，下至州县官僚，都十分注重善书编纂和推广。比如，顺治十四年（1657），时任河南巡抚的贾汉复（1605—1677），就命薛所蕴（1600—1667）删定《感应篇》和《积善录》，以便“与大司马政教相辅而行”[⑥]。又比如，康熙年

① 对于“图说”的好处，近代《点石斋画报》中的一段话说得非常透彻而形象：“打算家家都能开通，就仗着报纸的好处了。比如一家之内，有不识字的人，莫非还请个讲报纸的教习吗？不用不用。这就用着画报的辅助。家有妇孺，给他画报一看，只要肯在画篇上上眼，就容易引其入胜。竟看画篇不明白，自然就问：这画的是怎么一档子事情？再有人能够讲说出来，慢慢地就能上了报瘾。您说这个道理有没有啊？所以说画报能够开通妇孺知识，又不在白话报以下了。”参见陈平原：《左图右史与西学东渐：晚清画报研究》，北京：生活・读书・新知三联书店，2018年，第308页。

② 王尔敏：《清廷〈圣谕广训〉之颁行及民间之宣讲拾遗》，第266页。

③ 陈弘谋：《五种遗规・训俗遗规》，卷2《王孟箕讲宗约会规》，《陈榕门先生遗书》第10册，南宁：广西壮族自治区乡贤遗著编印委员会，1944年，第11页。

④ 刘铭传：《刘铭传抚台前后档案》，沈云龙主编《近代中国史料丛刊续辑》（第734种），台北：文海出版社，1948年，第40—41页。

⑤ 魏象枢：《重广感应篇序》，《寒松堂全集》卷8，第366b页。

⑥ 薛所蕴：《增订太上感应篇序》，《澹友台集》卷2，《四库全书存目丛书》集部第197册，第33b—34b页。

间，担任安徽臬台的朱作鼎（生卒年不详）为《安庆府志》作序时，讲到自己“以《感应篇》《功过格》及一切济人利物之事，勤勤恳恳，自勉勉人”，并且“将《安庆府志》与《感应》《功过》诸书同置座右”[①]。诸如此类，皆可见地方官员对善书的重视程度。职是之故，杨念群提出，衡量一位“学者型官僚”的“经世”义界，必须从“思想构成”和“事公践履”两个层面加以认定，这也就意味着必须在“技术性治理”或“技术性官僚”之外，注意到道德教化等软性层面[②]。

作为帝国边陲的华南地区，地方官员在推行教化、重构习俗时，就采用了一种软性而非纯粹技术性的手段治理。于觉世和贾棠两位北方官员在华南地区以善书进行教化实践，具有相当的代表性。前者亲撰《太上感应篇赘言》以行，后者重刊《感应篇》流通。其中，于觉世《太上感应篇赘言》是清代《感应篇》各种注本中较为重要的一种。民国时期，吕海寰（1842—1927，中国红十字会创始人）在编纂《感应篇合注》时，声称：“余不自揆，因汇诸家之长，重为编辑。首引经义，次陈注、次惠注、次姚注，仍附以于之《赘言》，重为编辑，益以俞之《缵义》，可谓美备矣。”[③]吕海寰所说“陈注”指的是晚清刻书家陈沆（1785—1826）、陈廷经（即小舫，1804—1877）父子的《感应篇合钞》，“惠注”和“姚注”指的是惠栋和姚学塽注释，至于俞樾《感应篇缵义》则是后出之作。吕海寰将于觉世《太上感应篇赘言》与这些最著名的《感应篇》诠释本相提并论，其地位可以想见。

于觉世生平资料存世不多，传记见于道光《巢县志》、道光《广东通志》、道光《琼州府志》、民国《儋县志》等多种。解读地方志中的传记资料，大致可归纳其经历如次：顺治二年（1645）丙戌科举人，顺治十六年（1659）己亥科进士，康熙七年（1668）担任巢县知县，康熙二十一年（1682）任广东提学，其他任官还包括归德府推官、礼部郎中、广东巡抚

① 朱作鼎：《康熙安庆府志序》，张楷纂修，安庆师范学院、安庆市地方志编纂委员会整理《（康熙）安庆府志》，北京：中华书局，2009 年，第 7—9 页。游子安注意到，《太上感应篇图说》在黄正元之前，刊刻者有梁化凤、朱作鼎、王继文、郝玉麟等人，其中朱作鼎是陈垣《记许缵曾辑刻〈太上感应篇图说〉》中所没有提到的。参见游子安：《善与人同——明清以来的慈善与教化》，第 152 页。

② 杨念群：《清朝帝王的“教养观”与“学者型官僚”的基层治理模式——从地方官对乾隆帝一份谕旨的执行力说起》，杨念群主编《新史学——清史研究的新境》，北京：中华书局，2011 年，第 105—145 页。

③ 吕海寰：《感应篇合注》“自序”，转引自游子安《善与认同——明清以来的慈善与教化》，第 26 页。

等。各种地方志中的于觉世传记，称来源于王士正（即王士禛、王士祯，1634—1711）《蚕尾续集》中的相关记载，即今《带经堂集》卷85《蚕尾续文》中的《诰授朝议大夫提督广东学政按察使司佥事赤山于公墓志铭》。现节引如下：

> 公于氏讳觉世，字子先，别字赤山……中顺治三年丙戌乡试，乙未举礼部，寻丁外艰。己亥赐进士出身，授归德府推官。未几奉裁，改知巢县……内迁刑部主事，历员外郎迁，礼部郎中……寻出视学广东。东粤当兵燹之后，文庙、义学率多圮败。觉世商于督抚，奏请修葺，得旨允行。其教士，先德行后文艺，士翕然化之。琼州远在海南，前学使多惮风涛不至。觉世叱驭而往，舟至中洋，飓风作，舟中人皆恐。俄有小鸟状如鸲鹆来集樯上，舟人欢噪径渡，得无恙。论文之暇，廉问忠孝节义，关教化者悉旌之。三年报最，擢布政使司参议。需次归，以继母年高，绝意仕进。晨夕定省寝门，有如孺子，乡党称孝焉。①

作为于觉世的同乡，王士祯所撰传记难免有溢美之词，不过于觉世为官、居乡的形象还是被勾勒了出来：为政推行社会教化，旌表忠孝节义；居乡身体力行，以孝闻于乡里。值得关注的是传记中提到的神迹现象，即“琼州远在海南，前学使多惮风涛，不至。觉世叱驭而往，舟至中洋飓风作，舟中人皆恐。俄有小鸟状如鸲鹆来集樯上，舟人欢噪径渡，得无恙”。这段类似灵验故事的叙事，背后其实包含着深刻的“隐喻”（metaphor）：由于琼州远在海南，当时属于“帝国边陲”“化外之地”，地方官员对当地的想象是“风涛”惊人，而于觉世“叱驭而往，舟至中洋飓风作”也一再证明了这点；但是于觉世凭借诠释《感应篇》之善行所带来的善报，让他化险为夷，于是“王朝教化”的力量超越了“化外之地”的凶险。显而易见，于觉世因奉行《感应篇》而获得善报的灵验故事，其产生、讲述与流传，本身构成了“神道设教”的重要内容。

根据于觉世自述，撰写《太上感应篇赘言》是在任职广东提学期间：

---

① 王士祯：《诰授朝议大夫提督广东学政按察使司佥事赤山于公墓志铭》，《带经堂集·蚕尾续文》卷13，《续修四库全书》集部第1414—1415册。第1415册，第132b—133b页；同时参见阮元、陈昌齐等纂修：《（道光）广东通志》，卷256《宦绩录二十六》，《续修四库全书》史部第674册，第353页；明谊修、张岳松等纂修：《（道光）琼州府志》，卷31《人物志》，台北：成文出版社，1967年，第721—722页。

> 癸亥春夏，较士广、韶、肇庆，往来三州间。有遗予小本《感应篇》者，舟中无事翻阅，有会信笔而书，不觉盈帙。繁简不论，详略任意，既非诠释之体，又无因据之学，聊自书其所见，非欲捧坏土而益太山也。词之不文，所不暇计，名曰“赘言”，梓以施焉。①

于觉世在“自序”中所称“癸亥”为康熙十三年（1674），正值其担任广东提学之际，与往来广（州）、韶（州）、肇（庆）三州间若合符节。于觉世在“自序”中写道：“近日从事此篇者，或诠释详明，或引据奠瞻，或参以释道之旨，或辅以功过之格，备体裁之变，穷劀劂之工，流传海内数十百家，外之者以为邀名之习，知之者亦视为乐善之具文而已。”从中可见他对《感应篇》有深刻认识，也十分了解当时社会流传的《感应篇》诠释状况。与此同时，于觉世也很明确地将诠释《感应篇》视为一种修身行为，所以才“信手而笔”“自书所见”。至于刊刻出版，则是以“施”为目的的，“固无意于邀名，亦不成其为乐善，所望流播同人，庶几观之者之心之忽然一动耳。其不动者，吾未尝执一相绳也，吾言吾自赘之矣”②。职是之故，于觉世通过诠释《感应篇》，并以“流播同人，庶几观之者之心之忽然一动耳。其不动者，吾未尝执一相绳也”为目标，其目的在于推行地方教化——在华南地区传播善书。

从诠释文类来看，于觉世的“赘言”接近于“理说”或“直讲”（所谓“既非诠释之体，又无因据之学”），是对《感应篇》正文作文意解说和延伸。就本书讨论的主题而言，尚有另外两处值得补充：其一，于觉世《太上感应篇赘言》前后凡三次引用姚文然《感应篇备注》和《功过格拈案》——两者之间是否有交集？其间的思想流动如何发生？囿于史料所限，这里无法深入讨论。其二，于觉世另撰有《太上感应篇解注汇纂叙》，其中记录了同客人之间的对话。于觉世比较圆融地解释了自己对善恶报应的理解：

> 福善祸淫，固天人一定之理。然善者或未必全福，淫者或未必全祸。蚩蚩蠢蠢者复起而疑惑感应之未可全信矣。其真感应之未可信哉？非也。善有真善，有似善而非善；恶有真恶，有

① 于觉世：《太上感应篇赘言》，国家图书馆藏民国元年（1912）刻本，“自序”，第1—2页。

② 于觉世：《太上感应篇赘言》，第2页。

> 似恶而非恶。惟善不为其真，而恶仅去其似，感既不如其所感，故应亦不如其所应耳。若不实指其为善之人之应，确然予以可征，则为善之心怠矣；若不实指其为恶之人之应，惕然予以可惧，则为不善之心未必倦也。①

从中不难看出于觉世对善恶报应的真切体认。职是之故，像于觉世《太上感应篇赘言》这样一本“既非诠释之体，又无因据之学”的《感应篇》诠释本，之所以在后来被提高到与惠栋、姚学塽等人的诠释相提并论的高度，与所引传记中颇具“灵验”的感应故事有关——同前述冒起宗故事一样，于觉世的经历也被记录在王士禛文集和各种地方志中，最终进入到各种《感应篇》诠释著作中，转化成为善行灵验的一部分②。

与于觉世不同，贾棠以重刊《感应篇》以为教化措施。贾棠传记主要见于雍正《故城县志》、道光《广东通志》和道光《琼州府志》等方志，其中以雍正《故城县志》为详。据方志所载，贾棠字青南，号海瞻，由岁贡出任顺天府通判，曾担任工部都水司员外、刑部福建司郎中、律例馆纂修官。康熙三十七年（1698）担任琼州知府。康熙四十八年（1709）以后，转任广东盐运使。康熙五十一年（1712）“以考课未及额而镌级”。晚年的贾棠“归田后杜门静养，绝迹公庭，以训课子孙为事”③。对于自己的仕宦生涯，贾棠显然并不满意。晚年回顾生平，贾棠喟叹说：“在仕途二十载，毫无善政足述也。今年届六旬，自少至老，存心处事，惟知学退一步法，亦毫无善行足述也。”④认为自己“毫无善政”亦“毫无善行”，

① 于觉世：《太上感应篇解注汇纂叙》，陆龙腾、于觉世、李恩绶纂辑《(康熙)巢县志》卷18《艺文志中》，巢湖市地方志办公室整理，合肥：黄山书社，2007年，第341页。

② 兹举两例：(1)杨际春《感应篇经史摘典养正评注》[南京图书馆藏淮南书局光绪十四年（1888）刻本，第14页］载：“济南观察于公铁樵，顺治乙未进士，壬戌奉使督学岭南，著有《感应篇赘言》，使事毕，渡海归，中流疾风作，浪出樯十丈，水入舟，咸卤渍人，舟将沉。公祷于神，愿刊施三千卷。祷讫，有雀鸣集鹢首，又赤蛇长两尺，其角金色灿然，绕舟忽不见，遂稳渡北岸，其神效若此。”(2)万钧《感应篇灵异记》(第8页）载：“新城于觉世，顺治乙未进士，任广东学道，尝辑《感应篇赘言》一书，一夕舟至琼山，大风，舟欲覆，舟人请祷。于曰：杀生以媚神，吾不为也。请以刊刻《赘言》为祷。言毕，有赤蛇绕舟一匝，顿达北岸。是日覆舟百计，惟于独全。”

③ 丁灿等纂修：《(雍正)故城县志》，第724页。

④ 贾棠：《预嘱》，《故城贾氏遗稿·瞿瞿堂遗稿》卷2，国家图书馆藏嘉庆十七年（1812）刻本，第24a页。在此“预备遗嘱”中，贾棠也简述了自己的政治历程，说：“康熙十年辛亥入庠，读书西成村舍。乙卯疾甚，父命访医济南，往来济南临清间。庚申冬始就痊。癸亥夏，吾父见背。丙寅春，吾母溘逝。以经理家务不能读书。壬申值陕荒，开例捐纳京职，癸酉春授顺天通判，历任员外郎中，知府，转运使。五十一年壬辰冬解组。”这段自述可以加深对贾棠生平的理解。

遗憾之情跃然纸上。

不过，拉开距离来看，追溯其行迹，贾棠并非乏善可陈，所谓“毫无善政”“毫无善行”不妨看作是贾棠的谦辞。比如，在长达9年的琼州知府任上，贾棠“以留心地方为急”“严禁苞苴，尽除陋规，正已率属”①，大力推行地方教化政策，出现“百废具举”的局面②；担任广东盐运使的四年时间里，也是“悉力疏销，请帑本以舒灶，因逐奸徒以裕商力”③。两相比较，贾棠在琼州知府期间对社会教化事务最为关注，兹将其教化措施列表如下（表4-2）。

表4-2 贾棠担任琼州知府期间的教化措施（1699—1708）

康熙三十八年（1699）	增置义冢
康熙四十年（1701）	创启圣祠、明伦堂；重建接龙桥
康熙四十一年（1702）	创设义学，拨置田租
康熙四十二年（1703）	重修海忠介公祠；重建苏文忠、邱文庄、海忠介三公祠专祠；重建九贤祠，增祀王起龙为十贤祠；重修景贤祠；捐建琼州府讲约田
康熙四十三年（1704）	建琼州府义仓；重修观稼亭；重整文峰塔
康熙四十四年（1705）	重修灵山祠；捐资重修考古四祠
康熙四十五年（1706）	重修《琼州府志》；重刊《景岳全书》
康熙四十六年（1707）	重刻《马东田孙沙溪两公遗集》
康熙四十七年（1708）	合刻《邱海二公文集》
其他（时间不详）	刻《太上感应篇图说》《明儒学案》《春秋繁露直解》《净明忠孝录》《洗心筌》《四子性理集解》

资料来源：丁灿等纂修《(雍正)故城县志》，卷3《人物志》；明谊修、张岳松等纂修《(道光)琼州府志》，卷2《建置略》；阮元、陈昌齐等纂修《(道光)广东通志》，卷142《建置略十八》、卷151《建置略二十七》、卷157《建置略三十三》、卷192《艺文略四》、卷196《艺文略八》、卷198《艺文略十》；贾棠：《故城贾氏遗稿·瞿瞿堂遗稿》，国家图书馆藏嘉庆十七年（1812）刻本。

从表4-2中可以看出，贾棠担任琼州知府期间的教化措施主要包括：

① 丁灿等纂修《(雍正)故城县志》，卷7《人物志》，第753—754页。
② 明谊修、张岳松等纂修《(道光)琼州府志》，卷31《人物志》，第724页。
③ 丁灿等纂修《(雍正)故城县志》，卷7《人物志》，第753页。

一是设立义仓、义冢、义渡等公共设施，二是创建苏文忠、邱文庄、海忠介等先贤祠，三是刊刻《太上感应篇图说》《洗心筌》等教化书籍以及编修府志等。本来，琼州"外海内黎，素称难治"[①]，贾棠刊刻《感应篇》等善书是其官方教化措施的重要内容，是将琼州纳入"化内之地"的重要措施。

贾棠刊刻《感应篇》的具体时间无考，据其《太上感应篇序》说："予昔守琼南，移视盐政于两粤，奉行是篇，出入不离左右。"[②]约略可推测该本刻于琼州知府前后。从这篇"自序"中可以看出，贾棠在观念上对《感应篇》与个人修身及社会教化的意义有深刻认识，认为《感应篇》是"圣人"和"民众"所共享的一种修身书籍，"其言近，其旨远，其文约，其义该，其意浅，其味长。反而求之，匹夫匹妇，与知与能；扩而充之，圣人亦有所不能者，比其所以为易也"[③]。正因如此，贾棠自身奉行《感应篇》不间断，并从自身的奉行体验出发，宣讲"奉行是篇"以后的种种感悟，形象地说："每当盘根错节时，必澄心定虑，回光返照，静观善之萌何生灭，祸福之来从何倚伏。"[④]

从《太上感应篇序》可知，贾棠刊印《感应篇》的过程本身也是诠释《感应篇》的过程，带有浓厚的个体风格。贾棠详细叙述了其刊刻《感应篇》的经过："爰摆篇中格言，古今人物，善恶感应之不爽者，选工绣像。首明读法，次列注解，再引经传，后附《当官立命功过格》。俾迁善改过，咸知勉焉。"重刊《感应篇》的内容包括"读法""注解""经传"和"附录"四个部分，体例由贾棠拟定，内容由贾棠选摘。从这个层面讲，贾棠在《感应篇》刊印中的角色功能绝不只是简单的翻印和翻刻，而是充当了另一种类型的作者（编者、纂者）。通过改造《感应篇》的文本结构，贾棠希望能达到"务令黄童白叟、妇人女子，开卷披图，燎然心目，善善恶恶之心，潜滋默长于虚无朕中"的效果[⑤]。正是在这个意义上，贾棠在海南刊刻《感应篇》体现了帝国边陲制度（圣谕）、书籍（善书）和士绅（官员）之间的交织互动关系。

三、地方乡绅的善书教化

如前所述，本书在叙述中将乡绅、士绅、搢绅等概念统称为"士绅"

---

① 丁灿等纂修：《（雍正）故城县志》，卷 7《人物志》，第 753 页。

② 贾棠：《太上感应篇序》，丁灿等纂修《（雍正）故城县志》，卷 10《文翰》，第 1289—1292 页。

③ 贾棠：《太上感应篇序》，丁灿等纂修《（雍正）故城县志》，卷 10《文翰》，第 1289—1292 页。

④ 贾棠：《太上感应篇序》，丁灿等纂修《（雍正）故城县志》，卷 10《文翰》，第 1289—1292 页。

⑤ 贾棠：《太上感应篇序》，丁灿等纂修《（雍正）故城县志》，卷 10《文翰》，第 1289—1292 页。

或“士大夫”，主要是出于行文便利起见。本节在叙述中却必须区分“士绅”和“乡绅”二者，因为除了像于觉世和贾棠等地方官员以外，许多科举功名不高、没有进入仕途的地方乡绅也致力于善书教化。善书作者也往往将其称为“乡绅”，比如，颜茂猷《迪吉录》就说：“乡绅，国之望也，家居而为善，可以感郡县，可以风州里，可以培后进，其为功化，比士人百倍。”①因此，“乡绅”往往指的是明清时期的告老还乡的基层官员及未能出仕的准官员，有时甚至包括其亲属在内。傅衣凌就界定说，“乡绅”既包括在乡的搢绅，也包括在外当官但仍对故乡基层社会产生影响的官僚；既包括有功名的人，也包括在地方有权有势的无功名者②。这种“乡绅”有时也被称为“乡贤”，像明代俞汝楫（生卒年不详）就说：“生于其地，而有德业学行著于世者，谓之乡贤。”③

由明入清，一方面，随着乡绅阶层规模的扩大，大量的地方乡绅致力于推行社会教化，另一方面，董馥荣指出：“顺治、康熙时期的地方志编纂，从开始由个别地方官员自发的行为，到由地方督抚组织的全省范围参与的集体行为，康熙时期以编修《大清一统志》为契机，最终发展为由中央倡导的全国范围的修志活动，从而形成了中国历史上一次修志高潮。”④随着各地地方志的编纂在康熙、雍正时期达到新的高峰，这些地方乡绅的教化活动被最大限度地记录下来——可以理解为，地方乡绅长于“神道设教”，把奉行善书的故事写入地方志本身，也应视为这种“神道设教”行为的一部分，就像许多善书中的灵验故事一样。本书在写作中搜集了大量的地方志资料，兹择录部分清代乡绅的善书教化活动如下（不限于康熙、雍正和乾隆时期，表4-3）。

表4-3　清代地方志所见乡绅善书教化活动举例

乡绅	年代	善书教化活动
张纯修	顺治	教授生徒，不事夏楚，提撕开导，久久不厌。游其门，皆能有成。遇亲友无智愚高下，辄告以为善最乐。时举《感应篇》《阴骘文》，相不曰：“吾非敢以下根待人，□□□吾儒之道相表里，学者宜倍以自箴也。”

① 颜茂猷：《迪吉录》，《四库全书存目丛书》子部第150册，第323a页。

② 傅衣凌：《中国传统社会：多元的结构》，《中国社会经济史研究》1988年第3期。

③ 俞汝楫：《礼部志稿》卷85，《景印文渊阁四库全书》第598册，第535a页。

④ 董馥荣：《清代顺治康熙时期地方志编纂研究》，上海：上海远东出版社，2018年，第133页。

续表

乡绅	年代	善书教化活动
王谦	康熙	铜俗好讼，两造皆有陋规，名铺铺堂银，其踏勘田地则曰过山礼，谦概绝不受，淡泊清苦，晏如也。听断词讼，毕予《感应篇》人一本，曰："尔曹当无不好善，讼非善事也。第存心逊，让可耳"。政简刑清，案无留牍。每集诸生月课，具馔延疑，亲为讲授。文风大振，出入不令。
汪必裕	康熙	性孝友弟，力以非礼，裕不与较。外甥刘余谟，生六月，丧母。裕抱归，抚养稍长，授以《麟经》致余谟，弱冠得登清要。生平力行《感应篇》，每晚必焚香告天。
张士藻	康熙	性嗜学好古，立品端方，工欧颜书法、及星卜诸艺，惟以修德为先，言行必顾。在家教子侄馆课，及门辄谈《功过格》《感应篇》诸善书。他如修谱、修庙，及育婴、惜字、放生，皆倡首，捐金不吝焉。
栾克昌	康熙	事继母以孝闻，为学精纯，试辄冠军。授生徒，先德行后文章，不计修脯，一时寒士多出其门，成名者不可悉数。晨起盥漱毕，即诵《太上感应篇》《帝君阴骘文》。既自遵由，复多方以劝人。
赵万里	乾隆	乾隆五十一年，岁大饥，出粟活人甚众。独力捐修萧家桥，及洪山庙，大桥免蔡水逆流，患沐其利者，上下百余里。其它修桥路给药饵，施棺木，岁以为常。最爱《忠孝经》《感应篇》《敬信录》诸书。暇则举以训子弟。嘉庆十年，邑建文昌宫，身任之，经营三载，捐三千余金。又修包公祠，大慈庵，魁星楼，文场号舍，皆乐趋事。
谭显名	乾隆	幼聪颖嗜学，博观经史，弱冠补弟子员，寻食饩。孝友性成，母氏罗患疯疾，朝夕侍侧，汤药必亲奉，后疾愈以寿终。兄没抚诸侄，教养兼尽，岁以廪饩代输国赋，门绝追呼。乾隆丙辰贡成均，弥扩善行，喜刻《先正格言》《化书》《感应篇》《功过格》等书。
单文全	道光	性最孝，事亲无违。父先卒，事其寡母，饮食起居，亲自侍奉。母死，筑室绘像，食必致敬，夜则独伴宿如生时。性好善，亦劝人善。虽未读书，于《感应篇》《阴骘文》等书，诵不懈，以之为法。距村数里路旁，凿井设立汲器，以济暍渴。至今呼为单家井。又于村西创修文昌祠，倡首结社，敬习字纸。赴市粜米，售主多给米价，至家方悟，往返二十余里，实时还之。见有褴褛者，彷徨河侧，询之乃落难。欲投河者延之家，百端劝谕，留以饮食歇宿，赠以衣服盘费而去。其种种善事，难以枚举，村人皆思慕之。
张泰	道光	生平寡言慎行，丝毫不苟，常看《先儒语录》及一切劝善书。曾刊《功过格》《感应篇》《阴骘文》《玉历抄传》，广为施送，同李华庭经理，修文庙、书院诸大工，与书院膏奖经费，二十年不私一钱。

续表

乡绅	年代	善书教化活动
高庆昌	同治	弟庆熙，邑诸生。中年以后，患狂易之疾。逢人辄骂，遇什物辄捣毁之。其疾时断时续，前后几二十年，庆昌为之百方医治不效。常放声大哭，引为已疚。或夜祷神庙中泥首佛座，达旦不出。乡人见者，莫不怜之。其友爱如此。晚年颇信因果，喜读《太上感应篇》。往往称述其言以警世，居家训妇女，亦时引之。
刘映藜	同治	里党有争讼，多赖片言寝事。黄公岭驿道，壤出馆谷修补，又邀殷宝捐田输租建观音阁，为保婴局。晚年虔诵《感应篇》，录善恶果报；作《悔过集》，自儆兼以儆人。

资料来源：王天杰等纂修《(民国）高邑县志》卷 7，上海：上海书店出版社，2006 年；张汝漪等纂修《(民国）景县志》卷 7，上海：上海书店出版社，2006 年；崔正春等纂修《(民国）威县志》卷 10，台北：成文出版社，1976 年；宋大章等纂修《(民国）涿县志》第六编《人物》，上海：上海书店出版社，2006 年；董余三等纂修《(光绪）沁源县续志》卷 2，南京：凤凰出版社，2011 年；叶士宽等纂修《(乾隆）沁州志》卷 6，太原：山西古籍出版社，2003 年；张楷等纂修《(康熙）安庆府志》卷 19，台北：成文出版社，1961 年；梁伯荫等纂修《(民国）沙县志》卷 10，上海：上海书店出版社，2012 年；周壬福等纂修《(道光）重修博兴县志》卷 11，福建师范大学图书馆藏清道光二十年（1840）刻本；郑康侯等纂修《(民国）淮阳县志》卷 6，上海：上海书店出版社，2013 年；唐荣邦等纂修《(同治）鄠县志》卷 15，西安：西安出版社，2011 年；李瀚章等纂修《(光绪）湖南通志》卷 186，长沙：岳麓书社，2009 年。

正如张勤所说："方志中的慈善书写贯穿了宋元以降方志定型以来的整个历史过程，在长时段、大体量的记载中若隐若现的，是地方精英对话语权力角逐、历史记忆争夺、地方文化构建的痕迹。"[①]清代地方志也不例外，表中所列善人、善事只是其中的很小一部分。从表中所列情况来看，清代乡绅的善书教化表现出三个鲜明特点：一是日常化。善书成为乡绅日常生活读物，其善书教化亦随之成为日常实践。地方志中通常的描述是"日诵""虔诵""即诵""常诵""诵不懈""手抄""手校"，等等。二是仪式化。在明清地方乡绅的《感应篇》阅读中，往往同两个时间节点联系在一起：要么是"晨起"，要么是"夜诵"。这种时间节点本身自带仪式行为，比如，汪必裕"每晚必焚香告天"；栾克昌"晨起盥漱毕，即诵《太上感应篇》《帝君阴骘文》"，等等。三是儒家化。从地方志可以看出，明清乡绅的善书教化往往强调"孝"，把奉行《感应篇》和孝顺品质联系在

① 张勤：《慈善的方志书写与记忆的文本形塑》，《上海地方志》2020 年第 2 期。

一起。比如，单文全“性最孝”，汪必裕“性孝友弟”，栾克昌“事继母以孝闻”，谭显名“孝友性成”，等等。正如兰博特·瑞斯（J. Lambert Rees）所说：“道教的伦理体系与儒教之间最明显的不同之处在于其善行的出发点的迥异。儒教的基础是孝，而对道教而言，虽然孝也有其一席之地，但它不再是其他德行的基础，只是道教信徒应尽的义务之一。道教信徒们要做善事，要遵守道教的规定，是因为他们害怕周围无所不在的神灵。”[①]当然，这同传统时期统治者对地方志的定位本身有关系（即应视为“地方志书写”的结果），而不完全是善书诠释使然。

除此以外，明清乡绅的善书教化往往同地方慈善事业联系在一起。这可以从大（外）、小（内）两个维度来看。从小（内）的维度来看，明清乡绅的善书教化首先针对家庭（家族）内部展开，比如，高庆昌“晚年颇信因果，喜读《太上感应篇》。往往称述其言以警世，居家训妇女，亦时引之”；又如，张士藻“在家教子侄馆课，及门辄谈《功过格》《感应篇》诸善书”；又如，赵万里“最爱《忠孝经》《感应篇》《敬信录》诸书。暇则举以训子弟”，等等。从大（外）的维度来看，明清乡绅的善书教化往往同各种地方慈善事业结合在一起，最常见者像李如昆，“抚诸弟、承先志、设义塾、施棺槥，渴者予姜酪，寒者（予）缊袍，改建桥梁，煮糜掩骼，手校《太上感应篇增注》，并诸医方善本付梓，至老不倦”。常见的慈善事业包括修路建桥、修建文庙、育婴、惜字、放生，等等。梁其姿观察到，明清时期的“善人”不仅以“慷慨散财行善于乡里”著称，而且许多乐善好施行为背后的心理动力，就是善恶报应和神佛监临信仰[②]。这是对明清乡绅的善书教化的准确理解。在这种地方志书写下，由善人、善书、善行构成的“善的体系”被呈现出来，为理解明清时期《感应篇》诠释提供了重要参考。

第二节 理学辩论中的《感应篇》诠释

王汎森指出，明清更迭以后，有些明遗民终身“不入城”“不赴讲会”

① Rees, J. Lambert. *The Three Religions and their Bearing on Chinese Civilization. The Chinese Recorder and Missionary Journal*. Vol. 27, April-May, 1896, pp 157—169; 222—231. 转引自俞森林《中国道教经籍在十九世纪英语世界的译介研究》，第162页。又比如，像曾国藩在笃信因果报应时，就特别强调说：“孝友为家庭之祥瑞。凡所称因果报应，他事或不尽验，独孝友则立获吉庆，反是则立获殃祸，无不验者。”参见曾国藩：《谕纪泽纪鸿（六月初四日）》，《曾国藩全集》第21册《家书之二》，长沙：岳麓书社，2011年，第52页。

② 梁其姿：《施善与教化——明清的慈善组织》，第83—84页。

“不结社”，但有些人开始折节进入仕途，导致士人群体的分化[①]。分化的原因包括实学（朴学）与宋学的对立、程朱理学与陆王心学的抗衡，乃至有南北学风的差异[②]，等等。从总体上来看，清代初年在一种反思和重整（导致明亡的）阳明心学的过程中，出现了颜李学派的“反理学”思潮，顾炎武的经学考据思潮，等等。与此同时，大多由明入清的理学家都以明代遗民自居，标举“醇儒”大旗。在这种复杂背景下，《感应篇》诠释引发了清中前期的理学辩论。

一、颜李学派的善书批判

杨念群指出：“如何在鼎革易代安置身心，一直是清初士人面临的最大挑战。”在这种情况下，“清初士人多标举以行动的效果检验身心修炼的境界即是一种对明季过度依赖心灵作用的纠偏。”[③]这种观察部分解释了清代初年“修身运动”的流行。在当时的“修身运动”中，颜李学派（创始人为颜元与李塨）成员扮演着重要的角色。王汎森的研究已经指出，颜李学派以“日录”“日谱”等文本形式进行的修身实践，在当时获得了大量拥趸，影响甚大[④]。所谓“日录”（或“日谱”），实际上就是修身日记，是一种将日记作为反省自身道德并互相批评、互相提撕的省过方式。王汎森认为，这种省过方式与佛教、道教的影响不无关系，也是在16—18世纪“善书运动”的大背景中兴起的，大体上反映出明清之际思想观念的几种变化，包括由虚入实（由悟转修）、讲会思潮衰退以及对古礼的重新重视等三个层面。颜李学派讲究实学的风气之下，当然恪守严格的儒家教条，对游离在儒家经典之外的世俗善书，也就多有不同的看法。

尽管颜李学派以颜元（1635—1704）和李塨（1659—1733）师徒为主体，但其前有孙奇逢（1584—1675），后有王源（1648—1710）。对孙奇逢，颜元以私淑弟子自居；而王源晚年更是拜在颜元门下，同样为颜李学派的重要成员[⑤]。不仅如此，颜李学派以“日录”“日谱”为修省方式的做法，本亦不自颜元始，而是受到孙奇逢影响的结果。除此以外，由于颜

① 王汎森：《晚明清初思想十论》，第117—186页。

② 顾炎武著，陈垣校注《日知录校注》卷13《晚年士大夫之学》（第775页）指出：“南方士大夫晚年多好学佛，北方士大夫晚年多好学仙”“不入于庄，则入于释”。

③ 杨念群：《何处是“江南”？——清朝正统观的确立与士林精神世界的变异（增订版）》，第179页。

④ 王汎森：《晚明清初思想十论》，第117—186页。

⑤ 马明达：《王源学行述略》，《暨南史学》第三辑，广州：暨南大学出版社，2004年，第329—342页。

元数量庞大的日谱已不可见——据李塨《颜习斋先生年谱》记载，颜元从康熙三年（1664）开始记日谱，“日记七十余帙，每岁日记不下七八十叶”①。现存当时规模最大的日谱当属孙奇逢的《孙征君日谱录存》。在《孙征君日谱录存》中，孙奇逢前后凡一次论及《感应篇》，三次论及《功过格》。正是从这四次论述中，可以看到孙奇逢的善书观念。其中，“顺治十三年（1656）丙申七十三岁九月二十四日”条载：

> 友人刻《功过格》，劝勉人为善。议者谓其专言报应，便非儒者之道。余曰：“君太苛矣，人患不为善。孟子曰：‘强为善而已矣’。‘积善之家必有余庆，积不善之家必有余殃’‘作善降之百祥，作不善降之百殃’，彼《易》《书》何以称焉？尝见《圣谕六条》，良吏每诠其人，指其事，无非开人为善之路，令贤知愚不肖皆勃然蒸动，以感发其不容已之心。《易·象卦》爻其‘取诸物，取诸身’者，亦无非令人转不善而为善耳。伊川云：‘德善日积，则福禄日臻。德踰于禄，则虽盛而非满。’君言报施非儒者之道，是无所为而为，可与知者语，难为世人言”。②

“顺治十四年（1657）丁酉七十四岁正月二十日”条复载：

> 予友一刻《感应篇》，一刻《功过格》，其意皆主于劝善。有人焉诋之曰：“非圣人之道，为善不求人知，一有求知之心，便是近名，与暗浅之辈绝不相肖。”予曰：“应应者，以鬼神佐君相者也。功过者，先祸福而自治者也。意固不谬于圣人。《易》云：‘积善之家必有余庆，积不善之家必有余殃’。《书》曰：‘作善降之百祥，作不善降之百殃。’《诗》曰：‘祸福无不自己求之者。’六经之中，此类甚多。训世之言，因人设教，此特就经言，而阐发详说，启佑颛蒙，其心更苦耳。使当大道为公之日，易知简能兴仁兴让，则此说为赘矣。慨小说杂传，鄙俚秽恶，有害于人心风俗者，种类浩繁，人却不厌，何如观此。而令贤愚好丑，共兴为善之思乎！君子莫大乎与人为善，道愈高者辞愈

① 李塨：《颜习斋先生年谱》，《颜元集》，第734页。
② 孙奇逢：《孙征君日谱录存》，张显清主编《孙奇逢集》下册，第358页。

缓，深得孟子觉世之意。”[①]

这两段论述显然并非单纯谈论自我修养，而是带有辩论色彩和展示性质的日谱记录。两段的叙述结构如出一辙，均以友人刊刻善书为开端，继而论及时人态度，最后表明自己的观点。在最重要的第三部分内容中，孙奇逢不厌其烦地引用《诗》《书》《易》等儒家经典中的因果表述，实际上是为《感应篇》和《功过格》等善书辩护。而且其基本立足点仍在“性有三品”上，指出“君言报施非儒者之道，是无所为而为，可与知者语，难为世人言”，从而认为“世之言，因人设教，此特就经言，而阐发详说，启佑颛蒙，其心更苦耳”。言下之意，一方面，儒家经典中有许多有关善恶报应的论述，世俗善书与儒家经典并不相悖，另一方面，劝善之道在于因人设教，以六经为代表的儒家经典只能启迪“道之高者”，对于“颛蒙未开之徒”则必须借用善书。两者相辅相成、互为基础。与此同时，孙奇逢的论述是在儒家经典和小说杂传两种对立范畴中展开的，这是那个时代知识阶层的普遍做法[②]。

受到孙奇逢的影响，颜元和李塨对善书的看法表现出相当矛盾的心态。其中，颜元坚决反对宋儒的“气质之性”说，主张回归到孟子的“性善说”中来[③]，在思想基础上已体现出对善书的批判；李塨虽早年追随颜元，以固守儒家之道为圭臬，但是晚年的李塨已经放弃了对善书的批判，在40岁之前尚无子嗣的情况下，李塨日夜悬想的是，贩夫佣保居然都有小孩，会不会他们的德行胜过自己呢？王汎森据此指出：“足见他心理的最深层仍然相信善恶都会得到现世报应。在不自觉的层面，他的想法实在与袁黄没有太大差别。”[④]这可以从李塨的《警心编序》中看出。在《警心编序》中，李塨写道：“予自弱冠承父师志，编《日谱》，考身心得失，独不乐观《感应篇》诸书。谓其言颇荒唐，且以邀福之心为善窒恶，已属私

① 孙奇逢：《孙征君日谱录存》，张显清主编《孙奇逢集》下册，第387—388页。

② 孙奇逢：《孙征君日谱录存》，张显清主编《孙奇逢集》下册，第402页。除了上述两处以外，“顺治十六年（1659）己亥七十六岁二月二十八日”条简要记载：“为朱石者作《功过格序》，入《岁寒二集》。”其中，“朱石者”生平已难详知，唯据《孙征君日谱录存》和《孙夏峰先生集》可知为孙奇逢家族世交。遗憾的是，《功过格序》并未见于文集中。

③ 颜元：《驳气质之性说》，《颜元集》卷1，第1—3页。相关讨论参见王东杰：《乡里的圣人：颜元与明清思想转型》，第91—148页。

④ 王汎森：《晚明清初思想十论》，第124页；同时参见吴震：《明末清初劝善运动思想研究》，第235页。

欲也。”[①]其实，在当时“善书运动”的大背景下，类似李塨（甚至颜元）一样对待善书相当矛盾者大有人在。王汎森指出：

> 善书运动的广大影响，对正统儒者的启示与威胁非常大。它不是一些零零碎碎的办法，而是一整套新的行善观念及作法。经《功过格》之类的善书淘洗过后，人们的心灵其实已经重重烙印下一层功过格式的因果报应观。但是正统儒者又想在理论的层次上，反驳或标示对因果报应观念的不同意，这种情形尤其表现在那些早年曾接触过《功过格》《感应篇》的士人们。他们常常表现出一种矛盾的心态。[②]

当然不仅包括颜元、李塨，同时代主张实学的理学大家李颙（1627—1705）同样反对《感应篇》，甚至因为反对《感应篇》而对前明东林党人顾宪成、高攀龙颇有微词，原因是“顾、高学固醇正，然其集中犹多闲应酬识者，不无遗憾”，认为后者所著文集未若《冯少墟集》干净醇正。这里提到的“闲应酬识者”指的是高攀龙的《救劫感应篇序》。本书前已揭明，高攀龙此序颇为后来的士人所赞赏，甚至有许多《感应篇》诠释本直接将高攀龙此序置于篇首，获得与此前真德秀《感应篇序》、此后顺治皇帝《御制劝善要言序》一样的地位。可是，李颙却偏偏将高攀龙此序看作有害理学醇正的作品，认为“景逸之序《救劫感应篇》，试检《冯集》中有此否？区区平日尊信顾、高，如尊程朱，然其立言不自照管，自相矛盾，吾人亦不可不以之为鉴也”[③]。由此不难看出，李颙对《感应篇》等善书的痛恨之情。

尽管如此，李颙对待善书的态度仍是相当矛盾的。他在《悔过自新说》中就指出：

> 尝言学者格物穷理，只为一己之进修，肄业须醇，勿读非圣之书。若欲折中道术，析邪正是非之归，则不容不知所以然

① 李塨：《警心编序》，《恕谷后集》卷1，《丛书集成初编》第2488册，北京：中华书局，1985年，第5页。

② 王汎森：《晚明清初思想十论》，第121页。

③ 李颙《答吴睿长》，陈俊民点校《二曲集》卷16，北京：中华书局，1996年，第155—156页。

> 之实。故玄科三洞、四辅、三十六类，每类逐品一一寓目，核其真赝，驳其荒唐……他若西洋教典、外域异书，亦皆究其幻妄，随说纠正，以严吾道之防。①

在李颙眼中，《感应篇》《功过格》等善书足与"西洋教典、外域异书"一样"幻妄"，但是"严吾道之防"仍透露出"善书运动"作为一种时代性的风潮，已经成为当时的儒家精英不得不直接面对的问题，他们必须阅读这些"幻妄"的书籍，以"析邪正是非之归，则不容不知所以然之实"——理清儒家格物穷理的对立面，是为了更好（更醇正）地固守儒家之道。在有关性理修身方面，李颙以其"悔过自新说"最为知名，并且这种学说"直接承袭自陆王'改过迁善'的命题"。②由此可见，在批判理学、回归经学（或实学）的过程中，李颙作为与颜李学派相近的思想家，也不免受到善书的影响。犹有进者，清代学者陈文述（1771—1843）在《孝慧汪宜人传》中说，兰云师女弟爽卿读《王龙溪（集）》《李二曲集》，"以《感应篇》《阴骘文》《六祖坛经》互相印证，出以躬行实践，可以为君子矣"③。作者与读者之间的抵牾恰恰反映出（王畿和）李颙思想的矛盾性。

李颙与颜元、李塨同属"北派"，亦主张实学，其矛盾性特征已表现得相当明显。回到颜李学派内部来，后期主将以王源（字昆绳）为核心，王源以后，颜李学派逐渐式微。按王源早年师事梁以樟（1608—1665）和魏禧（1624—1680），至康熙四十二年（1703）才经由李塨介绍，拜在颜元门下，成为颜李学派的第三号代表人物推断，其时王源已年近花甲（56岁）。进入颜元门下之前，王源就已通过李塨的帮助，开始学习"日谱""日录"弄省身方式，编写了《省身录》的日谱著作④。虽然王源《省身录》今已亡佚，但就其书名《省身录》而言，王源受《功过格》等善书的影响显然要比颜元和李塨更大。晚明清初的《功过格》本有多种不同的变体，《迁改格》《善过格》是比较常见的名称；以《省身录》为名的书籍在当时也相当盛行，有时也被作为《功过格》的另一名称。在所有的《省身

---

① 李颙：《悔过自新说》，《二曲集》卷1，第2—13页。

② 房秀丽：《李二曲悔过自新说之诠解》，《山东大学学报》（哲学社会科学版）2006年第2期。

③ 陈文述：《孝慧汪宜人传》，汪端《自然好学斋诗钞》卷首，胡晓明、彭国忠主编《江南女性别集》二编上册，合肥：黄山书社，2010年，第314页。

④ 马明达：《王源学行述略》，《暨南史学》第三辑，广州：暨南大学出版社，2004年，第329—342页。

录》中，自以王源著作最为著名。王源《省身录》的奉行时间从康熙二十一年（1682）至乾隆七年（1742），前后长达 60 年[①]。据戴望（1837—1873）《颜李学记》记载，王源《省身录》的核心内容是考察三个问题："心之存密否？身之视听言动中礼否？时觉其进否？一也。礼乐兵农射御书数之学，或诸艺，或只祗一艺，月考年计，有加否？二也。身心就范，学问不懈，则日有所阅历，果变动日新乎？抑仍旧乎？此甚可以验吾学之消长，三也。"[②]则王源虽揭橥《省身录》之名，实具《功过格》之性质。

由于善书吸收了道教的"承负说""尸身说"和"积善说"，以及佛教的"三世说"，形成了一套关于人性（善恶）与命运（祸福）关系的自足解释系统，对宋明以降的正统理学产生了非常大的冲击，明清理学家围绕善书产生了相当激烈而持久的争论。与晚明的刘宗周一样，以颜李学派为代表的实学家也无法摆脱善书的影响。即使打心底里相当反感因果报应学说，批判《感应篇》《功过格》等善书，乃至一切功利主义的道德书籍，但无论在理念、话语，还是实践中，善书都成为他们无法摆脱的重要资源。与颜元同为孙奇逢弟子的申涵光（1618—1677），就简单明了地点出了背后一致性，强调："《感应篇》《功过格》等书，常在案头，借以警惕，亦学者治心之一端。"[③]职是之故，胡适很早就指出："颜李皆是《太上感应篇》一类的宗教家。"[④]则其背后的思想吊诡已不言而喻。

二、从张尔岐到罗有高

与颜李学派等实学家对善书的批判不同，从作为"善书运动"兴起标志的袁黄开始，到清代张尔岐、罗有高，可以梳理出一条清晰的善书和理学互动的思想脉络。自 17 世纪初袁黄创制《立命篇》以后，清初张尔岐《〈立命说〉辩后》和清中叶罗有高《书济阳张子立命说辩后》均是直接针对袁黄之作提出的讨论。透过这三篇构成历时性争论的思想文献，可以看到明清时期的"善书运动"如何型塑了理学议题，如何影响了理学观念，以及这些议题和观念的演变如何反过来助推了"善书运动"的发展。

---

① 沈大成：《学福斋集》，文集卷 7《太原王公省身录序》，《续修四库全书》集部第 1428 册，第 87a 页。

② 戴望：《或庵举人王先生源》，《颜氏学记》卷 7，周骏富辑《清代传记丛刊·学林类》第 6 册，国家图书馆藏光绪二十年（1894）刊本，第 7 页。

③ 申涵光：《荆园小语》，程不识编注《明清清言小语》，武汉：湖北辞书出版社，1993 年，第 246 页。

④ 胡适：《胡适全集》第 8 卷，第 210 页。

（一）张尔岐《袁氏立命说辩》

在袁黄《立命篇》之后，虽然有以泰州学派为主体的阳明后学积极推动立命之学和《功过格》实践，但也在稍后产生了最早的批评。这就是前述与袁黄《立命篇》针锋相对的刘宗周《人谱》。刘宗周批判袁黄说："了凡学儒者也，而笃信因果，辄以身示法，亦不必实有是事。传染至今，遂为度世津梁，则所关于道术晦明之故，有非浅鲜者。"①其言外之意，无非是反对袁黄的《立命篇》以量化的标准计算道德、以功折过的功过实践以及只记善不记过的功利主义模式，因为一旦儒家命运观杂糅了释道信仰，其整个功过体系就失去了效用。所以在批判之余，刘宗周主张用慎独之学和记过体系对抗袁黄的《立命篇》②。到了清代初年，由于程朱理学再次被确认为官方意识形态，陆王心学的力量大为削弱。加上清初阳明后学的自身反省，使得程朱之学扭转了颓势，并开始思考明代灭亡与阳明心学之间的关系。在这种反思和批评的思潮中，袁黄的《立命篇》再次受到批判，这就是张尔岐的《袁氏立命篇辩》。

按张尔岐字稷若，号蒿庵，山东济阳人。可以理解，处于明清鼎革之际的理学家，早年和晚年的生活、思想通常差异巨大，张尔岐即是这方面的典型代表。在入清之前（1612—1644），早年的张尔岐遵从家教，致力于举业之学，成为晚明诸生。入清以后（1644—1678），受过正统儒家教育的张尔岐坚决不再参加科考和出仕，而是专心安居乡里，从事学问和著述工作③。从生平经历上看，张尔岐可谓相当单调，但正是明清鼎革的时代背景，使得张尔岐的学术思想出现转折。明亡之前的张尔岐积极从事举业之学，致力于时文制作。后来回忆这段生活，张尔岐提道："学此不成，去而之彼。彼又不可成，以又有夺彼以去者，不仅彼之夺此也。"④明清学风从"虚"到"实"的转换，在张尔岐的身上体现得相当明显。张尔岐自称"性好沉思，喜论著"⑤，而其兴趣点之所在，则包括经学和史学两端，均属实学的范畴。不过清初的这种实学，正如余英时所指出的那样，不在于为考据而考据，而是具有相当程度上的理学思考⑥。张尔岐的经学和史

① 刘宗周：《人谱》，"自序"，《刘宗周全集》第3册，杭州：浙江古籍出版社，2010年，第1页。

② 包筠雅：《功过格——明清社会的道德秩序》，第135—144页。

③ 王建美：《张尔岐思想研究》，河北师范大学历史系硕士论文，2003年，第9页。

④ 张尔岐：《日记又序》，《蒿庵集》卷2，张翰勋点校，济南：齐鲁出版社，1991年，第75页。

⑤ 张尔岐：《蒿庵处士自叙墓志》，《蒿庵集》卷3，第134页。

⑥ 余英时：《清代思想史的一个新解释》，《论戴震与章学诚——清代中期学术思想史研究》，北京：生活·读书·新知三联书店，2005年，第322—356页。

学研究也是如此，其最终目的落在“体道”上。这也可以从其生平著述体现出来，据张尔岐《蒿庵处士自叙墓志》，其著作主要包括《易学说略》《仪礼郑注句读》《夏小正传注》《弟子职注》《老氏说略》《蒿庵集》《蒿庵闲话》《济阳县志》《吴氏仪礼考注订误》《春秋传义》，等等[①]。

关于张尔岐的学术和思想取向，以往的研究已多有论定，如唐鉴（1778—1861）《国朝学案小识》列张尔岐入“翼道学案”，认为张尔岐“学以笃志力行为本，一主程朱，直追曾孟”[②]。徐世昌（1855—1939）《清儒学案》则称张尔岐为“山左第一醇儒，学究天人而无理障”[③]。至杨向奎（1910—2000）主编《清儒学案新编》则几乎盖棺论定地说：“与其说张尔岐是一名朴学士，不如说他是一位思想家。”[④]由此可见，张尔岐正统理学家的身份得到普遍认可，《袁氏立命说辩》因此具有更多理学辨析的意味。实际上，《袁氏立命说辩》既然揭橥“辩”的格式，那么整个文章所采用的表述就是问答式的。全文除开篇用较长的篇幅阐述写作缘起外，共以递进式的四个问题进行一问一答，其整个思想立意都在这种问答中展开。在行文开篇，张尔岐就提出了袁黄的影响力，说：“近日其说大行，上自朝绅，下及士庶，尊信奉行，所在皆然”，又说：“好诞者乐言之，急富贵、嗜功利者更乐言之”。这让他产生了“大惧其陷溺人心，贼害儒道。不举《六经》语，孟先圣微言，尽废之不止”的感觉，因此直接斥责袁黄之说为异端，并将袁黄与李贽相提并论，认为“文士之公为异端者，自昔有之。近代则李贽，袁黄为最著”。在张尔岐看来，袁黄《立命说》乃是“取二氏因果报应之言，以附吾儒‘惠迪吉，从逆凶’‘积善余庆，积不善余殃’之旨”。这种功利主义显然违背了正统儒家“正其谊（义）不谋其利，明其道不计其功”的义利观。而产生这种功利主义的最根本原因，在于袁黄《立命说》误解了“天”的含义。因为“夫大禹、孔子所言，盖以理势之自然者为天，非以纪功录过，铢铢而较者为天也”。张尔岐花了较长的篇幅来说明这点，提出“盖言天之可畏，非谓天之可邀也。为臣者矜功伐以邀君宠利，不可谓忠；为子者鬻勤劳以邀父厚分，不可谓孝。况日以小惠微勤，而邀天之福报，将得为善人乎？以天为可邀，将得为畏天乎？不畏天而邀天，其不获罪矣乎？”[⑤]

① 张尔岐：《蒿庵处士自叙墓志》，《蒿庵集》卷3，第134—135页。

② 唐鉴：《国朝学案小识》卷3，《四部备要》本，第36页。

③ 徐世昌：《清儒学案》，转引自李峻岭《卓然经师张尔岐》，济南社会科学院编《济南名士评传》，济南：齐鲁书社，2002年，第353页。

④ 杨向奎：《清儒学案新编》卷2，济南：齐鲁书社，1988年，第372—373页。

⑤ 张尔岐：《袁氏立命说辩》，《嵩庵集》卷1，第45页。

以此为辩论的基础和立场，张尔岐以问答的形式进行辩论，接着用四个相辅相成又迭相递进的问题（或疑惑）进行了论说：一是“袁氏意主诱人为善而已，似无可罪也”，二是“人信袁氏而为善，善之所及于物，必有济矣，子之非之何也”，三是“人之舍《六经》《语》《孟》，而信袁氏且久而不替，何也”，四是“袁氏之说，人方信，向不疑。而子非之，子言出必得罪于人，且袁氏为中下设也，夫何病”。前两个问题分别涉及袁黄劝善和儒家劝善的出发点和落脚点之异同，后两个问题涉及世人信奉袁黄学说的原因及其教化（而非修身）的客观意义的讨论。其实这四个问题与其说是张尔岐的理论设定，不如说是当时袁黄《立命说》影响下的社会诸相。在张尔岐看来，袁黄《立命说》所劝之善是“私善”“伪善”，儒家所劝之善是“公善”“诚善”，因此虽然“不知《六经》《语》《孟》，何语不教人为善，何语不堪立命”，但是“何语如袁氏之所谓善，如袁氏之所谓立命”[①]。与此同时，张尔岐还就自己提出批判的原因说：“予何敢非人之为善以济物也，非人之为善而私且伪者也。”[②]由此可见，归根到底，张尔岐批评袁黄的原因还在于袁黄《立命说》所劝之善之不纯而杂有私伪，因此“济物”也要本着六经语孟[③]。

在对后两个问题的辩论中，张尔岐将袁黄《立命说》比之于“泥炭”，将六经、语孟比之于五谷，孰正孰异，判然而别。至于“袁氏为中下设也”的问题（这已经涉及汉唐传统儒家的“性三品说”），他认为“君子之教人也，中道而立，能者从之”[④]，亦即应当充分看到并尊重被劝善者的主体性和能动性，发挥其“良知”与“良能”。如果人心向善，不在于是“上智”“下愚”还是“中人”。之所以会有“中下人”的出现，原因恰恰在于学习了袁黄《立命说》所倡导的私善和伪善。在这番论述之后，张尔岐用多少带有无奈和悲观的论点结尾，说：“士人读书立身，将以中下自域耶？君子教人，将尽天下之人驱之中下耶？信然，予获罪多矣。”[⑤]从以上分析来看，张尔岐“醇儒”身份及其正统自命的观点在《袁氏立命说辩》中，表现得非常明显。一方面，张尔岐将袁黄《立命说》看成是异端，因其所劝之善是“私善”“伪善”。另一方面，张尔岐认为劝善习善应从六经语孟等儒家经典出发，本着公善诚善的目的劝善行善。因此，张尔

① 张尔岐：《袁氏立命说辩》，《嵩庵集》卷 1，第 46 页。
② 张尔岐：《袁氏立命说辩》，《嵩庵集》卷 1，第 46—47 页。
③ 为行文方便起见，本书所有《六经》《论语》《孟子》均不加书名号。
④ 张尔岐：《袁氏立命说辩》，《嵩庵集》卷 1，第 47—48 页。
⑤ 张尔岐：《袁氏立命说辩》，《嵩庵集》卷 1，第 49 页。

岐眼中的异端，是那种不仅受到释道二氏之学的影响，而且受到功利主义的浸染的学说。

（二）罗有高《书济阳张子立命说辩后》

乾隆年间，被张之洞（1837—1909）视为“理学别派”的罗有高（1733—1778）①，以《书济阳张子立命说辩后》为题，对张尔岐提出完全不同的看法。罗有高为江西瑞金人，清代中期理学家，史称其“少慕马周、张齐贤之为人，习技击，读兵书，其后出游拜访十余年，学凡数变”②。《湖海诗传》称其“弱冠后外服儒风，内宗梵行。于释教，服膺罄山语录，兼通天台贤首诸家，尤以净土为归宿”③，又《清史列传》称罗有高、彭绍升“相勖为性命之学，兼参竺乘”④。由此可见，罗有高因与彭绍升的交游而受到净土宗的影响甚大。细读《书济阳张子立命说辩后》可以看出，罗有高主要从以下三个方面展开论述。

第一个方面，“性三品说”与善书教化。有关形成于汉唐时期的“性三品说”，本书第二章已有详细论述。其基本观念是将社会人群分为上智、中人和下愚三种，上智纯善无恶，下愚纯恶无善，中人则可善可恶。至宋儒“气质之性”概念提出以后，“性三品说”虽遭到了普遍的质疑，却成为明清士人中间挥之不去的思想观念，表现在善书领域尤其如此。比如，尽管罗有高接连以“正”“高”和“卓”三个形容词表达对张尔岐的推崇，但接着转笔写到“虽然，吾惧堵塞中下为善之路也”⑤。可见对“性三品说”的不同看法，是张、罗两人的根本分歧所在。两人均赞同“性三品说”，但在具体的进善之路上有根本分歧——张尔岐赞同性有三品，并以上智自居；罗有高主张性有三品，从而提出中下进于善域的道路。

张尔岐赞同性有三品，但否认“中下”可以“进于善”，实际上是抛弃了善书存在的社会基础（其中之一），因为劝善的预设是假定“人”——从性三品上说，就是“中人”和“下愚”——可以通过劝（或诱、训）的方式进入善的境域。正因为如此，罗有高分三步对张尔岐的观点提出了商榷：

首先，从“上智”“下愚”和“中人”三种群体或阶层对善恶的态度

① 张之洞：《书目问答补正》，北京：燕山出版社，2008 年，第 247 页。后来杨向奎重编《清儒学案》，将罗有高、汪缙和彭绍升同称为“思想史上的三个畸人”。参见杨向奎：《清儒学案新编》，济南：齐鲁书社，1994 年，第 488 页。

② 王钟瀚点校：《清史列传》，卷 72，第 18 册，第 5926 页。

③ 王昶：《湖海诗传》，北京：商务印书馆，1958 年，卷 29，第 3 册，第 761 页。

④ 王钟瀚点校：《清史列传》，第 5926 页；亦参见钱林辑，王藻编：《文献征存录》，卷 9《罗有高》，周骏富编《清代传记丛刊·学林类》第 8 册，台北：明文书局，1985 年，第 36a—49b 页。

⑤ 罗有高：《书济阳张子立命说辩后》，《尊闻居士集》卷 1，第 324a 页。

着手。在罗有高看来，这种社会阶层的分别，“依朋类因习而上下焉”，因此三者对善恶的态度并不相同。对于“上焉者”来说，“成肤革毛髓悉善气之充”。对于“中焉者”来说，“灼知善之益，若水行之资舟壶也，其见不善也浼之以涂”。而“下焉者”无善可言，其对恶的看法是：“下焉者之于恶也，成其为欲也。邪僻而悍，干冒王法，欺诬鬼神，以径遂其欲者也。其为恶也，名誉崇之不为变，讥毁集之不为变。公为之不甚畏，人知诚为之，必不屑以伪善参之也。”[①]由此可见，在罗有高看来，“上智”纯善、“下愚”纯恶，而“中人”有善有恶或可善可恶——这其实是典型的韩愈式“性三品说”的最基本内容。

其次，从畏惧和欲望的角度阐发对“下愚”和“中人”两种群体的教化着手。罗有高首先解释了“中人”存在的原因，认为“下愚不移，是故上焉者天地清纯之气之萃，而间有者也；下焉者天地浊驳之气之萃，而间有者也，常有者中人尔”，因此“中人”的数量极为庞大。再加上“中人”的特点是有“畏（惧）欲（望）”，因此先王“树之皇极，以观其观；叙之彝伦，以理其统；槼之礼仪，以定其位；文之颂辞，以驯其野；饰之筐篚燕好，以联其情，虑有暗而不明也”[②]。这里阐述的就是“先王”对“中人”的教化之道。除了这些制度性的教化手段外，所谓“显之严王法而勉焉，幽之严鬼神而勉焉。或名誉之动而勉焉，或章服之炫而勉焉”，亦皆在教化之列[③]。至于张尔岐所说信奉善书乃是趋于伪善和私善的看法，罗有高认为这是非常正常的，也是在可以容许的范围内存在的现象，“当其时无欲无畏，中道若性者，固宜有之矣。而缘欲畏而服教适善者，不其众矣乎？慕风声、懔象魏，然后明好恶之乡，定欲畏之分。以畏为堤，以欲为表，勉而趋事者不逾众矣乎？是皆不能离乎私且伪者也”[④]。也就是说，畏惧和欲望是劝导数量庞大的“中人”进于善的前提因素。

最后，从张尔岐人性无三品的“中道而立”的角度着手。按照圣人“神道设教”的做法，罗有高再次认为“充张子之说，是尽中下荡无人善之路”[⑤]。其前提当然是上述两步所论“上智”“中人”和“下愚”之于善恶，及其对“中下人”的教化之道。在这一论证中，罗有高再次认可了私善和伪善的存在，并认为这也是“中下”趋于善的前提条件，“有所欲而

① 罗有高：《书济阳张子立命说辩后》，《尊闻居士集》卷1，第324a页。
② 罗有高：《书济阳张子立命说辩后》，《尊闻居士集》卷1，第324b页。
③ 罗有高：《书济阳张子立命说辩后》，《尊闻居士集》卷1，第324b页。
④ 罗有高：《书济阳张子立命说辩后》，《尊闻居士集》卷1，第325a页。
⑤ 罗有高：《书济阳张子立命说辩后》，《尊闻居士集》卷1，第325a页。

好仁，是私伪也；有所畏而恶不仁，是私伪也。慕风声、懔象魏，以畏为堤，以欲为表者，私伪之尤也”[①]。对此，罗有高的看法是，由于上焉者纯善无恶，下焉者纯恶无善，因此均无需施教——特别是对于下焉者，“吾之教施之而穷，惟诛殛窜流之待耳”。可以施教且能利用其“畏欲”及建立在“畏欲”基础上的“私伪”，“中焉者之好仁恶不仁也诚，不诚杂而其于欲畏也无不诚，其于欲畏也诚，斯共良知能之见，端可牖驭而桄之者也，吾有以施吾教矣”[②]。这样一来，罗有高就解决了张尔岐论说中的不足，为“中下”指明了“进于善”的途径。

第二个方面，古儒之天与后儒之天。善书之劝人为善的基础，是人是“性有三品”的观念，和天是“神道设教”的观念。举例来说，“三圣经”——《感应篇》《阴骘文》和《觉世经》——分别借助太上老君、文昌帝君和关圣帝君三种神明，作为托梦降乩、推行教化的超自然因素，因为“顾小人之无忌惮，恒不若其畏鬼神”[③]“人即不畏王法，未有不畏鬼神者”[④]。前引罗有高所谓“显之以王法，幽之以鬼神”，即在借助神明等超自然的力量，来整顿世间道德秩序并导引中下之人进于善。因此在这里，对于“天（的属性）”的理解，成为张尔岐和罗有高辩论的第二个重要分歧。

以往学界的研究已经指出，张尔岐思想体系中的重要特色，就是对“天（的属性）”的认识，即所谓的“自然天道观”[⑤]。这种观念建立的最重要的基础，是顺应了晚明以降对“理气”关系的重新理解。宋儒以程朱为代表的学者，由于强调“理”的优先性从而将“气”放在次要位置。这种关系在晚明以降逐渐扭转，许多学者反而强调“气”的优先性和基础性，张尔岐即提出“天道之运，只是一气”[⑥]。强调“气”的优先性，必然会导向“自然天道观”。即从原有程朱理学的系统中的人格化之天概念中脱离出来，成为“自然之天”。张尔岐认为天人之间的关系，好比父母孩子之间的关系，从而提出“受命于天”的看法（天命）[⑦]。可是如果人因“受命于天”而只能接受天的主宰（宿命）的话，那么如何解释天的主

① 罗有高：《书济阳张子立命说辩后》，《尊闻居士集》卷1，第325a页。

② 罗有高：《书济阳张子立命说辩后》，《尊闻居士集》卷1，第325a页。

③ 李承煦：《感应篇征史随录》，南京图书馆藏光绪二年（1876）刻本，“汪日桢序言”，第1a页。

④ 陶宁祚：《太上感应篇集注》，国家图书馆藏刻本（年份不详），第1a页。

⑤ 王建美：《张尔岐思想研究》，河北师范大学历史文化学院硕士学位论文，2003年，第25—40页。

⑥ 张尔岐著《周易说略》卷1，周立升点校，济南：齐鲁出版社，1993年，第8页。

⑦ 张尔岐：《天道论上》，《蒿庵集》卷1，第15—17页。

宰在善恶祸福层面会出现的“失灵”——“善无善报，恶无恶报”，甚至“善有恶报，恶有善报”的现象？张尔岐以“理势自然观”作为“自然天道观”的完善和补充，从而认为“大禹、孔子之言天，盖以理势之自然者为天，非谓纪功录过，丝丝而较者为天也”[①]。这样一来，张尔岐又接续了宋儒对于“气质之性”的讨论，其论述似无可厚非。

在罗有高的理解中，张尔岐所谓“自然”，指的是“莫之为而为，莫之致而致”（《孟子·万章上》）的精神。如果以此指陈天之可畏，而非天之可邀，毫无疑问是正确的[②]。不过，罗有高进一步指出，不仅有“理势自然”之天，也有“纪功录过”之天，“然则天之纪功录过，丝丝而较，视人自疏簿书尤密核矣”。接着用五个比喻来充分理解天的这一层属性，“权衡不言，而人取平焉。度不言，而人取幅焉。概斛不言，而人取量焉。绳墨不言，而人取曲直焉。规矩不言，而人取方圆焉”[③]。一旦将天的属性理解为兼“理势自然”之天和“纪功录过”之天于一体，就会将天的含义无限扩大，即将超自然的因素如神、鬼统统纳入天的范畴进行考察。罗有高认为，要理解天的这种属性和范畴，就要区分“古儒之天”和“后儒之天”。张尔岐正是因为对“古儒之天”没有充分的认识，才会将天的属性简单化和偏颇化。

罗有高最基本的观点，是认为古儒之天兼“理势自然”之天和“纪功录过”之天于一体，而后儒之天——尤其指明中叶以来世俗善书影响下的理解，只是取自“纪功录过”之天。罗有高为此梳理了自古儒至后儒对天的属性的理解史。所谓“古儒”与“后儒”的划分，在时间上以秦汉为准。秦汉以前的儒家称为“古儒”，秦汉以后的儒家称为“后儒”。这在思想史尤其是儒学史上，是非常普遍的现象，并非罗有高自身的发明。由于张尔岐对于后儒之天理解较深——张尔岐的目的在于攻击善书的功利主义，其思想侧重也可由此理解，因此罗有高花了更多的篇幅在阐述古儒之天上。罗有高直截了当地指出：“《易》简而天下之理得，天网恢恢，疏而不漏也，故夫先王之严，天地鬼神则白矣。”[④]由此引申出先秦时期的一系列与天有关的制度安排，特别是祭祀制度，如社、祖庙、山川和五祀制度。因此，这时（古儒）所说的天，不仅是自然之天，也是人格之天，“知

① 张尔岐：《袁氏立命说辩》，《蒿庵集》卷 1，第 45 页。
② 罗有高：《书济阳张子立命说辩后》，《尊闻居士集》卷 1，第 325a 页。
③ 罗有高：《书济阳张子立命说辩后》，《尊闻居士集》卷 1，第 325a 页。
④ 罗有高：《书济阳张子立命说辩后》，《尊闻居士集》卷 1，第 325a 页。

夫神明之德，幽明之故，诸生之原，其情深，其礼恪，其事忠，其服之于躬也详，其敷之于治也察，故其时黎民雍熙，鬼神叙怀，胎卵遂育繇。斯道也去圣远，失义而陈数，主者怠慢，勉强踵故，而行与工祝同昧”①。只不过以秦汉时期为转折点，后儒与古儒发生了不同的看法，所谓“秦汉之际，器数坏，散饰淫，巧杂采，陋儒愚巫之法，施之太常。后儒鉴其诬黩不经，矫枉而正，一切虚冒之，曰理佥谓无物，视前圣礼制几若优伶之为”②。

如果单纯地从“莫之为而为，莫之致而致”的角度，来理解张尔岐所谓的“理势自然”之天，还能使罗有高抱有赞同的成分的话，那么从“天也者，积气积、理之精博者”和“鬼神者，气之能、理之用”的角度，来理解张尔岐所谓的“理势自然”，就只会让罗有高产生完全不同的意见。在罗有高看来，张尔岐所说的“理势自然”之天的错误或后果是双重的：一是“堕于冥髦阔略”，二是“流于空荡而嫚”③，因此对于古儒之天，应当做全面系统的理解。罗有高一再批评张尔岐的这种思想：“张子祖其意，不复寻揣本末，从而辞之。是欲人之诚于善，而杜诚之原；欲人之畏天，而以阔略冥髦为教也”④，这是张尔岐“理势自然”观的最大问题所在。综合上述分析，可知罗有高的天道观包括两个层面上的合流：从时间上说，应当兼而考虑古儒和后儒对天的理解；从属性上说，应当兼而考虑“理势自然”和“纪功录过”之天。二者同时存在，并行不悖。甚至只有落实到“纪功录过”之天的层面，人们才能真正对天产生畏惧（所谓“畏天”），也才能真正因畏惧而趋向于善。其实这样一来，毋宁说是罗有高在天的理解上为善书提供了终极依据。

第三个方面，世俗善书与六经语孟。罗有高和张尔岐的最根本和最主要分歧，在于世俗善书与儒家经典，亦即六经语孟的关系。这既是二者辩论的出发点，也是落脚点。甚至可以说，从明中叶以袁黄《立命篇》的出现为标志开始，世俗善书就成为明清士人不得不正面面对的问题——晚明以前的儒家精英，基本上视善书为教化的媒介。也正是从那时开始，世俗善书与儒家经典的关系，成为每个面对善书的士人不得不讨论的问题。其讨论的结果当然是有赞同有批判，但似乎总体上仍以赞同为主。其原因与上述两点论述基础——“性三品说”和“自然—人格”双重属性之天的理

① 罗有高《书济阳张子立命说辩后》，《尊闻居士集》卷1，第325b页。

② 罗有高《书济阳张子立命说辩后》，《尊闻居士集》卷1，第325b页。

③ 罗有高《书济阳张子立命说辩后》，《尊闻居士集》卷1，第326a页。

④ 罗有高《书济阳张子立命说辩后》，《尊闻居士集》卷1，第325b页。

解有关。罗有高和张尔岐在此两点基础上的论述分歧甚大，导致了二者在理解世俗善书与六经语孟的关系上针锋相对。

可以理解，作为"醇儒"的张尔岐对袁黄《立命篇》及善书的攻击不遗余力：一方面视之为"异端邪说"，另一方面称其"陷溺人心，贼害儒道"。甚至将袁黄比作最著名的异端李卓吾，而那些乐谈善书者，都是"好诞者""急富贵""嗜功利者"[①]。所有这些，都来自张尔岐对六经语孟等儒家经典的坚持，因此无论是修身、立命还是教化，都要以儒家经典为依据，所以张尔岐澄清自己的辩论性质："予何敢非人之济物，予病夫济物而不本于六经语孟者也"[②]。显然，张尔岐有意将六经语孟等儒家经典与世俗善书对立起来，以六经语孟为"济物"之正统，以世俗善书为"济物"之异端。若再以另一范畴来讲二者的关系，则可以表述为"六经语孟（公善诚善）——世俗善书（私善伪善）"。由此看来，世俗善书与其说是劝善（公善诚善），不如说是劝恶（私善伪善）。这点与清初另一"醇儒"吕留良（1629—1683）的观点极为接近，后者直接点出《感应篇》和《功过格》等善书是"劝恶之书"[③]。也就难怪张尔岐对明清士大夫"阳守六经语孟，而阴奉袁氏"的做法深切痛恨了[④]。

对于世俗善书与六经语孟的关系，罗有高的观点非常明确："吾以为奉袁氏之说，而诚勤循行而不怠，是将可与语六经语孟矣"[⑤]，然而论证的过程却相当复杂。因为毕竟"六经语孟之与袁氏之说相悬"，其论说自不能简而化之。由于张尔岐批评袁黄《立命篇》等善书（不本于六经语孟），乃是"取二氏因果报应之言，以附吾儒'惠迪吉，从逆凶''积善余庆，积不善余殃'之旨"，因此罗有高以商业交易中的货币作比世俗善书与六经语孟的关系，说"虽然吾且通之，贾无良金。所夹之金不中程，一倍之，再倍之，程与良金埒，则主物者与物矣"。这种"贾无良金"的普遍做法，与其他四种情形在性质上仍然不同：其一，"夹恶金而强贾者"；其二，"造伪金充良金者"；其三"徒手而志窃者"；其四"操刃而夺者"[⑥]。从恶劣程度上讲，这四者逐渐加重，更遑论与"贾无良金，所

---

① 张尔岐：《袁氏立命说辩》，《蒿庵集》卷 1，第 44 页。

② 张尔岐：《袁氏立命说辩》，《蒿庵集》卷 1，第 47 页。

③ 吕留良：《天盖楼四书语录》，卷 13《论语上学而第一》，《四库禁毁书丛刊》经部第 1 册，第 133a 页。

④ 张尔岐：《袁氏立命说辩》，《蒿庵集》卷 1，第 45 页。

⑤ 罗有高：《书济阳张子立命说辩后》，《尊闻居士集》卷 1，第 326a 页。

⑥ 罗有高：《书济阳张子立命说辩后》，《尊闻居士集》卷 1，第 326a 页。

夹之金不中程，一倍之，再倍之，程与良金埒，则主物者与物矣”的做法相比了。罗有高的言外之意，就是将袁黄《立命篇》等劝善书，比成是“贾无良金”的普遍做法，亦即劝善主体与劝善对象之间平等自愿。

罗有高之强调世俗善书与六经语孟的相互补充关系，从下一段论述中可以看到是建立在“性三品说”的基础上的，“吾窃惧夫奉袁氏而若存若亡也，则其善芽已焦矣；吾又惧夫精造伪金与良金乱也，篡六经语孟，翼虓虎而拼飞也。等而下焉不，且曰‘金不中程，吾耻之。造伪金，吾犹有所费，不若徒手而窃。徒手而窃，不若操刃而夺邪’”[①]。这段话值得注意的地方有三：其一，罗有高认为奉袁黄学说应当与奉六经语孟一样虔诚，而不是“若存若亡”，只有这样，才能从源头上保证趋善避恶。其二，奉袁黄学说而“若存若亡”，与“造伪金与良金乱”并无不同，这又好比是“篡六经语孟，翼虓虎而拼飞”。其三，若非以虔诚的态度奉袁黄学说与六经语孟，其结果与“徒手而窃”，乃至“操刃而夺”亦无二致。在下文对张尔岐以人恶比于胃病，以五谷比于六经语孟，以泥炭比于袁黄学说的辩论中，罗有高即提出不同看法，不仅认为“胃有积虫，未可骤进五谷也”，而且认为“袁氏之说，即未必其按古汤液，亦杀虫从治之剂也”[②]。“杀虫从治之剂”的定位，表明罗有高将袁黄学说及世俗善书当作六经语孟等儒家经典之外的一种补充。

在《书济阳张子立命说辩后》的最后，罗有高还长篇引用了嘉兴盛子（即盛百二，生卒年不详）的《感应篇叙》和《阴骘文叙》[③]，作为对整个辩论的一个延伸，尤其是再次强调古儒对鬼神，亦即人格之天的理解，与此同时也在无形中回应了世俗善书与六经语孟的关系。在引文中，罗有高甚至不惜将善书的产生（即《感应篇》的产生）时限往前无限延伸，认为“然则《感应篇》者，三代盛时所以不用刑威，而化民成俗之一道也”[④]。

---

① 罗有高：《书济阳张子立命说辩后》，《尊闻居士集》卷1，第326a页。

② 罗有高：《书济阳张子立命说辩后》，《尊闻居士集》卷1，第326a页。

③ 罗有高：《书济阳张子立命说辩后》，《尊闻居士集》卷1，第326b—327a页。清阮元纂《畴人传》载：“盛百二，字秦川，浙江秀水人也。乾隆丙子举人，官山东淄川县知县。尝谓羲和之法，遭秦火而不传，六天沸腾，莫至所从。自《太初》以后，踵事增修者七十余家，至此时《御制律历渊源》之书出，如披云见日，使千古术士诡秘之说，至今日而无遁其形，始知大经大法，已略具于《虞书》数语之内，虽有古今中西至殊，而其理莫能外也。因著《尚书释天》六卷，解《尧典》《舜典》《允征》《洪范》诸节之有关于历象者，博采诸书而详梳之。其大要以西法为宗。”参见阮元纂：《畴人传（附畴人传续编）》下册，卷42，彭卫国点校，扬州：广陵书社，2021年，第526—527页。

④ 罗有高：《书济阳张子立命说辩后》，《尊闻居士集》卷1，第326b页。

这无疑也是一种为世俗善书寻找到合法性的方式，即以时间上的优先性与六经语孟相捋而附加给善书的合法性。正因如此，清代平步青（1832—1896）在《樵隐昔寱》中盛赞说："此下即引盛百二文二篇作结，不更赘一言，最为奇特。《孟子·养气章》末引宰我、子贡'有若三子'之语，不益一辞，篇法殆台山所祖。"[①]言外之意，无非是说罗有高在这里继承了孟子的篇法。

综上可知，在罗有高的思想观念和体系中，善书与理学的纠葛占据了重要的一环。而《书济阳张子立命说辩后》即从"性三品说"、天的属性，以及善书与六经语孟的关系三方面，提出了与清初理学家张尔岐不同的看法，从而回应作为明清"善书运动"标志的袁黄《立命篇》中来。以"性三品说"理解善书的社会基础，以天的双重属性理解善书的终极依据，从而落脚于辩论的出发点。作为辩论的两方，张尔岐实际上更多地被视为经学家，罗有高虽然理学造诣深厚，但在与彭绍升的交游之后沾染了佛学气息，以至于张之洞将其视为清代的"理学别派"。以罗有高《书济阳张子立命说辩后》为起点，上溯到张尔岐《袁氏立命说辩》的分析，再回归到袁黄《立命篇》，不得不承认这场历时性的争辩为理解明清士人有关"修己"（成圣）和"治人"（教化）的观念提供了重要的窗口。这场辩论无疑让罗有高的观点赢得了更多的赞同，因此咸丰年间著名善人余治（1809—1874）即继承了罗有高的看法，继续对张尔岐进行反批判[②]。

三、吕留良与朱轼的争论

晚明清初第三次有关善书的争论发生在吕留良（1629—1683）与朱轼

---

① 平步青：《书〈尊闻居士集·书济阳张子立命说辨后〉后》，《樵隐昔寱》卷15，《清代诗文集汇编》编纂委员会编《清代诗文集汇编》第720册，上海：上海古籍出版社，2010年，第329页。

② 余治指出："袁氏记功录过，大小厚薄，各有成格，造物若称量以相偿，诚未免沾沾作计较。然必谓其望报而始为善，说已近苛，况以私伪斥之，何以服强为善者之心耶？彼不求报而亦不为善者，转于人有济耶？田氏訾议《感应篇》，亦以其中劝戒辄以祸福为验耳。不知所言善恶之报，即《虞书》惠迪吉从逆凶之说，《商书》福善祸淫，作善降祥，作不善降殃，《易》言积善余庆、积不善余殃，皆此义也。何田氏不敢议《书》《易》，而独议《感应篇》耶？"参见余治：《得一录》卷5，《救荒·救灾有福说》又附《药局立愿约》，《官箴书集成》第8册，合肥：黄山书社，1997年，第546页。余治将清初学者田蕢山（兰芳）《唐幼章注释感应篇序》与张尔岐《袁氏立命说辩》相提并论并加以批判。后者参见吴翌凤编：《清朝文征》，长春：吉林人民出版社，1998年，第574页。有关余治的研究甚多，参见游子安：《劝化金箴——清代善书研究》，第99—112页；刘昶：《晚清江南慈善人物群体研究——以余治为中心》，苏州大学历史系硕士学位论文，2009年。

（1665—1736）之间。康熙末年，“复社余孽”吕留良撰成《四书讲义》[①]。雍正十年（1732），朱轼等人奉皇帝之命对吕留良《四书讲义》“逐条摘驳，纂辑成帙”，写成《驳吕留良四书讲义》[②]。两者争论的焦点，在儒家伦理和夷夏之辩，以《感应篇》和《功过格》为代表的善书，本不构成这次争论的焦点，但在当时善书已然发生如此广泛影响的情况下，对儒家经典中“性”与“命”的讨论，就不能不牵涉到善书。而且以《感应篇》对忠、孝的规定，本身也是儒家伦理的重要组成部分，两者之间的争论因此具有思想史和政治史的意义。

不过，在详细论述之前，需要澄清两个预设：其一，吕留良《四书讲义》也好，《天盖楼四书语录》也罢，尽管是为科举士子提供的教科书，但是杨念群的研究指出，这背后是吕留良推广自身“正统”理学观念的灵活方式，以上两书承载了吕留良重要的思想观念，并不是外在于吕留良心性思想以外的文本或著作[③]。其二，朱轼撰写《驳吕留良四书讲义》的契机，尽管是奉雍正皇帝政治上的命令而为，但是在《驳吕留良四书讲义》仍然表现出自身对于理学—善书、正统—异端的观念[④]。吊诡的地方在于，吕留良以程朱理学为宗，朱轼亦称“理学名儒”[⑤]，尊奉程朱理学，那么同样的理学立场为什么导致了完全不同的善书认知？先详细分梳两书中五处有关善书的论述，讨论吕留良、朱轼的《感应篇》观及其时代性。

（一）《论语》“子曰：其为人也孝弟章”

吕留良与朱轼之间的争论，是以儒家五伦和夷夏观念为中心的。那么在儒家经典（这里指“四书”）有关伦理的论述（主要包括性、命等概念）中，既是吕留良注释（讲义）的重点，也是朱轼后来批驳的重心。现在来看第一处，见于对《论语》“子曰：其为人也孝弟章”的注释中。吕留良《四书讲义》的注释原文如下：

---

① 李裕民：《吕留良著作考》，《浙江学刊》1993 年第 4 期。

② 《将朱轼等摘驳吕留良著作刊刻颁布学宫谕》，朱轼《驳吕留良四书讲义》，《四库未收书辑刊》第六辑第 3 册，第 610 页。《驳吕留良四书讲义》的撰写缘起于翰林院编修顾成天（1663—1744）的奏折，此后由雍正下谕以朱轼、礼部尚书吴襄（1661—1735）为总阅，方苞、吴龙应、顾成天、曹一士等人为查阅，因此《驳吕留良四书讲义》应视为集体创作，但主要由朱轼完成。饶有兴味的是，顾成天等人批判吕留良的托名，正与《圣谕十六条》中“崇正辟邪以端学术”有关，参见第 610a 页。

③ 杨念群：《何处是“江南”——清朝正统观的确立与士林精神世界的变异（增订本）》，第 132—139 页。

④ 张舜徽：《清人文集别录》，武汉：华中师范大学出版社，2004 年，第 94 页。作者称朱轼“虽沉潜义理，然识不高，所论多迂远而阔于事情”。

⑤ 朱轼：《朱文端公文集》，“吴学濂序”，第 1a 页。

今之放生戒杀，斋供施舍，以为行仁，吾谓此直行不仁耳。富贵之家，每于此捐重赀而不惜，考其家庭孝弟，则有不可问者。一贫窭亲族入门上座，便疾憎峻拒矣。盖以所捐者明舍而暗来，家庭恤睦则有去无还耳。只此一自私自利之念，便不仁之甚，直是待其父兄亲族，不如昆虫僧道矣。故予谓凡《感应》《功过》劝善之书，皆劝恶之书也。其本不仁也。①

吕留良在这里直接将《感应篇》和《功过格》等“劝善之书”斥为“劝恶之书”，认为“其本不仁”。所举的例子正是晚明清初相当普遍的“放生戒杀”等社会慈善事业，以及宗族内部之间的贫富贵贱问题。这既是吕留良对世俗善书的根本性看法，也是注释中具有总纲性的段落，并且承接了前述晚明刘宗周和清初张尔岐的观念。对此朱轼《驳吕留良四书讲义》批驳到：

无所为而为者，为善之心也；有感斯有应者，劝善之道也。《易》曰：“积善之家必有余庆，积不善之家必有余殃”，又曰：“鬼神害盈而福谦”。《书》曰：“圣谟洋洋，嘉言孔彰。惟上帝不常，作善降之百祥，作不善降之百殃”。又曰：“惟府辜功，报以庶尤”。《诗》曰：“岂弟君子，干禄岂弟”，又曰：“永言配命，自求多福”。曾子曰：“出乎尔者，反乎尔者也”。凡经书所陈感应、功过，深切著明。若此亦可谓之劝恶之书乎？《感应篇》出于道家，而首所云“祸福无门，惟人自召”者，本《春秋传》。《功过格》始于袁子凡，斤斤较量，异乎圣贤为己之学，然何得便目为劝恶之书乎？放生戒杀，斋供施舍，固非儒者之道，然以戒杀为不仁，将谓伤胎覆巢者仁乎？以施舍为不仁，将谓黩货焚身者仁乎？至富贵之家戒杀施舍，而薄待族党者，末世诚有之，然只可责其薄于族党，不当责其戒杀施舍。齐王不忍一牛，而泽不及百姓，孟子即其不忍一牛之心，启其察识，教以善推所为。今此薄于族党之人，既知戒杀施舍以求福，则当明告以孝友睦姻之道，使知彼之为善小，此之为善大。彼之望报

① 吕留良：《吕晚村先生四书讲义》，《续修四库全书》经部第165册，卷4，第401a页。

> 不可知，此之相亲相爱，本非望报而报之者终不爽。谁无天良，未必不幡然省悟，革薄而从厚也。况此辈薄待族党，无非吝惜财物，今并其所为戒杀施舍者，而谓之不仁之甚，彼且乐得残忍刻薄，拥赀自丰，甚而悍然罔忌，以祸福为适然相值，而易象诗书垂戒之文，皆不足信，是所谓劝恶者，留良之论也，不仁甚矣。①

与吕留良不同，朱轼退而求其次，认为“至富贵之家戒杀施舍，而薄待族党者，末世诚有之，然只可责其薄于族党，不当责其戒杀施舍”，因此“放生戒杀，斋供施舍”仍可看作是善行仁德，两者之间的区别仅仅在于厚薄、小大而已。正确的做法并非斥责“薄于族党”的不仁，而是“当明告以孝友睦姻之道，使知彼之为善小，此之为善大”，因人皆有天良，均能因此而幡然醒悟，革薄从厚。加上《感应篇》虽出于道家，《功过格》虽出于袁黄，但与儒家经典和士人的治人之学并不相悖，因此仍然是劝善之书，而非劝恶之书。

（二）《论语》“南宫适问孔子章”

吕留良《四书讲义》中，对《论语》“南宫适问孔子章”的注释并未得到朱轼的反驳，但是通过这段论述，可以更好地了解和理解吕留良的善书观念。反过来从吕留良的这种攻击和批判中，也可以从反面看到《感应篇》在当时引起注意的思想脉络。其注释如下：

> 释氏以虚无之说网罗高一层人，以果报之说网罗低一层人，若此节书看得不好，则二病俱有羿傲，不得其死。禹稷有天下，若讲得铢计寸量，更如《功过格》《感应篇》相似。孝顺父母也算几功，螺蚌放生也记一善，这个意思熟落，则举念便是恶，善根总绝也。于是聪明人即从此中翻出一种意思来，悉举善恶祸福之说而归之于无，有庄子所云“知其无可奈何，而安之若命”，是人事可不修矣。若不答适出之意，看得如一重公案相似，便差入那里去也。②

① 朱轼：《驳吕留良四书讲义》，第 670b—671a 页。

② 吕留良：《吕晚村先生四书讲义》，卷 17，第 502b—503a 页。

在这段引文中，吕留良继续坚持和完善“劝善之书”实为“劝恶之书”的观点。从开篇“释氏以虚无之说网罗高一层人，以果报之说网罗低一层人”来看，一则吕留良认为《感应篇》等善书受到佛教的影响，二则吕留良显然赞同“性有三品”的说法。所谓“高一层人”和“低一层人”的提法，可以看作是“性有三品”的变异。善书精确计量功过的功利主义，引起了吕留良的反感，那种“孝顺父母也算几功，螺蚌放生也记一善”的做法，在吕留良看来从源头上就是恶行（“善根总绝也”）。

（三）《论语》“子曰：不知命章”

如果说上面两处引文还只是停留在就善书争论善书的层面的话，那么对《论语》“子曰：不知命章”的注释，就已经上升到理学的层面，并且触及与善书的核心观念（之一）——命运观上。对此，吕留良《四书讲义》的注释是：

> 我之当为君子，命之固然也。为君子而有死生祸福之不同，亦命之适然不可辞也。信命不及，则气有不直，力有不足，而道有不尽者矣，故无以为君子。知命，故能立命。天即理也，命即天理之当然也。知理之当然，一切生死、祸福、成败、利钝，一齐放下。面前只有我所当为之事在，更有何商量夹带？故可以为君子。佛氏以因果报应劝人，袁黄窃其旨造为《功过格》，谓足以改命，乃所谓不知命也。“命”字，深求者多入庄周瞿昙邪路；浅见则又落三命通会，星平会海，及袁黄功过感应等鄙魔，世人说知命，大约不出此境。①

前已述及，善书出现的大背景，是对命运的思考以及在此基础上对宿命论的摆脱。也正是在宿命与立命的矛盾中，吕留良主张“天”即是“理”，“命”即是“天理之当然”，这既是正统理学对“理”的推崇，也是传统儒家对知命的理解。而《功过格》等善书宣传改命（而非命定），乃是不知命的表现。对此，朱轼持完全不同的看法：

> 朱子曰：“此与‘五十知天命’不同”。“知天命”谓知其理之所自来，此“不知命”是说死生寿夭、贫富贵贱之命。盖“命”

① 吕留良：《四书讲义》，卷23，第540b页。

> 有专以“理”言者，“天命之谓性”“五十而知天命”是也；有以“气”言者，孔子言“道之将行将废，得之不得，曰有命”是也。留良乃谓“命”即“天理之当然”，是明与朱子之说背矣。又自知其说之不可通，而曰“知理之当然，一切死生、祸福、成败、利钝，一齐放下”，以牵合其说，而混其义，不知何意。[①]

吕留良为学尊程朱，朱轼此处乃以“朱子曰”开篇。认为“知天命”与“不知命”中所说“命”属于不同的层次：前者指的是“理之所自来”，后者指的是“死生寿夭、贫富贵贱之命”。换句话说，前者属于形而上层面，后者属于形而下层面。为此与明清时期的许多论述感应和命运的士人一样，朱轼主张从“理”和“气”两个层面来理解“命”，这两种类型的“命”又实与前书类型相吻合。因此，在朱轼看来，吕留良没有区分圣人所说的两种命，径直将命理解为“天理之当然”，是牵合其说，混淆其意。

（四）《论语》“子张学干禄章”

与刘宗周和张尔岐一样，吕留良对善书的批判很大程度上源自对其功利主义道德观的不满。道德与祸福（德福问题或德福一致问题）之间无法建立联系，是儒家面临的重要思想问题。晚明以降兴起的善书，实为此提供了重要的解决途径[②]。为此在对《论语》“子张学干禄章”的注释中，吕留良同样并未诉诸善书本身，而是借用善书之喻，对“干禄”这一行为的功利主义进行批判。全文注释如下：

> 禄原不是学问分外事，所误在干耳。在中者道理如此，学者未尝计及，亦不必计及，应固在中，不应亦在中，须从末三句倒入，则意思紧拍。若呆板疾讲，筋脉尽弛，缓矣。“言寡尤叠”一句，正难之也。或问子张学干禄，夫子以禄在其中引之，如何反作难？曰：禄不须干而自得，是下三句中语意，此两段却正□寡□□之难看，两“则”字如何郑重。子张才高务外，只看得言行不打紧，夫子说“寡尤悔”之妙以引之，却正不许他。两“寡”字容易也。“寡尤”二句亦复上起下过脉语，然而有异。

① 朱轼：《驳吕留良四书讲义》，第729页。

② 吴震：《德福一致——关于儒学宗教性问题的一项考察》，《船山学刊》2012年第4期。

凡过脉即上文叠述无层次，此却与上有层次。上两“寡”字言如此，然后寡未全寡之词也。此二“寡”字，是果成其为寡，较进一步，明此则寡字自然着实，而虚位亦恢乎有余矣。人都放开阔，去能收摄入里，令干禄人无站足处，方知寡尤悔二叠语，正是难词，不是慰幸词，并不求自至语不消，干圆禄在其中，不是引诱庸流，亦不是鼓厉修士，是天地间自然正理，故奔竞与枯遁者，虽清浊不同，而其不知道。看得一禄字重滞，则一也。说君子到底只有自修言行工。夫在中言外之意，方圆正是干禄对治方药。古人乡举里选，故说个言行。如今秀才秘诀却是丑，作文低立，品禄在其中矣，可笑可叹。所谓禄在其中者，只是其理如此耳，非必操券而求合也。“言寡尤”三句，正言禄之不必干，非告之以善干之道也。如谓寡尤寡悔必无不得禄之理，如操左券而取此，与今人念《感应篇》、行《功过格》而求福田利益者何异？凡言在其中者，如云有是理而已，次故语须极圆极活，道理方足。若说得凿凿可据，其意不过欲歆动颛孙，然于理不无滞碍，便非圣人之言矣。①

将干求品禄等同于“念《感应篇》、行《功过格》”以“求福田利益”，从而准确地指出了“干禄”的功利主义。尽管吕留良承认，“禄原不是学问分外事，所误在于耳”，吕留良仍坚持最原始（也自认为最正统）的义利之辨，认为这样才是圣人之言。在吕留良看来，道德修养（善恶）与命运幸福（感应）之间能够建立对应关系，只存在于理论上——这是孔子含蓄的主张。如果像善书一样将这种对应关说得“凿凿可据”，那么其结果只能是“歆动颛孙”，于理有所滞碍。对于吕留良此章注释，朱轼并未进行针锋相对的辩驳，只是就其中的某些段落进行驳斥：

李延平曰：“古人干禄之意，非后世之干禄也。盖胸中有所蕴，亦欲发而见诸事尔。然求之有道，苟未见所以求之之道，一萌意焉，则外驰矣。此条说得最明。”今留良乃谓另有一种动人之言行，是不惟萌诸心，而且见诸事，看子张便是。后来哗世取宠，一流圣门，当日安得有此学术乎？②

---

① 吕留良：《吕晚村先生四书讲义》，卷5，第416页。

② 朱轼：《驳吕留良四书讲义》，第677a—677b页。

在这里，朱轼颇有斥责吕留良“以今人度古人”的意思。因为“古人干禄之意，非后世之干禄也”。古人所说的干禄，乃是以胸中之所发而见诸行事，显然不是单纯地见诸行事而已。从这个角度来看，所谓“干禄”，并不能天然地与功利主义相勾连。

（五）《孟子》“孟子曰：有天爵者章”

在《孟子》“孟子曰：有天爵者章”的注释中，吕留良更进一步加强了对义利之辨的讨论，同时讨论到善书观念的另一核心（“天”）的问题。原注释全文如下：

> 学者不识得“天”字，凭他英雄才智，压倒在气数之命下矣。气数之命，即人爵也。不知上边还有个“天命之性”在，此是气数，没奈他何底，圣贤只争遮些子耳。孟子持提个天爵，已将气数之命俯视在百尺楼下，然是实理，非虚气也。请看孔孟程朱，今日又何常无人爵，故曰：大德者必受命。“天爵”二字，是孟子自撰语，然却是真实义，非寓言名目也。天位、天禄、天秩、天叙、天命、天讨，无非天者，天即理也。自“天”字不明，异端横起，其最下者至袁黄了凡，造为《感应功过格》，附会“太上”不根之语，谓以此求科名、年寿、子女、货殖之属，无不应愿而得者，云是劝人为善。夫所为善者何？公也，义也；恶者何？私也，利也。以自私自利之心而伪行善事，此劝人为恶，非为善也，即使尽如袁黄所劝，正孟子所谓要弃必凶者耳。三代以上，未尝有此劝法，而为善者众。自汉以来，为因果报应之劝者，日益精工，而人心益下，不可谓非彼说之罪也。今日虽极聪明长厚人，无不为所惑乱矣。为孔孟之徒者，不亟起而正之，更谁望耶？①

本段的论述仍然建立在对“天”的理解上，同时落脚于义利之辩上。在吕留良看来，袁黄等人创《功过格》等善书，乃因不明“天”字而起。与张尔岐一样，吕留良也以“公”和“义”来定义“真善”，以“私”和“利”来定义“伪善”，因此也就自然而然地将“劝善之书”视为“劝恶之书”。吕留良始终以三代和孔孟程朱为正统，将善书以因果报应劝人的做

① 吕留良：《吕晚村先生四书讲义》，卷 6，第 661b—662a 页。

法归结为三代以下尤其是汉代以来的传统。以“伪善”而不是“真善”尽情劝善，是“太上不根之语”，无疑构成了“异端”，只有作为正统的“孔孟之徒”才能对之纠偏。

联系雍正年间发生的文字狱背景，朱轼《驳吕留良四书讲义》的主要内容，在于驳斥吕留良《四书讲义》和《天盖楼四书语录》中的华夷之辨和五伦之别上，因此对儒家传统中的核心观念——天、性和命等与善书有关的概念，并不构成其核心。前述吕留良著作中的五处注释中，有三处未能引起朱轼的辩驳，或与此主题上的侧重有关。但就仅有的两处针锋相对的讨论来看，一方面两者辩论的对象已经涉及五伦（君臣、父子、兄弟、夫妇、朋友）中的重要问题，另一方面其讨论的思想层次也限制在本书绪论中提出的三大命题上（即天人、善恶、义利）。尽管从朱轼的角度来说，乃是奉皇帝之命行事，但就其《驳吕留良四书讲义》来看，这些观念无疑代表了个体的层面。如朱轼在《广惠编序》中指出“福利者，释氏之说也；感应者，老氏之说也。事不经，固所弗道已。若夫任恤列于六行，恻隐首乎四端，孰能外此，以自号为人乎？”[①]亦即在当时“天下之大，不归老即归释，二氏之学遍天下而儒教几乎息”的背景下[②]，不论是出于自治还是治人，朱轼都无法摆脱善书的影响。

第三节 长洲彭氏家族的“善书传家”

在明清时期的善书编纂、刊刻与传播中，往往以一定的社会组织为依托，比如，善会、善堂、文会、庙宇和家族等。日本学者夫马进已对前者同善书、慈善的关系做了较详细的论述[③]。而作为明清社会基层组织的家族，在善书编纂、刊刻和传播中同样扮演着重要角色。尤其是作为“善书之首”的《感应篇》，其编纂诠释往往需要经过两三代人的传承才能趋于完善，进而在“诗歌传家”“理学传家”“科举传家”等家族传统以外，形成重要的“善书传家”传统。前述陕西三原王氏家族、江苏如皋冒氏家族

① 朱轼：《广惠编序》，《朱文端公文集》卷1，第15a页。

② 朱轼：《历代名儒传序》，《朱文端公文集》卷1，第27a页。

③ 夫马进：《中国善会善堂史研究》，杨文信等译，北京：商务印书馆，2005年，尤其第158—160页。

已颇接近[①]。本节聚焦长洲彭氏家族，讨论“善书运动”同彭氏家族的复杂互动关系。

一、长洲彭氏家族的发展概况

说到家族组织与《感应篇》等善书的关系，无疑以长洲彭氏家族最为知名。据仲瑞五堂主人（即张惟善）所编《几希录》所载，其著名者有“吴（县）之彭氏、潘氏，以及昆山之徐、常熟之蒋、常州之赵、钱塘之许”等家族[②]。晚清梁恭辰（1814—1887）更是称长洲彭氏家族为“吴中积善之家”[③]。游子安曾以《论清代江苏长洲彭氏家学、善书与善举》为题，对长洲彭氏家族的善书编纂与慈善事业做过较为详细的论述。笔者也曾以彭希涑（1761—1793）的《二十二史感应录》为例，讨论明清善书与史书之间的关系[④]。但是以往的研究均未能将善书作为家族内部文化或精神传承的重要资源，甚至上升到与“理学传家”和“诗歌传家”之外的另一种重要形式[⑤]。从长洲彭氏家族的例子中，最能看出善书与明清家族之间的关系，尤其是士大夫家族“善书传家”的重要文化形式。

苏州彭氏家族原籍江西清江县，明代洪武初年从军至江南。先落籍吴

① 清代学者卢文弨和章学诚都曾提到，自己曾受祖上编纂、刊刻《感应篇》的影响，继续将这种实践推广下去。分别参见卢锡晋：《重刻太上感应篇图说叙》《续志录序》，《尚志馆文述》卷6，第178a—180a 页；章学诚：《刻太上感应篇书后》，《章学诚遗书》，北京：文物出版社，1985 年，第 322 页。尤其参考前者，《尚志馆文述》的刊者甚至评论说：“欧阳公《泷岗阡表》，于家庭最平常语皆写得涕泪欲出，由其孝思笃挚耳。子弓氏此篇（指《续志录序》）可以并驾。”又，倪德卫（David S. Nivison）在《章学诚的生平与思想（1733—1801）》（杨立华译，南京：江苏人民出版社，2008 年）中，曾前后三次论及章学诚有志于编纂和刊刻《感应篇》的经历，分别见第 19、79、195—196 页。除此以外，还可参见王命岳：《感应篇引经征事序》，《耻躬堂文集》卷 10，《四库全书存目丛书》集部第 224 册，第 709 页；王命岳：《太上感应篇引经征事》，国家图书馆藏康熙四十九年（1710）刻本，第 1—2 页。

② 仲瑞堂主人编：《几希录》，袁啸波编《民间劝善书》，上海：上海古籍出版社，1995 年，第 336 页。其言与余治《得一录》极为接近“至近世大家，昭昭在人耳目者，如吾吴之彭氏、潘氏，以及昆山之徐，常熟之蒋，常州之赵，钱塘之许，其先世之积功累德，固妇竖所共知者”。参见余治：《得一录》卷 5《救荒・救荒福报》，第 543 页。

③ 梁恭辰：《池上草堂笔记近录》，卷 1《彭庄二家阴德》，第 5b—6a 页。

④ 游子安：《论清代江苏长洲彭氏家学、善书与善举》，《大陆杂志》第 91 卷第 1 期；1995 年 7 月朱新屋：《明清善书编纂的史学化倾向——以彭希涑〈二十二史感应录〉为例》，《苏州文博论丛》第 2 辑，北京：文物出版社，2011 年。

⑤ 徐雁平：《清代世家与文学传承》，北京：生活・读书・新知三联书店，2012 年。其中，“诗歌传家”来自杜甫诗句“诗是吾家事”，“理学传家”最著名的例子是广州南海康氏家族，史传称其“世以理学传家”。参见梁启超：《南海康先生传》，夏晓虹编《追忆康有为》，北京：中国广播电视出版社，1997 年，第 3 页。

县，入清后改属长洲县（今皆属苏州）[①]。明代中叶以后，苏州彭氏家族以儒学传家，至第五世和第七世先后科举及第为进士后，“一门鼎贵，为三吴望族”[②]。对这个历史过程，彭氏家族第十三世彭绍升（1740—1796）曾有过简要叙述：“我彭氏自江西来，衍族于苏州，积十余世矣。门阀之兴自微而著”[③]。实际上，苏州彭氏家族自入清以后，举业更为发达，家族更为兴旺，据统计，前后有 19 名进士（含两位状元、两位会元和一位探花），31 名举人，7 名副榜，附贡生多达 130 余名[④]，可见其宗族之兴旺发达。不仅科名极盛，而且占有大量土地，至迟在彭绍升时期（乾隆），长洲彭氏家族在男丁不过百余人的情况，却拥有五千亩土地[⑤]，可见其家族在长洲一地之影响力。包筠雅在对《功过格》的研究中指出，善书在明清时期常常被士大夫家族用来作为自身社会地位的辩护资源，即以善书的因果报应观念，给世人传递一种自身地位为“善有善报”的结果。因此，16 世纪和 17 世纪的善书（《功过格》）在实际的社会功能上，并不完全一样——如果说 16 世纪的《功过格》鼓励人们通过自己的努力，改变自己的命运冲击了当时的社会秩序的话，那么 17 世纪的《功过格》就在客观上为上层士绅的社会地位做了辩护，即经历了从“鼓励升迁”到“鼓励安分”的转变[⑥]。这两者固然是一体两面的关系，但后者仍是一个相当重要的层面，清代学者钱泳（1759—1844）在《履园丛话》中表达了类似的看法：

> 彭一庵，名珑，字云客，长洲人。方言矩行，士林推重。举京兆试，谒选留都。忽心动，急南还。父病正笃，阅五昼夜而殁。人谓诚孝所感，服阕，补长宁令。洁己爱民，以不善事上官受诬被揭，其子定求闻难赴粤，焚香吁天。事得白，公回籍，殡葬父母，毕悬亲遗像于书室中，寝兴出入必拜告，终其身如。此后定求中会元、状元，曾孙启丰亦会元、状元，官至兵部尚书。启丰子绍观、绍升，孙希濂、希洛、希郑，曾孙蕴辉俱中

① 彭绍升：《彭氏家传》，《二林居集》卷 23，《续修四库全书》集部第 1461 册，第 491a—496b 页。

② 江藩：《国朝汉学师承记》附《国朝宋学渊源记》，北京：中华书局，1983 年，第 173 页。

③ 彭绍升：《彭氏义田缘起叙》，《二林居集》卷 6，第 349 页。

④ 李嘉球：《苏州状元》，上海：上海社科院出版社，1993 年，第 240 页。

⑤ 彭绍升：《彭氏义田缘起叙》，《二林居集》卷 6，第 349 页。

⑥ 包筠雅：《功过格——明清社会的道德秩序》，第 250—251 页。

进士，科甲不绝。①

钱泳所作此传特别强调的是彭珑"孝"的品质及彭氏家族内部"孝"的传统，从中间的仪式性记载来看，彭珑与当时《孝经》的宗教性实践若合符节。这种以家族绵延和代际传承为旨的"孝"，与彭氏家族"善书传家"传统的形成有很大关系（详下）。因此，仲瑞五堂主人所编《几希录》明确指出，"古来世家大族富贵绵延者，无一不由于祖先之阴德"，并认为长洲彭氏等家族"其先世之积功累德，固妇竖所共知者"②。不过，从彭氏家族"科举鼎盛为江南冠"的情况来看，善书对于彭氏家族别有意义。彭氏家族的善书编纂，与其说是"展示性"的外在举动，不如说是"传承性"的内在自觉③。为更好地体现长洲彭氏家族善书编纂的家族传统，先将世系列表如下（表 4-4）。

表 4-4　长洲彭氏家族第六世至第十二世谱系表③

世次	人物
第六世	彭一庵（云客公）
第七世	彭定求（南畇公）
第八世	彭正乾（惕斋公）
第九世	彭启丰（芝庭公）
第十世	彭绍济　彭绍升　彭绍威　彭绍观　彭绍谦
第十一世	彭希莱　彭希郑　彭希涑　彭祝华　彭希洛　彭希濂
第十二世	彭蕴章

资料来源：游子安：《劝化金箴——清代善书研究》，第 90 页；彭蕴章：《先世著述记》，《归朴龛丛稿》卷 5，《续修四库全书》集部第 1518 册，第 603b—605a 页。

---

① 钱泳：《履园丛话》，卷 13《孝感》，《续修四库全书》子部第 1139 册，第 196a 页。

② 仲瑞堂主人编：《几希录》，袁啸波编《民间劝善书》，第 336 页。

③ 范纯武指出，"彭绍升等人并非是为了稳定地域的社会安定，想提高道德水平而做的，而是为了自身家族的永续经营，将刻印善书视为善行的一种，积德以庇荫后代"。参见范纯武：《中国善书研究的反思》，《台湾宗教研究通讯》创刊号，2000 年 1 月。

④ 需要说明的是，在《明清以来苏州文化世族与社会变迁》中，徐茂明等学者依据彭文杰修《彭氏宗谱》（民国十一年衣言庄刻本）列出了长洲彭氏家族第四世至第十八世的谱系，但彭珑（一庵/云客公）为第九世。而本表的世次依据的是彭蕴章《先世著述记》的提法。参见徐茂明等著：《明清以来苏州文化世族与社会变迁》，第 58 页。

本表之所以只列出从第六世至第十二世的世系，主要是为了与下文依据第十二世彭蕴章《先世著述记》所重构的彭氏家族善书编纂表相互对应。其中，第六世彭珑（1613—1689）生于万历四十一年（1613），第十二世彭蕴章卒于同治元年（1862），期间跨度几乎包括整个有清一代（从晚明到晚清）。虽然直至晚清，彭氏家族仍以刊刻、编纂和传播善书闻名[①]，但主要的编纂活动已在彭绍升辈（亦即清前中期）达到顶峰。本节的论述即限定在清中前期。因此，综合上文论述，可知科举和善举（含劝善）构成了有清一代长洲彭氏家族的发展主题。一方面，藉由科举奠定自身在地方的社会地位，另一方面，藉由善书编纂为自身的社会地位辩护，亦即科举与善举相辅相成，互为证明[②]。正是在这个意义上，长洲彭氏家族的“善书传家”值得详细深入讨论。

二、长洲彭氏家族的善书编纂

既然将长洲彭氏家族的善书编纂看成是“传承性”的内在自觉，那么长洲彭氏家族的善书编纂就理应放在“善书运动”的脉络中进行考察。游子安等学者的确是这样做的，但是并未注意到一篇重要的文献，即彭氏家族第十二世彭蕴章（字咏莪，1792—1862）的《先世著述记》[③]。前引梁恭辰《池上草堂笔记近录》对长洲彭氏家族的看法，即与梁恭辰同彭希涑的交游有密切关系：

> 余以公车抵京，始屡晤彭咏莪（蕴章）。盖咏莪与南有伯兄为至交，故与余兄弟皆契好。稔知其累世科第甲于吴中，间询其家门鼎盛之由，咏莪曰：“吾苏彭姓与武进庄公名桂者同榜。庄母太夫人梦三神人议是科鼎甲。一神曰：‘论先世阴德，庄与彭相捋。惟本人惜字一节，庄不及彭’。一神曰：‘果尔，即改彭为第一可矣’……余家自国初以来，虔奉文昌，则信有之，笔

① 参见徐茂明等著：《明清以来苏州文化世族与社会变迁》，第185—186页。

② 陈奂《松鳞义庄记》表达了类似的看法，参见李铭皖、冯桂芬等纂修：《（同治）苏州府志》，卷24《公署四·松鳞义庄》，第591—592页。其载潘氏奉行《感应篇》的情形：“昔馆于荥阳氏，榕皋公优游在籍，理斋公色笑承欢膝下，奉《太上感应篇》为家塾课程。清晨令盥读，每叹曰：‘世途叵测，类皆壅塞，莫可为，为善最乐’。”而苏州潘氏家族的阴德与家族兴盛之关系的看法，也见载于梁恭辰：《池上草堂笔记近录》，卷2《潘氏厚德》，第6b—7a页。需要说明的是，潘氏家族的善书实践正是在彭氏家族的影响下发生的，其阅读的主要善书均与彭氏家族成员有关。参见徐茂明等著：《明清以来苏州文化世族与社会变迁》，第97、196—197页。

③ 彭蕴章：《先世著述记》，《归朴龛丛稿》卷5，第603b—605a页。

录事近渺茫，本非可以为训，未敢为君子告也。”[①]

通过彭蕴章自述“其家门鼎盛之由”，可见其对自家家族传统的熟稔并归结于对善书的崇奉和积善的传统，因此，《先世著述记》就是对这一家族传统的最好回顾。梁恭辰最后指出：“知其先世积德之深，食报之远，似不仅惜字一端也”[②]。正是通过这篇具有家族记忆性质的史料，不仅可以总体上俯瞰长洲彭氏家族的善书编纂概况，而且可以细微看到家族内部成员对这种传承性家族活动的看法。不妨先整理列表如下（表 4–5）：

表 4–5　长洲彭氏家族的善书著作

世系	作者	书名	主要内容
第六世	彭一庵	《真诠》	云客公受于隐者，不著撰人姓名。其书言道家修养之术，《参同契》之流也。
第七世	彭定求	《儒门法语》	首列朱子白鹿洞揭示五教之目，至蔡忠襄管见臆测，皆宋以来先儒格言。
		《孝经纂注》	采集古注，加以翻译国书。
		《质神录》	时玉局杜真君黄石斋先生降乩训言也。事涉幽冥，当时未敢刊行。及从祖二林公删汰而刊之，则已事阅百年矣。虽系乩书，然皆教人以修身立命之学，内有讨投拜生檄，尤足为奔竞者戒。
		《阳明释毁录》	因当湖之徒攻击姚江太过，故作此书。
		《明贤蒙正录》	前代诸贤幼时故事，或诗句、对句，以明贤哲之生幼而岐嶷，为蒙养之助云。
		《玉局心忏》	杜真君降乩，演此心忏。其体与道家诸懺，同唯称礼皆先圣贤号，所言皆正心诚意之学，与道家异。乾隆间里中有玉笙坛，善士之礼，是忏者犹不乏人，今已绝响。
		《密证录》	与《释毁录》同列。
		《不谖录》	与《释毁录》同列。
		《学易纂录》	阐明易理，略于名象。依章附说，兼取错综。

① 梁恭辰：《池上草堂笔记近录》卷 1，第 5b—6b 页。
② 梁恭辰：《池上草堂笔记近录》卷 1，第 6b 页。

续表

世系	作者	书名	主要内容
第十世	彭绍升	《闲家类纂》	采取先正格言家训，以教孝弟、守朴素为教。
		《测海集》	首载列朝圣德诗，仿雅颂体，后载思贤咏，凡国朝王公以下至于士庶之贤者，各立小传，末系五言古诗。
		《居士传》	为古来学佛者立传，不入文集，别为一编。
		《一行居集》	亦载佛门文字。
第十一世	彭希洛	《证学编》	皆先儒格言。
	彭希涑	《二十二史感应录》	首列《太上感应篇》，博采前史"为善降祥，为恶降殃"报应之显著者，以明感应之理为不爽也。
		《净土圣贤录》	搜罗释典，续释迦以来梵行。

资料来源：彭蕴章：《先世著述记》，《归朴龛丛稿》卷5，《续修四库全书》集部第1518册，第603b—605a页。

从表4-5中可以看出，长洲彭氏家族从第六世至第十一世的善书编纂，涉及四世代六成员，前后跨越近两百年。仅以彭蕴章的记忆所列善书，即达17种。游子安的研究还指出了其他的一些善书著作，如彭定求的《元宰必读书》《保富确言》《玉局功过格》，彭绍升《感应篇汇注》，等等[①]。若再加上长洲彭氏家族世代为各种善书所撰写的序言和跋文，那么其善书著作更是达三四十种[②]。在彭氏家族成员中，尤以彭定求和彭绍升编写善书最力，善书著作最丰。长洲彭氏家族的善书编纂表现出以下三个特点：其一，受到佛教和道教的影响极大。彭绍升作为佛教居士自不赘

① 游子安：《劝化金箴——清代善书研究》，第92—96页。《玉局功过格》为笔者在浙江省图书馆所见，为彭定求在浙东峡谷梅坛扶乩而写成的鸾书，与《质神录》《玉局心忏》同一性质。参见彭定求：《玉局功过格》，浙江省图书馆藏光绪十五年（1889）刻本。

② 游子安：《论清代江苏长洲彭氏家学、善书与善举》，第37页；徐茂明等著：《明清以来苏州文化世族与社会变迁》，第186页；朱新屋：《明清善书编纂中的史学化倾向——以彭希涑二十二史感应录》为例，第46页。在《明清以来苏州文化世族与社会变迁》中，作者或许没有注意到彭蕴章的《先世著述记》，或许因为"盖书多二林公修辑"，而错误地将《质神录》归于彭绍升名下。参见徐茂明等著：《明清以来苏州文化世族与社会变迁》，第186页。另外，彭定求《元宰必读书》，似为《感应篇》的另一称呼。参见释印光著，张育英校注：《印光法师文钞》卷8《感应篇直讲序》，北京：宗教文化出版社，1999年，第1264页。

述，以数量最多的彭定求来说，《质神录》《玉局心忏》《密证录》《不谖录》等皆是受到释道二教影响的例子。其二，建立在地方劝善与慈善事业的实践基础上。长洲彭氏家族之所以被称为“吴中积善之家”，不仅得益于善书编纂与劝善事业，还与地方社会的慈善活动有关系[①]。其三，善书编纂体现出“善书传家”的倾向。这里所说的“善书传家”，指的是包括注释、编纂、刊刻、阅读（奉持）和劝善等一系列实践在内的传承性行为。

三、彭绍升“善书四叙”解析

从善书编纂来看，长洲彭氏家族的确已形成“善书传家”的家族传统。那么，这种家族传统是如何形成的？与彭氏家族的其他传统是否有关系？为此需要细致梳理从彭珑到彭希涑的善书论述。据彭蕴章的叙述，彭氏家族最早编纂的善书是彭珑的《真诠》，“云客公受于隐者，不著撰人姓名。其书言道家修养之术，《参同契》之流也”[②]。这里透露出两点消息：其一，彭氏家族的善书编纂最早是受到道教的影响，其二，彭氏家族善书编纂缘起于家族之外。那么，这样一种受到道教影响、得自于外部的善书编纂，如何被彭氏家族内化为自身的家族传统？特别是作为理学世家的彭氏家族，如何衍生出新的“善书传家”的传统？据前引钱泳《履园丛话》所载彭珑传记可知，彭珑（云客公）最被人称道的品质是“孝”，追溯其善报也以“孝”为最主要因素[③]。吕妙芬指出：“中国帝制晚期的孝治意识形态正是由皇权、司法、家族、宗教、文化所建构的巨大体制，强烈规范着人们的思想与行动，型塑着人们的价值观与人生观。”[④]被认为是“德之本也”的“孝”在16—18世纪的中国社会渗透得更为广泛而深刻[⑤]，并且由“孝”的品质衍生出来的问题，直接与家族继嗣和家族传统联系在一起。

然而，要理解这种转变，就必须回到彭氏家族编纂的善书本身，尤其是相关的理论性作品。尽管表4-5所列善书多散佚，但留存在文集中的大量的善书序言和跋文，仍然提供了丰富的理论性表述。首先要谈到的是彭定求《感应汇传序》。据彭定求序言可知，《感应篇汇传》作者为其同年

---

①　徐茂明等著：《明清以来苏州文化世族与社会变迁》，第184—197页；葛慧烨：《清代慈善家彭绍升研究》，苏州大学历史系硕士学位论文，2008年。

②　彭蕴章：《先世著述记》，《归朴龛丛稿》卷5，第604a页。

③　据李铭皖、冯桂芬等纂修《(同治)苏州府志》(卷137《艺文二》，第3248页）载，彭珑曾撰有《孝经纂注》一卷，尤可为佐证。然彭蕴章《先世著述记》以为《孝经纂注》乃彭定求所撰，或记忆有误。参见彭蕴章：《归朴龛丛稿》卷5，第604a页。

④　吕妙芬：《孝治天下——〈孝经〉与近世中国的政治与文化》，第51页。

⑤　语出《孝经》，参见胡平生译注：《孝经译注》，北京：中华书局，1996年，第1页。

好友夏成六（生卒年不详）。该书系夏成六“穷年累月，荟萃群籍”而成，“绝无纰漏”，所以彭定求盛赞“其解义则精而融，其载言则典而且，其征事则显而详”，不免过誉地说：“余见诸加注本甚伙，未有若兹之美善者。”从彭氏家族的善书编纂来看，该书对彭氏家族成员产生过重要影响殆毋庸置疑。作为彭氏家族成员中最著名的理学家，彭定求的《感应汇传序》从行文结构到内容陈述都很有代表性。从行文结构来看，《感应汇传序》带有某种辩论色彩。彭定求首先提到，当时“学士大夫”对待《感应篇》的两种普遍态度：一则“欲举感应而讳之”，讳而不谈；二则“欲举感应而略之”，略而不谈。前者乃“无忌惮之流”，后者则有“偏执之过”。随后，彭定求详细论述了《感应汇传》的三大裨益：

> 吾谓是传之善也有三：一曰翼圣经，一曰赞王化，一曰顺天心。盖福善祸淫之大旨，具见于五经四书，而篇中因纲列目，使人返身而按，据事而稽，所以为家喻户晓之书。有是传以为之条晰，为之贯通，无非慎独工夫之条目，故曰翼圣经也。士行浮靡，民俗偷薄，劝之以章服，齐之以刑罚，而冒滥既多，幸免尤众，则所以格其非，办者断非刑，驱势禁之所及，有是传而天地鬼神如临如质，庶几惘心耸目，可以潜移默夺，故曰赞王化也。上天之仁爱斯人至矣。风雨露雷，无非至教，昊天曰明，昊天曰旦，岂涉于矫诬之谓哉。神道炳灵格于穹壤，有是传而义警于遒人之铎，兆显于卜史之繇，故曰顺天心也。①

这三大裨益分别指向理学、王朝和自我。彭定求此序在明清士人中间的影响非常大，在彭氏家族内部也具有开创性意义，晚清贺长龄等编纂《皇清经世文编》时，亦收入此序②。彭定求为清初著名理学家汤斌的弟子，在儒学义理的论述方面颇喜王阳明。不过，彭定求也曾师事道士施道渊（1616—1678），因此受道教影响甚大——彭定求另编有善书《玉局功过格》，即以设立道坛扶乩而成③。

---

① 彭定求：《感应汇传序》，贺长龄等编《清经世文编》，卷 4《学术四》，第 125 页。

② 彭定求：《感应汇传序》，贺长龄等编《皇清经世文编》，卷 4《学术四》，第 125 页。

③ 彭定求：《玉局功过格》，浙江省图书馆藏光绪十五年（1889）刻本。有关彭定求同道教的关系，特别是同施道渊的交游关系，可参见徐健勋：《清代士人彭定求与道教因缘初探》，《湖南科技学院学报》2013 年第 2 期。

彭定求的这种论述为彭绍升所继承。在中国善书史上，彭绍升因撰写了四篇善书序言（简称“四叙”，即《阴骘文集注叙》《质神录叙》《感应篇汇注叙》《二十二史感应录叙》）而知名。在长洲彭氏家族史上，善书著述最丰富的是彭定求，但是彭绍升才是整个家族最核心的人物——诚如彭蕴章《先世著述记》所说，“盖书多二林公修辑”[①]。作为家族的第十世成员，彭绍升上接彭定求等前辈，下启彭希涑等后辈。犹有进者，由于彭绍升的个体声望，使得无论是在理念还是实践上，彭定求的影响力都远大于其他的家族成员。特别值得注意的是，彭绍升曾与当时学界领袖戴震之间有过著名的“佛儒之辨”，其间当然牵涉到善书[②]。以至于后来章太炎（1869—1936）在手批彭绍升《二林居集》时，指出：“《阴骘文集注》等四叙，为尺木终身圭坫。”[③]此洵为不刊之论。

从彭氏家族的“善书传家”角度来看，彭绍升之所以成为承上启下的关键成员，一个很重要的原因是，彭定求的许多善书著作都由彭绍升整理和刊刻的。这是彭氏家族“善书传家”的重要表现。按彭绍升的“四叙”涉及三种善书，分别是《阴骘文》《感应篇》和《质神录》。其中，前两种为“三圣经”中的两种[④]，后一种为彭定求所编纂。由于《阴骘文》和《质神录》都有鸾书色彩，与扶乩仪式较为密切，所以彭绍升写作序言时聚焦于天（神）—人关系。在《阴骘文集注叙》中，彭绍升论述了对“圣人”的理解，说：“圣人者，有冥权焉，有显权焉。有已入正位，湛然常寂者焉；有分身应化者焉。其冥也，其显也，其寂也，其应也，一与人为善之心而已。”随后，彭绍升在比照文昌帝君和孔子中进一步提出：“圣人者，有冥权焉，有显权焉。有已入正位，湛然常寂者焉；有分身应化者焉。其冥也，其显也，其寂也，其应也，一与人为善之心而已。”[⑤]这种论述当然受到宋儒以来重新发现“圣人”的影响，同时也接续了彭绍升与戴震之间的争论，并进一步延伸到《质神录叙》中来。在彭绍升看来，“圣人之道不传，而天人之路塞，上帝悯焉”，由此，彭绍升将问题集中到天

---

① 彭蕴章：《先世著述记》，《归朴龛丛稿》卷 5，第 603b 页。

② 成棣：《出世与淑世——彭绍升与清代中期的王学余波》，邓秉元主编《新经学》第 3 辑，上海：上海人民出版社，2018 年，第 262—299 页。

③ 沈延国校录：《章太炎先生手批〈二林居集〉辑录》，钱仲联主编《明清诗文研究资料辑丛》，长春：吉林文史出版社，1990 年，第 125—147 页，引文见第 145 页。

④ 在彭绍升的时代，“三圣经”中的另外一种——《觉世经》虽已产生，但尚未完全流行。相关研究参见游子安：《敷化宇内——清代以来关帝善书及其信仰的传播》，游子安《善书与中国宗教——游子安自选集》，第 43—84 页。

⑤ 彭绍升：《阴骘文集注叙》，《二林居集》卷 5，第 337 页。

人关系的理解上——这正是善书发生效应的观念基础（“感应”）。因此，在解释《质神录》书名来由时，彭绍升更详细地写道：“《记》不云乎‘视之而弗见，听之而弗闻，体物而不可遗。’是所谓诚也，是神之所以为神也。神之所以为神，即人之所以为人也。故能尽乎其人者，斯可以交乎神矣，是所谓质也。”①

在阐释天人关系的基础上，彭绍升在《感应篇汇注叙》和《二十二史感应录叙》中，进一步为《感应篇》等善书做出辩护。《感应篇汇注》为诸生陈恺齐（生卒年不详）的著作，前述“理学别派”罗有高亦曾为之作序。在《感应篇汇注叙》中，彭绍升采用了明清士绅的惯用话语，详细论证了世俗善书与儒家经典之间的一致性关系。彭绍升指出：“篇中多言鬼神，或疑与儒之说异，不知六经之言鬼神者，章章矣，非虚而意之也。‘神之格思，不可度思’，非所谓吉凶之神乎？‘陟降厥士，日鉴在兹’，非所谓在人头上录人罪过者乎？‘惟命不于常’，非所谓夺纪夺算者乎？”②后来，彭绍升提点族侄彭希涑编撰了《二十二史感应录》。该书主要内容是截取二十二史人物传记中有关善恶报应的事迹，加以选择简化，整合而成书。该书完成以后，颇为彭绍升所赞赏。彭绍升在序言中写道：“由不变者观之，则天人感应之故可得而详矣。然感应之故，有可知，有不可知。善者祥，恶者殃，此其可知者也；善者不必祥，恶者不必殃，此其不可知者也。”③显然，这是彭绍升在为“善恶报应”失灵现象进行辩护。

综上可知，长洲彭氏家族的“善书传家”传统，应视为一种绝对的混合体，前后有理学（儒学）、道教和佛教的进入。最早从第六世云客公彭珑开始，彭氏家族就建立了理学传统，所谓“巡抚汤斌重其学行，尝屏驺从过访焉”④，后来彭定求拜在汤斌门下，将家族同理学的关系进一步深化。至彭定求交游施道渊等道士群体，道教元素逐渐加入，所以一方面“从游汤潜庵先生之门，益研求心性宗旨，粹然负儒者之望”⑤，另一方面设坛扶乩，编写善书（鸾书），甚至长期被认为是《道藏辑要》的作者⑥。

① 彭绍升：《质神录叙》，《二林居集》卷 5，第 338a 页。

② 彭绍升：《感应篇汇注叙》，《二林居集》卷 5，第 343b—345a 页。

③ 彭绍升：《二十二史感应录叙》，《二林居集》卷 6，第 344 页。

④ 李铭皖、冯桂芬等纂修：《（同治）苏州府志》，卷 88《人物十五》，《彭珑传》第 2122 页；《彭定求传》，第 2124 页。

⑤ 黄之隽、赵弘恩等纂修：《（乾隆）江南通志》，《景印文渊阁四库全书》史部第 507—512 册，卷 163《人物志》。引言见第 511 册，第 677 页。

⑥ 莫尼卡著：《“清代道藏”——江南蒋元庭本〈道藏辑要〉之研究》，万钧译，《宗教学研究》2010 年第 3 期。

发展至彭绍升，乃以理学兼通佛学而闻名。在彭绍升看来，赵宋以后“独慈湖杨氏、西山真氏、潜溪宋氏、白沙陈氏，其书不讳言佛，且乐引以为助。至阳明王氏倡良知之学，一再传后，折而入佛者，殆不可悉数……乃遂彻两家之藩，以究竟一乘之指”，至清初由于王学衰落，程朱理学复兴，“往往树门户堑城府，于是乎儒佛之界重生”①。因此，彭绍升在理学上宗陆王，在佛学上宗净土。这些因素共同为彭氏家族的《感应篇》诠释和流传提供了思想助力。

第四节　姚文然的善书信仰与功过实践

明清时期，像彭定求、彭绍升这样在熟悉儒家义理的同时，致力于诠释、编纂和刊印善书的理学家并不在少数。比如，康熙朝大学士赵申乔（1644—1720）就在其子科考失利后，反复劝其编纂和阅读《感应篇》，后来乃有赵熊诏（即学了氏，1661—1721）《感应篇注训证》（又名《航中帆》）的问世②。当然，更典型的当属“一代宪典”姚文然（1620—1678）。这位在中国善书史上常见的灵验故事的主人公，与《感应篇》等善书之间存在密切关系。吴震曾注意到但谦虚地表示：“笔者一时尚未理清其思想的来龙去脉”③。本节以《姚端恪公集》为基础，详细梳理姚文然的善书著作及日常实践，并思考背后的时代性意义。

---

① 彭绍升：《二林居集》，卷22《述四・汪大绅述》，第488页。

② 赵熊诏在《航中帆自序》中写道：“庚午之秋，余复被放，盖自为诸生以迄于兹战已五北矣。自悲自恨，逾于曩年，魂闪心悸，有欲泣无泪，欲啸无声者，于是厌生若浼，视死如归。将取平日所读书，及所为文，尽举而沉诸河，而以身殉焉。所踌躇未决者，惟以‘大伤厥孝心’一语为念耳。越数日，薄暮过庭，家大人呼而问曰：‘小子来前，遇不遇，命也。汝容长戚戚奚为？’余呜咽不能对。少间，大人曰：‘得失在天，修为在人。欲感天心，须尽人事。吾辈德凉学浅，不能为圣贤性命工夫，然后为善之念。何可一日不存？今汝欲广布《感应篇》刻本，与其借石于他山，曷若取箴于弦佩。但就汝所见闻自为演说。果能发挥事理，指陈祸福，亦未始非检身之一助也。集成后吾当为汝梓。’余跽而受教。盖自白下试归，得乩仙降语，谆谆教余梓行感应篇甚力。”参见兰陵学了氏（赵熊诏）：《航中帆自序》，《太上感应篇注训证》，台北：新文丰出版公司，1992年，第1页。除了赵熊诏以外，其他如刘芳哲、朱在庵和姚文然等均有诠释，而尤其以姚文然更为典型。其中，刘芳哲为理学家，朱彝尊曾为该书作序。参见朱彝尊：《感应篇集注序》，《竹垞文集》卷17，《四库全书存目丛书》集部第248册，第350页。稍晚些沈叔埏的《太上感应篇印章序》亦曾论及。参见沈叔埏：《太上感应篇印章序》，《颐彩堂文集》卷6，《续修四库全书》集部第1458册，第410b—411a页。

③ 吴震：《明末清初劝善运动思想研究》，第102页。

一、从敬天之学到善书信仰

姚文然，字弱侯，安徽桐城人，原为明代崇祯十六年（1643）进士（不久改为庶吉士），入清以后，于顺治三年（1646）得到安庆巡抚李犹龙（？—1653）的举荐，出任国史院庶吉士。此后先后担任礼科给事中、户科给事中、副都御史、刑部侍郎、兵部督捕侍郎、左都御史、刑部尚书等职。《清史稿》称“然与魏象枢皆以给事中敢言负清望，号姚魏”，可见姚文然与魏象枢齐名而更在魏象枢之上①。其政绩主要体现在审定《清律》方面，特别是因姚文然提出“刃杀人一时，例杀人万世，可无慎乎”的原则，徐世昌（1855—1939）称姚文然“端恪晚掌司寇，审定律令，因明之旧，而稍加损益，务以宽大平允为主，遂成一代宪典”②。因此，从生命历程和为官经历上说，姚文然并不算丰富或曲折；就学问上来说，也无法与同时代的魏象枢、魏裔介（1616—1686）、汤斌等理学家相比。不过值得注意的是，作为对明代和清代律令都相当熟悉的重要司法官员，姚文然却有着顽固的善书信仰和独特的宗教世界。《清史稿》称“文然清介，里居几不能自给。在官屏绝馈遗，晚益深研性命之学”③，《桐城耆旧传》也称“（姚文然）晚岁洞明生死，泊然无所恋，系独其恻隐牢结，病中犹口授，疏请更定二例，恐其或有冤滥也”④。其实，无论是《清史稿》所称“深研性命之学”，还是《桐城耆旧传》所称“洞明生死，泊然无所恋”，都是指其善书信仰和功过实践而言。

揆诸史料可知，在姚文然的生命历程和为官经历中，善书信仰扮演着非常重要的角色，有时甚至是精神依托和心灵支撑。那么，作为清帝国重臣的姚文然，为什么会产生如此深刻的善书信仰？其中的重要原因，当然与前述“善书运动”的兴起有关，《感应篇》和《功过格》在姚文然时期

① 姚文然的生平主要参见以下四种：（1）赵尔巽等：《清史稿》，北京：中华书局，1976年，卷263，列传50《姚文然传》，第9903—9905页；（2）马其昶著：《桐城耆旧传》卷7，马伯舟点注，合肥：黄山书社，1990年，第232—236页；（3）沈葆桢、吴坤修等修：《（光绪）重修安徽通志》，《续修四库全书》史部第653册，卷180《人物志·宦绩》，第353a页；（4）廖大闻纂修：《（道光）续修桐城县志》，南京：江苏古籍出版社，2009年，卷12，第53—55页。另外，笔者尚搜集到《桐城麻溪姚氏总谱》十四卷，其中载有姚文然传记。参见《桐城麻溪姚氏宗谱》第14册，国家图书馆藏民国己未年（1921）重修本，第15a—18b页（本资料承蒙复旦大学历史学系巫能昌兄提供，谨致谢忱！）。

② 徐世昌编：《晚晴簃诗汇》卷22，第1册，闻石点校，北京：中华书局，1990年，第686页。

③ 赵尔巽等：《清史稿》卷263，列传50，第9905页。

④ 马其昶著：《桐城耆旧传》卷7，马伯舟点注，第234页。

产生了笼罩性的影响，原来“为中下设”的善书，已经成为士人阶层不得不正面面对的问题。在儒家感应观念和善书报应观念的合流中，《感应篇》等善书开始深刻地影响士人阶层的道德观念、命运观念和日常生活。姚文然自难例外。在姚文然的交游圈中，与姚文然齐名的魏象枢即是《感应篇》的重要阅读者和支持者之一。除了魏象枢以外，姚文然的交游圈子还包括《感应篇三绎》的作者鲍祖彪、《感应篇集注》的作者朱在庵等知名学者，他们相聚一起共同编纂和研讨善书[①]。这些因素促成姚文然产生了深刻的善书信仰，并从内心深刻体悟了儒家“敬天之学”。

吴震指出，明清交替之际，思想界出现一股“敬天”思潮[②]。姚文然也很早就体认到“圣人之学主于敬天”的道理。在这种核心观念的主导下，圣人之学（敬天之学）与《感应篇》等善书倡导的“因果三世”“功德福禄”等观念相结合，共同型塑了姚文然的善书信仰。在姚文然看来，从古典儒家继承而来的“敬天之学”乃为“实教”；以世俗善书为载体的“因果报应”乃为“权教”。两者实殊途同归。对此，姚文然在《因果三世说》中详细论述：

> “子不语怪与神”者，盖圣人之学主于敬天，曰“畏天命”，曰“乐天”，曰“知天命”。天且弗违，而况于鬼神乎？季路问“事鬼神”，而子不告者，盖圣人以事神之道尽于事人也。忠臣孝子，善人烈妇，天地感动，鬼神护呵，此岂谄媚鬼神者所可得乎？故诚能敬天，则不言怪与神可矣；诚能事人，则不言事鬼神可矣，此实教也。因果三世之说，虽涉于怪，然其意主于令人恐惧修省，以动其敬天之心。虽涉于鬼神而其意主于令人行善去恶，以全其事人之理，此权教也。[③]

① 鲍祖彪编撰《感应篇三绎》的情形详下；朱在庵原名朱玑，其《感应篇集注》今已亡佚。不过，或因朱在庵曾诠释《感应篇》，诸多善书中记载了其诠释《感应篇》的经过，并成为著名的灵验故事。黄正元《太上感应篇图说》即载：“山阳朱在庵生而体弱多病。母祷于神，愿儿无恙，终身茹素，复亲乳六年，至七岁方食粟。母卒时在庵年四十一，半生多逢忧患。一日读《感应篇》，追忆二亲，猛然悔过，乃编辑诸本，订以己意，条分缕析，合三十三万言，分为八卷，名《太上感应篇说》。计藉以补过末路，仰报亲恩于万一耳。顺治九年，募同人刊施焉，由是否者渐泰，蹇者转通。”参见李昌龄著，黄正元注，毛金兰增补：《太上感应篇图说》上册，上海：学林出版社，2011年，第76页。

② 吴震：《中国善书思想在东亚的多元形态——从区域史的观点看》，《复旦学报》（社会科学版）2011年第5期。

③ 姚文然：《因果三世说》，《姚端恪公集》外集卷6，《四库未收书辑刊》第七辑第18册，第676b页。

与许多明清时期的《感应篇》序言和跋文一样，《因果三世说》也是一篇具有辩论色彩的文字。姚文然在开篇即拈出“或曰：‘因果三世之说，毋乃荒唐乎？’予曰：‘非荒唐也，请以见在者实之。’”，随后乃引入《论语》所载孔子对鬼神的态度，将圣人“敬天事人”视为“实教”，善书“鬼神事人”视为“权教”。在区分这两种“设教”形态的基础上，姚文然进一步指出：“圣人因时以立教，设教以救世，其苦心则一焉尔矣。夫言天也，言鬼神也，皆以为人而已。”认为“圣人以事神之道尽于事人也。”①由此可见，姚文然在这里的论述对象已从“敬天”降格（或落脚）于“事人”上，强调“实教”和“权教”对于“人”的意义。职是之故，在姚文然的敬天之学和善书信仰中，“天”或“鬼神”构成“天道”层次，“诚敬”或“报应”构成“人道”层次。

在以“圣人以事神之道尽于事人也”为核心的“敬天之学”基础上，姚文然阐发了自己深信的另外三种观念：“因果三世说”“人间无恩怨祸福说”和“功德福禄母子说”。此三者分别见于《因果三世说》《人间无恩怨祸福说》和《复程宾梧书》。由于这三种观念是直接因善书信仰而引发的论述，因此最能代表姚文然的善书信仰。其中，“因果三世说”当然是所有观念的基础，而“人间无恩怨祸福说”和“功德福禄母子说”则是进一步的申论。在《因果三世说》中，姚文然为论述佛教因果三世说，首先指出了“宿慧”和“宿业”两种形态：

> 昨日所读之书，至次日书本未展，却能成诵于口中。或童稚所见之事，至白首而其事已往，犹能记忆于日前。以昨日童稚为今世，则次日与白首为来世也；以次日白首为今世，则昨日与童稚为往世也。是即所谓宿慧也。杀人于数年之前，而抵偿于数年之后；结怨于数十年之前，而报仇于数十年之后。若使今日杀人而明日偿命，则狱官无此断狱之法，无论鬼神矣。今日结怨而明日报仇，人间亦无此速报之法，无论天道矣。故速者以日月计，迟者以年计，又迟者以世计，其报一也。是即所谓宿业也。②

姚文然对“宿慧”和“宿业”的区分，实际上是要为“善无善报，恶

① 姚文然：《因果三世说》，《姚端恪公集》外集卷 6，第 676a 页。
② 姚文然：《因果三世说》，《姚端恪公集》外集卷 6，第 676b 页。

无恶报”甚至“善有恶报，恶有善报”的“善恶失灵”现象辩护。姚文然接着列举了“人不能知而天独知之”和“旁人不能知而本身独知之”两种“报应失灵”的现象，指出倘若从长时段（“三世”）和必然性（“因果”）两个角度来看，这种表面上的“报应失灵”现象与因果报应丝毫不爽的道理并不相背。为了论证这种观点，姚文然更详细地列举了历史上和生活中的大量例子来论证这点：张君嗣和李林甫的故事、富室和壻家的故事，等等。凡此皆在于证明儒者信仰报应之道的合法性。

除了“因果三世说”以外，姚文然还在《复程宾梧书》中提出“功德福禄母子说”。程宾梧原名程櫆（生卒年不详），为明末徽州贡生[①]。《复程宾梧书》写作的缘起，在于程宾梧向姚文然倾诉家庭烦恼：程宾梧之父通过自身努力实现家庭富裕，但同时又怀有“不恕”之心。姚文然写作此信时，已经完成了《功过格拈案》《感应篇备注》和《镜善汇编》等善书著作，因此，他在信中用善书信仰对程宾梧进行了开导。姚文然指出，“福禄”与“功德”是相匹配的，报应总是“不爽豪发”，所谓“夫倍千人之福禄者，必有过于千人之功德；倍万人之福禄者，必有过于万人之功德”，两者之间的关系恰如母子之间的关系，“功德者，福禄之母。福禄者，功德之子。子壮则母必衰，枝繁则根必瘠。福禄之盛，可喜尤可惧也”，所以“功德盛而福禄盛，福禄盛而功德愈盛，功德为母，而福禄为子，母生子，子娶妻，妻复生子，使功德之与福禄，如母子之生生不息，以至于无穷”[②]。职是之故，平步青（1832—1896）在《霞外攟屑》中，认为姚文然《与查孟如兄弟》《复程宾梧》二书，“阅历人情，深明天道，痛快淋漓，尤为布帛菽粟之论，不当以文字言也”[③]。此洵为确论。

由于虔诚的善书信仰和司法职责，其目的都在于建构一种和平的内心世界和和谐的外在社会，因此，姚文然最终落脚于“人间无恩怨祸福说”。在《人间无恩怨祸福说》中，姚文然对以善行邀福的功利做法做了批评，重新用辩证的眼光定义了“恩怨”“祸福”及其相互关系。姚文然指出，“恩怨”同“祸福”之间存在相对性。在姚文然看来，“求福之人”尚未分

---

① 丁廷楗、赵吉士等纂修：《（康熙）徽州府志》，卷10《选举志》，台北：成文出版社，1975年，第1428页。

② 姚文然：《复程宾梧书》，《姚端恪公集》文集卷10，第312b—315a页。

③ 平步青：《霞外攟屑·格言·姚端恪公》，《笔记小说大观》第33编第4册，扬州：江苏广陵古籍刻印社，1984年，第182—184页。桐城姚氏后人姚永概（1866—1923）在读到这两封书信时，也感慨系之，在《慎宜轩日记》中说：“读先端恪公《与查孟如昆弟书》《复程宾梧书》，深有所感发。归与康平、伯纲又久言人家兴衰之理，甚觉了了，不知者蔽于目前，不能静观于百年之外耳。”参见姚永概：《慎宜轩日记》上册，黄山：黄山书社，2010年，第363页。

清楚“祸福”“念怨之人”尚未分清楚“恩怨”。因为“恩怨”与“祸福”是“同枢而共机”的关系（相倚相伏），而“报恩报怨之心，即求福避祸之心”。换而言之，不论是“恩怨”还是“祸福”，都只是一种“后设之明”——如果人间真的存在“恩怨”“祸福”的话，那么，“亦唯天知之，鬼神知之”[①]。这样一来，姚文然再一次将“人间无恩怨祸福说”返回到“敬天之学”。所可注意的是，姚文然的“敬天之学”并未将善书信仰引向抽象迂阔层面，反而因为强调“圣人以事神之道尽于事人也”[②]，而倍能落实到善书编纂和功过实践等具体实践层面。

二、从善书信仰到善书诠释

由姚文然“圣人之学主在敬天”的核心信仰，对佛教的“因果三世”信仰的具体化、合理化，使儒家感应观念与善书报应观念之间的紧张得以消解，“报应失灵”的感应现象也得到最大程度的解释。甚至从其使用“中人最多”等语词中，还可以看出姚文然存在“性三品”的观念，用以缓和世俗善书与儒家圣学之间的矛盾。由此可见，姚文然的善书信仰的确与普通民众不同：在探究“性命之学”的基础上，有意识地将儒家圣学中的“敬天”作为基础，为世俗善书及自身的善书信仰寻找到了合理和合法的儒学依据。换而言之，姚文然表层上是善书信仰，背后却是相当有系统的儒学观念。而以此为基础将二者勾连在一起的，正是姚文然的诸多善书著作。为便于分析，先将姚文然的善书著作列表如下（表 4-6）：

表 4-6 《姚端恪公集》所见善书著作

文献属性	著作名称	资料来源
理论类	《人间无恩怨祸福说》	外集卷 6，第 673a—674a 页
	《因果三世说》	外集卷 6，第 674b—676b 页
	《诵金刚经偶拈》	外集卷 6，第 677 页
感应篇类	《太上感应篇序》	外集卷 4，第 650b—652b 页
	《感应篇备注》	外集卷 10—12，第 653a—676b 页
功过格类	《功过格拈案》	外集卷 7—10，第 627b—650a 页
其他类	《镜善汇编序》	文集卷 13，第 361 页

① 姚文然：《人间无恩怨祸福说》，《姚端恪公集》外集卷 6，第 674a 页。
② 姚文然：《因果三世说》，《姚端恪公集》外集卷 6，第 676b 页。

续表

<table>
<tr><th colspan="2">文献属性</th><th>著作名称</th><th>资料来源</th></tr>
<tr><td colspan="2">其他类</td><td>《枞阳放生会前纪》</td><td>文集卷 16，第 385b—386a 页</td></tr>
<tr><td rowspan="8">感应篇类</td><td>诗歌</td><td>《赠朱在庵》</td><td>诗集卷 7，第 497b 页</td></tr>
<tr><td>日记</td><td>《游江浙日记摘抄》</td><td>外集卷 15—17，第 693a—715a 页</td></tr>
<tr><td rowspan="3">书信</td><td>《与王兄书》</td><td>文集卷 9，第 294 页</td></tr>
<tr><td>《与查孟如昆弟书》</td><td>文集卷 10，第 311a—312a 页</td></tr>
<tr><td>《复程宾梧书》</td><td>文集卷 10，第 312b—315a 页</td></tr>
<tr><td rowspan="3">家言</td><td>《示坚》</td><td>外集卷 18，第 716b 页</td></tr>
<tr><td>《示儿辈》</td><td>外集卷 18，第 718b 页</td></tr>
<tr><td>《示堂》</td><td>外集卷 18，第 724b 页</td></tr>
</table>

资料来源：姚文然：《姚端恪公集》，《四库未收书辑刊》第七辑第 18 册。

需要说明的是，在表 4-6 所列著作中，“其他类”栏是给相关的善书和善举所写的“序文”或“纪文”，“其他类”中的善书表述则只占据相当小的一部分，只是通过“其他文类”中的善书表述，可以更加立体地呈现出善书信仰在姚文然的生命世界和生活世界中的重要性及其意义。从表格所列善书可以看出，姚文然的善书著作极为丰富。除了专门的善书著作《感应篇备注》《功过格拈案》以外，还涉及诗歌、书信和日记等其他文类。这一方面表明姚文然善书信仰的坚定性，另一方面也说明善书信仰对姚文然的影响广泛而深刻。在这些善书著作中，最重要的无疑是《太上感应篇序》《感应篇备注》和《功过格拈案》三种。这既是那个时代最流行的善书，也是姚文然花费最多心力的著作。

就本书讨论的《感应篇》诠释而言，姚文然的《太上感应篇序》具有某种经典的意味。清初以降的《感应篇》诠释本中，常常收入其《太上感应篇序》（在通常被称为《感应篇颂》），并与真德秀《感应篇序》和顺治皇帝《劝善要言序》一起，置于《感应篇》诠释本的卷首，具有重要的象征意味[①]。实际上，姚文然的《太上感应篇序》毋宁称为《感应篇颂并序》

① 兹举四例，分别参见：（1）佚名：《太上感应篇直讲》，南京图书馆藏同治年间刻本；（2）佚名：《感应篇直讲》，南京图书馆藏三塘韩宗祠民国三年（1914）刻本；（3）佚名：《感应篇汇编》，苏州图书馆藏道光己亥年（1839）刻本；（4）陈锡嘏：《汇纂功过格》，南京图书馆藏衡望堂道光八年（1828）刻本。

更为恰当，因为在“颂”（诗歌）之前，另有一篇“序言”交代写作缘起。姚文然在“序言”中写道：

> 文然以扫先祖中宪公墓，兼谢吊至江宁。疾疟者月余，至九月廿四日，夜梦一羽衣人至。予泣拜之，并呈以诗，末有“借问小人曾有母，如今果在凌风台”之句。良久，见先慈大人至曰：“儿病疟乎？可诵《太上感应篇》。勤而行之，兼广劝导，无怠。”予泣而寤。次日，从予友鲍君曼殊觅《感应篇》，具以梦告。曼殊曰：“予久许梓《感应篇注》，以独力难成，因循不就，致为神明所呵，功名蹉跎，示警梦寐者屡矣。今当力成之。”予因同心考订，薄助梓工，以资先慈冥福。清晨必净心捧诵一卷，回省生平，但觉愧心、悔心、耻心、惧心并集，数日而疟果愈。因念太上慈悲普济，迷钝祸福，明其自召善恶，原于起心，示以诸神，在人头上，在人身中，德盛者体物不遗，听之不闻，视之不见，训以“上天降福，三年降祸，三年生物”者，因材而笃，栽者培之，倾者覆之，指人心病，作人心医，长人善根，塞人恶源，种人福田，拔人祸本，如是功德，不可纪量，我因慈训，得捧真诠。乃稽首涕零而作颂言。①

这段颂言形象生动地展示了姚文然日常奉行《感应篇》的情形：一方面，姚文然受到母亲教诲和疾病的影响，在母亲的劝说之下诵读《感应篇》，“清晨必净心捧诵一卷”；另一方面，姚文然与好友鲍祖彪（曼殊）（1616—1659）一同刊刻《感应篇》，在同朋友的日常交游中呈现《感应篇》的道德修养意义。《姚端恪公文集》还记载，鲍祖彪本身注释过《感应篇》，题名为《感应篇三绎》，但“未竟而卒”②。在这种情况下，姚文然“因同心考订，薄助梓工，以资先慈冥福”。因此，这篇《感应篇颂》或为鲍祖彪《感应篇三绎》而作。《感应篇颂》的基本内容，包含了“感应之理”和“感应之案”两个部分。其中，对“感应之理”的解说只是《感应篇》开篇部分的再表达。“感应之案”则以诗歌的形式，分别叙述了五种感应故事：主人公分别是“乞丐儿”“作过人”“老僧”“小根人”和“覆舟人”（虽具名而实同佚名），其旨则在说明“以此内自省，行善非无

① 姚文然：《太上感应篇序》，《姚端恪公集》外集卷 4，第 650b—652b 页。

② 姚文然：《感应篇备注》，《姚端恪公集》外集卷 5，第 658 页。

力。但随心所及，善量悉圆满”的道理①。

姚文然的另一种《感应篇》诠释著作，名为《感应篇备注》——据本书所见，以“备注”为名的《感应篇》诠释本，在明清时期尚属仅见。“备注”这个词让人联想到“拈案”体的《功过格》著作，其言外之意，大体上是说这并非对《感应篇》整个文本的注释，而是选择性地对其中某些经典语句或关键字词的“读书笔记”。这点可以从姚文然《游江浙日记摘抄》中看出来。《感应篇》既为姚文然随身携带的阅读书籍②，则其以“备注”之形式对其进行诠释并不奇怪。《感应篇备注》全文选择以下经典语句和关键字词进行注释：“语善”“横取人财”“不敬其夫”“宜悯人之凶乐人之善”“慈心于物”“非礼烹宰”“念怨不休”“谄上希旨”“见他色美起心私之”“淫欲过度”“强取强求”“叛其所事”“见人体相不具而笑之”“又枉

① 姚文然：《太上感应篇序》，《姚端恪公集》，第650—652页。全诗（除序言以外）如下：“太上垂宝训，慈悯世间人。福祸不自天，一切从心造。善心起未为，吉神已随之。其恶心起者，凶神亦如是。今人于行善，动云力不足，但作此见者，即为心不善。譬如贫寠人，衣里有宝珠。将珠出市卖，钱帛已无量。若还贫寠者，不知有珠故。太上训三善，名为语视行。有口不语善，终日岂默坐。有目不视善，未见合眼者。有身不行善，昼夜亦劳碌。以此内自省，行善非无力。但随心所及，善量悉圆满。//昔有乞丐儿，适当贼扰时。城中严奸细，不容乞儿入。以此居城外，夜栖破屋中。忽闻寇贼来，唧唧人马声。乞儿起自念，此贼夜袭城。城上梆铃稀，灯火半明灭。当因人倦寝，此贼必屠陷。我当闲道去，救此全城命。既作是念已，趋城下大呼。城上人惊觉，金鼓一时鸣。矢石及铳炮，乱向暗中击。贼走大惊骇，弃其云梯去。以此一弃儿，救此百万命。今言无力者，孰如此弃儿。请视此弃儿，功德有量否。所以下下人，能种上上福。起心若行善，力无不足者。//又有作过人，不欲持此经。心中常思念，我罪已深种。勿复言鬼神，徒尔增恐怖。不思太上训，改悔便转福。改为积善种，悔为减罪本。恶既由心造，还即由心灭。譬如东月水，性本无二故。又如劣手棊，半局已大败。忽遇善奕人，指点及教导。是人能信受，局终反得胜。若仍复败者，当由不信故。//昔有一老僧，募修关圣祠。道行甚清洁，勇猛修善事。适当贼扰时，梦神来告语。汝明日合死，有贼乘白马。名为朱二者，是汝宿世冤。汝合死伊手，稽首向神言。今生颇行善，愿慈悲救护。神言无救法，救则汝自救。清晨鸣钟起，有贼入山来。擒僧命导引，何山有财宝。何洞有妇女，速速导我去。不然便杀汝，僧忽自思惟。我擘已合死，今复导彼去。掠财淫妇女，是谓孽上孽。雪上又加霜，枷上更着杻。便起呼贼言，我不复导汝。汝非朱二乎？吾命终汝手。是贼大惊骇，汝何知我名。定是圣神僧，僧告以梦故。朱二自思惟，冤报无穷已。神言不救汝，即是救汝法。汝不导我行，是即汝自救。我汝俱解冤，稽首神前去。故知祸可转，太上无诳语。急向生前改，莫待死时悔。改悔一由心，无罪不灭故。//又有小根人，受持不坚固。今日行微善，望报在明日。不思太上训，久久获吉倾。太上所说经，犹如天上雨。人生所行善，犹如第下种。雨泽无有二，地有肥瘠故。受命有厚薄，迟速亦如是。勤勤力耕耘，及秋咸收获。种迟便弃捐，无有收获处。亦有行善者，暗中神护佑。愚人不自知，妄言无利益。辗转生疑谤，譬如痴騃儿。立身颓墙下，持果手内嬉。恬不复知惧，其父急趋来。提儿向别所，墙倒儿命存。涕泣向母言，父夺我果去。//又如覆舟人，扶板至洲岸。资财皆荡尽，衣被亦漂没。稽首谢神灵，赛愿更还福。乘舟不覆者，不复言神佑。所以大善人，精勤无退转。福向缓中生，祸向暗中灭。因果报应中，分明向人说。修善受苦者，为善未熟故。至其善熟时，自见受乐报。稽首太上尊，普度一切众。心生一切善，善生一切福。若人受此经，信行及劝导。是名为法施，功德不可量。”

② 姚文然：《游江浙日记摘抄》，《姚端恪公集》外集卷15，第693a—715a页。

杀人者是易刀兵而相杀也”等十四字句[①]。其中，对“语善”“横取人财”“宜悯人之凶乐人之善”和“非礼烹宰”四句的注释尤为详细。这既可以看作那一时代状况的反映，也不妨看作姚文然自身生活经历的集中表现。

这里值得注意的是，在《感应篇备注》中，姚文然特别强调从《感应篇》本身的文本构造理解“善”与“劝善”的含义。比如，强调“语善”的优先性，说：“太上之训曰：吉人一日有三善，凶人一日有三恶。皆以语善、语恶为首。”[②]强调“横取人财”的罪恶性，说：“篇中于人之过，皆一言而蔽。独于取财之事，不啻十数致意焉……财之迷人最深、而毒人最烈也”，原因是“盖财之为毒，与生俱来，与生同去，而无间终始。”[③]又如，强调“宜悯人之凶乐人之善”的重要性，说：“‘诸恶不作，众善奉行’二句，乃奉《感应经》者持身之关键；‘悯人之凶，乐人之善’二句乃作《感应经》者救世之心源。”[④]又如，强调“非礼烹宰”与儒家圣学的一致性，说：“吾知圣人之教，以天地之心为心而已矣。”[⑤]无论是其诠释形式还是诠释内容，都反映出姚文然善书撰述的倾向性。正是出于对“性命之学”的沉迷，姚文然以儒家立场建立了对善书的坚定信仰，庶几将其当作具有“经典”（儒家范畴）意味的文献，以致易“篇”为“经”，将《感应篇》称为《感应经》。

三、从善书诠释到功过实践

在姚文然的观念世界和生活世界中，“敬天之学”“善书信仰”“善书编纂”和“功过实践”构成一个行为连续体，即具有某种链式效应的连续性行为。《感应篇颂》所呈现的在母亲劝化之下，诵读《感应篇》的情形，正是姚文然从善书编纂走向善书实践的重要例子。概括而言，姚文然的功过实践主要体现在三个方面：其一，自身的善书实践，包括编纂、阅读和刊刻善书著作，并以善书劝善；其二，家庭内部的劝善传承，以善书作为家庭（童蒙）教育的重要内容；其三，走出个人和家庭，面向社会推动慈善事业。这三方面的道德实践，从内到外、由小到大、推己及人，正是姚文然从“敬天之学”走向“善书信仰”，由“善书信仰”走向“善书编纂”，

① 需要说明的是，《姚端恪公集》是姚文然之子姚士概、姚士坚等所编，因此，《感应篇备注》原文或不止这 14 条目。参见姚文然：《姚端恪公集》卷首，“韩菼序言”，第 196b—197a 页。

② 姚文然：《感应篇备注》，《姚端恪公集》外集卷 4，第 653a 页。

③ 姚文然：《感应篇备注》，《姚端恪公集》外集卷 4，第 658b—659a 页。

④ 姚文然：《感应篇备注》，《姚端恪公集》外集卷 4，第 661b 页。

⑤ 姚文然：《感应篇备注》，《姚端恪公集》外集卷 4，第 664b 页。

最后落脚于“功过实践”的连续性体现。

这种“连续性”也体现在姚文然所说的“三善”中，即“语善”“视善”和“行善”。比如，姚文然在《感应篇颂》中说：“太上训三善，名为语视行。有口不语善，终日岂默坐。有目不视善，未见合眼者。有身不行善，昼夜亦劳碌。”[①]强调从“语善”到“视善”“行善”的连续性。《感应篇备注》“语善注”又说：“太上之训曰：吉人一日有三善，凶人一日有三恶，皆以语善、语恶为首。”虽然强调“语善”的首要性，但“语善”本身亦是一种行善实践。所以在《与查孟如昆弟书》中，姚文然提出“老生常谈之三言”：勤、朴和利济。其中“利济”指的就是“行善”。随后，他还强调：“利济之事，无大小、无贵贱、无难易，久久不懈，皆成善果。”[②]特别是在《感应篇颂》中，姚文然反复以事和理证明行善的重要性，强调无论能力大小，均有行善之方。这种观念在《功过格拈案》“仁爱第三”中得到再次表述，其引朱玑（在庵）的观点，认为因“财力不足”和“时势有所不可”而不行善的原因相当荒谬，人应当时时处处都可以行善[③]。

除了《感应篇》以外，姚文然还奉行《功过格》。其弟子徐秉义（1633—1711）在为《姚端恪公集》撰写序言时，谈道“先师（姚文然）兢兢于了凡《功过格》，奉行无间”[④]，则姚文然曾亲身践行《功过格》殆无疑问。虽然姚文然所记《功过格》今已不可见，但是他对《功过格》的诸多论述仍被保留了下来，得以管窥其中情形。据《镜善汇编序》记载：“里门诸友，奉《太上感应经》者甚众，醵金授梓，并梓《功过格》《立命说》，而然以病卧山中，夏□小暇，因拈格中旧案，作数语缀之。”[⑤]从中更可进一步得知，姚文然不仅阅读、注释《功过格》，而且曾经刊行传播。通常认为，明清时期的《功过格》是一种建立在《感应篇》等“说理型”善书的基础上“实践型”善书。对于这种实践的行为，姚文然曾在《示儿辈》谈到自己的切身体会：

> 小子辈记《功过格》，不独读书之时可以记功，亦且于怠惕之时可以记过。且一年之中，一月之内，有必不能已之应酬，有必不能逃之礼数，记之可以考时日之多寡，而知古人寸阴必惜

① 姚文然：《感应篇备注》，《姚端恪公集》外集卷4，第653a页。
② 姚文然：《与查孟如昆弟书》，《姚端恪公集》文集卷10，第311a—312a页。
③ 姚文然：《功过格拈案》，《姚端恪公集》外集卷8，第637页。
④ 姚文然：《姚端恪公集》卷首，“徐秉义序言”，第198a页。
⑤ 姚文然：《镜善汇编序》，《姚端恪公集》文集卷10，第361页。

之意。一人之身，一人之心，其精力或强而或弱，其聪明或开而或塞，记之可以考身心之变迁，而识古人慎终如始之道。盖记功以加勉，勉而日益，不可不记也；记过以知惩，惩而毋至于日损，尤不可不记也。若以彼数日之内未读书、未作文，或有耽误，或有荒失，而遂不记功过，误矣。①

这段话表面上是“示儿”，实际上是“夫子自道”。从中可以看出，姚文然强调不仅要“记功”，因为“记功以加勉，勉而日益”，而且强调要“记过”，因为“记过以知惩，惩而毋至于日损”。自刘宗周《人谱》攻击袁黄《立命篇》以来，在明清士人中间流行一种名为“记过格”的东西，姚文然所说即是此种情形。在姚文然看来，奉行《功过格》的意义体现在两个方面：其一，从奉行过程来看（形式），不仅“可以考时日之多寡，而知古人寸阴必惜之意”，而且“可以考身心之变迁，而识古人慎终如始之道”。其二，从奉行主题来看（内容），“记功可以加勉”“记过可以知惩”。基于这种全方位的认识，姚文然推己及人，在自身奉行《功过格》时，不断劝人奉行《功过格》。

可以推测，正是在践行《功过格》的过程中，姚文然撰写了《功过格拈案》。从《姚端恪公集》可以看出，姚文然对《功过格拈案》情有独钟，颇感自豪。好友查孟如（生卒年不详）应当是该书的最早读者（之一），姚文然在给查孟如的书信中，将《功过格拈案》并《语善注》《镜善汇编》一同寄出②。《功过格拈案》影响甚大，前述于觉世《感应篇赘言》，即有五处引用《功过格拈案》③。顾名思义，《功过格拈案》就是以《功过格》条目为经，以远事近闻、所思所感为纬而创作的《功过格》注本，全书依次分为“伦常”“劝化”“仁爱”“取与”“性行”和“敬畏”六条目，各条之下以事证之，并说之以理。从这六大条目中可以看出，姚文然实行的《功过格》与当时流行的世俗条目（如陈锡嘏《功过格汇纂》）有所不同④，

---

① 姚文然：《示儿辈》，《姚端恪公集》外集卷18，第718b页。

② 姚文然：《与查孟如昆弟书》，《姚端恪公集》文集卷10，第31a1—312a页。按：《镜善汇编》作者系桐城姚文默（姚文然族弟，1654—1742），以此推测，《语善注》作者也应当是桐城姚氏族人。参见蒋元卿：《皖人书录》卷5，合肥：黄山书社，1989年，第631页。

③ 于觉世：《太上感应篇赘言》，第10b—11a、34a—35a、59a、62b页。

④ 陈锡嘏《汇纂功过格》是明清时期最流行的《功过格》版本，全书分“尽伦格”“修身格”“人格”“爱物格”“闺门格”和“居官格”等六条目。参见陈锡嘏：《汇纂功过格》，南京图书馆藏衡望堂道光八年（1828）刻本。

毋宁亦为“儒门功过格”的一种；其下所据之案，亦与普通善书不同，多取自前贤言语及古籍所载故事，极少近事，更无荒唐谬悠之案。因此，姚文然之撰写《功过格拈案》，与撰著《感应篇备注》一样，是建立在儒家立场上对因果三世说的崇奉和信仰。

除了诠释《感应篇》、践行《功过格》以外，姚文然还积极参与各种乡里慈善活动。在《复程宾梧书》中，姚文然认为“与其尤人，不若敬天也”，提出将财富一分为三：其一“为治生产，贻子孙之资”，其二为“来往酬应之具”，其三为“积累功德之费”。姚文然不仅劝“亲翁”力行《功过格》，“一日之暮，必有功过之纪，一月之终，必考黑白之豆”，还特别详细地提出有关“积功累德”的行为，抽象上说是“济人之急，救人之危，扶人之困，赈人之乏”，具体说来则举诸“茶汤之施，放生之会，道路桥梁之修葺，或立义田以赡宗族，或施漏泽以掩骼胔”，均可“随缘布施，心存欢喜”[①]。其实，这些具体的善行不仅是姚文然的建议，也是姚文然身体力行的日常事务[②]。在慈善事业方面，姚文然参加了包括放生、修庙宇和造佛像等多种活动。其中，放生活动是明清时期最常见、最兴盛的慈善活动，并且与宋代放生仅仅“是集会，是祭祀，是法会”不同，晚明以降的放生活动“有明确的结社意识”[③]。姚文然在《枞阳放生会前纪》中写道：

> 今年夏余友洪廖虞自金陵来龙眠，因阅案头《感应经说定》中“非礼烹宰”诸因果，遂谈及金陵善宝庵放生之盛，予闻欢喜无量。既而虞归，复以唐宜之先生时所撰《善宝庵放生记》及会中《放生簿》见寄……盖其法详善若此。予读而慕之。既月致银九钱，以单月为家严，双月为先慈放生，附于善宝之会末。复思广其意于吾里。吾邑之棕阳、汤沟二镇，亦唐先生所谓人物两便之地也……遵善宝之法而行之又何难焉？所难者直会之人耳……闻之善非缘不肇，非缘不兴，非缘不广，非缘不续，夫廖虞能汲善宝之余波以溉我里，其缘已肇矣。自此而兴而广而

① 姚文然：《复程宾梧书》，《姚端恪公集》文集卷 10，第 312—313 页。

② 以往的研究已经指出姚文然为官清廉，凡有关减免赋役、兴修水利及理断刑狱等，都算是为官之时的“善行”。

③ 夫马进：《善会善堂的开端》，刘俊文主编《日本中青年学者论中国史·宋元明清卷》，上海：上海古籍出版社，1995 年，第 419 页。

续，岂无其人哉！岂无其人哉！①

篇末“岂无其人哉！岂无其人哉！”的反复感叹，包含着姚文然对放生活动的希望和期待。苏日庵这种放生活动是由模仿金陵善宝庵而来，但是从根源上（观念）却来自《感应篇》等善书的因果论述，即朱玑（在庵）《感应经说定》。梁其姿认为，明清时期的善书理论与慈善活动往往存在相互脱节的情况②。姚文然的例子提供了某种反证：敬天之学，善书诠释与功过实践构成一种连续性行动，体现出姚文然的知行合一。

① 姚文然：《枞阳放生会前纪》，《姚端恪公集》文集卷16，第385b—386a页。

② 梁其姿：《施善与教化——明清的慈善组织》，石家庄：河北教育出版社，2001年，第12页。

第五章 《感应篇》的经典化诠释

吕妙芬对《孝经》诠释史的研究表明，对某一文本的诠释往往与主流学术思潮相表里[①]。明清时期的《感应篇》诠释同样受到政治文化、理学变迁和考据风潮的多重影响。从《感应篇》诠释来看，至迟到清代初年，《感应篇》已在某种程度上取得了“经”的性质。此后受到乾嘉朴学的影响，《感应篇》诠释不断与经史考释相结合，呈现出经典趋向。所可注意者，与对儒家经典的考据诠释存在某种程度的现实疏离有所不同，乾嘉学者的《感应篇》诠释同生活之间存在紧密联系[②]。不论是经史考据，还是理学阐释，都使得这部“浅白易晓”的善书著作获得了经典地位。

第一节 从《感应篇》到《感应经》

在明清时期的《感应篇》诠释中，常见将《感应篇》称作《感应经》的现象。通过文献考察可知，《感应篇》被称为《感应经》，或说取得了“经”的地位，并不始自清代中期。这在宋代以前的“感应篇/经/录”著作中表现得很清楚。不过，当宋代出现《感应篇》以后，在明清两代的《感应篇》诠释中，重新将《感应篇》称作《感应经》，显然不同于宋代以前的《感应经》著作，《感应篇》的性质在这里发生了微妙的变化，也影响了明清士绅的《感应篇》诠释。

一、“经”的双重含义

显然，《感应经》中的“经”具有双重含义。第一重含义是宗教意义上的经典（圣典）。《感应篇》产生之初，就被收录《道藏》，则其作为道教经典的性质不言而喻。元代佛道辩论将《感应篇》列入“伪道书”，亦当与《感应篇》的这种文本性质有关。那么，《感应篇》在当时为什么仍

① 吕妙芬：《孝治天下——〈孝经〉与近世中国的政治与文化》，第325—326页。

② 参见葛兆光：《十八世纪的思想与学术——评艾尔曼〈从理学到朴学〉》，《读书》1996年第6期；龚鹏程：《乾嘉年间的鬼狐怪谈》，《中华文史论丛》2007年第2期；吴震：《明末清初劝善运动思想研究》，第508页。

名为“篇”而非“经”呢？对此，清初学者赵弘燮（1656—1722）在其所编《太上感应篇解证》中说：“何以不言经而言篇？‘经’乃典则，生人已行之事也；‘篇’则举事著理，明而且偏，是凡人入手之功耳。”[①]可见《感应篇》虽具“经”之地位而仍名为“篇”，主要基于“凡人入手之功”考虑。这种转变发生在清代中前期，此时《感应篇》不仅具有“感应经”之实，而且具有《感应经》之名——超出作为佛教、道教或民间宗教范畴内的“经典”含义，而具有作为儒学范畴内与四书五经等相提并论的“经典”意味。从《感应篇》到《感应经》的变化，“经”的这双重含义往往相互交织、颇难分辨，但各有侧重、描述不同。

作为“神道设教”的重要媒介，《感应篇》虽以“一个众所周知和万众膜拜的太上，代替了《抱朴子》中开列的相对秘密的经文，成为这个体系背后的权威”[②]，但是仍具有宗教性的意味。从宋元发展至晚明，虽然表现出世俗化的倾向，但其作为宗教经籍的面向并未改变。散落在各《感应篇》诠释文本中的零星史料，仍可管窥这种宗教性。比如，康熙年间出现的徐天行（生卒年不详）《太上感应篇注疏》，即载有阅读《感应篇》的宗教仪式[③]。在日常生活的《感应篇》阅读和实践中，亦有将之奉为宗教经籍者。比如，沈叔埏（1736—1803）在所撰《金济庵先生传》中，谈到传主金作楫（1678—1754）奉行《感应篇》的情况：

> 先生金姓，讳作楫，字济庵……年十五，哭母哀毁骨立。里有耆旧劝以口诵《感应篇》万遍，可资冥福。先生跪读灵前如数，遂奉行终身。康熙甲午举于乡，雍正元年癸卯，恩科成进士。初高安朱文端公之门，需次京邸，闻父患膈触热，驰归，得亲承色笑者，数日父没，先生呼抢欲绝，苫块中跪诵《感应篇》如母亡时。[④]

从金作楫的例子可以看出，即使是在明清士绅阶层中间，《感应篇》也往往扮演着类似科仪本的角色。除此以外，《感应篇》与另外两种扶乩

---

① 赵弘燮：《太上感应篇解证》，国家图书馆藏清初刻本，第 7a 页。

② 包筠雅：《功过格——明清社会的道德秩序》，第 40 页。

③ 酒井忠夫：《中国善书研究（增补版）》，第 575 页。

④ 沈叔埏：《金济庵先生传》，《颐彩堂文集》卷 13，《续修四库全书》集部第 1458 册，第 487a 页。

而成的善书——《阴骘文》和《觉世经》——共同构成“三圣经”，表明在时人的知识体系中，就是将《感应篇》归入扶鸾科仪本。前述彭定求设立道坛，举行扶乩而编纂善书，也是这种科仪的重要体现。因此，脱胎于《抱朴子》的《感应篇》，从其产生初期即为宗教书籍，流传至明清仍具有很强的宗教意味，在社会上起着重要的宗教作用，殆无疑问。

揭示《感应篇》的宗教性并非本书的目的——《感应篇》的宗教性本无需揭示，这里想要强调的是，作为一种异质性的文本，《感应篇》获得与儒家四书五经相提并论的“经”的地位，这显然是清代以后的事情。余集（1738—1823）就指出：“(《感应篇》) 六百年来，流本不一，几于经典之尊。”[①]显然，余集在这里所说的“经典”，并不是指道教和佛教畛域内的宗教经典（scripture），而是在与四书五经相提并论的儒学意义上的经典（classic）。之所以能够做出这种判断，是因为清代士人阶层不仅认为《感应篇》“不悖于儒书”“与儒书相表里”，而且甚至直接将其视为“儒书”。比如，赵熊诏《太上感应篇集注》说：“《感应篇》一书，虽相传出自《道藏》，看来却实是儒书，故《感应篇》不可以不读。”[②]吴珂鸣（康熙年间）《太上感应篇章句注》指出：“凡有心者，以之省身，以之教子弟，可以入儒书之列。”[③]众所周知，在儒学的传统范畴内，“经”的含义不言而喻。刘勰《文心雕龙》对“经”的定义是：“经也者，恒久之至道，不刊之鸿教也。”[④]这种理解为明清儒家精英所发扬，比如，陆耀将“经”理解为“常也”或“道之常也”[⑤]。也就是说，“经”是圣人遗留下来的记载恒常不变之道的著作。这与后来善书领域内的理解完全一致，比如，晚清杨钟钰（生卒年不详）指出：“文章可以名世谓之经者，万世不易之常道也。”[⑥]从劝善的层面上来说，正如清代学者唐英（1682—1756）《陶人心语》所说：“易‘篇’为‘经’，昭其敬信”[⑦]。“昭其敬信”所表达的含意，实与晚明以来以儒家经典解释《感应篇》的传统若合符节。因为只有在儒家经典的层面

---

① 余集：《感应篇重刻序》，《秋室学古录》卷 1，《续修四库全书》集部第 1460 册，第 285b 页。

② 赵熊诏：《太上感应篇集注》，“静锷斋读《感应篇》程诀”，第 3a 页。

③ 吴珂鸣：《太上感应篇章句注》，南京图书馆藏光绪十四年（1888）刻本，第 6b 页。

④ 刘勰著：《文心雕龙》，王利器校笺，卷 1，《宗经第三》，上海：上海古籍出版社，1980 年，第 11 页。

⑤ 陆耀：《切问斋文钞序》，《切问斋集》卷 6，《四库未收书辑刊》第十辑第 19 册，第 330b 页。

⑥ 杨钟钰：《觉世宝经中西汇证》，南京图书馆藏（出版信息不详），第 5 页。

⑦ 唐英：《太上感应经解序》，《陶人心语》卷 6，第 755b 页。

上，《感应篇》才能得到最广泛的崇敬与信奉。

《感应篇》“易‘篇’为‘经’”之重要性，在《感应篇》诠释史上具有重要意义。如前所述，这里所说的“经”是在两个不同层面上立论的：一种是作为佛教、道教或民间宗教范畴内的经文，一种是作为儒学范畴内与四书五经等相提并论的经典。前者赋予后者以超自然的意义，后者则赋予前者以流传的合法性。在“严佛儒之辨”的思想氛围中，明清士绅往往强调两者之间的区隔。而作为研究者则必须注意到这两者之间的不可区分或难以区分。只是，这里想要讨论的是《感应篇》经典化诠释出现的内在逻辑。因为很显然，《感应篇》成为具有儒学意义上的经典，尚不构成明清士大夫以考据手法进行注释的充足理由。在儒家经典无法为“愚夫愚妇”所知晓，从而直接劝化“愚夫愚妇”的情况下，以《感应篇》等“浅白易晓”的善书作为教化的手段，毕竟是相当有效的手段。然而，发展至清代中前期，却反而出现“反其道而行之”的状况，将“浅白易晓”的《感应篇》进行繁冗复杂，乃至晦涩难懂、深奥博雅的经典化诠释，显然并不利于用于教化“愚夫愚妇”。换句话说，《感应篇》的经典化诠释并不完全是为了教化普通民众——从这个意义上说，作为异质性文本的《感应篇》与作为儒家经典的《孝经》仍然不同。

二、“三不朽”的重构

《感应篇》在清初以降取得了经典的地位，这是清代士人对《感应篇》采取经典化诠释的基础，但是显然这只是必备条件。考索相关史料可知，这同明清士人对“立德”“立言”和“立功”“三不朽”的重新理解密切相关。按“三不朽”最早是在《左传》“襄公二十四年”条提出的，原文的表述是：“太上有立德，其次有立功，其次有立言，虽久不废，此之谓不朽。”通常，人们在理解“立德”“立功”和“立言”的关系时，认为存在主次、本末和先后之别——在这种结构性理解中，“立德”处于最高地位，而“立言”则相反。但是到了明清时期，在科举正途受阻、出仕立功的可能性越来越小的情况下，士绅阶层在将“立德”视为首要之务的同时，表现出越来越重视“立言”的倾向。在这种理解中，“立言”即使不居于“立功”之上，至少也已经可以与“立功”地位相捋。换而言之，在“立功”无法成为安身立命之凭藉的时代环境下，“立言”转而成为安身立命的重要手段。例如，明代学者李濂（1488—1566）《三不朽辩》认为，“立德”“立功”和“立言”之间并无“本末、先后之伦”，因为“德，体也；功，言，用也。体立而后用有以行也。蕴之为德行，措之为事业，达之为文辞，皆是物也，夫岂有二哉”[①]。三者在本质上是一体而行的，“本末、先后之伦”的出现是时势造成的结果，“间尝泛观古之君子。达而在上则立功以济时，穷而在下则立言以明道。时有穷达而功言异著，诚不可以优劣论也。味豹之旨，若谓功不如德，言不如功者，非惟不知圣人内外合一之学，而亦不知君子与时诎信之道矣”。李濂最后甚至将“三不朽”改编为：“太上立德，达则立功，穷则立言。三者皆虽久不废，此之谓不朽。”[②]虽然仍然强调“立德”居于至高地位，但是“达则立功，穷则立言”已将“立言”同“立功”置于同一层面上讨论。

以李濂为代表的明代士绅对“三不朽”的理解，为清代士绅所继承和发展。顾炎武（1613—1682）《日知录校注》即专门辟有《立言不为一时》一篇，说：“天下之事，其有识者，不必遭其时；而当其时者，或无其识，然则开物之功、立言之用其可少哉！”[③]其旨在说明“立言”之于“立功”的意义。自此以后，清代士绅的“立言”论述往往与“立功”对举而言。比如，钱大昕（1728—1804）在为赵翼（1727—1814）《瓯北集》作序时，指出：“予谓古人论三不朽，以立言居立功之次，然功之立必评藉乎外来之富贵，无所藉而自立者，德之外唯言耳。”[④]“立功”需要外来的凭藉（科举功名），缺乏独立性、主体性和自主性。因此，钱大昕虽然仍以内—外（及有凭藉—无凭藉）作为立论的依据，但甚至已经直接忽略了“立功”的层面，将“立德”与“立言”完全放置到同一个层面上。至清代诗人徐豫贞（1642—？），更是以诗歌的形式表达了对“立言”的重视。在《重修兰亭纪事》中，徐豫贞写道：“古今厥有三不朽，立言直与功德比。”[⑤]由此可见，“立言”越来越受到清代士人阶层的重视。造成这种现象的原因可能来自两方面：一是官方意识形态的提倡。乾隆皇帝就在训谕中说：“要当以学问与政事，看作一事，则无入而不自得。若看作两截，则不为章句之腐儒，必为簿书之俗吏，乃自欺之甚者也。”[⑥]在这种情况下，清代士人阶层确立了“政教一体”“政教不分”的观念，“立言”（“教”）同“立

① 李濂：《三不朽辩》，《嵩渚文集》卷 44，《四库全书存目丛书》集部第 71 册，第 2a 页。

② 李濂：《嵩渚文集》卷 44，《四库全书存目丛书》集部第 71 册，第 3a 页。

③ 顾炎武著：《日知录校注》，陈垣校注，卷 19《立言不为一时》，第 1050 页。

④ 钱大昕：《瓯北集序》，《潜研堂集》文集卷 26，第 438 页。

⑤ 徐豫贞：《重修兰亭纪事》，《逃莽诗草》卷 1，《四库未收书辑刊》第八辑第 29 册，第 115b 页。

⑥ 《高宗纯皇帝实录》“乾隆二年二月甲子”，转引自杨念群：《清朝帝王的“教养观”与“学者型官僚”的基层治理模式——从地方官对乾隆帝一份谕旨的执行力说起》，杨念群主编《新史学——清史研究的新境》，第 105—145 页。

功”（“政”）成为统一体。二是“立言”本身对于“立德”“立功”的重要性。彭而述（1605—1665）就说：“古人称‘三不朽’，而德、功二事，尤借立言以传也。”①因为“立德”“立功”都需要通过“立言”才能传诸后世，那么“立言”之受到重视也就理所当然。

然而仍需要说明，对“立言”的重视从未凌驾于“立德”“立功”之上。即使是在科举竞争越来越激烈的情况下，明清士绅的首要目标，仍然是通过参加科考出仕立功。前述黄祖颛故事即为形象反映。这里之所以强调“立言”在明清时期受到重视，是想指出这种观念在与《感应篇》的经典性质相结合以后，产生了一种可以称为“立言—立德/立功—立命连续体”的观念。而追溯而言，这种观念的立论基础和关键环节是“以德立功”②。因为《感应篇》作为善书，天然具备“立德”的面向——无论是阅读崇奉、刊刻传播，还是注疏诠释，在先验上都可归入“立德”的行列。换句话说，作为天人感应、善恶报应的载体，《感应篇》被认为与佛像（菩萨）一样具有超自然性（supernaturalness）——明清士绅常将编纂、刊刻、阅读和传播《感应篇》，拿来与塑神造像、印经拜佛相提并论。因此，通过对《感应篇》进行经典化的诠释，达到“立言”，进而（“立功”）“立德”的目的。杨福臻（生卒年不详）在给朱溶《重镌感应篇经史考》所撰“序言”中就说：“太上立德，次立功，次立言。言可以明德，即可以见功。”③由此可见，在杨福臻看来，“立功”也已经与“立言”“立德”叠加在一起，构成“立言—立德/立功—立命连续体”的组成部分。

三、“经史观”的演变

通过分析可以看出，《感应篇》“几于经典之尊”的地位提升，加上明清士绅“立言—立德/立功—立命连续体”观念的形成，使得除了理学家以外，清代汉学家也开始涉足《感应篇》诠释。于是，原本“明白易晓”“为中下设”的《感应篇》，出现了朱溶《感应篇经史摘典养正》和惠栋《感应篇注》等经典诠释文本。不过，如果更进一步追问，那么这里还需要厘清另外一个问题：在《感应篇》的考据学诠释中，为什么要采用“经史考”的方式呢？这种现象的背后，涉及晚明以降经史观念的变化。

① 彭而述：《耒阳杜子美祠堂记》，《读史亭诗文集》文集卷 12，《四库全书存目丛书》集部第 201 册，第 151a 页。

② 王道通：《玄谈序》，《简平子集・补遗》卷 16，天津图书馆辑《天津图书馆孤本秘籍丛书》第 12 册，中华全国图书馆文献缩微复制中心，1999 年，第 842a 页。

③ 朱溶：《重镌感应篇经史考》，“杨福臻序”，第 2b 页。

谈到经史观念的变化，首先要谈到的是章学诚（1738—1801）“六经皆史”说。在追溯章学诚“六经皆史”说的思想谱系时，学界将明代中叶至清代中叶经史观的演变做了很详细的考察，本部分的梳理得益于这种研究甚多。早在明代中叶，他与弟子徐爱（1418—1588）讨论“先儒论《六经》就以《春秋》为史。史专记事，恐与《五经》事体终或稍异”时，王阳明（1472—1529）就说：“以事言，谓之史；以道言，谓之经。事即道，道即事。《春秋》亦经，五经亦史。易是伏羲氏之史，书是尧舜以下史，礼乐是三代史。其事同，其道同，安有所谓异。”[①]这就是“五经亦史”的由来。在王阳明看来，“经”与“史”并无根本的不同，只是“史”以记事，“经”以载道而已。后来，王阳明又从劝善戒恶的角度对此做了新的说明，指出：“五经亦只是史。史以明善恶、示训戒。善可为训者，特存其迹以示法；恶可为戒者，存其戒而削去事以杜奸。”[②]可见王阳明默认，在劝善戒恶的终极目的（“道”）上，“经”与“史”并无根本不同。

章学诚的“六经皆史说”尽管没有明确地在“经”“史”同劝善戒恶之间建立联系，但对清代思想界产生了非常深刻的影响。章学诚指出：“夫道备于六经，义蕴之匿于前者，章句训诂足以发明之。世变之出于后者，六经不能言，固贵约六经之旨而随时撰述以究大道也。”[③]岛田虔次认为，这句话是“解开章学诚全部思想的钥匙”[④]。尽管后人对章学诚“六经皆史说”聚讼纷纭，有人认为章学诚降格了“经”的地位，有人认为章学诚提高了“史”的地位——即使单就“史”而言，胡适和刘咸炘（1896—1932）的看法也截然不同：胡适认为，章学诚在这里所说的“史”指的是“一切著作，都是史料”；刘咸炘则认为，这里的“史”指的是广义上的“事实记录”，而不是指“经传体史书”和“编年体史书”[⑤]。然而，正如山口久和所说，“章学诚的目的，不在于进行经史优劣论”，而章学诚的“六经皆史说”“具有把经书典范降格为史料的负面作用，同时又有正因为经书是‘史’是‘器’，才具有价值——但是其价值与作为‘载道之书’的六经被赋予的价值不可能是一样的——的正面作用这两种含意”[⑥]。正是

① 王阳明：《传习录上》，张怀承注译，长沙：岳麓书社，2004年，第28—29页。

② 王阳明：《传习录上》，第29页。

③ 章学诚：《原道下》，《文史通义新编新注》，第104页。

④ 转引自山口久和《章学诚的知识论——以考证学批判为中心》，王标译，上海：上海古籍出版社，2006年，第163页。

⑤ 山口久和：《章学诚的知识论——以考证学批判为中心》，第81页。

⑥ 山口久和：《章学诚的知识论——以考证学批判为中心》，第83页。

在这个意义上，“经”与“史”的关系变得空前密切。

很难说从王阳明的“五经皆史”到章学诚的“六经皆史”对《感应篇》的经典化诠释产生怎样直接的联系，但是在这个思想脉络中，明清士绅阶层习惯于演说“经”“史”关系，并自觉地运用到《感应篇》诠释中来，则是相当引人注目的现象[①]。比如，胡维霖（生卒年不详）在《太上感应篇续史序》中说：“则续史也，即续经也。”[②]“经”与“史”在《感应篇》诠释中毋宁是不相互统一、不可分割的。又比如，罗铨（生卒年不详）在《芸窗偶记》中指出：“为学而不原本经史，名曰无源头之学问。”这位袁黄《立命篇》的拥趸进而将学问中的“经史”，同德行中的“孝悌”相提并论[③]。即如前引陆耀《切问斋文钞序》亦指出：“道备于经详于史，经犹鹄也；史册所载，则古今射鹄之人也。读经而知鹄之所在，读史而知射者之得失，则固可无事于为文矣。”[④]于是，求“道”于“经”，求“载道之迹”于“史”，成为明清士人阶层的普遍观念。这种观念对《感应篇》的诠释产生了很大的影响。一方面，最迟至清代初年，《感应篇》诠释就已形成基本范式。这种范式可以用鲍祖彪《感应篇三绎》来表达，即“义绎”“经史绎”和“闻见绎”[⑤]。其中，“义绎”相当于章句解说，“经史绎”相当于引经据典及古代（灵验）故事，“闻见绎”则记录“当今”（灵验）故事。另一方面，由明入清，士人阶层越来越倾向于认为，《感应篇》诠释仅有“引经”是远远不够的，还需要“征史”。因为“经”与“史”的关系是如此密切，要在“理”与“事”“征”与“案”之间建立联系，必须同时诉诸“经”与“史”。

明清经史观的演变带来《感应篇》诠释范式的变化。于觉世在《太上感应篇赘言》中说：“六经四子之书，感应心法也；二十一史，感应公案也。”[⑥]这种看法在明清士绅的《感应篇》诠释中一再得到呼应。例如，王命岳（1610—1668）《太上感应篇引经征事》指出：“稽之六经所载，语孟所垂，史传所纪，福善祸淫，昭昭不爽。”[⑦]魏源（1794—1857）《太上

---

① 艾尔曼指出：“在中华帝国，经史研究为儒家士绅官僚承袭的风俗、利益、价值提供框架”，或许是这种诠释倾向的一种解释。参见艾尔曼：《经学、政治和宗族》，赵刚译，南京：江苏人民出版社，1998 年，第 80 页。

② 胡维霖：《太上感应篇续史序》，《长啸山房汇稿》卷 2，《四库禁毁书丛刊》集部第 164 册，第 692b 页。

③ 罗铨：《芸窗偶记附立命篇》，国家图书馆藏明崇祯十七年（1644）年抄本，第 8a 页。

④ 陆耀：《切问斋文钞序》，《切问斋集》卷 6，第 330b 页。

⑤ 姚文然：《感应篇备注》，《姚端恪公文集》外集卷 5，第 658 页。

⑥ 于觉世：《太上感应篇赘言》，“自序”，第 1 页。

⑦ 王命岳：《太上感应篇引经征事》，“原序”，第 1a 页。

感应篇序》也说：“(《感应篇》) 诚能以感应之事，印证于二十一史，斯知二十一史皆感应之事。”[①]徐时栋（1814—1873）更是提出：“十三经言理之所以然，因也；二十四史，记事之无不然，果也。”[②]明清经史观的演变及其对《感应篇》诠释范式的影响，从“义绎”“经史绎”和“闻见绎”三者的预设读者中可以看到。以这三种范式为基础，加上排列组合可以构成七种诠释体例，其预设读者显然并不相同。为直观起见，不妨先列表如下（表 5-1）。

表 5-1 《感应篇》诠释体例与预设读者对应表

范式	举例	预设读者
义绎	直讲/句解	民众
经史绎	经史考	士绅
闻见绎	征事/灵验	民众
义绎+经史绎	引经笺注	民众/士绅
经史绎+闻见绎	引经征事	民众
义绎+闻见绎	引证句解	民众
义绎+经史绎+闻见绎	经史集说通解	民众/士绅

资料来源：附录二：《中国近世〈感应篇〉知见录》。

考虑到《感应篇》作为一种超越社会阶层的读物，所谓“上至士大夫，下至妇人孺子，皆尊其说而不敢忽”[③]，将某一种文类的诠释本对应某一类读者的做法当然是危险的，这很容易落入“社会范畴论”的窠臼。不过，《感应篇》固然“浅白易晓”，但这种“浅白易晓”却带来了意义不明、指向不确等后果。这种“意义不明”“指向不确”，意味着不论何种形式的诠释，对于《感应篇》来说都是可能而且是必要的。“诗无达诂”“我注六经”等诠释传统，不可能不对《感应篇》的诠释产生影响。至少可以肯定的是，《感应篇》的经典化诠释（经史考释），显然不以“愚夫愚妇”为预期读者[④]——甚至现有资料表明，即使是在《感应篇》“图说”诠释

① 魏源：《太上感应篇序》，《魏源全集》，长沙：岳麓书社，2004 年，第 20 册，第 612—613 页。

② 徐时栋：《重刊守身录序》，《烟屿楼文集》卷 2，《续修四库全书》集部第 1542 册，第 245b 页。

③ 汪懋麟：《太上感应篇序》，《百尺梧桐阁集》卷 2，上海：上海古籍出版社，1980 年，第 161—162 页。

④ 这可以类比于姚斯（Hans Robert Jauss）所说“期待视野”（horizon of expectation）但又有所不同。所谓“期待视野”，指的是“读者在阅读理解之前对作品显现方式的定向性期待，这种期待有一个相对确定的界域，此界域圈定了理解之可能限度。”参见姚斯、霍拉勃：《接受美学与接受理论》，周宁、金元浦译，沈阳：辽宁人民出版社，1987 年，第 30 页。

中，明清士绅也尽量将其限定在“雅致”范围内。比如，许缵曾《太上感应篇图说》，“华亭介人”李藩（生卒年不详）为全书画了520幅图，并以金（50图）、石（63图）、丝（63图）、竹（81图）、匏（72图）、土（68图）、革（62图）、木（61图）进行分类①。

综上所述，本节为理解清代《感应篇》的经典化诠释，提供了三种可供讨论的思想背景：其一，《感应篇》到《感应经》的转变，使得《感应篇》具有儒家意义上的“几于经典之尊”的文本属性。其二，与《感应篇》文本属性的提升相配合，明清士人越来越重视“立言”，将“立言”看成是“立德”“立功”不可或缺的凭藉，最终形成了“立言—立德/立功—立命连续体”的观念。其三，从明代中叶到清代中叶经史观念的演变，使得“经”与“史”的关系日益密切并被逐渐（系统）运用到《感应篇》诠释中来。凡此种种，皆可理解为《感应篇》经典化诠释兴起的原因。

第二节 《感应篇经史考》的文本脉络

经史内容进入《感应篇》诠释，在宋代李昌龄传释《感应篇》时即然，只是当时“旁引释道经论及世间传记”，未尽纯粹。发展至明代，贺仲轼（1580—1644）《感应篇注》“因就其各句引古今圣贤之言及经史已验之事，以实之”②。冒起宗在诠释中“备载古今报应事”，也引用了大量正史故事。清代初年，秦镜（生卒年不详）《通鉴感应录》和彭希涑（1761—1793）《二十二史感应录》等著作，专以“博采前史……以明感应之理为不爽”③，尤其注重采辑正史故事④。在此过程中，最具有代表性的当属柴绍炳的《经史感应通考》，与后出朱溶的《重镌感应篇经史通考》、杨际春的《感应篇经史摘典养正评注》共同构成系列文本。

一、柴绍炳《经史感应通考》

在明清时期《感应篇》诠释史上，柴绍炳（1616—1670）《经史感应通考》是经典文本之一。在此书出现以后，多种《感应篇》诠释本都曾提

① 周心慧：《中国古代版画史纲》第4册，北京：北京联合出版公司，2018年，第1540页。

② 邹古愚纂修：《（民国）获嘉县志》，卷15《艺文志》，台北：成文出版社，1976年，第717—718页。

③ 彭蕴章：《先世著述记》，《归朴龛丛稿》卷5，第605b页。

④ 朱新屋：《明清善书编纂中的史学化倾向——以彭希涑〈二十二史感应录〉为例》，苏州博物馆编《苏州文博论丛》总第2辑，北京：文物出版社，2011年，第46—55页。

及或引用。特别是常常被拿来与后出的惠栋《感应篇注》相提并论。比如，姚学塽（1766—1826）在《感应篇注自序》中说：“注《感应篇》者，以惠松崖先生《笺注》，及柴省轩（即柴绍炳）先生《直解》为善本。”①而柴绍炳本人也进入到《感应篇》“灵验故事”中，成为因诠释《感应篇》而获得善报的灵验故事。比如，黄正元《太上感应篇图说》载：“钱塘柴省轩先生诗绍炳，字虎臣，著述善书，皆辅翼经传。生平与臣言忠，与子言孝，无不勉人为善。其为下根人说法，每引《感应》之案以歌动之，因取《感应篇》逐句详释，仿河上公解《道德经》例，分为九章，名《感应篇直解》。又取《十三经》及《二十一史》之感应故事，勒为成书，名《感应经史统考》。”②可见柴绍炳的善书著作应包括《感应篇直解》和《感应篇经史统考》两种。《感应篇》的“经史考”文类自此滥觞。

按柴绍炳是著名的“西泠十子”之一，在清代初年诗坛具有重要地位③。根据理学家应撝谦（1615—1683）所撰《柴绍炳传》，可以较为详细地复原柴绍炳的生平。乾隆《杭州府志》所载《柴绍炳传》即节略自应撝谦所撰《柴绍炳传》，现全引如下：

> 柴绍炳，字虎臣，仁和人。生而端重，甫入塾，闻正心诚意之旨，欣然若有会，私集群儿端坐。业师葛屺瞻见而奇之。稍长，博极群书。为诸生，七试冠军。下笔数千言。后居西湖之南屏山键户小楼，研穷圣贤体用之学，于象纬舆地、兵农礼乐，以及营田水利，靡不穷源究委，勒有成书，名《考古经济类编》。又博综典礼，举经权常变之用，本之三礼，而参以律令，皆辑而论之。所著发先儒所未发。性至孝，痛父卒于官，不及含饭。每一念及，辄过墓林，椎心泣血。见兄景明居，终身不析箸。教子弟悉本躬行，自言有得于曾子省身之学，题其居为“省轩”。乡里称“省轩先生”。④

① 姚学塽：《太上感应篇序》，《姚镜塘先生全集》卷 2，国家图书馆藏光绪八年（1882）刻本，第 17a 页。

② 李昌龄著、黄正元注、毛金兰增补：《太上感应篇图说》上册，第 312—313 页。

③ 其余九子分别为：陆圻（1614—？）、沈谦（1620—1670）、陈廷会（生卒年不详）、毛先舒（1620—1688）、孙治（1618—1683）、张纲孙（1619—？）、丁澎（1626—1686）、虞黄昊（生卒年不详）、吴百朋（？—1670）。

④ 邵晋涵、郑沄等纂修：《(乾隆）杭州府志》，《续修四库全书》史部第 703 册，卷 90《人物·儒林》，第 342 页。

此外，朱溶《忠义录》中亦有柴绍炳传。全文如下：

> 柴绍炳，字虎臣，杭州仁和人。大父祥，福建按察使。父檠，福建莆田教授。绍炳从父之官，年十五，补莆田学生。时嘉兴吴麟征为理刑，见其文嗟叹之。后归，复试仁和，补仁和学生第一。绍炳长不满五尺，工文辞，名声藉甚。年三十，直明亡，即弃去。家贫，授经以自给。隐居穷巷，履空衣蔽，晏如也。为文章，初喜晋魏，后肆力于西汉，然不能自变其质直差洁耳。晚节厌薄孵化，专究大道之意。著书甚多，其《家诫》《古韵通考》尤善。巡抚范承谟至杭州，与客论古韵，客言柴先生《通考》必传之书也。承谟雅闻绍炳善著书，使人求焉。绍炳以首卷进，承谟甚善之，欲得其全书锲焉，绍炳辞以未就。亡何，诏举山林隐逸，承谟已草疏荐之，绍炳固辞乃止。疾革，呼笔为先令，神气不乱。顷之，卒，年五十四。二子世堂、世台。初，绍炳无子，乃注《感应篇》，迄上卷，举世堂；下卷迄，复举世台，人皆异焉。世堂、世台贫，皆有文行。①

从以上两篇传记中可以看出，不论是应㧑谦还是朱溶，都落脚于柴绍炳的个体道德和善行报应。特别是应㧑谦，着重强调柴绍炳的“学者”和“孝子”身份：就“学者”而言，应㧑谦强调其“圣贤体用之学”和“省身之学”；就“孝子”而言，应㧑谦强调其对父亲“性至孝”的品质，“痛父卒于官，不及含饭。每一念及，辄过墓林，椎心泣血”。而朱溶则在传记中将柴绍炳的善行报应描述得极其形象：“初，绍炳无子，乃注《感应篇》，迄上卷，举世堂；下卷迄，复举世台，人皆异焉。”作者也许有意节略了柴绍炳诠释《感应篇》的过程，却对其善报大加描绘。

然而遗憾的是，柴绍炳《经史感应通考》不见传于世（或已亡佚），现无法窥见其全貌，只能通过史料的零星记载，复原这个以“经史考”命名的滥觞之作。柴绍炳《省轩文钞》卷首所载程其成（生卒年不详，柴绍炳弟子）“引言四则”，对柴绍炳的主要著作进行简要介绍：“先生家藏遗稿尚有：《省轩诗钞》二十卷、《白石轩杂稿》八卷、《古韵通》八卷、《切

① 朱溶：《忠义录》，姜垓、朱溶等撰，高洪钧等整理校点《明清遗书五种》，北京：北京图书馆出版社，2006年，第800—801页。

韵伏古编》四卷、《柴氏家诫》四卷、《通考纂略》十卷、《行文指要》一卷、《省过纪年录》二卷、《感应征略》十卷。”[①]其中的《感应征略》当即《经史感应通考》。与此同时，毛奇龄（1623—1716）《柴征君墓状》则载：“君所著有《翼望山人集》二十卷、《青风轩诗》十卷、《白石轩杂稿》四卷、《经史通考》十二卷、《柴氏古韵通》八卷、《省过记年录》二卷、《家诫》四卷、《家传》二卷、《明理论》二卷。”[②]并未提及《感应征略》。其中缘由，或因毛奇龄重视柴绍炳之实学的缘故。毛奇龄在《柴征君墓状》中说，柴绍炳的学术历程经历了“省身之学”（“性命之学”）到“圣贤体用之学”（“凡天文、舆地、历法、礼制、乐律，与夫农田、赋役、水利、兵戎之事”）的转变——这是甲申鼎革以后，清初士人阶层反思明亡教训的普遍路径，也与清代实学的兴起相同步。

在柴绍炳的著作中，《省过纪年录》和《感应征略》都可以看作是善书。前者很可能是一种功过格——偏向于刘宗周《人谱》式的单纯记过不记功形态，而后者应当就是《经史感应通考》——史料中有时表述为《感应篇直解》，原因是两书虽前后而成，但《经史感应通考》是将“《十三经》及《二十一史》之感应故事”融入《感应篇直解》而成的。怡性堂主人《感应篇集证》所载柴绍炳灵验故事，同黄正元《太上感应篇图说》颇为相似，亦称其书为《感应篇直解》。全故事如下：

> 钱塘柴省轩，讳绍炳，字虎臣。一代儒宗，以理学崇祀。著述等身，书皆羽翼圣经传。生平与臣言忠，与子言孝，无不勉人为善。其为下根人说法，多引《感应篇》之说，以歆动之助之。因取《感应篇》逐句注释，仿汉清河上公解《道德经》例，分为九章，以应神仙“九转还丹”之意。名曰：《感应篇直解》。又取十三经、廿一史之感应不爽者，勒为成书，名曰：《经史感应通考》，诚济世之慈航也。公万年举二子，皆通显。公享遐龄，端坐而逝。杭人皆知其为神矣。[③]

虽然善书中的“灵验故事”不能当作“信史”，但是这段“杭人皆知

① 柴绍炳：《省轩文钞》，卷首，《四库全书存目丛书》集部第210册，第116a页。

② 毛奇龄：《柴征君墓状》，《西河集》卷113，《景印文渊阁四库全书》集部第1321册，第341b—343a页。

③ 怡性堂主人：《感应篇集证》，南京图书馆藏光绪六年（1870）刻本，第16页。

其为神矣”的故事，“公万年举二子，皆通显”与朱溶《忠义录》的记载已极为接近。从故事中可以看出，柴绍炳《经史感应通考》全书共分九章，内容主要是“取十三经、廿一史之感应不爽者，勒为成书”。后来姚学塽《感应篇注自序》对此有所批评，认为“柴解详悉，而高明者或微病其琐也”①。

由于柴绍炳“生平著述几于等身，不自爱惜，多半随时散失”②，但通过留存下来的《省轩文钞》，可以大致看到柴绍炳创作《经史感应通考》的历史图景：其一，柴绍炳对《功过格》《感应篇》等善书非常熟悉。《省轩文钞》中收有《潘尔瞻先生功过格发明序》和《纪功过说》两文，指出“今天下奉持《功过格》者甚众”，甚至与时人一样认为“昔范文正、苏文忠、张魏公诸贤俱受此格，近则费文忠、袁了凡两公尤确著”③。其二，柴绍炳主张儒释一道，坚信报应、轮回之说。在《轮回说》《趋吉避凶说》和《家诫·证应篇》中，一再透露出这种信仰，认为：“轮回之说……释氏发之，其事与理，确乎不易。”④又说：“感应之理，古今有证……善恶祸福之说，昭著圣经，至释道二氏，则又发明三世轮回之理，补儒者所未逮。”⑤其三，柴绍炳为学强调“立言”“立德”和“知行合一”。作为明代遗民，入清以后的柴绍炳“隐居穷巷，履空衣蔽”，即使“诏举山林隐逸，承谟已草疏荐之”，柴绍炳也“固辞乃止”，则其对“立言”和“立德”之看重可以想见。《立言当谨说》和《品论》（两篇）及《知行合一说》可为代表。在柴绍炳看来，当时世风和士风受到《水浒传》等小说、《西厢记》等戏曲的负面影响甚大——这些文类正是善书的对立范畴⑥。柴绍炳也非常注重家训和家诫，力图奉持《感应篇》等善书，主张“在家修行”⑦。借助这些“类文本”为奥援，可以大致理解柴绍炳以经史注释《感应篇》的内缘外因。

---

① 姚学塽：《太上感应篇序》，《姚镜塘先生全集》卷 2，第 17a 页。

② 柴绍炳：《省轩文钞》，卷首，第 116a 页。

③ 柴绍炳：《省轩文钞》，卷 6《潘尔瞻先生功过格发明序》，第 265b 页。

④ 柴绍炳：《省轩文钞》，外集卷末，《轮回说》，第 462b 页。

⑤ 柴绍炳：《省轩文钞》，外集卷末，《证应篇》，第 479b—480a 页。

⑥ 柴绍炳：《省轩文钞》，卷 2《品论上、下》，第 137b—140a 页；卷 4《立言当谨说》，第 197b—198a 页；外集卷末《知行合一说》，第 465a—467a 页。

⑦ 柴绍炳：《省轩文钞》，外集卷末，《家诫（六篇）》，第 479b—481b 页。或因这一原因，在后世柴绍炳传记中，也加入了因注释《感应篇》而获得善报的感应故事。兹举朱溶《忠义录》为例，是书卷 8《陆圻、汪温、柴绍炳、沈昀、陈廷会、应抝谦、孙治传》载：“柴绍炳，字虎臣，杭州仁和人……初，绍炳无子，乃注《感应篇》，迄上卷，举世堂；下卷迄，复举世台，人皆异焉。”此书作者正好是朱溶，两者之间的承续性由此更见一斑。参见高洪钧等整理校点：《明清遗书五种》，北京：北京图书馆出版社，2006 年，第 801 页。

二、朱溶《感应篇经史考》

柴绍炳《经史感应通考》以经史考释善书的做法，对后世产生了非常深远的示范作用。在受其影响而出现的《感应篇》诠释文本中，以朱溶《感应篇经史考》最具有代表性。据朱溶所撰《重镌感应篇经史考》“凡例”第八条记载：“辑注皆出沛霖弟，《感应篇》以李传为主，参以柴虎臣先生、许鹤沙先生及诸公，各本经史则采前贤传注，务在简要不烦，发挥明白。”①可见朱溶此书与柴绍炳《经史感应通考》之间存在直接性的承续关系。虽然现存有关作者朱溶的传记资料甚少，但从地方志中也能稍见其生平梗概，《（光绪）重修华亭县志》和《（嘉庆）松江府志》均载有传记。其中，《（嘉庆）松江府志》引自《松江诗钞》，记载尤为详细。现全引如下：

> 朱溶，字若始，华亭人。刑部郎中鼒后，博综群籍。十四而孤，哀毁特甚。补邑诸生，以父未葬、母老，遂习青乌岐俞之术。既又弃举子业，肆力于古文词，名隆然起。母没，执丧尽哀，须发顿白。服阕游京师，值纂修明史，聘溶入馆。时海内名士争工诗词，而史才绝少。溶深究体裁，谓子长天才纵逸，未易涉笔；范史工炼，渐近华美；惟班史谨严精洁，宜奉为程序。馆臣俱委重焉。暇复纂有明死事诸遗迹，为《忠义录》《表忠录》及《隐逸录》。自著则有《蘧庐集》《汉诗解》，并《列仙医术》等书。②

从引文中可知，朱溶为前明刑部郎中朱鼒（生卒年不详）后裔，而朱鼒为明正德八年（1513）举人，正德十三年（1518）进士。另据贾乃谦的考证，朱溶曾因乃父朱岳（士鲲，生卒年不详）的遗嘱，放弃诸生头衔，“著书载难死诸公”，并“遍历都邑”以“得知其人”③。因此，入清以后的朱溶为明代遗民殆无疑问。其书在谢国桢《增订晚明史藉考》中也有著

① 朱溶：《重镌感应篇经史考》，南京图书馆藏道光十一年（1831）刻本，“凡例”，第2a页。

② 孙星衍、宋如林等纂修：《（嘉庆）松江府志》，台北：成文出版社，1970年，卷58《古今人物传十》，第1323页。

③ 贾乃谦：《朱溶及其〈忠义录〉》，《古籍整理研究学刊》1985年第3期。

录，可惜谢国桢并未提及《感应篇经史考》[①]；而朱溶《忠义录》《表忠录》及《隐逸录》，当为明清交替之际私家撰史的产物。从朱溶进入明史馆任职编修，并提出“谓子长天才纵逸，未易涉笔；范史工炼，渐近华美；惟班史谨严精洁，宜奉为程序”可以看出，朱溶是相当精深的历史学家，其风格崇尚班固的《汉书》，以“谨严精洁”为圭臬。在这种学术背景下撰写的《感应篇经史考》，自与其他诠释著作有所不同。

目前所见朱溶《感应篇经史考》为道光十一年（1831）重刻本（书名中揭橥“重镌”字样，即指此而言）。根据朱溶所撰“自序”可知，《感应篇经史考》撰写于康熙丙寅年（1686），此亦能得到洪昇（1645—1704）《稗畦集·稗畦续集》的佐证[②]。关于撰写此书的缘起及过程，朱溶在“自序”中有清楚的说明：

> 近世以来，人益言《感应篇》矣。为之诠释者，无虑数十百家。然所称引，未免杂以稗官小说，或里巷所传闻，其惊动人心可曰至切，而学士大夫颇难言之，甚者笑之以为未信。兹岂《感应篇》之过欤？抑亦诠释者有未尽也。《感应篇》之意，与我儒相表里，其文亦与经史吻合。余尝欲取经史阐扬是书，以公天下，而牵于世务蹉跎不果。后舍钱塘弟沛霖《家论》及《感应篇》所见略同，因尽出十三经、四子书、《家语》、二十一史、《资治通鉴》等书，编缮而采择之，务期劝戒切深，证据明确，学士见之皆悚然敬信。迄事康熙庚申十月，自己未正月主此书，悉考于经史，不以他语杂之也。其注解出沛霖，弟皆本于前贤，间裁以己意。沛霖子良治，与其师洪子润孙复再三参酌，使人一见了然，诚大愉快也。遂命儿子修干缮写，携至京师，正于李述庵先生。先生击节叹赏，谓当亟行于世。因为此阅评论，举纲撮要，标示无遗。遂各出金，并募诸君鸠工剞劂。其校雠无讹，则佟君中黄，暨钮子南六等力为多。述庵先生名涛，济南

① 谢国桢：《增订晚明史籍考》，上海：上海古籍出版社，1981年，第745页。

② 朱溶《〈稗畦集〉序》载：“岁丙寅，余客钱塘，与洪子润孙、戴子天如及吾弟沛霖等，辑《感应篇经史考》，洪子昉思为润孙族侄，天如之友婿，屡过寓。”参见洪昇：《稗畦集·稗畦续集》，上海：古典文学出版社，1957年，第3页。又章培恒《洪昇年谱简编》，“康熙二十五年三月”条（附录于周膺主编《洪氏家族与西溪湿地》，北京：当代中国出版社，2005年，第186页）载：“抵杭州，常下榻于友婿戴普成家，相与论诗。时普成方与洪景融、朱溶等共辑《感应篇经史考》，因并与朱溶相识。”

人，翰林院编修；佟君名国瓒，三韩人，日照知县；洪子名景融，仁和诸生；钮子名龙，长洲人太学生；良治，钱塘诸生。述庵先生为人孝悌乐善，佟君、洪子、钮子、沛霖父子俱长者，相去三千余里。同心一力，克成胜事，非偶然云。①

从引文可以看出，《重镌感应篇经史考》可以视为“集体创作”：由朱溶编集，朱沛霖（朱辂）注解，李涛披阅，朱良治、钮龙、佟国瓒及洪景融参校而成。这些作者除李涛（述庵）以外，基本上都是生员或乡绅群体。其中四位的科名是诸生（含朱溶）。不过，全书写作的总体设想仍以朱溶为准。从“自序”中可以看出，朱溶显然对此前“无虑数百家”的诠释著作不满，因为这些著作“未免杂以稗官小说，或里巷所传闻，其惊动人心可日至切，而学士大夫颇难言之，甚者笑之以为未信”。在朱溶看来，这并不是《感应篇》本身（释道二教）的错误，而是因为“学士大夫”尚未充分重视诠释文类。因此，朱溶“取经史阐扬是书”的目的，在于预设“学士大夫”为读者群，其“悉考于经史，不以他语杂之”的具体做法，也是为了引起“学士大夫”对《感应篇》的敬信，所谓“务期劝戒切深，证据明确，学士见之皆悚然敬信”。道光十一年（1831），朱国荣（生卒年不详）为重刻此书撰写序言。朱国荣声称，该书之所以引起自己兴趣，主要原因在于“其书不杂佛典，不参仙乩，援经据史，深切著明”；读后朱国荣更是觉得《感应篇》“与圣经贤传相发明”②。

至于朱溶的编纂意图及其编撰《重镌感应篇经史考》的具体做法，“凡例”说得非常清楚。全书“凡例”共十二条，由朱溶亲自编订。其内容主要包括三个部分：第一部分即首条，是对全书编纂主旨的总体确认；第二部分即第二、三、四条，是对征引文献的进一步说明；第三部分即剩余八条，为对经史征引规则的详细说明。其中，在首条中，朱溶就开章明义地指出：

五经四书之言，理无不至，物无不备。学者诵读讨论，循而行之，足矣。然世之人或习而不察，而言及《太上感应篇》，则洒然敬信。余不得已引经书以证《感应篇》。俾知《感应》之

① 朱溶：《重镌感应篇经史考》，第1—2页。

② 朱国荣：《重订太上感应篇经史考序》，第1—4页。

句字，意指皆不离乎经书，则人益致力于经书，而无敢怠荒乎！①

显然，朱溶编写《重镌感应篇经史考》的目的不在《感应篇》本身，而是希望读者转移到经典（经书）中去，所谓“人益致力于经书，而无敢怠荒乎”。按照这样的编纂意图，在接下来的三条“凡例”中，朱溶对征引文献做了进一步说明。朱溶谈到“经”与“史”的关系，认为“理莫备于经，事莫信于史，故善恶报应，悉引史书”，又说“以经史证《感应篇》，经高于史，一字尊经也”②。在这种诠释语境中，“史”离不开“经”毋庸置疑，可是，朱溶更强调“经”离不开“史”——朱国荣也在序言中说：“《感应篇》之有经史考，犹穷经者之必读史也。夫穷经而不读史，则虽是善恶朗若列眉而未知，修此之必吉，悖此之必凶。”③这是全书取名为“经史考”的原因。又据前引朱溶传记，说朱溶“深究体裁”，因认为“子长天才纵逸，未易涉笔；范史工炼，渐近华美；惟班史谨严精洁，宜奉为程序”，故在司马迁、班固和范晔三位史学家中，推崇班固之“谨严精洁”，遂“奉为程序”。以下不妨通过列表，来看全书征引经史文献的规则（表5-2）。

表5-2 《重镌感应篇经史考》征引经史目录表

书名	作者	书名	作者
《尚书》	汉孔安国序、唐孔颖达疏、宋蔡沉集注	《晋书》	唐太宗文皇帝御撰
《周易》	魏王弼注、唐孔颖达正义、宋朱熹本义	《宋书》	梁沈约撰
《诗经》	汉郑玄笺、唐孔颖达疏、宋朱熹集注	《南齐书》	梁萧子显撰
《礼记》	汉郑玄注、唐孔颖达疏、宋程颢集注	《梁书》	唐姚思廉撰
《周礼》	汉郑玄注、唐贾公彦疏	《陈书》	唐姚思廉撰
《仪礼》	汉郑玄注、唐贾公彦疏	《南史》	唐李延寿撰
《春秋左传》	晋杜预注、唐孔颖达疏、宋林尧叟注释	《魏书》	齐魏收撰

① 朱溶：《重镌感应篇经史考》，第1a页。
② 朱溶：《重镌感应篇经史考》，第1b页。
③ 朱国荣：《重订太上感应篇经史考序》，第1—4页。

续表

书名	作者	书名	作者
《春秋公羊传》	汉何休注	《北齐书》	隋李百药撰
《春秋谷梁传》	晋范宁集解、唐杨士勋疏	《周书》	唐令狐德棻等撰
《孝经》	宋邢昺校	《隋书》	纪传唐魏征上，志唐长孙无忌等撰
《大学》	汉郑玄注、唐孔颖达疏、宋朱熹集解	《北史》	唐李延寿撰
《论语》	魏何晏集解、宋邢昺疏、宋朱熹集注	《唐书》	纪志表宋欧阳修撰，列传宋宋祁撰
《中庸》	汉郑玄注、唐孔颖达疏、宋朱熹集注	《五代史》	宋欧阳修撰
《孟子》	汉赵岐注、宋孙奭疏、宋朱熹集注	《宋史》	元脱脱等修
《尔雅》	晋郭璞注、宋邢昺疏	《辽史》	元脱脱等修
《家语》	魏王肃注	《金史》	元脱脱等修
《史记》	汉司马迁撰	《元史》	明宋濂、王祎等修
《汉书》	汉班固撰	《通鉴前编》	元金履祥
《后汉书》	汉范晔撰	《资治通鉴》	宋司马光编集
《三国志》	晋陈寿撰、宋裴松之注	《宋元通鉴》	明薛应旂编集

资料来源：朱溶：《重镌感应篇经史考》，“经史目录”，第1—3页。

从表5-2中可知，朱溶《感应篇经史考》所征引经史著作，涵盖“经”15种（“十三经”、《大学》《中庸》）、《家语》1种、“史”21种（“廿一史”）、“通鉴”3种（《通鉴前编》《资治通鉴》《宋元通鉴》）。在这些著作中，《家语》和《通鉴》显得特殊，朱溶在“凡例”中特别对此做了说明：“经外独采《家语》，多父子之言也。史外采《通鉴》，以《通鉴》所辑，间有史书所未备也。”朱溶曾供职清初明史馆，但因“《明史》犹未成”，所以“献征录、史料等书所载，尚未敢遽入，示慎也”[①]。由此可见，朱溶编撰《感应篇经史考》的态度非常谨严，以“经史考”之体裁而言，前后著作均无出其右者。

《感应篇经史考》还有一部分内容值得注意，就是李涛的“披阅”（评

① 朱溶：《重镌感应篇经史考》，第1b页。

点），见于每条注释的开篇（“本条简首”）。其内容主要是“古今论断有善言感应之意者，辄摭一二，偶有愚见，亦附于后”[①]。按照朱溶的原意，安排这一“披阅”的目的，是“举纲撮要，标示无遗”[②]。后来在“凡例”中，朱溶又进一步指出：“经义精微，史书、通鉴多至三千余卷，未易窥测。此子加以正定，或别有所论述，俾圣贤之旨益明，实人心世道之厚幸云。”[③]由此可见，一方面，由于史书和通鉴卷帙浩繁，全书收录相当有限，另一方面，因为经典“经义精微”“未易窥测”，有披阅评点之必要。这种评点暗示了《重镌感应篇经史考》本身，也不纯粹是“经史考”的体例，而是与柴绍炳《经史感应通考》一样，是一种综合性、杂糅性的诠释。两者之间的差异，在于侧重点的不同：柴绍炳侧重于“直解”，朱溶侧重于“经史考”。除此以外，这部分内容的存在也暗示了“经史考”这种体例的弊端，即必须要有“评点”（或“直解”）加以辅注，否则“圣贤之旨”就无法做到（如朱国荣所说的那样）“深切著明”。

三、杨际春《感应篇经史摘典养正评注》

李涛的“披阅”（评点）做法，在晚清杨际春的《感应篇经史摘典养正评注》中被进一步推广，杨际春《感应篇经史摘典养正评注》也因此成为柴绍炳以后《感应篇》“经史考”谱系中的又一重要著作。按杨际春（生卒年不详），字凤山，号树勋，为同治七年（1868）戊辰科进士，选庶吉士，散馆授检讨。杨际春所在的杨氏家族是高邮四大家族之一，在当地享有很高的声望。然囿于史料有限，对杨际春生平及其撰写本书的背景，唯在朱桂生（生卒年不详）《感应篇经史摘典养正评注》所作“序言”中略详。现全引如下：

> 凤山先生早年绩学，志切利济。通籍后受知于倭艮峰、文博川两贤相国，勉以读有用书，常思有益于世。时值晋豫大旱，锓君偕编修刘君晓岚《应召疏陈八事》，又偕谢麟伯、何铁生诸先生，倡赈创善兴举。每年荷圣恩，赏小米三百石，即今南下洼太清观之地，公善堂是也。君极力襄助，纪事勒碑，以垂久远。缘太夫人年近八旬，请假侍养，左文襄公延聘主讲敦善书院。君实

① 朱溶：《重镌感应篇经史考》，第 2b 页。

② 朱溶：《太上感应篇经史考叙》，《重镌感应篇经史考》，第 2a 页。

③ 朱溶：《重镌感应篇经史考》，第 2b 页。

> 事求是，勤恳诲人，讲课暇时，节录浙省华亭朱先生《感应篇经史》一书，复选择子史格言，以为评语，名曰：摘典养正。[①]

由此可见，杨际春在晚清确实颇有影响，受到包括理学家倭仁（1804—1871），和封疆大吏文祥（1818—1876）、左宗棠（1812—1885）等人的重视。其学亦不免受时代环境影响，以经世致用为主——积极倡导慈善活动就是其中典型[②]。《（民国）高邮州志》载：“光绪丁丑，晋、豫大旱，际春驰书鲁抚，劝筹五千金赈之。明年，畿辅灾，饥民麕集，又偕同年刘晓澜应诏陈言，条上八事，请于淮盐筹款赈饥，并与京尹梁肇煌、编修何金寿等，筹办赈饥地八所，创立公善堂，劝捐施赈，全活无算。”[③]《清实录·光绪实录》对此亦有记载：

> 甲戌。谕内阁、巡视西城御史英俊等奏，添设粥厂暖厂，请赏米石一摺。回民在西城教子胡同设立粥厂，俾回旗贫民，藉资糊口。又北城南下洼太清观地方，经官绅捐建公善堂暖厂，为贫民栖止之所。加恩著照所请，自本年为始，每年各赏给小米三百石，以赡穷黎。[④]

在襄办公善堂赈济贫民以后，晚年的杨际春“终以不娴奔竞，未迁一阶。值母年高，乃乞终养归回籍。适左宗棠督两江，荐主讲板浦敦善书院”，期间“诸生经其指授，咸中法程”[⑤]。《感应篇经史摘典养正评注》就是在杨际春主讲敦善书院时，于“讲课暇时”编纂而成的[⑥]。

有关编纂《感应篇经史摘典养正评注》的缘起和经过，杨际春“自序”中表述尤详，可以总结为杨际春个人的“两个不满”：其一，对以往

---

① 杨际春：《感应篇经史摘典养正评注》，“朱桂生序”，第2a页。

② 田国俊：“序言”亦说“其经世之学不于此略见一斑哉”，参见杨际春：《感应篇经史摘典养正评注》，第1页。

③ 胡为和修，高树敏纂：《（民国）三修高邮州志》卷4，台北：成文出版社影音，1983年，第611—612页。

④ 世续、陆润庠等纂修：《清实录·德宗景皇帝实录》卷78“光绪四年戊寅九月甲戌”条，北京：中华书局影印，1987年，第53册，第205b—206a页。

⑤ 胡为和修，高树敏纂：《（民国）三修高邮州志》卷4，第612页。

⑥ 按敦善书院为道光十七年（1837），由陶澍（1779—1839）倡导创立于江苏通州，在晚清影响甚大，于光绪三十三年（1907）改书院为学堂。参见陶澍著，陈蒲清主编：《陶澍全集（第8册）》，附录《陶澍大事年表》“道光十七年”条，第404页。

善书著述的不满。在杨际春看来，虽然“善书几若汗牛充栋”，但是“惜多杂以稗官小说，虽其中不尽子虚，而淹通博雅者，恒藉口于鄙俚而薄之”。朱溶《感应篇经史考》最大的特点，就是“纯引经史，不杂他说”，克服了世俗善书的弊病。其二，对朱溶《感应篇经史考》的不满。尽管杨际春深知朱溶《感应篇经史考》的优点，但对其不足也深有体会，“予推究是书，未广流传，殆有二故：一则间苦冗长，转将精华掩盖，一则未经圈点，眉目不清”[①]。故杨际春所要做的，就是继承朱溶注本的“纯引经史，不杂他说”之长，而克服其冗长之弊，并加以圈点以使眉目清楚，突显精华。对此，杨际春详细写道：

> 爰立志节录，以公诸世。中岁幸获馆选，携以入都。恒举以告同志，咸称善本，亦以予前论为然。山阳孝廉抡伯吉君元、刑部主政江西广丰廪膳生登五俞君凤楼，偕与节抄，历数月之久。前辈检讨鼎卿周君冠、同年编修晓风刘君海龟、桐生丁君立幹、右臣洪君良品、中书王君贻璋相与参订。后缘请假侍养中辍。近因讲课之暇，择其简要，标举新颖，复殚心研究，商之海州廪膳生砚农李君丰，遂约抄成编。一以韩文公谨严为主，期于不泛不漏。愚观选文善本，有因评论工妙，阅者倍觉原文显豁，精神为之一振。故不揣愚陋，复征引子集若干部于每条下。苟有疑义可析，必仿史汉评林，取前贤格言良箴，荟萃出之，加以论断。俾立身措世，得所准绳，盖非仅言感应一事也。爰命曰：经史摘典养正评注。[②]

因此书篇幅甚大，又要翻检经史，剔粗取精，补充朱溶《感应篇经史考》的不足，故撰写此书花费了大量的时间和精力。杨际春在序言中说：“计蓄是愿，已近卅年，虽中间不免世务蹉跎，而一志评校，实几阅寒暑，间有终夜不寝者，甚矣。”[③]其他的序言作者孟国俊、王寅、朱桂生等人，亦对此书成书之缘起与经过细加论述。比如，王寅在“序言”中写道：

> 原编聚经史四十部，举上下数千年善恶感应事迹，悉萃于

① 杨际春：《感应篇经史摘典养正评注》，第1—2页。
② 杨际春：《感应篇经史摘典养正评注》，第3a页。
③ 杨际春：《感应篇经史摘典养正评注》，第3b页。

兹，固已尽美矣。兹吾友复聚书籍数十部，举先儒格言良箴，又悉萃于兹，作为评论，遂臻尽善。惟是重订苦心，重在于考证事实中，藉以阐发义理。如仁何以不流为姑息，义何以不流为迂阔，智何以不流为逆億，信何以不流为固执，均能言之透切。盖名为感应，实则所包者广矣。①

通过“凡例”可以知道，杨际春的确是以“立言”的严谨态度在撰写此书。由于“近来善书，人恒厌弃不观，固由流俗传闻，难比信史，又以所引习见杂陈，难以枚举”，因此，杨际春始终以“古人立言不苟，恒多怵剧心肺，其练字造句，有以长而益见工者，实具苦心，故于精萃警句，虽长必录，不敢轻减”的态度评注此书②。在这里杨福臻以“立言”来解读杨际春，显然并非拔高之辞。这种严谨不苟的“立言”态度，通过其新增的征引书目亦可看出。朱溶“原编聚经史四十部”已见于上文列表，兹复列杨际春“复聚书籍数十部”如下（表 5-3）。

表 5-3 《感应篇经史摘典养正评注》“重订征引书籍目录”表

四部	书籍目录
经部	《韩诗外传》《春秋繁露》《尚书大传》
史部	《穆天子传》《竹书纪年》《汲冢周书》《路史》《吴越春秋》《高士传》
子部	《鬻子》《子牙子》《老子》《子华子》《计然文子》《管子》《晏子》《墨子》《列子》《庄子》《荀子》《孙武子》《吕氏春秋》《贾子新书》《孔丛子》《新序》《说苑》《淮南子》《扬子法言》《王符潜夫论》《徐榦中论》《王充论衡》《风俗通》《白虎通》《释名》《世说新语》《搜神记》《抱朴子》《博物志》《拾遗记》《说文系传・通论》《文中子・中说》《颜氏家训》《性理》《唐代丛书》《太平广记》《湘山野录》《前定录》《历代名臣言行录》《学政全书》《经余必读》《子史粹言》《文献通考》《廿二史（约编）》《韵府群玉》《子史精华》《增补类腋》《（徐坚）初学记》《教谕论》《半舫偶辑》《制艺丛话》《汉武内传》《训俗遗规》《小学》《困学纪闻》
集部	《楚辞》《文选》《陶靖节集》《广事类赋》《袁简斋文集》《随园诗话》《韩文公集》《小学弦歌》《柳子厚集》《苏文忠集》《汤文正集》《曾文正集》《别裁诗选》《近思录》《唐宋十家文》《古诗源》

资料来源：杨际春：《感应篇经史摘典养正评注》，“重订征引书籍目录”，第 13 页。

① 杨际春：《感应篇经史摘典养正评注》，第 2a 页。
② 杨际春：《感应篇经史摘典养正评注》，“凡例”第 2 条、第 6 条，第 4a、5a 页。

从表 5-3 可知，杨际春《感应篇经史摘典养正评注》共新增征引书籍 80 种——几乎是朱溶原书的两倍，与“原编聚经史四十部……兹吾友复聚书籍数十部”相侔。其中尤以子部最多，集部次之，史部和经部最少，可见王寅“序言”所说“其大旨以经史为主，以子集为辅”洵为确论①。与朱溶一样，杨际春并未增加征引《明史》和清代“国史”，其原因是：“前明善恶事迹，有《明史》《明鉴》《吾学编》《通纪》《稗史》《南北略》等书可考；我朝名臣贤士，伟绩嘉谟，有《东华录》《圣武纪》《经世文编》《先正事略》及各家文集、纪事等书可考。容偕同志续编，以就正于有道焉。”②不仅继续坚持“谨严精洁”的原则，而且希望后人能继续在自己的基础上增加续编。

与朱溶《感应篇经史考》原书相比，除了新增征引书目以外，杨际春《感应篇经史摘典养正评注》还新增了“评注”。杨际春在“凡例”第七条中明言：“兹编略为变通，经史下即注明原书，另书大字音字，下分行小字写音释，又另书大字注字，下写讲解，另书大字评字，下写原评。若所纪非专评是条者，则书原编引记字样。至春注春评，亦必另圈隔之，以示区别。”③由此可见，杨际春的评注还包括对某些字词的音释，以及整个书籍体例的圈点。这可以看作是对李涛“披阅”（评点）的继承和推广。新增的这两部分内容，实与杨际春预设的读者群体有关。杨际春在书中反复提及，自己撰写此书的目的是“为发蒙计”④。这指的是作者撰写此书时，正讲学于敦善书院。不过，正如杨际春所言：“是编节录典雅，俾幼时耳目濡染，无非药石、良言，固于重稺获益良多。苟能终身服膺勿失，推之仁民爱物，于成人亦不无小补焉”⑤，此论证与项晋藩“序言”所论若合

① 杨际春：《感应篇经史摘典养正评注》，第 1b 页。

② 杨际春：《感应篇经史摘典养正评注》，第 11b 页。

③ 杨际春：《感应篇经史摘典养正评注》，第 5b 页。

④ 杨际春《感应篇经史摘典养正评注》“凡例”第 1 条载：“是编与原辑，不无小异，缘为发蒙计，重在征引旧典，俾常日记。既可感发其善心，又可奖劝其绩学，异时作时艺诗古文词，均可引用，则谓是编作善书读可，作典故读可，即作论古文字读，亦无不可。盖一举而数善备焉。”第 27 条载：“是编或谓何不此序列朝，各汇一传，俾免散见，不知人情少见多怪，亦苦数见不鲜。兹编妙在错综参伍，无义不搜，今阅者耳目一新，观其始莫测其次，且有编题备检，此外有箴言，未能入评者，就所见悉汇入论说内，惟语多浅近，为启蒙计，博雅谅之。”分别参见杨际春：《感应篇经史摘典养正评注》，第 4、11 页。近代聂云台也曾经指出：“（杨际春《感应篇经史摘典养正评注》）搜集经史子集中精理名言及感应事迹，以与《感应篇》引证发明……家庭学塾，用为讲习之助，读一书而得多书之益，诚佳作也。”参见聂其杰：《聂氏家言选刊》，北京：中华书局，1927 年，第 189—190 页。

⑤ 杨际春：《感应篇经史摘典养正评注》，“凡例”，第 13 条，第 7b 页。

符节[①]，以至于全书“盖名为感应，实则所包者广矣”。

在杨际春重订朱溶《感应篇经史考》的晚清时期，自晚明以降的《感应篇》诠释本已经极多，通过其书“目录”之后所附“编辑笺注人姓氏”，可以看到杨际春对本书的系谱定位。其所列“编辑笺注人姓氏”包括：宋李昌龄、国朝于铁樵、惠定宇、朱溶、朱国荣、罗椒生、俞荫甫等七人六种（朱溶、朱国荣为同一著作）[②]。这些著作以李昌龄注本为最早（南宋）；罗惇衍和俞樾注本出现最晚（晚清）；惠栋注本影响最大；而于觉世《太上感应篇赘言》则以其“不赘之赘”的评点方式，与杨际春此书颇为相合[③]。可以推测，杨际春之所以列出“编辑笺注人姓氏”，主要是因为这些书籍在其著作中曾有所引用，不过在“经书所言感应之理甚多”的情况下[④]，杨际春单独引用并列出这些著作，未免不是对自身著作在文本谱系上的定位。因此，尽管与朱溶《感应篇经史考》有所差异，但总体上仍在同一宗旨脉络之下。杨际春曾说朱溶《感应篇经史考》“不可以寻常善书目之”[⑤]，王寅则说杨际春《感应篇经史摘典养正评注》“俾作善书读可，作典故读可，即作论古文字读，亦无不可”[⑥]，可见两书之间的传承性。

以“经史考”为体例对《感应篇》进行诠释的著作，除了上述三种构成谱系的著作以外，尚有华绍洛（1732—1804）《感应篇经史集说通解》一种。据嘉庆七年（1802），王日桂（生卒年不详）“序言”记载：“是书为华生九霞所辑。先生名绍洛，字九霞，无锡兴道乡人。生平居贫力学，少藏书，每从人借观，得以弹心典籍。所著有《读史论略》，为《云川阁集》所未备。其《阴骘文通解》《朱子家训广义》，与是书而三，尤平生所致力者。”[⑦]由此可知，华绍洛编纂的善书有多种，其中还包括以《朱子家训》为基础编纂而成的《朱子家训广义》。而在华绍洛书的末尾附有《太上感应篇浅说》一种，刊者指出：“吕新吾先生《小儿语》为浅人说法，

---

① 杨际春《感应篇经史摘典养正评注》，“项晋蕃序”载：“既极简明，其有裨于世道人心者，实非浅鲜，太史竭虑殚精，身心获益，既以之成己，裁成奖劝，蒙养有基；复以之成人，他日置身显要，文章政事，相与有成，其所以黼黻休明，奖拔后进者，当更拭目以俟之也。”参见杨际春：《感应篇经史摘典养正评注》，第1b页。

② 杨际春：《感应篇经史摘典养正评注》，“附卷首下”，第1b页。

③ 朱新屋：《清代初年的善书编纂与社会教化——以于觉世和贾棠的华南实践为例》，《江西社会科学》2015年第11期。

④ 杨际春：《感应篇经史摘典养正评注》，“凡例”，第4条，第4b页。

⑤ 杨际春：《感应篇经史摘典养正评注》，“凡例”，第14条，第7b页。

⑥ 杨际春：《感应篇经史摘典养正评注》，第1b页。

⑦ 华绍洛：《感应篇经史集说通解》，上海图书馆藏道光二十二年（1842）刻本，“王日桂序”，第1页。

足令老妪解颐，窃仿此意，作《感应篇浅说》，庶几夫妇之愚、童蒙之养，藉此感发，革其非心，亦不无小补云。”[①]显然有以《感应篇浅说》补充《感应篇经史集说通解》之意。

第三节　惠栋与《感应篇》的儒学转向

在整个宋以降《感应篇》诠释著作中，以惠栋《感应篇注》最具有影响力。美国学者恒慕义（Arthur William Hummel）主编《清代名人传略》（*Enrinent Chinese Of The Ching Period 1644—1912*），就将《感应篇注》列为惠栋注释代表作的第三种，可见其重要性[②]。而据白恺思（Catherine Bell）的研究，明清时期的诸多《感应篇》注本，只有惠栋《感应篇注》和《感应篇直讲》两种可以通行全国[③]。其书自出现以后直至晚清时期，士人阶层均奉行不断，故而晚清刘毓崧（1818—1867）发出“固已风行宇内，士大夫家有其书”的感慨[④]。本节在分析惠栋《感应篇注》的缘起、体例及内容的基础上，侧重于在士人阶层的流传情况来看这一经典注本与清中叶以后士人阶层的阅读状况。

一、惠栋《感应篇注》的缘起

惠栋（1697—1758），字定宇，号松崖，江苏元和人（今苏州吴县），世称小红豆先生。为乾嘉考据学“吴派”的领袖，也是整个清代汉学的鼻祖。从祖父惠周惕（？—1694）和父亲惠士奇（1671—1741）开始，元和惠氏三世以习经为业，至惠栋达到高峰[⑤]。惠栋著述甚多，主要包括“易学”著作《易汉学》《易例》《周易述》，其他经学著作《古文尚书考》《后汉书补注》《九经古义》《明堂大道录》，文集《松崖文钞》，笔记《九曜斋笔记》等。而《感应篇注》历来不受学界重视，既算是善书著作，又不同于善书著作。那么作为经学大家的惠栋，为什么会注释“浅白易晓”的《感应篇》呢？

---

① 华绍洛：《感应篇经史集说通解》，“附录：太上感应篇浅说”，第 1a 页。

② 恒慕义主编：《清代名人传略》，中国人民大学清史研究所《清代名人传略》翻译组译，西宁：青海人民出版社，1990 年，第 69—70 页。

③ Catherine Bell，*Printine and Religion in China*：*Some Evidence from the Taishang Ganying Pian in Joural of Chinese Religion*，Fall，1992．p．182.

④ 刘毓崧：《太上感应篇许注序（代阮文达公）》，《通义堂文集》卷 12，《续修四库全书》集部第 1546 册，第 548b 页。

⑤ 赵尔巽等：《清史稿》，卷 481，列传第 268《惠周惕传》，第 13181 页。

对于《感应篇注释》的写作缘起，惠栋曾在《太上感应篇自注序》中有较明确的交代。为直观起见，兹全引如下：

> 汉术士魏伯阳著《参同契》，荀爽、虞翻、干宝诸儒采以注《易》。后之言《易》者，未能或之先也。盖魏晋以前道家之学，未尝不原出圣人。惟是圣人赞化育，以天地万物为坎离；术士炼精魄，以一身为坎离为较异耳。然《玉钤经》言："求仙者，必以忠孝友悌仁信为本"，故《宋（史）·艺文志》及《道藏》皆有《太上感应篇》一卷，即《抱朴子》所述汉世道戒，皆君子持己立身之学。其中如三台、北斗、司命、灶神之属，证诸经传，无不契合。劝善之书，称为最古，自此以下无讥焉。雍正之初，先慈抱病，不肖栋日夜尝药，又祷于神，发愿注《感应篇》，以祈母疾。天诱其衷，母疾有间，因念此书感应之速，欲公诸同好而未果。余友杨君石渔见之叹曰："此书得此注，不唯可以劝善，且使后世道家知魏晋之前，求仙之本，初未尝有悖于圣人，反而求之，忠孝友悌仁信之间而致力焉。是亦圣人之徒也。其诸君子亦有乐于是欤？"既锓诸版，而仍问序于余。余嘉杨君之好善，因述注书之由趣而为之序。①

据本段引文可知，惠栋之注释《感应篇》，主要基于学理和现实两种原因：就学理而言，惠栋将《感应篇》视为汉代之《道戒》，且此书与儒家持身立己之学及忠孝友悌仁信等伦理无不契合，亦即"魏晋以前道家之学，未尝不原出圣人"。就现实而言，惠栋因"先慈抱病，不肖栋日夜尝药，又祷于神，发愿注《感应篇》，以祈母疾"。前者可以看作是惠栋注释此书的根本原因，后者则是直接导因。因此在学者看来，惠栋注释《感应篇》的行为，"本身就是一个慈善故事"②。

除了家庭、疾病等内部因素以外，就外围环境及惠栋的学术取向来说，惠栋注释此书另有其他的机缘，与惠栋自身的学术取向有密切关系。惠栋注释《感应篇》时，虽年仅 25 岁，但《清史稿》称其"自幼笃志向学，家多藏书，日夜讲诵。于经、史、诸子、稗官野乘及七经毖纬之学，

---

① 惠栋：《太上感应篇自注序》，《松崖文钞》卷 1，《续修四库全书》集部第 1244 册，第 273 页。

② 游子安：《善与人同——明清以来的慈善与教化》，第 25 页。

靡不津逮”[①]因此，惠栋之学虽以汉学为宗，但其学又极为驳杂，且在汉学之外，微妙地表现出通经致用等其他面向。约而言之，大致有三方面可以拈出来讨论：其一，正如戴震及王鸣盛所言，惠栋之学“惟求其古”“世守其古”[②]，这是清代汉学家的典型学术取径，也就是梁启超所说的“凡古必真，凡汉皆好”[③]。尽管这些学者的概括不免有极端化或片面化之嫌，但是惠栋注释《感应篇》，不能不受到这种家学传统带来的影响。其二，据杨向奎所论，惠栋“作为汉学家而有浓厚的道士气息”[④]，这种观点与《清史稿》所论若合符节。因此，在实际的学术研究中，惠栋不免会注意到《宋史·艺文志》及《道藏》(《政和道藏》) 所收录的《感应篇》。惠栋的这种学术取向，从其《太上感应篇注释自序》中开端即引《参同契》亦可见。其三，惠栋对“俗学”的“反向”重视。郑朝晖指出：“惠栋指斥不确之义时，经常斥之为‘俗说’‘俗议’‘俗训’等。”[⑤]在惠栋《感应篇注》中，即曾前后出现过诸如“俗说”“俗议”“俗论”共6次[⑥]——作为汉学学者，惠栋时刻不忘澄清与“俗学”之间的界限。因此，在明清时期对士大夫阶层引起相当反响的《感应篇》，自然在惠栋的学术视野范围之内。

惠栋注释《感应篇》的具体时间，是雍正元年（1723），其后友人杨石渔（即杨磊，生卒年不详）刊刻出版此书时，已过了26年，为乾隆十四年（1749）。不过，由于惠栋本人的影响力及其独特的注释方式，《感应篇注释》的影响较他本更为深远，且为多家作刊刻，因此现存版本较多。现收藏于全国公藏机构的版本（含合钞）不下30种，部分则已影印收入当代大型丛书：收入《藏外道书》，题为《词馆分写本太上感应篇引经笺注》[⑦]；又收入《中国宗教历史文献集成·三洞拾遗》，题为《太上感应篇引经笺注》等[⑧]。其中，清代流传的早期版本为伍崇曜（1810—1863）《粤

---

① 赵尔巽等：《清史稿》，卷481，列传第268，第13181页。

② 王鸣盛：《古经解钩沉序》，《西庄始存稿》卷24，《续修四库全书》第1434册，第315—316页。

③ 梁启超：《清代学术概论》，上海：上海古籍出版社，1998年，第31页。

④ 杨向奎：《中国古代社会与古代思想研究》，上海：上海人民出版社，1964年，第909页。

⑤ 郑朝晖：《述者微言——惠栋易学的“逻辑化”世界》，北京：人民出版社，2008年，第66页。

⑥ 惠栋：《太上感应篇注》，卷上，第7b页；卷下，第7a页；卷下，第24b页；卷下，第25b页。

⑦ 惠栋：《词馆分写本太上感应篇引经笺注》，《藏外道书》第12册，成都：巴蜀书社，1994年，第156—228页。

⑧ 惠栋：《益世经解要编》（原名《太上感应篇引经笺注》），王卡、汪桂平主编《三洞拾遗》第5册，合肥：黄山书社，2005年。

雅堂丛书》本[①]。为引文方便起见，下文的分析和讨论均以《粤雅堂丛书》本为准。

二、惠栋《感应篇注》的分析

对于惠栋《感应篇注》的理解，在《粤雅堂丛书》所收《感应篇注》中朱珪的序文和伍崇曜的跋文，以及在《藏外道书》所收《词馆分写本太上感应篇引经笺注》及《三洞拾遗》所收《益世经解要编》所收罗惇衍（1814—1874）的序文都有较明晰的认识。其中，尤以朱珪序文最具代表性：

> 《太上感应篇》词理质奥，罗列善恶影响之徵，可谓微显阐幽，洵三代以上之真言也。忆予兄弟少时，先大夫每日课诵是书，即以教诸子。每获注本，必令讲贯，其恂恂规矩，不敢放佚者，于是编有得力焉。然各注多以果报警世，征引不尽雅驯。聪颖多闻之士，则目笑而阁废之，曰：此岂为我辈说法耶？不知其损于身心者多矣。兹得定宇惠先生注本，惠君博雅不愧经神，乃援据经史诸子，原原本本，如读龙威异书，足以息夸士之喙，而折诐淫之心。[②]

朱珪曾注释过与《感应篇》《觉世经》合称“三圣经”的善书《阴骘文》[③]，他对当时流行的世俗善书自理解甚深。加上当时写作这篇序言的机缘，是其兄朱筠（1729—1781）之子朱锡庚（1762—？）重新刊印惠栋此书[④]。因此，朱珪的这篇序文，一半可以看作是朱珪对惠栋注本的理解，一半可以看作是朱珪的夫子自道。同样，罗惇衍也注释过《感应篇》，题为《感应篇引经笺注》[⑤]，其序惠栋注释文亦表达了同样的观点。从序文中可知，惠栋注释《感应篇》采用完全不同于其前及同时代人的注释方式。为了更好地理解惠栋《感应篇注》及其表现出来的学术取径，以下从

① 惠栋：《太上感应篇注》，伍崇曜主编《粤雅堂丛书》，第135册，咸丰己卯年（1855）刻本。

② 惠栋：《词馆分写本太上感应篇引经笺注》，《藏外道书》第12册，第2a页。

③ 朱珪：《阴骘文注》，《藏外道书》第12册，第402—428页。

④ 惠栋：《词馆分写本太上感应篇引经笺注》，《藏外道书》第12册，第2b页。

⑤ 史澄、李光廷等纂修：《(光绪)广州府志》，台北：成文出版社，1966年，卷133，第370页。

引文及内容两方面进行分析。

惠栋在注释《感应篇》时，引入了大量儒家话语，亦即引用了大量中古典籍及先秦典籍。为了直观看到这种有意的注释行为，不妨先来分析惠栋《感应篇注》的引文情况。经统计显示，惠栋《感应篇注》所引文献的频次，以《左传》《礼记》《汉书》《国语》和《抱朴子》五种为最高，其次则是《周易》《史记》《荀子》《公羊传》和《战国策》等五种。这种统计结果表明，惠栋注释《感应篇》所引证文献，次数最多的多为儒家经典文献。在十三经中，《易》《诗》《书》《礼》和《春秋三传》均为引用次数最多之列；除此之外，百家诸子著作和前四史也是引文较多者[①]。而反观道教典籍，除《抱朴子》外，另有《老子》《真诰》《云笈七谶》《玉钤经》等，但引征次数不多，且《感应篇》一书，内容多取自《抱朴子》，故其引征《抱朴子》亦在情理之中。佛教典籍中，除《楞严经》曾征引过 1 次之外[②]，别无征引文献。总此而论，惠栋注释有两个侧重点：一是在文献性质上，侧重儒家经典；二是在历史时段上，侧重秦汉及以前典籍。这种注释风格固然与惠栋的汉学考据取向密切相关，但若与此前诸种《感应篇》注本做纵向的宏观比较，就可发现其具有很大程度的创作特点。这种特点可以看成是宋代以来从“我注六经”到“六经注我”的诠释传统的转向。

如果说征引文献的分析还只是停留于形式分析，尚无法完全看出惠栋的学术取径的话，那么从内容上的分析就更能够看出惠栋的学术取向。由于此书引文较长，《感应篇》原书共 1277 字，惠栋注释后多达近 5 万字，因此限于篇幅不能全盘分析。以下试举两例：其一，惠栋对“欲求天仙者，当立一千三百善；欲求地仙者，当立三百善”的注释。在本句注释中，惠栋出人意料地做了考证，说：“天数十二（《左传》），言‘一千三百’非，其次‘三’当为‘二’字之误也。”[③]引《左传》以证《感应篇》正文之非，实际上已经很能说明问题。就本书目之所及，在明清时期汗牛充栋的《感应篇》诠释本中，疑“一千三百善”为“一千二百善”者，甚至对《感应篇》正文产生疑问的，仅有惠栋一家。其二，惠栋对“刚强不仁”的注释。在传统儒家的理解中，“刚”乃是一种褒义，属于“仁”的范畴；而在《感应篇》中，却列于恶行之中，与“仁”相左，因此如何解

① 朱新屋：《作而非述——从〈太上感应篇注〉看惠栋的学术取向》，《苏州科技学院学报》（社会科学版）2012 年第 5 期。

② 惠栋：《太上感应篇注》，《粤雅堂丛书》，第 135 册，第 19a 页。

③ 惠栋：《太上感应篇注》，《粤雅堂丛书》，第 135 册，第 16b 页。

释这种相互抵牾之处呢？惠栋对此甚为详悉，在注释中强调："圣人所取之刚，刚于理者也；太上所戒之刚，刚于气者也。"[①]惠栋受到家传汉学的影响自无疑问，然此处拈出宋学中的"理""气"等概念以注释《感应篇》，则表现出某种差异。因此，从以上两例注释中，可以看到早年惠栋在宋学考据之外的另外一种取向[②]。

论及惠栋《感应篇注》，晚清黄世荣（1848—1911）曾感慨说："乾隆嘉庆间，考证之学盛行，士大夫事著述者，皆实事求是，故虽一感应之书，亦必根据史籍，不敢蹈无征不信之讥。惠氏《感应篇合注》及此书是也，今则成《广陵散》矣。"[③]此说堪称解语。无论是从引文还是内容上说，惠栋的《感应篇注》都与朱溶《感应篇经史考》，及后来杨际春《感应篇经史摘典养正评注》类似。所不同者，惠栋所征引的文献范围更广，兼及释道二教的经典文本，但主要文献集中在"经"和"史"两部分。另外，惠栋注释在散体之外，还常用骈体，如对"杀人取财，倾人取位"条的注释，"杀人取财，心计之臣也；倾人取位，倾危之士也。心计之臣，酷以济其贪；倾危之士，奸以行其险"。从用这种"有乖注体"（下详）的骈体进行注释的方式也可以看出，惠栋笺注《感应篇》的目的，在于以士人阶层（而不是普通民众）为预设读者，这在后世士林阶层中引起了很大的反响。

三、惠栋《感应篇注》的影响

在惠栋的《感应篇注》出现以后，其独特的注释方式引起了当时士林的广泛注意，以至于能与通俗易晓的《感应篇直讲》相提并论。不过，两者的预设读者显然不同：后者针对的读者群主要是下层民众，而惠栋注本则是士林阶层。前述朱溶《感应篇经史考》及后出的杨际春《感应篇经史摘典杨正评注》，流传范围和影响都相对有限。只有惠栋《感应篇注》，在清中叶以降士大夫群体中产生了最大的影响。晚清刘毓崧（1817—1867）

---

① 惠栋：《太上感应篇注》，《粤雅堂丛书》，第135册，第20b页。

② 周越然曾比较李昌龄和惠栋注本中对"刚强不仁"的注释异同。参见周越然著，陈子善编：《周越然书话》，第171—174页。周越然比较的目的在于"以见其异"，并在惠栋注释之下附录说道"天赐此注，即周子'刚有善恶之说'"（第173页）。周越然所说"周子'刚有善恶之说'"，即周敦颐"性者，刚柔善恶中而已矣"。参见周敦颐：《濂溪集》，卷5《通书》，《丛书集成初编》第1891册，北京：中华书局，1985年，第91页。周敦颐此说与后来宋儒"气质之性"的提出有重要关系，参见陈来：《宋明理学》，第44—45页。

③ 黄世荣：《书二十二史感应录后》，《味退居文集外集》卷下，《清代诗文集汇编》编纂委员会编《清代诗文集汇编》第767册，上海：上海古籍出版社，2010年，第794页。

曾在《太上感应篇许注序（代阮文达公作）》中，对惠栋注本在清代中后期的刊刻状况做了概述：

> 劝善之书，流传最古者，莫若《太上感应篇》，自《宋史·艺文志》即已著录。笺释之详赡者，在前明则有许氏之注，在国朝则有惠氏之注。惠注古雅博奥，宜于启迪高明。许注晓畅疏通，宜于警觉庸俗。体裁虽异，而劝善之意则同。顾惠注刊布最广，自原板以外，嘉定所刻者，钱辛楣先生序之；大与所刻者，朱文正师序之。①

刘毓崧在这里提到两种刻本：嘉定所刻版本，今已不可见，由钱大昕作序言，今见于钱大昕《潜研堂文集》；大兴所刻版本，即为前述朱锡庚所刻，由朱珪作序言，今题名为《词馆分写本太上感应篇引经笺注》，收录于《藏外道书》。然而，惠栋此书刊刻者甚多，其单行本像晚清林昌彝亦曾在福建刊刻（详第六章）。更多的则是与其他注本合在一起，题为“集传”“汇传”或“合钞”，比如，潮州郭氏双百鹿斋所刻《太上感应篇集传》②，以及晚清湖北刻书家陈沆和陈小舫（廷经）父子所刻《太上感应篇合钞》就是典型的例子。

惠栋《感应篇注》的刊刻版本固多，但读者和序（跋）言作者更多。这些读者所留下的序言和跋文，作为《感应篇注》的“类文本”，为我们了解惠栋《感应篇注》提供了最好的史料。总体而言，从后世士人群体的阅读和评论来看，对惠栋《感应篇注释》多有赞美，亦少有批评。赞美的原因和批评的原因几乎一致。距其离惠栋稍近者，比如，钱大昕《重刻太上感应篇笺注序》，对惠栋此书的贡献做了很好的概括，“《太上感应篇》一卷，始著录于《宋史·艺文志》。惠松厓征君以为出汉魏《道戒》与《抱朴·内篇》所述略同。予读之良然。盖其时浮图氏之书未行中国，所言祸福合于宣尼‘余庆余殃’之旨，不似后来轮回地狱之诞而难信也。惠氏笺注古雅，自成一子，允为是编功臣”③。其他学者的评价亦大体相似，比如，彭绍升称其“最为雅驯”，说：“《感应篇》者，出于赵宋之世，其言

① 刘毓崧：《太上感应篇许注序（代阮文达公作）》，《通义堂文集》卷12，第548b页。

② 惠栋、俞樾、姚学塽：《太上感应篇集传》，南京图书馆藏潮州郭氏双百鹿斋民国年间刻本。

③ 钱大昕：《重刊太上感应篇笺注序》，《潜研堂集》文集卷25，第423页。

原本道家，其劝惩之旨往往通于儒佛。后之学者，乐其平易切实，从而尊信者甚众，为之注证者无虑数百家。近世注本独松崖惠氏最为雅驯，而蒙者或弗能晓。”[①]直至嘉道以降，清代士林对惠栋《感应篇注释》的赞誉更盛。其中，林昌彝即在重刊序言中写道：“东吴惠栋松崖征君为当代经师，亦遵所闻，为《笺注》二卷。该传古雅，词文理直，足与经疏相表里，善于诱人力为诋祺。此经者，关之口而夺之气，前所有注皆不能及。”[②]冯桂芬更是在给陈沆和陈小舫（廷经）父子所刻《太上感应篇合钞》撰写的序言中，通过对比惠栋和姚学塽两家《感应篇注释》，对惠栋注本做了充分论述，说：“蕲水陈君小舫合刻《太上感应篇》，惠氏定宇、于氏铁樵、姚氏敬堂三注既成示余。余惟惠氏之注用魏晋以上古义，贯穿罗络，博大精深无以加矣。”他因此将惠栋注本比成儒家经书注释中的“汉之服、贾、马、郑”[③]。与冯桂芬几乎同时期的乔松年则说：

> 昔蔡邕注班孟坚《典引》，薛综注张平子《西京赋》，数人者齐名并美，作者得注而益章，非因注而视显。若世所传《感应篇》，文笔凡猥，学者所忽，本朝惠定宇先生为之注，搜讨该博，比附谨严，词采华赡，士林爱重，争相传布，《感应篇》遂为之增荣，益观则注之为功亦大矣。[④]

乔松年在这里将惠栋注释之于《感应篇》，比之于“昔蔡邕注班孟坚《典引》，薛综注张平子《西京赋》”，其共同特点都是“作者得注而益章，非因注而视显”，于是，通过惠栋“搜讨该博，比附谨严，词采华赡”的注释，“《感应篇》遂为之增荣”，颇有以注释夺主正文的意味。不过，综合历来对惠栋《感应篇注释》的赞誉，当以陆敬安（1802—1905）的论述最有针对性。他说：“惟征君所笺，阐发精深，敷陈古雅，其体有散、有骈、有韵语，要皆撷经籍之华，示躬行之准，洵有裨于后学，而不得与寻

① 彭绍升：《感应篇汇注叙》，《二林居集》卷 5，第 343b 页。

② 林昌彝：《重锓刻感应篇笺注》，《小石渠阁文集》卷 3，《续修四库全书》集部第 1530 册，第 391b 页。

③ 冯桂芬：《太上感应篇合注序》，《显志堂稿》卷 1，第 481a 页。

④ 乔松年：《〈重订百家姓〉跋》，原刊《百家姓注略》，同治刊本，第 1—2 页，此处引自陈元晖主编、璩鑫圭编：《中国近代教育史资料汇编 · 鸦片战争时期教育》，上海：上海教育出版社，2007 年，第 375 页。

常劝善书并观。”[①]这种“不得与寻常劝善书并观”的说法，与前引杨际春《感应篇经史摘典养正评注》中对朱溶的评价几乎如出一辙，意味着惠栋《感应篇注》树立另一种新的典范[②]。

尽管惠栋《感应篇注》笺注古雅，考据详明，但亦不乏批评者。早在惠栋之后不久，著名历史学家章学诚就表达了某种遗憾。他在《刻太上感应篇书后》中，首先对惠栋注本表达了赞誉，认为“元和惠定宇氏笺注是书，博征经、子、谶纬、传记、百家之言，一字一句，莫不溯其渊源所出，虽高才博洽，无能搜其滹矣”，但是又认为“惟于中人以下，激劝犹缓”，因此，章学诚甚至产生了亲自以史事去重新注释《感应篇》的想法，“学诚拟取史传记载，绎其盈虚消息之故，关于前代家过兴替之大端者，以为之纲，复取福善祸淫、天人感应之不爽毫末者，以昭其信。更取善不必福，恶不必祸，气数或有不齐，而善者究不为失，恶者究不为得，使人益可发深省者，以通其变，庶几合之惠是之书问世，而或有裨益于人事欤？”虽然后来“病未暇为”，但已经能看出其中的遗憾。由于《感应篇》原“为中下设”，用于劝说“中人”和“下愚”，因此惠栋“高才博洽，无能搜其滹”的注释，对于“中人以下”，当然也就“激劝犹缓”。在序言中章学诚还透露，“先子习闻遗训，则欲作为注释，以广先生未尽之意”，说惠栋《感应篇注》尚有未尽之处，其遗憾已不言而喻[③]。

其他人的批评与章学诚类似。由于惠栋注释所采用的汉学考证手法，兼有时采用骈体，因此，梁同书（1723—1815）就批评惠栋在注释“力上施设”“跳食跳人”二语的注释上“亦未明了”[④]；倪文蔚（1823—1890）也说：“惠氏栋有《感应篇注》，援据经典，博赡精深，又非浅人所能索解，而于劝善之旨仍不明。”[⑤]引起这种批评的原因在于，惠栋《感应篇注

① 陆以湉：《冷庐杂识》，卷4《太上感应篇》，北京：中华书局，1984年，第232页。

② 1949年4月，颜惠庆（1877—1950）还在《〈茹经劝善小说〉〈人兽鉴传奇谱〉合序》中，盛赞王季烈（螾庐，1873—1952）《人兽鉴传奇》，说：“吾知此书一出，自必家弦户诵，口沫手胝，岂特媲美定宇之注《感应篇》，抑太平之基，兆于此乎！”参见唐蔚芝、王君九编著：《茹经劝善小说 人兽鉴传奇谱合刊本》卷首，上海：正俗曲社，1949年，第2页。

③ 章学诚：《文史通义新编》，仓修良编，上海：上海古籍出版社，1993年，第460—461页。同时参见章学诚：《章学诚遗书》，北京：文物出版社，1985年，第322页。倪德卫（David S. Nivison）在《章学诚的生平及其思想》中，曾前后三次提到章学诚及其家族信奉《感应篇》的传统，认为《感应篇》对章学诚有重要影响。参见倪德卫：《章学诚的生平及其思想》，杨立华译，南京：江苏人民出版社，2008年，第19、79、195—196页。

④ 梁同书：《为汤昼三（锡藩）书太上感应篇跋》，《频罗庵遗集》卷13，《续修四库全书》集部第1445册，第546a页。

⑤ 倪文蔚：《感应篇直讲序》，《两强勉斋文存》卷上，《清代诗文集汇编》编纂委员会编《清代诗文集汇编》第692册，上海：上海古籍出版社，2010年，第645页。

释》针对的读者群是士大夫，而注释方式与其说是“我注六经”，不如说是“六经注我”，通常只是引用经典文献，而不作更多义理上的引申。显然，对于受过儒家教育的士大夫来说，其义当然明了，所谓“亦未明了”主要是针对“中下”而言的。尽管惠栋《感应篇注》成为清代中叶以后《感应篇》诠释者无法绕过的经典文本，但是后世士人每每在诠释之时都发出同样的感慨。比如，《太上感应篇注证》的作者陈劢（生卒年不详）指出：“惠氏以经学名家，博通子史，故其所注无一字无来历，以之训童蒙、喻市井，有扞格难行者矣。”① “非博学之士不能读”“非浅学信士所能解”“流俗或苦其奥”，成为惠栋博学古雅笺注的另一种标签。道光年间，陶宁祚（生卒年不详）在编纂《太上感应篇集注》时，将惠栋《感应篇注》附录于后，“合为一书”，其言外之意或在于此②。这种批评至晚清俞樾《太上感应篇缵义》时，表现尤为明显③。日本学者楠山春树木甚至指出，虽然惠栋“博引旁证之状，令人觉得真不愧是大儒的注解”，但是惠栋的注释“对于以浅显之旨所作的该书来说，这类究根寻源的注解似乎过分张大其事，几乎无用。不仅如此，这些注对于原文的理解恐怕也可以说几乎无助”④。这种看法当然不免偏颇，因为惠栋的出发点显然不在《感应篇》正文本身，其所预设的读者也远非普通民众。

从刊刻传播到阅读实践，无不可以看到惠栋《感应篇注》在清代中后期的巨大影响力。其所招致的赞誉和批评，都与其博学与古雅的特性有关，可谓赞誉在此，批评亦在此。两者之间的不同，在于赞美者更多地从惠栋的主观意图出发，而批评者更多地从惠栋的客观效果而言。盖惠栋之注释《感应篇》的目的，显然不在“神道设教”，而是旨在以士大夫等“上智”为读者。既然目的不在劝化“中下”普通民众，因此就采用汉学手法，详加考证。但即便如此，通过惠栋“自序”中的表述，加上前文所提到母亲角色在善书中的运用，可以让我们在惠栋的经学世界之外，看到另一重相当贴近善书信众的生活面向。一位乾嘉汉学家的学术世界与生活世界，在《感应篇》的诠释中被勾连在一起。不过后文将会论及，惠栋《感应篇注》所预设之读者，与其批评者所预设之读者之间的落差，体现为“神道设教”与“非神道设教”之间的区别。两者之间的紧张在《感应篇》诠释史上具有重要的转折性意义。

---

① 陈劢：《太上感应篇注证》，国家图书馆藏光绪十六年（1890）刻本，“序言”，第1页。

② 陶宁祚：《太上感应篇集注》，国家图书馆藏嘉庆年间刻本。

③ 俞樾：《太上感应篇缵义》，《春在堂全书》第7册，第449页。

④ 福井康顺等监修：《道教》，第2卷，第48页。

第四节 方东树《感应篇畅隐》的双重性格

清代中叶以乾嘉学派为代表的学者，普遍趋向以经史绎的范式诠释《感应篇》，造成《感应篇》的经典化。但是这一过程远不止是考据学的专利，以复兴理学为标的，借《感应篇》这一文本（形式）论述理学义理（内容），是另一重要途径①。据本书目之所见，在明清时期两百余种《感应篇》诠释版本中，仅有三种著作被几乎同样的话语——“不可与寻常劝善书并观”——所评价，除了上述两种著作以外，只有方东树《感应篇畅隐》。后者稍微晚出（1818），因种种原因影响不如前者，但却用另一种形式促成了《感应篇》的经典化②，这也是本章讨论的题中之义。

一、方东树及其《感应篇畅隐》

方东树（1772—1851），字植之，安徽桐城人。晚年以“仪卫”名轩，后世故称“仪卫先生”。从生平经历上说，方东树历经乾隆、嘉庆、道光三朝，正是清代乾嘉考据学逐渐式微，而宋学逐渐抬头的清代中后期。由于受到家学、师承和桐城风气的影响，方东树自幼即倾心程朱理学，自称：“余生平观书，不喜异说。少时亦尝泛滥百家，惟于朱子言有独契，觉其言言当于人心，无毫发不合，直与孔、曾、思、孟无二，以观他家，则皆不能无疑滞焉。”③《清史列传》亦称其“研极义理，于经史百家、浮屠、老子之说，罔不穷究，而最契朱子之言”④。不仅以程朱理学为自己的为学宗旨，后更撰《汉学商兑》，力主宋学以辟汉学，方东树由此挑起晚清汉宋之争⑤。方东树在理学方面的影响极大，比如，桐城后学姚莹

---

① 需要说明的是，即使是在朴学占据主流的清代中叶，宋学（义理）和实学（经世）的思潮仍未完全消退。参见余英时：《论戴震与章学诚——清代中期思想史研究》，北京：生活·读书·新知三联书店，2000年；张寿安：《十八世纪礼学考证的思想活力——礼教论争与礼秩重省》，北京：北京大学出版社，2005年。

② 约略与方东树同时代的姚学塽所注《感应篇》，书名《太上感应篇注释》，亦以理学（心学）见长。他在“自序”中称：“窃谓天人所以能感应者，此心而已。人者天之心，而心者人之天也。读是书者，其要在求诸心。”后来冯桂芬乃将其视为宋之周、程、张、朱。参见姚学塽：《太上感应篇序》，《姚镜塘先生全集》卷2，第17a页；冯桂芬：《太上感应篇合钞序》，《显志堂稿》卷1，第480b页。

③ 方东树：《书林扬觯》，《四库未收书辑刊》第9辑第15册，卷下，第49页。

④ 王钟瀚点校：《清史列传》，卷67《方东树》，北京：中华书局，1987年，第5415页。

⑤ 王汎森：《方东树与汉学的衰退》，《中国近代思想与学术的系谱》，石家庄：河北教育出版社，2001年，第3—26页。

(1785—1853)认为，方东树“老而愈穷，见道愈笃，言义理粹密，有过元明诸儒者，知者咸谓无溢量焉”[①]，以至于后来出现“桐城自东树后，学者多务理学”的局面[②]。除了最著名的《汉学商兑》以外，方东树另有著作包括：《书林扬觯》《一德拳膺录》《思适居钓语》《病榻罪言》《半字集》《考盘集》《山天衣闻考正》《感应篇畅隐》《待定录》《进修谱》《未能录》《大意尊闻》《最后微言》《老子章义》《阴符经解文集》《昭昧詹言》等，凡计百余卷[③]。

然而尽管方东树著述等身，但历来学界对方东树的研究，主要集中在《汉学商兑》(讨论方东树与清代汉学、宋学之争)和《昭昧詹言》(讨论方东树的诗歌理论)两种著作，其他相关著作尚未被系统研究[④]——正如前文所说，《感应篇畅隐》更是几乎被遗忘。其实据方东树弟子郑福照(1832—1876)所编《方仪卫先生年谱》，《感应篇畅隐》影响甚大。是书前后凡有四刻：道光十一年(1831)首刻；道光十四年(1834)夏，佟敬堂方伯再刻于安庆；道光十七年(1837)冬重订增改三刻于粤东；光绪元年(1875)又有重刊本[⑤]。方宗诚光绪年间所刻《柏堂集补存》中，收有《重刻〈感应篇畅隐〉跋尾》称“是注曾有三刻，本皆毁兵火之际，予取最后完善本三卷重刻之”[⑥]，当是第四次刊刻，即光绪元年(1875)刻本。现存《感应篇畅隐》似乎并不始自方宗诚，收于同治七年(1868)所刻《仪卫轩遗书》中，其时方东树去世已 17 年，但距离光绪元年(1875)尚有 7 年时间，因此当不是郑福照《方仪卫先生年谱》所说第四次刊刻(1875)。不过郑福照《方仪卫先生年谱》编纂于光绪元年(1875)以前，

---

① 方宗诚：《仪卫先生行状》，任清编选《唐宋明清文集》第二辑《清人文集》，卷 3《方宗诚》，天津：天津古籍出版社，1999 年，第 1737 页。

② 王钟瀚点校：《清史列传》，卷 67《方东树》，第 5416 页。

③ 方宗诚：《仪卫先生行状》，任清编选《唐宋明清文集》第二辑《清人文集》，卷 3《方宗诚》，第 1737 页。

④ 主要代表性成果可参见：刘文忠《试论方东树〈昭昧詹言〉的诗歌鉴赏》，《江淮论坛》1983 年第 5 期；黄爱平《〈汉学师承记〉与〈汉学商兑〉——兼论清代中叶的汉宋之争》，《中国文化研究》1996 年第 4 期；王汎森《方东树与汉学的衰退》，《中国近代思想与学术的系谱》，第 3—26 页；吕美生《方东树〈昭昧詹言〉的价值取向》，《学术月刊》2000 年第 10 期；张淑红《〈汉学商兑〉与清中叶的汉宋之争》，《南开学报》2004 年第 1 期；戚学民《〈汉学商兑〉与〈儒林传稿〉》，《学术研究》2010 年第 7 期；於梅舫《〈汉学商兑〉的发轫、缘起与旨趣》，《社会科学战线》2011 年第 8 期等。

⑤ 郑福照：《方仪卫先生年谱》，“嘉庆二十三年戊寅先生年四十七岁”条，台北：商务印书馆，1978 年，第 5 页。

⑥ 方宗诚：《重刻〈感应篇畅隐〉跋尾》，《柏堂集补存》卷 2，国家图书馆藏光绪年间刻本，第 10b—11a 页。

而方宗诚《柏堂集补存》编辑于光绪元年（1875）以后——其中的出入或可解释为郑福照所言版本中，未包括方宗诚所刻本，亦即统计加上《仪卫轩遗书》本，《感应篇畅隐》在晚清共计有5种版本。另外需要说明的是，王绍曾主编《清史稿艺文志拾遗》记载，方宗诚撰有《考证感应篇畅隐》（三卷），此说当误[①]。因据前引方宗诚《仪卫先生行状》，《考证感应篇畅隐》系方东树作品无疑[②]。至于方宗诚节录《感应篇畅隐》与《考证感应篇畅隐》之间的异同，据谢国桢《桐城方植之先生学术述略》"《感应篇畅隐》（同节录）"的提法，两者内容当相同[③]。为研究便利起见，本书使用国家图书馆藏《仪卫轩遗书》本。

不论如何，《感应篇畅隐》能在短短的40余年（1831—1875）时间里，前后5次刊刻，已可见此书在当时的影响力——至少是在方东树及其弟子群体、桐城学派中间，比如，姚永概（1866—1923）就在日记中谈到，从光绪戊子年（1888）11月22日到12月2日，连续读《感应篇畅隐》[④]。据郑福照《方仪卫先生年谱》可知，方东树此书成于嘉庆二十三年（1818），彼时方东树已年47岁[⑤]。细检方东树的相关著述，可见其对《感应篇畅隐》似乎相当满意，甚至有些自负。比如，在《大意尊闻》中，方东树写道："'救荒宜早，豫在得人'，赵清献、富文忠、祁忠惠已事，余载在《感应篇畅隐》。"[⑥]后来又在《复戴存庄书》中说：

> 《感应篇畅隐》，凡稍有识者，固皆知轻之以为陋，所见诚然。然仆所稍自慊，以为无倍于大雅而迥异于长编，重轶托门户于经史考证，驳杂纰陋。疑学术而诬圣教者，转在此书。如有肯为传布者，拟以刻版归之。仆本不箸名，又岂私其物，但须付托得人，毋置之腕脱之地为可惜耳。草草布达，不尽言意，惟珍重不宣。[⑦]

---

① 王绍曾主编：《清史稿艺文志拾遗》下册，北京：中华书局，2000年，第1518页。

② 方宗诚：《仪卫先生行状》，任清编选《唐宋明清文集》第二辑《清人文集》，第1737页。

③ 谢国桢：《桐城方植之先生学术述略》，《明清史谈丛》，第63页。另外，最新的研究表明，方宗诚在编辑方东树遗文时，确实存在删订情况，不过这种删订"存其醇而去其疵"，并不影响对方东树思想的理解。参见田丰：《存其醇而去其疵——方宗诚删订方东树遗文述评》，《古典文学知识》2018年第2期。

④ 姚永概：《慎宜轩日记》上册，第371—372页。可惜姚永概没有写下读后感。

⑤ 郑福照：《方仪卫先生年谱》，"嘉庆二十三年戊寅先生年四十七岁"条，第5页。

⑥ 方东树：《大意尊闻》卷2，《四库未收书辑刊》第6辑第12册，第346页。

⑦ 方东树：《复戴存庄书》，《考槃集文录》卷6，《续修四库全书》集部第1497册，第370页。

戴存庄即戴钧衡（1814—1855），与方东树同为姚鼐门下弟子。在这封书信中，方东树表面上相当自谦，“仆本不著名”，实则颇为自负。因为方东树重新注释《感应篇》的目的，就是要通过经史考证，拨正其“杂乱无伦”的状态，即所谓“重轶托门户于经史考证，驳杂纰陋”。关于此书写作的缘起，方东树在“自序”讲述成书经过时，说得更为明白：

> 嘉庆丁丑、戊寅，旅困金陵，端忧多暇。时寓居青溪祇树庵，于僧徒几案偶见此书。嫌其乱杂无伦，则亦仍置之。夜思此书立意、立名甚美，毋任其以出于道家见忽于世。遂取为校正，并为作注，未成。旋于五月赴宿州，乃携之行笥，而卒就之。①

然而，方东树并未解释作为一种诠释体裁的“畅隐”的含义。此一体裁由来已久，比如，晚清湖南学者胡元仪（1848—1908）在其《北海三考》中已有说明，“‘畅’‘隐’皆注也，‘畅’取‘畅达’之义。‘隐’即郑君《六艺论》所谓‘毛义若隐’，即为表明之义也”②。方东树在《感应篇畅隐》中曾论及自己写作此书的目的，颇见其背后的隐情，道是“故予著书，多发其隐微心术，推求尅摘，不少贷诚，欲拔其本，塞其源也”③。所以采用“畅隐”为诠释标题，多少有刻意标新立异、追求古雅之意，以达到“毋任其以出于道家见忽于世”的目的。虽然方东树的目的在于“读书谈道”，但希望以此“见自别于庸流”④。可见就内容而言，方东树的做法并不新鲜，与此前晚明清初的诸多儒家精英一样，旨在以儒家经典话语注释《感应篇》。

回顾《感应篇》诠释史可知，引入儒家经典话语是非常常见的修辞或手段。早在方东树之前，就有晚明柴绍炳《感应经史通考》、清初朱溶《重刊感应经史通考》、惠栋《感应篇注》等经史考释《感应篇》的诠释著作。与柴绍炳、朱溶和惠栋所不同的是，方东树是理学家。尤其是在编著《感应篇畅隐》时，其兴趣更是彻底从文学诗赋转向了程朱理学，因此《感应篇畅隐》也就不全是考证经史，而是畅谈程朱义理。通过诠释《感应篇》

---

① 方东树：《感应篇畅隐（节录）》，第 2 页。
② 胡元仪：《北海三考》，卷 3，《续修四库全书》史部第 549 册，第 651 页。
③ 方东树：《感应篇畅隐（节录）》，第 2 页。
④ 方东树：《感应篇畅隐（节录）》，第 2 页。

这一善书劝善当然也是目的，但借用《感应篇》这一释道书籍，阐述胸中的理学观念，当时更为重要的目的所在。也正是在这个意义上，方宗诚称其《感应篇畅隐》“不可与寻常劝善书并观”①——这一表述与朱溶和惠栋之诠释著作所获评价几乎完全一致。也正是从这个角度来看，理解《感应篇畅隐》必须同时放到明清以来《感应篇》诠释和清中叶以降程朱理学的发展等两个脉络中来，具有善书和理学的双重性质。

二、《感应篇畅隐》的善书诠释

尽管方宗诚认为，方东树《感应篇畅隐》“非寻常劝善书可比”，但是毫无疑问，《感应篇畅隐》首先是善书——诠释本身并不改变正文本作为善书的性质。在《感应篇畅隐》中，方东树也毫不忌讳这点：不仅将《感应篇》与《功过格》等善书再三相提并论，而且在著作中多次提到“劝善”“劝善之书”等字眼。在书中方东树甚至以“贫士”自诩，说：“君子莫大乎与人为善，但贫士无力无势，所及有限，惟有修辑一书，使阅者感动发悟，其兴于善是劝人为善之心，实本于与人为善之量，济人利物，此亦一术也。”②可见方东树将编纂善书视为“一术”（经世之术）。不同之处在于，明清时期的大多《感应篇》刊本，多为（至少是预设读者）民众而作，而方东树《感应篇畅隐》更多地以士人为劝化对象。即使运用到民众教化或社会教化方面，方东树也有所不同：其一，以士人劝化为先，其二，“藏其用化民，而不使知其所以化之之原”③。这就与方东树撰写《感应篇畅隐》的出发点有关。

受到桐城派学统和当时经世思潮的影响，方东树的理学复兴也以经世化民为出发点。这种思想源于对乾嘉学派的经学研究的不满。在方东树看来，“毕世治经，无一言及于道，无一念及于用”，造成“其生也勤，其死也虚，其求在外使人狂，使人昏荡”④，所以“（乾嘉学派）名为治经，实足乱经；名为卫道，实则畔道”⑤。正因如此，在《感应篇畅隐》的开篇，方东树即表现出对“三代”的向往，认为“三代盛时，无人而不学，不独秀民之能为士者，然也。虽农工商贾，莫不兴于塾师里门之教。其时俗化

① 方宗诚：《遗卫轩遗书序》，方东树《仪卫轩遗书》，国家图书馆藏同治十三年（1874）刻本，第1页。

② 方东树：《感应篇畅隐（节录）》，第1页。

③ 方东树：《感应篇畅隐（节录）》，第51页。

④ 方东树：《汉学商兑》，“重序”，漆永祥校，北京：北京联合出版公司，2017年，第3页。

⑤ 方东树：《汉学商兑》，“重序”，第4页。

淳茂，比户可风”[①]。在中国历史上，“三代”作为一种完美的理想社会，一直存在于历代士大夫的观念中。通常将对现实的不满或改革，转化为对“三代”的向往和美化。加上明清时期有以《感应篇》为“三代”产物的说法[②]，方东树或亦受此影响。在表达对“三代”的向往以后，方东树笔锋一转，即落脚到对当下社会的论述上，提出“今于弟子，初发蒙日，无论秀顽良贱，即当以小学养蒙诸书，时为讲解，使其天机鼓荡，先入为主，自幼即薰习嘉言善行，以夺其为恶之心，兴其好善之念，庶乎足以助教化之端也”[③]。可见方东树不仅以士（士绅/士大夫）作为主要的预设读者，而且目的在于借助《感应篇》作为“助教化之端”。

方东树之所以以“士”作为首要的劝化对象，跟其对“士”的认识有关，这在《感应篇畅隐》中曾多有论及。由于方东树认为“士人者，他日行权势之人也”[④]，“士子者，致知者也”[⑤]，因此，他在书中特地将官绅与士绅（或乡绅）——相应地包括幕主与幕僚、权贵豪杰与贫士君子、官员与修士——对举而言。在方东树看来，这两者在劝善戒恶的教化方面最大差别在于，前者能够“治世”，而后者只能“风世”。所谓“风世者，修士淑身，一人之私德；治世者，当官制治，不易之常经，须分别观之”[⑥]。拿儒家传统的话来说，可以理解为“修己”与“治人”的区别；拿《感应篇》中的话来说，可以理解为“正己”与“化人”的区别。也许因为自己曾经出任过权贵豪杰之士的幕僚，也许是因为自己曾经多次参加会试却无果而终，方东树在《感应篇畅隐》中特别强调做官、做好官的责任，而《感应篇》劝善的对象，在士绅之外的另一个重点，就是官绅，因为“豪杰有才，权贵有势，其力所及，为恶亦大，为善亦大，故敷求古训，使信而重之”[⑦]。

不过，尽管士绅与官绅之间有如此巨大的差别，方东树也一再强调这种身份（职业）的不同所导致的（教化）责任的差异，但是更多的时候仍以士人或士大夫作为一种集体群像来论述，并不区分上述两者。在《感应

---

① 方东树：《感应篇畅隐（节录）》，第 1 页。

② 惠栋：《词馆分写本太上感应篇引经笺注》，《藏外道书》第 12 册，成都：巴蜀书社，1995 年，第 2 页。

③ 方东树：《感应篇畅隐（节录）》，第 1 页。

④ 方东树：《感应篇畅隐（节录）》，第 2 页。

⑤ 方东树：《感应篇畅隐（节录）》，第 43 页。在下文中又说“幕宾者，名为豪杰权贵所用之人，而实可以为用豪杰权贵之人”，参见第 47 页。

⑥ 方东树：《感应篇畅隐（节录）》，第 19 页。

⑦ 方东树：《感应篇畅隐（节录）》，第 2 页。

篇畅隐》中，方东树对《感应篇》各条条文的注释，几乎都针对士人或士大夫而言。比如，“君子居身、居家、居乡、居官，一一慎其所感”“士大夫第一关戒贪墨”“大抵货、色两关，士人大节”“士大夫行己、处心、出身、为人、任事，同于若辈而不知愧乎”“士子无赖，其心术隐微难悉”“士子中日所犯，惟口过最易，亦惟口过最重”“近世士大夫，专尚谦退，固是美德，然等分必辨，亦非以为傲”①等。而以士人或士大夫为劝化对象时，方东树又尤为注重童蒙方面。与明清时期的许多士绅一样，方东树将《感应篇》视为童蒙的重要读物，认为“今于弟子，初发蒙日，无论秀顽良贱，即当以小学养蒙诸书，时为讲解，使其天机鼓荡，先入为主，自幼即薰习嘉言善行，以夺其为恶之心，兴其好善之念”②。得出这种认识的原因在于，方东树认识到童蒙的重要性，并将人性沾染后天习气而形成的“恶”归因于童蒙，指出“凡民之恶归于在位者之治教政刑；在位之恶归于未入仕之初，为士子时之心术；讲辨士子心术之恶，归于童蒙之谕教”③。

尽管作为善书的《感应篇畅隐》以士大夫（包括士绅、官绅）为劝善的首要对象，但终极目的不在单纯的士人群体。对此，方东树说得相当明白，指出“儒者之道，必以修己治人、明道立教为经正也”④。亦即在“修己治人”之外，另加了“明道立教”一条。张昭军指出晚清理学出现礼教化的倾向（即“学问、事功以敦守纲常为志”），并以方东树《感应篇畅隐》为例证，允为创见⑤。比如，在引述杨士奇（1366—1444）“天下事当以天下万世心处之”的论述以后，方东树的理解是“所谓‘天下万世心’，莫如为天地立心，为生民立命，以兴起斯文为己任。而所谓天地之心，生民之命，斯文之兴，惟在三纲五常之道。其事与义系乎人心，不与时为变革，故曰天下万世之心也”⑥。以“三纲五常”作为“天下事”和“万世心”的根本，认为“三纲五常”因“系乎人心”，因此“不与时为变革”。这是很明确地从《感应篇》的诠释中，引出儒家礼教之道。方东树又指出“修之于己，谓之德；有利益于人，谓之功”⑦，而“化民之道，

① 方东树：《感应篇畅隐（节录）》，分别参见第 4、34、44、45、46、47、52 页。

② 方东树：《感应篇畅隐（节录）》，第 1 页。

③ 方东树：《感应篇畅隐（节录）》，第 3 页。

④ 方东树：《感应篇畅隐（节录）》，第 2 页。

⑤ 张昭军：《圣贤学问与世俗教化——晚清时期程朱理学与纲常名教关系辨析》，《孔子研究》2008 年第 4 期。

⑥ 方东树：《感应篇畅隐（节录）》，第 2 页。

⑦ 方东树：《感应篇畅隐（节录）》，第 20 页。

政刑不如德礼”[①]，由此顺理成章地进入到礼教的论述中来。在整个《感应篇畅隐》中，方东树以相当大的篇幅来论述儒家“三纲五常”的伦理道德。兹举一段如下：

> 忠孝者，天地之大经，所以建立世界纲纪。人道传曰：“凡有血气，莫不尊亲”。人不忠孝，是无尊亲。无尊亲，是无血气。昆虫之不弱，而何人道世界之有至于不友不悌？由其心先忘亲，至性日漓，忘身之自，故不能推恩勤，一本之仁。苟念子之兄弟，皆我所均爱，则知己与兄弟，皆父母所均爱，又何间焉？仁孝同质，故不友不悌之人，其为不孝不仁，明矣。同于狗彘，世界安足赖。[②]

可见在以“畅隐”诠释《感应篇》时，方东树从始至终贯彻了这种礼教观念。礼教的意义在于维持或整顿社会秩序，以“三纲五常”之道统贯社会诸阶层，并以此固守儒家“修齐治平”的道德理想。于是原来作为“释道之学”，作为“善书之首”的《感应篇》，无疑构成了方东树眼中推行礼教的重要资源。

三、《感应篇畅隐》的理学意蕴

然而，尽管《感应篇畅隐》是《感应篇》的诠释文本，但是它毕竟“不可与寻常劝善书并观”。方东树最标新立异的地方，也在于颠覆《感应篇》这类“劝善之书”背后所承载的儒家义理（而不仅仅是经史考释）。原因在于，方东树认为，士人阶层的“隐微心术”乃“善恶初基，系乎平居义理之讲辨”[③]，而“畅隐”《感应篇》，就是要发掘善书所“隐”之儒家义理。由此看来，《感应篇畅隐》当然首先是“劝善之书”，但最重要的是，方东树借《感应篇》这一“劝善之书”，发挥（程朱）理学的相关观念。这种看似“吊诡”的结果，实与宋明以来善书与理学的对立和接榫有关。尽管最早的善书《感应篇》是“道教儆世书”[④]，后来也受到佛教的

---

① 方东树：《感应篇畅隐（节录）》，第 29 页。

② 方东树：《感应篇畅隐（节录）》，第 10 页。

③ 方东树：《感应篇畅隐（节录）》，第 2 页。在下文中又说“人须自幼及早讲明义理，庶防其未然之失”，参见第 10 页。

④ 真德秀：《感应篇序》，《西山文集》卷 27，《景印文渊阁四库全书》集部第 1174 册，第 418 页。

影响，但善书与理学至少在三个层面上可以接榫：即感应与天人之争、善恶与赏罚之道、祸福与义利之辨。由于这种义理的基础，理学就成为理解（作为异质性的）善书的重要对立面（反过来也如是），且由这种互动影响了明清时期许多士绅的理学观念，尤其是“天道观”（即善书中的“感应观”）、“人性观”（即善书中的“善恶观”）和“命运观”（即善书中的“义利观”或“祸福观”）。这是理解《感应篇畅隐》的理学意蕴的重要思想基础[①]。

由于天道观构成了整个思想体系的基础——对天人关系（感应）的看法，会决定对人性本质和个体命运的观念，而且在整个方东树的思想观念中，占据着更为重要的角色，因此先从人性观和命运观说起。作为尊奉程朱的理学家，方东树自然坚持孟子的“性善说”，但是认为人性本善，或人性初善，因此世之所见人性有恶的成分，在于染于习气的缘故。“人性皆善，其有恶者，渐于习染为多”[②]，这种善恶观念实际上是发挥孔子“性相近，习相远”的观点，并继承了宋明理学中的“气质之性”概念。所以方东树以此为切入点，不仅赞同张载（1020—1077）“气质之性说”，认为“张子‘气质’之说，即人心道心，同实而异名者也”，而且赞同韩愈“性三品说”，主张“性三品说”与孔子“性相近，习相远”一致，而孔子的人性观和孟子的“性善说”是“同一家之言”[③]。对于这种人性先天为善，后天沾染习气以后乃变而为恶的观念，方东树在《感应篇畅隐》中屡有论及，比如，“凡人初念无不善，及转念遂入于恶”“凡人初念无不善，及转念则入于忍”[④]，等等。由于人性本善，但后天习气所染而可能入于恶，那么就由此形成人性的等差——正如韩愈的“性三品说”一样，甚至在《感应篇畅隐》开篇，方东树就指出：“圣人教人为善，必本乎中道人情，宽以畜之，使中人可以企及而有所劝勉乐从……苟非中贤以上，未有不逡巡退阻者也。”[⑤]认为只有“中人以上”才有可能因为圣人劝善而改过从善。

对程朱理学的株守，也同时影响了方东树的命运观。在对孔子和孟子对知命、有命、俟命、立命和受命等命运观的理解上，方东树指出：

---

① 朱新屋：《清代“理学别派”与善书运动：以罗有高〈书济阳张子立命说辩后〉为中心》，《云梦学刊》2017年第6期。

② 方东树：《感应篇畅隐（节录）》，第34页。

③ 方东树：《原性三首》，《考槃集文录》卷1，《续修四库全书》集部第1497册，第240—241页。

④ 方东树：《感应篇畅隐（节录）》，第13、44—45页。

⑤ 方东树：《感应篇畅隐（节录）》，第1页。

> 愚谓孔孟说知命、有命、俟命、立命、受命，求无益于得，乃是杜绝人之妄念，教人守分固穷，审富贵，安贫贱，勿为非义在外之求，枉作滥小人而无益。其所谓命，谓一定而不可易，亦杳冥而不可知，与世以五行术数言命者略同，而因之以垂教人之法，正理也；感应之说，谓为善可以转移天命，亦因之以垂教人之法，权道也。慈以度世也，而其理实亦本之圣贤六经。盖命虽不可知，而理则有定，固有可以改移之理，故命自我立，福自己求。诗书所称，的为明训，故言祸福无不自己求之者，劝善之言也。第言祸福，惟天所定，或恃焉而弗修，则助恶沮善矣。①

以《感应篇》为代表的善书所引起的影响，在命运观上的表现，是出现立命（改命）与宿命（或俟命、安命）的争论。方东树也无法摆脱这种讨论的范畴。在方东树看来，孔孟所持之命运观，目的不在于单纯地辨别“宿命”和“立命”二者，而在于“杜绝人之妄念，教人守分固穷，审富贵，安贫贱，勿为非义在外之求，枉作滥小人而无益”。亦即目的还在于服从祸福（命运）之道中的义利之辨。孔子和孟子所谓命“一定而不可易，杳冥而不可知”的看法，与“五行术数言命者”的看法一样，都是“垂教之正理”。而以《感应篇》等为代表的“劝善之书”以“感应之说”劝人“可以转移天命”，乃是“垂教之权道”。后者的根本原理系于“圣贤六经”。这样一来，不仅善书与儒家经典不相违背，即使是两者所承载的命运观（尽管有立命、宿命的分别）也绝非截然对立。虽然“命不可知”，但其背后的“理”有可能可以改移，因此“命”也就相应有可改移之处（尽管改移的过程和结果仍不可知），“祸福无不自己求之者”乃是“劝善之言”，而不是导致道德功利主义的源头。反过来说，如果将“命”理解为不可改移，祸福皆是天定，反倒容易产生一种“祸福无不自己求之者”的观念与实践，这恰恰是《六经》和善书都共同反对的“助恶沮善”之道。

方东树在人性观上，坚持孟子“性善说”的同时，认为后天染于习气而可能入于“恶”的境域，于是融韩愈“性三品说”及张载“气质之性”说于一炉；在命运观上，坚持孔孟儒家“三命观”的同时，认为命之“理”可以改移而导致命运可以改移，“命自我立，福自己求”在某种程度上并

① 方东树：《感应篇畅隐（节录）》，第21—22页。

不完全是善书的“劝善之言”，而且是儒家经典的正统观念，于是折中了宿命与立命之间的紧张关系。与人性观和命运观联系在一起，并构成思维连续性的是天道观（感应观），这既是理解方东树人性观和命运观的关键点，也是对两者的有效补充和思想升华，因为在人性和命运之间建立联系的中介，正是感应观或天道观。更为重要的是，早在少年之时，方东树即作《天道论》（上、中、下）三篇，学术成熟以后又复作《续天道论》，可见方东树对天道思考的长期性。在前一篇中，作者自记“此系少作，染心老庄”[①]；在后一篇中，作者自记“旧为《天道论》三首，见者皆不肯。兹复推以详言之如此，其理终为未圆。盖理亦自然，而本于天者也，非圣人师心，自创者也，但以迹观之，似为专属耳”[②]。由此可见，方东树对天道的思考不仅时间长，而且带有连续性。当然从作者自记中也可以看到，方东树的天道观并不是纯粹形而上的有关宇宙的思考，而毋宁是与礼教紧密结合在一起的、具有形而下意味的天人感应观（报应说）。这就不难理解，为什么方东树在更为成熟的《续天道论》的开篇，即指出“凡人之所以敢肆其恶者，由昧于吉凶祸福、感应一定之理，而无所忌惮也”[③]。这种思路在《感应篇畅隐》中阐述得更为详细。

方东树首先承认感应原理的普遍存在，认为“天下万事万物，莫非感应”[④]，又引用施虹玉（施璜，生卒年不详）“天地间，感应二者，循环无端。君子尽道其间，只作感应事”予以论证[⑤]。不仅如此，方东树还指出世人对“感应”的误解，认为“世俗不知‘感应’二字至亲至切，以为迂远荒渺，天道鬼神，不可度，不可必之事，故不能生其信心，生其惕畏，殆未思也”[⑥]，“人视感应为过去、未来，天人命数，渺茫不可测必之事，不知现在一言一动，日用且近细行，莫非感应所征验”[⑦]。然而一旦落实到“日用跬步”之中，所论述的“感应”就与“报应”叠加在一起，原来属于宇宙论范畴的“天人感应”变成了道德论范畴的“因果报应”，这既然构成了方东树论述的落脚点，那么也就毫不忌讳这点。方东树甚至一再强调善恶报应的准确性，反复指出“修德则应之以德，修名则应之以名。

① 方东树：《天道论下》，《考槃集文录》卷1，第232页。
② 方东树：《续天道论》，《考槃集文录》卷1，第240页。
③ 方东树：《续天道论》，《考槃集文录》卷1，第239页。
④ 方东树：《感应篇畅隐（节录）》，第1页。
⑤ 方东树：《感应篇畅隐（节录）》，第3页。
⑥ 方东树：《感应篇畅隐（节录）》，第1页。
⑦ 方东树：《感应篇畅隐（节录）》，第5页。

善则应之以善，恶则应之以恶，未有为其事而无应者也”的道理[①]。正因为“感应”（报应）的普遍存在，而且存在于“日用跬步”之中，“切亲切近”，所以君子“当慎其所感”，因为“感之以敬慎，则应之以不败”[②]。换句话说，“慎感”（修身）的目的在于求得“好应”（好报、福应）。在这方面，方东树已指出君子对待感应的基本态度（或者说“慎感”的主要内容），认为“感应宜厚、宜宽和、宜义、宜诚、宜畏慎恐惧、宜以约、宜以俭德、宜以诚意、宜以愧羞自毖”[③]。当然作为天人感应的重要环节，方东树也解释了“感应失灵”的现象（即“善无善报，恶无恶报”，甚至“善有恶报，恶有善报”现象），认为“失灵”可能存在两种情况：其一，“为善宜获福，感应之正也；有为善而不获福，则必其所以为之者未真未纯”[④]。亦即为善而未获福，可能是因为为善念头并不纯粹的缘故。其二，“或疑古今修德而无报者，何也？此赏功之说也。但修已德而无功于人，譬九流者，百工技术，虽精人未必无因，而乞以金钱。及有功于人，而后酬以工值。天之赏功，与国之赏功，民之食功，一理耳。故无功而望天赏，犹不仕而望君禄，必不及之矣”[⑤]。退一步指出，修德的目的并不纯粹是为了个人的命运着想，而是应当在“修己”的同时，有“治人”的想法——或以儒家义理来说，应当“善与人同”“与人同善”，以神道设教整顿社会秩序。

作为理学著作的《感应篇畅隐》，正是在天道观、人性观和命运观——三者均为儒学（理学）的核心概念——上具有透视方东树思想及转型的意义。方东树萌发于早年的天道观，以《天道论》（上、中、下）三篇为代表，就是以天人感应和因果报应为主题。这种思想在晚年的《续天道论》中得到更为完善的表达，并进一步推动了“感应”向“报应”的转变。至“善书”《感应篇畅隐》，更是借助《感应篇》承载因果报应观念的“劝善之书”，“畅隐”自己的天道观。与人性观、命运观一样，方东树的天道观有意叠加了儒学的“感应”和善书的“报应”，以此补充儒学天道观及其在实践中的不足，以期经世致用。这样一来，方东树的理学思想表现出浓厚的礼教倾向。也正是在这个意义上，《感应篇畅隐》显然并不能单纯视为善书著作，而是浸透了方东树理学思想的重要著作，具有丰富而深刻的理学意蕴。

① 方东树：《感应篇畅隐（节录）》，第3页。在下文中又说“感之以善，则和气应；感之以不善，则乖气应”，参见第7页。

② 方东树：《感应篇畅隐（节录）》，第3、4页。

③ 方东树：《感应篇畅隐（节录）》，第5—7页。

④ 方东树：《感应篇畅隐（节录）》，第7页。

⑤ 方东树：《感应篇畅隐（节录）》，第22页。

第六章　晚清时期《感应篇》的多元发展

从中国善书史来看，嘉庆、道光两朝是重要的转折时期，表现为善书丛书和善书类书的整理，以及扶鸾仪式与鸾书或“救劫”善书的流行①。在这种背景下，《感应篇》在流传中往往与《阴骘文》《觉世经》等扶鸾类善书相结合，像求悔居士《感应篇诗帖诗》和许淦《感应篇印谱》均借自《阴骘文》②。季家珍（Joan Judge）指出，中国的世俗化曾经被理解为“(清中叶以降）普遍联系的宇宙观的衰落”③。这意味着当善书与史书、经书结合时，实际上已经背离了原有“神道设教”的属性。在这种情况下，晚清时期的《感应篇》诠释受到社会转型、佛学复兴等因素的影响，总体上呈现出多元发展的趋向④。

第一节　晚清善书诠释的三重背景

虽然学界通常将16—18世纪视为“善书运动”的高潮期，但是就《感应篇》诠释而言，从晚明至晚清毋宁从未出现过低潮。黄遵宪（1848—1905）在《己亥杂诗》第三十四首中写道：“秀孝都居弟子行，人人阴骘

① 游子安：《劝化金箴——清代善书研究》，第32页。唐桂梅讨论过在法国国家图书馆发现的《圣经汇纂》，该书就是刊于嘉庆十一年（1806）的善书类书，编纂者陆乔木、彭允秀试图通过《圣经汇纂》构建一个以《太上感应篇》为纲领、其他三教善书为条目的善书体系。参见唐桂梅：《〈圣经汇纂〉与善书体系的初步建构——法国国家图书馆藏稀见文献〈圣经汇纂〉初探》，《宗教学研究》2018年第1期。另外，关于嘉庆、道光年间的整体性转折，参见张国骥：《清嘉庆道光时期政治危机研究》，长沙：岳麓书社，2012年。

② 求悔居士：《太上感应篇试帖诗》，上海图书馆藏同治十一年（1872）刻本，“王汝金跋”，第1a—2a页；许淦等：《感应篇试帖诗笺注》，国家图书馆藏清道光十六年（1836）刻本，“董国华序”，第1页B；沈叔埏：《太上感应篇印章序》，《颐彩堂文集》卷6，第410b—411a页。

③ 季家珍：《历史宝筏——过去、西方与中国的妇女问题》，第4页。就本书研究的主题而言，这里所说的“普遍联系的宇宙观”指的就是天人感应或因果报应的宇宙观念。之所以以清代中期作为这种观念的衰落时期，与经史考据的学术性特征及其对宇宙义理兴趣的衰退有关。

④ 本章的论述在时段上前以嘉道年间为起点，后以1911年以前的部分情形为终点。

诵文昌。迩来云笈传抄贵，更写鸾经拜玉皇。”[①]黄遵宪诗风受龚自珍（1792—1841）影响甚大，“重在纪事而不在诗”[②]。此诗不仅指出晚清善书流行现象，也比较准确地描述了其特点。促成这种现象出现的原因是多方面的，除了由战争、灾荒等造成的社会动荡，以及由此引起的鸾堂、扶乩之风大盛以外[③]，就本书研究的主题来说，还可单独拎出三个方面来讨论，即士林规训、印刷变局和佛学复兴。

一、士林规训与《感应篇》诠释

杨念群指出，明清易代以后，清代士林在反思明亡教训的过程中，反对明季追求心灵自由的禅悟生活，以及与此相关的讲会游历、参禅论道等生活方式，而代之以一种动态的“处恭”之法作为修身方法，进而在行为的自我规训中形成新的“文质论”[④]。随着清朝统治合法性的建立和增强，清代士林精神世界的变异持续进行，其行为的自我规训也经历了不断强化的过程。这个过程发展到嘉庆、道光年间达到顶峰。一方面，嘉庆、道光年间出现了大量以“国朝”命名的著作，这些著作既有官方主导编纂者，又有民间自发编纂者。前者如道光六年（1826），贺长龄（1785—1848）、魏源（1794—1857）等编纂的《国朝经世文编》，后者如江藩（1761—1831）的《国朝汉学师承记》《国朝宋学渊源记》、唐鉴（1778—1861）的《国朝学案小识》，等等。虽然此前各王朝也曾出现“国朝”著作（如明代焦竑《国朝献征录》），但像嘉庆、道光时期如此大量而集中地出现，却并不多见。另一方面，嘉庆、道光年间出现的以“国朝”为名的著作，又往往同“儒林”“士林”联系在一起，最著名的当属阮元编纂的《国朝儒林传》[⑤]。阮元此书影响甚大，后出者如李慈铭（1830—1894）的《国朝儒林小志》（又名《国朝经儒经籍考》）等，往往受其启发而成。

---

① 黄遵宪：《人境庐诗草笺注》，卷 9《己亥杂诗》，上海：上海古籍出版社，1981 年，第 818 页。《云笈》当指道教经典《云笈七谶》。其下加自注说明：“嘉道以来所谓‘学术’，只诵《阴骘文》耳。尝谓《国朝学案》应别编‘文昌’一派。近更有玉皇教，以关帝、吕祖、文昌为‘三圣’，所传经卷均自降鸾来，如《明圣经》之类，大抵本道家名目，而附会以儒家仁孝、释氏因果之说，士大夫多崇信之。”

② 黄遵宪：《人境庐诗草笺注》，“钱仲联序”，第 11 页。

③ 范纯武：《清末民间慈善事业与鸾堂运动》，台湾中正大学硕士学位论文，1996 年，第 107—123 页。

④ 杨念群：《何处是“江南”？——清朝正统观的确立与士林精神世界的变异（增订版）》，第 172—180 页。

⑤ 道光年间编纂的各种地方志往往出现题为“国朝儒林”的新目。比如，陈寿祺纂修：《（道光）重纂福建通志》，《中国地方志集成·省志辑·福建》第 8 册，南京：凤凰出版社，2011 年。

犹有进者，王汎森将江藩、唐鉴、阮元等人的著作视为清代儒林的“全神堂”，认为嘉庆、道光年间“出现了一波重整全神堂运动”[①]。所以从表面上看，这种“重整”是清代士绅应对内外动乱而“提出新的标准来评价本朝儒者”，其实际关怀则直指当下儒林/士林风尚，是士林行为自我规训的重要表现。所以唐鉴在《清学案小识》中就说：“天下之患，莫大于不顾防检，不敦节概，不修礼义廉耻，不遵规矩准绳。”[②]具体到本书的研究主题来说，最具代表性的当属汪正（1803—1863）所编《国朝儒林正论》[③]。王汝玉（1798—1852）在为《国朝儒林正论》所写序言中，明确将其列入善书行列：

> 善书之劝人为善，莫盛于本朝。我世祖章皇帝尝刊《感应篇》，颁赐臣下，并谕士子曰：“宜持诵。”由御集一书，曰《劝善要言》，凡二百余则。继圣祖仁皇帝特颁《上谕十六条》，晓谕天下。世祖宪皇帝复为《广训》，所以正人心、维风俗者，无微不至。盛矣哉！我国家列圣相，承其为斯民迁善计者，后先一揆也。由是贤士大夫阐明乎善书者，如朱在庵《感应篇说定》、周安士《阴骘文广义》，或详言其理，或备陈其事。非不深切著明，然其书第就原文，为之疏证，中下之资不能读。其能读者，往往习焉不察，等于寻常之注善书者，杂引事迹近于小说家言而不屑读，不知所论皆精理名言，为天下之至文也。外此本劝惩之旨，用变通之意，则有陈文恭公《五种遗规》，此集格言以为教也。彭乐园《二十二史感应录》，此摘史事以为证也。近时屠琴坞《潜园杂录》，此集因果报应等书以为戒也。仁人之用心固若是乎！若夫集名人之文，为劝善之书，使读者因文字以触动其心，而曲为诱掖则未之见焉。夫人之心本寂然也，感于物则动。故读一劝善之言，则善机潜为之引；读一惩恶之语，则恶年阴为之遏。使文不足以举其词，词不足以达其志。一编具在，仍无以动读者之心。呜呼！言之无文，行而不远，否则，吾

① 王汎森：《清代儒者的全神堂——〈国史儒林传〉与道光年间顾祠祭的成立》，王汎森《权力的毛细管作用：清代的思想、学术与心态》，北京：北京大学出版社，2015年。

② 唐鉴：《唐鉴集》，李健美校点，长沙：岳麓书社，2010年，第31页。

③ 汪正：《国朝儒林正论》，道光二十年（1840）刻本。收入周心慧主编《中国古代劝善书汇编》第151册，北京：文物出版社，2017年。

人之良心具在，有触斯动耳。况文字之耐人寻讽者，其相感之机为尤捷乎！汪子石[①]心知此意也，爰选国朝人文，汇为一编，以寓劝惩之旨。其选言首明天人感应之理，次举学问中正之归，伦常必务其实，嗜欲贵清其源，文章不可徒托空言，艺术不当师心自用，以及风俗之宜正物，命之宜爱，习尚之宜改，闺门之宜教。凡有关于世道人心者，无不具于是编，以大为之防，又况所选之人之文，大抵皆畜道德而能文章者。故善不止于劝也，又从而咏歌嗟叹之；恶不止于惩也，又从而哀矜启悟之。能使读者一一有所感动，而为善之机不自知其何以深，为恶之念不自知其何以消，真治心之药石，救世之针砭也。吾知是编一出，而读之者亦等于寻常之善书而不屑读者，必不然矣。而汪子本劝惩之旨，用变通之意，以曲尽其诱掖之心，而欲斯人以是编为前事之师也。其用心为何如哉！予故不揣芜陋而为之序，以发明汪子辑是编之旨，亦聊以志好人所好之意也。道光二十年岁次庚子冬月吴县王汝玉序。[②]

在这篇序言中，王汝玉言简意赅地回顾“国朝”的善书编纂史。在此基础上，王汝玉将汪正《国朝儒林正论》置于同一脉络中，认为“汪子本劝惩之旨，用变通之意，以曲尽其诱掖之心，而欲斯人以是编为前事之师也”。序言中两度出现“寻常之善书”“寻常之注善书”等表述，用汪正《国朝儒林正论》与之对举，可见汪正《国朝儒林正论》之编纂以士绅阶层为预期读者。本书“所选之人之文，大抵皆畜道德而能文章者”，则本书的编辑也是一种“重整全神堂运动”。从全书卷一收录彭绍升《质神录叙》《二十二史感应录序》、彭定求《感应篇汇传序》、陈廷敬《感应篇注叙》等文献来看，如果说阮元的《国朝儒林传》是“清代儒林”的“全神堂”的话，那么汪正《国朝儒林正论》则是“清代善书”的“全神堂”。

清代士绅的这种自我规训引发了新一轮的善书生产和传播。学者张舜徽回忆：“余少时闻长老言：‘昔之官在京师者，晨起相率诵《感应篇》一过，而后上朝治事。’在长沙日，得徐叔鸿（树钧）侍御手写《感应篇》石印本于其家，徐善书法，盖官京师时应人之求，书此以广其传耳。其时德清俞樾，复为《太上感应篇缵义》二卷，以自抒所得。可知清末学者，

① 原文如此，“石”当为“正”之误。

② 汪正：《国朝儒林正论》，“王玉汝序”，第1a—2a页。

犹多重之。”[①]其所说“昔之官在京师者”当指大学时徐桐（1820—1900）而言。徐桐虽“以汉军翰林至大学士，以理学自命”，但“日诵《太上感应篇》，恶新学如麻”，故有“余老道”之号[②]。罗惇曧（1814—1927）《拳变馀闻》载：“徐桐以汉军翰林至大学士，以理学自命，日诵《太上感应篇》，恶新学如仇。”[③]徐桐的例子当然过于极端，但是从张舜徽的回忆中不难看出，晚清时期（嘉庆、道光以降）《感应篇》诠释之兴盛。

晚清时期的《感应篇》诠释本数量甚多，最有影响力的则当属湖北著名刻书家陈沆、陈小舫父子刊刻的《感应篇合钞》。此书在刊刻过程中集合了包括魏源、林则徐、潘曾莹（1808—1878）和冯桂芬等在内的士人阶层。按陈沆字太初，号秋舫，湖北蕲水（现浠水县）人，嘉庆十八年（1813）举人，嘉庆二十四年（1819）进士。在嘉道年间“以诗文雄视海内”，交游甚广，特别是与魏源“讲学最契之友”。不仅诗文造诣极高，对刊刻书籍也颇有贡献，并为其子陈小舫所继承。在明清编纂和刊刻《感应篇》的士人群体中，子承父业或父督子继的情形极为常见。清代初年赵熊诏之注释《感应篇》、乾嘉时期的著名学者卢锡晋（生卒年不详）之刊刻《感应篇》就是典型的例子。卢锡晋更是“晋承先大夫命四十余年，而始能成其志。此四十年中其刻而传是书者，应不乏人，然今犹未见家置一册也。又况望之以难成者，宜其能为者寡也”[④]。卢锡晋将继承父亲刊刻《感应篇》的遗愿，视为孝顺与否的标志，将刊刻成后写成的悼文比成是欧阳修的《泷岗阡表》，可见刊刻善书成为至少是家庭内部代际传承的事业。《感应篇合钞》正是陈沆刊刻未完、至陈小舫手上才刻成的书籍。

不过，与赵熊诏、卢锡晋等人不同，陈沆和陈小舫编辑刊刻《感应篇合钞》有更为现实的原因，即与福州梁恭辰（1814—？）的善书著作《劝

---

① 张舜徽：《爰晚庐随笔》，长沙：湖南教育出版社，1991 年，第 407 页。

② 参见高阳：《翁同龢传》下册，上海：上海三联书店，2004 年，第 411—412 页。佚名《综论义和团》记载：“徐桐以汉军起家翰林平流进取，得至公卿。平日以讲章为学问，以制艺为词章。晚年学道，惟日乎《太上感应篇》，以此坐煽庸人，颇致时誉。然以诗礼发家，道德欺世，晚节不慎，至亲预废禅。年已八十乃随人作贼，名德不昌，遂有期颐之寿，惜哉！眉批：桐子侍郎承煜，于廿七年元月初八日奉旨正法。”参见佚名：《综论义和团》，中国社会科学院近代史研究所《近代史资料》编译室主编《近代史资料专刊·义和团史料》上册，北京：知识产权出版社，2013 年，第 197 页。

③ 罗惇曧：《拳变馀闻》，罗惇曧《清宫之天朝遗事》，北京：中国三峡出版社，2010 年，第 151 页。

④ 卢锡晋：《重刊太上感应篇图说叙》，《尚志馆文述》卷 6，《四库未收书辑刊》第八辑第 19 册，第 178 页。

戒三录》的争议有关。梁恭辰为著名学者梁章钜（1775—1849）第三子，道光十七年（1837）举人，曾担任温州知府。史称其自幼喜“谈因果报应事”，成年后积极致力于因果报应事迹的收集和善书编纂，先后撰成《劝戒近录》《劝戒续录》、《劝戒三录》（又名《北东园笔录初编》《北东园笔录续编》《北东园笔录三编》）等善书著作。其中，《劝戒三录》记载湖北陈氏家族故事，题为《始吉终凶》。全故事如下：

> 陈枫阶（宸书）曰：“陈光诏者，湖北人，与余同官湖南知县，声名甚平常。其长子秋舫（沆）己卯大魁，典试广东，次子大云旋亦以翰林典试广西。兄弟先后皆请假省亲到湖南任所，人咸艳之。大吏因是亦重视某令，随擢用为州牧。或有疑其报应之或爽者。”余曰：“无疑也。尝闻其幕中老友云：‘陈曾于某任内得教匪联名册，私焚之，终不上闻。盖活人多矣。此所以报欤？’后光诏亦恣肆，大吏廉其实，于汁典黜之。旋里后，有堪舆家告以祖坟有水，光诏以铁签试之，水果旁涌。择期改葬，甫启石门，热气熏蒸，有二红鱼跃出，始悟吉穴。一鱼倏不知所往，一鱼为石压死，悔之无及。光诏目旋双瞽，无何，得都中信，知秋舫以覆车惊悸而卒。计其日，正启坟时也。时大云以御史奏直隶水利事，奉命驰驿往勘，沿途作威福，有呵斥道厅之事，蒋砺堂制府以状上闻，坐此罢废，其家骤落。夫同此一人一家之事，乃始以种德，而其应如响，旋以怙恶，而不获令终。太上之言曰：‘祸福无门，惟人自召。’信哉！”①

这则故事很可能有失实的成分②，在梁恭辰《劝戒录》产生广泛影响以后，陈沆和陈小舫父子深感愤怒，并借助刊刻《感应篇合钞》之契机，纠正梁恭辰的叙述。《感应篇合钞》的主要内容，是将“《太上感应篇》惠

① 梁恭辰：《池上草堂笔记近录》卷3《始吉终凶》，第16页。魏源的简要概述如下：“陈公官声有始无终，被劾休致，归启先墓，得活金鱼二条，不妄知所往，悔之无及，不数日得都中信，知次子大云侍御以条陈明水利事为蒋制府劾罢，而长子秋舫修撰堕车，惊悸而卒。”按梁恭辰自叙此书的写作缘起：“恭辰少习举业，溺于制艺之学，读书不多，惟总角时即喜阅因果诸书。一接诸目，反复不忍释……随侍游学二十年，足迹几遍天下。凡遇可为劝戒者，皆私记之。”参见梁恭辰：《池上草堂笔记近录》，第1a页。

② 刘飙认为，陈沆之死并非像梁恭辰所说，是“以覆车惊悸而卒”，而是因为脾胃疾病积久难治。参见刘飙：《鄂东状元陈沆研究》，武汉：武汉大学出版社，2016年，第27页。

氏定宇、于氏铁樵、姚氏敬堂三注”合刻而成[1]。本书在写作中未见此书。据《魏源全集》点校者何慎怡称，《感应篇合钞》见于国家图书馆藏函装本《诗比兴笺》第四册，分为上下两卷，署名为：“东吴惠栋笺，归安姚学塽注，蕲水陈廷经合刊。”书前有魏源、潘曾莹、冯桂芬、陈廷经的序言或识语[2]。

这里无意也无法判断这一公案的是非——梁、陈之间的结怨或有其他方面的原因，但是这种由家族恩怨引发的善书刊刻，与以往《感应篇》的编纂和刊刻多少有些不同。不过，有一点却相当明确：作为由善书引发的家族恩怨[3]，必须以善书加以回应，则《感应篇》之象征意义不言而喻。陈氏父子之所以邀请魏源、潘曾莹等撰写序言，实有拉后者为自己张目之目的。在撰写序言过程中，魏源、潘曾莹等则借机阐发对《感应篇》等善书的看法。其中，冯桂芬简要评断了三家注释，将惠注比于“汉之服、贾、马、郑”，将于、姚两家注比于“宋之周、程、张、朱”，并指出“三家之有相成而无相违”[4]。由此可以看出，冯桂芬融合汉宋而以经世为圭臬的学术主张。而魏源则认为：“《感应篇》者，出于《抱朴子》，其词托于太上。言逾浅而意逾挚。于以阴翊王华、匡襄世教，不但中人有所惩创，即上智亦可自得师。深者见深，浅者见浅。故君子得而乐道焉。”主张将《感应篇》作为“上智”“中材”和“下愚”共享的观念资源，甚至指出：“诚能以感应之事，印证于二十一史，斯知二十一史皆感应之事。”[5]同为经世思想家的郑观应（1842—1921），在为罗惇衍《感应篇引经笺注》所作序言中指出，惠栋《感应篇注》“足作六经羽翼，士林之奉为圭臬也久”，认为《感应篇》“与儒书相表里”，并对罗惇衍书“刊板远藏京师，未克遍传”表示遗憾[6]。由此可见，魏源、冯桂芬等并不是基于人情而写的应酬式序言，从而能代表那个时代知识阶层的普遍看法。

嘉庆、道光时期士林的自我规训表明，编纂、刊刻和传播《感应篇》应当视为当时经世思潮的一部分。另一方面，在面对个体层面时，扶乩或

---

① 冯桂芬：《太上感应篇合注序》，《显志堂稿》卷1，第481a页。

② 魏源：《魏源全集》第20册，第345页。

③ 从《始吉终凶》以“祸福无门，惟人自召”结尾来看，梁恭辰之撰《劝戒录》显然受到《感应篇》的影响。

④ 冯桂芬：《太上感应篇合钞序》，《显志堂稿》卷1，第481a页。

⑤ 魏源：《太上感应篇序》，《魏源全集》第20册，第612—613页。

⑥ 郑观应：《感应篇引经笺注序》，夏东元编《郑观应集》下册，上海：上海人民出版社，1988年，第1160页。罗惇衍曾为惠栋注本作序，参见惠栋：《词馆分写本太上感应篇引经笺注》，《藏外道书》第12册，第158—159页。

扶鸾之风亦盛行在士人中间。即使以郑观应为例，范纯武的研究已经指出，飞鸾、修真与办善构成了郑观应相当独特的宗教世界[①]。郑观应曾为《神相证验书》《阴骘文图说》《因果集证》等其他书籍所作的序言，并编纂了多种善书，这表明郑观应“益信天理昭彰、因果不爽”[②]。晚清扶乩之风的盛行也影响到作为“善书之首”的《感应篇》，及作为精英文化代表的士绅群体中。张之洞在《辅轩语·语行第一》中，不无怨言地记录说：

近年川省陋习，扶箕之风大盛。为其术者，将理学、释老、方伎合而为一。昨在省会，有一士以所著书来上，将《阴骘文》《感应篇》、世俗道流所谓《九皇经》《觉世纪》与《大学》《中庸》杂糅牵引，忽言性理，忽言易道，忽言神灵果报，忽言丹鼎符箓，鄙俚拉杂，有如病狂。此大为人心风俗之害，当即痛诃而麾去之。明理之土急宜猛省，要知此乃俗语所谓“魔道”，即与二氏亦无涉也，良士勿为所惑。此间奸民，更有托词宣讲圣谕，实即如上项所为，名是实非，使官师里长不能明禁，尤为狡黠可虑。[③]

随后，张之洞评论说：

士人志切科名，往往喜谈《阴骘文》《感应篇》二书。二书意在劝化庸愚，固亦无恶于天下。然二书所言，亦有大端要务。今世俗奉此，则惟于其末节碎事，营营焉用其心，良可怪也。儒者自有《十三经》教人为善，何说不详？果能身体力行，伦纪无亏，事事忠厚正直，自然行道有福，何用更求他途捷径哉？[④]

张之洞的这段话，可以与黄遵宪《己亥杂诗》比照而读，则晚清善书流传之概况约略而知。在张之洞看来，《阴骘文》和《感应篇》等善书“意

① 范纯武：《飞鸾、修真与办善——郑观应与上海的宗教世界》，巫仁恕、康豹、林美莉主编《从城市看中国现代性》，台北：“中央”研究院近代史研究所，2010 年。

② 郑观应：《神相证验书序》《阴骘文图证序》《因果集证序》，夏东元编《郑观应集》，第 1159—1161 页。

③ 张之洞：《增补輶轩语》，《语行第一》，国家图书馆藏光绪二十一年（1895）刻本，第 9b—10a 页。

④ 张之洞：《增补輶轩语》，《语行第一》，第 10a 页。

在劝化庸愚，固亦无恶于天下”，但终究不是士人、儒者或君子的修身立命之道。当善书流布天下，术士“将理学、释老、方伎合而为一”时，士人因志切科名“往往喜谈《阴骘文》《感应篇》二书”，可见张之洞既表忧患，也深感无奈。

二、印刷变局与《感应篇》刊刻

在晚清以前，善书的刊刻通常由书坊、个人、官方推动[①]。游子安指出：“清代善书的普及，以乡绅士人编纂发端，由善信捐资助刻，经善堂、道坛、寺观、书坊藏版、刻版付梓，才在社会上流通。咸丰年间以还，上海、苏州等地出现一些专印善书宝卷的书坊，这些书坊直称‘善书局’或‘善书坊’。”进而指出：“善书局的出现，揭开了善书发展史新的一页。”[②]周治则说，自从善书局在全国各地创办以后，“善人、善堂、善书三者相互关联，形成一个‘善的体系’，在封建社会后期掀起了一场声势浩大的善书运动”[③]。可以说，晚清善书局出现以后，善书局成为善书印送网络的中心店。李宝嘉（1867—1906）《官场现形记》中的一段叙述，为观察晚清善书局与善书刊刻的情况提供了参考：

> （藩台）越想越没味。正在出神的时候，忽然门上传进一个手本，又拎着好几部书，又有一个黄纸簿子，上面题着“万善同归”四个大字。藩台见了诧异。忙取手本看时，只见上面写着“总办：上海善书局，候选知县王慕善”。又看那好几部书：一部是《太上感应篇详解》，一部是《圣谕广训图释》，一部是《阴骘文制艺》，一部是《戒淫宝鉴》，一部是《雷祖劝孝真言》。[④]

这是中国小说中首见“善书局”的说法，其中提到的“好几部书”却透露出晚清（官场）流行的善书——这些善书由“上海善书局”刊印——除了《感应篇》《阴骘文》和《圣谕广训》以外，尚有《雷祖劝孝真言》一种。后者正是扶鸾而成的善书。不过，晚清实际上并不存在一个名叫“上海善书局”的机构，《官场现形记》或因“善书局”集中在上海，且以

① 张祎琛：《清代善书的刊刻及传播》，第 131 页。
② 游子安：《劝化金箴——清代善书研究》，第 152—153 页。
③ 周治：《道法自然：道教与生态》，成都：四川人民出版社，2012 年，第 166 页。
④ 李宝嘉著：《官场现形记》，阚健点校，合肥：安徽文艺出版社，2003 年，第 370 页。

上海地区的“善书局”最有影响力，故虚构了一个叫“上海善书局”的机构——连同“候选知县王慕善”恐怕也是虚构，“慕善”之名即同善书有关。王振忠在徽州地区发现，许多当地的善书都来自“上海宏大善书局”等出版机构[①]。所谓“善书局”，顾名思义，就是以刊刻善书为主业的书坊（书局）。为行文便利，兹将晚清善书局列表如下（表6-1）。

表6-1　晚清时期的主要善书局（坊）[②]

城市	善书局（坊）	城市	善书局（坊）
上海	翼化堂善书局、宏大善书局、大丰善书刊行所、朱锦堂善书局；明善书局、上海善书流通处	扬州	聚盛堂善书店
		南京	一得斋善书坊；松华善书局；同善斋善书坊
		北京	荣华堂善书铺；中华善书局
苏州	得见斋善书坊；三径堂善书局	长沙	长沙善书流通处
杭州	景文斋善书局、最乐斋善书局	汉口	陈明德善书坊
常州	培本堂善书局	泉州	温陵善书局
镇江	宝善堂善书局	广州	文在兹善书坊、粤东省城善书总局
天津	崇德善书局；照光善书局		

资料来源：游子安：《劝化金箴——清代善书研究》，第153页；濮文起主编：《新编中国民间宗教辞典》，福州：福建人民出版社，2015年，第54、498、726页。

结合表6-1所列名录及有关史料可知，晚清善书局表现出三个特点：第一，从创办时间来看，普遍出现在咸丰以后，盛行于同治、光绪年间。最早的当属广州的文在兹善书坊，建于道光末年。第二，从空间分布来看，主要集中在江南地区，其中以上海地区为最[③]。这与上海作为当时全

---

① 王振忠：《博取旁搜读善书》，《中华读书报》2006年5月24日；王振忠：《清朝民国时期的善书与徽州社会》，朱万曙、米盖拉主编《徽州——书业与地域文化》，北京：中华书局，2010年，第466—543页。

② 需要说明的是，这里罗列的并不是晚清的全部善书局/坊，只选择一些有代表性、较为常见的善书局。学者指出：“就（善书）宣讲本而言，仅清代中叶至民国初年，已知的上海印善书的书局、书店、出版单位就有‘宏文’、‘崇文’、‘广益’、‘六艺’、‘锦江’、‘铸记’、‘太明’、育才’、‘尚古山房’、‘新文化书社’、‘福禄寿’、‘励力’等数家，至于全国各地印售善书的书局、书店、书社、宣讲社、书坊和私人刻版印制的，那就无法统计了。”参见吴崇恕主编：《孝感文化研究》，北京：社会科学文献出版社，1999年，第101页。

③ 张仲民的研究指出，晚清上海有400多个各类书局。但其中或有遗漏，像翼化堂善书局就不在列。参见张仲民：《出版与文化政治——晚清的“卫生”书籍研究》，上海：上海书店出版社，2009年，第321—324页。另外，可参见张祎琛：《清代善书的刊刻与传播》，第58—61页。

国最大的出版中心之地位相符。第三，从创办者来看，晚清时期的善书局大多由慈善家所创办，通常跟寺庙、道观、善堂相结合。像湖南长沙的“一些善堂、乩坛共同组建了一家长沙善书流通处，作为刻板、藏板和印书之用”，刻的“都是一些太上老君、文昌帝君、关圣帝君、吕洞宾的《降乩录》《感应篇》《功过格》及《因果报应》等书”①。由此看来，与传统时期单纯的书坊或善堂不同，晚清以降的善书局/善书坊实兼具书坊与善堂的双重性质，既是善书的印刷中心，也是善书的流通中心。

从历史维度来看，善书局的出现得益于两个方面：一是明清以来各类善书的大量出现，积累了足够丰富的善书遗产，这是近代善书局出现的基础。据张祎琛的统计，仅以清代而论，偶尔兼及明代与民国初年重刊之善书，其种类近 800 种②；而据翼化堂善书局的说法，其刊行善书不下千种。二是印刷技术的变革。石印技术的引进，大大加快了善书的刊刻和传播。与我国古代的雕版印刷和活字印刷等物理性质的压印不同，石印技术是一种化学性质的印刷技术。既有研究表明，石印技术发明于 18 世纪末的德国，在鸦片战争前已由伦敦会、因素会及圣公会等传教士传入中国。由于石印技术具有出版工序省、出书速度快、存貌不失真等特点和优势，最迟从咸丰、同治年间开始，就成为近代出版行业的主导技术，至光绪年间发展至顶峰，点石斋、同文书局和拜石山房是当时鼎足而立的三大石印书局③。鲁道夫·瓦格纳（Rudolf G. Wagner）的研究指出，当时的《北华捷报》（*North China Herald*）观察道：“对于一个视阅读为一项基本修养的国家来说，这样生产出来的廉价书籍是非常可取的。另外的一点好处则是漂亮的书法在石版上得到了比在木板上更好的保存。”④这很好地揭示了石印技术广泛传播的原因。

在石印技术得到推广的晚清时期，中国社会对于阅读而言仍是一种“卖方市场”——印书局决定了读者“读什么”。法国学者埃斯卡皮（Robert Escarpit）指出：“出版商以引导读者大众养成新习惯来左右读者大众。这

① 湖南省地方志编纂委员会编：《湖南省志》第 20 卷《新闻出版志》，长沙：湖南出版社，1991 年，第 39 页。

② 张祎琛：《清代善书的刊印与传播》，第 135 页。

③ 杨丽莹：《清末民初的石印术与石印本研究：以上海地区为中心》，上海：上海古籍出版社，2018 年，第 11—28 页。有关印书技术的变革同社会文化变迁之关系，可参见芮哲非：《谷腾堡在上海——中国印刷资本业的发展（1876—1937）》，张志强、潘文年、鄢毅、郝彬彬译，郭晶校，北京：商务印书馆，2014 年。

④ 鲁道夫·瓦格纳：《进入全球想象图景：上海的〈点石斋画报〉》，刘东主编《中国学术》总第 8 辑，北京：商务印书馆，2001 年，第 35 页。

些习惯能以许多形式出现：风尚、时髦，甚至一窝蜂地迷恋某个作家的个性；或者，这些习惯有很深的渊源，表现为忠实于某种思维形式、某种风格、某类作品。”[①]依托寺庙、道观和善堂等设立的善书局，以石印技术印刷善书、宝卷、鸾书等通俗读物，为善书在更大的范围内流传奠定了基础[②]。这里以上海翼化堂善书局为例。作为设立时间最早（之一）、持续时间最久、组织机构最完善、社会影响最广泛的善书局，上海翼化堂善书局最早由著名慈善家张雪堂（1837—1909）创立。据陈撄宁（即圆顿子，1880—1969）回忆，翼化堂善书局创办时“正值洪杨之劫，人心思乱，道德沦亡”[③]。“翼化堂”之名的由来，据第二任主持者张竹铭（1932—1937）记述，乃因张雪堂念及“恤世情之不古，恒以彝伦八德，圣贤警世之言，著书劝世，崇信正趋者颇多，因创设善书局于沪上豫园，名‘翼化堂’，取其羽翼圣经，感化人心之意”[④]。从翼化堂的例子不难看出，晚清动荡的时代背景、混乱的社会秩序，是促成善书局出现的现实原因。

翼化堂善书局创立以后，以刊刻善书为主要业务。在翼化堂所刊刻的善书中，就包括木版善书、石印善书、木版道书、丹经秘旨、大乘佛经、梵本经谶等六种，当然后来慢慢增加著名经香、朱红木鱼、各色佛珠、方技用书等种类[⑤]。为了刊刻更多更好的善书，张雪堂、张竹铭等人积极拓展善书编纂渠道，早期“发刊各种善书、道书、佛经以及梵本释道经忏等类”[⑥]，所谓“印行三教书籍，挽回人心陷溺”[⑦]。后来更是“日事搜揽，凡古今圣哲名贤训世之哭言，佛者慈悲之法语，无不制诸梨枣，印刷成书，并选学堂经典书籍，咸备于局”[⑧]。由此可见，翼化堂善书局不仅出版历史上积累下来的善书，而且搜集并编辑出版新型的善书，同时出版的善书还不拘于儒释道等某单一的宗教范畴。

---

① 罗贝尔·埃斯卡皮：《文学社会学——罗·埃斯卡皮文论选》，王美华、于沛译，杭州：浙江人民出版社，1987年，第89页。

② 关于印刷变局同宗教书籍的印行，参见 Philip Clart & Gregory Adam Scott, eds., *Religious Publishing and Print Culture in Modern China, 1800—2012*, Boston: de Gruyter, 2015.

③ 撄宁子（陈撄宁）：《翼化堂善书局八十周年纪念辞》，《扬善半月刊》1935年第3卷第13期，第3页。

④ 张竹铭：《翼化堂善书局之创设及本刊发行之原因》，《扬善半月刊》1933年第1卷第13期，第18页。

⑤ 《扬善半月刊》1935年第3卷第1期，第2页。

⑥ 张竹铭：《翼化堂善书局之创设及本刊发行之原因》，《扬善半月刊》1933年第1卷第13期，第18页。

⑦ 《翼化堂善书局八十周年纪念赠品启事》，《扬善半月刊》1936年第3卷第13期，第3页。

⑧ 张竹铭：《翼化堂善书局之创设及本刊发行之原因》，《扬善半月刊》1933年第1卷第13期，第18页。

至民国二十二年（1933），著名的《扬善半月刊》挂靠于翼化堂善书局。两者之间虽是两个系统，《扬善半月刊》社发行部也只是“暂设于翼化堂善书局内”“与翼化堂善书局营业无涉”“系独立性质，非附属机关”[①]，但是，两者之间仍产生了重要的相互影响。翼化堂善书局出版的善书，在《扬善半月刊》中都有广告刊印。原来张雪堂感慨善书只是刊刻，却并未得到广泛阅读和传播的困境，通过《扬善半月刊》得到很大的改变。通俗性的善书与报纸杂志一起，在公共场合得以阅览[②]。通过矛盾《子夜》、张恨水《啼笑因缘》等小说的描写[③]，可以看到当时《感应篇》《功过格》等善书的广泛流传。凡此皆离不开当时善书局的影响。特别是类似于《扬善半月刊》一类的推广性杂志，其宣传影响力不容低估。据《扬善半月刊》所列翼化堂善书局的善书目录，可知当时印行的《感应篇》版本主要包括：《太上感应篇图说》《感应篇图说》《感应篇汇编》《感应篇直讲》《感应篇灵验》《感应篇征信》《感应篇九十六咏》《感应篇注合钞》和《太上宝筏图说》等 9 种，在所有的 232 种刻印和石印善书中所占比例并不高，但就同类善书而言，种类为最多，在地位上也仅次于《宣讲圣谕》[④]。通过这种传播方式，《感应篇》等善书在晚清民初下层民众的启蒙运动，甚至是“道德革命”中，都扮演着相当重要的角色[⑤]。

三、佛学复兴与《感应篇》宣讲

关于晚清时期的学术思潮，可以说是四种复兴思潮的合流：理学、诸子学、墨学和佛学。对善书影响最大的当属佛学复兴。其实，晚清社会的动乱，不仅导致了以刘门教等为代表的民间宗教的兴盛，也带来了佛教——尤其是净土宗的复兴。葛兆光注意到，“晚清好佛学的人，几乎都是趋新之士大夫”，原因是“他们从日本迅速崛起的背后，似乎读到一个消息，获得一个启示，即佛教也不是那么保守，信仰佛教也可以近代化，佛

---

① 《本刊三周年纪念七十二期之回顾》，《扬善半月刊》1936 年第 4 卷第 1 期，第 4 页。

② 经元善：《余上劝善看报会说章程》，《居易初集》卷 2（《续修四库全书》集部第 1564 册，第 51b—52a 页）载：“善书汗牛充栋，报馆佳者，亦复林立。事系草创，集资不易。拟先酌购《御制劝善要言》《圣谕广训》《太上宝筏》《阴骘文说证》《万国公报》《农学报》《东亚时报》等各十二分。”

③ 矛盾：《子夜》，北京：人民文学出版社，2004 年；张恨水：《啼笑因缘》，贵阳：贵州人民出版社，2003 年，第 52 页。

④ 《扬善半月刊》1936 年第 3 卷第 13 期，第 11—13 页。

⑤ 李孝悌：《清末的下层社会启蒙运动（1901—1911）》，台北：“中央”研究院近代史研究所，1992 年。

教原来与西学颇有相通之处。”在这种情况下，“且借佛学解西学”成为一时风尚，晚清士绅不仅“借用佛学来‘解’西方科学之‘理’”，而且“借佛教义理来‘格’西方哲学之‘义’”[①]。所以从这个角度讲，“晚清佛学的短暂复兴，复兴的不是宗教意义上的佛教倒是文化意义上的佛学，它对于中国思想世界的主要意义，并不如他们自己试图把佛教意识形态化的主观意愿，倒是前面我们说到的发掘佛学思想资源以理解西学的那一些启示”[②]。

晚清佛学的短暂复兴，从杨文会（1837—1911）设立金陵刻经处开始，重视经典、读经、诠释经典成为一时风尚。更重要的是，晚清佛教复兴的目的不在宗教本身，而在应对当时内忧外患的变局，即经世致用。陈平原指出，在杨文会推动佛教活动以外，以康有为、梁启超、章太炎为代表的政治家，“以己意进退佛学”，提倡佛学是为了“去畏死心”“去拜金心”，创造“舍身救世”“震动奋厉而雄强”的新民，并寻求自我解放，获得大解脱大自在大无畏的绝对自由。用章太炎的话来概括就是：“要用宗教发起信心，增进国民的道德。”这种影响非常大，以至于五四时期的知识分子“批判儒家，也批判道教，可就是不批判佛教”[③]。作为历史的亲历者，梁启超毫不无夸张地把晚清佛教复兴的影响放大，说：“晚清思想有一伏流，曰佛学……晚清所谓新学者，殆无一不与佛学有关。”[④]蒋维乔（1873—1958）《中国佛教史》将其原因归结为西方学术之输入、佛典单本之流行（即印刷术的变革）、近代战乱之影响等三个方面[⑤]。作为“释道二教”影响下的善书，自不可能不受佛教复兴的影响。这里主要指的是以印光法师（1861—1940）为核心的善书编纂群体。

佛教与善书之间的关系，从晚明袁黄改编《功过格》时已见其端倪，但在晚明佛教复兴以后，两者之间的关系及不易发覆。到了晚清时期，由于佛教和善书同样面临新的科学思潮的冲击，两者重新紧密地结合在一起。胡适在为《科学与人生观》写序言时，就说：“至于‘人生观’，我们

① 葛兆光：《中国思想史》第2卷，上海：复旦大学出版社，2019年，第453、356页。同时还可参见葛兆光：《论晚清佛学复兴》，陈平原、王守常、汪晖主编《学人》第10辑，南京：江苏文艺出版社，1996年；葛兆光：《晚清民初巨变：现代中国佛学复兴的历史背景》，方立天、末木文美士主编《东亚佛教研究》第5辑，北京：宗教文化出版社，2014年，第17—39页。

② 葛兆光：《中国思想史》第2卷，第465页。

③ 陈平原：《书里书外（增订本）》，北京：生活·读书·新知三联书店，2018年，第286—287页。

④ 梁启超：《清代学术概论》，第99页。

⑤ 蒋维乔：《中国佛教史》，北京：中国书籍出版社，2016年，第355页。

只有做官发财的人生观，只有靠天吃饭的人生观，只有求神问卜的人生观，只有《安士全书》的人生观，只有《太上感应篇》的人生观——中国人的人生观还不曾和科学行见面礼呢！”[①]柴德赓（1908—1970）在《清代学术史讲义》中也说：“若惠氏撰《太上感应篇注》二卷，真可谓迷信了。”[②]将《感应篇》与科学对举而言，显然已被视为“不科学”的迷信。至于宗教，葛兆光指出：“宗教在那个时代，一方面被放置在知识阶层普遍崇尚的科学背景下，当成与科学对立的迷信，但另一方面则被放置在知识阶层普遍鄙视的物质背景中，当作超出世俗物质诱惑的精神。”[③]在这种时代背景下，善书借助佛教的复兴而得到新的编纂、刊刻和传播，进而表现出相当曲折复杂的历史景象。

印光法师是近代净土宗的代表人物，一生以讲经布道、慈善劝善为己任。编纂和推广善书成为其中的重要主题。据现有史料可知，在晚清出现的《感应篇》诠释文本中，除了其自身曾重刻《感应篇直讲》以外，至少有三种与印光法师有关：一是许止净（1865—1938）的《历史感应统纪》，二是聂云台（1880—1953）的《德育古鉴》，三是李圆晋（1900—1950）的《感应篇白话贯珠解》（又名《处世明灯》）。由此可见，印光法师非常注重刊刻善书，也鼓励其他教众编纂和刊刻善书。在《印光法师文钞》中，可以看到印光法师曾前后为《感应篇直讲》《阴骘文图证》《江慎修先生放生杀生现报录》《莲池大师戒杀放生文》《寿康宝监》《净土问辨》和《功过格》等善书写过序言、跋文或题词。尤其是对《感应篇直讲》一书，印光法师更是赞赏有加。在《太上感应篇序》（1928）中，印光法师首先提出《感应篇》的重要意义：

> 《太上感应篇》，撮取惠吉逆凶、福善祸淫之至理，发为掀天动地、触目惊心之议论。何者为善？何者为恶？为善者得何善报？为恶者得何恶报？洞悉根源，明若观人。且愚人之不肯为善，而任意作恶者，盖以自私自利之心使之然也。今知自私自利者，反为失大利益，得大祸殃，敢不勉为良善，以期祸灭福集乎？由是言之，此书之益人也深矣！故古之大儒，多皆依

---

① 胡适：《科学与人生观序》，张君劢、丁文江等著《科学与人生观》，济南：山东人民出版社，1997 年，第 13 页。

② 柴德赓：《清代学术史讲义》，北京：商务印书馆，2013 年，第 94—95 页。

③ 葛兆光：《中国宗教与文学论集》，第 199 页。

此而潜修焉。[①]

认为《感应篇》对世道人心极为有益。接着，印光法师评估了历史上著名的《感应篇》注本，说："此书注解甚多，惟清元和惠栋之《笺注》，最为精深宏畅，惜非博学之士不能阅。次则《汇编》，实为雅俗同观之最上善本，而不甚通文之妇孺，犹难领会。惟《直讲》一书为能普益，然文虽浅显，词甚优美，浅而不俗，最易感人。"[②]基于这种认识，印光法师注重刊刻和讲解《感应篇直讲》，并且在编辑《感应篇》相关文献时，注重借鉴《感应篇直讲》的做法，要求做到文意浅显，明白感人。由于感到"世乱已极，人咸望治，不得致治之道，徒望究有何益？"印光法师非常注重"提倡家庭教育，及因果报应也"[③]。许止净《历史感应统纪》和聂云台《德育古鉴》，都是在印光法师的鼓励和指导下编纂而成的。

聂云台为曾国藩（1811—1872）之外甥、聂缉槼（1855—1911）之子，早岁在母亲曾纪芬（即崇德老人，1852—1942）的影响下信仰基督教，至民国十三年（1924）复改信佛教。此后与印光法师、许止净等佛教界名人往来，参加善书编纂和慈善事业。许止净《历史感应统纪》（1929）就是在印光法师的鼓励下，由许止净主撰、聂云台协助而完成的。对此，许止净在"自序"中说："余友聂子云台慨世道陵夷，人心陷溺，疵因果报应为宗教迷人之工具，摧陷不遗余力，邪说诐行，滔滔天下，乃著《家言》以训子侄，而受观摩之益者，日见增多。"[④]印光法师则在序言中明确谈道："余劝其遍阅二十四史，择其因果报应之显著者，录为一书，以为天下后世一切各界之殷鉴。"[⑤]《历史感应统纪》是仿照乾隆年间长洲彭氏家族成员彭希涑《二十二史感应录》而成，许止净等感于史传中因果报应事迹甚多，而"彭兰台所辑太简，不足餍饫人心"，于是花费一年有十个月完成该书的编撰。其主要内容"上自有虞，下迄明代，叙事千余条。传后加评，上引圣贤言论以明其理，旁采说部纪载以证其事"[⑥]。在印光法师的安排下，《历史感应统纪》出版了两种版本，分别印行了两万部和四

① 印光法师：《感应篇直讲序》，《印光法师文钞》卷 8，第 1264 页。

② 印光法师：《感应篇直讲序》，《印光法师文钞》卷 8，第 1264 页。

③ 印光法师：《阴骘文图证题辞》，《印光法师文钞》卷 8，第 1150—1151 页。

④ 许止净：《历史感应统纪》，"自序"，第 2 页。这里所说的《家言》，指的是聂云台在家中创办的刊物《聂氏家言》，这份刊物多有以善书劝人的论述。

⑤ 许止净：《历史感应统纪》，"印光法师序"，第 4—5 页。

⑥ 许止净：《历史感应统纪》，"自序"，第 2 页。

万部[①]。当然，《历史感应统纪》也包含部分佛教内容，但是主体仍以史传为主，“取其易于取信耳”[②]。

至聂云台《德育古鉴》，可以更清楚地看到佛教复兴对善书编纂的影响。《德育宝鉴》的前身，是史洁埕（字玉涵，生卒年不详）编纂于康熙年间的《感应类钞》。关于改名的缘由，聂云台在序言中说：“《德育古鉴》，原名《感应类钞》，先君尝序而刊之。民十八予重刊印，改名《德育古鉴》。其时新潮流正激，有欲尽打倒旧文化之势，于佛法及感应因果之说，尤所疾视，故将原书中《太上感应篇》删而不印，亦由此苦衷也。”[③]《感应类钞》的主要内容，应当包括《感应篇》正文和各类感应事迹两种，而感应事迹则分孝顺、和睦、慈教、宽下、劝化、救济（上）、救济（下）、交财、奢俭、性行、敬圣、存心等十一类，其书后附《三破·七辩》《立命说》《净意说》《功过格》等四篇[④]。聂云台在重编刊刻时，删掉了《感应篇》正文部分的内容。从这里可以看到，一方面，在唯科学主义思潮的冲击下，善书多少面临着某种尴尬的境遇，另一方面，这也说明善书借助佛教的外衣，以改名的巧妙方式获得了流传的合法性[⑤]。

第二节　刘门教的《感应篇》诠释

从晚明王志坚开始，《感应篇》的诠释资源多来自生活化、实践化题材。这可以视为一种世俗化的发展趋向。然而，作为善恶报应观念的载体，《感应篇》的基础属性仍是宗教性。晚清时期像太谷学派——理学思想宗教化的形式，就与善书之间存在非常密切的关系[⑥]。这决定了民间宗教教派杨成善书诠释的重要力量。最具代表性的当属四川刘门教。本节将考察刘门教的《感应篇》诠释，讨论善书诠释对民教宗教教派传承的价值和意义。

---

① 许止净：《历史感应统纪》，“印光法师序”，第 5 页。

② 许止净：《历史感应统纪》，“凡例”，第 7 页。

③ 史洁珵：《德育古鉴》，转引自游子安《善与认同——明清以来的慈善与教化》，第 176 页。

④ 史洁埕：《感应类钞》，南京图书馆藏道光二十年（1840）陶大垣刻本。

⑤ 无锡佛教世家成员丁惠康编纂《佛教感应篇》，表面上是以佛教“抗衡”道教的重要方式，实际上可以看作《感应篇》（的“迷信”理念）借助佛教得到传播。参见丁惠康：《佛教感应篇》，上海图书馆藏民国十四年（1925）医学书局刻本。

⑥ 王汎森：《道咸年间民间性儒家学派——关于太谷学派的研究》，《中国近代思想与学术的系谱》，第 46—70 页。

一、刘沅与刘门教概述

在晚清四川思想学术史上，刘沅被称为“川西夫子”“一代儒宗”，影响极大[①]。但是，学界对刘沅相关著作、文献的整理和研究，却还是近些年的事情，特别是随着刘沅之孙刘咸炘（1896—1932）研究的升温而被重新发掘。现有研究无论是在质上还是量上，都与刘沅的历史地位颇不相称。吊诡的是，刘沅虽然被誉为“川西夫子”“一代儒宗”，但学界的研究更多将其定义为“民间宗教家”，相关研究也就自然被框限在民间宗教的范畴之内。显然，这与刘沅的学术取向和宗教实践有密切关系[②]。这里需要预先说明的是，槐轩学说第五代传承人刘伯谷（1929—2022）说：“我们刘家向来不认可‘刘门教’这个说法，实际上槐轩以及其后，刘家都没有自称‘刘门教’。”“‘刘门’的含义与学术史上的‘程门立雪’之‘程门’一致，是一种师承关系的成为，也没有宗教教派的含义。”[③]可见“刘门”之说更多是“作为过去地方公众生活中的一个独特的社会文化形式”[④]。本书之所以继续称之为“刘门教”（又称“槐轩道”或“刘门”），只是出于叙述便利起见。

按刘沅（1767—1855）字止唐，号清阳居士，生于乾隆三十二年（1767），卒于咸丰五年（1855），身历乾隆、嘉庆、道光和咸丰四朝。其所经历的年代，正是孕育着清王朝从盛到衰的乾隆中后期。早年的刘沅对科举功名抱有深深的渴望，乾隆五十七年（1792）由拔贡中举后，接连三次参加会试（1793、1795、1796）皆以失败告终，刘沅自称“癸丑、乙卯、丙辰会试，三荐不售，归家养母”[⑤]。道光六年（1826），已年近花甲的刘沅“列贤书之荐”“选授湖北天门知县，不愿外任，改国子监典簿，廉退”[⑥]。自此以后，刘沅遂决定绝意仕途，专门从事学术著书，故而终身功名止于举人身份。然而，正是这种多次参加科举考试的经历，借助交游和游学等方式，刘沅对个体生命进行了多重审视。在外出参加科考的途

① 四川省地方志编纂委员会：《四川省志·人物志》，成都：四川人民出版社，2001 年，第 431 页。

② 马西沙、韩秉方：《中国民间宗教史》，上海：上海人民出版社，1992 年，第 1351—1384 页。

③ 赵均强、龙伟：《刘伯穀先生访问记》，成都：巴蜀书社，2021 年，第 289—292 页。

④ 欧福克（Volker Olles）著：《近代成都宗教、文化、慈善中的刘门及刘氏家族》，王亚译，《宗教学研究》2021 年第 2 期。

⑤ 刘沅编纂：《刘氏族谱》，转引自马西沙、韩秉方《中国民间宗教史》，第 1352 页。

⑥ 马西沙、韩秉方：《中国民间宗教史》，第 1352 页。

中，刘沅遇见两位奇人——静一道人和野云老人，对刘沅一生的影响至关重大。其中，静一道人见于湖北当阳紫柏山，其与刘沅“谈修养之道”，刘沅乃“讶其与吾儒同”，会面之后静一道人还将《道德经注》赠送于刘沅，因此，年方弱冠有奇的刘沅，就开始接触道家修身养性之道。后回到四川双流，家族成员（两位侄子及母亲）的疾病进一步困扰了刘沅，在这种情况下，刘沅遇见了野云老人并拜其为师，前后八年“为陈大义”，刘沅益“知天人一气，圣固当为，无愧家修，乃能廷献”的道理[①]。

在参加科举考试以前，刘沅的学术取向和价值选择与家庭环境密切相关。刘沅祖籍湖北麻城，自太高祖刘宇舟至父亲刘汝钦均未有较高的科举功名，祖上从明季至清初，大多处于混乱的社会和时代背景下，个人科名难以实现，也是客观条件所致。为更清楚地了解刘沅的家族背景，不妨先将直系世系（以刘沅为中心）列表如下（表6–2）。

表6–2 四川双流刘氏家族世系（从远祖到刘沅）

世系	姓名	生卒年份
远祖	刘朝弼	不详
……	……	……
太高祖	刘宇舟	不详
高祖	刘坤	1632—1710
曾祖	刘嘉珍	1678—1716
祖父	刘汉鼎	1706—1773
父亲	刘汝钦	1742—1789
	刘沅	1767—1855

资料来源：马西沙、韩秉方：《中国民间宗教史》，第1352—1353页。

尽管家族科名不盛，但至少有两种传统对刘沅产生了深刻的影响：其一，家族对《易经》的诠释和重视。以《易》解经是秦汉以降士人阶层的普遍取向，《易》作为儒家经典的基础性地位，始终未发生变化。特别是在明清“善书运动”的时代背景下，《易》常常与有关个体命运的论述结合在一起。其二，家族对地方公共事务的重视和家族慈善传统。特别是自

① 刘沅：《自叙示子》，《槐轩杂著》卷4，厦门大学图书馆藏咸丰戊午年（1858）重刻《槐轩全书》本，第43—45页。

高祖刘坤以后，四川双流刘氏家族成为“瞿上望族”以后，刘氏族人“济急地方”的做法成为家族传统。如刘汉鼎“平居未尝疾言遽色，宗族乡党之贫者，称贷不求偿，其仁让如此”，乃父刘汝钦更是“扶危济难不少衰”。正是这样的家庭背景，使得刘沅自小即知“圣人穷理尽性，神通造化”的道理，从而“更术存养之功，内外交修”①。

自嘉庆元年（1796）归隐以后，刘沅专事著述，并将家族的这种传统发扬光大，讲学于槐轩书院，课馆授徒。晚年虽有出仕为官的机会，但刘沅毅然“隐居教授”。由于刘沅“循循善诱，著弟子籍者前后以前数，成进士登贤书者百余人，明经贡士三百余人。薰沐善良，得为孝子、孝悌，贤名播乡间者，指不胜屈”②，因此，在槐轩书院的讲学过程中，注重将儒家的伦理道德和道家的内丹术融为一炉。这样一来，刘沅及其弟子组成的学术团体，逐渐发展成为设帐讲学、秘授内功和作会斋醮三位一体的组织，成为著名的“刘门教”，与明代福建“三一教”和晚清山东的“黄崖教”如出一辙。

刘门教属道教内丹道，其本质在修炼精、气、神，借助修身养性，达到“天人合一”的境界。自创立刘门教以后，刘沅致力于本门的修身养性和宗教仪式活动，编辑《法言会纂》百卷，作为门徒作法会斋醮仪式的科仪文本。一方面，刘沅不满足于道教的单修道理，主张将儒家的性命双修引入刘门教，另一方面，刘沅毫不隐晦对修炼内丹的追求和对神仙境界的向往，受道家和道教的影响极深。与此同时，在前后以刘沅、长子刘松文（1827—？）和六子刘椖文为掌门人期间，刘门教举行了各种宗教实践活动。按照马西沙和韩秉方的研究，主要包括三个方面：一是以讲学形式传授气功，二是大规模地实行类似道家的斋醮活动，三是发展慈善事业③。其中，尤以后者与本书的讨论主题关系密切。刘门教先后建立了“乐善公所”和“崇善局”，进行所谓“济幽救阳”的慈善活动④。因此，从总体上看，刘门教慈善活动未出传统范围，主要包括施米、施药、施棺和施冢，以及戒杀放生等活动。

刘沅所创立的刘门教，既具有学术团体的性质，从事学术著述和课馆

① 马西沙、韩秉方：《中国民间宗教史》，第1352—1353页。

② 刘沅：《槐轩全书》，卷首《国史馆本传》，转引自马西沙、韩秉方《中国民间宗教史》，第1353页。

③ 马西沙、韩秉方：《中国民间宗教史》，第1376—1384页。

④ 所谓救阳，就是救济穷人无告贷者；所谓济幽，就是超拔亡魂或施舍棺木、葬地。参见马西沙、韩秉方：《中国民间宗教史》，第1380页。

讲学活动，又具有民间宗教的性质，从事道教斋醮、气功授受和慈善劝善等活动。同样，这与刘沅的学术倾向有关，尽管在《槐轩全书》中没有收录《法言会纂》等内丹道科仪著作，但是已经足以窥见刘沅兼具理学家和宗教家的双重性质。由于对个体生命的重视，发展出修身养性的性命双修之学，并在此基础上创立刘门教，课馆授徒之余，积极发展慈善事业，是刘沅和刘门教的同一进路。作为这种发展进路的重要表现，对《感应篇》等善书的诠释是刘门教值得研究的另一面向。

二、刘沅的《感应篇》诠释

对于刘沅的学术取向，史书称其"解经尽除门户之见，不苟异同，务求当于经义"[①]，学者称其学风为"解释儒家经典是在训诂的基础上阐发义理，超然于今文与古文经学狭隘的门户见解""注重探究天道和性命之理，强调增进道德修养以保全人的本性"[②]。这点从刘沅丰厚的学术著作亦可看出。《槐轩全书》是刘沅最重要的学术著作，全书卷帙浩繁，达到近 200 卷之多。其余未被收入《槐轩全书》的著作尚有 13 种，多达近百卷[③]。这些著作的主题大体上可以分为三类：其一，对儒家经典的诠释，如《四书恒解》《周易恒解》和《孝经直解》等；其二，日常课馆写作的杂论，如《又问》《俗言》和《正讹》等；其三，善书与劝善著作，如《下学梯航》《性命微言》《三圣经句解》和《感应篇注释》等。通过刘沅的学术著作，也可见其兼具理学家和宗教家的特色。

虽然《感应篇》没有成为或取代刘门教的内丹经典——《感应篇注释》并未收入刘沅晚年自己所定著作目录中，而是"把自己的经学著作放在第一位，把自己的义理著作放在第二位"[④]，但是在刘门教的教派传承——学术著述、慈善事业和宗教传播一中，仍扮演了重要角色。就本书的主旨而言，主要关注刘沅的善书著作，特别是《感应篇注释》。为便利起见，兹据双流县社会科学界联合会、双流传统文化研习会编撰《槐轩概述：川西夫子刘沅与槐轩学说》，将刘门教有关善书著作列表如下（表 6–3）。

①马西沙、韩秉方：《中国民间宗教史》，第 1007—1012 页。

②谢桃坊：《四川国学小史》，成都：巴蜀书社，2009 年，第 35 页。

③有关刘沅著作的详细列表，参见赵均强：《〈刘门教与济幽救阳〉正误三则——兼与马西沙、韩秉方先生商榷》，《宗教学研究》2009 年第 2 期。

④赵均强：《〈刘门教与济幽救阳〉正误三则——兼与马西沙、韩秉方先生商榷》，《宗教学研究》2009 年第 2 期。

表 6-3　刘门教的善书著作概览

<table>
<tr><th colspan="2">作者</th><th>善书</th><th>备注</th></tr>
<tr><td colspan="2" rowspan="6">刘沅</td><td colspan="2">《寻常语》一卷、《法言会纂》五十卷</td></tr>
<tr><td>《感应篇注释》四册</td><td></td></tr>
<tr><td>《三圣经句解》三卷</td><td>《感应篇句解》《阴骘文句解》《觉世经句解》的合订本。《感应篇句解》也有单行本行世</td></tr>
<tr><td colspan="2">《经忏集成》二十八卷</td></tr>
<tr><td>《道善约编》</td><td>为《感应篇注释》《文昌大洞仙经》《老子道德经解》三叔合刊本</td></tr>
<tr><td colspan="2">《槐轩咋住外编》四卷、《活幼心法》两卷、《易知录》一卷、《石音夫功过格》一卷、《灵祖签》一卷、《上帝御号五雷皇幡总谱》一卷、《劝毁淫书征信集》</td></tr>
<tr><td rowspan="7">门人</td><td>刘芬</td><td colspan="2">《妇训》一卷</td></tr>
<tr><td>刘松山</td><td colspan="2">《槐云语录》一卷</td></tr>
<tr><td>刘鸿典</td><td colspan="2">《感应篇韵语》一卷、《庄子约解》四卷、《遗训存略》二卷、《续性理吟》一卷、《指月录评》十卷、《楞严经赘解》四卷、《训蒙草》一卷、《村学究语》一卷、《醒迷录》一卷、《思诚堂古文》两卷、《思诚堂古诗》二卷、《西充竹枝词》一卷、《女戒》一篇</td></tr>
<tr><td>李天根</td><td colspan="2">《汉关侯文翰故事》</td></tr>
<tr><td>曾德治</td><td colspan="2">《槐云语录》一卷、《信笔文存》八卷、《孝行略书》一卷、《勉学励文杂著文集》四卷</td></tr>
<tr><td>李甸侯</td><td colspan="2">《槐荫克己录》一卷、《槐荫家训》一卷、《槐荫拾语》二卷</td></tr>
<tr><td>刘咸炘</td><td colspan="2">《增广贤文正本》一卷、《说好话》一卷、《广忠益》一卷（以上俱载《推十书》）</td></tr>
</table>

资料来源：双流县社会科学界联合会、双流传统文化研习会编撰《槐轩概述：川西夫子刘沅与槐轩学说》，上海：上海科学技术文献出版社，2015 年，第 53 页。

从表 6-3 中不难看出，刘门教善书编纂和诠释数量甚多，且形成教门内部传承，几乎各代门人皆有善书著作。其中，在刘沅的善书著作中，《三圣经句解》共分三卷，分别题为《感应篇句解》《阴骘文句解》和《觉世经句解》，乃是为明清时期流传最广的三种民间善书所作的注疏[1]。加上后来的《感应篇注释》，可知刘沅曾两度为《感应篇》作注。早在刘沅所处的嘉道咸年间以前，《感应篇》就有许多注疏，所谓“历代仁主修士，互相阐发，昭垂后世者，不下数十种。曰集注，曰合注，曰新注，曰直讲，曰纪验，曰缵义，曰汇编，曰坚信录，曰玉笈金灯，指不胜数”[2]。如前所述，据白恺思的研究，仅有惠栋《感应篇注》和（佚名）《感应篇直讲》能全国通行[3]。因此，刘沅在注释《感应篇》时，通常会阅读到这两种注本，也就不免会受到两者的影响，而其《感应篇注释》也很明确地体现了这种影响。

现存刘沅《感应篇注释》未收入近年整理出版的《槐轩全书》，存世版本仅有咸丰戊午年（1858）重刻《槐轩全书》本一种[4]。对《感应篇》的理解和诠释，在章句划分上历来并不相同，所谓“柴省轩分为九章，徐梦元分为二十四章，王修玉分为三十二章”[5]。从体例上说，刘沅此书与前述诠释并不相同，虽全书共计近 10 万言，但主要内容包括三个部分：其一，序言及《感应篇》正文全文；其二，《读法十则》《劝诫五则》《俞净意传》及《奇验九则》；其三，《感应篇注释》正文，分“句解”“引经”“事证”三部分。因此，就体例上说，刘沅《感应篇注释》是一种综合体，吸收了此前其他善书的精华部分——如《俞净意传》，这个原本通常附录在袁黄《了凡四训》之后的善书事例[6]，此处被刘沅收入到《感应篇注释》中。《感应篇注释》正文分为四卷，依据《感应篇》正文的主体内容进行划分：总起部分、善行善报部分、恶行恶报部分和结尾部分。整个注释又由三部分组成，依次为笺注、引经、证案，即首先是对《感应篇》文本的直接解说，其次为引用儒家经典典籍话语，最后是引用各类灵验故事予以论证。

其实，刘沅注释《感应篇》的缘起，与槐轩书院的授课讲学有关，其弟子刘鸿典回忆：“自弱冠从师家止唐先生，即命读《感应篇》。谓此篇义蕴不出四子六经之范围，但四子六经见为散，而此篇见为聚。事不外乎日

---

① 张仙武：《清代阴骘文化研究——以〈文昌帝君阴骘文〉相关文献为讨论中心》，第 187—206 页。

② 寿世草堂：《太上感应篇说咏》，上海图书馆藏民国十一年（1922）刻本，“自序”，第 1 页。

③ Catherine Bell：“*Printine and Religion in China*：*Some Evidence from the Taishang Ganying Pian*”，*Joural of Chinese Religion*，Fall，1992．p．182．

④ 刘沅：《感应篇注释》，厦门大学图书馆藏咸丰戊午年（1858）重刻《槐轩全书》本。

⑤ 怡性堂主人：《感应篇集证》，第 4a 页。

⑥ 张仙武：《清代阴骘文化研究——以〈文昌帝君阴骘文〉相关文献为讨论中心》，第 115—117 页。

用伦常，理直贯乎天人性命、入圣超凡之学。”又说：“窃维吾师，恒以《感应篇》教人。”[①]通常对某种文本的诠释，都会体现较为明显的预期读者群，但刘沅的《感应篇注释》却很难看出这点。尽管将其理解为为弟子讲解而编纂的讲义，但其预期的读者群体显然不限于弟子群体，也不限于与弟子群体有关的士绅阶层，毋宁说是整个社会各种人群，是真正意义上的“劝世之作”。这点从全书的第一部分内容可以看出：一方面，刘沅在《读法十条》中强调《感应篇》“无时不可读”“无地不可读”“无人不可读”[②]；另一方面，刘沅又不同意王志坚的看法，认为“一为道之人言，一为流俗之人言也。学道之士，得其说而精求之，可以动无不善，而流俗造业之人，亦可以去其太甚，不至曼无堤防”[③]。前者很可能因袭自其他的《感应篇》文本，但其借用仍可见刘沅的看法。后来刘沅又说：“上而帝王公卿，下而市农工贾，妇女童仆，无不可遵以修省。”[④]没有明确和固定的预设读者群，恰恰反映了刘沅之诠释《感应篇》。不仅通过《感应篇》修身养性，辅助内丹道学，也将善书与善行（慈善事业）相互配合。

正是上述两种原因，刘沅并不反对在《感应篇注释》中引入大量灵验故事。据本书统计，全书共计有 499 则灵验故事，在这些灵验故事中，善报主题计 192 则，恶报主题计 307 则，亦与《感应篇》正文“恶多善少”的惩罚性和警示性特征一致。综合这近 500 个灵验故事来看，其中有四点尤为值得注意：其一，故事主人公姓名不定者，刘沅直接以“徐某”“张姓者”等出之；其二，特别点明故事发生的具体时间和地点，前者如卷二周杰故事，点明时间为“弘治二年五月十八日”，后者如卷一潘奇故事，点明是“秀水新城镇”[⑤]；其三，特别强调故事发生的具体年间，一般在灵验故事结尾，有意拈出诸如“此天启丁卯也”（卷一“吴大祈故事”）、“此顺治甲午三月事”（卷二“顾成妻钱氏故事”）、“此事在正德末年”（卷三“某举人故事”）、“时天启辛酉六月初四也”（卷四“王翼儆家仆故事”），等等[⑥]；其四，特别表明故事来源自某文献或某人口述，比如卷一“薛玠

① 刘鸿典：《感应篇韵语》，厦门大学图书馆藏光绪辛巳（1881）刻本，“自序”，第 1a 页。

② 刘沅：《感应篇注释》，卷 1，第 2a—3b 页。

③ 刘沅：《感应篇注释》，卷 1，第 1a 页。

④ 刘沅：《感应篇注释》，卷 1，第 2b 页。

⑤ 刘沅：《感应篇注释》，卷 2，第 32b—33a 页；卷 1，第 60b 页。

⑥ 刘沅：《感应篇注释》，卷 1，第 9b 页；卷 2，第 6 页；卷 3，第 35b—36a 页；卷 4，第 6b—7a 页。

故事”，刘沅点明“玠醒，为人述，其语如此”，等等[①]。凡此种种，无非是要强调《感应篇》所述善恶报应的可信。特别是这些或由主人公自述，或由他人转述，或由歌谣中来，或由时人记载的“民间文献”，很有些“现身说法”的味道，与袁黄《立命篇》的自述相一致。

这里之所以详细分析刘沅《感应篇注释》中的灵验故事，旨在与此前善书诠释中的争论两相比较。比如，清初王崇简（1602—1675）就特别反对在善书中加入灵验故事，说：“自宋迄今流传已久，或以因果报应之事附缀其间，虽取其易于惊俗动众，而奇微异应人或视为不常有之事，反以为未必尽然者矣，何若即其言以著其理，贤者愚者皆晓然明白而无所惑。”[②]刘沅《感应篇注释》所收灵验故事“易于惊俗动众”无疑，有些案例甚至相当极端[③]，但是刘沅仍坚持将这些灵验故事收入，并且是在意识到《感应篇》“义蕴不出四子六经之范围”的情况下，更可见刘沅《感应篇》诠释的宗教性色彩——早已不同于晚明清初士人阶层对《感应篇》的诠释，仅仅将之视为某种世俗性文本了。

三、刘门教门人的善书诠释

咸丰五年（1855）以后，随着刘沅逝世，刘门教由长子刘松文接掌。据马西沙和韩秉文的口述访谈，刘松文掌刘门教仅仅数年，其后便由刘沅第六子刘桹文接掌。刘桹文“弱冠入庠，以优等补增生，授训导，改中书科中书”。在执掌刘门教的20余年中，刘桹文“传授性学”“口传指画”“门人日益进”，至晚年更是以阐发三教一源为己任，“下笔辄数千百言，精诚之至，神鬼来告，不诬也”[④]。因此，刘门教在刘沅逝世以后，仍然代代相传。不仅继续授徒立派，而且将性命之学、慈善之业继续传承。

与性命之学、慈善之业一并得到传承的，是对《感应篇》等善书的诠释。刘门教的第二代代表人物刘鸿典（1809—1883）和第三代代表人物刘咸炘、刘咸荣（1857—1948），均有《感应篇》诠释著作。其中，刘鸿典的《感应篇》诠释文类为诗歌，题为《感应篇韵语》；刘咸炘的《感应篇》诠释文类为笔记，题为《感应篇要义》；刘咸荣的《感应篇》诠释文类为

---

① 刘沅：《感应篇注释》，卷1，第45a页。

② 王崇简：《感应篇章句注序》，《青箱堂文集》卷5，《四库全书存目丛书》集部第203册，第393a页。

③ 刘沅：《感应篇注释》，卷3，第11b页、第32b页。

④ 江维斗：《清中书科中书刘子维夫子墓志铭》，转引自马西沙、韩秉方《中国民间宗教史》，第1376—1377页。

故事汇编，题为《古史感应录》[1]。据本书目之所见，现存《感应篇韵语》为光绪辛巳年（1881）刻本，刘鸿典“跋后”诗显示，其撰写此书时已73岁，因此序言中有“仆老矣”的说法。在跋文中作者写道：“白头容我啸林泉，放眼曾观海外天。吏治太疏难窃禄，主恩未报竟归田。平情不出呻吟语，遣兴聊哦感应篇。绝妙诗题无好句，敢言引玉试抛砖。”[2]由此可见，刘鸿典与刘沅一样，是因不满现实（“吏治太疏难窃禄”）而转向宗教诠释。不过，对于本书写作的缘起，刘鸿典在序言中有更为详细的交代：

> 仆老矣，忆自弱冠从师家止唐先生，即命读《感应篇》，谓此篇义蕴不出四子六经之范围，但四子六经见为散，而此篇见为聚，事不外乎日用伦常，理直贯乎天人性命，入圣超凡之学，由此其选也。自惭庸劣，未能体行而受之师者，不能不授之于徒。昔人有言：“孔子没而微言绝，七十子丧而大义乖”。苟非曾子传《大学》，子思作《中庸》，洙泗之传能不为百家簧鼓所乱乎？窃维吾师，恒以《感应篇》教人，则吾徒之奉行《感应篇》者，即不愧为吾师之徒，慨门户之易分，恐渊源之或昧。风闻吴中江铁君曾作《感应篇诗》形世，而蜀中罕见，因仿其意为诗，课年余得诗二百二十七章。藤以“跋后”一章，名曰《感应篇韵语》，聊以示门人，非敢质诸高明也。而门人惮传□之劳，私灾梨枣，敝帚自享，慎勿外播以重予之罪也。[3]

这段序言有两点值得注意：其一，刘鸿典受到刘沅的影响，所谓“弱冠从师家止唐先生，即命读《感应篇》”，“窃维吾师，恒以《感应篇》教人，则吾徒之奉行《感应篇》者，即不愧为吾师之徒，慨门户之易分，恐渊源之或昧”，与此同时，刘鸿典之撰写《感应篇韵语》，也是为了课馆授徒计，所谓“聊以示门人，非敢质诸高明也”，这点在弟子颜怀清

① 本书在写作过程中，未能找到刘咸荣书。此书著录于何远景主编：《内蒙古自治区线装古籍联合目录》中册，北京：北京图书馆出版社，2004年，第16429页。又双流县社会科学界联合会、双流传统文化研习会编撰《槐轩概述：川西夫子刘沅与槐轩学说》（上海：上海科学技术文献出版社，2015年，第82页）将“刘咸荣”写作“刘咸荥”。未知孰误。

② 刘鸿典：《感应篇韵语》，厦门大学图书馆藏光绪辛巳年（1881）刻本，第114b页。

③ 刘鸿典：《感应篇韵语》，第1b—2a页。

（1842—1914）的序言中亦可看出：

> 吾师宝臣先生游宦广东，不得志而归，仍以训徒为事，于讲四子六经之外，兼及《太上感应篇》，而门人听之久或倦，因作《韵语》二百余篇，以鼓兴会，借题发挥，有味乎！具言之矣。昔王渔洋谓：李杜诗，如来禅；苏黄诗，祖师禅。先生从事槐轩多年，而先生诗为衣钵之真传也可，即以先生为宗门之棒喝也亦可。①

其二，刘鸿典受到此前《感应篇》诠释体例和文类的影响，即所谓“吴中江铁君曾作《感应篇诗》形世，而蜀中□见因仿其意为诗”。这里所说“吴中江铁君”已难以考证，但以诗歌的形式诠释《感应篇》，早在此前已经存在，最早当属温州许淦等人《感应篇试帖诗笺注》②，其后又有求悔居士《感应篇试帖诗》③。据前书董国华“序言”所述“仿吾乡蔡铁耕明经，以试帖诗逐句为《阴骘文》诗之例”可知④，《感应篇》诠释中采用诗歌体例，源自对《阴骘文》等善书的模仿。

这里不妨以刘鸿典对《感应篇》总纲四句（“太上曰：祸福无门，惟人自召。善恶之报，如影随形”）的诠释为例，说明其诠释路径和思想观念（表 6-4）：

① 刘鸿典：《感应篇韵语》，第 3b—4a 页。不过，根据何桂清对槐轩教门弟子颜晓凡（1816—1874）的研究，后者设立的书铺凝善堂，其印书分为两类：一部分是槐轩教经典著作，比如《四书恒解》《诗经恒解》《书经恒解》《续醒迷禄案证》《古今言孝篇》；一部分为劝善之书，比如《孝经》《先哲格言》《功过格》《太上感应篇》等。前者一般不外卖，只供槐轩门人研读。后者则免费赠送，只要识字，可人手一本，另外作为教材，乃学生必修课，因而传播甚广。可见前者才是刘门教教派传承的最核心内容，后者作为劝善教化的部分，必不可控制地在教派以外流传。这与刘沅的《感应篇注释》所载显然是一样的。参见何桂清：《实业传家桂馨堂》，《自贡文史资料选辑》第 24 辑《自流井盐业世家》，自贡文史资料研究委员会，成都：四川人民出版社，1995 年，第 141—173 页。

② 许淦等：《感应篇试帖诗笺注》，国家图书馆藏清道光十六年（1836）刻本。

③ 求悔居士：《感应篇试帖诗》，上海图书馆藏同治十一年（1872）刻本。

④ 许淦等：《感应篇试帖诗笺注》，“董国华序言”，第 1a 页。从更宽广的文化脉络上来说，这种以诗歌形式诠释《感应篇》《阴骘文》和《觉世经》的做法，应当与传统记诵之学有密切关系。参见王尔敏：《中国传统记诵之学与诗韵口诀》，《明清社会文化生态》，桂林：广西师范大学出版社，2009 年，第 97—137 页。

表 6-4　刘鸿典《感应篇韵语》注释举例

《感应篇》	刘鸿典《感应篇韵语》
太上曰	至人心境彻诸天，万古文章第一篇。仰见仙班齐拱卫，奉为圣旨广传宣。神广洞照微尘里，道气弥轮浩劫前。普度群生留口诀，更从何处悟号筌。
祸福无门惟人自召	是何感召自开门，福有因缘祸有根。磁石引铁机总契，海潮应月信常存。早迟未必由君算，消息无妨与汝论。从古人心通造化，问谁颠倒梦中魂。
善恶之报如影随形	果报昭彰分善恶，如影弄行影随形。事关阴骘宜深信，歌采沧浪许共听。漫拨轮回疑释典，请查罔两读庄经。眼前道理凭谁说？花在栏杆月在庭。

资料来源：刘鸿典：《感应篇韵语》，第 1a—2a 页。

刘鸿典将《感应篇》视为太上老君“普度群生”所留下的口诀，对“善有善报、恶有恶报”的因缘根本有深刻的体认。甚至在诗歌中也不忘争辩，说：“漫拨轮回疑释典，请查罔两读庄经。眼前道理凭谁说？花在栏杆月在庭。”认为因果报应的准则明显不过，正如“花在栏杆月在庭”一样历历清晰。显而易见，以诗歌的形式劝善是刘门教的重要手段。这是“劝世”教化的重要手段，明清时期亦非常常见，如明代学者郑鄤（1594—1639）在《勅封文林郎扬州府推官浒北王君暨元配勅赠孺人张氏合葬墓志铭》中，即提到王征“案上喜置《太上感应篇》《明心宝鉴》诸书，间自编为歌说，以教里人”①。

发展至刘门教第三代刘咸炘，有关《感应篇》的诠释更为完整。所谓“要义”，指的是提炼整个文本的主要意思。刘咸炘撰写此书的主要目的，在于调和作为宗教书籍的《感应篇》与儒家经典之间的关系，因此，作者开篇就指出：“将读此篇，须先明感应二字之义，二字所包甚广，不止祸福之报，所谓祸福，亦不止如常人所谓也。世界之所以为世界，感应而已。”②随后以“感应”作为两者的观念基础，统筹《感应篇》与儒家经典。其中的两点论述尤为值得注意：其一，刘咸炘对惠栋和俞樾的批评。在《感应篇》的诠释史上，惠栋和俞樾两种是最经典的文本，但是刘咸炘却认为“惠、俞二氏不知此，故误解司过属司命小神，不悟正文明言天

① 郑鄤：《勅封文林郎扬州府推官浒北王君暨元配勅赠孺人张氏合葬墓志铭》，《峚阳草堂诗文集》文集卷 12，厦门大学图书馆藏民国二十一年（1932）刻本，第 18 册，第 2 页。

② 刘咸炘：《感应篇要义》，黄曙晖编校《刘咸炘学术论集・文学讲义编》，桂林：广西师范大学出版社，2007 年，第 207 页。

地”，认为后者对神明存在误解，“举北斗以明精气之系于天，举龟神以明神灵之近于民也”[①]。其二，对王志坚观点的批评。与刘沅一样，刘咸炘也不赞同王志坚对《感应篇》内容存在“重复”的看法，指出“今以此贯说推之,乃知诚非复也”。由此不难看出刘咸炘与刘沅存在一脉相承之处[②]。

从刘沅到刘鸿典，再到刘咸炘的《感应篇》诠释，可以看到刘门教内部已经形成了自足的善书诠释话语。前述引刘鸿典文“慎勿外播以重予之罪”，已经充分体现了这种自足的性质。在刘门教内部，善书诠释连同慈善事业一起，已经成为教派传承的重要内容。无论是在体例上，还是在内容上，作为刘门教传人的刘鸿典和刘咸炘，都在承续、补充和完善刘沅的《感应篇》诠释。在刘门教的《感应篇》诠释脉络中，隐含在诠释背后的善书信仰和果报理念，已经通过教派化的课馆授受、公众宣讲和慈善实践，深深地烙印在刘门教子弟的观念中。不仅是出于变动时代对家族命运和生存境遇的思考，而且也是出于对时代和社会道德秩序重整的思考与挽救。

第三节　林昌彝的母教记忆与精神认同

像《感应篇》这样的善书，在明清士人生活中往往作为一种蒙书。然而，传统中国社会的父亲往往并不亲自教育子女，在塾师之外，孩子的启蒙教育通常假母氏或母族之手[③]。于是，母教在明清士绅的生命中扮演着重要的角色。既有研究注意到诸如清代蒋士铨（1725—1785）《鸣机夜课图记》[④]、郑珍（1806—1864）《母教录》[⑤]等文献，这类可以称之为“课子图”的文献在明清时期大量存在[⑥]，是讨论明清士绅的母教和蒙教的重要资料。本节拟聚焦晚清林昌彝《一灯课读图题册》，讨论其母教记忆与精神认同之间，《感应篇》等善书扮演的角色。

一、林昌彝的母教记忆

对于中国传统社会的士绅阶层来说，母教基本等同于童蒙教育，属于家教的范畴。由于童蒙教育以“三百千”（《三字经》《百家姓》《千字文》）

---

① 刘咸炘：《感应篇要义》，黄曙晖编校《刘咸炘学术论集·文学讲义编》，第 208 页。

② 刘咸炘：《感应篇要义》，黄曙晖编校《刘咸炘学术论集·文学讲义编》，第 212 页。

③ 王伟萍：《中国传统的母教和父教》，《运城学院学报》2012 年第 1 期。

④ 徐雁平：《课读图与文学传承中的母教》，南京大学古典文献研究所主办《古典文献研究》第 11 辑，南京：凤凰出版社，2008 年。

⑤ 杜景：《家庭教育的典范——郑珍〈母教录〉刍议》，《贵州文史丛刊》1998 年第 3 期。

⑥ 孙雨晨：《清代课子图母教文化的当下意义》，《教育现代化》2016 年第 8 期。

为识字书籍，以四书五经为主要读物，因此，这种教育与其说是一种知识教育，毋宁说更多的是一种价值系统的塑造[①]。通过这种价值系统的塑造，使士人阶层形成一种对“理想的自我形象”希冀和认同。当国家和社会的整体评价标准偏重以科举资格作为“社会秩序正统存在形式”的标准时，这种“理想的自我形象”不免混合了“圣贤之学”与“举业之学”，亦即“内圣”与“外王”两端。在理论或理念上，传统时代的士绅其理想就是由“内圣”和“外王”构成的连续体，所谓“达则兼济天下，穷则独善其身”[②]。有时家学传统或有所侧重乃至偏执，但就一般意义上言，确然不差。林昌彝生于嘉庆八年（1803），卒于光绪二年（1876），生平历嘉庆、道光、咸丰、同治和光绪五朝，若果以鸦片战争（1840—1842）为传统向近代的转折点，则其生平恰恰经历了中国近代历史转折的核心时期[③]。这种传统时期追寻“理想的自我形象”的士绅文化，林昌彝自不能例外。

如果说林昌彝对“理想的自我形象”的期望有所不同的地方，那么就在于其母教记忆及对这种母教记忆带来的深刻影响。正如前文所说，虽然《三字经》有“养不教，父之过”之说，但是在林昌彝的童蒙教育中，“父教”远不如“母教”来得重要。表现在林昌彝的个人记忆中，就是父亲的形象非常模糊，母亲的形象却异常清晰：对父亲（林高汉，？—1821）的记忆只在《射鹰楼诗话》中偶有提及[④]，对母亲（吴桂，1771—1823）的记忆却在《小石渠阁文集》中占有重要地位。更为重要的是，除了《小石渠阁文集》所收《先妣吴太安人行略》以外，林昌彝曾自绘《一灯课读图题册》，作为对母亲的怀念[⑤]。此画作于道光三年（1823），恰好是林昌彝的母亲吴太安人去世的同一年；画中的主角，也正好是林昌彝的母亲吴桂。由此看来，林昌彝的家教记忆几乎完全就是对母亲的记忆，并且这种记忆贯穿了他的一生。因为在绘制完《一灯课读图题册》之后，林昌彝在有生之年，借助师友关系，前后请68位师友为此图作过序跋或诗文[⑥]。按常理而言，林昌彝的父亲于嘉庆二十五年（1820）去世，母亲吴桂于道光

---

① Li Yu，*A History of Reading in Late Imperial China*：*1000—1800*，Ph. D. dissertation，Ohio University，2003，p. 43.

② 余英时：《士与中国文化》，上海：上海人民出版社，2003年。

③ 王钟翰点校：《清史列传・林昌彝传》，北京：中华书局，1987年，第50—51页。

④ 林昌彝：《射鹰楼诗话》，王镇远、林虞生标点，上海：上海古籍出版社，1988年，第449页。

⑤ 林昌彝：《一灯课读图题册》（两卷本），同治九年（1870）广州刻本，福建省图书馆古籍部藏。

⑥ 林昌彝：《一灯课读图题册》卷1，第7—21页；第2卷，第1—32页。

三年（1823）去世，中间仅仅相隔两年，对父母的记忆应当几乎同时产生，甚至对父亲的记忆应该产生的更早。那么为什么林昌彝的家教记忆以母亲为焦点？这与林昌彝的精神认同之间有怎样的关系？

要理解林昌彝的家教记忆及其吊诡性特征，有必要仔细检视林昌彝的自我论述，特别是那个时代林昌彝的家族环境和时代变迁。按福州/侯官林氏原为商业家族，而林昌彝家较为贫穷，林昌彝少时即被族人（包括父亲林高汉）逼迫行商。在这种家族背景中，年轻的林昌彝必须在“行商”与“求学”之间做出选择。在《先妣吴太安人行略》中，林昌彝叙述了事情的整个过程：“时先君病亟，忽有数人来束装，继而同室人并至，太安人争之不已，族人某愈逼昌彝行。太安人自投于井，有乡女入井救之，昌彝亦思从母于井死，至井栏上，太安人已救出。”[①]林昌彝的母亲吴桂是侧室——通过《一灯课读图题册》还可以得知，吴桂还是“闽县监生吴公翔麟之养女”，“养女”加“侧室”的身份在当时的林氏家族中，地位自不算高[②]，因此要将林昌彝从“行商”的道路中拉回“求学”的道路，就只能以死相争。于是在《先妣吴太安人行略》中，林昌彝饱诉衷肠，将母亲生前的种种往事曲折道来，以至于方浚师（1830—？）将其比于西晋李密（582—619）的《陈情表》[③]。在《一灯课读图题册》中，林昌彝更是用心良苦，重点突出了院中之井——在所有的母教记忆中，那是最重要的一段经历，决定了其此后的人生道路。因此通过《先妣吴太安人行略》和《一灯课读图题册》，我们看到的是一位教儿子刻苦读书的母亲形象，而且这种形象通过记忆变得更加真实。

根据林昌彝的叙述，他从 3 岁时就开始读《三字经》，至 6 岁时即已明了“圣贤之学在性善”的道理。至道光三年（1823），吴氏在弥留之际仍反复告诫林昌彝“为圣贤之学，勿以科名为念”[④]。从此以后，“圣贤之学在性善”成为林昌彝一生最重要的精神认同；但是奇怪的，林昌彝似乎不太认同“勿以科名为念”，这就构成林昌彝母教记忆的第二重吊诡。于是不妨先回到《一灯课读图题册》来看。石景芬（1797—1874）在《一灯课读图序》中写道：“披图则屋瓦数间，一灯荧荧。据案而坐者，吴太安人也。案前童子侍坐咿唔作声者，昌彝也。门外一井深不可测……”[⑤]，

① 林昌彝：《小石渠阁文集》卷 4，第 412 页。
② 林昌彝：《小石渠阁文集》卷 4，第 410 页。
③ 林昌彝：《小石渠阁文集》卷 4，第 412 页。
④ 林昌彝：《小石渠阁文集》卷 4，第 411—412 页。
⑤ 林昌彝：《一灯课读图题册》卷 2，第 18 页。

可知全画最主要的意象是房屋、油灯、案台（桌子）、水井等，仅有的两个人物就是林昌彝与母亲吴桂。不同的意象当然承载着不同的母教记忆：前三个意象（房屋、油灯、案台）讲述的是“教”和“读”的故事，后一个意象（水井）讲述的则是从行商转为求学的故事。这个吴氏“教”与林昌彝“读”的画面的具体情形，从《先妣吴太安人行略》的几段对话中可以看到。限于篇幅，此不详述[①]。然而，在林昌彝的家教记忆中，既然母亲的家教占有如此重要的地位，那么母亲的家教内容究竟如何？前文已略有提及，就是以“为圣贤之学，勿以科名为念”作为主题思想；而这一主题思想建立的基础或范畴，正是“性善之学”。用《先妣吴太安人行略》中的话来说，所谓“太安人平日教昌彝以善：谓人之至大者莫如善；天下古今只一善；人不为善何以为人”[②]。除了正面教育林昌彝以“性善之学”外，《先妣吴太安人行略》中还记载了一个反面例子：“昌彝六岁时，邻家演剧，欲往观，母曰：‘此能摇荡人心，不可往。’昌彝凛然，即不敢往。适上丁释菜，太安人属叔父携昌彝往观。归问曰：‘汝见殿上高坐之圣人乎？见四配十哲之贤人乎？是皆性善人也。’”[③]明清时期各种通俗小说和戏剧的流行的确深刻影响了士绅阶层的阅读生活，但是至少在童蒙时期，仍然局限于“三百千”等正统读物。在这种情况下，小说和戏剧就成为童蒙教育的反面教材。

林昌彝对“圣贤之学”自无法忘怀，并且成为以后终生践行不移的目标。但林昌彝在先后取得生员（1832）和举人（1834）等“基本功名”（primary degree）后，却前后 8 次参加会试不第（1840、1841、1844、1845、1847、1850、1852、1853）[④]，其对“举业之学”似乎也情有独钟。故而从其母教记忆中母亲吴桂“为圣贤之学，勿以科名为念”的遗言看，林昌彝的做法是对其母教记忆在某种程度上的“悖反”。如何解释林昌彝这种顽固的母教记忆及其背后难以理解“悖反”行为？由于文献资料的匮乏，林昌彝并未留下直接的记载。即使是在八上“公车”未果以后，林昌彝也并未明确表达出对“科名”的反感。只是在道光十五年（1835），好友温训（1787—1857）会试落第以后，象征性地表达了自己的不满：“流水高山玉轸停，鼓琴颇怪俗夫听。佳人绝代逢盲客，当世谁如张五星。”[⑤]

① 林昌彝：《小石渠阁文集》卷 4，第 411 页。
② 林昌彝：《小石渠阁文集》卷 4，第 412 页。
③ 林昌彝：《小石渠阁文集》卷 4，第 411 页。
④ 张明明：《林昌彝交游与唱酬述论》，福建师范大学中文系硕士论文，2008 年。
⑤ 林昌彝：《衣讔山房诗集》，《续修四库全书》集部第 1530 册，卷四，第 304 页。

表面上是替好友未遇知音、难得伯乐感到遗憾，实际上更多的是夫子自道。

在林昌彝所受教育中，“圣贤之学”只是“性善之学”，这构成其精神认同；但是“性善之学”走向“举业之学”，却构成其行为实践。最重要的就是要理解两者之间的参差落差。在这个问题上，林昌彝以《先妣吴太安人行略》和《一灯课读图题册》为核心的母教记忆，似乎已经透露了某些端倪。如前所述，林昌彝十分看重《一灯课读图题册》，在母亲吴桂去世后的50年时间里，先后68次请师友为其作序跋或诗文，其中还包括诸如林则徐（1785—1850）、郭嵩焘（1818—1891）、罗惇衍（1814—1874）、何绍基（1799—1873）等全国性名流。由此看来，在经过一次又一次的题跋之后，《一灯课读图题册》本身已经溢出了林昌彝母教记忆的范畴，使《一灯课读图题册》具有了承载母教记忆之外的社会意义——这种社会意义使得林昌彝的母教记忆本身，就构成了“性善之学”的重要部分。考虑到林昌彝严格遵守“圣贤之学在性善”的母亲遗训，要理解背后的思想张力还需要放到明清“善书运动”的脉络中考察。因为在林昌彝的私人阅读史中，善书毋宁与四书五经一样占有重要地位。

二、林昌彝的善书刊刻及诠释

虽然林昌彝的阅读范畴早期以“三百千”为童蒙读物，后来以四书五经为儒家经典，但在当时的时代背景和社会环境下，与其他的传统士绅一样，慢慢地从儒家经典中走出，加入其他的阅读文类。虽然通俗小说和市井戏剧因遭到母亲的训斥而逐渐淡出阅读视野，但对“圣贤之学在性善”的精神认同，却使得善书逐渐进入林昌彝的阅读范围内。特别是在“善书运动”的背景下，由于善书融合了道教的“承负说”“尸身说”和“积善说”，以及佛教的“三世说”，形成了一套关于人性（善恶）与命运（祸福）关系的自足解释系统，对宋明以降的正统理学产生了非常大的冲击。王汎森的研究指出：“善书运动的广大影响，对正统儒者的启示与威胁非常大”，因为“它不是一些零零碎碎的办法，而是一整套新的行善观念及做法。经《功过格》之类的善书淘洗过后，人们的心灵其实已经重重烙印下一层功过格式的因果报应观”[①]。所不同的是，到了林昌彝生活的晚清时代，士绅阶层对待善书的态度不再充满矛盾性——就是王汎森所说“正统儒者又想在理论的层次上，反驳或标示对因果报应观念的不同意，这种情形尤其表现在那些早年曾接触过功过格、感应篇的士人们。他们常常表

① 王汎森：《晚明清初思想十论》，第121页。

现出一种矛盾的心态”[①]——能够比较好地在阅读和信仰善书中找到精神认同。其实很可能由于林昌彝从小接受“性善之学”的教育，此后善书便慢慢进入了其阅读视野并成为影响其精神认同和行为实践的重要机缘。这种家庭环境的影响，使得林昌彝非常注重“性命之学”，所谓“其有关于心身性命，可为世戒者，尤详记之”[②]。因此，在母教记忆的基础上建立的善书信仰，构成林昌彝精神认同的重要标签。

这里有必要稍微重述中国善书的历史。善书是中国传统社会独有的文化构造，可以简单地理解为劝善戒恶的书籍。学界一般将善书产生的时间归于北宋末年，即《太上感应篇》（以下简称《感应篇》）产生的年代[③]。在《感应篇》产生以后，各类善书在明清“善书运动”的时代背景中出现，主要包括以《感应篇》《阴骘文》和《觉世经》为代表的“三圣经”，以及在士绅阶层中间流传较广的《功过格》（包括记功格和记过格/人谱）。除此以外，尚有各种在地方上流行的（地域性的）善书文本。在林昌彝所处的动荡的晚清时代，承载善恶报应的善书再度引起时人的重视。从林昌彝的善书阅读和刊刻上来看，其善书文本涵盖了以上三类，具体包括：《感应篇注释》（惠栋）、《功过格》、《人谱》（刘宗周）、《善恶祥殃录》（作者及出现年代不详）等四种。由于善书背后阴骘的感应机制与早期儒家经典（如《尚书》《周易》《春秋》等）记载的吻合，以及善书对善恶、祥殃、祸福、义利等的描述与儒家经典有可接榫之处，因此在晚清时代许多士绅的眼中，善书足以与儒家经典一起构成“性善之学”——从某种程度上说，这也许是林昌彝的修辞，但在实践层面上却无法截然分开[④]。

在林昌彝生活的年代，士绅阶层阅读善书本是极为平常之事，但仍有必要更加详述林昌彝阅读善书的相关背景。明清“善书运动”的核心地带为江南和东南地区，此已为论者指出[⑤]。林昌彝出生的福州，正是东南地区的经济和文化中心所在。早在乾隆版《福州府志》中，即已有关善书文献的记载（谢杰《太上感应篇增注》，1535—1604）[⑥]。同时在林昌彝的师

① 王汎森：《晚明清初思想十论》，第 121 页。

② 林昌彝：《砚桂绪录》，国家图书馆藏同治五年（1866）刻本，“自序”，第 4 页。

③ 李刚：《〈太上感应篇〉初探》，《宗教学研究》1988 年第 1 期。

④ 吴震：《明末清初道德劝善思想溯源》，《复旦学报（社会科学版）》2008 年第 6 期。

⑤ 包筠雅：《功过格——明清社会的道德秩序》，页 43。

⑥ 徐景熹主修：《（乾隆）福州府志》，福州：海风出版社，2001 年，第 72 卷，第 638 页。另外，在林昌彝《射鹰楼诗话》（第 19 卷，第 453 页）“闽县何道甫”条中，亦提及何道甫《书佺儿所记〈功过格〉》到“曾三颜四我师资，能否清霄念百非。莫易言功严记过，芸窗下笔有天知”，亦可见福州一带善书之流行。

友中间，也多有倡刻和阅读善书的记载，如罗惇衍与林昌彝一样，为惠栋《感应篇笺注》做过序言[①]。而族兄林则徐也有关于善书的记载，乃由其弟子冯桂芬（1809—1874）代撰，题为《太上感应篇图说序（代林文忠）》[②]。因此，时代、地域和交游环境共同为林昌彝刊读善书提供了条件。在这种背景下，林昌彝得以进一步完善其“性善之学”。具体来说其得以建立的内在基础，大致可以归纳为三个方面：其一，林昌彝的个人生活经历与生命历程；其二，“往事（历史）近事（时事）”所见的祸福感应故事；其三，士绅阶层同仁（刘宗周、惠栋等）的示范性影响。然而，如果要扩大善书的劝化影响，势必强调有某种宗教色彩的释道善书与“吾儒”和“经典”的吻合，这是明清以来士绅阶层注释或再造（remake）善书的常见手段；通过分析这种手段或修辞，亦可见林昌彝刊读善书与劝化理念的某些共通和独特之处。

据现有资料可知，林昌彝最早（1846）刊读的善书，似乎是《善恶祥殃录》。据“所列胜朝及近代善恶祥殃事迹，信而有征，可谓世戒”来看[③]，本书是“纪事性”善书[④]。这类善书由天人感应/因果报应故事组成，其来源或为正史，或为野传，其目的旨在以故事起到警醒劝化作用。感应故事本为说理之外的一种补充（即“说事”），在明清“善书运动”中逐渐独立成为纯“说事类”善书，通过排比感应故事，以“以事说理”的方式增强善恶感应说的说服力。在《善恶祥殃录序》中，林昌彝对本书似甚为推崇。序言从王充《论衡·义命篇》说起，接着点出“阴骘感应之旨，见于《易》，见于《诗》《书》”，从而自然而然地推及于二十四史，举出裴晋公、周必大、练氏夫人三则“往事”，以及陆芸台的“近事”作为例子，旨在说明“善恶之理昭昭然，实在人耳目矣”的道理。但尽管二十四史中“凿凿可据”的感应故事甚多，释道感应之说终与儒家性理之学不侔，因此需要另外一种说辞/修辞。从《善恶祥殃录序》可以看出，林昌彝对此已有非常成熟的看法：“今天下上知者少而中材者多，骤然告以心性之学，将有半途而废。然返矣，惟孜孜劝之为善。为善则乐天，乐天则知命，知命则知所以事天，故善谈性理者以乐天知命为本，而以知命

---

① 罗惇衍：《太上感应篇序言》，收入胡道静等主编《藏外道书》，成都：巴蜀书社，1992年，第12册，第158页。另外，据丁立中《八千卷楼书目》记载，罗惇衍另著有《感应篇引经笺注》一卷，惜今已不可见。参见丁立中：《八千卷楼书目》，《续修四库全书》史部第921册，卷13，第259页。

② 冯桂芬：《显志堂稿》，《续修四库全书》集部第1535册，卷1，第480页。

③ 林昌彝：《小石渠阁文集》卷1，第371页。

④ 陈霞：《道教劝善书研究》，第56页。

事天为学。”[①]这种修辞以社会阶层范畴（上知者/中材者）的方法（实际上就是儒学中的“性三品说”）来消解世俗善书（善恶祥殃/吉凶祸福）与儒家经典（性理）之间的矛盾。两者之间的矛盾一旦消解，那么“明善改过、利物济人亦吾儒分内之事”就顺理成章，因此包括劝善戒恶的善书在内的“性善之学”，就不再是“末学”，而是“圣贤之本”。

除《善恶祥殃录》以外，林昌彝刊读的另外两种善书分别是《人谱》或《功过格》类以及《感应篇笺注》。其刊读惠栋《感应篇笺注》的时间无法确定，而刊读刘宗周《人谱》的时间则在同治十二年（1873）之后，因此兹先论及《感应篇笺注》。《感应篇》为最早出现的善书（所谓“善书之首”），对善书“善恶报应”学说和“天人感应”原理有最系统、最全面的阐述。自明中叶以降，《感应篇》深为士绅阶层所接受，凡注释者不下数十家。据白恺思的研究，当时只有惠栋的《感应篇笺注》和（佚名）《感应篇直讲》可以突破地域的限制，在全国范围内流通[②]。因此，在《感应篇》的所有注释中，以惠栋注本最受士绅阶层欢迎。林昌彝亦对此大加赞赏：“东吴惠松崖征君为当代经师，亦遵所闻，为《笺注》二卷，该博古雅，词文理直，足与经疏相表里，善于诱人，力为诋諆，此经者关之口而夺之气，前所有注皆不能及。”[③]接下来林昌彝又指出：“（《感应篇》）言立身行己之要、祸福善恶之机则昭昭然”之后，提出“若揭日月而行，不仅为下等人说法也。”[④]显而易见，在当时整个社会风俗日益恶化的情况下，林昌彝认为《感应篇》所用以劝化的对象，已不再局限于“下等人”（约与前谓“中材者”略同），而士绅阶层本身也是善书的重要读者。正如林昌彝后来所说：“经之有注，不下数十家。真西山跋之于前，朱竹垞序之于后。老师巨儒，在所敬信。”可见在林昌彝的善书信仰中，善书不再仅仅被当作“神道设教”（儒学基本原理）的工具，同时对士绅阶层自我修身大有裨益。

这种观念在林昌彝《刊刘忠介公人谱序》中，有更明确而详细的表达。该文作于“先太安人弃世五十余年”后，即最早不早于同治十二年（1873）。考虑到这一年林昌彝最后一次请朋友（汪恮，生卒年不详）为《一灯课读图题册》作题跋，可知林昌彝的确一贯坚持其母教记忆中的“性

① 林昌彝：《小石渠阁文集》卷1，第372页。

② Catherine Bell, *Printine and Religion in China*: *Some Evidence from the Taishang Ganying Pian*, *Journal of Chinese Religion*, Fall（1992）, p. 183.

③ 林昌彝：《小石渠阁文集》卷3，第391页。

④ 林昌彝：《小石渠阁文集》卷3，第391页。

善之学”。本来在善书领域，刘宗周《人谱》是挑起儒家精英对世俗善书攻击的嚆矢[①]。林昌彝深知这点，“因世俗颇爱《功过格》，今专取其内省自讼，便于检身，不涉因果，故不记功而但记过，俾知即克治纤恶必除”[②]。因此，《人谱》强调自身坚持正统儒家义利观（“正其义不谋其利，明其道不计其功”），目的是为克服“世俗《功过格》”专记善不记过、期获福不改过的做法（所谓“直取孔门传授颜曾思孟心法，散见六经而宗汇于四书者，提揭撮要，昭示后学”）。可见就《功过格》系统而言，《人谱》毋宁是“记过格”。在《刊刘忠介公人谱序》中，林昌彝的“经师”“名儒”身份体现无遗，全篇几乎都是在阐述儒家之道及其日常实践，所谓“夫大道明在伦常日用”。他对刘宗周及其《人谱》的推崇丝毫不亚于惠栋及其《感应篇笺注》。虽然在儒学内部的汉宋之争上，刘宗周与惠栋各有所持，而且晚清时代汉宋之争最为激烈，但是作为经学家的林昌彝主张调和汉宋[③]，加之善书之宗旨均在劝善戒恶之教化，因此，林昌彝对两者的推崇并不矛盾。只是在刊读刘宗周《人谱》的过程中，其精神认同受到母教记忆的影响尤为显著。林昌彝声称：“昌彝幼娴母教，先太安人导以立身行已之方，敦品力学之旨，谆谆教诲，面命耳提。先太安人弃世五十余年矣，言犹在耳，谨志之不敢忘。今者昌彝年近知非，谨守四端，不敢失坠，力防物诱，恐落禽门。敬以此书为座右之铭、传家之宝。”[④]

在刊刻原有善书以外，林昌彝甚至编纂了名为《至言》的善书，实与明清时期的“格言”或“清言”相似，“大旨多采通人格言及平日所心得者记之”[⑤]。可见林昌彝的善书信仰已经内化到日常生活中，成为影响其日常生活的重要媒介。结合前所论述可知，林昌彝在刊读善书的过程中，坚持以《周易》“神道设教”为标榜，主张儒家“道不远人”“道明在伦常日用”，从而揭示社会阶层的不同面向——即上知者、中材者和下等人的划分——均应将善书视为“省察克治”之道。从林昌彝的这些劝化理念中，不难看出其对教化的理解，而刊刻与阅读善书本身，已经是一种（自我）教化实践行为。但是仅从刊读善书一端中，仍难全面把握林昌彝的精神认同与行为选择，还要考察其移风易俗的乡里教化实践，从明清以来士

① 包筠雅：《功过格——明清社会的道德秩序》，第135—144页。

② 林昌彝：《小石渠阁文集》卷2，第374页。除此以外，林昌彝对清初张尔岐对袁黄《立命篇》的批判也非常熟悉，参见林昌彝：《砚桂绪录》卷12，第22—24页。

③ 林昌彝：《小石渠阁文集》卷1，第356—357页。

④ 林昌彝：《小石渠阁文集》卷2，第374页。

⑤ 林昌彝：《砚桂绪录》卷11，第18页。

绅阶层“觉民行道”的关怀转向中，理解林昌彝对“科名”的重视。

三、林昌彝的移风易俗实践

终林昌彝一生，似乎都“规行矩步，不苟言笑，行必正行，坐必正坐”[①]，这应当视为母教记忆在“伦常日用”层面上带给林昌彝的深刻影响。母亲吴桂在童蒙教育中严厉，让本将行商的林昌彝变成看似迂腐的传统儒者。在前段刊读善书的论述中，已可见林昌彝将善书视为教化的媒介，力行刊读善书以至于将“省察克治”视为“实践之功”。在《刊刘忠介公人谱序》中，更是提到“暴者抑之以仁，懦者激之以强，固者导之以通，辟者规之以正，贪者矫之以廉，蔽者发之以明，隘者充之以广”[②]，这里所说“暴者”“懦者”“固者”“辟者”“贪者”“蔽者”“隘者”，即是教化的对象。显然当“暴”“懦”“固”“辟”“贪”“蔽”“隘”等个体道德缺陷得到儒家式的克服，也就完成了林昌彝“规行矩步，不苟言笑，行必正行，坐必正坐”的自期自许和人格塑造。为此有必要对林昌彝之重视风俗，并积极推动移风易俗的教化实践进行分析，以期更好地理解其母教记忆之上的精神认同。

传统中国历来有对“美教化，移风俗”的重视，清代统治帝王和地方官员尤为注重“教养”和“移风易俗”等非刑名诉讼事在地方治理中的关键位置，注重通过教化等软性层面维系帝国统治[③]。林昌彝科名不高，未尝出仕任职，但是教化之推行，首在于对风俗的观察；而林昌彝对风俗的重视，似渊源有自。在《小石渠阁文集》卷一即有《魏晋风俗论》，从中已经可以看到林昌彝在母教记忆中“性善之学”影响下的行为选择。在《魏晋风俗论》中，林昌彝开篇即称：“天下之大势在人心，而天下之人心在风俗。风被于上，俗渐于下，其权在于朝廷之好尚。”[④]这里的意思是说，风俗对于国家社稷非常重要，但风俗教化之道，“其权在于朝廷之好尚”，亦即在林昌彝的理念中，教化和政治是相互对应的：只有奉行儒家入世之理念，特别是依赖于积极参加举业出仕，才能更好地推行教化（所谓“政教”，即政治教化）。因此，林昌彝作《魏晋风俗论》，是建立在对现实变化导致

① 林昌彝：《小石渠阁文集》卷4，第411页。

② 林昌彝：《小石渠阁文集》卷2，第374页。

③ 杨念群：《清朝帝王的“教养观”与“学者型官员”的基层治理模式——从地方官对乾隆帝一份谕旨的执行力说起》，杨念群主编《新史学》第5卷《清史研究的新境》，北京：中华书局，2011年，第105—145页。

④ 林昌彝：《小石渠阁文集》卷1，第357页。

的对风俗的省察，以及由此建立的经世致用层面上的教化观。这种观念在后来（1851）的《与温伊初论转移风俗书》中，有更明确详细的表达。

林昌彝作《与温伊初论转移风俗书》的这一年，正好是咸丰即位、太平天国起义发动的年份。其之所以论及“三代下之风俗”，不论“仅数汉唐”还是“魏晋不与”，目的都在以汉唐论列明清，魏晋则作为反例。在与温伊初（即温训）讨论转移风俗时，林昌彝开篇就提到“天下之风俗，代有所弊”，随后在三代之下，依次论列汉唐、秦魏；其意在以秦、魏比于明，汉、唐比于清（均有承继关系）。接着林昌彝指出了明代风俗的四大弊端：“大臣专权”“言官争竞”“士多讲学”“士持清议”[①]，而清代则恰恰相反，因此清代的风俗乃是“国家之以明鉴其末流而矫之稍过正”所造成的，虽然也存在自己的弊端，但这种弊端主要表现为士绅阶层的风气败坏。前此在刊读《人谱》时，林昌彝即说：“今世学者务其枝叶而绝其根本，以诗书为利禄之媒，以功名为缘饰之具。世俗嚣陵，人才敝薄。上士慎过，中待玉成，下藉忠诲，使父兄师友之教不先，则罔所遵循，辗转没溺。卽长而能悔去，曰：已多骋辔求归，为途已远。”[②]在这篇书信中，林昌彝又说：“今民间父子兄弟有不相顾者矣，合时牟利者是为能耳。他皆不论也，士大夫且然，彼小民其无足怪”“今之风俗其弊不可枚举，而蔽以一言，则曰好谀，曰嗜利。惟嗜利，故自公卿至庶民，惟利之趋，无所不至；惟好谀，故下于上阶级一分，奔走趋承，有谄媚而无忠爱”[③]。在这种情况下，风俗（或“移风易俗”）显得越发重要，“风俗之所以关乎治道”“天下之安危系乎风俗”，而“兴教化”以“正风俗”成为林昌彝眼中“当今之首务”[④]。

那么到底什么是教化？为什么林昌彝如此强调“兴教化”而“正风俗”呢？在林昌彝看来，“教者，以身训人之谓也；化者，以身率人之谓也”[⑤]，其背后的意味，即认为教化是修身之外的重要善行实践。然而传统时期的教化，“其权在于朝廷之好尚”。为此林昌彝反复强调“上之所行，下所效也；时之所尚，众所趋也”“天子者，公卿之表率也；公卿者，士民之标式也”“风俗者，上之所为也”，指出当时推行教化的具体步骤应该是“以天子而下化公卿，以公卿而下化士庶”，希望达到“有志之士固

① 林昌彝：《小石渠阁文集》卷3，第399—400页。
② 林昌彝：《小石渠阁文集》卷2，第374页。
③ 林昌彝：《小石渠阁文集》卷3，第399—400页。
④ 林昌彝：《小石渠阁文集》卷3，第400页。
⑤ 林昌彝：《小石渠阁文集》卷3，第400页。

奋激而必兴，无志之徒亦随时而易，以为善不出数年而天下之风俗不变者未之有也”[①]。林昌彝还在“好谀”“嗜利”的弊端之下，对“上自君身，下及国制”提出了具体的解决办法[②]。这种对士绅阶层及时政的不满及由此激发的责任，成为林昌彝重视教化的内在动力。

具体到乡里教化实践而言，除前述刊读善书之外，林昌彝还主张“毁淫祠”和“辟邪教”。前者涉及民间宗教，后者涉及外来宗教，二者都与风俗和教化的主题紧密相关。就“毁淫祠”而言，福建地区多神、多庙，已经是（福建）域外人士的普遍看法。在林昌彝看来，福州地区尤其如此，“福州山水奥区，凡名山胜地皆有神祠禅室。犹曰与民远也。若一境之内，必有一祠，竟埒于邮表畷之义。凡僭踰之庙宇，无稽之神像，更难仆数”[③]。他将这种淫祠或“左道之神”的出现，归结于“气”的变化，“且夫鬼神者，理与气而已。天地阴阳之气，人得其正，而气之充塞曼衍，非人所得尽也。故变之幽为鬼神，祀典所载是已。若淫祀则又气之沴而戾者。夫和气致祥，戾气亦足以召孽，扫而除之，亦足造一方之福。愚夫愚妇，不知义命，怵于利害，相煽于邪说，是以有淫祠”[④]。可见林昌彝对“圣贤之学在性善”的体认再次产生了影响，所以认为“若夫所学者圣贤，所守者法度，所安者义命，处则敬其身以及其先，仕则敬其君以及其民，安用是淫祀而敬之？”与刊读善书的心态一样，林昌彝相信祀典之神是正直的，有“福善祸淫”“赏善罚恶”之效；而“左道之神”（或非祀典神）与“左道之人”（非善人）一样，都是不能宽恕的[⑤]。为了“光祀典”“端矜式而树风声”，鉴于“邪不辟则教不明，淫不去则正不兴。淫祠之作，历有年所，土木费又巨，毁之未便”，他提出具体的解决办法：“宜饬所在，去其淫像，以次改为比闾之塾，读法之所。且夫十室之邑，必有忠信，其有束修砥砺重于乡党，而不克表见于世，死而湮没，格于例不可以上闻者，听其以乡党之论，设主祀之，使朝夕游者，有所观感。又时饬其属，使各行之所治之邑，其有因而不改，废而又举者，责成各属，纠之以法，则庶乎风俗同而人心正矣”[⑥]。可见林昌彝“毁淫祠”的具体办法是：其一，将寺庙改为私塾或读书之所，这在后来清末民初的改革中已见其

① 林昌彝：《小石渠阁文集》卷 3，第 400 页。
② 林昌彝：《小石渠阁文集》卷 3，第 400 页。
③ 林昌彝：《小石渠阁文集》卷 1，第 364 页。
④ 林昌彝：《小石渠阁文集》卷 1，第 364 页。
⑤ 林昌彝：《小石渠阁文集》卷 1，第 364 页。
⑥ 林昌彝：《小石渠阁文集》卷 1，第 364 页。

效；其二，对淫祠的处置并不采用一刀切的办法，而是因地、因神、因人制宜；第三，对小神和淫祠的处理让我们看到一个神明“标准化”（Standardization）的过程。

至于“辟邪教”之议，自明末清初天主教进入中土以来，在士绅阶层中间便产生了很大争议，至康熙年间“礼仪之争”达到高潮。近代以来，随着厦门、福州两大沿海港口的开放，福建成为基督新教传入的前沿地带，以福州和宁德为代表的闽东地区更是传教的重要区域，教案亦时有发生。这应当看成是林昌彝提出“辟邪教”的纵向和横向背景。其具体的原因，林昌彝在《辟邪教议》中说得较为明确：“从来二氏之教，本非圣人之徒，即九流亦各安其技艺，不敢与儒教相衡；讵意晚出之耶稣，逞其造天灭伦之臆说，致身遭刑诛而不悔，煽传彼国而不足，乃复欲越二氏九流，假劝善而作奸，其图紊乱我境内之儒教。”①这篇被何绍基认为“痛哭流涕言之，冀世之一悟，俗之一改也”的文章②，实际上仍然继承了早期士绅阶层的辟教议论，在讨论主题和论说方式上颇为相近。概括起来说，其逻辑链条呈三层递进式论述：其一，耶稣之出生晚于中国之圣贤，在耶稣出生之前，中国之圣贤“代天宣化，已历万千年”；其二，耶稣之死颇多疑虑，不仅“身为天主，乃不能自主其身”，而且“死而复活”的传言与历史上的孙恩化水仙事相近；其三，天主教传教伦理与本土赏善罚恶之旨相矛盾，与武三思所谓“与我善者为善人，与我恶者为恶人”的说辞相近③。这样一来，西来的天主就与中国赏善罚恶的神祇有所出入。联系此前对祀典神与非祀典神的讨论，林昌彝便自然而然地将天主教视为需要排辟的“邪教”。

虽然对于具体如何“辟邪教”，林昌彝并未提出明确的看法，但是从林昌彝移风易俗的观念和实践中，不难看出“圣贤之学在性善”的母教记忆与精神认同自始至终在发生影响。显然，在林昌彝的思想观念中，刊读善书与禁毁淫祠、排辟邪教具有同等的价值或意义：如果说刊读善书是为了纠正教化“左道之人”的话，那么毁禁淫祠就是教化“左道之神”，而排辟邪教就是教化“左道之教”。由于在推行修身之外的教化层面，“释道”及其他“淫祠”“邪教”都无法发生作用，只有儒学才兼具修身与教化的双重功能④。在所有这三种实践中，其所运用的修辞，都采取了同样

① 林昌彝：《小石渠阁文集》卷1，第366页。

② 林昌彝：《小石渠阁文集》卷1，第367页。

③ 林昌彝：《小石渠阁文集》卷1，第366页。

④ 罗铨：《芸窗偶记附立命篇》，明崇祯十七年（1644）年抄本，第10页。

的二元结构：儒教与圣贤之学、劝善与性善之学。恰恰是母教记忆让林昌彝充分体认到“圣贤之学在性善”，于是儒教与劝善就被有机勾连起来。与此同时，当善书劝善戒恶的基本目的与儒学“神道设教”的基本原理相结合时，林昌彝的教化观念就转化为具体实践。再因林昌彝将教化与政治视为相伴相生的产物，就从原有的“圣贤之学”（亦即“劝善之学”）走向了“举业之学”。林昌彝的行为选择与母教记忆之间的落差也就因此能得到合理理解。

第四节　俞樾《感应篇缵义》解析

在明清以降《感应篇》诠释史上，俞樾《感应篇缵义》是最晚出的著名文本。自俞樾注本出现以后，历来以惠栋和俞樾注本并称。然而，实际上两者不仅诠释风格差异甚大，而且背后体现的思想观念也颇为不同。更为重要的是，俞樾《太上感应篇缵义》正是建立在批评惠栋注本的基础上的——在某种程度上，这是俞樾以“缵义”为文类，对惠栋注本进行批评性“补充”[①]。与此同时，虽同为注重考据的汉学家，俞樾却令人惊讶地编撰了一系列的志怪小说。这些志怪小说同善书诠释一样，所呈现是完全不同的俞樾形象[②]。作为清代末年最重要的学者（之一），俞樾的《感应篇缵义》无疑值得重视。

一、俞樾的生命史及果报观

韩瑞亚已注意到俞樾著作（《春在堂全集》）“文类”的多样性，而从生命史的视角来看，俞樾著作中最引人注目的并不是《群经评议》《诸子评议》和《古书疑义举例》等经学著作，而是《太上感应篇缵义》（以下简称《感应篇缵义》）。照理说，俞樾和惠栋都是古文经学家，两者也采用同样的题材对《感应篇》进行诠释，这两种经典著作也应当保持了相当一

---

① 有关两书的比较研究可参见：石立善《清代儒学家与〈太上感应篇〉——惠栋〈太上感感应篇笺注〉与俞樾〈太上感应篇缵义〉的比较考察》，《国际儒学论坛·2012》，第618—626页；刘祖国、桑萌春《注释学视野下的〈太上感应篇〉研究——以惠栋、俞樾对〈太上感应篇〉的注释为例》，《古籍研究》2020年上卷，南京：凤凰出版社，2020年，第265—274页。后者指出，惠栋和俞樾的注释，不论是在体例、注释对象、注释内容、注释方法，还是注释思想上都存在很大区别。

② 据本书所见，只有美国学者韩瑞亚（Rania Huntington）通过诗歌和笔记小说等文类分析俞樾的家庭记忆，参见 Rania Huntington, *Memory, Mourning, and Genre in the Works of Yu Yue*, *Harvard Journal of Asiatic Studies*, Vol. 67, No. 2 (Dec., 2007), pp. 253—293.

致的风格。然而，吊诡的是，俞樾《感应篇缵义》正是建立在对惠栋《感应篇注》的批评基础上的。俞樾在《感应篇缵义》“自序”中说：

> 惟国朝惠定宇先生，以经师硕儒而注此书，征引渊博，文字雅驯，然余惜其多用骈词，有乖注体，且原文明白易晓，初不待注而明，惟宜附以经义，证以秦汉古书，使人知其与儒书表里，不敢鄙夷。自然敬信奉行，于身心有益。余于惠氏无能为役。[①]

尽管承认惠栋“征引渊博，文字雅驯”，但是因注释中“多用骈词”，因此“有乖注体”。虽然俞樾承认，认为《感应篇》虽然“明白易晓”，但仍需要注释解说，但同时又认为不需要杂引百家、文字雅驯的注释。所以其基本态度是对“惠氏无能为役”，这决定了理解俞樾《感应篇缵义》需要用不同的视角和脉络。

两者之间最大的不同在于：如果说惠栋诠释《感应篇》的机缘，是希望借助《感应篇》的因果报应改变命运，祈祷母亲病愈的话[②]，那么俞樾的《感应篇缵义》更像是为个体命运进行某种宿命意味的论证。可以理解，作为承载“善有善报，恶有恶报”等因果报应观念的善书（《感应篇》），立命（改命）和宿命（俟命）的目的或结果同时存在，亦即《感应篇》既能为个体提供改变命运（立命）的希望，也能为现有社会秩序和个体命运提供合理性论证——当然总体上以前者居多，因为“善书运动”标志的袁黄《立命篇》，作为《功过格》改造的成果，其缘起就是为了改变命运[③]。虽然俞樾的著作以学术考证为主，但岛田虔次指出：“宋学出现以后的思想史，可以说是‘内’同‘外’之对立斗争的历史。”[④]因此，理解俞樾《感应篇缵义》就不能单纯从学术研究的角度来看，而是要放置在生命史的脉络中来理解。因为《感应篇缵义》对于俞樾的生命或生活具有非常重要的意义。而一旦回到俞樾的个体生命史或生活史中来，就会发现无论是“内”还是“外”，都让俞樾种下了深深的宿命论种子——这是俞樾批评惠栋诠释的缘起，也是编纂《感应篇缵义》的根本原因。

---

① 俞樾：《太上感应篇缵义》，《春在堂全书》第 7 册，南京：凤凰出版社影印，2010 年，“自序”，第 449 页。

② 惠栋：《太上感应篇自注序》，《松崖文钞》卷 1，《续修四库全书》集部第 1244 册，第 273 页。

③ 包筠雅：《功过格——明清社会的道德秩序》，第 250—251 页。

④ 岛田虔次：《朱子学与阳明学》，西安：陕西师范大学出版社，1998 年，第 82 页。

回归俞樾生命史或生活史，最好的文献首选《春在堂日记》。据俞平伯（1900—1990）记载，《春在堂日记》“所记不外伦常日用之间，而学养性情往往流露，实抵得一部长篇的传记”[①]。遗憾的是，此书1940年由江苏省立苏州图书馆出版，题为《俞曲园先生日记残稿》，本书写作时未及睹见[②]。此外则当以笔记小说和书信为佳，包括《春在堂笔记》《宾萌集》《春在堂尺牍》《耳邮》和《右台仙馆笔记》等。其中，《耳邮》和《右台仙馆笔记》作为志怪小说，下文将会详细分析，只有细检《春在堂笔记》《宾萌集》和《春在堂尺牍》等著作的记载，才能看到俞樾中有关生命或生活的蛛丝马迹。检视这些著作可以断定，俞樾早年的理想是要兼学问、科名和禄位于一体，并且三者在次序上应当形成连续性——正如儒家传统“内圣外王”构成连续体一样[③]。这在《春在堂随笔》对谢梦渔（谢增，1813—1882）的记载中说得相当明确：

> 余同年生谢梦渔，以庚戌进士第三人及第，学问淹雅，官京师二十余年，郁郁不得志。尝语余曰：“学问是一事，科名是一事，禄位是一事，三者分而不合。有学问者不必有科名也，有科名者不必有禄位也”。余深韪其言。偶以语何子贞前辈，先生曰：“传不传，又是一事”。[④]

显然谢梦渔对俞樾论说学问、科名和禄位“分而不合”的道理之前，乃因俞樾有将此三者合而为一的想法。至于俞樾所谓“余深韪其言”，大约是在咸丰七年（1857）被罢官以后。由于俞樾少时对学问（即“立言”/著书）同样充满兴趣，“斐然有著述志”[⑤]，当时的俞樾已有“学问”和“科名”，独缺“禄位”，因此听过谢梦渔的“分而不合”观念后乃表示“深韪其言”。

由此可见，咸丰七年（1857）的罢官事件，是在整个俞樾的生命历程中具有转折性意义的重要事件。为此需要简要回顾俞樾的生平经历。俞樾

---

① 俞平伯：《春在堂日记概》，《俞平伯杂文论编》，上海：上海古籍出版社，1990年，第454页。按：俞平伯此文作于1933年2月，至今已有90多年时间。

② 俞樾：《俞曲园先生日记残稿》，苏州：江苏省立苏州图书馆，1940年。

③ 余英时：《朱熹的历史世界——宋代士大夫政治文化研究》，北京：生活·读书·新知三联书店，2004年，第912—928页。

④ 俞樾：《春在堂随笔》卷3，《春在堂全书》第5册，第421页。

⑤ 俞樾：《春在堂随笔》卷4，《春在堂全书》第5册，第437页。

回忆少时经历，有“少时精力为举业所耗”之说[①]，事实的确如此。俞樾后为道光二十四年（1844）举人，道光三十年（1850）进士。此后出任翰林院庶吉士、翰林院编修、河南学政等职。正是在河南学政的任上，于咸丰七年（1857）遭到御史曹泽（登镛，生卒年不详）弹劾，俞樾被革职回京[②]。被罢官以后的俞樾，受李鸿章推荐先后讲学于苏州紫阳书院、上海求志书院、归安龙湖书院及杭州诂经精舍，特别是主持杭州诂经精舍长达 31 年之久（1872—1903）。至光绪二十九年（1903），俞樾复被召为翰林院编修，至光绪三十二年（1906）逝世于苏州而止。在这种简要的回顾中，显而易见俞樾最初欲合学问、科名和禄位三者为一的人生理想，因遭弹劾被罢官而中断。晚年时回顾罢官事件，俞樾认为自己“能达观而不能忘情。能达观，故早岁罢官，终身无介怀之日；不能忘情，故晚年丧偶，终身无忘怀之时”[③]。对丧偶“终身无忘怀”当然不错，对罢官“终身无介怀”却远非如此。

道光三十年（1850），书法并不好的俞樾，之所以能取得进士之科名，很大程度上赖曾国藩赏识其“花落春仍在，天时尚艳阳”之诗句所赐，但罢官以后却无法像乃师曾国藩一样，进一步因学问和科名取得禄位。俞樾在《春在堂笔记》中屡次表露这种愧疚的心态：一方面羡慕曾国藩能“出入将相，手定东南，勋业之盛，一时无两。尤善相士，其所识拔者，名臣名将，指不胜屈”，另一方面感叹自己“竟沦弃终身，负吾师期望，良可愧矣……累吾师知人之明”[④]。同治庚午年（1870），俞樾重遇咸丰年间担任河南巡抚的英桂方（生卒年不详）于闽中，英桂方“为言咸丰九年自豫入觐，蒙文宗显皇帝召见，语次及樾，有‘俞樾写作俱佳，人颇聪明’之谕”，俞樾当时（1859）去官已一年有余，想到“何意虮虱微臣，尚在眷注之中”，不免自比于宋代苏轼（1037—1101），道是“昔苏轼闻神宗有奇才之叹，痛哭失声”，虽然“樾之才，固不足以比苏轼”，但是“以天涯残客，重聆先帝玉音”，俞樾“亦不禁涕泪之横集”[⑤]。《春在堂随笔》中另有多处回忆，均可看到罢官事件对俞樾的影响痕迹。所以弟子章太炎在《俞先生传》中称其“老而神智不衰，然不能忘名位”[⑥]，此堪称解人之言。

不仅在“外”的一面（治国平天下）学问、科名和禄位的连续性因罢

① 俞樾：《群经评议》，《春在堂全书》第 1 册，“自序”，第 1 页。
② 俞润民：《德清俞氏》，北京：中国人民大学出版社，1999 年，第 8 页。
③ 俞樾：《与彭雪琴亲家》，《春在堂尺牍》卷 5，《春在堂全书》第 5 册，第 574 页。
④ 俞樾：《春在堂随笔》，卷 1，《春在堂全书》第 5 册，第 397 页。
⑤ 俞樾：《春在堂随笔》，卷 2，《春在堂全书》第 5 册，第 417 页。
⑥ 章太炎：《俞先生传》，《章太炎全集・太炎文录初编》，第 211 页。

官事件中断，在“内”的一面（修身齐家）也颇不顺遂。韩瑞亚的研究指出，俞樾的家庭观念非常强烈，所以“晚年丧偶，终身无忘怀之时”。又比如在罢官以后首先想到的就是对不住自己的母亲姚太夫人（生卒年不详）[①]。除家族科名以外，最严重的问题是家族烟火的延续问题。独孙俞陛云（1868—1950）长期没有子嗣，直至年近耄耋之年（1900），独曾孙俞平伯才出生[②]。当然还包括俞樾一生中多次“白发人送黑发人”、目睹亲人离开的悲痛事件[③]。另一方面，时代战乱和社会动荡也加剧了俞樾的宿命观念。特别是因太平天国起义带给江南的社会动荡，使得俞樾不得不带着全家奔波，倍受乱离之苦。在 49 岁时（1869），俞樾回忆到“辄数岁一徙井陵，仕宦迁移，兵戈奔走。越至今行年四十有九，而移居已三十一次，萍梗飘零，仍无定所”[④]。短短 49 年的时间，却前后移居 31 次——平均每 18 个月（一年半）就要移居一次——俞樾对这种迁徙漂泊一定感触颇深，所以才会将移居次数记得如此清楚。由此可见，“内”与“外”的同时不顺，使俞樾产生了深刻的宿命论观念。在《春在堂随笔》中，俞樾记载与其兄俞林（壬甫，1814—1873）在京师遇见占卜师的情形，“家兄壬甫，前在京师时，见有以太极数为人推算行年者”，由此感叹“人生世间，事皆前定，精于数者，固能前知也”[⑤]。此后这种宿命的观念深深烙印在俞樾的心里。

二、俞樾的志怪小说创作

由生命历程种下的深刻宿命观念，影响了俞樾的日常生活。甚至在阅读史书时，都不免借题发挥因果报应的宿命论。比如，在读到先秦晋文公事迹时，俞樾写道：“今观晋文及其臣所以取威定霸者，皆阴谋也，有阴谋者必有阴祸，晋祚所以不永故。”在论及勾践灭吴事件时，俞樾又写道：

① 谢超凡：《游心与呈艺——晚清文化视阈下的俞樾及其文学著述》，北京：人民出版社，2012 年，第 9 页。谢超凡还注意到（第 207 页），在俞樾的几种志怪小说中，都以“孝”的主题故事开始，这可从侧面看出俞樾强烈的家庭观念。

② 后来俞平伯在致儿子俞润民的信中写道“嗣续是我家之大问题，当我未生时，曲园公盼之极切”，可为一证。参见俞平伯：《俞平伯家书》，北京：开明出版社，1996 年，第 135 页，时间为 1982 年 1 月 22 日。

③ 据郑振谟编《清俞曲园先生樾年谱》，《新编中国名人年谱集成》第 18 辑，台北：商务印书馆，1982 年，可将俞樾生平相关史事整理如下：1846 年，父亲俞鸿渐逝世；1873 年，兄俞壬甫逝世；1878 年，母亲姚太夫人逝世；1879 年，妻子姚夫人逝世；1881 年，长子俞绍莱逝世；1882 年，次女俞绣孙逝世；1890 年，长女婿王康侯逝世；1897 年，孙女俞庆曾逝世；1903 年，长女俞锦孙逝世。

④ 俞樾：《春在堂词录》卷 2《调笑令》，《春在堂全书》第 5 册，第 385 页。

⑤ 俞樾：《春在堂随笔》卷 3，《春在堂全书》第 5 册，第 425 页。

“故知天下之事得之光明乃可以久，得之暧昧终必失之。”[①]当然学术毕竟与情感和义理的表达不同，俞樾的宿命观念更多地体现在（或影响了）日常生活中的行为选择，这里指的是星相命理、志怪小说和劝善书籍三种方式。其中，志怪小说的数量尤其多。王东杰指出：“志怪要探索的‘理’，和清代汉学对‘理’的通常认知是一致的，指的都是散诸万物中的具体‘事理’，也包括了人心社会意义上的‘情理’，而非理学家所说的那种一本万殊的抽象‘天理’。”[②]职是之故，志怪小说成为理解俞樾之“事理”“情理”的重要窗口，同其汉学/考据著作本不矛盾。

其实，梁启超很早就已指出：“樾著书，惟两三种独精绝，余乃类无行之袁枚，亦衰落期之一征也。”[③]梁启超所谓“类无行之袁枚”未免苛刻，但其所指“衰落期”，当然指的是清代/传统学术而言。然清代学术在晚清的衰落，未尝不与当时社会动荡和转型相关。正是在这个动荡和转型的时代，俞樾出仕无望，家人渐次离开——特别是夫人姚氏的逝世，对俞樾的打击非常大。姚夫人去世以后，俞樾葬姚夫人于右台仙馆后，俞樾自营生圹于其左，并且筑屋其旁，曰“右台仙馆”，以此悼念姚夫人（其小说《右台仙馆笔记》之名即源于此）[④]，再加上子嗣问题迟迟未能如愿，在一生颠沛流离、饱经动乱、内外交困的情况下，俞樾因此种下了深刻的宿命观念，并成为其撰写志怪小说的根本动机。为便于分析，先将俞樾所撰志怪小说列表如下：

表 6-5 俞樾所撰志怪小说概况表

志怪小说	卷数	撰写时间	备注
《耳邮》	共 4 卷	光绪四年（1878）	
《广杨园近鉴》	共 1 卷	光绪五年（1879）	内容全从《耳邮》中抽选出
《五五》	共 1 卷	光绪五年（1879）	内容多见于《荟蕞编》
《一笑》	共 1 卷	光绪五年（1879）	
《荟蕞编》	共 20 卷	光绪七年（1881）	
《右台仙馆笔记》	共 16 卷	光绪七年（1881）	前四卷在《耳邮》基础上增删而成

资料来源：谢超凡：《游心与呈艺——晚清文化视阈下的俞樾及其文学著述》，北京：人民出版社，2012 年，第 178—184 页。

---

① 俞樾：《宾萌集》卷 1，《春在堂全书》第 9 册，第 3 页。

② 王东杰：《探索幽冥：乾嘉时期两部志怪中的知识实践》，成都：巴蜀书社，2022 年，第 200 页。

③ 梁启超：《清代学术概论》，上海：上海古籍出版社，1998 年，第 7 页。

④ 谢超凡：《〈小浮梅闲话〉笺注》，武汉：武汉大学出版社，2017 年，第 178 页。

从表 6-5 中可以看出，俞樾撰写志怪小说的时间相对集中：从光绪四年（1878）至光绪七年（1881），前后共四年时间。在此四年总共完成六种志怪小说，虽前后互见者甚多，但也可见这段时期俞樾对志怪小说的浓厚兴趣。据谢超凡查证，俞樾之所以在这一时期撰写志怪小说，与光绪五年（1879）妻子姚夫人（姚文玉，1820—1879）去世有关。前引俞樾自述“余自姚夫人亡，手书《金刚经》数过”在《右台仙馆笔记》“自序”中又说：“余自己卯夏姚夫人卒，精神意兴日就阑衰，著述之事殆将辍笔矣。”[①]由此可知俞樾撰写志怪小说的时间和动机，与诠释善书的时间和动机完全一致，因此理应将两者放到同一脉络中来理解。

俞樾编纂最早的志怪小说是《耳邮》。其目的在于“遇有以近事告者，辄笔之于书……其用意措辞，亦似有善恶报应之说，实由聊以谴日，非敢云意在劝惩也”[②]。自述意不在“劝惩”而在“谴日”，颇有以志怪小说自我慰藉之意。后来大约以《耳邮》有涉及鬼怪的内容，将部分果报故事抽取出来，编为《广杨园近鉴》，以补充晚明清初理学家张杨园（履祥，1611—1674）《近鉴录》“有恶而无善，专以示戒”的不足[③]。显然俞樾有意回避自己创作志怪小说的动机，试图展现一种“合法”（或正确）的创作动机——因为张履祥被宗为正统的理学家，而其著作《近鉴录》也是以儒家话语编写而成，意在劝人为善的书籍。在《耳邮》《广杨园近鉴》等志怪小说的基础上，俞樾撰成长达 16 卷的《右台仙馆笔记》。虽然鲁迅（1881—1936）《中国小说史略》称其“止述异闻，不涉因果”[④]，但显然后者（因果）才是俞樾著述的目的所在。对此张舜徽在《清人笔记条辨》中已道破，谓“有称述因果报应者，如俞樾《右台仙馆笔记》之类是也”[⑤]。然而矛盾的是，俞樾自身似乎并不忌讳以笔记小说的形式撰写“劝善书”（取广义，即具有劝善性质的书）——甚至在俞樾看来，魏晋时期（或唐宋以前）《冥报记》《感应传》等志怪小说，就是劝善书的一种，指出“宋太平兴国中李昉撰《太平广记》，首列引用书目有《冥报拾遗》《阴德传》《感应传》《报应录》《报冤记》《警诫录》等书，皆宋以前

① 俞樾：《右台仙馆笔记》，《春在堂全书》第 5 册，“自序”，第 958 页。

② 乐钧、俞樾著《耳食录 · 耳邮》，陈戍国点校，长沙：岳麓书社，1986 年，“自序”，第 303 页。

③ 俞樾：《俞楼杂纂 · 广杨园近鉴》，《春在堂全书》第 3 册，第 693 页。

④ 鲁迅：《中国小说史略》，上海：上海古籍出版社，1998 年，第 154 页。

⑤ 张舜徽：《清人笔记条辨叙目》，《文史哲》1979 年第 4 期。

旧籍，亦劝善书也”[①]。可见俞樾虽然以张履祥为楷模，但并非真的忌讳志怪小说的“异端”性质。也就是说，应当将俞樾的志怪小说创作视为内心观念的真实展现。

那么在外在形式方面，为什么俞樾要采用志怪小说的形式来撰写“劝善书”呢？谢超凡的研究注意到乾嘉以来“札记”方法对俞樾的影响[②]，俞樾作为清代朴学大师，其治学之方法继承乾嘉学派甚多，札记的方法当然是重要的影响所在。然而倘若从晚清善书与小说的关系来理解，可以更好地看到俞樾志怪小说的生成。晚清的善书形式表现为多元的形态，但是大多都采用了志怪小说的形式。当时最著名者如梁恭辰《池上草堂笔记四录》（又名《劝戒四录》《北东堂笔录》等），因受长洲彭希涑《二十二史感应录》之影响，时人或将其与彭氏著作相提并论[③]；又如阎湘蕙（？—1837）编辑、张椿龄（？—1862）增订《国朝鼎甲征信录》，以“征信录”之体，罗列史上有关科举的果报故事[④]；再如同时代的佛教居士许止净编纂《历史感应统纪》，也以感应故事的形式编纂而成，同样是受到彭希涑的影响。与此同时，清末民初大量民间的“说书人”，也以果报故事形式的善书为宣讲，汉川善书就是在这种历史背景下出现的[⑤]。更为重要的是，作为清廷重要的教化政策，圣谕宣讲也普遍与善书宣讲相结合，并以志怪小说展开，清代中前期原有的义理性分析已经降到次要位置。举其要者，如晚清刊刻的《宣讲集要》《宣讲福报》《改良宣讲集要》《宣讲拾遗》和《宣讲汇编》等材料，均以果报故事的形式展现，表现出“脱离乡约而趋向于善书”[⑥]。对时代环境极为敏感的俞樾，不可能不受其影响。

俞樾的自述已反复提及这种影响，主要表现为对纪昀《阅微草堂笔记》的推崇。比如，俞樾在《春在堂随笔》中自述：“余著《右台仙馆笔

---

① 俞樾：《茶香室丛钞续钞》卷13，《劝善书》，第72a页。

② 谢超凡：《游心与呈艺——晚清文化视阈下的俞樾及其文学著述》，第184页。

③ 叶廷管：《楙花盦诗》卷下《劫余草》，《题齐玉溪学见闻随笔》，《丛书集成初编》第2337册，北京：中华书局，1985年，第71页。全诗附注如下：“彭氏《感应录》（兰台大令希涑），梁家《劝戒编》（敬叔观察恭辰）。著书心共证，觉世理能宣。游览兼怀旧，行吟总慕贤（兼载游历投赠之作）。白头重握手，展卷亦前缘（道光壬寅与君相识，今沪上重逢，溯昔已二十六年矣）。”

④ 阎湘蕙编辑，张椿龄增订：《国朝鼎甲征信录》，周骏富辑《清代传记丛刊·学林类》第19册，台北：明文书局，1985年。

⑤ 许止净编纂：《历史感应统纪》，出版者不详，民国十八年（1929）刻本。

⑥ 游子安：《从宣讲圣谕到说善书——近代劝善方式之传承》，《文化遗产》2008年第2期；陈时龙：《清代的六谕诠释传统》，《吉林大学》（社会科学学报）2022年第3期。

记》，以《阅微》为法，而不袭《聊斋》笔意，秉先君子之遗训也。”[①]后来在编纂《右台仙馆笔记》时，俞樾又说：“(《右台仙馆笔记》）皆杂记所闻所见，其体例颇与纪文达公《阅微草堂笔记》相近。”[②]俞樾的志怪小说创作“以《阅微》为法，而不袭《聊斋》笔意”，当然并不完全是“秉先君子之遗训”的原因。从纪昀对《聊斋志异》的批评中可以看出。对此鲁迅曾指出纪昀对《聊斋志异》的批评包括两个方面：一是体例太杂，二是描写太详。但是后来纪昀为避免这两大缺陷，“完全模仿六朝，尚质黜华，叙述简古，力避唐人”，并指出后来模仿纪昀的士绅只是“末流”，“不能了解他攻击社会的精神，而只是学他的以神道设教一面的意思，于是这派小说差不多又变成了劝善书了”[③]。虽然有同样的创作趋向，但两者似乎仍有很大差别——鲁迅得出这一结论的很大原因，是建立在纪昀“不信狐鬼”的预设上的；而显然俞樾的情况与纪昀差异甚大——俞樾不仅信奉鬼神，而且以鬼神解释当下的命运状态，比纪昀更为宿命，其书也就比后来模仿纪昀的“末流”更似劝善书[④]。从另一个角度来讲，纪昀仕途通达，创作《阅微草堂笔记》不免从教化（鬼神）的角度出发，遵从儒家“神道设教”的基本规制。而俞樾在咸丰七年（1857）被罢官以后，长期只是一介书生，隐居书院，清贫淡泊，其志怪小说的创作就多了几分“浇胸中块垒”的意味，更遑顾“神道设教”。

三、俞樾的《感应篇》诠释

早在创作志怪小说之前，俞樾就编纂了《感应篇缵义》。据现有资料可知，《感应篇缵义》作于同治十一年（1872），早于《耳邮》（1878）和《右台仙馆笔记》（1880）等因果小说，也早于俞樾手抄《金刚经》（1880）。前已述及，俞樾编纂《感应篇缵义》乃是出于对惠栋《感应篇注》的不满。而另一方面，俞樾所不满的是整个明清以来士大夫阶层对待《感应篇》等善书的态度，指出“故自宋以来，(《感应篇》）虽流传不绝，不过闾巷细民，共相诵习，而士大夫辄鄙薄之”。所以认为即使注释雅如惠栋，也仍有“未尽”之处，需要补充。于是俞樾“一知半解，掇拾其所未备。所已及者，则从略焉”。俞樾还在《感应篇缵义》“自序”中称，以“缵

① 俞樾：《春在堂随笔》，卷8，《春在堂全书》第5册，第479页。

② 俞樾：《右台仙馆笔记》，《春在堂全书》第5册，第733页。

③ 鲁迅：《中国小说史略》，上海：上海古籍出版社，1998年，第346页。

④ 吴震指出：“纪昀的这部《阅微草堂笔记》亦是晚明以来道德劝善运动的一个产物，其旨趣所归端在‘劝善惩恶’。”参见吴震：《明末清初劝善运动思想研究》，第518页。

义”为诠释体，乃受宋人杜道坚（1237—1318）《文子缵义》的影响，意思是“息鲸补劓”，要恢复文本（《感应篇》）的本来意思。在俞樾看来，“缵义”并非一种严格的注释体裁，取这一标题的原因是要证明《感应篇》“虽道家之书，而实不悖乎儒家之旨”。因此俞樾一反明清时期的许多《感应篇》注释，目的是“用自修省”[①]。可见《感应篇缵义》具有强烈的俞樾的个体色彩，应当看作是俞樾生命体验和生活实践的结果。

这种论断从《感应篇缵义》的开篇就可以看出：在诠释“太上”时，俞樾创造性地以“位”“德”和“时”三者进行诠释，认为“古释太上，有此三科”，指出“兹之所称，其兼时、德而言乎？”[②]并不以通俗的太上老君或太极来理解“太上”，反映出俞樾证《感应篇》“实不悖乎儒家之旨”的诠释倾向。接着俞樾联想到自己阅读《荀子·君子篇》的感受，认为与《感应篇》所载“若合符节”。因此尽管他反对惠栋的诠释方式，但更多的是反对其“多用骈词，有乖注体”的做法，而对惠栋旁征博引儒家经典的做法，则多有承袭。如在诠释“善恶之报，如影随形”时，与晚清以前的士绅一样，引用了《尸子》《孟子章句》《尚书》《禹谟》等上古经典以后，指出“未可尊彼为经，而薄此为道家之说也”。可见俞樾特别注重从“古儒”（古典儒家，指秦汉以前的儒家）那里寻找诠释资源。关于这点在诠释“算减则贫耗，多逢忧患”时，可以看得更明白：

> 盖古之儒者，推天人相应之理，明福祸极不爽之报。使自天子至于庶人，皆恐惧修省而不敢为非，其意固甚善也。后儒不信其说，而劝诫之意微矣。此篇先举贫耗、忧患二者以示警，盖以贫、忧二极，人之所尤畏。[③]

---

① 俞樾：《太上感应篇缵义》，《春在堂全书》第7册，“自序”，第449页。另外，据周中孚《郑堂读书记》记载，《文子缵义》“因采取诸说，以注是书，然皆不标名氏，但题曰旧注，而所自为则题缵义以别之”，可见“缵义”本身是一种带有争辩性质的体裁、文类。参见周中孚：《郑堂读书记》，《续修四库全书》史部第925册，卷69《子部十四》，第188b页。

② 俞樾：《太上感应篇缵义》，《春在堂全书》第7册，第450页。以同时代的学者唐训方的考据为参考，更可见俞樾的这种诠释倾向。后者指出：“太上”者，最上之称。《曲礼》曰：“太上贵德。”《春秋传》曰：“太上以德抚民。”又云：“太上有立德。”《经传》言“太睦”，得皆谓五帝以前上圣之人。《真诰·甄命授》曰：“太上者，道之子孙、审道之本、洞道之根。”是以为上清真人，为老君之师。”又云：“昔太上以德教老子，是以老子《道经》云：‘太上下知有之。’《顾欢堂诰》以为“太古上德之人”是也。参见唐训方：《里语征实》卷上，第46页。

③ 俞樾：《太上感应篇缵义》，《春在堂全书》第7册，第451页。

俞樾认为古儒阐述“天人相应之理”和“祸福不爽之报”上，已经相当明确，并且在这种论述之下，“自天子至于庶人，皆恐惧修省而不敢为非”。后儒（即俞樾“序言”中批评的“士大夫”）不信其说，以《感应篇》等承载善恶报应的善书为释道书籍，乃削减了古儒就已阐述清楚的天人报应的劝戒之意。

引用古典儒家的话语，从“时”上引证《感应篇》“实不悖乎儒家之旨”，还只是俞樾的一个诠释手段。除此以外，俞樾还以儒家经典中对“德”的要求来解释《感应篇》中涉及的神明。可见在诠释“太上”时，整个《感应篇缵义》的基调已经奠定。《感应篇》中涉及诸多神明：三尸神、三台神、灶神和北斗神等，对神明系统的理解，在很大程度上会决定《感应篇》“实不悖乎儒家之旨”的说服力。对此俞樾认识到，“神仙之说，不见于经传”①，也就是说因为以“时”来论证《感应篇》的“儒义”，在神仙的解释上已经不可能完成，所以在这种情况下，就只好转而从儒家义理上，以“德”来解释神仙。前所提及俞樾的神明观，视“神道与佛理固无异”，这里进一步视“神道与儒理固无异”。俞樾的基本观念，是认为“神仙有异术，惟以仁义为本”②。以儒家君子的至上道德——“仁”和“义”来解释有异术的神仙，显然这里的神仙已经与儒家观念中的“圣人”概念较为接近。接着俞樾进一步说明了什么是“异术”，“夫自来言神仙者，不过坎离吐纳之功，金石服饵之术”，但是惟有《感应篇》强调德行的积累（而不是“异术”的提升），因此“可谓知本矣”③。以儒家的“仁”和“义”构成的“德”，成为神仙的“本”，可见在俞樾的理解中，《感应篇》中的神仙系统被彻底儒家化。由此俞樾最后总结道：“是故天地之神明，实吾心之神明而已矣”④。

可见在俞樾看来，《感应篇》也好，《感应篇》所涉及的神明也好，都是日常生活中的“人道”。这当然与俞樾不喜谈性理，从而不高谈“天道”有关。遍检俞樾著作，只有在《宾萌集》有《性说（上）》《性说（下）》等三篇谈论儒家义理。在孟子“性善说”和荀子“性恶说”的对立中，俞樾一反前人的普遍看法，而以荀子为宗；但在人、兽存异（理学命题）的原因上，提出与荀子不同的看法，认为是“才”（后天通过“学”的结果）

① 俞樾：《太上感应篇缵义》，《春在堂全书》第7册，第452页。

② 俞樾：《太上感应篇缵义》，《春在堂全书》第7册，第452页。

③ 俞樾：《太上感应篇缵义》，《春在堂全书》第7册，第452页。

④ 俞樾：《太上感应篇缵义》，《春在堂全书》第7册，第486页。

导致了两者（或性善、性恶）的不同[①]。除此以外，这种思想形成与俞樾的鬼神观念密切相关。古代认为鬼、神之间可以相互转化，两者通常也就被视为同质的物质的观念[②]，加上也许受到妻子姚文玉的影响，俞樾坚信世间有鬼神的存在，并且将鬼神视为圣人"神道设教"的重要手段。所以对《论语》"敬鬼神而远之"的记载，俞樾并不相信，认为"余尝论死生之事，以为鬼神之说，圣人固言之"[③]。而在"天地之神明，实吾心之神明"的观念下，有关鬼神、生死和理数等涉及命运的范畴，悉数被运用到实践——日常生活中来，成为俞樾诠释《感应篇》的重要观念来源（如命理星相占卜之学）。这种鬼神的观念，进一步型塑了俞樾"善有善报，恶有恶报"的因果报应观念。

然而，俞樾生平毕竟以学术为宗，除了生命体验和生活实践以外，《感应篇缵义》还被当作是学术著作来处理。俞樾生平以治诸子学为最要，其所处之时代的学术思潮也以诸子学的复兴为特点。学界对晚清诸子学的兴起原因已多有阐述[④]，俞樾在《诸子平议》的"自序"中，也曾提及自己治诸子学的原因，认为"圣人之道具在于经，而周秦两汉诸子之书，亦各有所得……且其书往往可以考证经义，不必称引其文而古言古义居然可见"[⑤]。其治经的三种方法——"正字句、审字义、通古文假借"[⑥]——也被运用到《感应篇缵义》的诠释中来。比如，在对"刑祸随之"的注释中提到，"'刑'，古字与'型'通"，又如"凡人有过，大则多纪，小则夺算"的诠释中提到，"诸家言纪者，其数不同"[⑦]。凡此皆可见《感应篇缵义》并不是独立于俞樾的学术风格之外，在方法论上与俞樾其他的学术著作一脉相承。从俞樾的整个著述体系来看，俞樾显然是将《感应篇缵义》看成是"传于世"的立言部分。对此俞樾曾经提出"古人著书，期于明道，若止供一笑而已，又何足传"[⑧]，于是著书明道成为俞樾一生的事业。

通过解析《感应篇缵义》可以看到，一方面，该书渗透了俞樾的生命

---

① 俞樾：《性说上》《性说下》，《宾萌集》卷 2，《春在堂全书》第 3 册，第 797—799 页。

② 武雅士：（Arthur P. Wolf）《神 · 鬼和祖先》，张珣译，《思与言》第 35 卷第 3 期，1997 年 9 月，第 233—292 页。

③ 俞樾：《右台仙馆笔记》卷 15，《春在堂全书》第 5 册，第 958 页。

④ 王汎森：《章太炎的思想——兼论其对儒学传统的冲击》，上海：上海人民出版社，2012 年，第 20—32 页。

⑤ 俞樾：《诸子平议》，《春在堂全书》第 2 册，"自序"，第 1 页。

⑥ 俞樾：《群经平议》，《春在堂全书》第 1 册，"自序"，第 1 页。

⑦ 俞樾：《太上感应篇缵义》，《春在堂全书》第 7 册，第 451 页。

⑧ 俞樾：《俞楼杂纂》卷 48，《春在堂全书》第 3 册，第 764 页。

体验和生活实践，背后体现为一种古老的宿命观念，另一方面，该书又与俞樾的整体学术风格和志怪小说脉络一致，体现出晚清诸子学的特征。因此，在晚清俞樾这里，可以看到原来被用来当作安身立命手段的《感应篇》，反而被用作为现实生命和生活提供宿命论证的思想资源①——正如光绪二十年（1894）俞樾给无碍翁（即金有筠，生卒年不详）的书信所自陈，"樾以盗窃虚名，为鬼神所祸，家运迍邅"②。如果说"盗窃虚名"为俞樾自责，那么将"家运迍邅"归于"为鬼神所祸"就显得相当宿命了③。时人认为俞樾仕途受阻的原因，乃因"殆其为人谨饬自守，有以致之"的缘故④。"谨饬自守"显然与善书的编纂、阅读和崇奉有关，因此《清史稿》也称其"律己尤严，笃天性，尚廉直，布衣蔬食"⑤，可谓信然。

---

① 清代吴栻（敬亭，1740—1803）阅读袁黄《立命篇》的例子，与俞樾的情形甚为相似。其《袁了凡立命辩》自述道："余十五时，读袁了凡〈立命篇〉，喜孔生之善读性命；禅师之阐发理数。而了凡之能振作有为也。读之色喜，因喜生信；因信生悟，悟夫命之在人，所以定庸愚；非以定豪杰也。后阅十年，故稍涉世故，暇时复取展读，并合了凡之身世观之，何前后判若两人哉！因信生疑，复因疑生信，不觉疑信参半焉。后阅十年，余奔起风尘，饱尝难苦，始悟人之一生，都在命中，而了凡此说不足取信也明矣。盖道之大原出于天，人之穷通由于命，而人力不与焉。假使命由自主，信如云谷禅师之说，则何以圣如尧舜，而子皆不肖；圣如尼山，而道莫能容；伯牛死于恶疾；颜渊贫而短命。若此类者，不可胜道，岂圣贤尚有遗行与？抑圣贤不能立命欤？况为善非为邀福之具，古有一念之诚，足以动天地、感鬼神者，非有心以祈福而福自至，未闻有以为善以求福，而福即若左券操者，此市心，非善心也。何了凡累试累验若此哉？故余昭读而悟，既悟而信，既信而疑，既疑而乃知'尽信书，不如无书'之语，子舆氏先得我心也夫！"。这种"昭读而悟，既悟而信，既信而疑，既疑而乃知'尽信书，不如无书'之语"的心态，正是相信立命而努力改变命运，最后个体努力无法改变命运而转向宿命的典型心态。参见吴栻：《吴敬亭诗文集》，吴景周注释，兰州：甘肃联大印务中心，1998 年，第 144—145 页。

② 俞樾：《俞曲园尺牍》，转见谢超凡：《游心与呈艺——晚清文化视阈下的俞樾及其文学著述》，第 185 页。

③ 后来俞樾的弟子王仁俊继承了其《感应篇》诠释事业。王仁俊的著作题为《感应篇儒义》，显然是要论证《感应篇》"实不悖吾儒之旨"的观念。王仁俊此书"援据古义，博辑四部二藏诸家之言"，之所以采用这种方式，原因在于"吾师扞郑付梓，恐太上此篇仅见尊信于下等社会，而上等社会之不尊信也。乃条分缕析，一一以《皇谟圣训》《十三经》《廿四史》，与夫百家传注纪载参考而证明之，名曰《感应篇儒义》"。参见王仁俊：《感应篇儒义》，国家图书馆藏光绪丙午（1906）冬月俞氏立诚助刊本，第 1a 页。王仁俊似对此书甚感满意，曾将其寄给好友叶昌炽。参见叶昌炽：《缘督庐日记》卷 13，"戊申三月廿三日"条，《续修四库全书》史部第 576 册，第 575 页。

④ 俞樾：《太上感应篇缵义》，《春在堂全书》第 7 册，第 486 页。

⑤ 赵尔巽等：《清史稿》卷 481，志 269，北京：中华书局，1976 年，第 13299 页。

第七章　结　　论

梁启超尝言："吾国先哲，以尊命为教，故曰乐天知命，曰居易以俟命，曰不知命无以为君子也。"[①]这里所引用的《论语》"不知命无以为君子"这句话，揭示出"命运"议题在儒家思想观念中的地位，而这恐怕长期以来都被我们低估。其实，儒学在本质上是"君子之学"，其目标在于教人修身立德、优入圣域，过上一种道德的生活[②]。宋明以降，注重内省的儒家哲学更以"士希贤，贤希圣，圣希天"为道德目标[③]，"性命之学"由是被建构为一种新的"道"[④]。而当"孔孟之学"被等同于"尽性至命之学"时[⑤]，"穷理""尽性""至命"就成为统一体（连续体）；当儒学"真理的可望而不可及"的困境日益严峻时[⑥]，这种新的"道"的观念就被明清士绅提升到新的高度。《感应篇》诠释正在这种政治沿革、社会变迁、理学演进等多重语境中展开。不论是从理论诠释还是行为实践上，明清士大夫都将原来作为异质性的《感应篇》，不仅视为"神道设教"的有效手段，而且视为可以"变化气质"，甚至"造乎圣域"的重要资源，具

① 梁启超:《国家运命论》，王德峰编选《梁启超文选》，上海：上海远东出版社，2011 年，第 116 页。

② 余英时:《儒家"君子"的理想》，《现代儒学的回顾与展望》，北京：生活·读书·新知三联书店，2004 年，第 271 页。

③ 周敦颐:《通书·志学第十》，《濂溪集》卷 5，《丛书集成初编》第 1891 册，第 95 页。

④ 杨儒宾:《作为性命之学的经学——理学的经典诠释》，《长庚人文社会学报》第 2 卷第 2 期，2009 年。

⑤ 焦竑:《澹园集》上册，第 82 页。

⑥ 墨子刻:《摆脱困境——新儒学与中国政治文化的演进》，南京：江苏人民出版社，1996 年，第 149 页。墨子刻将这种困境视为"他们自己不可能说出的某种东西"。这里的"不可能"应当理解为"不敢"和"不能"的集合体。具体到本书的研究来说，这种困境指的是人性善恶与命运祸福无法建立对应联系。另可参见卜正民:《为权力祈祷——佛教与晚明中国士绅社会的形成》，张华译，南京：江苏人民出版社，2005 年，第 320 页。虽然本书更多地注重明确士大夫内在意识形态或集体心态的考察，但是也必然关注到这种外在性的忧虑。此处可以额外以刘开（1784—1824）在《贵齿论》（贺长龄等编《清经世文编》卷 4《学术四》，第 129—130 页）中的论述为例。刘开说："夫昔之以衰老为惧者，恐其德不加修，而行不能力也；后人以衰老为惧者，其未达则叹进取之无望，其既达则恐豪华之难久也。""未达"主要指科名而言，"豪华之难久"主要指子嗣而言，可见其对社会和个体的忧虑。

有超越“神道设教”的思想价值和社会意义。

一、明清《感应篇》诠释的多元化

由于《感应篇》“纸无一寸，义有千端”[①]，因此，在明清时期《感应篇》的发展演变中，最令人惊讶的是其诠释数量的庞大。比如，吴珂鸣《感应篇章句注》说：“注是篇者，凡数百家。”王命岳《感应篇引经征事》说：“世之绘图注释，刊布流传者，不啻汗牛充栋。”于觉世《感应篇赘言》说：“流传海内数十百家。”丁健行《感应篇说咏》则说：“累代仁主修士，互相阐发，昭垂后世者，不下数十种。”[②]更准确的描述出自姚夔《感应篇序》所说：“《感应篇》之刻众矣。由经而传，而节解，而句诠，而字释，而因果报应。著述者不一象，汇订者不一氏，或简或繁，或显或奥，为书不下百种。”[③]由此可见，明清时期《感应篇》诠释本不仅数量庞大，而且往往“著述者不一象，汇订者不一氏”，即往往存在相互增损、因袭、更新等现象，进而表现出多元化态势。具体而言，这种多元化表现为作者、文类、目的等诸方面。

其一，诠释作者的多元化。据本书附录二《中国近世〈感应篇〉知见录》可知，明清时期参与诠释《感应篇》的作者非常多元，至少可以分成三种类型：一是佛教僧侣、道教道士或民间宗教专家，如莲池大师、李道纯和刘沅等。二是作为统治者的帝王及各级官员和地方乡绅，如顺治皇帝、于觉世和贾棠等。三是作为儒家精英代表的理学家和经学家，如彭定求、姚文然和惠栋等。当然，从更广义的诠释概念上说，普通民众或略微识字的地方儒士也曾参与《感应篇》诠释，地方志所载的许多《感应篇》诠释作者——包括注者、刻者、读者或传者，都属于这一类群体。与此同时，由于在实际的诠释中，作者与读者、刊者、印者之身份往往混合在一起，因此，明清时期《感应篇》的读者亦极为多元。在这种情况下，《感应篇》才能成为超越社会地位、经济状况和宗教归属的读物。

其二，诠释文类的多元化。根据本书的分析，明清时期《感应篇》诠

---

① 文德翼：《致福方书序》，《求是堂文集》卷 2，第 325b—326a 页。

② 吴珂鸣：《感应篇章句注》，“凡例”，第 6b 页；王命岳《太上感应篇引经征事》，国家图书馆藏康熙四十九年（1710）宛平汪养纯刻本，“重刊序言”，第 1b 页；于觉世：《太上感应篇赘言》，“自序”，第 1a 页；丁健行：《太上感应篇说咏》，上海图书馆藏民国十三年（1924）刻本，“自序”，第 1 页。

③ 姚夔：《感应篇序》，《饮和堂集》文集卷 5，《清代诗文集汇编》编纂委员会编《清代诗文集汇编》第 93 册，上海：上海古籍出版社，2010 年，第 562 页。

释的文类大体可以分为七种，即经说、理说（直说）、图说（像注）、事说（史说）、诗说（歌说）和印说（碑说或书说）。这种《感应篇》诠释文类的多元化，在数量上或超过明清士绅对儒家经典（如《孝经》《家礼》）的诠释。凡是可以借用的文化资源，都被运用到《感应篇》的诠释中来。犹有进者，在实际的诠释中——不论是文本诠释还是实践诠释，并不区分儒、释、道。包筠雅就指出，晚明以降佛教常借用儒家经典文献论证自身的合法性[①]，《感应篇》诠释亦复如此。张之洞《辅轩语》所说"忽言性理，忽言易道，忽言神灵果报，忽言丹鼎符策，鄙俚拉杂"的情况[②]，正是这种诠释方式的生动写照。诠释文类的多元化，其实可以看作是（预设）读者的多元化。虽然不能将不同文类的《感应篇》完全对应不同层级或类型的读者群，但是大体上说，像"图说"并非为士绅阶层而设，像"经史说"并非为普通民众而设，这是显而易见的。

其三，诠释目的的多元化。诠释作者和诠释文类多元化的背后，实际上是诠释目的的多元化。在观察明清社会的整体性演进中，诠释目的的多元化最为重要。王汎森指出："思想一旦产生，即有它自己的生命，它后来的发展常常是无法预先规划的。在思想传衍的过程中，有许多意想不到的断绝、汇流、歧出。或以原来所从未料想到的方式被挪用。"[③]《感应篇》所代表的是儒学之外的另一套（修身和教化）系统，但是在实际的文本诠释与实践中，因诠释者的不同生命历程、生活经历和思想立场，出现英国哲学家奥斯汀（John Austin）所说的"思想的形形色色的使用"[④]。比如，理学家诠释《感应篇》时采用"性有三品"的观念，目的在于为自身的社会精英地位辩护。比如，经学家诠释《感应篇》时采用经史考释的方式，目的在于为世俗化的精神世界提供合法性。又比如，《感应篇》所倡导和承载的立命（宿命）观念，有时被当作鼓励个体努力的动力，有时被当作对当下状态的解释。小泉八云（1850—1904）指出，因果报应这种

① 包筠雅：《功过格——明清社会的道德秩序》，第109—110页。

② 张之洞：《增补輶轩语》，《语行第一》，第9b—10a页。

③ 王汎森：《中国近代思想与学术的系谱》，第27页。吕妙芬在研究阳明后学（江右、江左）讲学时也指出："某种思想所可能带出的影响力或发展方向并不是单一的，而是多元的。或者说，思想观念本身并不具有太强的决定力，特殊的人加上特殊的历史情境可能将同一种思想观念转换成非常异质的发展。"参见吕妙芬：《阳明学士人社群——历史、思想与实践》，北京：新星出版社，2006年，"导言"，第21页。

④ 转见王汎森：《中国近代思想文化史研究的若干思考》，康乐、彭明辉主编《史学方法与历史解释》，北京：中国大百科全书出版社，2005年，第78页。

观念“当为一种解释，当为一种安慰，当为一种咒骂用”[①]，可谓深得其中三昧。

从思想义理的论辩、正文文本的注释和日常生活的实践中可以看出，明清时期《感应篇》诠释作者、文类及目的的多元化，实际上受到政治文化、士人文化和庶民文化的多重交织，因此始终处在互动和流动的动态中，不同时代呈现出不同的诠释特征：产生于宋代的《感应篇》在宋元至明代中前期已广为流传，但主要集中在宗教专家和普通民众层面；明中叶以降，以李贽两度刊刻《感应篇》为标志，士绅阶层诠释《感应篇》成为风潮，《感应篇》开始真正影响到士绅阶层的思想世界和生活世界。以泰州学派和东林党人为代表的思想流派，不断地就《感应篇》引发的主题进行讨论，“善书运动”由此展开。清代初年，顺治、康熙和雍正皇帝推行的一以贯之的教化政策，以御制《感应篇》等善书推行教化，结合圣谕宣讲（及乡约）制度，得到各级地方官员的积极响应，《感应篇》诠释进入最高峰。与此同时，明清鼎革以后由“明型文化”向“清型文化”的转变，士绅阶层身份认同、思想观念和文化心态的分化，也反映在《感应篇》诠释中，成为诠释《感应篇》的潜在动因。

清中叶（乾嘉）以降，受经史观念和“三不朽”观念的影响，“立言—立德/立功—立命连续体”的形成，这一时期的《感应篇》诠释出现经典化风格，通常将经书、史书与善书结合，用以作为士绅阶层启迪高明的修身之用。在这种诠释倾向中，由于学术化（考据）、理论化（理学）的侵入，《感应篇》诠释表现出超越“神道设教”之取向。在这种取向的影响下，原有社会教化的诠释空间被压缩，《感应篇》往往与鸾书、乩书等其他善书相结合，从而发展出晚清《感应篇》诠释的多元形态。从刘门教的例子来说，《感应篇》与民间教派的结合，赋予其更多“神道设教”的内容；从林昌彝的例子来说，《感应篇》为晚清经世士绅所重视，作为蒙书的《感应篇》通过母教影响了其精神认同；从俞樾的例子来说，《感应篇》诠释之目的由立命转向宿命，成为一种为自身生命处境辩护的资源[②]。

在《感应篇》诠释的历时性演进中，如何理解宋元和明代中前期向晚明的转变、清中叶向晚清的转变，是定性《感应篇》诠释的关键。就前者而言，以李贽两次刊刻《感应篇》，取代袁黄改造《功过格》，成为晚明

---

① 曹聚仁：《说缘》，曹聚仁《山水・思想・人物》，第 131 页。

② Joanna Handlin Smith，*The art of doing good*：*Charity in Late Ming Dynasty*，p. 282.

“善书运动”兴起的标志，这可以更好地理解从宋代李昌龄到晚明理学家之诠释的演变，即在袁黄影响下的《感应篇》诠释向世俗化、生活化的转变，是《感应篇》进入明清士绅日常生活的重要转变——影响这种转变的一些关键要素（如阳明心学、净土佛学等）和关键词汇（如“戒色”“放生”等）被不断突显和放大；就后者而言，借经书、史书与善书的结合，儒学话语的不断进入《感应篇》诠释，以至于逐渐形成一种“立言—立德/立功—立命连续体”的观念，使得《感应篇》诠释不仅走向学术性的经史考释，而且旨在以士绅阶层为预设读者，从而背离了《感应篇》最初“神道设教”的目的。清代中后期士绅对惠栋的批评，以及同时期《感应篇》诠释借用《阴骘文》《觉世经》等扶鸾类善书的情形，均应视为这种趋向的表现。

二、明清《感应篇》争论的修辞化

姜士彬（David G. Johnson）指出：“无论是一个思想体系，还是一个故事系列，或者一种宗教思想，它的不同形态的重要性还在于，它们为我们了解不同社会文化群体的集体心态提供了钥匙。”[①]梳理明清以来不同形态的《感应篇》诠释及其影响，至少可以看到作为诠释者或编纂者的士绅的集体心态和价值观（内在领域）。尤其是明清时期《感应篇》诠释，是在理学界的思想论争和义理辨析中展开的，这种集体心态和价值观体现得更为直接——与传统儒家经典相比，从异质性的《感应篇》切入，可以看到更为多元、多层和流动的面相：到底是什么因素导致明清士绅在《感应篇》的论争上，发出了思想性、集体性和社会性的声音？虽然本书的不少章节都落脚到个案讨论，但是正如王东杰所说：“‘心态’本身就是含糊混沌的”“我们很难在此将集体和个人一分为二”，因为“任何集体性的‘心态’，都必然落实在（无数）个体身上，并透过这些个体呈露”。虽然“就每一个体看，‘心态’的表现当然各有差异，有时甚至差异还相当严重”，但是“这并不妨碍它们在整体上形成一种共同的认知取向”[②]。

这里所说的“思想争论”，不仅包括围绕《感应篇》或《功过格》等善书所产生的针锋相对的集中争论，而且也包括散见于各文人文集或《感

① David G. Johnson, *Communication, Class, and Consciousness in Late Imperial China*, David Johson, Andrew J. Nathan and Evelyn S. Srawski, .edt. *Popular Culture in Late Imperial China*, p. 72.

② 王东杰：《探索幽冥：乾嘉时期两部志怪中的知识实践》，第9页。

应篇》诠释类文本中间的分散争论。就前者而言，这种争论可能是共时性的——比如，刘宗周与袁黄、吕留良与朱轼，也可能是历时性的——比如，袁黄、张尔歧与罗有高，等等；就后者而言，明清文人文集中的序言或跋文作为一种外类文本，同《感应篇》诠释文本的内类文本，往往带有很强的辩论色彩——通常以辩论的口吻开头，尽管通常不交代特定的辩论对象，但显然都预设了辩论对手。后一种辩论由于存在更为广泛而更为重要。概括而言，明清理学家争论的主题围绕《感应篇》承载的天道观、人性观和命运观等三个方面展开。由于这三个方面也同样构成儒学（或理学）的论述核心，甚至是宋明理学以后儒学最重要的“道”（即“性命之学”），因此，这种争论其实相当普遍也相当激烈。不过，通过梳理这种激烈的思想争论可以看到，由于《感应篇》诠释作者、诠释文类和诠释目的的多元化，这种争论往往充满强烈的修辞化特征。

从李贽第一次刊刻《感应篇》开始，泰州学派与东林党人等理学家群体，就开始围绕《感应篇》展开争论。他们站在不同的理学立场上，共同推动《感应篇》诠释及其发展，出现相当吊诡性的思想形态。一方面，泰州学派模糊圣学与俗学、正统与异端之间的界线，倡导“造命”的观念，从而对《感应篇》倍为推崇；另一方面，东林党人虽主张正统性的儒家观念，对泰州学派等阳明后学相当不满，但在推崇《感应篇》的态度上却相当一致。相对而言，作为晚明“善书运动”的主要推动者（之一），泰州学派在争论中表现出较为一致的观念，而以正统/醇儒自居的东林党人甚至内部充满分歧，以至于后来同样反对《感应篇》的李颙，就对顾宪成和高攀龙颇有微词，认为“顾、高学固醇正，然其集中犹多闲应酬识者，不无遗憾……景逸之序《救劫感应篇》，试检《冯集》中有此否？区区平日尊信顾、高，如尊程朱，然其立言不自照管，自相矛盾，吾人亦不可不以之为鉴也”①。其实，“自相矛盾”的何止是东林党人，就是批判善书最严苛的刘宗周也同样如此。作为最早、最系统，甚至也是最深入对袁黄及其《功过格》展开批判的理学家，刘宗周撰写《人谱》的目的，在于从正统儒家的义利之辩来批判善书的道德功利主义。但是这种批判更像是一种“修辞”，除了《人谱》借鉴了袁黄《立命篇》“说理”兼“说事”的叙事方式以外，更为重要的是借鉴了善书的这种修身观念，以至于被后人拿来与袁黄的《立命篇》相提并论，同被视为“因果之书”（善书），甚至与袁

① 李颙：《答吴睿长》，《二曲集》卷 16，第 155—156 页。

黄一样招致“惑于释氏之说”的批评[①]。清代学者潘德舆（1785—1839）和徐时栋（1814—1873）是最典型的批判者。后者直言：“学者常置案头，时一翻阅，亦何异看因果书、记功过格乎？”[②]即使是同时代的理学家陈瑚（1613—1675）也将其视为与袁黄《立命篇》同一性质的著作[③]。于是，作为正统的《人谱》与作为异端的《感应篇》，被赋予同样的价值和意义。

围绕《感应篇》诠释产生得更为激烈的思想争论，发生在清代初年，以张尔岐为代表的正统儒者继承了刘宗周的批判思路。但是从清代学者盛百二（1720—？）《柚堂笔谈》中可以看出，张尔岐的批判充满明显多歧性。盛百二指出，宋代真德秀《感应篇序（为冯道录作）》与“济阳张蒿庵《释迦院记》命意正同，可救世人佞佛谄道之惑”[④]。《释迦院记》即张尔岐的著作《济阳释迦院重修记》，其主要内容虽是讥讽“与佛法为市”的“功德”论，指出“希冀念炽，悬意遥祈，当其舍时，纯作取想，如持物予人，左予而右索，予一而索十”[⑤]，显然是对道德功利主义的批判。照理说，张尔岐不应与真德秀相提并论，但在盛百二看来，《济阳释迦院重修记》和《感应篇序》在“救世人佞佛谄道之惑”却完全相同——两者之间的细微差别在于：真德秀在主张“相近”中“区分”，而张尔岐在主张“区分”中“相近”，可谓殊途同归，则其吊诡性不言而喻。同刘宗周、张尔岐相比，吕留良的情况更为复杂。从各方面来看，吕留良都是一个绝对的矛盾体：明亡时仅有16岁却成为最著名的明遗民，以遗民自居却参加新朝科举，后来不再参加科举却不断编写时文教材[⑥]……以《感应篇》和《功过格》等善书来说，本来成为明遗民“忏悔”和“救赎”的重要资源，现在却被吕留良反过来讥讽为“劝恶之书”[⑦]。凡此种种，皆

① 葛兆光也持这种看法，认为“儒家中的著名人物刘宗周也仿照功过格的形式作有《人谱》”。参见葛兆光：《道教与中国民间伦理——以道教戒律与善书为中心的考察》，《葛兆光自选集》，桂林：广西师范大学出版社，1997年，第65页。

② 徐时栋：《烟屿楼文集》卷2，第245b页。

③ 陈瑚：《确庵文稿》卷26《讲义》，《四库禁毁书丛刊》集部第184册，第460a页。陈瑚指出：“当初袁了凡先生有《功过格》、刘念台先生有《证人社约》、文介石先生有《儒学日程》，这都是读书做人的规矩准绳，时习的法则。今不佞又参酌三先生的定，为《大学日程》，半月一考较，以此治己，亦以此治人。”

④ 盛百二：《柚堂笔谈》卷4，第35a页。

⑤ 张尔岐：《济阳释迦院重修记》，《蒿庵集》卷3，第102—104页。

⑥ 杨念群：《何处是“江南”？——清朝正统观的确立与士林精神世界的变异》，第103—148页。

⑦ 清初士绅的矛盾性和多元性，似远超迈晚明及其他时代。参见赵园：《明清之际士大夫研究》，北京：北京大学出版社，1999年。

称吊诡。

除了持批判意见的刘宗周、张尔岐和吕留良以外，持赞成意见的罗有高在争论中也表现出修辞化的倾向。后者对张尔岐《袁氏立命说辩》的不满，主要集中在“性三品说”和“天的属性”上。即使在宋儒提出“气质之性”的概念以后，董仲舒和韩愈“性三品说”已不再总是被赞同，但是以“醇儒”自居的（程朱）理学家，从《论语》“上智”“中材”“下愚”的提法中汲取了思想资源，仍将这种（类似）“性有三品”的概念运用到善书争论中。罗有高却坚持人性并无三品之分，因此，无论是作为“上智”的士绅，还是作为“中材”“下愚”的普通民众，都可以阅读和接受善书的劝化。退一步来说，即使存在“上智”“中材”“下愚”的三品划分，以福善祸淫的道德功利主义对其进行“劝诱”，也是非常重要的教化手段。至于在对“天的属性”的认识上，罗有高更是运用了大量的修辞。既有研究已指出，古典儒家对“天的属性”的认识，不是一种人格化（纪功录过）的“天”，而是一种自然理势的“天”——正如张尔岐的理解一样，但是罗有高却坚持认为，古典儒家所理解的“天”，已经具备了这两种属性。这样一来，罗有高虽然受到释道二教之影响，甚至也不敢单纯以人格化的“天”取代自然之“天”，但是这种巧妙的二元论却在客观上找到了支撑《感应篇》等善书的修辞。

罗有高对“性有三品”和“天的属性”的修辞化运用，归根结底是要讨论世俗善书与儒家经典之间的关系。这不仅是晚明清初思想争论的焦点，而且在清代中叶以降思想界的争论减少（主要集中在文集中的序言和跋文）的情况下，也同样以两者关系为落脚点。由于这些序言和跋文的写作通常具有辩论色彩，甚至以辩论的口吻开头，因此，这些序言和跋文所体现的仍然是思想争论。附着在这些序言和跋文中的争论主题，基本围绕《感应篇》等世俗善书与儒家经典、善书观念与儒家义理的关系展开。大多数争论者都同意，《感应篇》无论对修身还是教化都有助益，因此，与儒家经典和儒家义理并不相悖。即使因其世俗和异端性质对正统儒者的修身本身毫无帮助，至少对于教化有非常重要的意义，“足以补王法之所不及”①，“足以补国家政教之所不及”②，可以“辅圣贤之所不及言，补王法之所不及治”③。因为在明清士绅看来，“人即不畏王法，未有不畏鬼神

① 李承煦：《感应篇征史随录》，“汪日桢序”，第 1a 页。

② 寿世草堂：《太上感应篇说咏》，“程宗浩序”，第 2 页。

③ 蓝涧：《感应篇深信录序》，《聿修堂集》（不分卷），《四库全书存目从书》集部第 213 册，第 48a 页。

者”“不畏圣贤而畏鬼神，不畏王法而畏祸福”①。

围绕《感应篇》诠释产生的思想争论，在明清社会转型的时代背景中具有典型意义。从刘宗周到张尔岐、吕留良，再到后来不少反对《感应篇》的理学家，其所依据的最主要（或最根本）——当然到了最后也是最底限的依据，就是“义利之辨”。在传统儒家观念中，“学莫先于义利之辨”②，其他方面毋宁更多的是一种修辞。对此，周作人很早就指出，这与柳诒徵引用梁启超的话来证明自己的观点是同一道理——后者充当了权威性和合法性资源。明清士绅在争论中修辞的运用，旨在掩盖蕴含在明清士绅身上复杂的矛盾性，正如赵佩茳（1866—1929）所言，“以义理谈因果”，目的是使“通儒不能议也”③。职是之故，这种由《感应篇》引发的思想争论及其背后的矛盾性，让明清士绅表现出一种类似近代“列文森公式”④的吊诡——在理智上他们趋向于用儒家经典和正统话语澄清善书的报应观念，但在情感上他们无法摆脱善书的立命实践⑤。《感应篇》与“善书运动”的影响是如此之大，现实命运的变化是如此叵测，安身立命的需求是如此强烈，以至于不得不诉诸异质性的善书文本《感应篇》：一是通过考证《感应篇》的缘起，“逃离”释道二教的因果观念；二是通过勾连《感应篇》与宋代士绅的关系，“想象”善书的理学义理之源；三是通过追溯儒家经典的感应论述，“建构”实践《感应篇》的合法性⑥。在这种情况下，明清士绅强调《感应篇》所承载的乃是“太上之道”而非“太上之

① 佚名：《感应篇汇编》卷上，第 1b 页。林放曾指出：“像《太上感应篇》一类的鬼书，用鬼的威胁来维持封建风化。”参见林放：《谈鬼话》，《世象杂谈》，上海：上海文化出版社，1984 年，第 156 页。

② 王步青：《自约编跋》，《已山先生文集》卷 5，《四库全书存目丛书》集部第 273 册，第 762a 页。

③ 赵佩茳：《友人林仲严传》，《赵佩茳集》，杭州：浙江大学出版社，2019 年，第 80 页。

④ 列文森：《儒教中国及其现代命运》，郑大华等译，桂林：广西师范大学出版社，2009 年。按“列文森公式”以“理智—情感”矛盾为二分，指的是近代中国的知识分子“在理智上疏离而在情感上倾向他的传统”（intellectually alienated and emotionally tied to his tradition）”，这一公式又是建立在“历史—价值”张力上的。具体参见杨华：《列文森与中国近代思想史研究》，《河北学刊》2003 年第 3 期。

⑤ 明清善书中常见有两种对立性的文本——《流通善书说》和《阻施善书辩》（其作者不明，很可能是底层士绅），一主张流通善书，一主张废除善书。许多《感应篇》著作中也收有这两种文本，这或许从一个侧面可以看出，明清士绅对待善书的两面性是存在的。参见毛金兰增补：《太上感应篇图说》，上海图书馆藏光绪二十一年（1895）刻本，第 30—33 页。

⑥ 明清士绅常将《感应篇》《功过格》等的冲击，拿来与先秦“杨墨之学”对“孔孟儒学”造成的冲击相比，甚至认为有过之而无不及，可见其影响之大。参见方孝标：《祈嗣真诠序》，《光启堂文集》不分卷，第 508a 页。

教”[①]，甚至六经语孟也是“劝善之书”，形成对儒家经典的“反向诠释”，则两者在思维观念上同型同构显然可见[②]。只是在这种观念的合流中，明清士绅仍然可以将其区分开来，像林纾（1852—1924）就嘲笑魏际瑞（1620—1677）说：“魏伯子作《感应篇序》，愚且笑其不应有此题目，况此等语安可施之文字？”[③]直到民国时期，马叙伦（1885—1970）还在日记中评价惠栋和俞樾，说：“清代如惠定宇，以经学名世而注《感应篇》，近世俞曲园先生亦为《感应篇注》，皆不免为儒业之累。”[④]径直点出“不免为儒业之累”，马叙伦可谓解人。这种矛盾性的论争与吊诡性的影响，既反映在《感应篇》诠释上，也深刻影响了明清士绅的《感应篇》日常生活实践。

三、明清《感应篇》实践的日常化

经典文本的诠释不仅反映了内在的价值心态和思想观念，也体现了外在的生命历程和生活实践。如果说在内在层面的思想争论中，明清士绅表现出修辞化的倾向，那么在外在层面的生活实践中，就表现出相当得一致。显然，《感应篇》等善书作为一种独立文类，并不是外在于整个世俗社会的宗教存在，而是有机镶嵌在整个社会的发展变迁中的。在沈复（1763—1832）的《浮生六记》中，记载着日常生活的情形：“日落时，登土山观晚霞夕照，随意联吟，有‘兽云吞落日，弓月弹流星’之句。少焉，月印池中，虫声四起，设竹榻于篱下。老妪报酒温饭熟，遂就月光对酌，微醺而饭。浴罢则凉鞋蕉扇，或坐或卧，听邻老谈因果报应事。三鼓归卧，周体清凉，几不知身居城市矣。”[⑤]这形象地说明，像善书所记载的因果报应，充盈于明清士绅的日常生活中，因果报应观念（就像灵异经验一样）的传递因此具有跨阶层性[⑥]，作为因果报应观念之载体的《感应

---

① 骆日升：《重刻太上感应篇序》，骆日升《骆台晋先生文集》卷2，郑焕章点校，北京：商务印书馆，2017年，第44页。

② 范尔梅在《读书小记》中就说，《论语·南宫适问于孔子》是“一部《感应篇》”，又说《孟子·邹与鲁閧》“此《孟子》中《感应篇》也”。参见范尔梅：《读书小记》“论语札记”卷2、“孟子札记”卷1，《四库全书存目丛书》子部第29册，第29、38页。杭辛斋则在《学易笔谈》中讥讽朱熹，说：“乃朱子《（周易）本义》犹谓以卜筮教人，示人以避凶趋吉之书，不几与《感应篇》《阴骘文》等量而齐观耶，是何异以璇玑玉衡而仅为指南针之用焉。”参见杭辛斋：《学易笔谈》卷2，南昌：江西教育出版社，2018年，第37页。

③ 林纾：《畏庐论文》，《清代诗文集汇编》编纂委员会编《清代诗文集汇编》第775册，上海：上海古籍出版社，2010年，第743页。

④ 马叙伦：《读书续记》卷1，北京：中国书店，1985年，第43a页。

⑤ 沈复：《浮生六记》，周如风等译，北京：中国画报出版社，2016年，第58页。

⑥ 王东杰：《探索幽冥：乾嘉时期两部志怪中的知识实践》，第31页。

篇》，也就可以“上以砥砺世之自修之士，下以训诫流俗”[①]。通过多元化的《感应篇》诠释和修辞化的思想争论，作为一种上与宋明理学对举、下与通俗文学对举的文类，《感应篇》经由多元化诠释、修辞化思辨，逐渐解决了与两者之间的紧张关系，进而推动明清士绅从文本诠释走向生活实践，即《感应篇》实践的日常化。

根据李昌龄所传《感应篇》中的灵验故事，宋元时期已可见实践《感应篇》的例子。抛开灵验故事本身，目前所见最早的例子当属长期在南京担任官职的陕西三原王氏家族，但因史料不多且流于孤证，无法对其进行“深描”（thick description）。本书在写作过程中，选取每个时代的典型案例，采用形而上的思想争论与形而下的日常实践相交替的办法展开叙述。书中提到的例子包括：晚明时期的儒生冒襄（及其父亲冒起宗）、清代初年《迎天榜》的作者黄祖颛、姚文然，长洲彭氏家族，以及晚清时期的林昌彝和俞樾，等等。近些年来，李孝悌在研究中反复强调，对明清士大夫文化的研究必须诉诸宗教世界的研究视角[②]。这种主张让人想到胡适的观点，他说：“其次讲到当时的宗教信仰。这里所谓宗教信仰，不是讲皇帝找和尚去谈禅学，而是说从这本传记中可以了解当时士大夫所信仰的是什么。”[③]胡适所说的传记指的是汪辉祖的《病榻梦痕录》。汪辉祖在《病榻梦痕录》中自称：“捡先人遗箧，得《太上感应篇注》。觉读之凛凛，自此晨起必虔诵一过，终身不敢放纵，实得力于此。”[④]这段自叙曾得到学者的反复引述。历来相信明清士绅的这种《感应篇》实践，并非如其思想争论一样，充满修辞。胡适所说“从这本传记中可以了解当时士大夫所信仰的是什么”的研究方法，正是本书关注明清士绅《感应篇》实践的原因所在。

晚明如皋冒氏家族“三世奉持《感应篇》”的传统，在奉持者中的第三世冒襄身上体现得最为明显。冒襄从童蒙时期就开始阅读和实践《感应篇》，此后由于社会动荡、家族疾病及家族衰落，积极实践《功过格》，膜

① 蔡仲光：《太上感应篇参注序》，《谦斋文集》卷 7，《清代诗文集汇编》编纂委员会编《清代诗文集汇编》第 43 册，上海：上海古籍出版社，2010 年，第 313a 页。

② 李孝悌：《恋恋红尘——中国的城市、欲望与生活》，第 9—11 页；《清末的下层社会启蒙运动（1901—1911）》，第 296—314 页。

③ 胡适：《论六经不够作领袖人才的来源——答孟心史先生》，《胡适全集》第 4 卷，第 545 页。

④ 汪辉祖：《病榻梦痕录》（《汪辉祖先生自定年谱》），王云五主编《新编中国名人年谱集成》第八辑，“乾隆十年”条，台北：商务印书馆，1980 年，第 14 页。

拜关帝和城隍等神祇。在此过程中，冒襄一面戒杀放生，一面参与地方救济事务，与汪辉祖所说“终身不敢放纵，实得力于此”颇为相似。冒襄与《感应篇》之间的密切关系，得益于其父冒起宗增注《感应篇》的行为。冒起宗将其增注《感应篇》的经过记录在文集中，同样是借助朋友陈宗九的梦境，以此作为家教（童蒙）的重要方式。这一故事经由黄祖颛《迎天榜》的演绎，进入到各种《感应篇》诠释文本中，成为著名的“被看”的灵验故事。通过黄祖颛《迎天榜》中冒起宗故事的原型，及其进入《迎天榜》的过程，可以看到《感应篇》诠释同明清科举之间的紧密联系——外在科举的困难与内在对科举的渴望形成强大的张力，这种张力是引导冒起宗故事发生流变的根本原因。

姚文然和长洲彭氏家族成员的情况与冒襄略有不同——冒襄只是生员，而姚文然和彭定求、彭绍升等均为进士乃至状元，是清代中前期重要的地方士绅乃至中央官员，甚至也是极为重要的理学家。其中，姚文然将儒家“敬天之学”作为建立善书信仰的基点，撰写了《感应篇备注》和《功过格拈案》等著名的善书著作。围绕姚文然及其对“性命之学”的关注，集聚了大批包括鲍祖彪、朱在庵和程宾梧等在内的江南士绅，形成了一个可以称之为“劝善共同体”的士绅群体[①]。除了私人生活中的道德劝善实践以外，姚文然还积极参与戒杀放生等乡里慈善活动，甚至将“敬天之学”为基础的善书信仰贯穿到平日的司法过程中。而在理学的造诣上，长洲彭氏家族成员不论是彭定求，还是彭绍升都要高于姚文然，从第四世彭珑开始形成“理学传家”以外的“善书传家”传统。通过以彭定求和彭绍升为核心的家庭成员的努力，编著《感应篇汇注》等多种善书，参与江南地方慈善活动。随着“善书传家”传统的形成，道教和佛教的因素叠加到原有的理学观念上，成为明清以来“三教合一”的典型写照和家族表现。长洲彭氏的这一家族传统后来一直持续到晚清时期，成为家族代代相传的重要传统。

经由《感应篇》诠释实践，清代中叶乾嘉学者的思想、学术与生活世界得以关联。除了朱溶、惠栋等《感应篇》文本的编纂者以外，其著名者如章学诚，也受祖父和父亲的影响下关注《感应篇》的刊刻与传播、阅读和实践。因此，《感应篇》的经典化过程，本身代表的是道德伦理（或精

① 这里借用艾尔曼“学术共同体”的概念，旨在强调在学术以外，善书对于士绅阶层的重要意义。参见艾尔曼：《从理学到朴学——中华帝国晚期思想与社会变化面面观》，赵刚译，南京：江苏人民出版社，1995年，第70页。

神心灵）的世俗化，因为任何诠释都是双向的①——经史考释的范式固然给予《感应篇》经典色彩，但是背后体现的是儒学的宗教化。即使发展至清代后期，晚清士绅同样在日常生活中实践《感应篇》。比如，林昌彝在母教（蒙学）中阅读《感应篇》的经历，使林昌彝建立了相当顽固的“圣贤之学在性善”的理念。为了将这种精神认同推行到社会教化或经世方面，林昌彝一再参加科举考试，试图在获得“权位”的基础上更好地以善书劝善。在最终未能如愿之后，作为地方乡绅的林昌彝也仍一以贯之地将这种精神认同实践下去，积极推动地方社会教化；比如，通过俞樾《感应篇缵义》对惠栋的批评，可以看到俞樾日常生活实践与晚清以前士绅之间的不同。如果说明清时期的士绅是为了立命（造命）而奉行善书的话，那么俞樾更多的是在宿命观念的影响下，以《感应篇》作为对现实（悲苦）命运的解释资源。因此，俞樾的善书信仰就体现为诵读《感应篇》、手抄《金刚经》与信奉占卜命相之学等诸多命理实践。

藉由冒襄、黄祖颛、姚文然、林昌彝、俞樾等人的日常实践，可以归纳出其中的三个重要倾向：其一，将善书与经书结合起来，从而将“异端之学”与“圣人之学”（或“圣贤之学”）结合起来，共同的读物型塑了共享的道德观念。其二，将善书与史书结合起来，从而在“感应之理”与“感应之案”之间建立了联系，并且可以保证后者来源的正统性和可信度（说服力）。其三，将善书与蒙书结合起来，从而在“精神认同”与“行为实践”之间建立了联系，使《感应篇》诠释获得了某种行动性力量。对此，胡适指出：

> 经学的影响不如史传，史传的影响又不如宗教，书本的教育又不如早年家庭的训育。而宗教所含成分，佛道远大于儒门；名为“六经尊服郑，百行法程朱”，实则《功过格》与《太上感应篇》的势力远超过《近思录》与《性理大全》或《传习录》也！至于家庭教育，则宗教与俗文的势力尤远过于六经四子书。②

① 举例来说，像吕留良和朱轼的例子就很能说明问题。在通常引用儒家经典诠释《感应篇》的情况下，吕留良和朱轼反过来用《感应篇》和《功过格》等善书对经典（四书）进行诠释，因此对《感应篇》等善书的诠释，也同时是对儒家经典的重新理解。参见成中英：《双向诠释与义理的深化与广化——跨文化与跨哲学的理解如何可能》，耿幼壮、杨慧琳主编《世界汉学》第7卷，北京：中国人民大学出版社，2011年，第8—12页。

② 胡适：《论六经不够作领袖人才的来源——答孟心史先生》，《胡适全集》第4卷，第545页。

胡适还指出："一个时代有一个时代的士大夫，一个国家有一个国家的范型式的领袖人物。他们的高下优劣总都逃不出他们所受的教育训练的势力。某种范型的训育自然产生某种范型的领袖。"[①]正是明清士绅在《感应篇》实践上的日常化，使得明清时期的士大夫呈现出"内在倾向"的时代气质。而对《感应篇》的日常化实践，就不仅"反映"而且"影响"了明清士绅的生命与思想。在私人领域层面的世俗与神圣问题上——正如白恺思所言，是"书籍"代替了"寺庙"[②]。

犹有进者，《感应篇》是一种"道家儆世之书"，承载着"释氏之说"，这种宗教性从来没有发生根本性变化——即使将《感应篇》视为"儒书""医书"或"蒙书"，也只是文本属性的叠加而非线性替代，因此，明清士绅《感应篇》实践的日常化，往往带有很强的宗教或仪式色彩。这体现在对《感应篇》文本的注释、诵读、手抄和劝善等诸多方面，比如，托梦降乩、立坛扶鸾、焚香告天，等等。由此可见，明清士绅对《感应篇》的实践，并不意味着《感应篇》与儒家经典是完全同质化的东西，而应当视为在明清时期"儒门淡薄，收拾不住"的历史情境下，儒学宗教化、世俗化（或庶民化）的表现。具体到明清时期《感应篇》的诠释而言，所谓"儒门淡薄，收拾不住"，指的是儒学在人性论和命运观上的困境，特别是二者无法借助感应机制建立对应性联系的困境[③]，像《感应篇》等善书得以作为一种补充，从儒学的缝隙中进入明清士绅的生活实践。经过明清士绅的思想争论及日常实践，善书观念与儒家义理相互结合。在这种情况下，儒学便具有了宗教性并继续以"正统"的姿态在社会中发挥作用。于是，在明清士绅看来，《感应篇》早已超越了"神道设教""为中下设"的目的，总是在有意无意中看到《感应篇》对自身道德规范的意义。比如，吴珂鸣《感应篇章句注》指出：

> 全篇言善恶之报，虽智愚并宜遵训，而其中言善而曰"是道则进，非道则退"，言恶则曰"非义而动，背理而行"，俱从

① 胡适：《论六经不够作领袖人才的来源——答孟心史先生》，《胡适全集》第4卷，第544页。

② Catherine Bell, *A Precious Raft to Save the World: The Interaction of Scriptural Traditions and Printing in a Chinese Morality Book*. p. 166.

③ 后来，方孝标对袁黄编纂《功过格》的理解是："先生亦明知言之杂，而不得不借以成其教耶。"参见方孝标：《光启堂文集》不分卷，《祈嗣真诠序》，第508a页。徐时栋虽强调"因果之说，儒者之言也"，但是也不得不承认"夫既言儒者之言矣，而必原于道释"。参见徐时栋：《重刊守身录序》，《烟屿楼文集》卷2，第245b—246a页。

道义体勘，岂为流俗人言？且篇中所指，凡为学居官之事多端，则此篇太上自为士子立训欤？[①]

这与前引程仁善“(《感应篇》) 岂为中下设”的表述几乎完全一致。类似这种“镜像式”（reflective）的看法，在明清时期的诸多《感应篇》诠释文本中随处可见[②]，方东树特别强调《感应篇》对士绅阶层的教化，即为典型例证。除了“镜像式”的自我观看以外，在诠释的双向互动中，“五经四子书，皆劝善书也，亦间及果报”[③]成为一种普遍的思想观念。这种观念的建立在“扩展”了善书范畴的同时，也“降格”了儒家经典的意义，使得双方最终殊途同归[④]。正是在这种的自我观看和双向诠释中，可以读出明清社会的开放性和流动性对于士绅阶层的意味[⑤]：正是在这种“镜像式”的自我观看中，《感应篇》不再仅仅用于劝化“愚夫愚妇”，甚至也不再是“道教儆世书”，而是一种可以资以修身、造乎圣域的手段[⑥]。经过长期、复杂和动态的多元化诠释、修辞化论争和日常化实践，《感应篇》构成了明清士绅的“第二文化”，成为明清时期“制造士大夫之具”，以“教科书”般的影响力型塑了明清士绅“内在倾向”的时代气质。

---

① 吴珂鸣：《太上感应篇章句注》，第 6a 页。

② 赵熊诏：《太上感应篇注训证》(《航中帆》) 认为“《感应篇》所说，多为读书士子居家服官而设”，“《感应篇》所说，多为有才气、有权力者而言”，第 4b—5a 页。

③ 冯桂芬：《窥天镜序》，《显志堂稿》卷 1，第 481b 页。

④ 曹聚仁批评说：“熊佛西先生曾写过一本《洋状元》的剧本，那位称呼‘父亲老同胞’，‘母亲老同胞’的洋状元，并非虚构之词，从外洋归来的洋状元，他觉得洋伦理样样都对，中伦理样样碍眼；宁可替‘飞洋伞’做忠仆跑腿，决不肯替老太爷担负；宁可在电车上让不相识的密司坐位，决不肯让老太太休息一回。人有广送《太上感应篇》，而效果全无者，劝读《孝经》的结果大概也是如此。”据此得出结论说：“目前最切要的工作，不在广读《孝经》，而在砥砺操守，大家莫再奖励失节卖身，才是道理！”从理论诠释、儒学辩论到行为实践，劝善之书同儒家经典之间的逐渐模糊。参见曹聚仁：《读〈孝经〉》，曹聚仁《曹聚仁杂文集》，北京：生活·读书·新知三联书店，1994 年，第 93 页。

⑤ 包筠雅指出：“那个时代的作品说明，当时精英们敏锐地关注着这样一个问题：这个相对开放的社会对上等人意味着什么？”参见包筠雅：《功过格——明清社会的道德秩序》，第 14 页。

⑥ 汤贻汾：《琴隐园诗集》卷 31《题罗翼云刺史母讳日所书阴骘文》就指出：“守此不违仁，圣域亦易造。”参见《续修四库全书》集部第 1502 册，第 329b 页。陆旦明《桂苑功过格》(“张祖仁跋”，第 15b 页) 也说：“是书笺注详明，寔足省身补过，苟由斯途而深造贤关圣域，想不远矣。”

附录一 《太上感应篇》正文校读

【明义章第一】

太上曰："祸福无门，唯人自召；善恶之报，如影随形。"

【示警章第二】

是以天[①]地有司过之神，依人所犯轻重，以夺人算[②]。算[③]减则贫耗，多逢忧患；人皆恶之，刑祸随之，吉庆避之，恶星灾之；算[④]尽则死。

【鉴察章第三】

又有三台北斗神君，在人头上，录人罪恶，夺其纪算[⑤]。又有三尸神，在人身中，每到庚申日，辄上诣天曹，言人罪过。月晦之日，灶神亦然。凡人有过，大则夺纪，小则夺算[⑥]。其过大小，有数百事，欲求长生者，先须避之。

【积善章第四】

是道则进，非道则退。不履邪径，不欺暗室；积德累功，慈心于物；忠孝友悌，正己化人；矜孤恤[⑦]寡，敬老怀幼；昆虫草木，犹不可伤。宜悯人之凶，乐人之善；济人之急，救人之危。见人之得，如己之得；见人之失，如己之失。不彰人短，不炫[⑧]己长；遏恶扬善，推多取少。受辱不怨，受宠若惊；施恩不求报，与人不追悔。

【善报章第五】

所谓善人，人皆敬之，天道佑[⑨]之，福禄随之，众邪远之，神灵卫之；

本部分以现今流行的版本为基础，参照李昌龄传、郑清之赞《太上感应篇》(《道藏》第27册，北京：文物出版社，1988年)，及徐陶璋《立命编》(《四库未收书辑刊》第八辑第14册)校读而成。

① "天"，《道藏》本作"大"，第7页。

② "算"，《道藏》本作"筭"，第7页。

③ "算"，《道藏》本作"筭"，第7页。

④ "算"，《道藏》本作"筭"，第10页。

⑤ "算"，《道藏》本作"筭"，第10页。

⑥ "算"，《道藏》本作"筭"，第11页。

⑦ "恤"，《道藏》本作"卹"，第17页。

⑧ "炫"，《道藏》本作"衒"，第24页。

⑨ "佑"，《道藏》本作"祐"，第30页。

所作必成，神仙可冀。夫[①]欲求天仙者，当立一千三百善；欲求地仙者，当立三百善。

【诸恶章第六】

苟[②]或非义而动，背理而行；以恶为能，忍作残害；阴贼良善，暗侮君亲；慢其先生，叛其所事；诳诸无识，谤诸同学；虚诬诈伪，攻讦宗亲；刚强不仁，狠戾自用；是非不当，向背乖宜；虐下取功，谄上希旨；受恩不感，念怨不休；轻蔑天民，扰乱国政；赏及非义，刑及无辜；杀人取财，倾人取位；诛降戮服，贬正排贤；凌孤逼寡，弃法受赂；以直为曲，以曲为直；入轻为重，见杀加怒；知过不[③]改，知善不为；自罪引他，壅塞方术；讪谤贤圣，侵凌道德。射飞逐走，发蛰惊栖；填穴覆巢，伤胎破卵；愿人有失，毁人成功；危人自安，减人自益；以恶易好，以私废公，窃人之能，蔽人之善；形人之丑，讦人之私；耗人货财，离人骨肉；侵人所爱，助人为非；逞志作威，辱人求胜；败人苗稼，破人婚姻；苟富而骄，苟免无耻；认恩推过，嫁祸卖恶；沽买虚誉，包贮险心；挫人所长，护己所短；乘威迫胁，纵暴杀伤；无故剪裁，非礼烹[④]宰；散弃五谷，劳扰众生；破人之家，取其财宝；决水放火，以害居民[⑤]；紊乱[⑥]规模，以败人功；损人器物，以穷人用。见他荣贵，愿他流贬；见他富有，愿他破散；见他色[⑦]美，起心私[⑧]之；负他货财，愿他身死；干求不遂，便生[⑨]咒[⑩]恨；见他失便，便说他过；见他体相不具而笑之，见他材能可称而抑之。埋蛊厌人，用药杀树；恚怒师傅，抵触父兄；强取强求，好侵好夺；掳[⑪]掠致[⑫]富，巧诈求迁；赏罚不平，逸乐过节；苛虐其下，恐吓于他；怨天尤人，呵风骂雨；斗合争讼，妄逐朋党；用妻妾语，违父母训；得新忘故，口是心非；贪冒于财，欺罔其[⑬]上；造作恶语，谗毁平人；毁

① “夫”，《立命编》本无“夫”字，第523页。
② “苟”，《道藏》本作“若”，第35页。
③ “不”，《道藏》本作“必”，当误。第55页。
④ “烹”，《道藏》本作“享”，当误。第81页。
⑤ “居民”，《立命编》本作“民居”，第524页。
⑥ “乱”，《道藏》本作“人”，当误。第83页。
⑦ “色”，《道藏》本有注“一作室”，第87页。
⑧ “私”，《道藏》本作“科”，当误。第87页。
⑨ “生”，《道藏》本作“即”，第89页。
⑩ “咒”，《道藏》本作“呪”，第89页。
⑪ “掳”，《道藏》本作“虏”，第95页。
⑫ “致”，《道藏》本作“至”，第95页。
⑬ “其”，《道藏》本作“于”，第103页。

人称直，骂神称正；弃顺效逆，背亲向疏；指天地以证鄙怀，引神明而鉴猥事。施与后悔，假借不还；分外营求，力上施设；淫欲过度，心毒貌慈；秽食餧人，左道惑众；短尺狭度，轻秤小升；以伪杂真，采取奸利；压良为贱，谩蓦愚人；贪婪无厌，咒[①]诅求直。嗜酒悖乱，骨肉忿争；男不忠良，女不柔顺；不和其室，不敬其夫；每好矜夸，常行妒忌；无行于妻子，失礼于舅姑；轻慢先灵，违逆上命；作为无益，怀挟外心；自咒[②]咒[③]他，偏憎偏爱；越井越灶，跳食跳人；损子堕胎，行多隐僻；晦腊歌舞，朔旦号怒；对北涕唾及溺，对灶吟咏及哭；又以灶火烧香，秽柴作食；夜起裸露，八节行刑；唾流星，指虹霓；辄指三光，久视日月；春月燎猎，对北恶骂，无故杀龟打蛇。

【恶报章第七】

如是等罪，司命随其轻重，夺其纪算[④]。算[⑤]尽则死；死有余责，乃殃及子孙。又诸横取人财者，乃计其妻子家口以当之，渐至死丧。若不死丧，则有水火盗贼、遗亡器物、疾病口舌诸事，以当妄取之值[⑥]。又枉杀人者，是易刀兵而相杀也。取非义之财者，譬如漏脯救饥、鸩酒止渴，非不暂饱，死亦及之。

【指微章第八】

夫心起于善，善虽未为，而吉神已随之；或心起于恶，恶虽未为，而凶神已随之。

【悔过章第九】

其有曾行恶事，后自改悔，诸恶莫作，众善奉行，久久必获吉庆，所谓转祸为福也。

【力行章第十】

故吉人语善、视善、行善，一日有三善，三年天必降之福；凶人语恶、视恶、行恶，一日有三恶，三年天必降之祸。胡不勉而行之？

---

① “咒”，《道藏》本作“呪”，第115页。
② “咒”，《道藏》本作“呪”，第123页。
③ “咒”，《道藏》本作“呪”，第123页。
④ “算”，《道藏》本作“筭”，第135页。
⑤ “算”，《道藏》本作“筭”，第135页。
⑥ “值”，《道藏》本作“直”，第139页。

附录二　中国近世《感应篇》知见录

凡　例

一、本编既收录《感应篇》存世版本，也收录存目版本。其中，前者主要见于国家图书馆、南京图书馆、上海图书馆、浙江省图书馆、苏州图书馆、温州图书馆、福建省图书馆、厦门大学图书馆、复旦大学图书馆等公藏机构，及其他影印大型出版物，后者主要依据明清文人文集和地方志。

二、本编按照时代顺序排列，分为宋代（960—1279）、元代（1271—1368）、明代（1368—1644）、清代（1644—1911）和民国（1912—1949）五个部分，各朝代复以作者生卒年按照时间顺序排列，各著作之下再按照所见文献的时代顺序罗列。生卒年无考（待考）的作者置于各部分末尾。

三、本编所收《感应篇》存世文本多注明馆藏地点，或收入的大型丛书名称，部分兼及出版信息，所引书目不再计入参考资料；所收《感应篇》存目版本多考订全书主要内容及作者生平经历，根据文献记载依次注明作者、书名、出版信息、卷数和页码等信息，所引书目亦不再计入参考文献。

一、宋代（960—1279）

001. 李昌龄（伯崇，937—1008）《太上感应篇》（《太上感应篇注》《太上感应篇集注》《太上感应篇至言详解》）

——释志盘《佛祖统纪》卷三十六载："本朝李昌龄有注《感应篇》，旁引释道经论，及世间传记，以为善恶报应之验，最有发明。近世卿贵有为赞以并行者，尤见慕善之意。"

——晁公武《郡斋读书志》"附志·神仙类"载："《太上感应篇》八卷，右汉嘉夹江隐者李昌龄所编也。希弁生父师回尝为之序，四明史弥忞跋其后曰：'赵公所序，祸福善恶之报为尤详，可谓爱人以德者。余尝守袁，喜袁人之乐于趋善，因阅是序，矍然起敬。'而程公许、汤中继书之。"

——真德秀《西山文集》卷二十七《感应篇序（代外舅作）》载："《感

应篇》者，道家儆世书也。蜀士李昌龄注释，其义出入三教中，凡数万言。余连蹇仕途，志弗克遂，故常喜刊善书以施人。”

——脱脱《宋史》卷二百零五，志第一百五十八《艺文志第四》载：“李昌龄《感应篇》一卷。”

——曾枣庄主编《宋代序跋全编》第 8 册（济南：齐鲁书社，2015 年，第 5120 页）收叶应辅《太上感应篇至言详解跋》载：“太史公作《伯夷傅》，有曰：‘近世操行不轨，专犯忌讳，而终身逸乐富厚，累世不绝，或择地而蹈之，时然后出言，行不由径，非公正不发愤，而遇灾祸者不可胜数也。’范孟博诫诸子：‘吾欲使汝为恶，恶不可为；使汝为善，则我不为恶。’合二子之谕而观之，而感应之说遂穷，使后世为善者惧，为恶者肆，未必不系此也。余谓有天道，有人道。福善祸淫，天之道也；趋善远恶，人之道也。为人行人道而已，而祸福何知焉！《感应篇》之作，为不能择善而行者设尔。人心未尝无所畏，上焉畏义，其次畏祸。读是书者，见为恶得祸之可畏，充畏祸之心，而畏善之心萌焉，则庶矣。端平丙申二月既望，里人叶应辅谨书。”（宋刻本《太上感应篇至言详解》卷末）按此跋文与《道藏》本《感应篇注》前附叶应辅《太上感应篇叙》同，惟加说明“宋刻本《太上感应篇至言详解》卷末”。

——朱睦㮮《万卷堂书目》卷三《道家》载：“《太上感应篇注》八卷，李昌龄。”

——王圻《续文献通考》卷一百七十九《经济考》载：“《太上感应篇注》，李昌龄著。”

——徐乾学《传是楼书目》卷三《子部》载：“(《太上感应篇》) 又一部，李昌龄注，四本。”

——现收录于《道藏》第 12 册（北京：文物出版社等，1988 年），中国学者饶宗颐、王利器、朱越利，法国学者施舟人（Kristofer M. Schipper）等，均对此一版本有过考证。

002. 陈阐（伯通，生卒年不详）《感应经注释》

——乾隆《仙游县志》卷四十六《艺文志》载：“陈阐《盐政议》三卷、《感应经注释》。”

——何乔远《闽书》卷一百一十八《缙绅》：“皇佑元年己丑，丘子谅、吴演、郑升、陈公言、陈淳、蔡立、陈阐（一名方）。”可知陈阐为宋皇佑元年己丑科（1049）进士。宋赵与泌、黄岩孙等纂修《(宝佑) 仙溪志》卷四《人物》载：“陈阐，字伯通，皇佑元年登进士第。历汀州武平县令，洞獠贩盐挟刃，久为民患。公明立斥堠，训諫丁壮，讫公之去，境内晏然。知广德县，县旧多滞讼，公与民面议可否立决，辟监建州丰国监，时廖恩啸聚闽岭，一路骚然，安抚司檄，公经画。其置水口仓、立锁港，均定八州盐。佑以弭攘，皆自公发之。凡六年，岁课增三十六万缗，未尝自言。通判泉州，知建州，岁饥，境内有竞籴者，令疑以为盗，以状白于州者数十。公曰：'一日之聚至数百人，此何盗而遽如许耶？殆不过以饥故争食尔已。'而推验信然。遂檄县杖而释之，促令出粟赈贷，众遂复业。知莱州，郡人信服，相与画像祠之力，求挂冠。终于私第。官至朝请大夫勲官，至柱国，赐服至三品。子子平，朝奉大夫。子辉，朝请大夫，累赠金紫光禄大夫。有《盐法议》三卷，《文集》数十卷。"按陈阐此书虽题名《感应经注释》，或非《感应篇》之注释，可能是汉东方朔或唐李淳风《感应经》的诠释本。

003. 虚靖天师（1092—1128）《太上感应篇颂》

——元《居家必用事类全集》癸集载："《太上感应篇》虚靖天师颂曰：'人之一性，湛然圆寂。涉境对动，种种皆妄。一念失正，即是地狱。敬诵斯文，发立汗下。煨烬心火，驯服气马。既以自镜，且告迷者'。"另外，本颂还见于《道藏》本李昌龄《太上感应篇》及多种明清《感应篇》诠释本中。

004. 郑清之（安晚，1176—1252）《感应篇赞》

——陈坚《太上感应篇图说》卷首"仇远序"（《丛书集成续编》第46册）载："尝见善斋李先生注《感应篇》，其善善恶恶之言，如指诸掌鬫。而郑相安晚、汤侯北村、徐公博雅辑而为赞，衍而为解，韵而为诗，愈益明白。"按仇远《太上感应灵篇图序》复收入阮元《两浙金石志》卷十六、《山村遗集稗史》"杂文"。

——陈起《芸居乙稿》（不分卷）载："安晚先生送自赞《太上感应篇》，帙首御题'诸恶莫作，众善奉行'八字，辅以佑圣像一轴两诗见意云。"

——阮元《两浙金石志》卷十六《元太上感应篇注释碑》载："按《太上感应篇》不见隋唐暨诸家书录，惟宋《艺文志》有'李昌龄《感应篇》一卷'。《道藏》目《太上感应篇》三十卷，此元季所刻。据仇山村《跋》，宋时又有郑安晚、汤北村、徐博雅诸家。今郑清之书尚有传本，而惟李善斋注为最先。"按郑安晚即郑清之，汤北村或当指元汤炳龙（1241—1323，字子文，号北村老民）。又阮元谓"今郑清之书尚有传本"，笔者搜寻未见。

——阎若璩《潜邱札记》卷五载："右《太上感应篇》，不知起自何时。……惟宋理宗命郑清之作序，自是始大行于世。"

——张寿镛编、曹亮增订《四明经籍志》卷三十八《子部十三·释家类》（宁波：宁波出版社，2017 年，上册，第 333 页）载：“《太上感应篇赞》，宋郑清之撰。”

005. 李道纯（莹蟾子，1219—1296）《感应篇劝世诫文》

——朱睦㮮《万卷堂书目》卷三《道家》载：“《感应篇劝世诫文》一卷，《体玄冲虚集》一卷，李道纯。”潘雨庭《论李道纯及其著作》（《道教史发微》，上海：上海社会科学院出版社，2003 年，第 159—167 页）并未著录此书。又李道纯曾撰《太上老君说常清静经注》《中和集》《周易尚占》等著作。

006. 汤炳龙（北村，1241—1323）《感应篇解》

——陈坚《太上感应篇图说》卷首“仇远序”（《丛书集成续编》第 46 册）载：“尝见善斋李先生注《感应篇》，其善善恶恶之言，如指诸掌嗣。而郑相安晚、汤侯北村、徐公博雅辑而为赞，衍而为解，韵而为诗，愈益明白。”

——阮元《两浙金石志》卷十六《元太上感应篇注释碑》载：“按《太上感应篇》不见隋唐暨诸家书录，惟宋《艺文志》有‘李昌龄《感应篇》一卷’。《道藏》目《太上感应篇》三十卷，此元季所刻。据仇山村《跋》，宋时又有郑安晚、汤北村、徐博雅诸家。今郑清之书尚有传本，而惟李善斋注为最先。”

——顾堃《觉非盦笔记》卷六载：“惠氏栋云：《太上感应篇》即《抱朴子》所述汉世道戒，如三台、北斗、司命、灶神之属，证诸经传，无不契合，非后人所能假托。然隋《经籍》、唐《艺文志》皆无之，宋《艺文志》始有‘李昌龄《感应篇》一卷’。此书之传，盖自李始矣。据仇山村跋，则宋有李善斋注，其后郑相安晚、汤侯北村、徐公博雅辑而为赞，衍而为解，韵而为诗。今惟郑清之书载于《道藏》，余无闻焉。”

007. 徐博雅（生卒年不详）《感应篇诗》

——陈坚《太上感应篇图说》卷首“仇远序”（《丛书集成续编》第 46 册）载：“尝见善斋李先生注《感应篇》，其善善恶恶之言，如指诸掌嗣。而郑相安晚、汤侯北村、徐公博雅辑而为赞，衍而为解，韵而为诗，愈益明白。”

——阮元《两浙金石志》卷十六《元太上感应篇注释碑》载：“按《太上感应篇》不见隋唐暨诸家书录，惟宋《艺文志》有‘李昌龄《感应篇》一卷’。《道藏》目《太上感应篇》三十卷，此元季所刻。据仇山村《跋》，宋时又有郑安晚、汤北村、徐博雅诸家。今郑清之书尚有传本，而惟李善斋注为最先。”

——顾堃《觉非盦笔记》卷六载："惠氏栋云：'《太上感应篇》即《抱朴子》所述汉世道戒，如三台、北斗、司命、灶神之属，证诸经传，无不契合，非后人所能假托。'然《隋（书）·经籍（志）》《唐（书）·艺文志》皆无之，《宋（史）·艺文志》始有'李昌龄《感应篇》一卷'。此书之传，盖自李始矣。据仇山村跋，则宋有李善斋注，其后郑相安晚、汤侯北村、徐公博雅辑而为赞，衍而为解，韵而为诗。今惟郑清之书载于《道藏》，余无闻焉。"

008. 殷震亨（1243—1332）《太上感应篇集注》（《传释感应篇》）

——至正《昆山郡志》卷五《释老》载："殷震亨，字符震，号在山，淮东崇明人也……所撰录有《在山稿》《简验医方》《传释感应篇》，皆锓梓以行世。"

——康熙《重修崇明县志》卷十一《仙释》载："殷震亨，号元振，别号在山，西沙人，为宝庆观住持，好吟咏，有《在山稿》《太上感应篇集注》《简验医方》行世。"

——嘉庆《直隶太仓州志》卷四十九《释道》载："殷震亨，号元振，别号在山，西沙人……有《在山稿》《太上感应篇集注》《简验医方》行世。"

——嘉庆《直隶太仓州志》卷五十二《艺文》载："《在山稿》，殷震（亨）著，下同。《集注感应篇》《简验方》。"

——民国《崇明县志》卷十六《人物·释道》载："《感应篇集注》《简验医方》，殷震撰。"后附考证："《光绪志》云：'《在善诗稿》《感应篇集注》《简验医方》三书，《州志》于太仓作殷震著，于崇明作僧绍时著。复载而撰人歧异。'按震系道士，《感应篇》本道家，僧何为而注，《元史·艺文》有殷震《简验医方》，其不出僧绍时可证。"按嘉庆《直隶太仓州志》卷五十七《艺文六》载："《在山稿》，僧绍时著，下同。《集注感应篇》《简验方》。"

——马一平主编《昆山历代医家录》（北京：中医古籍出版社，1997年，第9页）载："殷震亨，字元震，号在山。宋末元初淮东崇明（今属上海）人。生于宋淳祐七年（1247），卒于元至顺三年七月十八日（1332—8—9）。出身海漕显宦之家，震亨独喜诗文。初居苏州，为宝庆寺住持。元大德初年徙昆山，为岳宫开山住持。在岳楼之右筑室修圃，藏书史，莳花木，为宴息之所。广微天师为其室题'在山吟墅'匾额，日与骚人墨客觞咏其间。性嗜书，尤好岐黄术，著有《简验医方》（一作《简验方》，已佚）、《在山吟稿》《太上感应篇集注》（一作《传释感应篇》），皆锓梓以行。85岁趺坐出火自化。"

009. 陈言（生卒年不详）《感应篇》

——正德《建昌府志》卷八《典籍》载："《感应篇》《三因方》，陈言著。"

二、元代（1271—1368）

001. 陈坚（君实，生卒年不详）《太上感应篇图说》（《太上感应灵篇图说》）

——丁仁《八千卷楼书目》卷十三《子部》载："《感应编图说》一卷，元陈坚撰，抄本。"

——阮元《两浙金石志》卷十六《元太上感应篇注释碑》附载："《感应篇》，惩恶劝善之书也。世多以为道家文字，非儒者所尚。又其言不能常接于心目，虽前贤句为之传，篇为之赞，长篇巨帙，大字正书，有束之高阁，新若手未触者，遂使太上之言几于具文……泰定甲子上元钱唐陈坚君实绣梓奉劝……惟《宋・艺文志》有'李昌龄《感应篇》一卷'，《道藏》目《太上感应篇》三十卷，此元季所刻。据仇山村跋，宋时又有郑安晚、汤北村、徐博雅诸家。今郑清之书尚有传本，而惟李善斋注为最先。钱塘陈君坚又能析条比事，例图附之，揭之座右焉。元季纂图互注，书林积习，此必有木刻并图行世，而刻石不及列图也。"

——西北五省社科院图书情报协作组编《西北五省社科院馆藏古籍线装书、文献、外文及港台报刊联合目录》（银川：宁夏人民出版社，1991年，第137页）"道教部"载："《太上感应篇图说》八卷，（元）陈坚撰，清同治十三年（1874年）兰州官署刻本，十二册。"

——现收录于《藏外道书》第12册（成都：巴蜀书社，1994年）、台北《丛书集成续编》第46册（台北：新文丰出版公司，1988年）、上海《丛书集成续编》第97册（上海：上海书店出版社，1994年）等多种丛书。

002. 赵孟頫（子昂，1254—1322）《太上感应篇》（书法）

——张照等编《秘殿珠林》卷十五载："元赵孟頫书《太上感应篇》一册。"

——李舒《赵孟頫年谱考订》"元仁宗皇庆元年，五十九岁"条（李舒《艺术巨匠赵孟頫》，北京：紫禁城出版社，2017年，第203页）载："十二月一日，书《太上感应篇》一册。《秘殿珠林初编》卷十五《元赵孟頫书太上感应篇一册》：'磁青笺本，泥金楷书。后附真西山序。款识云：皇庆元年十二月朔日，吴兴赵孟頫熏沐敬书。'计八页。"

三、明代（1368—1644）

001. 刘长春（体玄子，1351—1432）《太上感应篇集注》（《增注感应篇》）

——徐乾学《传是楼书目》卷三《子部》载："《太上感应篇集注》，长春真人刘渊然，一本。"

——万斯同《明史》卷一百三十五，志第一百零九《艺文三》载："刘长春《增注感应篇》一卷，字渊然。"

——黄虞稷《千顷堂书目》卷十六《道家类》载："刘长春《增注感应篇》一卷，字渊然。"按葛寅亮《金陵玄观志》卷一《长春刘真人传略》载："真人氏刘，讳渊然，号体玄子，世居徐州萧县。谒原阳于雩都紫阳观，尽得全真秘妙之术。洪武庚午，往谒龙虎山，道过南昌。时岁大旱，藩臬诸官邀之致雩，即日甘雨如澍。已而太祖高皇帝闻真人道行，召至阙下，屡问天人相与，果何所感？真人具以实对，深契宸衷。及试之符法，无不验者。乃赐以法剑，号高道，馆之朝天宫，眷待甚至。复命有司于宫之西北，建屋数十楹，扁日西山道院，以居之。戊寅夏五月朔，驾幸朝天宫，至道院，面加抚慰。命随入内廷，赐坐右顺门，咨询移时方退。翌日，遣中贵人赍手诏，命其游名山洞府，求谒神人，以神其神。诘朝入谢，赐膳及纱衣、楮镪，乘驿去。"该传系明大学士杨荣（1371—1440）所撰。

002. 李函虚（复诚，生卒年不详）《感应篇注》

——王至全《道教陇西的发展与活动简介》（政协甘肃省陇西县委员会文史资料委员会《陇西文史资料选辑》第1辑，内部资料，1995年，第50页）载："李函虚是明初著名道士，字复诚，大号北京李爷，为龙门派第14代。注释过《道德经》《南华经》《参同集》《悟真篇》《感应篇》《阴符经》等经籍，道学高明，精通长寿之术，149岁（又说249岁）而羽化。"未知其所据。

003. 施仁（近甫，生卒年不详）《太上感应篇八事图说》

——何乔远《闽书》卷一百一十八《缙绅》载："施仁，字近甫，龙溪人。少以圣贤自期，博洽善属文，顾举业非其好也，同邑林魁一见奇之。弱冠负笈游莆者三载，与黄未轩、周翠渠诸先生，靡不论世尚友。归而躬行孝弟，父母兄弟间，动相规切期谕诸道。与同时潘鸣时、高则贤、潘桂芳、周一阳称'五贤'……所梓有《建安兴学录》《复古议》《太上感应篇八事图说》，无非诱翼人心，还古之道。"

——李清馥《闽中理学渊源考》卷五十三《县令施近甫先生仁》载："施仁，字近甫，龙溪人。少以圣贤自期，博洽善属文，顾举业非其好也。同邑林魁一见奇之，弱冠负笈游莆者三载，于黄未轩（黄潜/黄仲昭，1435—1506）、周翠渠（周瑛，1430—1518）诸先生，靡不论世尚友。归而躬行孝弟，父母兄弟间，动相规切期谕诸道。与同时潘鸣时、高则贤、潘桂芳、周一阳称五贤……所梓有《建安兴学录》《复古议》《太上感应篇八事图说》，无非诱翼人心，还古之道（《闽书》《郡志》）。"

004. 顾亮（寅仲，生卒年不详）《感应篇注》（《注太上感应篇》）

——崇祯《吴县志》卷四十七《人物志》载："顾亮，字寅仲。生五月，而父伯雍没，鞠于母。幼颖悟……所著有《东斋集》《家范匡正录》，又取诸史传有关劝惩者，注《感应篇》二十卷。"按顾亮为顾竑（1435—1471）之父。

——黄虞稷《千顷堂书目》卷十六《道家类》载："顾亮《注太上感应篇》二十卷，字寅仲，吴县人，正德间况钟为郡守，聘请为幕僚师。"

——万斯同《明史》卷一百三十五，志第一百九十《艺文志》载："顾亮注《太上感应篇》二十卷。"

——乾隆《江南通志》卷一百九十二《艺文志》载："《感应篇注》二十卷，长洲顾亮。"

——同治《苏州府志》卷一百三十六《艺文一》载："顾亮《注感应篇》二十卷、《辨惑续编》七卷，《附录》二卷（因谢应芳之书增损衍释之）、《省己录》一卷、《家匡正录》《厚伦集》《東斋集》。"

——民国《吴县志》卷五十六上《艺文考一》载："顾亮注《感应篇》二十卷、《辨惑续编》七卷，《附录》二卷（因谢应方之书增损衍释之）、《省己录》一卷、《家匡正录》《厚伦集》《東斋集》。"

——吴建华主编《苏州通史・明代卷》（苏州：苏州大学出版社，2019年，第558页）载："顾亮，字寅仲，长洲人。正德中，况钟为苏州知府，曾聘致幕中。他有感于元谢应芳《辨惑编》，作《辨惑续编》7卷、《附录》2卷，因为世俗养生送死，大抵为吉凶拘忌、师巫之说所惑，他辑古今书传，分为七门，申明其说。"按况钟（1383—1443），字伯律，号龙冈、如愚，江西靖安人。为官清廉，与包拯、海瑞齐名。

005. 何永达（成章，1472—1566）《感应篇续编》（《感应篇》）

——何明述《〈井鉴〉后跋》（郭汉儒编，政协定西市安定区委员会整理《陇右文献录》，兰州：甘肃文化出版社，2014年，第291页）载："闻宇内不朽者三，而立言居其一。苟有裨于世道，有补于人心，鲜不以金镜珍之、金石铭之矣。追维述先祖何公，自号拙庵。自做秀才时，研究圣典，博览贤书，志原不在富贵也。既而仕宦，任直隶清丰县丞，直了读书半局耳。乞休归来，不耽逸，不他营，而惟孜孜立言之是愿。所著有《圣谕解》《清净科疏》《春秋井鉴》《林泉偶得》《救劫章》《感应篇续编》，凡七书，皆物身善世，趋利避害之铭箴也。书无遗言，言无漏义。见者闻者，莫不饮且食之。曰：'此救世之药也。'寿九十五，卒于家。"

——赵忠《〈井柳集〉小叙》（《暗斋论稿》上册，兰州：甘肃人民美术出版社，2019 年，第 129 页）载："何永达（1472—1566），字成章，号拙庵，又号无逸子，晚号井鉴，甘肃河州人。明正德六年（1511）共生，嘉靖八年（1529）任直隶清丰县丞。嘉靖十三年（1534）致仕，居家教读，潜心著述。著有《春秋井鉴》《临泉偶得》《八图说》《圣谕解》《清净科疏》《救劫章》《感应篇》等传世，是河州一地在明代著作最多者。"

006. 汤宾（继寅，1514—1585）《太上感应篇注解》

——民国《南皮县志》卷十一《文献志五·著述》载："《通史评咏》四卷、《大易探原》《交川文集》六卷、《海防条议》三卷、《明医杂著》四卷、《太上感应篇注解》二卷、《百事箴》二卷、《药性指南》，汤宾著。"

——光绪《南皮县志》卷十《人物志》载："汤宾，字继寅，别号交川，嘉靖庚戌（1550）进士。"又张佳胤《通议大夫都察院右副都御史交川汤公宾墓表》（焦竑《国朝献征录》卷六十二）载："至乙亥京职大察，公中逸言，得旨致仕。公既襄大事，囊装如洗，日惟课农教子。凡大夫有司之干旋并皆谢绝。暇或群一二着宿，缀菜浊酸，共话桑麻。有司岁举乡饮，一与不复再。而公仪貌修伟，内无城府，与物甚和；而介然之守，万夫难夺。公其吾榜之贤乎！公生于正德九年十二月初七日，卒于万历十三年正月二十六日，年七十二岁。"

007. 陈嘉谟（世显，1521—1603）《太上感应篇句解》

——万斯同《明史》卷一百三十五，志第一百零九《艺文三》载："陈嘉谟《太上感应篇句解》八卷。"

——黄虞稷《千顷堂书目》卷十六《道家类》载："陈嘉谟《太上感应篇句解》八卷。"按明代名为"陈嘉谟"者有二：一为安徽祁门人，御医（1486—1570）；一为嘉靖二十六年（1547）进士，曾担任给事中、四川按察副使、湖广布改司左参政等职（1521—1603）。此书作者当指后者，陈嘉谟传见张廷玉《明史》卷二百八十三，传第一百七十一。

008. 汤震和（噩严，生卒年不详）《感应篇新注》《感应明征》

——崇祯《乌程县志》卷七《乡逸》载："汤震和，号噩严，力学敦伦，守严一介，皆能实遵圣教，故有‘汤夫子’之称。晚年辑成《感应篇新注》二卷，《感应明征》五卷。太守陈筠塘阅之，谓其足翼六经，特为叙其端。年大耄，尤笃学不倦。举乡宾。”

——同治《湖州府志》卷五十九《艺文略四》载：“汤震和《感应篇新注》二卷、《感应明征》五卷（汤震和，号噩严，乌程人，力学敦伦，有‘汤夫子’之号。晚年辑成此书，太守陈幼学序）。”按陈筠塘（幼学，1522—1623），江苏无锡人，万历十七年（1589）进士，世称“东林之儒者”。

009. 程大纶（生卒年不详）《太上感应篇》（碑刻）

——张金科、姚锦玉、邢爱勤主编《三晋石刻大全·临汾市浮山县卷》（太原：三晋出版社，2012年，第89—90页）载：“太上感应篇碑。明嘉靖四十年（1561）勒石。现存于张庄乡梁村老君洞石梁殿门左壁。//碑青石质，长方形，高95厘米，宽53厘米。32行，1 356字，楷书。”原碑文节录如下：“太上感应灵篇。邑庠生西尚壬廷厚书丹，衡廷枝、衡廷析绘，石匠飧工崔腾。……时大明嘉靖藏在辛酉季春吉旦//平阳府浮山县信士东润程大纶谨述刊立。”按程大纶另撰有《太上显化序》，见于张庄乡梁村老君洞《太上老君八十一显化石刻图》前。

010. 云栖袾宏（莲池，1535—1615）《太上感应篇注》

——茅元仪《暇老斋杂记》卷二十二载：“宋时有《太极感应篇》（原文如此，盖‘太上感应篇’之误。——引者）一书，大率道家之学，等次人所善恶大小，列之以数，使人自验所为乘除之。虽其言未必一一皆中，然要之使人趋善避恶耳。近世袁了凡黄二十余从孔先生卜，始决志读书，后于考较饩食，靡不验，遂自谓终一。四川大尹而无子，后从荆山禅师闻立命之学，遂依《感应篇》自力为善，得擢科第，官至职方郎，赐金紫，赠尚宝。少卿子亦擢进士，其所著《立命篇》述之甚详。云栖大师因以释家之道损益《感应篇》。余当十六七时，尝合而梓之，名曰《了妄录》。”

011. 周茂中（伯冕，生卒年不详）《感应篇注释》

——乾隆《泉州府志》卷四十八《循绩》载：“周茂中，字伯冕，号杜林，晋江人，嘉靖癸卯（1543）举人……归，茂中笃于至性，而淡于尘情。晚年嗜养生家言，读《黄庭经》《参同契》《悟真》《感应》诸篇，咸有注释。”

——乾隆《泉州府志》卷七十四《艺文志》载：“周茂中《黄庭经注释》《参同契注释》《悟真编注释》《感应篇注释》。”

012. 于广慧（生卒年不详）《太上感应篇标元》

——怡性堂主人《感应篇集证》，卷首“附录”载：“是经久在《道藏》中，至宋理宗乃表而出之，李西蜀为之传，郑四明为之赞，真西山为之序，而后乃大显。近代有周海门《辑略》，王弱生《集传》，陈伯元《证释》，冒嵩少（即冒起宗）《增注》，于广慧《标元》，柴省轩《直解》，于觉世《赘言》，徐久能《注疏》，徐梦元、夏纶《集注》，朱圣奇《梳解》，茅、张、程、何《图说》，又有张元超、徐伯仪、陈堦六、沃余廉诸刻，统计百余家。其最善者，则有朱在庵《说定》，集群书之大成，尤称善本。洪楚产云：'《感应》一书，历汉而唐，自宋而明，敬奉已久，大要皆修身事天之学。'康范生云：'历代仁主以至修士，互相阐发，无非欲人为善无恶之意，可不勉励欤？'"

——莲池大师《莲池大师文集》（张景岗点校，北京：九州出版社，2013 年，第 647 页）"遗稿"中有《示于广慧》一篇，全篇如下："古云：'杂念是病，念佛是药。'念佛正治杂念，而不能治者，因念不亲切也。杂念起时，即用心加功念佛，字字句句精一不二，杂念自息矣。"可知于广慧同莲池大师有交游。

013. 谢杰（汉甫，1535—1604）《太上感应篇增注》

——乾隆《福建通志》卷七十二《艺文志》载："谢杰《太上感应篇增注》四卷。"按谢杰字汉甫，长乐人，万历初进士，万历七年（1579）奉命册封琉球王国副使。其传见张廷玉《明史》卷二百二十七，列传第一百一十五。

——乾隆《长乐县志》卷九《艺文・著述》载："《李头陀传》《太上感应篇增注》四卷，俱谢杰。"

——道光《重纂福州府志》卷六十九《经籍三》载："《顺天府志》六卷，谢杰撰。《太上感应篇恒注》四卷（原文如此。——引者）、《杜律笺言》二卷、《天灵山人集》二十卷、《棣萼北窗吟稿》十三卷、《蕉鹿集》此使琉球时作。《白云编》二卷，杰万历甲戌进士，见《列传》。"

——民国《长乐县志》卷十九《艺文・著述》载："谢杰《太上感应篇增注》四卷。"谢杰传见张廷玉《明史》卷第二百二十七，传第一百一十五。

014. 周汝登（海门，1547—1629）《感应篇辑略》

——怡性堂主人《感应篇集证》卷首"附录"载："是经久在《道藏》中，至宋理宗乃表而出之，李西蜀为之传，郑四明为之赞，真西山为之序，而后乃大显。近代有周海门《辑略》，王弱生《集传》，陈伯元《证释》，冒嵩少《增注》，于广慧《标元》，柴省轩《直解》，于觉世《赘言》，徐久能《注疏》，徐梦元、夏纶《集注》，朱圣奇《梳解》，茅、张、程、何《图说》，又有张元超、徐伯仪、陈堦六、沃余廉诸刻，统计百余家。其最善者，则有朱在庵《说定》，集群书之大成，尤称善本。洪楚产云：‘《感应》一书，历汉而唐，自宋而明，敬奉已久，大要皆修身事天之学。’康范生云：‘历代仁主以至修士，互相阐发，无非欲人为善无恶之意，可不勉励欤？’”

——祁承㸁《澹生堂集》文集卷十三《江行历》载：“（五月）二十四日，得海门周师书并寄《滁阳王文成公祠志》及《金刚经解》与《太上感应篇》，书中诲余以学在自信，相慰不浅。”

015. 吴伯玉（生卒年不详）《合刻救劫感应篇》

——高攀龙《高子遗书》卷九上《合刻救劫感应篇序》载：“圣贤言义理而吉凶在其中矣，鬼神告吉凶而义理在其中矣。鬼神别无事，吉凶其善恶以为事；圣人见善者之必吉，恶者之必凶，如夏之必暑，冬之必寒，而世人不知也。故汲汲然开之，引而之于善，以救其焚，拯其溺，故曰：‘吉凶与民同患。’而世人不信也，则不若且示以鬼神之言。此吴君伯玉兹编所以刻也。”

016. 董其昌（玄宰，1555—1636）《太上感应篇》（书法）

——张照等编《秘殿珠林》卷十七载：“明董其昌书《太上感应篇》一卷。//太上垂训甚多，独《感应》一篇，于居日用之间，尤为亲切详尽。吾人能力之，未有不蒙天之佑者也。今夏掩关无事，敬录一篇，置之座右，以当清夜晨钟耳。辛未四月下浣并识，董其昌。”

——现著录于汪庆正《董其昌法书刻帖简述》（汪庆正《钱币学与碑帖文献学》，上海：上海人民出版社，2016年，第188页）。

017. 吴应宾（尚之，1564—1635）《感应篇注》

——万斯同《明史》卷一百三十五，志第一百零九《艺文志》载：“吴应宾《感应篇注》。”作者另著有《古本大学释谕》五卷、《中庸释论》十二卷、《性善书》一卷、《宗一圣论》二卷、《悟真篇注房外游采真稿》《学易斋集》。均参见道光《续修桐城县志》卷二十一《艺文志》。

——祁承业《澹生堂藏书目》（不分卷），载：“吴应宾《感应篇注》。”按吴应宾字尚之，一字客卿，号观我，安徽桐城人，万历十四年（1586）进士，方以智外祖父，号“三一老人”。方以智《合山栾庐占·慕述》称其“中理旁通，宗一三圆”“圆三宗一，代错弥纶，集大成，破群疑”。

018. 王志坚（闻修，1576—1633）《感应篇续传》

——钱谦益《列朝诗集》丁集卷十三之下《王提学志坚》载：“志坚，字淑士，初字弱生，昆山人……再著有《太上感应篇续传》，以辅翼因果之书，其大旨在箴俗学、杜狂禅。”

——钱谦益《牧斋初学集》卷五十四《王淑士墓志铭》载：“余为诸生时，与嘉定李流芳长蘅、昆山王志坚淑士交。已而与长蘅同举于乡，万历庚戌（1610）与淑士同举进士。三人者，器资不同，其嗜读书好禅说标，置于流俗势利之外则一也……近代士子苟简迷谬之习，而又耻于插齿牙、树坛禅，以明与之争，务以编摩绳削为易。世之质的，其自任最重，读佛书研相而穷性阐教，而閟宗手写《华严》，至再著《太上感应篇续传》，以辅翼因果之书，暗以楮柱世之盲禅，而不轻与之辨驳，亦此志也。”

——万斯同《明史》卷一百三十五，志第一百零九《艺文志》载：“王志坚《感应篇续传》二卷。”

——黄虞稷《千顷堂书目》卷十六《道家类》载：“王志坚《感应篇续传》二卷。”

——祁承㸁《澹生堂藏书目》（不分卷）载：“《太上感应篇续传》二卷二册，王志坚。”

——同治《苏州府志》卷一百三十七《艺文二》载：“王志坚《读史商语》四卷、《研北琐言》一册、《古文续编》三十卷、《四六法海》十二卷、《河渚笔记》八卷、《说删》十六卷、《表异录》二十卷、《感应篇续传》二卷（续李昌龄书）、《河渚集》二十七卷、《香严室诗草》。”

019. 赵之璞（中元，？—1642）《太上感应篇诗》

——民国《阜阳县志续编》卷十《人物五 · 文苑》载：“赵之璞，字中元，号和珍，府诸生。性慈善，一生勤学善教，受其业者多知名士，卒年八十余。著有《太上感应篇诗》一卷，采入《安徽通志》。”

020. 贺仲轼（景瞻/敬养，1580—1644）《太上感应篇注》

——乾隆《获嘉县志》卷十五《艺文志》载：“《感应篇注解》一卷，贺仲轼撰”。贺仲轼记见万斯同《明史》卷三百三十九，列传第一百九十，以及朱溶《忠义录》（《明清遗书五种》）卷二。

——民国《获嘉县志》卷十五《艺文志》载：“《太上感应篇注》一卷，贺仲轼撰，刊存。案：以上二书，今为一册，《定善篇》附于《感应篇》之后。其书以世传有《太上感应篇》……因就其各句引古今圣贤之言及经史已验之事，以实之。其惓惓与人为善之心，可谓深切著明矣……故作《定善篇》，以附于后。盖欲坚人为善之心，为纯粹儒者之言，不欲瀿入释道二家也。”

021. 王志长（平仲，1585—1663）《感应篇广续传》

——郑敷教《桐庵存稿》（不分卷）“乡进士庚辰会副特授知县辋水王

公墓志铭”载：“锏水公姓王氏，名志长，字平仲，旧吴之昆山人也。……至老氏之学，则有《感应篇续传》行世。……所著述有《三礼毛诗注疏删翼》……《感应篇广续传》。惟《周礼》及《感应篇》已梓行，余藏家塾。”

——乾隆《江南通志》卷一百九十二《艺文志》载：“《感应篇广续传》，昆山王志长。”

——同治《苏州府志》卷一百三十七《艺文二》载：“王志长《毛诗增注疏删翼》二十卷、《周礼注疏删翼》三十卷、《仪礼注疏删翼》十七卷、《挛史续》《读史三管》《史表》二十卷、《贤奕琐词》《续表异录》《感应篇广续传》八卷（广兄志坚书）、《晚香集》《傧儒堂诗稿》。”

022. 冒起宗（嵩少，1590—1654）《太上感应篇增注》（《感应篇广注》）

——万斯同《明史》卷一百三十五，志第一百零九载：“冒起宗《太上感应篇增注》十六卷。”

——汤来贺《内省斋文集》卷二十三《冒辟疆五十序》载：“尊公嵩少先生，守正不阿，所至有贤声。其集《感应篇注》，实有善俗维风之意。”

——朱用纯《愧讷集》卷十二《感应篇广注题词》载：“冒宪副起宗所注《感应篇》‘见他色美起心私’之一条，垂戒详矣。予于其间得二语焉，曰终，曰戒。……德升吕子昆玉，偕其同志四五人，梓行宪副所注，而嘱题辞于予，爰书是以质之，并就正于当世之有道。”

——陈维崧《陈迦陵文集》卷五《中宪大夫嵩少冒公墓志铭》载：“冒氏讳起宗，字宗起，号嵩少，广陵如皋人……先后著述有《得全堂文集》若干卷，《得全堂诗集》若干卷，《七游草》若干卷，《律陶集杜》《经质》《史拈》共若干卷，又纂辑《暗合囊编》若干卷，郑文恪序，又《古今将相兼资志》若干卷，又《与张成倩罗》，及《申注太上感应编》，又《批注金刚》诸经，又著《释藏寤言》，凡所著及所纂辑书，不下数十万言。”

——黄虞稷《千顷堂书目》卷十六《道家类》载：“冒起宗《太上感应篇增注》十六卷。”

——嘉庆《如皋县志》卷三《建置》载：“（观音律院）旧有存院书目：冒起宗《太上感应篇增注》十六卷。”

——民国《如皋县志》卷三《寺观》载：“（观音律院）旧有存院书目：冒起宗《太上感应篇增注》十六卷。”

023. 高道淳（仲融，1585—1657）《感应篇注》《本朝感应征》

——光绪《嘉兴县志》卷十八《艺文志》载：“高道淳《本朝感应征》。”

——光绪《嘉兴县志》卷三十四《艺文下》载：“高道淳《最乐编》四卷、《感应篇注》二十卷（《汤志》施青曰：‘先生读《高忠宪语录》，中有《感应篇序》，深信此篇与儒道同归，遂发意笺注。广搜传记，以补旧刻所不及。’）。”

——光绪《嘉兴府志》卷五十《列传》载：“高道淳，号采菽，少从魏大中游，得其传。辑古人言行可师法者，为《最乐编》。以恩例授南京光禄寺署丞，母老请养。归，尝笺注《感应编》，并补（旧）刻所不及，共二十卷（《袁志》)”。按高道淳系高以永（1630—1693）之父，尝师事魏大中（1575—1625）。

024. 黄雪丰（晴圃，1589—？）《太上感应篇》

——民国《连城县志》卷三十一《方外传》载：“黄雪丰，字晴圃，开道第七代裔孙，辛卯副贡。好道，尝从师罗浮酥醪观，苦学经年，熟道经，耽内典，屡思沟通三教，著有《洙泗一勺》《太上感应篇》《心经直解》等编。”

025. 林增志（可任，1593—1667）《太上感应篇》

——何白《何白集》卷六《林可任太史〈感应篇〉叙》载：“林可任太史灵根夙植，时方奉太夫人讳，鸡骨支床，巨垩室，手录此编，附以《梓潼帝君训言》，及了凡《善券录》、莲池《护生文》，爰付锓氏，以广流通，兹其羽翼世教，愿力深重为何如也。”

——孙衣言撰《瓯海轶闻》卷二十三载：“林增志，字可任，瑞安人。怀宗戊辰会魁。知蒲圻，留心爱养，慎刑赈饥，筑堤防，纂邑志，修学课士，一时获俊者多出其门。”明黄宗羲《思旧录》亦有传。另孙延钊曾撰《林增志传略》（陈正焕主编《瑞安唐宋元明诗词集》，杭州：浙江古籍出版社，2008年，第683—686页），可备参考。

026. 唐显悦（子安，1593—？）《感应篇注释》

——乾隆《仙游县志》卷四十六《艺文志·著述》载：“唐显悦《亭亭居》《唔云居》《句言》《息园诗》《白啸》《觇草》《续凫集》《谭选先生诗》《凫咿续凫》《框曹政略》《天涯纪事》《孝经旁训》《感应篇注释》《藏经解》《陶无逸唔云后集》。”

——乾隆《仙游县志》卷三十六《人物志》载：“唐显悦，字子安，号枚臣。仙游人。天启二年壬戌（1622）进士。累官岭南巡道。丁艰归，唐王起为右通政。以兵部右侍郎进尚书，致仕。乙未，全家入鹭岛，隐于云顶岩，自号云衲子。以寿终。”

027. 丁耀亢（西生，1599—1669）《太上感应篇阴阳无字解》（《续金瓶梅》）

——鲁迅《中国小说史略》第十九篇《明之人情小说（上）》载：“《续

金瓶梅》前后集共六十四回，题‘紫阳道人编’。自言东汉时辽东三韩有仙人丁令威；后五百年而临安西湖有仙人丁野鹤，临化遗言，说‘五百年后又有一人名丁野鹤，是我后身，来此相访’。后至明末，果有东海一人，名姓相同，来此罢官而去，自称‘紫阳道人’。（六十二回）卷首有《太上感应篇阴阳无字解》，署‘鲁诸邑丁耀亢参解’，序有云：‘自奸杞焚予《天史》于南都，海桑既变，不复讲因果事，今见圣天子钦颁《感应篇》，自制御序，戒谕臣工。’则《续金瓶梅》当成于清初，而丁耀亢即其撰人矣。耀亢字西生，号野鹤，山东诸城人，弱冠为诸生，走江南与诸名士联文社，既归，郁郁不得志，作《天史》十卷。清顺治四年入京，由顺天籍拔贡，充镶白旗教习，诗名甚盛。后为容城教谕，迁惠安知县，不赴，六十后病目，自称木鸡道人，年七十二卒（约 1620—1691），所著有诗集十余卷，传奇四种（乾隆《诸城志》十三及三六）。《天史》者，类历代吉凶诸事而成，焚于南都，未详其实，《诸城志》但云‘以献益都钟羽正，羽正奇之’而已。”

——丁耀亢《太上感应篇阴阳无字解》“自序”称：“替世人说法，作《太上感应篇》的注脚。”“凡例”称：“前刻以因果为正论，借《金瓶梅》为戏谈。恐正论而不入，就淫说而乐观。故于每回起首先将《感应篇》铺叙评说，方入本传。”故是书多名《续金瓶梅》。现收录于丁耀亢《丁耀亢全集》（李增坡主编，张清吉校点，郑州：中州古籍出版社，1999 年）。按丁耀亢字西生，号野鹤，别署紫阳道人、漆园游鹦、湖上鸥吏、野航居士、华表人、木鸡道人，山东诸城人。

028. 高尔俨（中孚，1606—1655）《太上感应篇直解》

——高尔俨《古处堂集》卷二《太上感应篇直解序》载：“旧有《感应篇》分类，以为未尽，辄不揣愚陋，谬为训解，使读者易晓，或亦课为感发，征创之一云。”

——金之俊《金文通公集》卷十二《光禄大夫内弘文院大学士岱舆高公墓志铭》载：“顺治十有二年乙未春三月，静海孝廉高君恒懋持其先人宫保岱舆公状来，乞余铭……所著有《西铭衍义》《孝敬释略》《感应篇直解》行世。”按高尔俨传见王钟翰《清史列传》卷七十九。

029. 傅维鳞（掌雷，1608—1666）《太上感应篇注释》

——现藏河北省图书馆（复件），原稿藏河北省灵寿县傅氏家族，收入傅氏家族《先世遗稿》。参见武玉梅《傅维鳞与〈明书〉》（北京：北京大学出版社，2010 年，第 47—48 页）。笔者两度访书未果。

——魏连科、李振纲主编《燕赵思想家研究·明清卷》下册（石家庄：河北人民出版社，2014 年，第 209—218 页）载："傅维鳞（1608—1667），原名维桢，字个臣，后改名维鳞，字飞睹，号掌雷（一号歉斋），河北灵寿人。明末举人，清代首科进士，官至工部尚书。著有《明书》一百七十一卷、《四思堂文集》八卷，《太上感应篇注释》8 万余字，是当时的'燕赵七才子'之一。//傅维鳞兼擅文史，存世著作除《明书》外，还有《四思堂文集》《太上感应篇注释》《积善录》，曾著《四思堂说书》，已佚。也曾分纂《明史》，可惜未见流传。……傅维鳞所注《太上感应篇》，不见于各类书目，亦不见于他的碑传、文集，仅见于灵寿傅氏所藏《先世遗稿》中。遗稿中有傅维鳞六世侄孙所作序，但于傅维鳞注释此书的时间、目的等情况均未涉及，从作者所署'灵寿傅维鳞掌雷辑注'及文中内容看，确是傅维鳞于顺治十五年（1658）后所注。//傅维鳞对《太上感应篇》的注释，除释文以外，更多的是用事例来说明积善必降福，作恶必遭祸的道理。内含古代的和当时的事例，既有达官贵人如王安石、严嵩的，也有平民百姓的，以史证道，颇具说服力。笔者统计，包括经文在内，他的《太上感应篇注释》共 8 万多字。从花费心力注释此书和注释内容看，傅维鳞对因果报应之说深信不疑。而且他的思想是儒、道、释兼容的。"而作者的另一种善书著作《积善录》，"共 24000 多字，内收《太上感应篇经文》《文昌帝君救劫宝章》《感应篇灵验记》《持诵仪》等 17 篇劝人积善之文。"该书序言《刻积善录说》载："人性本善，又何云积？鳞所谓积者，为后来之存心行事言也。夫人自少至老，一切婚宦、交游、议论，往返渐多，因而有恩仇爱憎，有恩仇爱憎，而善不善分矣。故圣贤有修正自省之学。鳞少时尝见此种书，有时读之而惧，有时读之而厌，概以行或未合，故望而掩卷。后渐好之。今已过知非之年，不觉津津乐之。因取诸关乎善恶可为修正日省者，汇而梓之。用以自惕，垂示子孙。更愿海内人奉一册，身体力行，以仰合天命性善之初，共成朝廷雍熙之治。"

030. 徐鸿起（岐阳，生卒年不详）《太上感应篇汇典》

——现收录于中国宗教历史文献集成编纂委员会编纂《三洞拾遗》第五册（合肥：黄山书社，2005 年）。其"自序"称："阅《太上感应》一书，其言善恶之分歧，报应之轻重，鉴鉴有据，语语惕心，诚幽明之慧烛，济世之慈航也。第览其经语甚明，或为传多而反晦，乃敢妄意删订，去繁以就简，剔灰以发明。凡引证诸语，分款开条，而间以鄙见赘缀。诚愿同志者寓目而洞心，履错者因言以补过，则观览一便，牖世无方。亦或可以羽经翼传，而于圣贤垂训本旨，为日月之爝火云。"

——光绪《宣城县志》卷十五《人物》载："徐鸿起，号岐阳，楠之子。万历庚子（1600）举于乡，就霍山教谕，课士有方，升国子学正，改授惠王府审理。导王循礼，法谨制度，王师礼之。特疏荐擢刑部主事。部有闽弁被妻谋杀一案，疑滞累年，鸿起谳决如神。学士黄景昉作《镜冤录》传其事。历升郎中，恤刑山西。凡重辟矜疑得释者以百计。升临巩道佥事，左迁衡州知府。适寇氛猖獗，湖南震撼，鸿起多方保障，藉以无虞。先是父楠令耒阳，祀名宦不六十年，子鸿起复来守衡，百姓重其泽，乃于祠前建坊，曰：'父子济美'。未几，休，致归。崇正末弃家祝发于城东清隐庵。有《入庵诗》。卒年八十四岁。"

031. 徐季韶（鹿园，生卒年不详）《太上感应篇注》

——民国《杭州府志》卷九十《艺文志》载："《太上感应篇注》，海宁徐季韶撰。"

——钱菁、李瑞芝、金晓董编著《海宁历代医家学术要略》（北京：中国中医药出版社，2016 年，第 264 页）载："徐季韶（明末人），字鹿园，以孝义称颂乡里。曾捐腴地十亩作丛冢，营埋因海患浮棺，又开药局救瘟疫，活人甚多。著有《玉华子》40 篇、《太上感应篇注》。"

——现著录于丁培仁编著《增注新修道藏目录》（成都：巴蜀书社，2008 年，第 220 页）。

032. 陈伯元（生卒年不详）《感应篇证释》

——怡性堂主人《感应篇集证》卷首"附录"载："是经久在《道藏》中，至宋理宗乃表而出之，李西蜀为之传，郑四明为之赞，真西山为之序，而后乃大显。近代有周海门《辑略》，王弱生《集传》，陈伯元《证释》，冒嵩少《增注》，于广慧《标元》，柴省轩《直解》，于觉世《赘言》，徐久能《注疏》，徐梦元、夏纶《集注》，朱圣奇《梳解》，茅、张、程、何《图说》，又有张元超、徐伯仪、陈堦六、沃余廉诸刻，统计百余家。其最善者，则有朱在庵《说定》，集群书之大成，尤称善本。洪楚产云：'《感应》一书，历汉而唐，自宋而明，敬奉已久，大要皆修身事天之学。'康范生云：'历代仁主以至修士，互相阐发，无非欲人为善无恶之意，可不勉励欤？'"

033. 金杭（生卒年不详）《太上感应篇注》

——朱越利《〈太上感应篇〉与北宋末南宋初的道教改革》（《世界宗教研究》1983 年第 4 期）载："明代有杨起元、李贽、高攀龙等人的序，金杭、冒起宗等人的注。"按金杭诠释本笔者未见。另明代徐𤊹《徐氏家藏书目》卷三载："《太上感应篇》二卷，蜀李昌龄传注，闽松金杭补注。"疑"金杭"为"松金杭"之误。

034. 夏煜（生卒年不详）《感应篇参注》

——乾隆《乌青镇志》卷十二《著述》载：“夏昱，《感应篇参注》《七星岩志》《孝女曹娥志》《丽言类编》《两峰草堂诗文集》《青棠词初二三刻》。”

——光绪《桐乡县志》卷十九《艺文志》载：“《感应篇参注》《孝女曹娥志》《丽言类编》，夏煜撰。”按此处“夏煜”当作“夏昱”，固不同于明初“夏煜”，后者尝征讨方国珍（1319—1374）、陈友谅（1320—1363）等，传见张廷玉《明史》卷一百三十五，列传第二十三。

——光绪《乌程县志》卷三十一《著述一》载：“夏昱，《七星岩志》《孝女曹娥志》《感应篇参注》。”

035. 王朝弼（汝器，生卒年不详）《感应篇》

——道光《济南府志》卷五十四《人物十》载：“王鑨，字汝器，缁川监生，顺治己丑（1649）联捷进士。父朝弼，著《感应篇》《功过格》。鑨早失怙恃，奋志读书，念父书未刻，为之刊行。”

036. 梅宝纯（生卒年不详）《感应编注释》

——同治《南城县志》卷十《杂志》载：“冠带大宾梅宝纯，读书不事举业，专以注释《感应编》《格致诚正编》《宝善省身编》，条列报应征验，以训子弟。生平与人无忤，寿九十四岁。”

037. 陈嘉猷（盟之，生卒年不详）《太上感应经句解》

——祁承业《澹生堂藏书目》（不分卷），载：“《太上感应经句解》八卷八册，陈嘉猷纂。”

——现藏苏州图书馆（存四卷二册）。张大复《昆山人物传》卷第十《皇明昆山人物传》载：“陈嘉猷，字盟之……今所称四子，金兰社者也……博士葺文庙，取材于江而筏解桴，人骇散。有峩冠朱衣者捍之，得不败，卒以成功，故博士好谈太上感应事。”按清黄正元、毛金兰《太上感应篇图说》“吉庆避之”条载陈嘉猷事曰：“吴郡陈嘉猷，前半生多病没有子嗣。多年榜上无名。后来他悔过自新，改恶从善，汇集《感应篇》的注解，刻书施舍，劝戒世人。他照《感应篇》中善事去作，到了万历丙午年，考中进士第三名，连任大夫之职，六个儿子，大儿子小儿子都中进士，其余四子也功成名就。”

038. 闻于廷（乃赓，生卒年不详）《太上感应篇会解》

——现藏上海图书馆。作者署名：“仁和闻于廷乃赓甫辑，祝华封尧观甫删，钱塘陆之超倚峒参阅，陆之遇际明甫校镌。”

——现著录于中华古籍总目编纂委员会编《中华古籍总目 · 子部 · 道家类 · 道教之属 · 劝戒》（北京：中华书局，上海：上海古籍出版社，2010

年)，系明崇祯七年（1634）刻本。

039. 黄曾期（生卒年不详）《太上感应篇》（碑刻）

——释祩宏《杭州山水寺院名胜志》（收入《武林西湖高僧事略等八种》，赵一新总编《杭州佛教文献丛刊》，杭州：杭州出版社，2006年，第138页）《虎跑泉定慧寺记》载："寺中富石刻……三、《太上感应篇》全文，仁和黄曾期书。"

040. 沈白（天庸子，生卒年不详）《太上感应篇》（碑刻）

——嘉庆《嘉定县志》卷九《书目》载："《太上感应篇》石刻，康熙十七年（1678），沈白书。碑在集仙宫。"

——潘明权、柴志光编《上海道教碑刻资料集》（上海：复旦大学出版社，2014年，第166—167页）载："康熙癸卯仲冬望夕，梦游深山琳宫，玉阙高出霞表，殿左丰碑山兀立，云章凤篆，字大于掌。谛视之，则《感应篇》也，余口诵一过。旁有紫髯道者云：'世人但知刊刻以邀福利，而实心奉行者少，将来劫数其能免乎？'余憬然而寤，因思写帙流传，或置斋阁。书写挂幅，俾同志者装潢供奉，庶足动观感兴起之念，遂发愿写千幅。尘劳难遣，迄今仅完一百廿四幅耳。//戊午年秋七月，客于畛，见集仙宫前方碑卧草莱中经数十年矣。善友陈嘉猷倡首捐资，邵元俊、潘世祺等协力鸠工磨治，余为缮写。王君易、陈君晓、杨君褒相助告成。树之殿左，上以广太上垂训之洪慈，下以销兵荒疾疫之劫运。诸君之功，共是碑俱永。而余千幅之愿，亦藉此稍酬矣。是月中元日，云间沈白拜手书并题。//天庸颂曰：以镜鉴形，面垢可拭；以经鉴心，中无隐慝。改过迁善，罪灭福生。夙夜匪懈，名书玉清。裘文彦、陶士杰、壬士英助刻。住持王道源。"

041. 周命新（明寰，生卒年不详）《感应篇注疏》

——嘉庆《东台县志》卷二十六《传七・笃行》载："周命新，字明寰，安丰人。少有声，黉序安丰，俗偷薄、好讦讼，新秉性端方，凡行有不正者，必劝谕之。与弟命时友爱，读书好道，有《戒杀文》《感应篇注疏》。"

042. 漆扬光（仍暗，生卒年不详）《太上感应篇续史》

——胡维霖《长啸山房汇稿》卷二《太上感应篇续史序》载："余尝诵《太上感应篇》，以为此三教之玄珠、渡世之报筏也。今仍暗漆先生耽古今史载，上而朝端之忠佞，下及闺闱之贤妒，胪列分解，犁然具备，而名之曰《续史》。……仍暗尊人月川先生在庆历间，深于天人性命之学，为一代名臣。仍暗家学渊源，文苑宗匠，且身无择行，口无择言。余与同庠十八载，每严事之虽数艰一第，而品高千寻。"

——乾隆《新昌县志》卷二十四《书目》载："漆扬光，《感应篇续史》。"

——同治《瑞州府志》卷二十三《艺文三》载："《感应篇续史》，漆扬光。"

043. 张灏（生卒年不详）《太上感应篇》

——黄淳耀《陶庵文集》卷二《张子灏辑感应篇序》载："世之言感应者，多推本于佛氏。以为轮回因果之说著，而后有感应，儒者无是也。余不然其说。六经四子之书言感应者非一，但未尝以某事系某应耳。……《感应篇》本道家言，而与佛氏相出入。其旨归于奖善化恶，足以辅翼儒教所不逮。行世既久，人多乐诵之。顾一二高明自喜者，或置不道，曰：'此道家浅说耳。'呜呼！三教之书之深者有之矣，世人见之而不能读，读之而不能信，则亦未如之何矣！独是篇之指事也确，而立说也简。简，易读也；确，易信也。读而信之，悚然如雷电鬼神之交于前，相与黾勉驱策而不为恶，其利不亦溥乎？余友张子灏取昔人笺注事实，随笔损益，授梓人流通之，要亦行吾所见而已。世有冥心独契，得圣人之心于千载之上，始可不读是篇。不然者，幸毋浅视之也。"

044. 许文岐（我西/公祖，生卒年不详）《感应篇证解》

——梅之焕《梅中丞遗稿》卷六《许我西公祖辑感应篇证解序》载："许公之辑其《证解》以行于世，盖奉天意也。昔吴道子作《酆都变》，犹能使都人惧罪业，况此实理实事，较笔墨假合成者，何如是此篇之大有功于世教，而辑此篇者之大有功于太上也。"按许我西即许文岐（公祖，号敬庵），传见张廷玉《明史》卷二百九十四、忠义列传第六、万斯同《明史》卷三百八十《忠义四》。

045. 龚九州（生卒年不详）《太上感应篇经传》

——现著录于严绍璗编著《日藏汉籍善本目录・子部・道家类・文子关尹子抱朴子及其他之属》（北京：中华书局，2007 年），系明万历三十二年（1604）刊本。

四、清代（1644—1911）

001. 韩则愈（叔夜，1597—1662）《感应篇集注》

——民国《鄢陵县志》卷十五《经籍志・著述》载："《感应篇集注》，韩则愈撰。"

——吕友仁主编，查洪德副主编《中州文献总录》下册（郑州：中州古籍出版社，2002 年，第 983—984 页）"韩则愈"条载其著述如次：《崇祯宰辅录》《阮寨志略》一卷、《四大臣传》《四公子传》《鄢陵人物志》《鄢陵三君子集》《韩氏近支世系谱》《古今史论》《思古录》《文士前车》《东篱笔记》八卷、《感应篇集注》《幽居妙论》（原名《幽楼佳话》）一卷、《雁山杂录》《五岳约》《秋岩集》《湔雪庵诗稿》一卷、《秋岩庚辛诗》一卷。

002. 薛所蕴（子展，1600—1667）《增订太上感应篇》

——薛所蕴《澹友轩文集》卷二《增订太上感应篇序》载："……余惟此书梓行者甚众。近惟淮阴朱在庵玑所编《说定》，颇为赅博，然不无浮泛之病。而卢传二本，胪列因果事应，又不失之略。因采辑二书，而增以说定之确乎可示法戒者，合为一卷。其有前人著作成篇，如《帝君救劫宝章》、宋朝《乃慎刑文》、莲池大师《戒杀放生文》、袁了凡《立命说》《太微仙君功过格》《俞净意遇灶神记》之类，删为下卷。"

003. 徐士俊（埜君，1602—1681）《太上感应篇注》

——王同纂《唐栖志》卷十六《艺文》载："《雁楼集》二十五卷、《雁楼文逸诗逸》《云诵词》《尺牍内外编》，徐士俊（字埜君）著。《历朝捷录直解》《太上感应篇注》《草堂词统》《徐卓晤歌》《春波影》《络冰丝》《紫珍集》《内家吟》《尺牍二编广编》。徐士俊著。"

——虞铭撰《塘栖艺文志》（杭州：浙江摄影出版社，2006 年，第 98 页）载："《太上感应篇注》，清徐士俊撰。此书见《塘栖志・艺文》卷十六著录，又见卷十二引《栖里景物略》。"

——张之鼐《栖里景物略》卷九收录徐士俊《雁楼记》并附载："公有诸刻行于世者：《雁楼集》《尺牍初编》《尺牍二编》《尺牍广编》《草堂词统》《徐卓晤歌》《春波影》《络冰丝》《紫珍集》《内家吟》《历朝捷录直解》《太上感应篇注》。"

004. 张之鼐（仲谋，生卒年不详）《太上感应篇译义》

——尹志华《〈历代神仙通纪〉初探》（盖建民主编《回顾与展望：青城山道教学术研究前沿问题国际论坛文集》，成都：巴蜀书社，2016 年，第 179—194 页）载："张之鼐本人撰有《太上感应篇译义》。《通纪》第 30 册收有神仙水真子降笔的《太上感应篇译义序》。"又说："张之鼐，又名有道，字超微，一字仲谋，号半庵，别号无无子、卧痴楼主人，浙江仁和县（今属杭州）人，居在塘栖镇横潭边上。清初著名戏曲家李渔曾为张之鼐夫妇撰写过寿联，戏曲家徐士俊则为张氏撰《横潭草堂记》。"

005. 汤来贺（惕庵，1607—1688）《太上感应篇》

——汤来贺《内省斋文集》卷十五《重梓感应篇序》载："言此道者，莫如《太上感应篇》。李公昌龄之注，郑公清之之赞，智愚皆可以共喻，意尽之矣。近日纷纭重梓，咸欲广其传。然增入故事，有与题无涉者，有□幻不经者。是以删繁就简，取其信而有征、浅而易见者，斯足矣。观是编者，相与勉焉。”

——《江西省志人物志》编纂委员会编《江西省志·人物志》（北京：方志出版社，2007 年，第 227 页）载：“汤来贺（1607—1688），字佐平，改字念平，号惕庵，南丰县人。崇祯十三年（1640）中进士，初任扬州府推官，多方赈济，救治灾民，为死囚平反，以廉洁而闻名。后为礼部主事，再为广东左布政使。从海上运饷 10 万，助唐王抗清。南明唐王在福州建帝号，擢来贺为户部、兵部侍郎兼巡抚。清顺治三年（1646），桂王朱由榔称帝于广东肇庆，召来贺为都御史，来贺谢绝不往，回乡隐居。清顺治五年（1648），南康知府聘为白鹿洞书院山长，教习诸生。//为文多砥砺激扬，警劝世俗，故辞多质朴，务求尽意而后止。著有《内省斋文集》32 卷及《鹿洞迩言》《居恒语录》《广陵东粤政事》。”

006. 王命岳（耻古/伯咨，1608—1667）《感应篇引经征事》

——王命岳《耻躬堂文集》卷十《感应篇引经征事序》载：“先君子澹觉先生，素奉持《感应篇》。自音容云杳，韫椟三十年。长安偶阅别本，欣然如逢故人。适请急襄事邸里，发愿启箧，哽咽悲不能读。又自恤荒落荏苒，真不能读父书矣。因广搜众集，采注《感应篇》，系曰：‘感应篇引经征事’。”

——澹归和尚《遍行堂集》文集卷三《重刻太上感应篇引经征事说》载：“王子耻古悯之。作《太上感应篇引经征事》。‘太上’道家者流，而‘引经征事’则儒家之说。其指归典，其证据核，虽有忮心不得而驳也。既以流通此书，属丘子曙戒复自都门走札属予。曙戒乃谋之同志诸公，重刻于穗城。或谓耻古于此删吾释氏所谭，岂犹有推开之见，不知耻古别具救时心眼。”

——乾隆《泉州府志》卷七十四载：“王命岳《杂卦牖中天》一卷、《奏疏》二卷、《耻躬堂集》二十卷、《感应篇引经征事》二卷。”

——道光《晋江县志》卷七十《典籍志》载：“王命岳《杂卦牖中天》一卷、《奏疏》二卷、《耻躬堂集》二十卷、《感应篇引经征事》二卷。”

——郑丽生撰著《郑丽生文史丛稿》下册（福州：海风出版社，2009 年，第 571—572 页）载：“《太上感应篇引经征事》四卷，原题‘温陵王命岳伯咨述次，晋安方开铎声木重订’。清康熙间鼓山涌泉寺刊本。卷首有方氏自序。”

——现藏国家图书馆。作者“自序”称：“先君子澹觉先生，素奉持《太上感应编》，自音容云杳，韫椟三十年。长安偶阅别本，欣然如逢故人，适请事急襄邸里，发积启箧，哽咽悲不能读，又自懊荒落荏苒，真不能读父书矣。因广《榕众集》，采注成篇，系曰：‘引经征事’。”按今人著作（如郝铁川《中华法系研究》，上海：复旦大学出版社，1997 年，第 103 页）多将“王命岳”作“任命岳”，是误。

007. 万邦维（松溪，生卒年不详）《太上感应篇》

——澹归和尚《遍行堂集》文集卷六《刻太上感应篇序》载：“吾友万子松溪司李雄州，奉古帝王泣罪解网之意，而行之以明断。盖身为鸾凤，欲革鹰鹯者也。此刻《太上感应篇》，援证详核，断然足以戢人之邪心，而生其正念，其要亦等于因果。夫因果之说，儒者所讳，恐其流于佛氏，而论感应即不之疑。”按万松溪即万邦维，《直隶南雄州志》卷四《职官表》载：“万邦维，湖广麻城人，乙未进士，二年任推官。奉裁，补山东莱阳知县。”据澹归和尚《遍行堂集》文集卷五《刻心经解序》可知，万邦维另有著作《心经解》。

008. 周西水（于漆，生卒年不详）《太上感应篇深信录》

——蓝润《聿修堂集》（不分卷）《太上感应篇深信录序》载：“辛丑春，江浦周子西水出《信深录》一卷，相质暇时展间，见其手自抄录。即篇中每事之微□者，取其切于日用，人事遍辑，诸家成书，不繁不简。”

——王士禛《池北偶谈》卷二十一载：“江浦周西水兵部，名于漆，幼不能言，然颇能记前世：为某邑人，所常栖止处，广庭中设一几，庭前有红蔷薇一丛。时时梦到其地。七岁时，戏门前，有僧过门顾之曰：‘此郎有夙因。’周应声即能言，家人惊喜。因令读书，一过目如宿习，数月遍通经书《左》《国》《史》《汉》。年十四，读书山中精舍。一日日夕，憩溪边石上，遇老僧谓曰：‘郎忘七岁门前相见时耶？’叩其名，曰：‘我宝蕊也，闽人。’周因留之舍中，日夜与论象纬、律历、六壬、丁甲、勾股、洞章之术，未半载，尽通其说。濒行，复以黄河、海道、九边三图授之，且曰：‘吾数学未传人，今当游四方访之。’又秘语周以十年之内，天下必大乱。君，异代人物也。自丙子讫甲申，果九年而明亡，皆如其言。周入本朝，以明经谒选人，常念宝蕊别时赠诗，有‘元夕灯前寻贾子，秋风台下拜邹生’之句，未详所谓。及谒选，得房山令。上元与僚属宴于贾公祠，问之，唐诗人贾阆仙祠也。问有子孙乎？吏对有贾某者，其裔也，见以逋税系狱。周急令出之，代完其逋。是年秋，调平谷令。抵县日，即出勘田亩，夜宿山村古庙。比晨视其额，则邹衍祠也，于是悟宝蕊之语，一无爽焉。周述其学，著《三才儒要》三十卷。”

009. 阮述芳（岸夫，生卒年不详）《感应篇纂注》

——乾隆《威海卫志》卷八《人物志》载："阮述芳，字岸夫，顺治戊子（1648）副贡，江南扬州府河防通判……著有《南游籁》《生生果》《同善录》《治河条议》《感应篇纂注》等类，刊刻行世。"

——徐泳《山东通志艺文志订补》卷十四《子部·道家》（济南：山东人民出版社，2016 年，第 352 页）载："《感应篇纂注》，阮述芳撰。"

010. 袁文超（彦颖，生卒年不详）《感应篇集解》

——乾隆《福建通志》卷六十六《杂记》"福州人王寰初"条曾引"袁文超《感应篇集解》"。同一记载亦见同书卷第七十六《外纪二》"福州人王寰初"条。

——民国《建阳县志》（不分卷）"艺文志"载："《修县志稿》《感应篇集解》，袁文超撰"。

——民国《建阳县志》（不分卷）"人物传"载："袁文超，字彦颖，顺治五年（1648）举人。除曲阳令，有惠政，邑人祠祀之。寻以挂议归，杜门谢客。康熙甲寅，闻耿逆之变，逃入福先寺。次年逆党勒解赴省，逼降不屈，幽囚狱中，拟重辟。丙辰逆平乃出，卒年八十八。大学士李厚庵先生铭其墓，有《旅啸集》《闻见录》等书。子襄，字辅之，由监生考授州同。初彦颖为窝逃所诬就逮，相随入京鸣父冤，刑部巴特马廉奏释之。京师有'廉吏孝子'之目云。"

011. 祝赓（载飏，生卒年不详）《感应篇句解》

——徐泳《山东通志艺文志订补》卷十四《子部·道家》（济南：山东人民出版社，2016 年，第 352 页）载："《感应篇句解》，祝赓撰。赓字载飏，城武人，顺治戊子（1648）拔贡，历官邵武同知。是书有刊行本，见《县志》。"

012. 刘尔楫（勋公，生卒年不详）《感应篇注解》

——徐泳《山东通志艺文志订补》卷十四《子部·道家》（济南：山东人民出版社，2016 年，第 353 页）载："《感应篇注解》，刘尔楫撰。尔楫字勋公，别号文渚，城武人，顺治壬辰（1652）拔贡。是书有刊行本，见《县志》。"

013. 袁雪山（生卒年不详）《重订感应篇》

——林云铭《挹奎楼选集》卷二《袁雪山订感应篇序》载："余与雪山同领戊子（1648）乡荐，时皆少壮，义气豪宕，睥睨一世。乙未岁，别于京邸，各宦一方，南北异地，不相通问者十有六年。忽把臂富沙，问无恙外，摘园蔬共饱。余自悲白发渐长，而雪山已皤然一老翁。各述分袂后所遇艰险变故，皆咄咄怪事。相视叹惋久之，继而出所订《感应篇》示余索序。”按疑“袁雪山”或即“袁文超”，后者同为顺治五年戊午科（1648）举人，惟袁文超字彦颖，与“雪山”不同，然“雪山”或为号。然此外并无直接证据，姑分而存目。

014. 俞文辉（天杼，生卒年不详）《感应篇注》

——方象瑛《健松斋集》卷十三《俞明经传》载：“君讳文辉，字天杼，号木公，先世汴人。……所著书最富，而《感应篇注》尤备。自遭父难，手颤不能作字。又哭母几盲，至是注《感应经》，灯下辄作细楷，人皆异之。晚自号松道人，拟撰《孝经广注》，未成，卒年七十有五。”

015. 张三异（鲁如，1609—1691）《感应篇注释》

政协东西湖区文史学习委员会编《纵览东西湖》（武汉：武汉出版社，2015 年，第 215 页）载：“张三异（1609—1691 年），字鲁如，号禹木，别号痴龙，湖北汉阳县丰乐里柏泉（今属东西湖区柏泉办事处）人。……张三异勤于著述，虽鞅掌不废。时人将他与名盛一时的熊伯龙、刘子壮相提并论。刘子壮，黄州人，清顺治六年状元及第。熊伯龙，汉阳人，与刘同榜一甲二名榜眼。《清史稿》曰：‘开国之初，若熊伯龙、刘子壮、张玉书，为文雄浑博大，起衰式靡。’张三异刊刻行世的著作有《四书疏义》《书经翼注纂》《五经文鉴》《明纪弹词》《雪史》《雪史续编》《感应篇注释》《丹溪心法附余》《子丑新稿》《来青园全集》（《痴龙吟》《痴龙文集》合刊）、《文辞合刻》《江城纪事》《诗家全体》。另外，主编《绍兴府志》，又与临安陈大士选编《历科程墨》。”

016. 何三省（印兹，1611—1674）《感应篇纂注删补》（《感应篇化书》）

——施闰章《学余堂文集》卷二《重梓感应篇辑解序》载：“广昌何印兹先生好学乐善，尝刻《感应篇化书》，广示后学。”现藏东华理工大学图书馆。按今人或疑《感应篇化书》为《感应篇》《化书》二书［参见施闰章《施愚山集（增订版）》文集卷三，何广善、杨应芹校点，合肥：黄山书社，2018 年，第 42 页］，此处存疑。

——同治《广昌县志》卷七《艺文志・书目》载：“《古今类苑》《五伦翼》《梯航纪要》《帝后尊谥纪略》《历法同异考》《督馆事宜纪略》《选梦斋诗集》《类书大观》《古今广征》《四书翼注定》《迪吉录删订》《感应篇纂注删补》，俱何三省著。”按《梯航纪要》《迪吉录删订》《感应篇纂注删补》俱为善书。

017. 吴珂鸣（耕方，生卒年不详）《太上感应篇章句注》

——王崇简《青箱堂文集》卷五《感应篇章句注序》载：“……此耕

方吴太史有章分字绎之注，删去一切繁芜，而独标其理以正告于世，而专责望士大夫者何？士大夫，人之表也。天下之大，风俗之良莠，趋向之邪正，何一不自士大夫为之？”

——现藏南京图书馆。乾隆《武进县志》卷十《文学》载：“吴珂鸣，字蓝渊，少善属文，举顺治丁酉（1657）乡荐，科场被劾，诏命覆考。珂鸣三试皆第一，仍同中式举人。一体殿试，列二甲，授翰林。未几，以奏销事谪国子监助教。寻复原官。文章博赡，性好施与，葬先垄之淹柩者百余棺，乡里称之。孙祖留，雍正甲辰进士。”

018. 邓中立（生卒年不详）《感应篇注释》

——雍正《泸溪县志》卷十《艺文·著作》载：“清……《新昌课士文》《自娱诗集》《感应篇注释》，俱邓中立著刊。”

019. 鲍祖彪（曼殊，1616—1659）《感应篇解》（《感应篇备注》《感应篇三绎》）

——姚文然《姚端恪公集》外集卷四《太上感应篇序》载：“文然以扫先祖中宪公墓，兼谢吊至江宁。疾疟者月余，至九月廿四日，夜梦一羽衣人至。予泣拜之，并呈以诗，末有‘借问小人曾有母，如今果在凌风台’之句。良久，见先慈大人至曰：‘儿病疟乎？可诵《太上感应篇》。勤而行之，兼广劝导，无怠。’予泣而寤。次日，从予友鲍君曼殊觅《感应篇》，具以梦告。曼殊曰：‘予久许梓《感应篇注》，以独力难成，因循不就，致为神明所呵，功名蹉跎，示警梦寐者屡矣。今当力成之。’予因同心考订，薄助梓工，以资先慈冥福。清晨必净心捧诵一卷，回省生平，但觉愧心、悔心、耻心、惧心并集，数日而疟果愈。因念太上慈悲普济，迷钝祸福，明其自召善恶，原于起心，示以诸神，在人头上，在人身中，德盛者体物不遗，听之不闻，视之不见，训以‘上天降福，三年降祸，三年生物’者，因材而笃，栽者培之，倾者覆之，指人心病，作人心医，长人善根，塞人恶源，种人福田，拔人祸本，如是功德，不可纪量，我因慈训，得捧真诠。乃稽首涕零而作颂言。”

——姚文然《姚端恪公集》外集卷十一《太上感应篇序》载：“曼殊曰：‘予久许梓《感应篇注》，以独力难成，因循不就，致为神明所呵，功名蹉跎，示警梦寐者，屡矣。今当力成之’。”

——姚文然《姚端恪公集》外集卷十一《太上感应篇备注》载：“鲍（祖彪），字曼殊，江宁名下士，注《感应篇三绎》，曰义绎，曰经史绎，曰闻见绎。注未竟而卒。”

——同治年间所刊《汇纂功过格》卷四《修身格言》引鲍曼殊言：“鲍

曼殊《感应篇解》曰：‘太上之训曰：吉人一日有三善，凶人一日有三恶。皆以语善语恶为首，所为语者，兼笔舌二者而言。惟笔与舌，关系教化，种善无穷，而其流恶亦甚深，孟子正人心，首重辟邪说，而甚其罪于弑父弑君……黄山谷好作艳词，而秀师诃其诲淫，恐堕泥犁恶道，刘河间伪造古史，后郡官疑其通贼，不免冻饿危身。’奈何稗官野史，逞胸臆以肆讥弹，小说歌谣，讦阴私而行排讪。若夫传奇，风化所关，揆诸当日优孟衣冠之意，亦备后世激扬惩劝之文，如《琵琶》之《剪发》，《荆钗》之《投江》，览其事，则千载如生，诵其词，则九原可涕。青袍覆阁中之女，燕山瘗锄下之金，百种之中，劝箴咸著，四声所被，观感殊多。岂意滥觞，至于今日，尽谱淫词，争翻艳曲，花间月下，航畔楼边，片纸单缣，使绾同心之结，游尼野妪，群牵月老之丝。石榴车中，弃父母如敝屣，《牡丹亭》侧，诬鬼神为牵头。榜唱铜龙，无不偷香之才子，屏开金雀，无未识面之佳人。似天道之福淫，令群声而吠影。标风流之赤帜，涤器无渐，毒俊少以乌头，窥邻自喜。宣淫放诞，长此安穷，渐盈惠子之车，应付成阳之炬，此语之恶形于撰述歌咏者也。然则语之造孽最深，流毒最广，明明若此，喋喋何为，而世之认贼作子者，方且美之日口才，亦有拒谏饰非者，方且恕之日口过，自非太上正其名日恶，更列于一日三恶之首，亦孰知舌头三寸，笔下数行，招身家之重殃，受鬼神之阴罚，若是其甚哉！虽然，太上训作恶者，以改悔为转祸为福之道，他恶改之为难，他善积之亦难，或限于力之所不能，或迫于时之所不逮，唯改语恶而积语善，止在一掉舌援笔间耳。改恶无易于此，积善亦无易于此者。笔刀一转，便堪翻贝叶于毫端，舌剑才回，已可吐莲花于腭上。及江淹之未秃，幸张仪之犹存，无假钱财，不须势力，皆可立转善因，同登福地。”

——道光《仪征县志》卷三十六《人物志·文学》载：“鲍祖彪字曼殊，一名元华。幼颖拔，有卓识，号神童子，八岁人南雍上舍……大清兴，南雍废。彪补仪征之博士弟子员，食廪饩，声名动江左……善诗古文词，书法草隶、八分、篆体无一不工。初读书摄之紫峰，通临济、曹洞、沩仰诸宗门，与凌世韶、陈丹衷诸前辈相颉颃……攻四传春秋而善文定，习于连山归藏焦氏卜筮之数而周易尤工。性好善，喜客轻货，荐绅先生争交欢之。海内声气，乐以身为关键。遇后起才俊，提引不倦。生平宽厚豁达，能容物，镌《感应经》劝人。年四十，日者取神峰书目考曰：土豕之年，予其已夫。俄而己亥果卒，年四十四。所著有《鹑庵诗集》，凡盈五寸许，为友人盗梓，彪终不欲振暴之以自彰。既殁，子士骢又搜得《曼殊文集》《诗集》《笔述》若干卷行世，仅十之一二。”

020. 魏裔介（贞庵，1616—1686）《太上感应篇注解》

——魏裔介《兼济堂文集》卷六《太上感应篇序》载："感应者，亦信其理而已矣。理得而数在，其中善即福，岂于善外寻福？恶即是祸，岂于恶外寻祸……余幼奉庭训，观览此书。暨丙戌以后奉行惟谨，亦即稍稍有验。年来刻者益众，尤惧弗能广也，乃复校而刻之，以公于众。"

——民国《柏乡县志》卷九《著述·金石》载："魏裔介著《兼济堂文集》二十卷、《鉴语经世编》七十二卷、《圣学知统》《录翼录》四卷、《希贤录》四卷、《约言录》二卷、《周张程朱正脉》四卷、《薛文清读书录纂要》二卷、《论性书》二卷、《易经大全纂要》《孝经注义》《四书精义汇解》《惺心篇捷解》《京邸集》《昆林论钞》《屿舫诗集》《唐诗清览集》《今诗溯洄集》《古今分体大观》《古文欣赏集》《燕台文选》《卜子夏集》《今文溯洄集》《阴符经注解》《黄石公素书注解》《太上感应篇注解》《琼琚佩语》《佳言玉屑》《酒史续编》《蝶庵忆记》《尺度存余》《女孝经》《文论语》《樗林偶笔》。"

021. 柴绍炳（省轩，1616—1670）《感应篇直解》（《感应征略》《感应篇经史考》）

——柴绍炳《省轩文钞》卷首程其成"引言四则"载："先生家藏遗稿尚有：《省轩诗钞》二十卷、《白石轩杂稿》八卷、《古韵通》八卷、《切韵伏古编》四卷、《柴氏家诫》四卷、《通考纂略》十卷、《行文指要》一卷、《省过纪念录》二卷、《感应征略》十卷。"

——朱溶《忠义录》卷八《陆圻、汪温、柴绍炳、沈昀、陈廷会、应撝谦、孙治传》载："柴绍炳，字虎臣，杭州仁和人……初，绍炳无子，乃注《感应篇》，迄上卷，举世堂；下卷迄，复举世台，人皆异焉。"

——姚学塽《感应篇注》"自序"载："注《感应篇》者，以惠松崖先生《笺注》，及柴省轩（即柴绍炳）先生《直解》为善本。"

022. 吴天仪（生卒年不详）《感应篇阴骘文印谱》（《合镌感应篇阴骘文摹印》）

——方学成《松华堂集》卷三《合镌感应篇阴骘文摹印序》载："（吴）天仪幼孤贫，从其母口授《四书》《孝经》。后专精篆刻，挟其技走四方，为时士大夫所重。余赋《铁笔行》一篇赠之。乃敬典一日以吴君摹篆《感应篇》及《阴骘文》来请序于予。……吴君自以早岁孤露，废弃诗书，不得致身仕宦，又奔走于衣食于定省之节，心常缺如，欲以一技之微寓忠君孝亲之大，故非仅以迓求福利者比，此其为意甚善，而其情以已可悲欤。"按赵禄祥主编《中国美术家大辞典》上册（北京：北京出版社，2007 年，第 767 页）载："吴天仪，明代篆刻家。南直隶歙县（今属安徽）人。性喜刻印。"

023. 李潮（有声，1617—1696）《强善堂感应经注疏》

——李璘《虬峰文集》卷四《述怀诗》载："积善裕余庆，本支蕃且灼。奉尝继前绪，翼翼修厥职。凤毛膺特奖，容台赖以饬。迨我曾皇考，纨袴亶英越。雄文振奇藻，抱璞泣屡刖。王父勤下帷，苦志事帖括。早龄登贤书，秉铎莅畿邑。循循如布衣，胶庠禀雍肃。吾父多才艺，坟典博涉猎。壮岁弃诸生，耕稼聊自给。著书劝同善，处浊能先觉。"并自加注于后曰："家大人注《感应》《救劫》《阴骘》诸书，衷儒立论，劝戒谆切。"

——李璘《虬峰文集》卷十九《书强善堂感应经注疏后》载："先君子之著此书也，始戊申，讫甲寅，历年比七，而稿九易焉。先□字句，次发明意旨，而以□□终之。"

——李璘《虬峰文集》卷二十《何墩墓志》载："先君讳潮，字有声，别号克庵，晚年又自称最乐老人，取'为善最乐'之意也……先君生于万历丁巳八月二日卯时，卒于康熙丙子正月六日亥时，享年八十……晚年信道甚笃，注《感应》一书，衷儒立论而行之。"

024. 蔡文诏（严庵，1617—1676）《太上感应篇发明》

——乾隆《龙泉县志》卷十四《艺文志》载："《严庵全集》《翼治全书》（一百八卷）、《四书萤书》（二十卷）、《读史眼》《太上感应篇发明》《禅悦小草》，明经蔡文诏严庵著。"

——吉安市地方志办公室编《吉安人物》（北京：方志出版社，2004年，第 105 页）载："蔡文诏（1617—1676），字汉右，号严庵，遂川县东南坊人。……他的一生著作很多，所著诗词有《牧笛草》《人闽吟》《绕树语》《亦舫草》《林窝草》《燕语竹音》《哭母》《永言草》百首、《个径》百首和《南乡子》40 阕；乐府有《榴花合》；还有《严全集》《翼治全书》108 卷、《四书萤书》20 卷、《读史眼》《太上感应篇发明》《禅悦小草》等文集，以及记述忠孝节烈和有关风化事迹的《修吉堂集》等。"

025. 沈云骧（生卒年不详）《新注感应篇》

——陆元辅《陆菊隐先生文集》卷四《沈云骧新注感应篇序》载："《太上感应篇》，道家之书，传自南宋。其言足以佐佑儒流、羽翼圣经，固愚夫愚妇所能知行，即搢绅先生亦不可废。李昌龄为之注，西山真氏为之序，遂盛行于代。元明以来，注者数十家，莫备于玉峰王氏、云间许氏，然陈陈相因，览者厌怠，未能振斯民之耳目，而警其心思。吾邑沈子云骧，天姿敦敏，嗜善若渴，恶恶若仇，博览旁搜即诸家之注，删其烦芜，摄其精要，更于近代国史所编邑乘所誌，家谱所传，以至稗官野史，苟有可采，莫不收录，使覩闻焕然一新，重开生面。读之者若闻五夜之钟，若服三世之药，若乎寐者而使之觉，若解酲者而使之醒，若启聋聩而使之聪且明也。厥功茂哉！”按陆元辅（1617—1691），字翼王，又字默庵，号菊隐，江苏嘉定人，先后授业于侯岐曾、黄淳耀，著有《十三经辩疑》《十三经注疏类钞》《礼记陈氏集说补正》《思诚录》《菊隐纪闻》《菊隐诗钞》等。又陆元辅所说“玉峰王氏、云间许氏”，后者即许缵曾（鹤沙），前者不知所指（疑即《焚香记》作者王玉峰）。

026. 施闰章（愚山，1619—1683）《感应篇辑解》

——施闰章《学余堂文集》卷二《重梓感应篇辑解序》载：“广昌何印兹先生好学乐善，尝刻《感应篇化书》，广示后学。既见予《感应篇辑解》，叹为善本。”

——魏礼《魏季子文集》卷七《重刻感应篇辑解序》载：“是书也，愚山施公本最善。江子羽汉复广刻而播扬之，属予序。予遂举或所问答者，弁其首。”

——王卓华《康熙博学鸿儒著述考》（桂林：广西师范大学出版社，2017 年，第 166—188 页）载：“施闰章（二等第四名）……已刻：《壁经大学》《感应篇辑要》《戒溺女歌》《劝民急公歌》《家风述略》……。”按施闰章字尚白，一字屺云，号愚山，晚年又号矩斋，安徽宣城人。诗与宋琬齐名，有“南施北宋”之称，其诗被称为“宣城体”，其传见《清史稿》卷四百八十四，列传第二百七十一。

027. 于觉世（子先，1619—1691）《太上感应篇赘言》

——丁仁《八千卷楼书目》卷十三“子部”载：“《太上感应篇赘言》一卷，国朝于觉世撰，刊本。”

——于觉世《太上感应篇赘言》“自序”载：“癸亥春夏较士广韶肇庆，往来三州间，有遗予小本《感应篇》者，舟中无事翻阅，有会信笔而书，不觉盈帙，繁简不论，详略任意，既非诠释之体，又无因据之学，聊自书其所见，非欲捧坏土而益太山也。词之不文，所不暇计，名曰赘言，梓以施焉。是编也，乃铁樵之《感应篇》，非天下人之《感应篇》也。”

——民国《儋县志》卷十五《官师志》载：“于觉世，字子先，号赤山，山东新城人，顺治己亥进士。历礼部郎中，出视学广东教士，先德行，后文艺，士翕然化之。琼州远在海南，学使多惮，思涛不至，觉世叱驭而往。舟至中洋，飓风作，舟中人皆惊，俄有小鸟状如鹦鹉来集樯上，舟人欢噪，径渡得无恙。论文之暇，廉问忠孝节义，关教化者悉旌之。”

——赵佩茳《石芙蓉馆集》卷四《友人林仲严传》载："先生姓林氏，讳曰简，字居敬。仲严，其号也。……于铁樵太史《感应篇赘言》以义理谈因果，通儒不能议也。先生憾其流传不广，集赀锓版，印千余册。庋几上，好者辄以一编赠。其与人为善之心，类如此。"

——徐泳《山东通志艺文志订补》卷十四《子部·道家》（济南：山东人民出版社，2016 年，第 353 页）载："《太上感应篇赘言》一册。于觉世撰。……海宁陈世安序略云：'凡世有刻是篇者无不观。观数十百家，少当予意。或以济南于公铁樵所做《赘言》遗予。试读之，见其以古笔运俚言，略通文义者皆可晓，而好学深思之士亦无以加。名言快论，络绎奔涌。能使寒者汗，睡者醒。快矣哉！诸家所未有也。'"

028. 贾棠（青南，生卒年不详）《感应篇图说》

——雍正《故城县志》卷三《人物志》载："贾棠，字青南，号海瞻。弱冠博综群籍，尤工时艺，为诸生时，试辄冠军，以夙秉羸弱不耐场屋劳，两赴秋闱不第。由岁贡授顺天府通判，迁工部都水司外，河工夙弊，为之一清。嗣奉命督理京城内外街道，尽心竭力，及时督修，钦承温旨。迁刑部福建司郎中，充律例馆纂修，官再迁广东琼州府知府……归田后杜门静养，绝迹公庭，以训课子孙为事。刊有《洗心筌》《景岳全书》《四子性理集解》《感应篇图说》《马东田孙沙溪二公文集》诸书行世。"

——雍正《故城县志》卷五《艺文志》"太上感应篇序（贾棠）"载："予昔守琼南，移视盐政于两粤，奉行是篇，出入不离左右……爰摆篇中格言，古今人物，善恶感应之不爽者，选工绣像，首明读法，次列注解，再引经传，后附当官立命功过格，俾迁善改过，咸知勉焉。书既成，广布寰宇，务令黄童白叟、妇人女子，开卷披图，燎然心目，善善恶恶之心，潜滋默长于虚无朕中。是编之刻，不无少补焉。"

029. 王道震（生卒年不详）（碑刻/书法）

——骆兆平、谢典勋编著《天一阁碑帖目录汇编》（上海：上海辞书出版社，2012 年，第 366 页）载："《太上感应篇》。康熙二十三年，王道震书。草书一页。"

——赵平编辑《中国西北地区历代石刻汇编》第 9 册（天津：天津古籍出版社，2000 年，第 40 页）载："《太上感应篇》。清康熙二十二年（1683）冬日刻。石在陕西西安碑林。高 184 厘米，宽 78 厘米。王道震书。"

030. 荣开（文启，生卒年不详）《感应篇赘言》

——徐泳《山东通志艺文志订补》卷十四《子部·道家》（济南：山东人民出版社，2016 年，第 353 页）载："《感应篇赘言》，荣开撰。开字文启，号洞门，新城人，顺治丙戌（1846）举人。乙未登进士，授青州教授，迁国子监助教，擢工部屯田司主事。”

——刘廷銮、孙家兰编著《山东明清进士通览·清代卷》（济南：山东文艺出版社，2015 年，第 50 页）载：“荣开，字文启。新城县（今桓台市）人。以孝义称。顺治三年（1846）举人，三甲第二百一十四名进士。授青州教授，以文行，与诸生相砥砺。迁国子监助教，擢工部主事。以京蔡高等，奉命督催南河工程。丁母忧，旋病卒。著有《洞门文集》《感应篇赘言》。”

031. 张殿珠（生卒年不详）《感应篇注释》

——民国《荣河县志》卷十五《传一·名贤》载：“张殿珠，顺治甲午（1654）科举人，广东新宁县知县，有惠政，民歌思之。其父好善，极信奉《感应篇》。殿珠承父志，为注释、作赘言，刊刻之中，多精警语，可以醒世。”

032. 周容（鄮山，1619—1679）《太上感应篇》（书法）

——马一孚《周鄮山书〈太上感应篇〉为徐行可跋》，《马一孚集》第 2 册（杭州：浙江古籍出版社、浙江教育出版社，1996 年，第 88 页）载：“周鄮山书《太上感应篇》为徐行可跋（1955 年 9 月）。鄮山不应鸿博，自比商容，其人品可知。书法圆润，神得松雪之味。乙未八月，蠲叟。”按戴松岳《一代奇才惊世四绝——大明遗民周容及其诗文书画》（宁波市鄞州区政协文史资料委员会编《风范千秋——三江文存〈鄞州文史〉精选·人物卷》，宁波：宁波出版社，2012 年，第 288—329 页）详考周容著作，未见著录其书法《太上感应篇》。

033. 姚文然（端恪，1620—1678）《感应篇颂》《感应篇备注》

——姚文然《姚端恪公文集》，外集卷第十五《游浙江日记摘抄》载：“高邮舟中作《感应篇颂》，援笔成立，若有神助。”

——现收录于姚文然《姚端恪公文集·外集》，《四库未收书辑刊》第七辑第 18 册。按姚文然字若侯，一作弱侯，号龙怀，室名虚直轩，安徽桐城人。明崇祯十六年（1643）进士。清顺治三年（1646）荐授国史院庶吉士。清顺治五年（1648），改礼科给事中，与魏象枢皆以敢言负清望，号称“姚魏”，其传见《清史稿》卷七十五，列传第五十。

034. 郑簠（谷口，1622—1693）《太上感应篇》（书法）

——查升《宫詹公存稿》（不分卷）“郑谷口以八分大字见贻赠诗四首”载：“鹰跱鱼顽势欲骞，隶书脱骨未成仙。拟将自写金刚偈，来比君家感应篇。（郑以所书《感应篇》见惠。）”

——薛龙春《郑簠研究》（北京：荣宝斋出版社，2007 年，第 236 页）附录一《郑簠活动年表》“1690 年，康熙二十九年，庚午，69 岁”条载：“隶书《太上感应篇》轴，杭州西泠印社藏。”

035. 房廷祯（慎庵，1622—1686）《感应篇衍义》

——周灿《原学堂文集》卷二《房慎庵感应篇衍义序》载：“童年房慎庵，余畏友也。好善同于余，而精进周详，余则弗及。取了凡先生之说，梓之。而谓题为《感应篇衍义》者，所以衍从来注《感应篇》者未尽之义也。”

——单锦珩《李渔交游考》（《李渔全集》第 19 卷，杭州：浙江古籍出版社，1991 年，第 245 页）载：“房慎庵（名廷祯，或作廷征），陕西三原人，顺治十六年（1659）进士，康熙十三年（1674）以兵部主事任芜湖榷使。”

036. 朱玑（在庵，生卒年不详）《太上感应篇说定》（《感应经说定》）

——薛所蕴《澹友轩文集》卷二《增订太上感应篇序》“……余惟此书梓行者甚众。近惟淮阴朱在庵玑所编《说定》，颇为赅博，然不无浮泛之病。而卢传二本，胪列因果事应，又不失之略。因采辑二书，而增以说定之确乎可示法戒者，合为一卷。其有前人著作成篇，如《帝君救劫宝章》，宋朝《乃慎刑文》，莲池大师《戒杀放生文》，袁了凡《立命说》《太微仙君功过格》《俞净意遇灶神记》之类，删为下卷。”

——姚文然《姚端恪公集》诗集卷七《赠朱在庵》载：“淮海有逸士，彩笔洞青冥。手注琅函编，苦口或涕零。我载宝山归，金碧晓晶荧。（附注：在庵以所注《感应篇说定》见赠）。怅望草玄居，空天云树青。”

——刘佑《学益堂文稿初编》卷六《太上感应篇说定序》载：“淮阴朱子在庵纂刻《太上感应篇说定》，出以示余，且征余言。其书上自经史百家，下及稗官野史、小说之流，多所采摭。虽不必尽合于古圣贤，而其大旨要于使人为善而去恶，趋吉而避凶。……是书凡八卷有四义，曰注，曰解，曰案，曰赞，皆先儒之成言，散见于诸刻，而在庵裒集为书，以成全豹。”

——怡性堂主人《感应篇集证》卷首“附录”载：“是经久在《道藏》中，至宋理宗乃表而出之，李西蜀为之传，郑四明为之赞，真西山为之序，而后乃大显。近代有周海门《辑略》，王弱生《集传》，陈伯元《证释》，冒嵩少《增注》，于广慧《标元》，柴省轩《直解》，于觉世《赘言》，徐久能《注疏》，徐梦元、夏纶《集注》，朱圣奇《梳解》，茅、张、程、何《图说》，又有张元超、徐伯仪、陈堦六、沃余廉诸刻，统计百余家。

其最善者，则有朱在庵《说定》，集群书之大成，尤称善本。洪楚产云：'《感应》一书，历汉而唐，自宋而明，敬奉已久，大要皆修身事天之学。'康范生云：'历代仁主以至修士，互相阐发，无非欲人为善无恶之意，可不勉励欤？'"

——宣统《续纂山阳县志》卷二《艺文志》载："（朱玑）太上感应篇说定自序"载："《太上感应篇说定》之刻，盖为悔过而作也。"

——宣统《续纂山阳县志》卷二《艺文志》载："（白受丽）太上感应编说定序"载："……久之而为善者或不尽降以福，为不善者或不尽降之以祸，或又有时而为善者反得祸，为不善者反得福也，则又稍稍以雷霆风雨为不足尽可畏，而圣人神道设教之权又穷于是，正谊明道之士起而维之，因取《太上感应编》而编辑因果报应、章章不爽之事为传注，以跌坐天地鬼神福善祸淫之教，以明告天下而竦动其心。其后转增转多，甚至疏为注解论案，刻书八卷三十三万余言，而其意端主于悔过者，则朱子在庵《说定》之刻是也。"

037. 王梦兰（蕙子，生卒年不详）《太上感应篇通解》

——王梦兰《秘方集验》"凡例"载："一、余初订《存心录》，引人以征事，谈果报之书也；次成《感应篇通解》，舍事而详理，太上之注疏也。二书皆所以治心病，而是书则治其身病也。始与余友薛子扦公、丁子兰洲、杨子紫涧参考，更得张卿子先生鉴定，因先梓以公宇内，二书容嗣刻问世。"参见刘时觉编著《浙江医籍考》（北京：人民卫生出版社，2008年，第530—531页）。按乾隆《杭州府志》卷五十八《艺文二》载"王梦兰"为"王如兰"，未知何者为是。

038. 梁同书（1723—1815）《太上感应篇》（碑刻）

——梁同书《频罗庵遗集》卷十三《为汤昼三锡藩书太上感应篇跋》载："予妹夫汤君昼三属录一通，拟寿诸石。自愧衰劣，不耐作楷，殊非敬谨之道，并书以志吾过。"按梁同书字元颖，号山舟，晚号不翁、石翁，九十以后号新吾长翁，浙江杭州人，大学士梁诗正（1693—1763）之子。又按汤昼三即汤锡蕃（生卒年不详），字昼人、昼三，号皴山，浙江仁和人，嘉庆十六年（1811）进士，授庶吉士，工书法。

——张伯英《独坐》卷一《法帖提要》（北京：商务印书馆，2019年，第29—30页）载："《感应篇》一卷（杭州本）。清梁同书书，乾隆五十三年（1788）勒石。"并载："山舟晚年多写善书与佛经，而小楷益复精妙。"

——杜正贤主编《杭州孔庙》（杭州：西泠印社，2008年，第333页）载："梁同书法书《太上感应篇》。现存一组2石，原为3石，缺第二石。

碑石尺寸相同，均高 293 厘米，宽 1035 厘米，厚 105 厘米。清道光四年（1824）刻，毛渐逵篆首，梁同书书，汪隽题识。”

039. 王修玉（倩修，1626—1699）《感应篇法戒集说》（《感应篇注》）

——徐乾学《传是楼书目》卷三《子部》载：“《感应篇法戒集说》四卷，清王修玉，一册，未钉。”

——雍正《浙江通志》卷一百八十三《人物七》载：“王修玉，字倩修。父世明，岁贡，为鄱阳令。修玉弱不好弄，惟嗜读书。方成童，祖母陈老且疾，每夜露香祝天，愿减龄益祖母寿。父以诬狱被逮，吏卒环卫甚严。修玉往视，鞭笞交下不为动。父在缧绁，凡饮食波溺俱为扶持。其后学益邃，与毛先舒、吴任臣交。著作甚富，尤工于诗，著有《汴游松壑》《萧远堂》《据梧丛说》等集。”

——丁丙《武林坊巷志》卷二十五《南良坊二》“慈懿沈孺人行述”载：“余家三世不杀生，孺人遵行勿改。余注《感应篇》劝世，孺人信悦诵法，兼日奉《金刚经》，通大义。然不妄佛，不入庵寺也。孺人多智，持谋与余合。”

040. 王省初（生卒年不详）、王复初（生卒年不详）《太上感应经注证类编》

——现藏温州图书馆。书后张恩诒“跋文”载：“壬申春，吾友王君省初、复初得旧本《感应篇注证》十册，出以示余。余伏诵之，叹是注导人从善去恶，意至深远。惜板遭劫火，难更流传。两王君慨然倡捐，重刊剞劂，不数月而告成，是书之不灭没理也。”按明清时期的善书作者同刊者往往很难区分，并且是书封面署名“王省初、王复初”。复次，“王复初”或即清初理学家王复初，盖王复初曾与理学家范鄗鼎（彪西，1626—1705）辩论善恶、鬼神、感应诸事（王复初《答范彪西书》，贺长龄辑、魏源编次《魏源全集・朝经世文编》卷四《学术四》，长沙：岳麓书社，2004 年，第 176—177 页）。

041. 许缵曾（鹤沙/宫允，1627—1700）《太上感应篇图说》

——许缵曾《宝纶堂稿》卷七《育婴堂劝善文》载：“吾于康熙乙巳后，家居五载，编辑《感应篇图说》，以行于世，闻有见是书而迁善改行者，辄斤斤自喜，以为不负此举。”又许缵曾“自序”载：“辑有《劝戒图说》八卷，三年而后成。余母见之，犹以其旁涉二氏，非吾儒本旨，尚须删削改正，乃可行世；至今日生计日疏，无力删刻也。”则许缵曾似另辑有《劝诫图说》八卷。唯陈垣《记许缵曾辑刻〈太上感应篇图说〉》（《陈垣学术论集》第 1 辑，北京：中华书局，1982 年，第 232—238 页）虽考许缵曾所辑刻《太上感应篇图说》版本甚详，然就《感应篇图说》是否即《劝诫图说》，亦不作定论。

——郑定国《感应篇图说》“重刊太上感应篇图说叙”记载：“《感应篇图说》，创自许鹤沙中允。”此说见于多种明清《感应篇》诠释文本中。

——周中孚《郑堂读书记》卷七十集部一之上载：“《宝纶堂稿》十二卷，前四卷原刊本，后八卷补钞本，附《定舫杂咏》二卷，原刊本……国朝许缵曾撰。缵曾仕履见传记类，《四库全书存目》作‘《宝纶堂集》五卷’，系浙江巡抚采进本，当即是编之第二卷至第五卷及《定舫杂咏》也。是编凡《赋》一卷，《诗》四卷，《杂文》三卷，《刍荛之言》一卷，《定舫随笔》《感应篇征事续》合一卷，《日南补稗》一卷，《日南前事》一卷，附录《天台冯苏滇考十九条》一卷，又附《定舫杂咏》二卷，则其癸酉至乙亥之作也。”

——贺箭村《古今善书大辞典》载：“《太上感应篇图说》。云间许鹤沙先生。尝即《太上感应篇》，逐句注证，且绘以图。清康熙甲戌，滇抚王继文，捐俸刊印，颁布州县。乾隆三年戊午（1738），闽浙总督郝玉麟，又付剞劂，以广其传。越二十年乙亥（1755），浙江总镇黄正元，复为增注刊行。嘉庆甲子（1804），黄翥楼更即吴郡汤士超所刊之本，重刊印送。同治七年（1868），须江毛金兰，又选各书中有足以发明者，附录各案之后。汪植庵独力刊之。其他翻板印送者，更不一而足。民国十二年（1923），上海善书流通处。又觅石印行，而明善书局，亦存板印售。”

042. 许缵曾（鹤沙，1627—1700）《感应篇征事续》

——现收录于许缵曾《宝纶堂集》。作者自称：“《感应篇图说》，余刻有全编矣。续有见闻，笔之于书，以示劝戒。”

043. 杨昭雍（持庵，1630—1687）《太上感应篇笺注》

——康熙《安庆府志》卷十六《乡贤》载：“杨昭雍，字南有，号持庵……著有《太上感应篇笺注》《心经解义》，皆与儒理互相发明。为《猛省警言》《克己复礼图说》，及《讼狱八弊》诸集，亡虑数十万言。”

——钱澄之《田间诗文集》文集卷二十四《文学扬持庵先生墓表》载：“岁在丁卯，吾皖举于乡者三人，杨子汝谷其一也。榜发，里中人争庆曰：‘杨子早岁登科，语称为德者必报。’信已，叩之具述。其尊公持庵生平乐善好修，诸所为盛德事……公既久困诸生，知子汝谷足成己志，乃弃去帖括，专志圣贤之学。由强恕而行，因自号持庵，期永持而勿懈也。晚岁兼通二氏，所著有《太上感应篇笺注》《心经解义》，皆与儒理互相发明。为《猛省警言》《克己复礼图说》及《讼狱八弊》诸集，无虑十数万言。暇时辄为市井伧父演说‘诸恶莫作，众善奉行’之旨，刊《功过格》广劝同志。”按杨持庵即杨汝谷（1671—1740），为康熙庚辰（1700）年进士，传见民国《怀宁县志》卷十八《人物·节孝》。

044. 史洁珵（玉涵，生卒年不详）《感应类钞》

——丁仁《八千卷楼书目》卷十三“子部”载：“《感应类钞》一卷，国朝史洁珵撰，刊本。”

——聂其杰《重印感应类钞序》（《人生指津》，上海：聂氏家言旬刊社，1928年）载：“先君昔时所刊印善书无虑数十种，以数万册计……各书中如梁敬叔先生之《劝戒录》，叙述近事最多，易于征信，又最典雅翔实。予既序而重刊之矣。今复得《感应类钞》而重刊之。《感应类钞》者，宜兴史玉涵先生所撰，以《太上感应篇》为主义，以《功过格》为纲，辑叙往事为案，以为之目，分孝顺、和睦、慈教、宽下、劝化、救急、交财、奢俭、性行、敬圣、存心十一类，其所引，大抵出于史乘古籍及私家笔记之可征信者，每类之中，附以先哲名论，并自加案语。其说理极精，而论事持平，非老于人情世故，而厚于天性，邃于学问，又尝深致力于修持涵养之功者，不能为也。”

——聂其杰《德育古鉴重印序》（转引自游子安《善与人同——明清以来的慈善与教化》，北京：中华书局，2005年，第176页）载：“《德育古鉴》，原名《感应类钞》，先君尝序而刊之。民十八予重刊印，改名《德育古鉴》。其时新潮流正激，有欲尽打倒旧文化之势，于佛法及感应因果之说，尤所疾视，故将原书中《太上感应篇》删而不印，亦由此苦衷也。”

045. 唐幼章（生卒年不详）《感应篇注释》

——田兰芳《逸德轩文集》卷一《唐幼章注释感应篇序》载：“古之人所以成仁取义者，接踵也如以获而已，语之者必曰：‘此所当为为之，可以得福；此所不当为为之，足以至祸。’人之情，恒欲福而畏祸，或亦欢欣鼓舞于其途，而不自主，苟一旦报我少爽，则其意必怠，而其功必阻，是以《感应篇》一书，其中劝戒，多吾人之所当行当鉴者，而儒者卒罕言之，盖其与‘正谊不谋利，明道不计功’殊旨也。唐子幼章，诚朴而乐善，取是书而注释之，务通于儒者之说，其用心可谓勤，为人可谓切，立志可谓较然而不惑矣。”按田兰芳（1628—1701），字梁紫，又字伍众，号篑山，河南睢县人，顺治诸生。

046. 周秋驾（生卒年不详）《太上感应篇参注》

——蔡仲光《谦斋遗集》卷七《太上感应篇参注序》载：“乃今又读周秋驾手所注《太上感应篇》，虽道教中之书，其所以导人迁善改过者，皆切于日用，与彼佛氏之洸洋变幻者有异。……秋驾知高高者不能有言，遂因篇中所载，敷其大义，剖晰明著。上以砥砺世之自修之士，下以训诫流俗，所以利天下也。夫亦思以利天下者，自利其身乎？虽然，秋驾儒者。汉董仲舒氏曰：'正其谊不谋其利，明其道不计其功。'秋驾岂以利而手注其书也哉！"

047. 孙蕙（树百，1632—1686）《感应笺注》

——高珩《栖云阁文集》卷十四《户科给事中树百孙公墓志铭》载："君虽廿载荣途，而性嗜山水，于舍旁为园，筑亭其内，膀曰万仞芙蓉斋。又开池浚塘，堆岩布壑，种树蓄鹤，萧然尘外。雅负书癖，每见坊间善本，不惜重直购求，特建逸峰阁以贮之，虽病类休，文不废披诵也。著述最夥，遗稿无几，已剞劂者有《心谷制艺》《安宜治略》《笠山奏议》《笠山诗选》及《历代循良录》《感应笺注》藏于家。"孙蕙传见乾隆《淄川县志》卷六《人物志》。

048. 黄祖颛（项传，1633—1672）《太上感应篇铎句》

——愈园主人《迎天榜》"自序"载："予尝以五言古诗、七言绝句注《感应篇》，名之曰铎。盖以有韵之言咏歌，嗟叹入人深也。居恒每读袁了凡《立命说》及《俞净意感神记》，辄悚息终日。"陆萼庭《〈迎天榜〉传奇作者考》（《清代戏曲家丛考》，上海：学林出版社，1995 年，第 77—84 页）考证：《迎天榜》的作者"愈园主人"即黄祖颛。

——嘉庆《直隶太仓州志》卷六十《杂缀 · 纪闻》载："《写吟集》云：黄祖颛项传，少奇颖，数岁能作诗古文辞，弱冠学诗吴梅村祭酒之门……著《太上感应篇铎句》，系五占七律各一首，多发聋振聩语。书成，遂得一子。"

049. 秦镜（非台，生卒年不详）《通鉴太上感应录》（《通鉴感应录》《删定通鉴感应录》）

——雍正《平阳府志》卷二十三《秦镜传》载："秦镜，字非台，剪桐里人，崇祯癸酉（1633）乡荐，国朝任西安府推官，持法多平。凡解组归里，置义田、义冢，广行阴德事。修桥梁道路，如西乌岭辛村坡屋山桥皆晋豫要路，行人利焉。博极群书，晚犹手不释卷，著有《通鉴太上感应录》《秦氏家训》。"

——乾隆《翼城县志》卷十六《孝义》载："秦镜，字非台，剪桐里人，崇祯癸酉乡荐，国朝任西安府推官，持法多平。凡解组归里，置义田、义冢，广行阴德事。修桥梁道路，如西乌岭辛村坡屋山桥皆晋豫要路，行人利焉。博极群书，晚犹手不释卷，著有《通鉴太上感应录》《秦氏家训》等书。”

——民国《翼城县志》“孝义”载：“秦镜，字非台，剪桐里人，崇祯癸酉乡荐，国朝任西安府推官，持法多平。凡解组归里，置义田、义冢，广行阴德事。修桥梁道路，如西乌岭辛村坡屋山桥皆晋豫要路，行人利焉。博极群书，晚犹手不释卷，著有《通鉴太上感应录》《秦氏家训》等书。”

——李晋林编著《临汾经籍志》（太原：陕西人民出版社，2006 年，第 84—85 页）载：“秦镜，字非台，清翼城人……博通群书，著述多种……《通鉴太上感应录》二卷、《秦氏家训》”。现收录于《四库全书存目丛书》史部第 291 册，单行本现藏南开大学图书馆。

050. 杨东生（为甹，生卒年不详）《太上感应篇注》

——民国《南陵县志》卷四十三《经籍志》载：“杨东生，字为甹，一字幼清，江宁人，贡生，顺治十六年（1659）任本县训导。《读易私笺》（同治《上江两县志》）、《四书匡注》（同治《上江两县志》）、《太上感应篇注》（《杨先生去思碑》）。”

——乾隆《江宁新志》卷十九《人物志》载：“杨东生，字为甹，性敏慧，制行端严，明诸生。顺治初授南陆学训，著有《读易私笺》《四书匡注》《保世祥音》《居家金镜》。晚年自号谁子，曰‘示丧我也’。”

051. 张采（生卒年不详）《太上感应篇注疏衍颂征事》

——现藏奥地利国家图书馆，封面署名《太上感应篇注疏》，邗江履道堂乾隆四年（1739 年）刻本。作者“自序”载：“镌行《太上感应篇》不下数十百本，览者苦其繁也。余为择取二三种，汇而合之，胪为五条，曰注，曰疏，曰衍，曰颂，曰征事，凡十卷。”落款为康熙辛未年（1691），则是书编于康熙年间、刊于乾隆年间。

052. 王锡侯（砚堂，1713—1777）《太上感应篇新注》（《太上感应篇解题》）

——嘉庆《感应篇汇典》卷上载是书名为《太上感应篇解题》。

——嘉庆《直隶太仓州志》卷三十六《人物志・文学》载：“王家祥，字止吉，州庠生，博通典籍，尤精于天文地理……弟家桢，字予来，少孤，与吕云孚同研席。张溥见其文，奇之，引为弟子。入国朝吴中文社，并起争致之。家桢不概应也。生平勤著述，年七十自序云：‘穷老气尽，纸干墨燥，而不自已。于天人古今大要，多所阐发’。其自负如此。同时陈嘉，字静夫，文与家桢埒。师事黄淳耀。耀殁，抚其遗孤，有古人风。”

——酒井忠夫《中国善书研究》（孙雪梅译，南京：江苏人民出版社，2010 年）断言，“王砚堂”即为“王家桢”，此论当确。包筠雅《功过格

——明清社会的道德秩序》（杭州：浙江人民出版社，1992 年，第 115 页）以为“王家桢”“王砚堂”为两人，是误。

——现收录于《丛书集成续编》第 46 册（台北：新文丰出版公司，1988 年），及《藏外道书》第 12 册（成都：巴蜀书社，1994 年）。

053. 清世祖（顺治，1638—1661）《御注太上感应篇》

——谈迁《北游录》载：“甲午冬，驾驻南海。予大学士冯铨导之注述，于是纂《劝善要言》，纂《范行恒言》，纂《内政辑要》，纂《资政要览》，纂《顺治大训注太上感应》，笃注唐诗五七言，俱称‘御制’云。”

——现收录于《故宫珍本丛刊》（海口：海南出版社，2001 年，第 524 种）。贾二强《清顺治朝的御制御注书与内府刻本》（《藏书家》第 1 辑，济南：齐鲁书社，1999 年，第 83 页）亦有考证。另外，顺治皇帝纂有《御制劝善要言》。

054. 郭景昌（瑞旭，生卒年不详）《太上感应篇图说》

——黎元宽《进贤堂稿》卷九《太上感应经集注序》载：“奇玉、连玉兄弟，将门之子，不取阴符而尚阴德。今从叔朴游，爱其书，亟为流布，是武攸绪之风也。吾师曰：‘中人以上，可以语上也。’若三君子之从事于《太上感应篇》者，非耶。此书世多有之，而以许鹤沙先生所著为最富，郭瑞旭先生因焉。然叔朴精而约矣，叔朴之得奇玉、连玉，犹鹤沙之得瑞旭也。‘诸恶莫作，众善奉行’，只此两句，两家初无异同，而余窃欲于富者稍损其图说，于精者取世祖《御制劝善要言》书，若序冠之，岂敢以意为损益乎？盖语必稽古，事必从今，此乃太上之道，所赖以终无失坠也。”

——光绪《江西通志》卷一百二十八《人物·宦绩录》载：“郭景昌，字瑞旭，辽东沈阳人，贡士。康熙三年（1664）授吉安知府，时郡县多盗，军户以运漕累民，民深为患。景昌减骑从，亲历属邑，察民间疾苦，得首盗二十余人，悉肆诸市，乃约胥吏丈田亩清，军户减漕艘，复民食淮盐之旧，以纾积困。十四年擢湖西道，大军进剿，韩大任、景昌理军需，民不扰而事给，及贼弃城遁，主帅以连岁不下积忿，将屠之。景昌力请得免。复捐金赎男女之被掠者，吉人至今德之”。

055. 涂叔朴（生卒年不详）《太上感应经集注》

——黎元宽《进贤堂稿》卷九《太上感应经集注序》载：“赵奇玉、连玉兄弟，将门之子，不取阴符而尚阴德。今从叔朴游，爱其书，亟为流布，是武攸绪之风也。吾师曰：‘中人以上，可以语上也。’若三君子之从事于《太上感应篇》者，非耶。此书世多有之，而以许鹤沙先生所著为最富，郭瑞旭先生因焉。然叔朴精而约矣，叔朴之得奇玉、连玉，犹鹤沙之得瑞旭也。'诸恶莫作，众善奉行'，只此两句，两家初无异同，而余窃欲于富者稍损其图说，于精者取世祖《御制劝善要言》书，若序冠之，岂敢以意为损益乎？盖语必稽古，事必从今，此乃太上之道，所赖以终无失坠也。"

056. 日南和尚（生卒年不详）《增释感应篇》

——毛奇龄《西河集》卷五十《日南和尚增释感应篇序》载："天下之舍因果而谈感应者，非一日矣。越州日南和尚继而善之，阐导诸方，将以不二法门，绝一切因缘，而乃校论《感应篇》以示世。世遂疑西来心印降而为道士无赖变言祸福之所为，而予不谓然。"

057. 刘芳哲（宣人，生卒年不详）《感应篇集注》

——朱彝尊《曝书亭集》卷三十五《刘宣人作感应篇集注序》（亦见《竹垞文集》卷第十三《感应篇集注序》）载："宛平刘先生宣人俾工刻《感应篇集注》以行，先生儒者也，其道德文章悉本圣人之训，独勤动于斯编示人。夫亦谓老氏之徒，其自修之功，犹严且慎，若是为君子，儒者慎独方何如焉？"

——沈叔埏《颐彩堂文集》卷六《太上感应篇印章序》载："华亭许鹤沙缵曾辑《图》，宛平刘宣人芳哲《集注》，其最著者，独篆刻阙焉。同里李子南有秉承尊甫，观察公家教，克敦善行，既为《阴骘文印章》，哲弟抑之复倩范子勖堂篆刻此篇行世。《礼》云：'太上贵德，其次务施报。'夫在人曰施报，在天曰感应。以感应勉人修德，亦第为其次者设法耳。而其道则亘古今而不变也。抑之之意，俾循诵是编者，由斯水之篆法，绎太上之真言，其为劝戒奚啻书绅铭坐之拳拳乎？予故乐引之，以为好懿者告。"

——唐鉴《国朝学案小识》卷八《守道学案》"宛平刘先生"载："先生讳芳哲，字宣人。历官国子监司业，学主于庸，所求皆子臣弟友之事。其中至细至悉，人所不及监察而忽之者，讲求必极其当。其《庸语》曰：'天下无一之不厌庸也久矣，顾人以为庸也而厌之，我弗敢以为庸也，而亦厌之，我不敢以为庸也而厌之，愿人亦弗以为庸也，而终厌之，何也？事惟庸者可作，物惟庸者适用，言惟庸者易行也。我只道我之庸语而已。存天理，遵王法，体人情。遵王法，忠也；体人情，恕也；存天理，忠恕之本，一以贯之者也。太极先儒言之备矣，吾人不必更增一语，但能于日用之间，处己接物之际，一言一行，务合于道理之当然而不失其中，即是太极。曾子之学吃紧处在孝以事亲，曾子之孝吃紧处在敬以守身，不遗父母恶名，孝之至也，必慎其独，敬之至也。当官之法，唯有三事，曰清，曰慎，曰勤，今无不知之者，余请更益以一言曰诚。清而不诚，保无饰于外而淆于中乎；慎而不诚，保毋详于小而略于大乎；勤而不诚，保无工于私而拙于公乎。诚则清为真清，慎为真慎，勤为真勤，念念在国，不为家营；事事在民，不图己逸。普天大地，实受其福矣。不问民之贫与不贫，但问官之当富与不富，不问小吏之贪与不贪，但问大吏之清与不清。尊卑内外，界限截然，全靠一个礼字。辞受取与，铢两不差，全凭一个义字'。观此可以知先生之为真庸矣。其他如《家书》三十首，孝友之书也。生事死丧之礼，皆从至性中流出。读之者未尝不叹先生之殷殷恳恳，诚笃而纯挚也。庸言庸德，其执如之。生平所称许者，成都费燕峰密、蔡瞻岷廷治、黄冈曹厚庵本荣，则有是有非，未可为定论矣。"

058. 徐天行（行志，生卒年不详）《太上感应篇注疏》

——酒井忠夫《中国善书研究（增补版）》（孙雪梅译，南京：江苏人民出版社，2010年，第575页）、吴震《明末清初劝善运动思想研究》（台北：台大出版中心，2009年，第534页）、包筠雅《功过格——明清社会的道德秩序》（杜正员、张林译，杭州：浙江人民出版社，1992年，第115页）均有著录。现藏日本东京内阁文库，分上、中、下三册，顺治十七年（1660）撰，康熙三年（1664）刊本。

——王涚澹《太上感应篇注证合编》卷首"感应纪验"载："杭州大街杨振之刻施《太上感应篇》，江千徐天行刻《太上感应篇注疏》行世，后大街、江千俱罹火灾，而杨、徐两家经板所藏之室，皆无恙，若有神卫之者。"

——怡性堂主人《感应篇集证》卷首"附录"载："是经久在《道藏》中，至宋理宗乃表而出之，李西蜀为之传，郑四明为之赞，真西山为之序，而后乃大显。近代有周海门《辑略》，王弱生《集传》，陈伯元《证释》，冒嵩少《增注》，于广慧《标元》，柴省轩《直解》，于觉世《赘言》，徐久能《注疏》，徐梦元、夏纶《集注》，朱圣奇《梳解》，茅、张、程、何《图说》，又有张元超、徐伯仪、陈堦六、沃余廉诸刻，统计百余家。其最善者，则有朱在庵《说定》，集群书之大成，尤称善本。洪楚产云：'《感应》一书，历汉而唐，自宋而明，敬奉已久，大要皆修身事天之学。'康范生云：'历代仁主以至修士，互相阐发，无非欲人为善无恶之意，可不勉励欤？'"按徐久能即徐天行。

——酒井忠夫《道家·道教史的研究》（曾金兰译，济南：齐鲁书社，2017年，第207—208页）介绍，徐天行《太上感应篇注疏》卷末附"功过格"，共分孝顺、和睦、慈教、劝化、救济、交财、奢俭、性行、敬神、存心、循谨、廉守、吏治、户治、礼治、兵治、刑治、工治、相业、君德、读书等二十二格。

059. 张圻（邑翼，生卒年不详）《感应篇合注》

——光绪《昆新两县续修合志》卷五十《著述目下》载："张圻，《学仕要箴》五卷、《虚隐楼文集》《感应篇合注》《昆山县城隍庙续志》一卷、《龙门心法》"。

——光绪《昆新两县续修合志》卷十二《文苑补遗》载："张圻，字邑翼，明思南府知府，汝舟六世孙，诸生，元灿子。明季补昆庠生，入国朝里居教授，从游甚众。朱用纯相友善。晚岁栖止道院。蔡方炳为颜其居曰'知止山房'。著有《仕学要箴》《道德经注解》《珠口真机》诸稿。"

060. 李舜臣（向皋，生卒年不详）《绘图太上感应篇全集》

——李舜臣《敦古堂拟古文集》卷一《代李父母补刻绘图太上感应篇全集序》载："予向取《太上感应篇全集》翻阅之。其劝善如和风甘雨，其惩恶若斧钺雷霆，足以警聋震聩。思欲刊布于世，以簿书鞅掌而未暇。及今于市坊购得《太上感应篇》旧刻版四百余版，刷印成帙，细览文必有解，句句悚目；事必有证，字字惊心。而复详绘其天堂地狱之殊状，如履厥地，如睹厥。假无象之文以示幽明祸福之理，借有文之象以昭彰瘅赏罚之归。故言之不足则长言之，长言之不足则咨嗟叹息以悚动之。……余把玩终卷，内有缺漏者数十篇，搜辑补刊，因之寢兴咀茹，靡不以太上垂训为念，涵濡日在方寸中。然潜凛于一已，不若公行诸海内，爰鸠工刷印广布。"

061. 张颢睿（道存，1643—1735）《感应篇注》

——陈建设主编《印象东西湖：书画影印作品集》（武汉：武汉出版社，2013 年，第 78 页）载："张颢睿（1643—1735），字道存，号楚峰，汉阳县丰乐里人。由明经历任黔阳、新田教谕，安陆府教授，升直隶安肃县知县，政绩斐然。因眼病辞职。著有《楚峰诗钞》《感应篇注》《御制训饬士子文注》《解见园文集》《解见园诗集》等。"

——乾隆《汉阳府志》卷三十四《人物·仕迹》载："张颢睿，字道存。持己端方，由岁贡教谕黔阳，升安陆教授，迁安肃知县。洗涤烦苛，不为崖异之行，致政归，年九十有三乃殁。"

——《柏泉三甲张氏家谱》"楚峰公传"（张明祥编《东西湖区专志·艺文志》，武汉：武汉出版社，2007 年，第 140 页）载："先伯父讳颢睿，字道存，号楚峰，伯大父云琦公次子。……退居林下二十余年，自甘淡泊。济人之急，乐人之善，见利不苟，与世无欺。纂族谱，捐祭田。城郭不履，虽乡人罕一睹其面。遇友人、弟子执经问奇者，坐谈彻夜不倦。如有奔驰争竞者，即缄默不言，一以劝善息争为念。广种阴骘，注《感应篇》。雅善诗古文辞，所著甚富，如《御制训饬士子文注》《解见园文集》《解见园诗集》。”

062. 金轮（襄北，生卒年不详）《感应篇》

——康熙《滁州志》卷二十二《人物志》载：“金轮，字襄北，拱敬六子，体度端严，尚气节，读书重道义，不苟言动。每夕仿赵清献焚香告帝……著有《感应篇》，子源嗣刻行世。”按金拱敬（？—1661），号止庵，安徽滁州人，明崇祯癸未（1643）进士。

——光绪《滁州志》卷七之六《列传六》载：“金轮，字襄北，拱敬六子，不苟言动……著有《感应篇注》。”

063. 李藩（介人，生卒年不详）《太上感应篇图说》

——李习勤编《美术辞林·版画艺术卷》（西安：陕西人民美术出版社，1992 年，第 169 页）“鲍承勋”条载：“鲍承勋（约 1625—1695），清代木刻家。安徽旌德人，是徽派木刻家李最后的大匠之一……顺治十四年（1657），刻李藩撰《太上感应篇图说》。”现为乾隆年间刻本，作者题为“华亭价人李藩写，旌邑鲍承勋刻”。按据周心慧《中国古代版画史纲》第 4 册（北京：北京联合出版公司，2018 年，第 1540 页）考证，李藩即李蕃，号介人，松江人，工山水人物。

064. 陆际明（生卒年不详）《广辑感应篇》

——宋琬《安雅堂集》卷二《陆际明先生墓志铭》载：“吾友南昌王于一为余言，武林陆际明先生者，湖墅之隐君子也。其人规言矩行，事父最孝。母殁，手写《金刚普门》诸经，《广辑感应篇》二卷，董文敏宗伯、陈仲醇征君序而传之，海内称为‘陆孝子书’……是年冬，于一疽发于项，喘喘然将死，挈一小艇诀余于塘栖，曰：‘余不幸遘罹虐疾，而吾子且有家祸，命也，奈何！然吾死则委骨于陆氏。子如不讳，亦有如斯人可托七尺者乎？’因相对哽咽，不能一语而别。甫食顷，缇骑骤至，予仓皇就逮，不复知于一消息。”按闻于廷《太上感应篇会解》署名：“仁和闻于廷乃赓甫辑，祝华封尧观甫删，钱塘陆之超倚峒参阅，陆之遇际明甫校镌。”复案：陆际明与王于一事，见于徐珂《清稗类钞》“稗四十九·义侠类”条。

065. 李川（生卒年不详）《感应篇增注》

——乾隆《镇江府志》卷四十八《艺文五》“（黄机）台山李君川感应篇增注跋”载：“余告假归里，舟过云阳，晤台山李君，遽然道故，随出所刊《感应篇增注》示予。受而读之，见其证据详确，事理并举，言言救世。”

066. 何兆祺（勇修，生卒年不详）《太上感应篇说》

——同治《彭泽县志》卷十六《艺文二》“（蔡方禧）黎邑庠吟序”载：“何子勇修，少以文章受知于予先大人，予闻其名甚熟……予读其《历法异同》《五代五季》《大元得天》及《河洛图占》《太上感应篇说》诸著作，皆千古未有之言。其《五柳乡集》与《黎邑庠吟》诸诗，素心清净，人伦澡鉴，悯世慈心，皆默寓诗中。”

067. 刘光洙（中柱，生卒年不详）《画像感应篇》（《太上感应篇图说》）

——民国《单县志》卷九《乡贤》载：“刘光洙，字中柱，光泗弟。性至孝，母病昼夜侍榻侧数月……尝手编《晨钟集》《画像感应篇》行世。”

——民国《单县志》卷二十《艺文》载：“《续晨钟集》《太上感应篇图说》，刘光洙撰。”作者生活于康熙前后。

068. 刘中柱（生卒年不详）《太上感应篇图说》

——卢锡晋《尚志馆文述》卷六《重刻太上感应篇图说叙》载：“吾单刘子中柱，行即有民社之责者也。其于身世间，谨奉乎《感应篇》者有素岁。壬辰得许氏《图说》，则以为此书无士农工商、男女童稚，皆可览观也，仿而刻之。其征事、绘像，不求多于旧。盖彼以易览易记为贵，凡以防人之或有厌心，而不必多增也。且苟能邑有藏板、家置一册，使我朝风俗历亿万年，依然此有善无不善之可乐，而后不负为尧舜之臣。吁是重刻之志而已矣。”

069. 卢锡晋（晋侯，生卒年不详）《太上感应篇图说》（《续志录》）

——卢锡晋《尚志馆文述》卷六《续志录序》载：“会长安客有工剞劂者来，遂捐俸属之。列《太上》文为纲，而各缀以马氏《图说》诸故实，然而省去其图者何？曰：‘先大夫欲刻是书也，亦将使人共为之也。’工多而费巨，则为之也难，而是书之传于世恐不能广也。故宁取其易，而可以共为者为同志倡焉而已矣。”按卢锡晋字晋侯，又字子弓，号认斋，山东单县人，康熙二十七年戊辰（1688）进士，曾任正定知府。遗憾的是，卢锡晋所云“马氏《图说》”，未知何指。

070. 唐仲济（汝楫，生卒年不详）《医书感应篇》

——光绪《会同县志》卷十《人物志》载：“唐仲济，字汝楫，岁贡生，城南半街人，光宇子也。端方正直，不琢不雕，读书乐道，惟以教育人材为念。居家孝友，处世和平。至解纷息争，周急济困，终身不倦。著有《四书启蒙》《杜诗插句》《礼记启蒙》《四书文证》《字学启蒙》《与善堂文集》《庄子注解》《天地山川都邑图考》，又辑《医书感应篇》以疗病，劝说皆有精义。”

071. 钱镜石（生卒年不详）、鲁东侯（生卒年不详）、王圣翼（生卒年不详）《太上感应篇》

——孙治《孙宇台集》卷六《太上感应篇序》载：“《感应经》之有笺注，又有事实，前哲之所以为人者至矣。然繁者惧其猥并，而简者又惧其简略。钱镜石先生与其友人鲁君东侯、王君圣翼增删是书，积有多年，今方锓板以行千世于乎，岂非救世之津梁哉！”

072. 周讷（生卒年不详）《太上感应经辑要》

——怀应聘《冰斋文集》卷一《太上感应经辑要序》载：“周子讷公，笃行君子也。学道有年，三教诸书，兹乐甚多，而独崇奉此篇。先以解意，继以征事，是谓以善劝善，以恶戒恶焉。为善者不绝望于将来，为恶者知警惕于身后，洵乎太上之功臣哉！”

073. 查升（仲韦，1650—1707）《太上感应篇》（书法）

——徐倬《詹事府少詹事查公墓志铭》（洪永铿、贾文胜、赖燕波等《海宁查氏家族文化研究》，杭州：浙江大学出版社，2006 年，第 243—247 页）载：“公字仲韦，一字声山……所著有《姓氏谱》《静学斋诗稿》《尺牍偶存》《前扈从诗》《南巡五瑞诗》《塞北纪恩赋净》。书法有《孝经》《兰亭考》《山居篇》《感应篇》刻石，余未刻。”同书陈元龙《查宫詹墓表》（第 247—249 页）载：“太子詹事查君……君讳升，字仲韦，一字声山……君所著有《姓氏谱》《静学斋诗稿》《尺牍偶存》等藏于家。书法原本钟、王，出入于米海岳、赵吴兴、董华亭诸家，有《孝经》《感应篇》《兰亭跋》《山居篇》等勒石行世。”

074. 孙居湜（1650—1725）《太上感应篇汇注大全增疏》

——现藏国家图书馆。残本，未见。

——现著录于王绍曾主编、程远芬编《清史稿艺文志拾遗子部·宗教类》（北京：中华书局，2000 年，第 1518 页），康熙二十九年（1690）刻本。

075. 赵弘燮（亮工，1656—1722）《太上感应篇解证备录》

——现藏国家图书馆。作者“自序”称：“余奉命简授几辅节钺，十有六年，凡饬吏安民之道，悉遵圣训措施。第恐奉行陨越，则一民未化，一物未全，皆大吏之辜，因思《感应》一篇，登梨枣以劝世者，指不胜屈，然或解义未祥，证事未切，则既不足以发庸愚之蒙，反足以来贤智之诮，甚非所以劝善而惩恶也。爰为句疏节解以释之，而义不至于或略。旁搜博采以证之，而事不至于无据。较之诸书，稍加详确，名曰：'解证备录'。"按赵弘燮为赵良栋（1621—1697）次子，字亮工，号理庵，宁夏银川人，曾任直隶巡抚、河南巡抚、直隶总督等职。

076. 赵熊诏（学了氏，1663—1721）《太上感应篇训注证》（《航中帆》）

——现藏国家图书馆。作者"自序"载："庚午之秋，余复被放。盖自为诸生，以迄于兹，战已五北矣。自悲自恨，逾于曩年……复取平日所奉持䌷绎者，加以裒采诸书，集为《注训》四卷。自庚午九月之望，迄于辛未九月，凡岁一匝，而始成。呈之大人，大人曰可，遂付剞劂……回想辛酉之岁，家叔父有渡人航一刻，余力襄厥役，是时总十数龄耳。曾不转瞬而蹉跎至今，青衫如旧，白眼增悲。日沉沦苦海中，盼前航之来渡，而不可得。尝思作一帆助之，适梓人告成，即以'航中帆'三字弁其首。"按赵熊诏系赵申乔（1644—1720）之子。

——陶澍《陶文毅公全集》卷三十六《感应篇集证序》载："毗陵赵修撰熊诏，所著《航中帆》，取《太上》之言，加以训释，而博引古事为证。其书流传海内百余年来，以为导迷之筏。"

077. 陶宁祚（生卒年不详）《太上感应篇集注》

——杨绳信编著《中国版刻综录》（西安：陕西人民出版社，1987 年，第 1135 页）载："宝坻李氏好德堂，嘉庆间刊《太上感应篇集注》八卷、《清言》二卷，清·陶宁祚辑。"

——现藏国家图书馆。作者"自序"载："余幼禀庭训，即敬奉是篇，勿敢失堕。既长薄游齐鲁燕赵间，所教案注释家，不下百数十本，往往购聚而载诸行笥。十年来旅食京邸，酬应有暇，辄博采而参订之，为之薙其烦芜，略其荒渺，疏通其解，证明其事，积岁月之勤而裒成一集。复取古今格言之警切者，厘为上下两卷而附录之。"

078. 金星辉（天章，生卒年不详）《太上感应篇》（书法）

——陆奎动《陆堂文集》卷十七《封奉政大夫金景庵先生像传》载："平居读书之暇，笃好临池，小楷酷肖董文敏。尝手书《感应篇》以劝世，多至百余本，里人藏弆为珍，不啻松雪之《兰亭十三跋》也。此虽轶事，有足传者。先生讳星辉，字天章，景庵其别号云。"

079. 方士骅（天闲，生卒年不详）《太上感应篇注》

——光绪《淳安县志》卷十《人物志・文苑》载："方士骅，字天闲，城东人，邑庠生。性豪荡，棱棱露爽，诗酒所耽也。而力以义方训后子孙，绳绳遵其矩。往者两修邑乘，皆与力焉。晚岁犹手注《太上感应篇》以劝世。"

080. 毛燧传（洋溟，生卒年不详）《感应篇》

——毛燧传《味蓼文稿》卷十五《书感应篇后》载："洋溟子读书至《感应篇》，慨然废书而叹曰：'呜呼！此衰世之书也。'……是书作者无可考，闻本出于道家者流，宋末出内府钱刊布其书，始行于世。予家旧有《注》《证》二本，近因友人惠赠，日积益多，恐日久散失，爰以暇日，稍为辑之，厘为一卷，并弁数语置之箧中。昔陶渊明有言曰：'汲汲鲁中叟，弥缝使之淳。'呜呼！为是书者意，亦尚云弥缝也夫？"

081. 朱溶（若始，生卒年不详）《重镌感应篇经史考》（《感应篇经史摘典养正》）

——朱溶《〈稗畦集〉序》（洪昇著，刘辉校笺《洪昇集》，杭州：浙江古籍出版社，1992年，第388页）载："岁丙寅，余客钱塘，与洪子润孙、戴子天如及吾弟沛霖等，辑《感应篇经史考》，洪子昉思为润孙族侄，天如之友婿，屡过寓。"按朱溶字若始，华亭人，朱士鲲（？—1651）之子，朱浣（1626—1651）之弟。

——章培恒《洪昇年谱简编》"康熙二十五年三月"条载："抵杭州，常下榻于友婿戴普成家，相与论诗。时普成方与洪景融、朱溶等共辑《感应篇经史考》，因并与朱溶相识。"

——现藏南京图书馆。作者"自序"称："近世以来，人益言《感应篇》矣。为之诠释者，无虑数十百家。然所称引，未免杂以稗官小说，或里巷所传闻，其惊动人心可曰至切，而学士大夫颇难言之，甚者笑之以为未信。兹岂《感应篇》之过欤？抑亦诠释者有未尽也。《感应篇》之意，与我儒相表里，其文亦与经史吻合。余尝欲取经史阐扬是书，以公天下，而牵于世务蹉跎不果。后舍钱塘弟沛霖《家论》及《感应篇》所见略同，因尽出十三经、四子书、《家语》、二十一史、《资治通鉴》等书，编缮而采择之，务期劝戒切深，证据明确，学士见之皆悚然敬信。迄事康熙庚申十月，自己未正月主此书，悉考于经史，不以他语杂之也。其注解出沛霖，弟皆本于前贤，间裁以己意。沛霖子良治，与其师洪子润孙复再三参酌，使人一见了然，诚大愉快也。遂命儿子修干缮写，携至京师，正于李述庵先生。先生击节叹赏，谓当亟行于世。因为此阅评论，举纲撮要，标示无遗。遂各出金，并募诸君鸠工剞劂。其校雠无讹，则佟君中黄，暨钮子南六等力为多。述庵先生名涛，济南人，翰林院编修；佟君名国瓒，三韩人，日照知县；洪子名景融，仁和诸生；钮子名龙，长洲人太学生；良治，钱塘诸生。述庵先生为人孝悌乐善，佟君、洪子、钮子、沛霖父子俱长者，相去三千余里。同心一力，克成胜事，非偶然云。"

082. 朱爕（饮山，生卒年不详）《太上感应篇诗》

——同治《乐平县志》卷八《人物志》载："朱爕，字云和，万全乡库前村人。肆力古今体诗，著有《千金谱》《三韵易知》《太上感应篇诗》锓板行世。"

——谭新红《清词话考述》（武汉：武汉大学出版社，2009 年，第 269 页）载："朱爕，字鼎和、云和，号饮山。今江西乐平人。乾隆年间人。曾师事吴伟业，私淑王士祯，杨廷兹家西席。著有《千金谱》《三韵易知》《太上感应篇诗》。"按王士祯即王士禛（渔洋，1634—1711），顺治十五年（1658）进士，后官至刑部尚书，为诗主"神韵说"，与朱彝尊并称"南朱北王"。

083. 王涚澧（生卒年不详）《太上感应篇注证合编》

——现藏国家图书馆、烟台图书馆。其中，会稽包允堂"序言"载："王生涚澧少孤，鲁太夫人世父教之，太夫人为宿儒樗庵之孙女，素通经史大义，悦禅诵而不佞于佛，又佩服感应而欲广其传，悉出奁中簪珥，以赀剞劂，不藉捐于同志。涚澧孝思罔极，更详加参校，可备信征者，汇辑而增之。博而不繁，约而知要，不敢自秘，公诸四方。母氏之心，安贤嗣之心。盖安谚以心为田，心之所安，福田之上，腴也诚，敬感乎神明天地，必默佑之。鬼神亦将钦之若鲁太夫人者，是巾帼中合三教异同之贤者，是圣人之徒矣。"

——张杰编《断袖文编：中国古代同性恋史料继承》第二册曾收王涚澧《太上感应篇注证合编》卷六注释文一则："陈成卿色戒语云：'淫罪多端，男淫更大。行者污心，言者亦污口矣。养生家每言男淫损神尤倍于女，所当誓绝。况比幸童者，闺门多丑声，最宜防戒。'"所引版本为清道光年间山阴赵氏滋德堂刻本。

——包筠雅《功过格——明清社会的道德秩序》（杭州：浙江人民出版社，1992 年，第 115 页）作"王泥澧"，刘涤凡《道教入世转向对儒学世俗化的推扩》（高雄：复文书局，2004 年，第 243 页）作"王泥增"，均误。

084. 陆旦明（心涵，生卒年不详）《感应篇说》

——光绪《重修常昭合志》卷三十一《人物志》载："陆旦明，字心涵，阑干桥人，气宇端重，以孝弟称，执亲之丧，勺饮不入口，哀毁成疾，性好施。子遇岁饥赈济贫乏，一方赖以存。余如槥死梁涉，恤寡保婴，靡弗勇为。喜刊善书，著有《感应篇说》，卒年三十三。"

085. 黄正元（松庵，生卒年不详）《太上感应篇图说》（《太上宝筏图说》）

——丁培仁编著《增注新修道藏目录》载："《太上宝筏图说》，八卷，清乾隆二十年（1755）冬，浙江处州镇总兵官黄正元编著"。现收录于《藏外道书》第12册（成都：巴蜀书社，1994年）。

——道光《罗源县志》卷十九《人物志》载："黄正元，字泰一，号松庵，英长子。年十八举于乡，十九岁应癸巳恩科（1713）武会试，中式第二名进士。由侍卫历官至浙江处金总镇。武艺精强，而性嗜儒书，在军中蔼然一儒者。淡泊自甘，手不释卷。训练士卒，兼教以礼让。为营中立义学，聘知名士为师。营丁子弟皆令就傅，月再课之。捐俸给赏，以示奖劝尝。谓行伍家不识诗书为何物，徒曰能勇，非真勇也。故其生平所辖将卒，多知书识大义。处州风俗，生女鲜育。正元建育婴堂，赁贫家妇收畜之，曰：'视儿肥瘠为赏罚。'又建田为长久计。凡其所为皆武职中所罕见，所至有令闻焉。"

——李昌龄著，黄正元注《太上感应篇图说》（上海：学林出版社，2011年，第1249—1250页）卷末附"黄正元自记稿"载："黄正元，先世籍隶江夏，迁中州，南渡迁福省罗源。爱其俗朴风醇，遂家焉。代有长者称。先大夫颖公，公以征台功加左都督。蒙圣祖仁皇帝殊恩，自游击参副荐至福建金门总镇。所至树政声，积德累仁，兵民被泽。元自弱冠时，先大夫即以《感应篇》垂训曰：'此修身立命之本原，超凡人圣之阶级，汝其晶之。'元仰遵庭训，敬谨奉持，见女色项下列诸般恶孽，种种报应，不禁悚然，立愿誓不敢犯。癸巳，万寿恩科忝捷南宫，挑选侍卫，随侍禁庭。退食之暇，持诵不辍，虽同袍或笑为迂，不计也。后以筮仕西陲，命运不辰，遣眷属及次子三子七子回闽。元孑身独处，稍弛前戒，不意闽中次子三子七子先后夭殇，原配郭氏亦相继云亡。吁！天降鞠凶，是谁之过欤？雍正八年量移江左，每忆畴昔之失，深自愧悔，力行《功过格》，以改前愆。于雍正十年十月初一日继妻李氏生八子光琦，初六日妾李氏生九子光镇。光镇幼殇，光琦岐嶷英异，大非凡品。周岁患症甚危，医家束手。元于八月十三日夜半焚表告天，是夜异香满室，似有无限神祇往来救护，不治之症霍然顿愈。此《玉皇经》《金刚经》《文昌帝君阴骘文图说》《太微仙君功过格》诸书所由刻也。嗣调任西江巴蜀，再任江左，迁官河协，叠受圣恩。开镇栝苍，未免心志复懈，言语笑谑之间不无驰纵。癸酉冬奉命入觐，偕光琦公车北上。甲戌二月初七日奏请赏差报效，奉旨命忠勇公大学士傅大学士来看验，回奏才品俱优。天颜有喜，命往福建本省学习行走。元二月十二日随驾恭谒景陵，十九日盘山赐宴，命谒泰陵。二十一日至京，见光琦暴染寒疾。二十四日恭谒泰陵。二十六日回至圆明园恭请圣安，奉旨速赴任。二十七日回京时光琦病已沉重，医药罔效，延至三月初一日戌时终于旅邸。元是时虽抱西河之痛，携棺南旋，然益痛自追悔，觉淫邪之事虽未敢犯，即言语戏谑亦干天怒，洵可畏也。因而发愿力行三千善事，祈光琦仍投母腹。仰蒙上苍默佑，妻荆李氏以四十八岁近老之妇，二十二年不曾生育，忽于甲戌年闰四月怀妊，至乙酉年三月十日生第十子麒观。其为光琦转世与否虽未可知，而品貌丰美，弥月便通人事，望而知为再来人。以是知天道报施应若桴鼓，信乎真实而不虚也。犹有异者，是年八月二十三夜，老仆卧病不戒于火，衙署被焚，火起二堂后侧，檐牙与内室相接，烟焰弥漫，内外隔绝，出路已断。元与内子抱幼儿及二三侍女仆妇无门可出，甚属危急，幸家人推墙拆壁，得以冒火而出。其署房什物俱成灰烬，惟《玉皇经》《金刚经》《文昌帝君阴骘文》《太微仙君功过格》诸板藏于小瀛洲书屋，烈焰围绕皆未损伤，其为神灵呵护尤自显然。计元一生所历，由困而通，由险而夷，无子而复得子，功名虽不敢自矜，然叨典封疆，沐皇上高厚之恩至优且渥，回思数十年来，日凛先大夫庭训，谆切捧诵《太上感应真言》，身体力行，始终不倦，得以享有今日之荣。虽当被烬之余，犹愿勉捐廉俸，谨刊《感应篇图说》，以昭上苍生成元已之意，以广与人同善之心，庶几于经文勉行之旨，永期遵奉无违，且愿与海内诸君子共笃志勉行，以优游于太平盛世云尔。//此元自记稿也，于经文勉行之旨非敢谓大相吻合，而数十年来刊布诸经，以公同人邀天垂佑，不一而足。觉天人感应之理历验不爽，因即列诸勉行之案。讵敢自矜所得，亦欲质之同志，共印此心。倘肯惠而示教，则获益更非浅矣。”按“先大父颖公”即清朝将领黄英（1653—1729）。黄英字挺通，号颖公，历任江南漕标游击、福建金门镇总兵、福建台湾镇总兵等职。今浙江衢州下梅岭尚存黄氏三代“世受国恩”牌坊。

086. 洪言震（生卒年不详）《感应篇纲目》

——乾隆《潞安府志》卷三十九《杂记》载：“《感应篇纲目》，此郡庠教授洪洞簿公言震捐俸及募缘所刊者。有说无图，又增近事，板凡三百有奇，进士范彪西序，板留庠，以公刷印。”

087. 夏纶（1680—1753）《太上感应篇集注》

——怡性堂主人《感应篇集证》卷首“附录”载：“是经久在《道藏》中，至宋理宗乃表而出之，李西蜀为之传，郑四明为之赞，真西山为之序，而后乃大显。近代有周海门《辑略》，王弱生《集传》，陈伯元《证释》，冒嵩少《增注》，于广慧《标元》，柴省轩《直解》，于觉世《赘言》，徐久能《注疏》，徐梦元、夏纶《集注》，朱圣奇《梳解》，茅、张、程、何《图说》，又有张元超、徐伯仪、陈堦六、沃余廉诸刻，统计百余家。其最善者，则有朱在庵《说定》，集群书之大成，尤称善本。洪楚产云：'《感应》一书，历汉而唐，自宋而明，敬奉已久，大要皆修身事天之学。'康范生云：'历代仁主以至修士，互相阐发，无非欲人为善无恶之意，可不勉励欤？'"

——蕲阳子编著《万世人极——关公》（北京：九州出版社，2000 年，第 250 页）曾引夏纶另有善书著作《觉世篇注证》所载感应故事一例："清高宗乾隆五十九年，方雉升婿张世萦，笃信神佛，著有经解多部。乡试后，雉升梦关帝降临，曰：'汝婿今科，名数在汝钞袋内。'启视之，则蟹两半只。惊寤，不得其解。有龚姓友人解曰：'半蟹为解，两半则圆，非解元乎！'世萦以礼记孤经，中元颇少为疑。榜发，巍然首列。"未知作者所据。

088. 佟国瓒（1683—？）《感应篇注释》（《感应篇广注》）

——魏象枢《寒松堂全集》卷八《重广感应篇序》载："州大夫三韩佟公持其贤昆仲，邮寄《感应篇注释》示余。余捧读一过，见其为善去恶与福善祸淫之说，本经据传，昭然洞然，堪与理学相表里，世道人心实嘉赖之。"

——金之俊《金文通公集》卷一《太上感应篇说定序》载："若夫与圣经互相阐发，而无深切注明言之者，则莫如《道藏》中《太上感应篇》一书。凡有持诵行者，其感应已如鼓答桴，如乡赴声，近来梓刻甚广，然未有若我寿翁佟公刊订说订一本比他本迥异，有案有论，有解有赞，而公更为之精研密究，细加删润，核而详，该而不杂，令人一展卷焉，目爽心开，骨栗气敛，有不裨善者益善，而恶亦争奋然勉为善乎。"

——潘世恩《有真意斋文集》（不分卷）"太上感应篇序"载："我朝蔚州魏敏果公，以硕德正学开一代，曾序《感应篇广注》。有'智者信理，愚者信事'二言，当时以为至论。是编征引儒书衷诸道义，醇粹中正，较他本注释，感发善心尤为亲切。诚以是书播诸入寰，则敏果所云'心感心应，足广天教'者，将更于今日见之矣。谨叙一言，以质天下之善士。"

089. 金农（寿门，1687—1763）《太上感应篇》（书法）

——周积寅、黄惇《金农郑燮及扬州八怪年表》［刘正成主编《中国书法全集》第 65 册《清代编 · 金农郑燮卷（附扬州八怪）》，北京：荣宝斋出版社，2000 年，第 362 页］载："乾隆二十年（1755）。金农于乾隆南巡行在呈进诗表；作《隶书画佛题记》轴、《隶书七言》联、《楷书画佛题记》册（十二图）、《书感应篇》册。”

090. 吴翰（生卒年不详）《太上感应篇》（碑刻）

——民国《吴县志》卷六十一上《金石考三》载：“《太上感应篇》碑，吴翰篆书。乾隆五十一年（1786）在东岳大殿东（《访册》）。”

091. 黄崇实（生卒年不详）《感应篇集证》

——寻霖、龚笃清编著《湘人著述表》第2册（长沙：岳麓书社，2010年，第980页）载：“黄崇实，字郁亭，号笃庵，清安化人。乾隆间贡生。善诗能文，屡试不举，以经学教授乡里。《鸣鹤堂诗草》，《沅湘耆旧集》著录。《感应篇集证》。”

092. 邝世才（成吾，1687—1743）《善恶感应录》（《善恶果报》）

——乾隆《济阳县志》卷八《人物志》载：“邝世才，字成吾，幼颖异，善属文，由拔贡任蒲州州判。清介勤敏，手著《训官总要》一书，分门别类，援古证今，委曲详尽，可作居官箴铭……退食之余，著《金邑纪览》《忧旱适情录》二书，以究养告归。闭户课子弟，不与外事。好讲《朱子家训》，又恐愚俗难悟，著有《善恶果报》一书。”

——民国《济阳县志》卷十三《艺文志》载：“《怪异新闻》《呼守默辑》《训官总要》《金邑纪览》《忧旱适情录》《善恶感应录》，以上俱邝世才著。”

093. 徐梦元（1693—1770）《太上感应篇集注》

——怡性堂主人《感应篇集证》，卷首“附录”载：“是经久在《道藏》中，至宋理宗乃表而出之，李西蜀为之传，郑四明为之赞，真西山为之序，而后乃大显。近代有周海门《辑略》，王弱生《集传》，陈伯元《证释》，冒嵩少《增注》，于广慧《标元》，柴省轩《直解》，于觉世《赘言》，徐久能《注疏》，徐梦元、夏纶《集注》，朱圣奇《梳解》，茅、张、程、何《图说》，又有张元超、徐伯仪、陈堦六、沃余廉诸刻，统计百余家。其最善者，则有朱在庵《说定》，集群书之大成，尤称善本。洪楚产云：‘《感应》一书，历汉而唐，自宋而明，敬奉已久，大要皆修身事天之学。’康范生云：‘历代仁主以至修士，互相阐发，无非欲人为善无恶之意，可不勉励欤？’”

——蕲阳子编著《万世人极——关公》（北京：九州出版社，2000年，第250—251页）曾引用一则徐梦元《太上感应篇集注》的灵验故事：“清世祖顺治十四（丁酉）年，李燧升与严灏亭计偕，过吴门。燧升梦关帝召以广注善书，以消释罪愆。及第归，竟忘前梦，丁酉谒选，得漳州司理，还过其地，得梦帝督责之，惊悔而寤。明年，丁酉北榜事发，拘系入狱，终宵怨艾。乃取《感应篇》书手订，属灏亭刻印。”

094. 惠栋（松崖，1697—1758）《太上感应篇注》

——惠栋《松崖文钞》卷一《太上感应篇自注序》载：“汉术士魏伯阳著《参同契》，荀爽、虞翻、干宝诸儒采以注《易》。后之言《易》者，未能或之先也。盖魏晋以前道家之学，未尝不原出圣人。惟是圣人赞化育，以天地万物为坎离；术士炼精魄，以一身为坎离为较异耳。然《玉铃经》言：‘求仙者，必以忠孝友悌仁信为本。’故《宋（史）·艺文志》及《道藏》皆有《太上感应篇》一卷，即《抱朴子》所述汉世道戒，皆君子持己立身之学。其中如三台、北斗、司命、灶神之属，证诸经传，无不契合。劝善之书，称为最古，自此以下无讥焉。雍正之初，先慈抱病，不肖栋日夜尝药，又祷于神，发愿注《感应篇》，以祈母疾。天诱其衷，母疾有间，因念此书感应之速，欲公诸同好而未果。余友杨君石渔见之叹曰：‘此书得此注，不唯可以劝善，且使后世道家知魏晋之前，求仙之本，初未尝有悖于圣人，反而求之，忠孝友悌仁信之间而致力焉。是亦圣人之徒也。其诸君子亦有乐于是欤？’既侵诸版，而仍问序于余。余嘉杨君之好善，因述注书之由趣而为之序。”

——同治《苏州府志》卷一百三十七《艺文二》载：“惠栋……《太上感应篇注》二卷。”

——民国《吴县志》卷五十八下《艺文考四》载：“惠栋……《太上感应篇注》二卷。”

——赵尔巽《清史稿》卷一百四十七，志第一百二十二《艺文志三》载：“《太上感应篇注》二卷，惠栋撰。”

——钱大昕《潜研堂文集》文集卷三十九《惠先生栋传》载：“惠先生栋，字定宇，号松崖，侍读先生士奇之次子……有《太上感应篇注》二卷，证其为魏晋人所作，亦经好事刊刻。”

——现收录于《藏外道书》《重刊道藏辑要·尾集》《丛书集成初编》《丛书集成新编》《中国宗教历史文献集成·三洞拾遗》等丛书。

095. 陈恺齐（生卒年不详）《感应篇汇注》

——彭绍升《二林居集》卷五《感应篇汇注序》载：“吾乡陈生少而孤，露念报亲恩，因集诸文士，酌损旧本，集为一书。事取其鉴，理取其先，杂引三教之文，一归于劝善而止恶。”

——罗有高《尊闻居士集》卷二《缘善录叙》载：“陈生恺齐，承先世善绪……见福建黄氏《阴骘书》数种，读之，感应之理愈析，志善愈坚。观同类而动，则慨然曰：‘人之欲善，谁不如我？我欲善而谓人不欲善乎？’于是剞劂黄氏书而广布之。既而有高归，自苏州过中溪，携彭允初《居士传》数首。陈生又见而说之，附刻于后，名之曰《缘善录》。”按此处彭绍升所说“陈生”当指陈恺齐。然据佚名《感应篇汇编》所附《重刻感应篇汇编跋》作者推测，“陈生”或为“陈耕心”。

096. 蔡宪谟（绍文，生卒年不详）《感应篇注释》

——同治《丰城县志》卷十五《儒林》载：“蔡宪谟，字绍文，号丽轩，茅园桥人，学行甚笃。座间尝置《功过格》，人称‘蔡夫子’。乾隆丙午（1786）乡举，四上公车，荐不售，将截选，卒，子幼。著作散轶，仅存《感应篇注释》。论者谓以圣贤修身之道，证祸福感召之说，义理切近，足引人为善云。”

——同治《南昌府志》卷四十五《人物》载：“蔡宪谟，字绍文，号丽轩，茅园桥人，学行甚笃。座间尝置《功过格》，人称‘蔡夫子’。乾隆丙午乡举，四上公车，荐不售，将截选，卒，子幼。著作散轶，仅存《感应篇注释》。论者谓以圣贤修身之道，证祸福感召之说，义理切近，足引人为善云。”

097. 刘梦震（长公，生卒年不详）《太上感应篇经传辑要》

——光绪《丹徒县志》卷三十二《人物九》载：“刘梦震，字长公，性颖异，博综古今，为文援笔即成章。生平著述有《太极通变图学》《雪艇尘余》《读书十六谛》诸书。老年无疾，手持所注《感应篇》翻较，竟端坐而逝。”

——民国《续丹徒县志》卷十三《人物六・儒林》载：“刘梦震，字长公，天资颖悟，幼承家学，品行端粹，博综群书，下笔成章，足迹遍天下，名公卿相争相礼敬，海内英隽之士多及其门，循循善诱，言蔼而度和，督诲群从，子弟悉成名儒。老年无疾，手持所注《感应经》，端坐而逝。生平著述甚富，有《太极通变图学》《雪艇尘余》《读书十六谛》《鼎社制义》《太上感应篇经传辑要》八卷、《相字心易》二卷，诗文《月有专集》（借《家乘》）。按梦震事实，嘉庆《光绪志》均载，叙述稍简。兹据家乘详辑。”

——民国《续丹徒县志》卷十八《艺文一》载：“刘梦震《太极通变图学》《雪艇尘余》《读书十六谛》《太上感应篇经传辑要》八卷、《相字新法》二卷（《刘氏家谱》）。”

——马德泾等主编《镇江人物辞典》（南京：南京大学出版社，1992年，第227页）载：“刘梦震（生卒年未详），清代学者。字长公，丹徒人，诸生。幼承家学，博览群书，教授生徒，名重公卿。著有《太极通变图学》《雪艇尘余》《读书十六谛》《鼎社制义》《太上感应篇经传辑要》8卷、《相字新法》2卷，另外还有诗文专集。”另外，包筠雅在《功过格——明清社会的道德秩序》中亦有著录（杭州：浙江人民出版社，1992年，第115页），然以刘梦震为明人，是误。

098. 陆宗豫（生卒年不详）《太上感应篇》（碑刻）

——潘贞邦《吴门逸乘》卷三《玄妙观》载：“东岳殿内所存碑，除前记者外，尚有数碑，志之于下……（三）太上感应篇篆书碑，陆宗豫书额。大清乾隆五十一年岁在丙午嘉平月之吉敬立。平江吴瀚熏沐敬撰，时年七十有五。”

099. 范勖堂（生卒年不详）《太上感应篇印章》

——沈叔埏《颐彩堂文集》卷六《太上感应篇印章序》载：“华亭许鹤沙缵曾辑《图》，宛平刘宜人芳哲《集注》，其最著者，独篆刻阙焉。同里李子南有秉承尊甫，观察公家教，克敦善行，既为《阴骘文印章》，哲弟抑之复倩范子勖堂篆刻此篇行世。《礼》云：‘太上贵德，其次务施报。’夫在人曰施报，在天曰感应。以感应勉人修德，亦第为其次者设法耳。而其道则亘古今而不变也。抑之之意，俾循诵是编者，由斯水之篆法，绎太上之真言，其为劝戒奚啻书绅铭坐之拳拳乎？予故乐引之，以为好懿者告。”

100. 胡君一（生卒年不详）《太上感应经》

——唐英《陶人心语》卷六《太上感应经序》载：“故宋元明以来，注释兹篇以立教者多矣。要不及胡翁君一兹刻为完且善焉。翁平居以长厚立心，以淡泊养口体，以轻财好施、周旋亲故安辑乡里为己任。其于太上之旨，亦既有其基，而手披口诵之余，恍然有悟，其感应于身者，一一可考指数也。遂易‘篇’为‘经’，昭其敬信。且搜集注释，爰据实施，参考图象，门晰部分，章比目栉，刊为上、下二卷，以便有览。”

101. 朱圣奇（生卒年不详）《感应篇疏解》

——怡性堂主人《感应篇集证》，卷首“附录”载：“是经久在《道藏》中，至宋理宗乃表而出之，李西蜀为之传，郑四明为之赞，真西山为之序，而后乃大显。近代有周海门《辑略》，王弱生《集传》，陈伯元《证释》，冒嵩少《增注》，于广慧《标元》，柴省轩《直解》，于觉世《赘言》，徐久能《注疏》，徐梦元、夏纶《集注》，朱圣奇《梳解》，茅、张、程、何《图说》，又有张元超、徐伯仪、陈增六、沃余廉诸刻，统计百余家。其最善者，则有朱在庵《说定》，集群书之大成，尤称善本。洪楚产云：‘《感应》一书，历汉而唐，自宋而明，敬奉已久，大要皆修身事天之学。’

康范生云：‘历代仁主以至修士，互相阐发，无非欲人为善无恶之意，可不勉励欤？’”

102. 王锡侯（韩伯，1712—1777）《感应篇集注》

——姚觐元《清代禁毁书目四种·禁毁总目》（不分卷）载：“应毁王锡侯悖勒书目：《国朝诗观前集》《二集》《经史镜》《字贯》《国朝试帖详解》《西江文观》《书法精言》《望都县志》《小板佩文诗韵》《翻板唐诗试帖详解》《故事提要录》《神鉴录》《王氏源流》《感应篇注》。”

——柳诒徵《记王锡侯“字贯案”》（《柳诒征文集》第 10 卷，北京：商务印书馆，2018 年，第 216 页）载：“王氏所著书见于《违碍书目》者，曰《字贯》，曰《经史镜》，曰《国朝试帖详解》，曰《唐诗试帖分类详解》，曰《国朝诗观初集》，曰《国朝诗观二集》，曰《江西文观》，曰《神鉴录》，曰《书法精言》，曰《王氏通谱》，标题曰《王锡侯逆书》。见于《禁书总目》者，曰《国朝诗观》前集、二集，曰《经史镜》，曰《字贯》，曰《国朝试帖详解》，曰《西江文观》，曰《书法精言》，曰《望都县志》，曰《小板佩文诗韵》，曰《翻板唐诗试帖详解》，曰《故事提要录》，曰《神鉴录》，曰《王氏源流》，曰《感应篇注》，标题曰《应毁王锡侯妄书目》。”

——孟森《字贯案》（《心史丛刊》，长沙：岳麓书社，1986 年，第 221 页）载：“然遇虽穷而心愈坚，身虽劳而志不慑。每念‘贫贱忧戚，玉女于成’之语，辄激昂自励。日向故纸搜求，尝编集《唐诗试帖详解》《国朝试帖详解》《书法精言》《国朝诗观》《西江文观》《王氏源流》，《望都县志》《感应篇注》若干卷，《字贯》数十卷，皆已梓行。唯《故事提要录》藏于箧。”

103. 张述燕（友苏，1762—1823）《太上感应篇》（碑刻）

——赵平编辑《中国西北地区历代石刻汇编》第 9 册（天津：天津古籍出版社，2000 年，第 132 页）载：“《太上感应篇》。清嘉庆十年（1805）八月刻。石在陕西西安碑林。高 123 厘米，宽 62 厘米。张述燕书。”据同书记载（第 133 页），张述燕复书有《关帝训世经》一通。按张述燕，字友苏，号云樵。陕西长安人。嘉庆四年己未科（1799）进士，官至刑部主事。

104. 华绍洛（九霞，1732—1804）《太上感应篇集说通释》

——现藏上海图书馆。南京师范大学古文献整理研究所编著《江苏艺文志·无锡卷》（南京：江苏人民出版社，1995 年上册，第 262 页）载：“华绍洛，字九霞，清无锡人，绍濂弟。”

——光绪《无锡金匮县志》卷二十四《孝友》载：“华绍濂，字西京，少读书，一目十数行下。为文握管立就，不加点窜。补诸生，困于省试，竟不遇。事寡母至孝，母病，侍奉汤药以劳瘁得疾卒。其友秦鸣雷为之传。”

105. 刘墫（象山，生卒年不详）《太上感应篇》（书法）

——刘廷銮、钟永诚、鲁文生主编《清代书法选》（济南：山东美术出版社，2007 年，第 132—133 页）载：“刘墫，楷书太上感应篇册（局部）。刘墫（生卒年不详），字象山，号松庵，山东诸城人。乾隆二十五年（1760）进士，散馆改吏部主事。官至安徽布政使，召京任鸿胪寺卿。尤精楷。”按张其凤《刘墉家族与日照》（济南：山东人民出版社，2013 年，第 147 页）载：“刘墉过渡期作品传世者，较之准备期，可谓多多。但较之成熟期，则又少得不足敷用。因为从五十岁至六十岁，十年期间，有明确年代或可推出确切时间者极少。现据手头所掌握的资料，择其要者分述如下：1 书于六十四岁时的作品有：《八师经》‘神耀得道’四字、为英和父亲德保所书张籍句、为刘躏所书两幅小楷长卷：《太上感应篇卷》《文昌帝君阴骘文卷》，行草抄录《齐民要术》中的《藏梨法》。”故此处“刘墫”或系“刘墉”之误。

106. 彭绍升（允初/尺木/际清，1740—1796）《太上感应篇汇注》

——现收录于《藏外道书》第 28 册。彭绍升《二林居集》卷五《感应篇汇注序》载：“吾乡陈生少而孤，露念报亲恩，因集诸文士，酌损旧本，集为一书。事取其鉴，理取其先，杂引三教之文，一归于劝善而止恶。”故此书作者当为陈恺齐，此处存而不论。

107. 夏成六（生卒年不详）《太上感应篇集传》

——彭定求《南甸文稿》卷二《感应篇汇传集序》载：“《太上感应篇汇传》，吾同年友夏子成六所辑也。其解义则精而融，其载言则典而且，其征事则显而详。余见诸加注本甚伙，未有若兹之美善者。……出《汇传》一书以示余。余乃知夏子之学独探本原，而向者浅乎窥测之矣。余之奉《感应篇》也最笃，若夏子之于是篇，穷年累月，荟萃群籍，绝无纰漏，恻恻乎寓觉世励俗之思，则诚先获吾心者。敢以意中所欲发明之语，一为质证焉。”

108. 林云石（生卒年不详）《感应篇守雅》

——叶燕《白湖文稿》卷二《感应篇守雅序》载：“《感应篇》之由来尚矣。真文忠公引《书》之‘降祥’，《易》之‘余庆’为例，而卒惧夫世之求外而不求内，或出侥求觊幸之私，而反流于不善则未然也。夫无所为而为善，无所为而不为恶者，天下一人而已。一人之所为可望于天下哉！且天下亦独患不能为善耳，能为善安问其侥求觊幸哉！侥求觊幸而为善，即不名之为侥求觊幸矣。儒者之患，患在自处过高，而绳人过严。过高则善若不足为，过严则为之而不足为善。夫其若不足为也，固不能为耳。彼为之而不足为善，则侥觊无所施。其孰从而为之乎？文忠公防其弊而儒者袭其绪论，不能为善而力能阻夫善。此林君石云《守雅》之所为辑也。石云既敬信是篇，见世之证据篇义者，率以释老不足为儒者重，又不能曲畅而旁推，于是博稽史籍以发明之。盖窃取真氏《大学衍义》之意，用以厌足内外者之求。而《感应》一篇，信与《易》、与《书》而垂于不敝也。篇中诸书考订，王君月艇之力为多。月艇下榻余弟家，述石云之意，丐余为叙。余嘉二君之乐与人为善也，谨盥手而书之。"

109. 牛昂（驹千，生卒年不详）《感应篇诗》

——道光《云南通志》卷一百九十四《艺文志二之二》载："《阴骘文诗》《感应篇诗》，牛昂撰。昂，字驹千，号鹤卿，通海人，乾隆己亥（1779）举人。（通海县采访）。"

110. 方捷昌（新庄，生卒年不详）《感应篇注》（《醒心录》）

——杜贵墀《巴陵人物志》卷九《方新庄先生传》载："先生讳捷昌，字皋言，一字新庄，幼贫力学。……尝取《感应篇》，句疏字解，名曰《醒心录》。意取晓譬浅人。"

——寻霖、龚笃清编著《湘人著述表》第 1 册（长沙：岳麓书社，2010 年，第 27 页）载："方捷昌，字新庄，清巴陵人。岁贡生。《醒心录》二卷、《养正蒙训编》二卷、《新庄偶存稿》十二卷。"

111. 钱泳（立群，1759—1844）《太上感应篇》（书法）

——骆兆平、谢典勋编著《天一阁碑帖目录汇编》（上海：上海辞书出版社，2012 年，第 372 页）载："《太上感应篇》。无年月。钱泳书。隶书七页。"按钱泳原名钱鹤，字立群，号台仙，一号梅溪，清代江苏金匮（今属无锡）人，清代书法家，工诗词、篆、隶，精镌碑版，善于书画。著有《履园丛话》《履园谭诗》《兰林集》《梅溪诗钞》等，辑有《艺能考》。

112. 彭希涑（乐园/兰台，1761—1793）《二十二史感应录》

——彭绍升《二林居集》卷五《二十二史感应录序》载："《太上感应篇》出于《道藏》，其书导人以修身立命之学，其旨足与《春秋左氏》相发。后之注者，多杂引稗官小说，不足征信于世。兄子希涑阅二十二史，取其事应之显著者，汇而录之，分为二卷。将刊板以行，使人知天人感应之故，不以古今而异其毫发，其于君子修身立命之学，当有助焉。"

——王芑孙《渊雅堂全集·惕甫未定稿》卷四《彭兰台遗诗序》载："余及事彭尚书，而与二林先生有忘年之契……吾吴二百年，世世积德，内修其行，而外力于科举，以是为家法，吴人之喜为善类，取信于彭氏，其一门相次登朝通显，独兰台不遇，而天皆数之不可知者。兰台平生著书，有《净土圣贤录》《二十二史感应录》，大指不离乎佛。”

——彭蕴章《归朴龛丛稿》卷五《先世著述记》载：“余幼时，先人撰述暨诗文稿刊版皆藏于文星阁。盖书多二林公修辑，公尝居阁中，故携版自随也。后数十年，版多散失，朗峰兄蕴璨取归，补其缺失而藏于家。今朗峰殁又数年矣，其版或存或亡，如南畇公著《阳明释毁录》、先府君著《二十二史感应录》。余既重刊，振山弟蕴策又重刊《儒门法语》一册。其他著述，就余所及见者，录而记之。他日得返里门，藉资考证焉。”又载：“《二十二史感应录》，先府君赠资，政公辑，首列《太上感应篇》，博采前史，为善降祥、为恶降殃，报应之显著者，以明感应之理为不爽也。”

——丁仁《八千卷楼书目》卷十三《子部》载：“《二十一史感应录》二卷，国朝彭希涑撰，海山仙馆本。”

——同治《苏州府志》卷一百三十七《艺文二》载：“彭希涑《二十二史感应录》，《兰台遗稿》（绍升尝命希涑搜罗释典，序释迦以来梵行，名《净土圣贤录》）。”

——文廷式《纯常子枝语》卷五载：“晋王延秀有《感应传》，其书久佚。近人彭兰台作《二十二史感应录》，取裁雅正，可继《法苑珠林》之事证矣”。

——民国《吴县志》卷五十七《艺文考三》载：“彭希涑《二十二史感应录》二卷。”

——现收录于《丛书集成初编》《续修四库全书》《丛书集成新编》等多种丛书。按此书常误作《二十一史感应录》，不知何故。最早可以追溯到潘仕成《海山馆仙丛书》，后人咸袭之［参见丁丙《善本书室藏书志（外一种）》第 8 册，曹海花点校，杭州：浙江古籍出版社，2016 年，第 2451 页］。

113. 张锜（翰风，1764—1833）《太上感应篇图说》

——现藏国家图书馆。并著录于王绍曾主编《清史稿艺文志拾遗 · 子部 · 艺术类》（北京：中华书局，2000 年，第 1342 页）。按张锜原名翊，字翰风，号宛邻，江苏武进人，张惠言（皋文，1761—1802）之弟，另有著作《战国策释地》二卷、《兵家杂著》一卷、《素问释义》十卷、《本草述录》六卷等，参见王其淦《（光绪）武进阳湖县志》卷二十八《艺文》。

——陈垣《记许缵曾辑刻太上感应篇图说》（《陈垣全集》第 2 册，合肥：安徽大学出版社，2009 年，第 609—615 页）载：“康熙间存桂斋张锜改刻本。此本无刊刻年月，惟凡例有云：原本李生画手，固已擅场；鲍氏梓人，尤称绝伎。今两人一已故，一已老，遍觅良工不可得，但取其近似便尔满望。以是推之，刻此本时，顺治十四年。原刻之梓人尚存，则此刻当在康熙三四十年之间。其所以必须改刻，不依许氏原本者，则以间有增减，然不及二十之一。惟许氏原本，前图后说，翻阅不便。此改刻为右图左说，可省翻检之劳，嗣后诸刻多从之，惟卷首十四页满文，此本缩刻为十页。”

114. 傅金铨（济一子，1765—？）《感应篇独解》

——周全彬《傅金铨著作目录》（周全彬、盛克琦编《悟真抉要：道教经典〈悟真篇〉注解集成》，北京：宗教文化出版社，2010 年，第 981—983 页）载：“……12《感应篇独解》……。”

——《江西省志人物志》编纂委员会编《江西省志人物志》（北京：方志出版社，2007 年，第 276 页）载：“傅金铨，字鼎云，号济一子、醉花老人，金溪县人。‘少以孝行闻乡里，居善亲，与善邻’；‘自言受训于纯阳吕祖，应八百之谶，首先忠孝，若尧舜禹文周孔，道统相承。为君止仁，为臣止敬，为父止慈，为子止孝。各止至善，即各证厥修矣’。‘其平居训俗，多功德之谈。’所著《道海津梁》中，对净明忠孝教义多所阐发。傅不仅是净明道流裔，也是清代阴阳双修内丹派的代表人物之一，被称为清代东派内丹家。曾游历江西、江苏、湖南、四川，嘉庆二十二年（1817）寄居四川巴县，设坛传教。门下弟子有纪大奎、周鸾书、姚一智等。著有《入药镜注》《天仙正理读法点睛》《道书试金石》《道书一贯真机易简录》《新刻道书椎阳经附集》《鼎器歌》《吕祖沁园春注》《真经歌》《采金歌》《心学》《赤水吟》《杯溪集》《性天正鹄》《新刻道书五篇注》《丹经示读》《金丹真传顶批》《康节邵子诗注》。或阐述净明教义与会合三教理论，或内丹旨义，是研究清代道教思想重要资料。傅金铨多才多艺，淹贯经史，工词翰，解声律，善画能琴，俊绝一时。”则未著录是书。

115. 何璟（伯玉，1816—1888）《太上感应篇图说》

——现著录于中华古籍总目编纂委员会编《中华古籍总目·子部·道家类·道教之属·劝戒》（北京：中华书局，上海：上海古籍出版社，2010 年），系光绪年间乐善堂刻本。按何璟曾任闽浙总督兼福州将军。徐珂《清稗类钞·讥讽类上》“福州无福”条载：“光绪甲申马江之役，当局者张佩纶、张树声、何如璋、何璟，皆一时人望所归，乃不战而溃，诚出意外。一时八闽儿童连臂踏歌，有‘福州真无福，法人原无法，两何没奈何，两张没主张’之谣。当未败时，何璟终日礼神，树声终日奔走询人，时人谑曰：‘制台不要头，抚台不要脚’。”

116. 朱日丰（祥玉，生卒年不详）《增订太上感应图说》

——现藏国家图书馆。陈垣《记许缵曾辑刻太上感应篇图说》（《陈垣全集》第2册，合肥：安徽大学出版社，2009年，第609—615页）载："乾隆十九年（1754）嘉兴朱日丰重订本。此本亦由存桂斋本改刻，右图左说，序云：爰取家之旧本曾经宫允许先生为之引经征理，绘图征事，而存桂斋主人张子附以论断者，重加校订，登诸梨枣。称纂曾为宫允，亦必曾见许刻原题，足证初刻时缵曾正为宫允也。"

——厦门大学历史系编《李贽研究参考资料》第三辑《李贽与〈水浒传〉资料专辑》（福州：福建人民出版社，1976年，第184页），曾引朱日丰《太上感应篇图说》"行多隐僻"条附断材料："贽之取武后，好《拜月》，人以为趣，不知其为淫心所使也；其取黑旋风，宗林道乾，人以为豪，不知其为杀心所使也；戏侮帝王，詈人狗彘，人以为夺快，不知其为放恣根所使也；谩骂道学，凌灭绳准，人以为公恶，不知其为排狠根、媚嫉根所使也。岂不可为隐僻之戒哉！"

——朱南铣《〈红楼梦〉后四十回作者问题札记（下）》（中国社会科学院文学研究所红楼梦研究集刊编委会编《红楼梦研究集刊》第7辑，上海：上海古籍出版社，1981年，第301—322页）考证："朱日丰，字祥玉，安徽歙县人。……朱书成于乾隆十九年（1754）。"另外，根据王世华《贾而好儒》（合肥：安徽师范大学出版社，2016年，第27页）的说法，朱日丰为清代著名徽商。

——现著录于何远景主编《内蒙古自治区线装古籍联合目录》（中册，北京：北京图书馆出版社，2004年，第1046页）载："《太上感应篇增订图说》，（清）朱日丰辑，（清）铁珊增订。清同治十三年（1874）兰州官署刻；清光绪七年（1881）补刻本。"现存世者为此版本。

117. 姚学塽（1766—1826）《太上感应篇注释》

——姚学塽《姚镜塘先生全集》卷二《太上感应篇序》载："注《感应篇》者，以惠松崖先生《笺注》，及柴省轩先生《直解》为善本。武康沈君荪湖取合梓者贻予，受而读之，知两先生之于是书勤矣。然惠注博雅，而流俗或苦其奥；柴解详悉，而高明者或微病其琐也。窃谓天人所以能感应者，此心而已。人者天之心，而心者人之天也。读是书者，其要在求诸心……窃本此意，妄为之注。虽于两先生无能为役，要使读者求诸心而已。"

——同治《湖州府志》卷六十一《艺文略六》载："姚学塽（《人物传》）《竹素文集》四卷、《诗集》六卷、《太上感应编注释》一卷（并《双林志》)。”

——光绪《归安县志》卷二十二《艺文略二》载：“姚学塽（《儒林传》）《竹素文集》四卷、《诗集》六卷、《太上感应篇注释》一卷（并《双林志》)。”

——现藏国家图书馆。此外，该书因列入“诚村汇集丛书”，后该丛书整体收入中国人民政治协商会议松桃苗族自治县委员会编《杨芳集》，故该书亦一并收入（第3辑，内部资料，2010年，第332—353页)。

118. 刘沅（1767—1855）《感应篇注释》《感应篇句解》

——现藏厦门大学图书馆。近年出版《槐轩全书》并未收录此书。另外，刘沅尚有善书著作《三圣经句解》，即《感应篇句解》《阴骘文句解》《觉世经句解》，未知藏于何处。

——双流县社会科学界联合会、双流传统文化研习会编撰《槐轩概述：川西夫子刘沅与槐轩学说》（上海：上海科学技术文献出版社，2015年，第53页）载：“经由刘沅先生订正、注释、整编的部分善书：……4.《三圣经句解》三卷（《感应篇句解》《阴骘文句解》《觉世经句解》的合订本。《感应篇句解》也有单行本行世）……。”故此处单列《感应篇句解》。

119. 江沅（铁君，1767—1838）《感应篇诗》

——刘鸿典《感应篇韵语》“自序”载：“风闻吴中江铁君曾作《感应篇诗》行世，而蜀中□见，因仿其意为诗，课年余，得诗二百二十七章，藤以跋后一章，名曰：《感应篇韵语》。聊以示门人，非敢质诸高明也。”按江沅为江声（1721—1799）之孙，段玉裁（1735—1815）门人，龚自珍（1792—1841）称其为佛学上的导师。

120. 杨芳（1770—1846）《太上感应篇注》

——中国人民政治协商会议松桃苗族自治县委员会编《杨芳资料选辑》（内部资料，2008年，第560—561页）载：“杨芳虽是武将，戎马50余载，但不急于文墨。他与当时的名流如魏源、龚自珍、张琦、徐松等友善，并互赠诗文，切磋学问。他治学严谨，勤于耕耘，一生著述甚多。根据现已发现和史料记载，他的著述有二十八种。现将书目抄录于下：……16《金刚经心经》一册；17《太上感应篇注》一册；18《心经解》一册……。”

121. 方东树（植之/仪卫，1772—1851）《感应篇畅隐》（《考证感应篇畅隐》）

——方东树《大意尊闻录》卷二载：“救荒宜早，豫在得人，赵清献、富文忠、祁忠惠已事，余载在《感应篇畅隐》。”

——方宗诚《柏堂集补存》卷二《重刻感应篇畅隐跋尾》载：“是篇

注释甚多。近世惟惠定宇先生栋，集经史百家作注，以明其不悖于古词，旨极为雅瞻。植之先生是注，复考正其本书之失，分章析节，纲举目张，有条而不紊，引经据史，博取百家事言，以畅其隐，尤有切于民用。两先生皆博学名儒，而皆有取于是书，为之训释，甚矣，君子之取善宜宏也。”

——方宗诚《柏堂集》卷八《仪卫先生行状》载：“先生尝取蘧伯玉五十知非、卫武公耄而好学之意，以仪卫名轩，故学者称仪卫先生；所著书已刻者曰：《汉学商兑》《书林扬觯》《一德拳膺录》《思适居钓语》《病榻罪言》《半字集》《烤盘集》《山天衣闻考正》《感应篇畅隐》。未刻者曰：《待定录》《进修谱》《未能录》《大意尊闻》《最后微言》《老子章义》《阴符经解文集》《昭昧詹言》，凡百余卷。”

——郑福照《方仪卫先生年谱》“嘉庆二十三年”条载：“二十三年戊寅，先生年四十七岁，客宿州，著《考正感应篇畅隐》。其序略曰：嘉庆丁丑戊寅，旅困金陵，端忧多暇，时寓居青溪祇树庵，于僧徒几案偶见此书，嫌其乱杂无伦，则亦仍置之。夜思此书立意立名甚美，毋任其以出于道家，见忽于世。遂取为校正，并为作注未成。旋于五月赴宿州，乃携之行笥，而卒就之”，又说“是书发明天道、人事、物理极为详尽，又引经义、史事及诸传记以证明之，盖借‘感应’二字明圣贤正道，而辨正俗说之诬，极有益于世教，非如世俗善书可比也。”

——刘声木《桐城文学渊源撰述考》卷四《方东树撰述》载：“《感应篇畅隐》三卷”。现藏国家图书馆《仪卫轩遗书》。现著录于王绍曾主编、程远芬编《清史稿艺文志拾遗·子部·宗教类》（北京：中华书局，2000年，第 1518 页），为光绪元年（1875）重刻本。然作者题为“方宗诚”，是误。

122. 徐谦（白舫，1775—1864）《太上感应篇坚信录》（《感应坚信录》）

——冯桂芬《显志堂稿》卷一《觉世真经阐化编序》载：“《觉世真经》一卷，则帝君设教之书也。题材与《太上感应篇》《文昌帝君阴骘文》同，而自帝出之责提撕警觉入人心也尤深。殆亦严师道尊之理然耶。然则所谓神道设教而天下服者，近世益大验，而帝尤其彰明较著者也。江西徐白舫先生，用传注体撰《阐化编》十六卷，发挥义理，排比事实，博采志乘文集说部，去驳取淳以成书。”

——李昌龄著、黄正元注《太上感应篇图说》（上海：学林出版社，2011 年，第 4 页）尝引徐白舫书灵验故事：“松江张德甫，日诵《感应篇》，身体力行，生子二，田八百余亩。年老分析，各授《感应篇》一帙，戒曰：‘为人之道，尽在于是，即作家之用，亦不外是，汝曹当如我力行之。’二子问曰：‘篇中岂有作家法乎？’父曰：‘算减则贫耗，盖言人所以贫也；福禄随之，盖言人所以富也。此即作家法也。’后二子奉《感应篇》如父命，事母孝，置产三千余项，富甲一郡。”

——印光法师《印光法师文钞续编》卷下《物犹如此序》载：“清嘉道间，江西广丰，徐太史谦，字白舫，隐居著书，以期觉世牖民。志切戒杀，博览群书，凡物类之懿德懿行，辑为一书。分孝友、忠义、贞烈、慈爱、恤孤、眷旧、践信、守廉、翼善、救难、酬德、雪冤、知几、通慧十四鉴，而名其书为《物犹如此》。”故徐谦另有善书著作《物犹如此》。该书现藏国家图书馆，上海道德书局民国二十四年（1935）刻本，内容采辑自《感应篇注》《现果随录》等书。

123. 何辅龙（傅崖，1777—1846）《太上感应篇注案》

——现著录于王绍曾主编、程远芬编《清史稿艺文志拾遗·子部·宗教类》（北京：中华书局，2000 年，第 1518 页），为道光十八年（1838）刻本。

——江燕、文明元、王珏点校《新纂云南通志》卷二百零七《名衔传五》载：“何辅龙，字傅崖，师宗人。少孤力学。事兄友谨，兄疾，亲尝汤药，寝不解带者累月，邻里称叹。嘉庆初，黔苗为变，侵近邑境。辅龙与其兄募乡勇助官军拒守。事平，守令叙功，辅龙辞不受，归乡教授。选拔贡生，再试秋闱不中，益屏弃时文。独慕古圣贤‘修齐治平’之学大，笃志于经史百氏，尤好读宋、程、朱氏书，未尝一日去诸口。其教弟子以致知格物、力行忠信，戒骛华竞，思与一乡之士皆为孔孟之徒，旷然以诱民化俗为己任。亲教二子，皆通贵。教诲督以义方，未尝宽假。所得俸养，多所施给。与兄嫂共居，有无相通，室无私贮。长子渭珍，官武昌府同知，具舟迎辅龙就养官舍。遂以疾卒，年七十，归葬于滇。所著书有《六松山房诗文稿》，藏于家。次子桂珍，自有传。”

124. 汪继壕（南城，1779—？）《太上感应篇考原》

——平步青《霞外攟屑》卷四《夫移山馆戢闻》“汪南城”条载：“汪龙庄先生，循吏传中人物也，著述等身，详别卷。长子继壕，字南城，号后庄，候选布政司经历。著书二十种：《左传同名录》《说文检字》《古今韵检》《读史札记》《余暨旧闻》《元号韵纬国朝进士分姓部居》《明进士分姓部居》《国朝书学》《金石文跋尾》《金石时地表》《北苑贡茶录注》《北苑别录注》《烟草谱》《求已衷言》《责实琐论》《太上感应篇考原》《二十四孝考证》《南城笔记》《后庄丛书》等。”作者复于《太上感应篇考原》后加注：“足证惠定宇笺注魏、晋人之有据。”按“汪龙庄先生”即著名师爷汪辉祖。

125. 俞粹纯（希文，生卒年不详）《经训感应篇》（《经训感应录》）

——光绪《重修安徽通志》卷二百二十五《人物志》载："俞粹纯，字希文，婺源贡生，干州州判。在官六载，不挈眷属，爱民训士，以勤廉称。著有《经训感应录》《读书检身录》《十三经二义参存》及诗文集（《婺源县志》）。"

——光绪《重修安徽通志》卷三百四十《艺文志》载："《经训感应录》，俞粹纯著。"

——民国《重修婺源县志》卷三十五《人物八》载："俞粹纯，字希文，号问樵，升潜之孙，恩贡生……爱民如子，训士如徒……著有《经训感应篇》《读易检身录》《十三经经义参存》《经训菑畲》及诗文集各若干卷。"

——民国《重修婺源县志》卷六十四《艺文三》载："俞粹纯著《十三经二义参存》《经训感应录》《读书检身录》《诗文集》。"

126. 王凤鸣（仪亭，生卒年不详）《太上感应篇注释》

——民国《临汾县志》卷三《乡贤录上》载："王凤鸣，字仪亭，邑庠生，工书法，学优品端。处城市不履公庭，尤精堪舆、岐黄之术。平日以善与人，意至恳切。增修《太上感应篇注释》，刊印行世"。

127. 毛宗文（建平，生卒年不详）《太上感应篇》（书法）

——现著录于《毛宗文小楷〈感应篇〉册》(《书法》2010年第7期)。按毛宗文，字建平，号半山，又号皋亭，浙江钱塘（今杭州）人，清代书法家，尤精楷书，著有《扶雅堂诗集》。

128. 黄崇实（樗林/郁亭，生卒年不详）《感应篇集证》

——陶澍《陶文毅公全集》卷三十六《感应篇集证序》载："《太上感应篇》虽出《道藏》，而《宋史·艺文志》载之，其来已久……昆陵赵修撰熊诏所著《航中帆》，取太上之言，加以训释，而博引古事为证。其书流传海内，百余年来以为导迷之筏。樗林黄先生，乃因赵氏之训，而更为集证，专以近事为主，诚以觉世牖民，义取共喻。古人远矣，语以近事，尤实而可征。"又陶澍《陶文毅公全集》卷三十六《医方进一序》载："《医方进一》者，黄子理人遇异人于江汉间之所授也。理人家世文学，尊人樗林先生于书无所不窥，间游于医，以寄其活人之意。尝慨神解之难，思求诸方外，而理人果获此编于邂逅相遇，不知谁何之人。"可知前述"樗林黄先生"当指黄理人之父亲。

——陶用舒《陶澍师友录》（长沙：岳麓书社，2018年，第133页）载："黄崇实，字郁亭，号笃安，湖南安化人。其父黄时畴，好学向上，却屡试不第，乃题联‘科第原无种，文章自有凭’以自励，并鼓励儿孙。黄崇实为乾隆五十四年（1789）岁贡，以教馆授学为业，曾任郴州训导。博洽经史，兼通杂艺，工诗能画。其诗朴实，如绝句：‘杯浮野渡随流水，巢借高枝倚夕阳。不有鹤厅数居士，此间无地着君狂。’有《鹤鸣堂诗草》《感应篇集正》。黄崇实兄弟都和陶澍有交往，陶澍曾为黄崇实的画题诗。”按此处《感应篇集正》当系《感应篇集证》之误。

129. 求悔居士（青寿，生卒年不详）《太上感应篇试帖诗》

——王汝金《味谏果斋集》卷五《杨助帆师》载：“杨助帆师，名吉戊，改名青寿，浙江杭州府廪生，道光辛巳（1821）恩科经魁，大挑二等教谕。工文章，精诗赋，能书，晚号求悔居士。著有《感应篇试帖》《蕉窗十则》行世。”（原文“著有感应篇蕉窗十则试帖行世”，顺序当误。）

——现藏上海图书馆。作者“自序”称：“求悔居士早岁工文，尤精诗律，因友人之请，就山阳朱在庵《感应篇说定》一书，排目拈题，得帖诗二百二十八首，三阅月而成事。”按“试帖诗”起源于唐代科举考试，故又称为“唐律”；又因其形式为五言排律十六句，用八个韵脚，双数句叶韵，故又称为“五言八韵”，为清代科举考试的必备内容。

130. 怡性堂主人（生卒年不详）《感应篇集证》

——现藏南京图书馆。卷首“附录”载：“是经久在《道藏》中，至宋理宗乃表而出之，李西蜀为之传，郑四明为之赞，真西山为之序，而后乃大显。近代有周海门《辑略》，王弱生《集传》，陈伯元《证释》，冒嵩少《增注》，于广慧《标元》，柴省轩《直解》，于觉世《赘言》，徐久能《注疏》，徐梦元、夏纶《集注》，朱圣奇《梳解》，茅、张、程、何《图说》，又有张元超、徐伯仪、陈阶六、沃余廉诸刻，统计百余家。其最善者，则有朱在庵《说定》，集群书之大成，尤称善本。洪楚产云：‘《感应》一书，历汉而唐，自宋而明，敬奉已久，大要皆修身事天之学。’康范生云：‘历代仁主以至修士，互相阐发，无非欲人为善无恶之意，可不勉励欤？’”按清代以“怡性堂”为名者，以徽州商人江春（1720—1789）为最著，可参见李斗《扬州画舫录》（《历代笔记小说小品选刊》，北京：学苑出版社，2001年，卷12《桥东录》，第231—236页），然二者时间不符。

——中国古籍总目编纂委员会编《中国古籍总目·子部》第5册（上海：上海古籍出版社，2010年，第2425页）载“怡性堂主人”尚编有《阴骘文集证》《觉世经集证》《积善辑要》等书。

131. 齐滋圃（学培，生卒年不详）《阴骘文感应篇试帖》

——齐学裘《见闻随笔》卷七《族伯学仙》载：“吾宗兄滋圃（学培）

明经，中年得痴病，忽高兴作《阴骘文感应篇试帖》，终卷，痴病即愈。”按齐学培著作流传至今者，有《见吾随笔》一种（收录于诸伟奇、敖坤主编《清言小品菁华》，深圳：海天出版社，2013 年，第 561—582 页）。其“自序”云：“尝读袁子凡先生《四训立命》篇云：‘以前种种，譬如昨日死；以后种种，譬如今日生。’此二语，实为迁善改过之要诀，开人以自新之门也。余自丙戌至己丑，抱疴四载，批阅善书格言，颇有所得，觉五十年前之事，如梦初醒，始恍然于人生在世生可带来、死可带去者，惟一善耳。凡富贵贫贱，得失寿夭，俱有数存，俱有命定，而惟善可以修造，惟善可以挽回。历观古往今来，感应因果，毫发不爽。因于觉悟之余，随其见之所到，意之所存，援笔书之，凡若干条，法吕新吾先儒‘呻吟’二字之意，自病自医。明知病入膏肓，偷生旦夕，万不能如先儒之自视其身，常若病中，时时呻吟，事事呻吟，察之严而防之密，犹冀不至复蹈前此之种种，自速其死，去吾故吾，全吾今吾，而‘见吾’之名所由命也，爰自题曰《见吾随笔》。”

132. 郭虚堂（生卒年不详）《感应篇试帖诗》

——唐鉴《唐确慎公集》卷二《感应篇试帖诗序》载：“天下有知其所当然并究其所以然者，理由心得，性自天来，油然于不容已而仁见，奋然于不忍甘而义见，秩然于不敢亵而礼见，昭然于不能昧而智见……世之言感应者，不当作如是观乎？夫人禽之界甚微，正则为人，偏则为禽；明则为人，蔽则为禽；诚则为人，妄则为禽；敬则为人，肆则为禽；尽性分者为人，性分之限者为禽；敦伦常者为人，伦常之薄者为禽。此皆宜反之于身，求之于隐，慎之于思念之间，修之于幽独之地。不必其事之昭著，而此心之暗昧有人于禽而不自知者，当何如觉察，何如戒谨，何如存养克治也？人亦尽人道而已，使此心无禽心而已：而感应之理在天壤间存，以为警悟、惩戒可也。贵筑郭子虚堂以所得《感应篇试帖诗》索为之序，因据所知者揭而质之云。”

133. 严坤（粟夫，生卒年不详）《太上感应篇印谱》

——王崇人主编《中国书画艺术辞典·篆刻卷》（西安：陕西人民美术出版社，2002 年，第 192 页）载：“严坤（活动于清代道光年间），字庆田，号粟夫。归安（今浙江吴兴）人。秉性谦和朴实、工诗，取意倔强。精篆刻，取法浙派，工稳苍秀，貌在陈豫钟、陈鸿寿之间。尝曰：‘凡作朱文，不难丰秀，而难于古朴，不难整齐，而难于疏落，操刀者须精神团结，意在笔先。’道光十二年（1832）刻‘修易白文’白文印。著有《太上感应篇印谱》《溲勃丛残》。”

134. 谢天信（万顺，生卒年不详）《太上感应篇》（碑刻）

——张沛编著《安康碑石》（西安：三秦出版社，1991 年，第 172—176 页）《太上感应篇碑》载："盖闻昔者圣人云：'善为至宝，莫不存心奉行，诚求必应。是以但有善愿，天必从之。'今于道光贰拾陆年正月初二日，谢天信，字万顺，年方六旬，偶将右手跌伤，疼痛难堪，医药数月罔效。至七月，予家存《敬信录》书一部，予常视，注有信士客民求之必应，行之则灵。予顿开茅塞，虔诚念诵《感应篇》一月，惊觉大愈，灵验实感。是以重发真诚，自造石碑。今将《太上感应篇》勒石敬刊，存立于月池寺，劝善于万世矣。但愿诸君子善士敬信此篇常诵，迁善改过，无不转祸为福也。特此永垂不朽云。……训曰：'太上垂训，感应之篇。日诵一遍，灭罪消愆。受持一月，福禄弥坚。行之一年，七祖升天。久行不怠，寿命延绵。天神恭敬，名列诸仙。'//大清道光叁拾年岁次庚戌花月吉日//薰沐信士谢万顺自叙并书勒石//系湖北武昌府通城县普田里江东人氏。"

135. 程恩泽（云芬，1785—1837）《太上感应篇图说》

——徐学林编《徽州刻书史长编》第 4 卷（合肥：安徽教育出版社，2014 年，第 1319—1320 页）载："程恩泽（1785—1837），字云芬，号春海、梅春，有读雪轩斋号，经学家。学者程昌期（1753—1795）之子。//恩泽少承家学，师事凌廷堪，嘉庆九年（1804）中举，嘉庆十六年（1811）进士，选庶吉士，散馆授选编。恩泽学术渊博，能传其父家学，尤工诗文，是近代宋诗运动的倡导者。与阮元并为嘉道（1796—1850）间儒林首领，是当时学术界两大宗师之一。他多才多艺，博通六艺，工篆刻。他著述很多，但辑印、成书较少，故多佚失。最著名的要数与溧阳狄子奇合著《国策地名考》二十卷、与湖南新化邓显鹤（1777—1851，字湘皋）同撰《北湖酬唱诗略》二卷及逝后其诗文由其后人辑成《程侍郎遗集・初稿》十卷《附录》一卷、《春海侍郎焦桐遗响》不分卷、《程侍郎遗诗》不分卷、《橡茧诗》等。还辑《太上感应篇图说》八卷。还著有《春海诗余》一卷、《读雪轩词》一卷等。"据作者称，此书残本现藏大连市图书馆，笔者未见。

136. 程得寿（子厚，生卒年不详）《太上感应篇印谱》

——李国钧主编《中华书法篆刻大辞典》（长沙：湖南教育出版社，1990 年，第 1047 页）载："《太上感应篇印谱》四册。亦名《感应篇印谱》《宝善堂印谱》。清道光二十八年（1848）程得寿辑白刻印成此谱。是谱含《太上感应篇印谱》上下、《阴骘文印谱》《觉世宝训印谱》《觉世经印谱》

四册。其《太上感应篇印谱》上载十八页序文及十页十七印，下载三十页五十八印；《阴骘文印谱》载三十三页六十四印；《觉世宝训印谱》载十一页二十一印；《觉世经印谱》载二十八页五十五印，并跋文三页。总见二百十五钮。清严坤生平尚辑自刻印成此同名印谱。又 1924 年苏涧宽辑自刻印亦成《太上感应篇印谱》一册本；又 1925 年叶鸿翰辑自刻印又成《太上感应篇印谱》四册本。”

——王崇人主编《中国书画艺术辞典·篆刻卷》（西安：陕西人民美术出版社，2002 年，第 192 页）载：“《太上感应篇印谱》，亦名《宝善斋印谱》”。查“《宝善堂印谱》”条载：“《宝善堂印谱》，亦名《太上感应篇印谱》。清人印作集。二集二册。程得寿篆刻。此谱为程氏录其所刻《感应篇》语句印汇编而成。上册录序文及印十七方；下册录印五十八方。书成于清道光二十八年（1848）。”

137. 周其芬（桂山，生卒年不详）《感应篇经验良方》

——严世芸主编《中国医籍通考》第 3 卷（上海：上海中医学院出版社，1992 年，第 3390 页）载：“《感应篇经验良方》，周桂山存。现有版本：清咸丰间福文堂刻本。”

——《清史稿艺文志拾遗·子部·医家类·医方之属》

138. 鲍继培（善之，生卒年不详）《感应篇史鉴证》

——现藏国家图书馆，仅存一册（卷四至卷六）。作者题为“歙县鲍继培敬注，海宁沈寿榕校订”。陈琳主编《贵州省古籍联合目录》上册（贵阳：贵州人民出版社，2007 年，第 336 页）“子部·法家类”有著录。按鲍继培另有善书著作包括《丹桂籍史鉴证》六卷、《阴骘文史鉴证》六卷、《觉世经史鉴证》六卷三种。

——黄叔璥《国朝御史题名》“道光二十九年”条载：“鲍继培，号善之。安徽歙县人，丁酉科举人，由刑部郎中补授山西道御史。”

139. 柯汝霖（春塘，1792—1879）《感应篇说颖》

——黄金台《木鸡书屋文钞三集》卷三《柯春塘太上感应篇说颖序》载：“夫使作福作威忘元机之迭，倚余殃余庆昧神道之至。公则是裂，检踰闲不遭冥讁，修身砥行罔获天庥，人情之暧昧难明，世路之倾危益甚。然而《易》系吉凶之旨，《书》陈迪逆之谟，在往籍方丕著其明威，岂后儒不深思夫显报。此柯君春塘所以有《太上感应篇说颖》之作也。……春塘才高学粹，志洁行芳，久泛孝廉之船，将膺广文之职，犹复五经之陈，弥虔庚子，杂识之纂，不减癸辛，而是编也，昭彰瘅之公心，示劝惩之天意耳。提聋俗，木铎声宏，指点迷途，金绳路彻。引南针于苦海，悬北斗于灵台，言则白傅解诗能通老妪，事则道元画壁可怵凡夫，非徒一粒之丹，直作千秋之鉴矣。”

——光绪《平湖县志》卷二十三《经籍志》载：“《感应篇说颖》四卷，柯汝霖，拜善堂柯氏刊本存。”同卷所载柯汝霖著作尚有：《周易解谊》四十四卷、《周易郑注释义》二卷、《易半象说》《三家诗异字通证》四卷、《礼仪今古文释》四卷、《春秋世系图考》六卷、《三传异文疏证》二卷、《群经集说》二十八卷、《孟子赵注参》《说文引经异同考》一卷、《小尔雅参解》一卷、《古韵广证》一卷、《三忠年谱》《读史蠡测》三卷、《武林宅第考》《闲林笔记》《澄心录》二卷、《涵碧航诗文钞》等十八种。

——方复祥、蒋苍苍《“金平湖”下的世家大族》（北京：中国文史出版社，2008 年，第 334 页）载：“柯汝霖，字润寰，号春塘，晚年自号退翁。……他博通典籍，勤于著述。于干支有《录编》2 卷，于读史有《蠡测》3 卷，对于国玺、历代年号、春秋官制周代年表均有考证，编《蕉窗堞溯源》，著《古韵广证》1 卷、《说文引经同义考》1 卷、《群经集说》28 卷、《三家诗异字通证》4 卷、《春秋三家异文通证》2 卷、《春秋世裔图考》2 卷、《小尔雅参解》1 卷、《月令杂识》4 卷、《感应篇说颖》4 卷。”

140. 胡兴仁（恕堂，1797—1872）《太上感应篇诗册》

——汤金钊《寸心知室文存》卷五《感应篇诗序》载：“《感应篇》与四书五经相表里……钊自二十四岁以来，每晨持诵一遍，愧不能遵行，用以警醒昏迷，挽救不少。注是篇者，惠定宇最为典雅。此外或诠释文义，或征引事实，或绘为图像，引人信向，无意不周。保靖胡观察兴仁，通家子也。由拔萃历官令守，所至有善政，是能恪守感应而见之施行者。暇日每句作七律一首，便人歌咏，婆心苦口，劝善戒恶，大有裨益。亟书数语于简端，以谂世之诵是诗者。”

——易棠《怡芬书屋诗草》卷九《题胡恕堂抚军〈太上感应篇诗册〉》载：“大易三百八十有四爻，其占吉凶与悔吝。悔则吉而吝则凶，机缄不爽若响应。辞文旨远，后世不尽窥，坐令四圣微言千载等尘镜。术士徒从象数推，经生研究畴能竟。独有太上感应篇，文词质实无幽元。祸福无门惟自召，质之余庆余殃之义，彼此䜣合无间。然宿儒定宇作笺注，博奥矜奇难众喻。外此刊播亦纷纷，冥报无征徒恐怖。孰与恕堂先生，逐句分疏作长律。韵语铿鍧谢雕饰，先哲名言一一诠。指点要期豁迷塞，此本流传千万人。儿童弦诵妇女闻，降祥降殃皆有因。直使悟者悲涕，顽者心自扪。”

141. 翟允之（静庵，1801—1877）《感应篇直讲》

——梅淑贞、秦慧君、梅耀元编《嵩山三教志》卷一《嵩山儒学》（郑州：河南人民出版社，2019 年，第 177 页）载："翟允之（1801—1877 年），清朝官吏，名儒。字诚斋，号静庵。新密市来集镇云蒙山阳翟沟。23 岁县试入庠，道光己亥乡试举人，壬子科会试中第三甲 77 名进士。历任湖南郧县、黔阳、临武、攸县知县、道州知州。//翟允之告老返乡，嵩阳（登封）、桧阳（新密）两书院争相聘请讲学，后以就近主讲桧阳书院，远近学士麇集而来，讲理学、授明经，人庠者不下百余人。翟允之治学严谨，《诸儒语录》《读理节录》《读史笔记》《程子四笺注释》《朱子读书法则》《枕泉书屋记》《明道书屋记》《感应篇直讲》流传于世。"

142. 陈劢（子湘，1805—1893）《太上感应篇注证》

——现藏国家图书馆。陈劢"自序"载："国朝顺治十三年，世祖章皇帝谕刊颁赐群臣，举贡诸生，皆得编辑，自此流传益广，笺释者百数十家。当以惠氏定宇本为第一，顾惠氏以经学名家，博通子史，故其所注无一字无来历，以之训童蒙、喻市井，有扞格难行者矣。不揣鄙陋，别成注证一编，注多采自惠是，证则旁引典籍，不拘时代远近，近事取其共知，言取其易晓，偶举一二，余可类推。"按作者另有《运甓斋文稿》六卷、《运甓斋文稿续编》六卷、《运甓斋诗稿续编》六卷，俱藏国家图书馆。

——洪可尧编《四明书画家传》（宁波：宁波出版社，2004 年，第 131—132 页）载："陈劢，生于清嘉庆十五年，卒于光绪十四年。字子相，号泳桥，又号甬上闲叟、二百八十峰樵者。鄞县西门人。//道光十七年（1837）拔贡，廷试第二，授广西知县，未赴。同治元年（1862）举孝廉方正，授江苏知县，也未赴。少能诗，工书法，宗欧阳询，颜鲁公，尤精小学，亦能篆刻。熟悉乡邦文献，徐时栋校宋元《四明六志》，往返商讨。同治七年（1868）修《鄞县志》，用力尤勤，为总修之一。著有《运甓斋诗文集》《二十里云山馆印存》等。存世书法作品有咸丰五年（1855）《重建汉孝子董君庙碑》、同治七年（1868）《泽民庙重建碑铭》、同治九年（1890）天一阁藏书楼长联等。家有运甓斋藏书楼（有五间二并藏书楼二进，楼拆毁于一九九一年），蓄书凡数万卷，至其孙书散。"

143. 刘鸿典（云麓，1809—1883）《感应篇韵语》

——现藏厦门大学图书馆。作者"自序"载："仆老矣，忆自弱冠从事家止唐先生即命读《感应篇》……窃维吾师，恒以《感应篇》教人。则吾徒之奉行《感应篇》者，即不愧为吾师之徒。慨门户之易分，恐渊源之或昧。风闻吴中江铁君曾作《感应篇诗》行世，而蜀中□见，因仿其意为诗，课年余，得诗二百二十七章，藤以跋后一章，名曰：《感应篇韵语》。聊以示门人，非敢质诸高明也。”

——王小红主编《巴蜀历代文化名人辞典·古代卷》(成都：四川人民出版社，2018 年，第 375 页）载：“刘鸿典（1809—1883）一名云麓，字宝臣，眉山县（今眉山市）人。世代业农，父母早逝，几废学。后乃奋志读书，补州学弟子员，蜚声庠序。游学成都，师事刘止唐、李西沤，文章性道，皆得其传。道光二十九年（1849）拔贡。咸丰元年（1851）举人。掌教眉山书院三年，从学者甚众，至学舍不能容。嗣设帐富顺、自流井，教馆威远吕仙岩，成就颇多。同治元年（1862）大挑二等，借补西充训导，文风士习，多所培成。六年（1867）俸满，选授广东徐闻县知县。为政廉明，卓著循声。后因办案执法无所徇，忤上司意，解官而去。士林赋诗饯送。居羊城一年。归里后足不履城市，仍与门人讲学不倦。光绪九年（1883）卒于威远吕仙岩，年七十五岁。著有《思诚堂古文》二卷、《思诚堂古诗》二卷、《庄子约解》四卷外一卷、《感应篇韵语》一卷、《续性理吟》一卷、《村学究语》一卷、《醒迷录》一卷，辑入《槐轩全书》。另有《楞严经赘解》四卷、《训蒙草》一卷、《指月录评》十卷、《稗钞》二卷行世。《眉山县志》有传。”

——现著录于王绍曾主编、程远芬编《清史稿艺文志拾遗·子部·宗教类》(北京：中华书局，2000 年，第 1518 页)，为《槐轩全书》刻本。

144. 罗惇衍（椒生，1814—1874)《感应篇引经笺注》

——光绪《广州府志》卷一百三十三列传第二十二《罗惇衍传》载：“罗惇衍……著述存者，《濂洛关闽六先生传》一卷，《本朝崇祀三先生传》一卷，《集义篇》三十卷，《百法百戒庸言》一卷，《孔子集语》十四卷，《感应篇引经笺注》一卷，《奏稿》二卷……。”

——郑观应《郑观应集》卷下《感应篇引经笺注序》载：“《感应篇》一书注解者数十百家，独惟惠定宇先生笺注证据确凿。原本群经粹然为儒者之言表而出之，洵足作六经羽翼，士林之奉为圭臬也久矣。吾粤罗椒生尚书复引经衍义，招词馆之善书者分而录之，集文星于天府，灿若球图；罗墨宝于螂擐，珍同谬璧。使受而读者观其文，爱其书，觉字里金生，行间翠润，临摹讽论之下，显以动其珍重慕效之心，隐以发其涤秽荡邪之志，其诱掖苦心蔑以加矣。惟所刊板远藏京师，未克遍传，爰集同志重付手民，以公同好，庶推广善缘，必有闻风兴感者。至是书缘起原本《道藏》，与儒书相表里，前人论之详矣，余又何赘矣。”

——民国《顺德县志》卷十四《艺文志》载：“《感应篇引经笺注》一

卷，并国朝罗惇衍撰（方濬师撰《行状》）。”

——民国《顺德县志》卷十七《列传二》载：“罗惇衍……著述存者：《濂洛关闽六先生传》一卷、《本朝崇祀三先生传》一卷、《集义篇》三十卷、《百法百戒》《庸言》一卷、《孔子集语》十四卷、《感应篇引经笺注》一卷、《奏稿》二卷。”

145. 顾世骏（逸侪，1818—？）《感应篇集注》

——顾来章等纂修《江苏苏州重修唯亭顾氏家谱》卷九《艺文志》载：“逸侪公（即顾世骏）《中庸口义》《续元百家诗选》（详《郡志》）、《小秀野主人诗钞》（详《郡志》）、《寄鹤草》《感应篇集注》。”

——民国《吴县志》卷五十七《艺文考三》载：“顾世骏尚有《中庸口义》《寄鹤草》《感应篇集注》。”

——同治《苏州府志》卷八十九《人物十六》载：“顾世骏，字逸侪。道光己酉举人，景山官学教习。同治十二年（1873），以孝子旌。”

146. 崔资诚（孚齐，1818—1908）《感应篇诗钞》（《太上感应篇诗》）

——民国《霸县新志》卷五上《崔资诚传》载：“崔资诚，字孚齐，幼居霸县成内……所著有《学殖斋文集》八卷、《四鸣集诗》四卷、《太上感应篇诗》两卷，其余杂著甚多，并藏于家。”

——民国《霸县新志》卷六《著述》载：“《感应篇诗钞》二卷，崔资诚。”

——民国《霸县新志》卷八《（崔汝襄）清崔孚齐先生传》载：“孚齐公，襄受业师也……所著有《学殖斋文集》八卷、《四鸣集诗》四卷、《太上感应篇诗》两卷，其余杂著甚多，并精于卜筮、星相、堪舆之学。”

147. 许淦等（生卒年不详）《感应篇试帖诗笺注》

——现藏国家图书馆。其中，董国华“序言”载：“鹿城许君少，仿吾乡蔡铁耕明经，以试帖诗逐句为《阴骘文》诗之例，得诗二百二十六首，言近旨远，法备语工，□以传示后学，□足启发生善心，并可浮梁于诗律，洵为有益□之词。”按天正编辑，松泉、达澄增辑《洪山宝通寺志·长春观志》载：“《阴骘文诗》，元和蔡铁耕作也。先生名云，为古吴名士。嘉庆朝，江、蔡、李、顾擅四大家之称，诗集盛行，而铁耕尤为津津阴骘。所著《诗帖》八十四首，温柔敦厚，尽得劝惩之旨。幼学诵之，深有裨益焉云。”是蔡铁耕著有《文昌帝君阴骘文诗帖》

148. 钱榖（子璧，生卒年不详）《感应篇》（碑刻）

——嘉庆《松江府志》卷六十一《艺术传》载：“钱谷，字子璧，曾收辑其传略，欲立碑墓道，其敦义如此……又集王羲之书，作《感应篇》

勒石，司农王鸿绪跋其后。孙洪源，诸生，亦善书。”按学界多以此“钱榖”为明遗民钱榖（1508—1572），实误。观“司农王鸿绪（1645—1723）跋其后”可知，二者“同名而异人”。周焕卿《清初遗民词人群体研究》（上海：上海古籍出版社，2008年，第460—461页）辨此甚详。

149. 刘汶（生卒年不详）《太上感应篇》（碑刻）

——道光《济宁直隶州志》卷九之二《艺文志》载：“一、同爱堂《太上感应篇》石刻，刘汶泥金书，子柏摹勒上石。”

150. 谢尹嘉（简宣，生卒年不详）《感应篇注》

——道光《信丰县志续编》卷十《人物志中》载：“谢尹嘉，字简宣，孝廉越长子。性刚直，疾侈靡好恶，不随俗而了成人之美……晚年注《感应篇》劝世。”

151. 郑席珍（生卒年不详）《太上感应篇文集》

——光绪《淳安县志》卷七《续纂选举》载：“郑席珍，已亥副贡，著有《太上感应篇文集》。”

152. 谭廷儁（特峰，生卒年不详）《太上感应篇辑参》

——光绪《丰顺县志》卷六《人物志》载：“谭廷儁，字特峰，由廪生登乡榜，工文章，乐善不倦，日按《功过格》而行，举动语默，以士先器识，而后文艺为正己化人之要务。晚年著《太上感应篇辑参》，未刊而逝。家藏钞本，因咸丰四年遭兵燹，三分损一，孙锡承修补之，现梓行世。”

——民国《新修丰顺县志》卷二十三《艺文一》载：“《太上感应篇辑参》，谭廷儁撰，谭能三刻。”

——饶宗颐纂修《潮州志》“艺文志·子部”载：“《太上感应篇辑参》四卷，丰顺谭廷儁撰。”

——冼玉清《广东释道著述考》（《冼玉清文集》，广州：中山大学出版社，1995年，第400页）载：“（三九）谭廷儁《太上感应篇辑参》。”按有学者或写作“谭廷隽”或“谭廷俊”，是误。

153. 汇真子（生卒年不详）《太上救劫金灯》（《感应篇新注》）

——现藏温州图书馆。题名《太上救劫金灯》，扉页题为《感应篇新注》，为北京天华馆民国二十年（1931）刻本。按李冀《关于〈太上玉笈救劫金灯感应篇新注〉的几点探讨》（《世界宗教研究》2019年第1期）解此书名《太上玉笈救劫金灯感应篇新注》，是误。

154. 傅单学（生卒年不详）《感应篇诗》

——现著录于中华古籍总目编纂委员会编《中华古籍总目·子部·道家类·道教之属·劝戒》（北京：中华书局，上海：上海古籍出版社，2010

年），系道光十年（1830）常熟刻本。

155. 黄能质（生卒年不详）《注释感应篇》

——同治《宿迁县志》卷五《选举表》载："黄能质，监生，好善，工书，有《注释感应篇》行世。"

——民国《宿迁县志》卷九《选举志》载："黄能质，监生，好善，工书，有《注感应篇》行世。"

156. 铁珊（？—1890）《增订太上感应篇图说》

——王曾祺《聊园诗存》卷三《呈兴国王丹臣先生（凤池）》自附说明："澹川幼为贼掳，余干鲁玙舍己子先赎之归。事详绍裴公《感应篇图说》。"按绍裴公即铁珊。铁珊，字绍裴，汉军正白旗人。历任甘肃兰州知府、署甘凉道、河陕汝道。

——朱一玄编《〈红楼梦〉资料汇编》（天津：南开大学出版社，2012年，第140页）节录铁珊《增订太上感应篇图说》"卷首"史料一则："施耐庵作《水浒传》，子孙三世皆哑。袁于令撰《西楼记》，患舌痒症，自嚼其舌，不食不言，舌尽而死。高兰墅撰《红楼》，终身困厄。王实甫作《西厢》，至'北雁南飞'句，忽仆地，嚼舌而死；金圣叹评而刻之，身陷大辟，且绝嗣。"录自清光绪十五年（1889）刊本。

——宋广波《胡适红学年谱》（哈尔滨：黑龙江教育出版社，2008年，第73页）"1889年，光绪十五年，己丑"条载："是年，铁珊著《增订太上感应篇图说》。"

157. 毛金兰（生卒年不详）《太上感应篇图说》

——现藏上海图书馆。其"凡例"载："《感应篇图说》始于云间许鹤沙先生，借印者则有梁公化凤，王公继文、郝公玉鳞，流传海内，令天下智愚贤不肖咸知福善祸淫，不爽毫发。"又"增补凡例"载："附案所引各书，系毛公金兰采辑，每幅图后，并附诗词跋语，皆缮写时感触于心，随笔书成，不计工拙云。"

——毛金兰《太上感应篇图说跋》载："顾善书之名不一，其最彰者莫如《太上感应篇》。尝考洪楚产云：'《感应》一书历汉而唐，自宋而明，敬奉已久，大要皆修身事天之学。'康范生云：'历代仁主以至修士，互相阐发，无非欲人为善去恶之意。'明世宗序是篇有曰：'不但扶翼圣经，直能补助王化，其所系者大矣。'我朝顺治十三年（1656），世祖章皇帝御命刊刻此篇，颁赐群臣，至举贡生监皆得遍及；于是名贤硕儒助宣教化，或增注以申其义，或绘图以证其说，理明词达，愚鲁可喻，而是篇遂成大观。兰敬诵有年，久闻刊有《图说》，以未获展观为歉。同治戊辰，授徒环山，谒汪丈植庵先生，谈论之际，善气迎人，今年已七十矣，而乐善之心不倦，尤好引掖后进，以善事相切劘。时复过访，见案上书帙有善书十余种，极为心赏，索赠数种，珍若拱璧。因出所藏《感应篇图说》见示，且告兰曰：'余藏是书，久欲翻刻，乃有志未逮而迭遭兵燹。犹幸是书无恙，全集俱存，岂非太上在天之灵所默监欤？抑人有善愿，天必从之，故留遗至今耳。子其代为付梓可乎？'兰受而读之，见其注案详明，像图工整，不独文人学士可以垂鉴，即农工商贾皆可以观、可以兴矣。反复玩味，实获我心。觉曩时积愿慰诸一旦，何幸如之！原本系闽南黄公所辑，但卷内多留空白。兰因不揣谫陋，摘取各书中有足以相发明者，附录各案之后。虽自愧见闻未广，不能若原案之切实，然断章取义，苟足以资劝诫，迂拙贻讥，所不敢辞。数月后增补渐完，因与梓人公议，计需费四百金。先生独任之无难色，勇于为善，洵足为后进风矣。普愿阅是书者口诵心维，服若参苓，取为身心之助，以培善气于无形。倘只同烟云过眼，不能择善而从，是犹数药名而不知其味，则虽参苓日见，终于吾身无小补焉，岂不大可惜哉！今先生刻是书以劝人，何异舍良药以救人乎？先生初艰于嗣，近得佳儿，岐嶷不凡，足征积善余庆，报施不爽。因附笔之以当口劝。若夫百世劝人以书，则先生之功，非兰之力也；而兰不能无奢望者，深望当世之大雅君子，无力者以口劝，有力者以书劝，则一时之功等于百世，百世之功又岂特先生一人哉！"

158. 李承煦（希三，生卒年不详）《太上感应篇征史随录》

——丁仁《八千卷楼书目》卷十三"子部"载："《感应篇征史随录》十卷，国朝李承煦撰，刊本。"

——现藏南京图书馆。其中，汪日桢（1813—1881）"序"载："吾友李君希三服膺是编，尝谓孔子云：载之空言，不如见诸行事之深切著明。既勖以嘉言，宜兼示以懿行，不特易于启悟，抑且易于持循。惠氏之释，间称古事以相证明，亦以微见其旨，惜乎仅引其端而未畅也。因摭历代正史中古人行可资法戒者，附注每句之下，名曰征史随录。《明史》时近事繁，别为续录，又十卷，非二十四史所载不录。其搜集博矣，其综敷严矣，其编划勤奋矣。"

159. 蒋珪（敬之，生卒年不详）《太上感应篇注》

——季新益、柯培鼎纂《民国平湖县续志》卷九《人物·文苑》载："蒋珪，字敬之。煜子。沉潜劬学，家贫，出客授，束修所入，首为先人营葬，次乃成家室。同治癸酉拔贡，朝考授知县教职，选青田训导，调泰顺，两县皆僻小，士有以所业来请益者，诲之谆谆，翕然称经师。世传

《感应篇》，平生所服膺，尝为校刻直解、补辑、增证，孜孜以为善劝俗。卒年七十七。有《诗文集》《家训》。”

160. 俞樾（荫甫/曲园，1821—1907）《太上感应篇缵义》

——邹弢《三借庐赘谈》载：“《感应篇缵义》二卷。”

——赵尔巽《清史稿》卷一百四十七，志第一百二十二《艺文志三》载：“《感应篇缵义》一卷，俞樾撰。”

——民国《吴县志》卷五十八下载：“俞樾……《太上感应篇缵义》二卷。”

——现收录于俞樾《春在堂全书》《藏外道书》、丁福保《道藏精华录》等多种丛书。

161. 庞际云（省三/省山，1822—1877）《太上感应篇》（书法）

——曾国荃《致伯兄（咸丰元年十二月初八日）》（钟叔河汇编《曾国藩往来家书全编》中册，海口：海南出版社，1997 年，第 698 页）载：“弟壬寅年在京大病，曾许《关圣帝君觉世经》五百张，后出京太忙，未酬完。兄所刊之板，尚存会文斋，伏恳捐赀印成赐回为幸。去岁冬大病，又叩许《文昌阴骘文》《太上感应篇》，伏求代请庞省山先生写就［用大卷格式，每板六行廿四个字（字字叔河添），一页系十二行］，明春寄回为祷。弟明知果报之说，非吾儒所尚，亦非吾辈所应信，然既已许之，又不得不敬谨酬完之，良以神明不可欺，即吾心不可欺耳。印（觉世经）五百页不知花钱若干，然胜若赐一件绵衣与阿弟多矣。《阴骘文》《感应篇》只求书法（到省弟自备赀刊刻即送），不费钱文，想老兄有命，省山先生必慨然许之。三项及笔，均望端节前后寄回为祷。”

——曾国荃《致伯兄（咸丰二年三月初八日）》（曾国荃撰《曾国荃集》第 5 册，梁小进主编，长沙：岳麓书社，2008 年，第 41 页）载：“弟有信交牧云，求寄条幅、对子等项送贺吉甫，希为裁酌。虽不必全有，然亦须少有以酬之耳。印《关圣觉世经》，及请庞省山写《太上感应篇》《文昌帝君阴骘文》，其信谅已收览。如可应允，则望六月前寄回；如不能答应，则望早专信与弟，俾弟得另自图度为幸。明知为无厌之求，然暗自忖度，较之他人之贵介，弟肆行奢侈者，则弟又远胜矣仅胜若辈，得毋可笑乎。”

162. 杨光远（生卒年不详）、甘洲（生卒年不详）《感应篇补注》（《感应篇证注》）

——李训鋐、文源修、罗其泽等纂《（光绪）续修白盐井志》卷八《艺文志上》载：“杨光远、甘洲《感应篇补注》，全部行世，集存。”按同书卷第七《人物志·义行》“甘洲”条载：“甘洲，康熙间岁贡。性敦孝友，积雪授土。学院缪给‘南宫隽品’之额。与提举杨光远镌送《感应篇证注》。”

163. 张丙炎（午桥，1826—1905）《感应篇汇编》

——现著录于游子安《善与人同——明清以来的慈善与教化》（北京：中华书局，2002年，第155页），为光绪二十二年（1896）重刻本。按张丙炎字午桥，号榕园，一号药农。仪征人。咸丰九年（1859）进士，由编修升道员，加盐运使衔。博雅好古，富收藏，喜吟咏，晚年工篆书。著有《榕园丛书词》，词有《冰瓯馆词钞》一卷。

164. 谢文彬（子谷，1838—1905）《太上感应篇灵验记》

——吴成平主编《上海名人辞典（1840—1998）》（上海：上海辞书出版社，2001年，第523页）载：“谢文彬……字子谷……著有《听泉吟稿》《太上感应篇灵验记》《听讼心得》。”

165. 吕海寰（镜宇，1842—1927）《太上感应篇合注》

——吕海寰《太上感应篇合注序》载：“余不自揆，因汇诸家之长，重为编辑。首引经义，次陈注、次惠注、次姚注，仍附以于之《赘言》，重为编辑，益以俞之《缵义》，可谓美备矣。”按吕海寰字镜宇，山东莱州人。光绪二十三年（1897）任驻德国大臣兼驻荷兰、奥地利公使。回国后历任光禄寺卿、太常寺卿、通政使司通政使、户部右侍郎、督查院左督察御史、办理通商大臣、兵部尚书等职。光绪三十年（1904），吕海寰与盛宣怀等在上海成立上海万国红十字会，后改为大清红十字会、中国红十字会。从1912年10月至1920年9月，吕海寰担任中国红十字会会长，成绩斐然。

——著录于游子安《善与人同——明清以来的慈善与教化》（北京：中华书局，2002年），为民国十六年（1927）东莱杜氏六一阁排印本。

166. 李士珍（仲儒，1851—1926）《古今感应录》

——高鹏《芦砂雅韵：长芦盐业与天津文化》（天津：天津古籍出版社，2017年，第238—239页）载：“李士珍是李春城的次子，字仲儒，优贡生出生。……李士珍对佛经、周易颇有研究，每日在家中诵读经文，至老不辍。著作甚丰，著有《金刚经解义》二卷、《楞严经解义》二十卷、《维摩诘经解义》四卷、《三昧录》八卷、《御览集》四卷、《课艺集》四卷、《字训》四卷、《易经解义》四卷、《历代古文钞》三十卷、《古今感应录》若干卷、《延古斋藏书提要》等。”

167. 刘咸荣（豫波，1857—1948）《古史感应录》《太上感应篇诗义》

——著录于何远景主编《内蒙古自治区线装古籍联合目录》（中册，北京：北京图书馆出版社，2004年，第969页）载：“《古史感应录》，刘咸荣撰。清刻本，守经堂藏板。”同书（第 1046 页）载：“《太上感应篇诗义》，刘咸荣撰，清刻本，守经堂藏板。”按学者或将“刘咸荣”作“刘咸荥”，是误。

168. 包泰（平阶，生卒年不详）《太上感应篇绪言》

——徐雁平编著《清代家集叙录》下册（合肥：安徽教育出版社，2017 年，第 1946 页）附录四《清代朱卷履历所见世家著述辑录》载：“包延杰，字炳琳，浙江乌程。//曾祖包敬堂，字果峰，嘉庆庚午（1810）科第七名亚魁，辛未（1811）科联捷会魁，有《树敦草堂诗集》。//父包泰，字平阶，附贡生，有《太上感应篇绪言》《文昌阴骘文研体注》。//从伯/叔包虎臣，增贡生，有《学剑楼诗抄》。”

169. 张纪云（生卒年不详）《太上感应篇句解》

——丁培云《近代成都道教活动管窥——从〈八字功过格〉说起》（《求实集：丁培仁道教学术研究论文集》，成都：巴蜀书社，2006 年，第 483—506 页）载：“1990 年岁次庚午中秋都江堰市青城山道教协会复印的《太上感应篇》，其前白文部分亦为贺维翰于庚午（1930）夏五月所书，原板又系‘庚午夏重刊，版存扶经堂。’附注：“其后半部分为四川清代火居道著名代表人物刘沅（字止唐）门人张纪云所得《太上感应篇句解》。据已故中国道教协会会长傅圆天（原为都江堰市青城山道士）后记。刘沅‘序而刊之’，然道协复印本并无刘沅序。”

170. 邹世照（古遗，生卒年不详）《感应篇集注》

——寻霖、龚笃清编著《湘人著述表》第 1 册（长沙：岳麓书社，2010 年，第 521 页）载：“邹世照，字古遗，清新化人。廪膳生。《儒门正宗类编》二十二卷、《儒门正宗后集》二十二卷、《渊鉴堂诗集》三卷、《金刚经辑注》四卷、《（金刚经）补注》一卷、《感应篇集注》七卷、《渊鉴堂稿》十二卷。”

171. 田泽深（钰垣，生卒年不详）《感应篇赏罚条例》

——民国《都匀县志稿》卷十七《人物传》载：“田泽深，字钰垣，光绪乙酉拔贡。历浙江南田、平阳县令，皆有政声。著有《玉真杂录》及《家训俚语》一卷、《思斋纪事》六卷、《闺门俚训》一卷、《感应篇赏罚条例》一卷、《械关危言》一卷、《女学正宗》一卷、《觉世经注释》一卷。”

——冯楠总编《贵州通志·人物志》（贵阳：贵州人民出版社，2001 年，第 1105 页）载：“田泽深，字钰垣，光绪乙酉拔贡。历浙江南田、平阳县令，皆有政声。著有《玉真杂录》及《家训俚语》一卷、《思斋纪事》六卷、《闺门俚训》一卷、《感应篇赏罚条例》一卷、《械关危言》一卷、

《女学正宗》一卷、《觉世经注释》一卷。在浙刊行。晚年好黄老之学，隐居不复出。”

172. 崔嘉勋（鉴湖，生卒年不详）《太上感应篇引证句解》

——现藏南京图书馆。封底有“德国宪法元年 邵元冲”字样。按此书陈琳主编《贵州省古籍联合目录》上册（贵阳：贵州人民出版社，2007年，第336页）“子部·法家类”有著录，然将作者误写为“崔嘉动”。按崔嘉勋字鉴湖，浙江嘉兴人。清同治十二年（1873）中举人，大挑得后补知县。光绪二十九年（1903），署峨眉知县。

173. 杨际春（凤山，生卒年不详）《感应篇经史摘典养正集评注》

——现藏南京图书馆。卷首田国俊“序言”称“凤山太史文行纯粹，与人为善，孳孳唯恐不及。尝取华亭朱氏所辑《感应篇经史考》重为编订，体例精严，更旁搜子史，以征诸实而宣其蕴，其用心于觉世牖民者，重矣周矣。”按杨际春字凤山，号树勋，江苏高邮人。同治七年（1868）戊辰科进士，选庶吉士，散馆授检讨。

174. 王仁俊（捍郑，1866—1913）《感应篇儒义》

——王熙桂等纂修《太原家谱洞庭王氏家谱》，王启元《治黄去思记》载：“王公仁俊……撰《感应篇儒义》。”按王仁俊字捍郑，一作感莼，江苏吴县（今苏州）人。初为黄彭年、张之洞幕僚。光绪十八年（1892）进士。初授吏部主事。曾于上海创办实学报馆。光绪三十三年（1907）调任学部图书局副局长兼大学堂教习。

——叶昌炽《缘督庐日记抄》卷十三“（戊申年三月）廿三日”条载：“写《辽大安三年兴国寺经幢》一通，共五叶。王扞郑太守函，来并寄贻所著《正学编》一册、所辑《感应篇儒义》一册、《辽文萃西夏文缀》合一册。”

——顾颉刚《苏州史志笔记》“王仁俊著作”条载：“王仁俊为吾乡学者，惜不寿……有《籀鄦簃书目》。《格致古微》六卷。《群经讲义》二卷。《孔子集语补遗》一卷。《毛诗草木今名释》一卷。《尔雅疑义》一卷。《仓颉篇辑补斠证》一卷。《说文引汉律令考》二卷，《附录》二卷。《说文一家学》一卷。《说文蚀自成部考》一卷。《汉书许注辑证》一卷。《周秦诸子叙录》一卷，《淮南子万毕术辑证》一卷。《正学篇》一卷。《叶谬篇》二卷。《辽文萃》七卷，又《艺文志补证》一卷。《西夏文缀》二卷，又《艺文志》一卷。《存古学堂丛刻》四卷。《感应篇儒义》六卷，又《古本考》一卷。《学堂歌笺》六卷。《敦煌石室真迹录》一卷。以上共书二十种，五十卷。”

175. 尤斡丞（1866—？）《感应篇图说》

——现藏国家图书馆。其中封二“中央刻经院识语”载：“敝院睹世运之仳离，慨人心之颠倒，隐衷所在，杞忧无既。因觉无锡尤斡丞先生节录本，并请清远朱聘三先生详家参校，发愿募印十万部，用资流通。”

176. 许修德（了真子，生卒年不详）《感应经》

——现藏上海图书馆。另张祎琛《清代善书的刊刻与传播》以序言撰者“陆舆”为作者，是误。

——中国古籍总目编纂委员会编《中国古籍总目·子部》第5册（上海：上海古籍出版社，2010年，第2425页）载：“《感应经》，清许修德注。”

177. 张度（生卒年不详）《感应篇劝戒文》

——光绪《丹徒县志》卷四十六《艺文一·书目》载：“张度《感应篇劝戒文》二十条。”

178. 张煜（生卒年不详）《感应篇注证训子录》

——光绪《丹徒县志》卷四十六《艺文一·书目》载：“张煜《感应篇注证训子录》一卷。”

179. 胡敬钊（素园，生卒年不详）《感应篇述》

——光绪《海盐县志》卷十七《人物传四》载：“胡敬钊，字素园，邑增生，事亲尽孝。母沈氏寿至九十二而卒，侍奉未尝离左右。生平覃精性理，出入儒释，究心高忠宪、李二曲、汤文正之书，单薄寡营，乐善不倦，所著《感应篇述》，采集诸家，附以己意，阐发心学，别开生面。”

——光绪《嘉兴府志》卷五十七《列传》载：“胡敬钊，字素园，邑增生，事亲尽孝。母沈氏寿至九十二而卒，侍奉未尝离左右。生平覃精性理，出入儒释，究心高忠宪、李二曲、汤文正之书，单薄寡营，乐善不倦，所著《感应篇述》，采集诸家，附以己意，阐发心学，别开生面。”

180. 田春兴（青丽，生卒年不详）《真西山感应篇》

——民国《长葛县志》卷六《艺文志第六》载：“田青丽著书目（田春兴）：《大中序解》四卷、《尚书今古文辨》一卷、《尧舜二典合编》一卷、《批孟子》七篇、《尚书》一部、《在□》一部、《诗经平仄》一部、《明文传薪》二卷、《真西山感应篇》一卷、《选评诗试律》一卷、《国朝文楷》一卷、《大家文》二十二卷、《唐宋八家文》二卷、《训子杂录》二卷、《课幼草》一卷、《青丽文谱》一卷。”

——民国《长葛县志》卷九《人物》载：“田春兴，字青丽，贡生……著书凡十六种，为《大中序解》四卷、《尚书今古文辨》一卷、《尧舜二典合编》一卷、《青丽文谱》一卷、《批孟子》七篇、《尚书》一部、《在□》

一部、《诗经平仄》一部、《明文传薪》二卷、《真西山感应篇》一卷、《选评诗试律》一卷、《国朝赋楷》一卷、《大家文》二十二卷、《唐宋八家文》二卷、《训子杂录》二卷、《课幼草》一卷。”

181. 张麟（彦叔，生卒年不详）《太上感应篇注》

——康熙《安庆府志》卷十八《人物志》载：“张麟，字彦升，岁贡生。学根夙慧，孝本性成。善承父志，事继母一如所省。下笔千言立就，无不贯穿经史。注《太上感应篇》，以振聋瞶。更仿紫阳遗规，倡捐米稻，欲行社仓良法，以备水旱。持宫谨言慎行，不愧衾影，当事目之为经术醇儒，良不虚也。年七十卒。”

——民国《怀宁县志》卷二十《人物·笃行》载：“张麟，字彦叔，岁贡生，捐米谷、行社仓于其乡，注《太上感应篇》行世。”

182. 左念慈（叔权，生卒年不详）《太上感应篇》

——寻霖、龚笃清编著《湘人著述表》（长沙：岳麓书社，2010 年，第 153 页）第一册载：“左念慈，字叔权，湘阴人。左宗棠第五孙。《辩雕堂文稿》一卷，稿本，藏湖南图书馆。《太上感应篇》（书），1922 年稿本，藏湖南图书馆。”

183. 刘仁圃（生卒年不详）《感应篇试帖诗》

——民国《郫县志》卷三载：“刘仁圃，字畹香，邑举人，公车北上时，都门会课，推为第一。著有《感应篇试帖诗》一卷行世。”

184. 何勇修（生卒年不详）《太上感应篇说》

——同治《彭泽县志》卷十六《艺文二》收何兆祺《黎邑庠吟序》载：“何子勇修少以文章受知于予先大人，予闻其名甚熟……予读其《历法异同》《五代五季大元得失》及《河洛图占》《太上感应篇说》诸著作，皆千古未有之言。其《五柳乡集》与《黎邑庠吟》诸诗，素心清净，人伦藻鑑，悯世慈心，皆默寓诗中……。”

185. 曹善（生卒年不详）《太上感应篇经史集证》

——沙嘉孙编《山东文献书目续编》（济南：齐鲁书社，2017 年，第 216、615 页）载：“《太上感应篇经史集证》四卷，（清）佚名撰，曹善校订，民国二十八年（1939）安丘曹氏青岛排印本。//曹善，安丘（人），《太上感应篇经史集证》四卷。”

186. 李鸿钧（稚瑛，生卒年不详）《感应篇试帖》

——光绪《梁山县志》卷九《人物志·列传》载：“李鸿钧，字稚瑛，号吟史，邑庠生，能文工诗。学宪陈嘉其博雅，调尊经院肄业，卒年三十八。著有《宝纶堂诗稿》《感应篇试帖》行于世。其待梓者，如《宝纶堂文稿》《待芳阁试帖》《粲花笔谈》《尺牍增华》尚多，天与才而不与寿，士林惜之。”

187. 刘师善（举齐，生卒年不详）《太上感应篇注释》

——民国《重修信阳县志》卷二十六《人物志二之一》载：“刘师善，字举齐，世居东郭五里墩……尝注《太上感应篇》全部，复采《古今谚语》《先正格言》，汇为四卷，名《聊助一善录》，梓行于世，以励世人，远近称谓刘善人云。”

188. 倪承瓒（生卒年不详）《感应篇注解》

——《南汇二区旧五图乡志·艺文》载：“《储学洙龙钟笔记（年谱附）》《杂字续吟》《唐诗新选姓总吟》《感应篇注解》《三十经解长编》《说文补阙》《老子十家注疏》《文字斟列女古今传全》《采补瀛寰琐记》，上并倪承瓒著。”

——吴成平主编《上海名人辞典（1840—1998）》（上海：上海辞书出版社，2001 年，第 242 页）载：“倪承瓒，清江苏南汇五团（今属上海市）人，字西苓，号壬云。光绪时廪贡生。幼嗜学，通诸经学。晚年右手病废，改习左，杜门谢客，以著述自娱。著作甚多，有《诗经长编》十四卷、《汉经学》《论语参案》等。

189. 杨志达（勷平，生卒年不详）《感应篇翼训》

——上海市地方志办公室、上海市嘉定区地方志办公室编《嘉定县卷》卷二十六《艺文志三》载：“《太上感应篇翼训》，杨志达著，闻在上序。”

——陈金林、徐恭时《上海方志通考》（上海：上海辞书出版社，2007 年，第 289 页）载：“杨志达，字戴仁，后改名勷平，清康熙间南翔里人。父世清，国子生。《南翔镇志》卷六文学有传。略云：其‘负才游秦中，佐某中丞幕，注杜集。志达游庠后，肆力于古，以著述自任。为人性僻，多怪鲜可，尝离家寓僧舍。辑《南翔志》。惜今稿本零落，传写多讹’。除此书外，有《感应篇翼训》等。”

190. 郑士登（生卒年不详）《感应篇图录》

——民国《衢县志》卷第十五《艺文志下》载：“《感应篇图录》，清郑士登撰。嘉庆《县志》著录八卷。按公为永禧七世祖始祖，由闽迁衢者也。闻此书原有刊本，为《感应篇图录》，或嘉庆志之误记。”

191. 张嘉仁（能五，生卒年不详）《太上感应篇》（碑刻）

——嘉定区地方志办公室、嘉定博物馆编《嘉定碑刻集》下册（上海：上海古籍出版社，2012 年，第 2218 页）载：“二四三、感应篇石刻。据清光绪《嘉定县志·金石志·感应篇石刻》：道光十九年（1839）张嘉仁书。勒碑南翔文昌阁。”按张嘉仁，字能五，清代书法家，擅长楷书、隶书，著有《隶辩补》等著作。

192. 包立俊（英六，1849—1899）《感应篇注解》

——民国《松阳县志》卷十二《艺文·书目》载：“《感应篇注解》，清包立俊著。”

——叶祖青《松阳钩沉》（北京：方志出版社，2005年，第152页）“松阳文士及作品辑录（民国以前）”载：“包立俊，有《感应篇注解》。”

——浙江省住房和城乡建设厅编《留住乡愁：中国传统村落浙江图经》第2卷下册（杭州：浙江摄影出版社，2018年，第876页）载：“包立俊（1849—1899年），字英六，号秀三。幼失怙恃，赖母潘氏抚育成立，立俊性孝，善体亲心，卜七年入痒，受知于徐宗师。精研地理，勾留武林，经年方归，遂名声噪甚，乡里鼠牙雀角，比待立俊而解。著有《感应篇注释》《到随草》。”

193. 任炳枝（生卒年不详）《注感应篇》

——王闿运《湘绮楼日记》（不分卷）载：“（光绪三十四年六月）八日，阴凉，读《嵩山十志》。十日不成诵，看任炳枝《注感应篇》，以俗文译古书，亦新学之类。”

194. 李殿珠（生卒年不详）《感应篇赘言》

——光绪《山西通志》卷八十八《经籍记下》载：“《感应篇赘言》，国朝荣河李殿珠撰。”

五、民国（1912—1949）

001. 叶鸿翰（墨卿，1856—1940）《太上感应篇印谱》

——李国钧主编《中华书法篆刻大辞典》（长沙：湖南教育出版社，1990年，第993页）载：“叶鸿翰，生于清文宗咸丰六年（1856），卒年不详（1856—？）。字墨卿，号砚农，浙江永嘉（今温州）人，喜吟咏，工篆、隶，精治印，有《榴荫山房印谱》（二册），《太上感应篇印谱》（四册）。”现藏温州图书馆。

002. 李丙荣（树人，1867—1938）《太上感应篇印谱》

——现藏苏州图书馆。作者为李恩绶（1835—1911）之子。

——镇江市丹徒区地方志编纂委员会编《镇江市丹徒区志》卷三十三《人物志》（北京：方志出版社，2013年，第967页）载：“李丙荣（1867—1938年），字树人，李恩绥之子，丹徒人。词人、方志编家。附贡生，授安徽侯补县丞署按察使司照磨兼署司狱。他家藏书颂丰，幼时苦读，精于诗词，闲时广于收集地方文献资料。宣统三年（1911年），参与《重修招隐寺小志》，民国7年（1918年），在其父汇辑《丹徒县志燕余》10余卷基础上，扩增编为20卷，并刊刻行世。另著有《辑安徽大观亭志》2卷、《绣春馆词钞》2卷、《辑京江词钞》4卷等。曾和友人倡捐修复招隐山各景点及北固山、甘露寺，并在两处留下碑刻及题铭。”

003. 许止净（止静，1876—1938）《历史感应统纪》（《廿四史感应篇》《二十四史感应篇》）

——印光法师《印光法师文钞》卷八《历史感应统纪序》载：“民十三年（1924），江浙交战，魏梅荪居士避居上海，思所以息杀劫而弭祸乱于将来者。余劝其偏阅二十四史，择其因果报应之显著者，录为一书，以为天下后世一切各界之殷监。梅荪颇欢喜，曾屡商办法。以年老精神不给，又无力请人代劳，怅然中止。幸十六年九月，聂云台居士请许止净居士编辑，奉太夫人命，供其薪水。至今年八月脱稿。适云台养病庐山，余遂越樽代庖，为之料理排印等事。因喜云台之克遂我愿，故乐为校定并集资广为刊印。”

——印光法师《印光法师文钞》卷三《复马宗道居士书二》载：“光本拟九月底即灭踪，现因排《历史感应统纪》，只好迟一月耳。此书于世道人心大有关系，乃许止净于《二十四史》中采其感应事迹，加以评论，洵为劝善最有力之书。以其事皆属正史中事，彼邪见人不敢谓为虚构故也。此次排成，即印二万部。又排一四号字报纸本，其价便宜，庶青年子弟，亦可购阅耳。”

——印光法师《印光法师文钞》卷三《佛教净业社流通部序》载：“《历史感应统纪》，已印六万。此书后来，当有数十百万印行之事，实为挽回世道人心之一大根据。此各种书，均留纸板，或二三四付不等，以期后来续印耳。”

——印光法师《印光法师文钞续编》卷一《复念佛居士书》载：“《历史统纪》一书，无论信佛谤佛者，皆肯看，以其是史鉴中事。即以因果为虚妄，彼固欲充空壳子，好于人前作大通家，若能看，则未免随之而化。较比一切善书，为得实益，为最切要。惜人不介意，若介意，则即愚即智，即狂即圣矣。”

——九江市文化志编纂委员会编《九江市文化志》（内部资料，1995年，第267页）载：“许业笏，字子晋，晚号止静。今彭泽县人。生于公元1876年，卒于1938年。许业笏光绪三十年（1904）及第，授翰林院编修。其父许振祥为同治年间翰林，邑人称为‘父子翰林’。1908年，许业笏东渡日本留学，就读于东京早田大学。毕业回国，清王朝垮台，遂淡泊名利，隐居故里，信奉佛教，潜心佛典。常与佛教界名人印光、园瑛、虚云等大师坐论佛学，所著《二十四史感应篇》《观音感应颂》，已成为佛教经典著作流传于世。”

004. 苏涧宽（硕人，1878—1942）《太上感应篇印谱》（1923）

——现藏南京图书馆。韩天衡编订《历代印学论文选》下册（杭州：西泠印社出版社，1999 年，第 661 页）载：“苏涧宽，字硕人，号考槃子，江苏镇江人。书画篆刻皆工，尤工于摹绘博古金石拓本。著有《太上感应篇印谱》。”

——王崇人主编《中国书画艺术辞典 · 篆刻卷》（西安：陕西人民美术出版社，2002 年，第 97 页）载：“《太上感应篇印谱》，近人印作集。一册。苏涧宽篆刻。苏涧宽，字硕人，号考槃子，生平工书善画，又擅治印。此谱为其录自刻印作汇编而成，书钤成于 1923 年。”

005. 金城（拱北，1878—1926）《太上感应篇》（书法）

——骆兆平、谢典勋编著《天一阁碑帖目录汇编》（上海：上海辞书出版社，2012 年，第 378 页）载：“《太上感应篇》。光绪十一年（1885）。金城书。楷书一页。”按金城原名绍城，字拱北，号北楼，又号藕湖，祖籍湖州南浔，曾游学英国伦敦皇家学院，近代著名美术活动价、书画家、法官，与吴昌硕并称“南吴北硕”。著有《北楼论画》《北楼印存》《吴兴金北楼画册》《金北楼先生画集》《北楼先生鸟谱初集》《藕庐诗草》等，存世作品甚多。

006. 陈文鼎（1883—1968）《太上感应篇要解》

——缙云县志编纂委员会编《缙云县志》（杭州：浙江人民出版社，1996 年，第 661 页）载：“陈文鼎（1883—1968），梨仓人，庠生，先后毕业于浙江优级师范学堂、浙江法政专门学校。历任杭州宗文中学、省立第十一中学、仙都中学、缙云中学教员。善文辞、博通经史。后潜心佛学。有《佛遗教经解》《金刚经注解》《观世音经解》《太上感应篇要解》《卍斋随笔》等遗稿。”

007. 丁健行（1893—？）《太上感应篇说咏》

——现藏上海图书馆。作者“自序”落款为：“甲子（1924）春正月后学镇海丁方镇健行氏谨识于甬上之万寿草堂。”

——贺箭村辑《善书大辞典》载：“《感应篇说咏》。《太上感应篇》一书，自宋理宗以禁钱百万、刊布民间后，坚信之士多为注解以牖世。民国癸亥前，镇海丁方镇健行氏，即云间许鹤沙先生之《图说》、闽南黄正元、须江毛金兰二先生之《题咏》，删繁就简，去图存诗。名曰《感应篇说咏》。甲子春得其外勇柴春年之佽助，梓三千部以分送。板存上海山东路望平街谢文益印刷所。”

008. 刘咸炘（鉴泉，1896—1932）《感应篇要义》

——现收录于刘咸炘《刘咸炘学术论集·文学讲义编》（桂林：广西师范大学出版社，2007 年）。作者为刘梖文之子、刘沅之孙。

——复收录于刘咸炘《推十书·增补全书》已辑（上海：上海科学技术文献出版社，2009 年）。

009. 万钧（叔豪，1898—？）《感应篇直讲》《感应篇灵异记》

——现藏国家图书馆。作者“跋文”载：“乾隆四十二年（1777），湖南桂东黄君砚楷名体端者，得于惜字簏中，重刻行世；婺源詹君名昌璇又重刻；至六十年（1795），叶君梦字又重刻；道光壬辰（1832），苏郡刘君子纲又重刻于孝善堂。我吴始得盛行。”

010. 李圆净（圆晋，1900—1950）《感应篇白话贯珠解》（《处世明灯》）

——本书分上、中、下三篇，连载于《罗汉菜》第 43 期（1943 年）、第 44 期（1944 年）、第 45 期（1944 年）。按李圆净，亦作圆晋，名荣祥，广东三水人。中年学佛，著有《佛法导论》《妙法莲花经观世音菩萨普门品释》《梵网经菩萨戒本汇解》《大方广佛华严经疏科文表解》《楞严经白话讲要》《大乘宗要》《饬终津梁》《甘地的戒善主义》《印光法师嘉言录》等，与丰子恺合编《护生画集》等。

011. 丁惠康（1904—1979）《佛教感应篇》

——现藏上海图书馆。作者“自序”载：“《太上感应篇》，著录于《宋史·艺文志》，为劝善最古之书籍。释氏弟子，以其收入道藏，为道家书，故不喜阅。余因师其意，甄录佛语以代之，名曰《佛教感应篇》。”按丁惠康为藏书家丁福保（1874—1952）之子。后者编有《道藏精华录》。或言此书作者即丁福保（顾群《丁福保先生年表》，中国人民政治协商会议江苏省无锡市委员会文史资料委员会《无锡文史资料》第 27 辑，内部资料，1993 年，第 56—64 页）。

012. 萧天石（1908—1986）《太上感应篇》

——丁培仁《增注新修道藏目录》（成都：巴蜀书社，2008 年，第 220 页）载：“《太上感应篇》，近人萧天石辑。《道藏精华录》第三集。”

013. 汪学成（昭阳，生卒年不详）《感应篇印谱》

——现藏南京图书馆。南京师范大学古文献整理研究所编著《江苏艺文志·常州卷》（南京：江苏人民出版社，1994 年，第 374 页）载：“汪学成，清武进人，《感应篇印谱》一卷，子部艺术类。拓本，见《江苏国学图书馆图书总目》。”

——宋悦明《天地间：月明诗情影意录》（天津：天津人民美术出版社，2013 年，第 84 页）载：“多泽厚（载轩）辑汪学成（昭阳）、汪积山刻印成《太上感应经》一册。”

014. 李用光（生卒年不详）《感应篇直讲》

——现著录于陈琳主编《贵州省古籍联合目录》上册（贵阳：贵州人民出版社，2007 年，第 336 页）“子部·道家类”，系民国上海大众书局铅印本。

参考资料

一、善书文献

（一）《感应篇》系列

［1］陈坚:《太上感应灵篇图说》,《丛书集成续编》第 46 册，台北：新文丰出版公司，1988 年。

［2］陈劢:《太上感应篇注证》，国家图书馆藏光绪十六年（1890）刻本。

［3］丁惠康:《佛教感应篇》，上海图书馆藏民国十四年（1925）医学书局刻本。

［4］丁健行:《太上感应篇说咏》，上海图书馆藏民国十三年（1924）刻本。

［5］方东树:《感应篇畅隐（节录）》，国家图书馆藏《仪卫轩遗书》同治十二年（1873）刻本。

［6］躬行居士:《三圣经律解》，浙江省图书馆藏光绪十七年（1891）刻本。

［7］华绍洛:《感应篇经史集说通解》，上海图书馆藏道光二十二年（1842）刻本。

［8］惠栋、俞樾、姚学塽:《太上感应篇集传》，南京图书馆藏潮州郭氏双百鹿斋民国年间刻本。

［9］惠栋:《词馆分写本太上感应篇引经笺注》,《藏外道书》第 12 册，成都：巴蜀书社，1994 年。

［10］惠栋:《太上感应篇注》，伍崇曜主编《粤雅堂丛书》第 135 册，厦门大学图书馆藏咸丰已卯年（1855）刻本。

［11］惠栋:《益世经解要编》(原名《太上感应篇引经笺注》)，王卡、汪桂平主编《三洞拾遗》第 5 册，合肥：黄山书社，2005 年。

［12］李昌龄:《太上感应篇》,《道藏》第 12 册，北京：文物出版社等，1988 年。

［13］李昌龄著、黄正元注、毛金兰增补:《太上感应篇图说》，上海：

学林出版社，2011 年。

[14] 李承煦：《感应篇征史随录》，南京图书馆藏光绪二年（1876）刻本。

[15] 刘鸿典：《感应篇韵语》，厦门大学图书馆藏光绪辛巳年（1881）刻本。

[16] 刘咸炘：《感应篇要义》，刘咸炘著，黄曙晖编校《刘咸炘学术论集・文学讲义编》，桂林：广西师范大学出版社，2007 年。

[17] 刘沅：《感应篇注释》，厦门大学图书馆藏咸丰六年（1856）重刻《槐轩全书》。

[18] 毛金兰增补：《太上感应篇图说》，上海图书馆藏光绪二十一年（1895）刻本。

[19] 彭绍升：《感应篇汇纂》，《藏外道书》第 28 册，成都：巴蜀书社，1994 年。

[20] 求悔居士：《太上感应篇试帖诗》，上海图书馆藏同治十一年（1872）刻本。

[21] 寿世草堂：《太上感应篇说咏》，上海图书馆藏民国十一年（1922）刻本。

[22] 陶宁祚：《太上感应篇集注》，国家图书馆藏嘉庆年间刻本。

[23] 万钧：《太上感应篇灵异记》，国家图书馆藏民国石印本。

[24] 王命岳：《太上感应篇引经征事》，国家图书馆藏康熙四十九年（1710）宛平汪养纯刻本。

[25] 王仁俊：《感应篇儒义》，国家图书馆藏光绪丙午年（1906）冬月俞氏立诚助刊本。

[26] 王砚堂：《太上感应篇注》，《藏外道书》第 12 册，成都：巴蜀书社，1994 年。

[27] 吴珂鸣：《太上感应篇章句注》，南京图书馆藏光绪十四年（1888）刻本。

[28] 许淦等：《感应篇试帖诗笺注》，国家图书馆藏清道光十六年（1836）刻本。

[29] 许止净：《历史感应统纪》，（出版者不详）民国十八年（1929）刻本。

[30] 许缵曾：《太上感应篇图说》，国家图书馆藏顺治十二年（1655）刻本。

[31] 杨际春：《感应篇经史摘典养正评注》，南京图书馆藏淮南书局

光绪十四年刻本。

[32] 怡性堂主人：《感应篇集证》，南京图书馆藏光绪六年（1880）刻本。

[33] 佚名：《感应篇汇编》，苏州图书馆藏道光己亥年（1839）刻本。

[34] 佚名：《感应篇直讲》，南京图书馆藏三塘韩宗祠民国三年（1914）刻本

[35] 佚名：《太上感应篇直讲》，浙江省图书馆藏同治年间刻本。

[36] 于觉世：《太上感应篇赘言》，国家图书馆藏民国元年（1912）刻本。

[37] 俞樾：《太上感应篇缵义》，《春在堂全书》第7册，南京：凤凰出版社，2010年。

[38] 张采：《太上感应篇注疏》，奥地利国家图书馆藏邗江履道堂康熙辛未年（1691）刻本。

[39] 赵弘燮：《太上感应篇解证》，国家图书馆藏清初刻本。

[40] 赵熊诏：（学了氏）《太上感应篇注训证》（《航中帆》），南京图书馆藏同治三年（1864）兴化集文堂刊本。

[41] 郑定国：《感应篇图说》，上海图书馆藏光绪十五年（1889）刻本。

[42] 朱日丰：《增订太上感应图说》，国家图书馆藏同治年间（1862—1874）刻本。

[43] 朱溶：《重镌感应篇经史考》，南京图书馆藏道光十一年（1831）刻本。

（二）其他善书（含官箴书）

[1] 陈弘谋：《五种遗规·训俗遗规》，《陈榕门先生遗书》第10册，南宁：广西壮族自治区乡贤遗著编印委员会，1944年。

[2] 陈锡嘏：《汇纂功过格》，南京图书馆藏衡望堂道光八年（1828）刻本。

[3] 戴肇辰：《从公录三录》，刘俊文主编《官箴书集成》，合肥：黄山书社，1997年。

[4] 觉罗乌尔通阿：《居官日省录》，官箴书集成编纂委员会编《官箴书集成》第8册，合肥：黄山书社，1997年。

[5] 李昌龄：《乐善录》，《丛书集成初编》第2687册，北京：中华书局，1985年。

[6] 李昌龄：《乐善录》，《续修四库全书》子部第1266册。

[7] 李贽：《因果录注》，张建业主编《李贽全集注》第12册，北京：

社会科学文献出版社，2010 年。

［8］梁恭辰：《池上草堂笔记近录》，国家图书馆藏光绪庚寅年（1890）刻本。

［9］陆旦明：《桂苑功过格》，浙江省图书馆藏光绪二十一年（1895）刻本。

［10］罗铨：《芸窗偶记附立命篇》，国家图书馆藏明崇祯十七年（1644）年抄本。

［11］彭定求：《玉局功过格》，浙江省图书馆藏光绪十五年（1889）刻本。

［12］仁孝皇后徐氏：《大明仁孝皇后劝善书》，《四库全书存目丛书》子部第 120 册。

［13］孙念劬：《全人矩矱》，《藏外道书》第 28 册，成都：巴蜀书社，1994 年。

［14］汪正：《国朝儒林正论》，道光二十年（1840）刻本，周心慧主编《中国古代劝善书汇编》第 151 册，北京：文物出版社，2017 年。

［15］徐陶璋：《立命编》，《四库未收书辑刊》第八辑第 14 册。

［16］阎湘蕙编辑，张椿龄增订：《国朝鼎甲征信录》，周骏富辑《清代传记丛刊·学林类》第 19 册，台北：明文书局，1985 年。

［17］颜茂猷：《迪吉录》，《四库全书存目丛书》子部第 150 册。

［18］杨钟钰：《觉世宝经中西汇证》，南京图书馆藏（出版信息不详）。

［19］佚名：《太平广记报应部》，浙江省图书馆藏京都藏经书院晚清民初刻本。

［20］余治：《得一录》，刘俊文主编《官箴书集成》第 8 册，合肥：黄山书社，1997 年。

［21］俞樾：《金刚经订义》，《春在堂全书》第 7 册，南京：凤凰出版社，2010 年。

［22］俞樾：《金刚经注》，《春在堂全书》第 7 册，南京：凤凰出版社，2010 年。

［23］袁黄著，李新异编著：《了凡四训》，广州：花城出版社，2007 年。

［24］袁啸波编：《民间劝善书》，上海：上海古籍出版社，1995 年。

［25］周梦颜：《安士全书》，袁了凡译，夏华等编译《了凡四训》，沈阳：万卷出版公司，2016 年。

［26］朱珪：《阴骘文注》，《藏外道书》第 12 册，成都：巴蜀书社，1994 年。

二、古籍文献

（一）中古文献

［1］仲舒著，赖炎元注译：《春秋繁露》，台北：商务印书馆，1984 年。

［2］干宝撰，王枝忠编：《搜神记 · 搜神后记》，长春：春风文艺出版社，1999 年。

［3］胡平生译注：《孝经译注》，北京：中华书局，1996 年。

［4］刘勰著，王利器校笺：《文心雕龙》，上海：上海古籍出版社，1980 年。

［5］王充著，黄晖撰：《论衡校释》（《新编诸子集成》第 1 辑），北京：中华书局，1990 年。

［6］王明编：《太平经合校》，北京：中华书局，1960 年。

［7］荀卿著：《荀子》，祝鸿杰注释，杭州：浙江古籍出版社，1999 年。

［8］佚名：《琱玉集》，《丛书集成初编》第 0173 册，北京：中华书局，1985 年。

（二）正史、实录、史传

［1］查继佐：《罪惟录列传》，台北：明文书局，1991 年。

［2］陈宝琛、世续等纂修：《清实录 · 德宗景皇帝实录》，北京：中华书局，1987 年。

［3］穆彰阿、潘锡恩等纂修：《大清一统志》，上海：上海古籍出版社，2008 年。

［4］阮元纂：《畴人传（附畴人传续编）》，彭卫国点校，扬州：广陵书社，2021 年。

［5］彭绍升：《居士传》，《续修四库全书》子部第 1286 册。

［6］脱脱等：《宋史》，北京：中华书局，1976 年。

［7］万斯同：《明史》，上海：上海古籍出版社，2008 年。

［8］王钟瀚点校：《清史列传》，北京：中华书局，1987 年。

［9］魏征等：《隋书》，北京：中华书局，1973 年。

［10］张廷玉：《明史》，北京：中华书局，1974 年。

［11］赵尔巽等：《清史稿》，北京：中华书局，1976 年。

［12］朱溶：《忠义录》，高洪钧等整理校点《明清遗书五种》，北京：北京图书馆出版社，2006 年。

（三）目录、学记、学案

［1］戴望：《颜氏学记》，台北：明文书局，1985年。

［2］丁立中：《八千卷楼书目》，《续修四库全书》史部第921册。

［3］黄虞稷：《千顷堂书目》，《景印文渊阁四库全书》史部第676册。

［4］黄宗羲：《明儒学案》，沈善洪主编《黄宗羲全集》第7册，杭州：浙江古籍出版社，2005年。

［5］江藩：《国朝汉学师承记·附国朝宋学渊源记》，北京：中华书局，1983年。

［6］李清馥著，徐公喜等点校：《闽中理学渊源考》，南京：凤凰出版社，2011年。

［7］唐鉴：《国朝学案小识》，《四部备要》本。

［8］徐乾学：《传是楼书目》，《续修四库全书》史部第920册。

［9］永瑢、纪昀等主编：《四库全书总目》，北京：中华书局，1983年。

［10］朱彝尊：《经义考新校》，上海：上海古籍出版社，2010年。

（四）诗文总集、别集

［1］蔡新：《缉斋文集》，《四库未收书辑刊》第九辑第29册。

［2］蔡仲光：《谦斋文集》，《清代诗文集汇编》编纂委员会编《清代诗文集汇编》第43册，上海：上海古籍出版社，2010年。

［3］柴绍炳：《省轩文钞》，《四库全书存目丛书》集部第210册。

［4］陈瑚：《确庵文稿》，《四库禁毁书丛刊》集部第184册。

［5］陈仪：《陈学士文集》，《丛书集成初编》第2494—2498册，北京：中华书局，1985年。

［6］戴名世：《南山集》，《续修四库全书》集部第1419册。

［7］方东树：《考盘集文录》，《续修四库全书》集部第1497册。

［8］方东树：《仪卫轩全集》，国家图书馆藏同治十三年（1874）刻本。

［9］方孝标：《光启堂文集》，《续修四库全书》集部第1405册。

［10］方宗诚：《柏堂集补存》，国家图书馆藏光绪年间刻本。

［11］冯桂芬：《显志堂稿》，《续修四库全书》集部第1535册。

［12］高攀龙：《高子遗书》，《景印文渊阁四库全书》集部第1292册。

［13］顾天埈：《顾太史文集》，《四库禁毁书丛刊》集部第9册。

［14］顾宪成：《顾端文公遗书》，《四库全书存目丛书》子部第4册。

［15］顾宪成：《泾皋藏稿》，《景印文渊阁四库全书》集部第1292册。

［16］韩愈著，马其昶校注，马茂元整理：《韩昌黎文集校注》，上海：上海古籍出版社，1986年。

［17］贺长龄等编：《清经世文编》，北京：中华书局，1992 年。

［18］洪昇：《稗畦集·稗畦续集》，上海：古典文学出版社，1957 年。

［19］胡维霖：《长啸山房汇稿》，《四库禁毁书丛刊》集部第 164 册。

［20］胡天游：《石笥山房集》，《续修四库全书》集部第 1425 册。

［21］黄世荣：《味退居文集外集》，《清代诗文集汇编》编纂委员会编《清代诗文集汇编》第 767 册，上海：上海古籍出版社，2010 年。

［22］黄宗羲：《明文海》，北京：中华书局，1987 年。

［23］黄宗羲：《南雷诗文集》，沈善洪主编《黄宗羲全集》，杭州：浙江古籍出版社，2005 年。

［24］黄遵宪：《人境庐诗草笺注》，上海：上海古籍出版社，1981 年。

［25］惠栋：《松崖文钞》，《续修四库全书》集部第 1244 册。

［26］纪昀：《纪文达公遗集》，《续修四库全书》集部第 1435 册。

［27］贾棠：《故城贾氏遗稿·瞿瞿堂遗稿》，国家图书馆藏嘉庆十七年（1817）刻本。

［28］焦竑：《澹园集》，北京：中华书局，1999 年。

［29］焦竑：《焦氏笔乘》，李剑雄点校，北京：中华书局，2008 年。

［30］焦循：《雕菰集》，《续修四库全书》集部第 1489 册。

［31］经元善：《居易初集》，《续修四库全书》集部第 1564 册。

［32］蓝涧：《聿修堂集》，《四库全书存目丛书》集部第 213 册。

［33］李绂：《穆堂初稿》，《续修四库全书》集部第 1421—1422 册。

［34］李塨：《恕谷后集》，《丛书集成初编》第 2488 册，北京：中华书局，1985 年。

［35］李光地：《榕村语录》，北京：中华书局，1995 年。

［36］李濂：《嵩渚文集》，《四库全书存目丛书》集部第 71 册。

［37］李颙著，陈俊民点校：《二曲集》，北京：中华书局，1996 年。

［38］李贽：《续焚书》，张建业主编《李贽全集注》第 3 册，北京：社会科学文献出版社，2010 年。

［39］李祖陶：《国朝文录续编》，《续修四库全书》集部第 1669—1672 册。

［40］梁同书：《频罗庵遗集》，《续修四库全书》集部第 1445 册。

［41］梁显祖：《大呼集》，《四库禁毁书丛刊》集部第 74 册。

［42］林昌彝：《小石渠阁文集》，《续修四库全书》集部第 1530 册。

［43］林昌彝：《一灯课读图题册》，福建省图书馆藏同治九年（1870）刻本。

［44］林昌彝:《衣讔山房诗集》,《续修四库全书》集部第 1530 册。

［45］林纾:《畏庐论文》,《清代诗文集汇编》编纂委员会编《清代诗文集汇编》第 775 册，上海：上海古籍出版社，2010 年。

［46］刘毓崧:《通义堂文集》,《续修四库全书》集部第 1546 册。

［47］卢锡晋:《尚志馆文述》,《四库未收书辑刊》第八辑第 19 册。

［48］陆陇其著，王群栗点校:《陆陇其集》，杭州：浙江古籍出版社，2018 年。

［49］陆耀:《切问斋集》,《四库未收书辑刊》第十辑第 19 册。

［50］罗汝芳:《罗汝芳集》，方祖猷、梁一群、李庆龙等编校整理，南京：凤凰出版社，2007 年。

［51］罗有高:《尊闻居士集》,《续修四库全书》集部第 1453 册。

［52］骆问礼:《万一楼集》,《四库禁毁书丛刊》集部第 174 册。

［53］毛奇龄:《西河集》,《景印文渊阁四库全书》集部第 1320—1321 册。

［54］冒起宗:《拙存堂逸稿》，国家图书馆藏清初刻本（胶卷）。

［55］冒襄:《巢民文集》,《续修四库全书》集部第 1399 册。

［56］冒襄辑:《同人集》,《四库全书存目丛书》集部第 385 册。

［57］倪文蔚:《两强勉斋文存》,《清代诗文集汇编》编纂委员会编《清代诗文集汇编》第 692 册，上海：上海古籍出版社，2010 年。

［58］潘德舆:《养一斋集》,《续修四库全书》集部第 1510 册。

［59］彭而述:《读史亭诗文集》,《四库全书存目丛书》集部第 201 册。

［60］彭绍升:《二林居集》,《续修四库全书》集部第 1461 册。

［61］彭蕴章:《归朴龛丛稿》,《续修四库全书》集部第 1518 册。

［62］平步青:《樵隐昔寱》,《清代诗文集汇编》编纂委员会编《清代诗文集汇编》第 720 册，上海：上海古籍出版社，2010 年。

［63］钱大昕:《潜研堂集》，上海：上海古籍出版社，1989 年。

［64］钱林辑，王藻编《文献征存录》，台北：明文书局，1985 年。

［65］钱谦益:《列朝诗集》,《续修四库全书》集部第 1622—1624 册。

［66］钱谦益:《牧斋初学集》，上海：上海古籍出版社，1985 年。

［67］邱嘉穗:《东山草堂文集》,《四库全书存目丛书》集部第 259 册。

［68］任清编选:《唐宋明清文集》第二辑《清人文集·方宗诚》，天津：天津古籍出版社，1999 年。

［69］沈大成:《学福斋集》,《续修四库全书》集部第 1428 册。

［70］沈叔埏:《颐彩堂文集》,《续修四库全书》集部第 1458 册。

[71] 宋琬：《安雅堂文集》，《续修四库全书》集部第 1404 册。

[72] 孙承宗：《高阳集》，《四库禁毁书丛刊》集部第 164 册。

[73] 孙奇逢著，张显清主编：《孙奇逢集》，郑州：中州古籍出版社，2003 年。

[74] 孙慎行：《玄宴斋集五种》，《四库禁毁丛刊》集部第 123 册。

[75] 孙原湘：《天真阁集》，《续修四库全书》集部第 1488 册。

[76] 孙治：《孙宇台集》，《四库全书禁毁丛刊》集部第 148 册。

[77] 澹归和尚：《遍行堂集》，《清代诗文集汇编》编纂委员会编《清代诗文集汇编》第 46—47 册，上海：上海古籍出版社，2010 年。

[78] 汤斌：《汤子遗书》，《景印文渊阁四库全书》集部第 1312 册。

[79] 汤来贺：《内省斋文集》，《四库全书存目丛书》集部第 199 册。

[80] 汤贻汾：《琴隐园诗集》，《续修四库全书》集部第 1502 册。

[81] 唐秉钧：《文房四考图说》，《续修四库全书》子部第 113 册。

[82] 唐鉴：《唐鉴集》，李健美校点，长沙：岳麓书社，2010 年。

[83] 唐英：《陶人心语》，《四库未收书辑刊》第十辑第 21 册。

[84] 陶澍著，陈蒲清主编：《陶澍全集》第 6 册、第 8 册，长沙：岳麓书社，2010 年。

[85] 汪端：《自然好学斋诗钞》，胡晓明、彭国忠主编《江南女性别集》二编上册，合肥：黄山书社，2010 年。

[86] 汪懋麟：《百尺梧桐阁集》，上海：上海古籍出版社，1980 年。

[87] 汪士铎：《汪梅村先生集》，《续修四库全书》集部第 1531 册。

[88] 汪学金：《娄东诗派》，《四库未收书辑刊》第九辑第 30 册。

[89] 王宝仁：《娄水文征》，扬州：江苏广陵古籍出版社，1991 年。

[90] 王步青：《已山先生文集》，《四库全书存目丛书》集部第 273 册

[91] 王昶：《湖海诗传》，北京：商务印书馆，1958 年。

[92] 王崇简：《青箱堂文集》，《四库全书存目丛书》集部第 203 册。

[93] 王岱：《了蓉文集》，《四库全书存目丛书》集部第 199 册。

[94] 王家振：《西江文稿》，《清代诗文集汇编》编纂委员会编《清代诗文集汇编》第 750 册，上海：上海古籍出版社，2010 年。

[95] 王鸣盛：《西庄始存稿》，《续修四库全书》第 1434 册。

[96] 王命岳：《耻躬堂文集》，《四库全书存目丛书》集部第 224 册。

[97] 王士祯：《带经堂集》，《续修四库全书》集部第 1414—1415 册。

[98] 王道通：《间平子集・补遗》，天津图书馆辑《天津图书馆孤本秘籍丛书》第 12 册，中华全国图书馆文献缩微复制中心，1999 年。

［99］王韬：《弢园文录外编》，沈阳：辽宁人民出版社，1994 年。

［100］魏禧著，胡守仁、王能宪、姚品文校点：《魏叔子文集外篇》，北京：中华书局，2003 年。

［101］魏象枢：《寒松堂全集》，《四库全书存目丛书》集部第 213 册。

［102］魏源著：《魏源全集》，魏源全集编辑委员会编校，长沙：岳麓书社，2004 年。

［103］文德翼：《求是堂文集》，《四库禁毁书丛刊》集部第 141 册。

［104］吴栻：《吴敬亭诗文集》，吴景周注释，兰州：甘肃联大印务中心，1998 年。

［105］吴栻著，吴景周注释：《吴敬亭诗文集》，兰州：甘肃联大印务中心，1998 年。

［106］吴翌凤编：《清朝文征》，长春：吉林人民出版社，1998 年。

［107］夏炘：《景紫堂文集》，《清代诗文集汇编》编纂委员会编《清代诗文集汇编》第 565 册，上海：上海古籍出版社，2010 年。

［108］徐时栋：《烟屿楼文集》，《续修四库全书》集部第 1542 册。

［109］徐世昌编：《晚晴簃诗汇》，闻石点校，北京：中华书局，1990 年。

［110］徐豫贞：《逃莽诗草》，《四库未收书辑刊》第八辑第 29 册。

［111］薛所蕴：《澹友台集》，《四库全书存目丛书》集部第 197 册。

［112］颜元：《颜元集》，北京：中华书局，2009 年。

［113］姚夔：《饮和堂集》，《清代诗文集汇编》编纂委员会编《清代诗文集汇编》第 93 册，上海：上海古籍出版社，2010 年。

［114］姚文然：《姚端恪公文集》，《四库未收书辑刊》第七辑第 18 册。

［115］姚文燮：《无异堂文集》，《清代诗文集汇编》编纂委员会编《清代诗文集汇编》第 106 册，上海：上海古籍出版社，2010 年。

［116］姚学塽：《姚镜塘先生全集》，国家图书馆藏光绪八年（1882）重刻本。

［117］叶廷管：《楙花盦诗》，《丛书集成初编》第 2337 册，北京：中华书局，1985 年。

［118］印光法师：《印光法师文钞》，北京：宗教文化出版社，2008 年。

［119］印光法师：《印光法师文钞全集》，北京：团结出版社，2013 年。

［120］余集：《秋室学古录》，《续修四库全书》集部第 1460 册。

［121］俞长城：《可仪堂文集》，《丛书集成初编》第 2493 册，北京：中华书局，1985 年。

［122］曾国藩：《曾国藩全集》第 21 册《家书之二》，长沙：岳麓书

社，2011 年。

［123］张尔岐著:《蒿庵集》,张翰勋点校,济南:齐鲁出版社,1991 年。

［124］张载:《张载集》，北京：中华书局，1978 年。

［125］章太炎:《太炎文录初编》(《章太炎全集》)，上海：上海人民出版社，1985 年。

［126］章学诚:《章学诚遗书》，北京：文物出版社，1985 年。

［127］章学诚著，仓修良编:《文史通义新编》，上海：上海古籍出版社，1993 年。

［128］赵佩茳:《赵佩茳集》，杭州：浙江大学出版社，2019 年。

［129］真德秀:《西山文集》,《景印文渊阁四库全书》集部第 1174 册。

［130］郑观应著，夏东元编:《郑观应集》，上海：上海人民出版社，1988 年。

［131］郑鄤:《峚阳草堂诗文集》，厦门大学图书馆藏民国二十一年（1932）刻本。

［132］周灿:《愿学堂文集》,《四库全书存目丛书》集部第 219 册。

［133］周敦颐:《濂溪集》,《丛书集成初编》第 1890—1892 册，北京：中华书局，1985 年。

［134］周亮工:《赖古堂集》(《清人别集丛刊》)，上海：上海古籍出版社，1979 年。

［135］周汝登:《东越证学录》,《四库全书存目丛书》集部第 165 册。

［136］周正:《取此居文集》,《清代诗文集汇编》编纂委员会编《清代诗文集汇编》第 149 册，上海：上海古籍出版社，2010 年。

［137］朱轼:《朱文端公文集》,厦门大学图书馆藏同治十二年（1873）刻本。

［138］朱彝尊:《竹垞文集》,《四库全书存目丛书》集部第 248 册。

（五）地方志、地方文献

［1］曹炳麟、王清穆等纂修:《(民国）崇明县志》，台北：成文出版社，1975 年。

［2］曹允源、吴秀之等纂修:《(民国）吴县志》，台北：成文出版社，1970 年。

［3］陈寿祺纂修:《(道光）重纂福建通志》，南京：凤凰出版社，2011 年。

［4］陈衍编纂:《(民国）闽侯县志》，台北：成文出版社，1966 年。

［5］陈毅:《摄山志》，南京：南京出版社，2017 年

［6］崔正春等纂修：《（民国）威县志》，台北：成文出版社，1976年

［7］丁丙：《武林坊巷志》，王国平总主编《杭州文献集成》第27册，杭州：浙江人民出版社，2014年。

［8］丁灿等纂修：《（雍正）故城县志》，台北：成文出版社，1976年。

［9］丁廷楗、赵吉士等纂修：《（康熙）徽州府志》，台北：成文出版社，1975年。

［10］董余三等纂修：《（光绪）沁源县续志》，南京：凤凰出版社，2011年。

［11］嘉定区地方志办公室、嘉定博物馆编：《嘉定碑刻集》，上海：上海古籍出版社，2012年。

［12］湖南省地方志编纂委员会编：《湖南省志·新闻出版志》，长沙：湖南出版社，1991年。

［13］黄之隽、赵弘恩等纂修：《（乾隆）江南通志》，《景印文渊阁四库全书》史部第511册。

［14］李瀚章等纂修：《（光绪）湖南通志》，长沙：岳麓书社，2009年。

［15］李铭皖、冯桂芬等纂修：《（同治）苏州府志》，台北：成文出版社，1970年。

［16］梁伯荫等纂修：《（民国）沙县志》，上海：上海书店出版社，2012年。

［17］廖大闻纂修：《（道光）续修桐城县志》，南京：江苏古籍出版社，2009年。

［18］陆龙腾、于觉世、李恩绶纂辑：《（康熙）巢县志》，巢湖市地方志办公室整理，合肥：黄山书社，2007年。

［19］马其昶著：《桐城耆旧传》，马伯舟点注，合肥：黄山书社，1990年。

［20］马汝舟、扬受延等纂修：《（嘉庆）如皋县志》，台北：成文出版社，1970年。

［21］明谊修、张岳松等纂修：《（道光）琼州府志》，台北：成文出版社，1967年。

［22］阮元、陈昌齐等纂修：《（道光）广东通志》，《续修四库全书》史部第674册。

［23］阮元主编：《两浙金石志》，《续修四库全书》史部第911册。

［24］邵晋涵、郑沄等纂修：《（乾隆）杭州府志》，《续修四库全书》史部第701册。

［25］沈葆桢、吴坤修等修：《（光绪）重修安徽通志》，《续修四库全书》史部第 655 册。

［26］史澄、李光廷等纂修：《（光绪）广州府志》，台北：成文出版社，1966 年。

［27］四川省地方志编纂委员会：《四川省志 · 人物志》，成都：四川人民出版社，2001 年。

［28］宋大章等纂修：《（民国）涿县志》，上海：上海书店出版社，2006 年。

［29］宋宪章、邹允中等纂修：《（民国）寿光县志》，台北：成文出版社， 1968 年。

［30］孙星衍、宋如林等纂修：《（嘉庆）松江府志》，台北：成文出版社，1970 年。

［31］唐荣邦等纂修：《（同治）鄠县志》，西安：西安出版社，2011 年。

［32］王昶等纂修：《（嘉庆）直隶太仓州志》，《续修四库全书》史部第 697—698 册。

［33］王天杰等纂修：《（民国）高邑县志》，上海：上海书店出版社，2006 年。

［34］徐景熹主修，福州市地方志编纂委员会整理：《（乾隆）福州府志》，福州：海风出版社，2001 年。

［35］严辰等纂修：《（光绪）桐乡县志》，台北：成文出版社，1970 年。

［36］姚文田、阿克当阿等纂修：《（嘉庆）扬州府志》，台北：成文出版社，1974 年。

［37］叶士宽等纂修：《（乾隆）沁州志》，太原：山西古籍出版社，2003 年。

［38］张昶：《吴中人物志》，《续修四库全书》史部第 541 册。

［39］张大复：《昆山人物传》，《续修四库全书》集部第 541 册。

［40］张楷等纂修：《（康熙）安庆府志》，台北：成文出版社，1961 年。

［41］张楷纂修，安庆师范学院、安庆市地方志编纂委员会整理：《（康熙）安庆府志》，北京：中华书局，2009 年。

［42］张汝漪等纂修：《（民国）景县志》，上海：上海书店出版社，2006 年。

［43］郑康侯等纂修：《（民国）淮阳县志》，上海：上海书店出版社，2013 年。

［44］周际霖、周项等纂修：《（同治）如皋县续志》，台北：成文出版

社，1970 年。

［45］周壬福等纂修：《（道光）重修博兴县志》，福建师范大学图书馆藏清道光二十年（1840）刻本。

［46］邹古愚纂修：《（民国）获嘉县志》，台北：成文出版社，1976 年。

（六）日记、年谱、书信

［1］冒广生：《冒巢民先生年谱》，《北京图书馆藏珍本年谱丛刊》第 70 册，北京：书目文献出版社，1999 年。

［2］汪辉祖：《病榻梦痕录》（《汪辉祖先生自定年谱》），王云五主编《新编中国名人年谱集成》第八辑，台北：商务印书馆，1980 年。

［3］王抃：《王巢松年谱》，《丛书集成续编》第 37 册，上海：上海书店出版社，1994 年。

［4］姚永概：《慎宜轩日记》，黄山：黄山书社，2010 年。

［5］叶昌炽：《缘督庐日记》，《续修四库全书》史部第 576 册。

［6］俞樾：《春在堂尺牍》，《春在堂全书》第 5 册，南京：凤凰出版社，2010 年。

［7］郑福照：《方仪卫先生年谱》，王云五主编《新编中国名人年谱集成》第 4 辑，台北：商务印书馆，1978 年。

［8］郑振谟编：《清俞曲园先生樾年谱》，王云五主编《新编中国名人年谱集成》第 18 辑，台北：商务印书馆，1982 年。

（七）笔记、清言、诗话

［1］晁公武：《郡斋读书志》，上海：上海古籍出版社，1990 年。

［2］范尔梅：《读书小记》，《四库全书存目丛书》子部第 29 册。

［3］顾堃：《觉非庵笔记》，《续修四库全书》子部第 1154 册。

［4］杭辛斋：《学易笔谈》卷 2，南昌：江西教育出版社，2018 年。

［5］胡元仪：《北海三考》，《续修四库全书》史部第 549 册。

［6］金梁：《光宣小记》，上海：上海古籍出版社，1998 年。

［7］梁章钜：《浪迹三谈》，《清代史料笔记丛刊》，北京：中华书局，1981 年。

［8］林昌彝：《砚桂绪录》，国家图书馆藏同治五年（1866）刻本。

［9］林昌彝著，王镇远、林虞生标点：《射鹰楼诗话》，上海：上海古籍出版社，1988 年。

［10］陆以湉：《冷庐杂识》，北京：中华书局，1984 年。

［11］罗惇曧：《清宫之天朝遗事》，北京：中国三峡出版社，2010 年。

［12］茅元仪：《暇老斋杂记》，《续修四库全书》子部第 1133 册。

［13］冒襄：《影梅庵忆语》，北京：外语教学与研究出版社，2009 年。

［14］倪元璐：《儿易内仪以》，《丛书集成初编》第 0427 册，上海：商务印书馆，1936 年。

［15］平步青：《霞外攟屑》，《笔记小说大观》第三十三编第 4 册，扬州：江苏广陵古籍刻印社，1984 年。

［16］钱泳：《履园丛话》（《清代史料笔记丛刊》），北京：中华书局，1979 年。

［17］乔松年：《萝藦亭札记》，山右历史文化研究院编《山右丛书初编》第 5 册，上海：上海古籍出版社，2014 年。

［18］申涵光：《荆园小语》，程不识编注《明清清言小语》，武汉：湖北辞书出版社，1993 年。

［19］沈复：《浮生六记》，周如风等译，北京：中国画报出版社，2016 年。

［20］盛百二：《柚堂笔谈》，《续修四库全书》子部第 1154 册。

［21］孙志祖：《读书脞录》，《续修四库全书》子部第 1152 册。

［22］谈迁：《北游录》，北京：中华书局，1960 年。

［23］唐训方著：《里语征实》，冯天亮标点，长沙：岳麓书社，1986 年。

［24］徐珂：《清稗类钞》，北京：商务印书馆，1917 年。

［25］叶昌炽著：《语石》，韩锐校注，北京：今日中国出版社，1995 年。

［26］俞樾：《宾萌集》，《春在堂全书》第 3 册，南京：凤凰出版社，2010 年。

［27］俞樾：《茶香室从钞・三钞》，《春在堂全书》第 6 册，南京：凤凰出版社，2010 年。

［28］俞樾：《春在堂词录》，《春在堂全书》第 5 册，南京：凤凰出版社，2010 年。

［29］俞樾：《春在堂随笔》，《春在堂全书》第 5 册，南京：凤凰出版社，2010 年。

［30］俞樾：《第一楼丛书・湖楼笔谈》，《春在堂全书》第 2 册，南京：凤凰出版社，2010 年。

［31］俞樾：《俞楼杂纂》，《春在堂全书》第 3 册，南京：凤凰出版社，2010 年。

［32］张之洞：《增补輶轩语》，国家图书馆藏光绪二十一年（1895）刻本。

［33］周中孚：《郑堂读书记》，《续修四库全书》史部第 925 册。

[34] 朱国桢:《涌幢小品》,《续修四库全书》子部第1172册。

(八)家训、戏曲、小说、类书

[1] 陈继儒:《斩蛟记》,薛洪绩、王汝梅主编《明清传奇小说集·稀见珍本》,长春:吉林文史出版社,2007年。

[2] 郭彖:《睽车志》,《丛书集成初编》第2716册,北京:中华书局,1985年。

[3] 蒋伊:《蒋氏家训》,《丛书集成初编》第0977册,北京:中华书局,1985年。

[4] 乐钧、俞樾著,陈戍国点校《耳食录·耳邮》,长沙:岳麓书社,1986年。

[5] 刘义庆著:《世说新语校笺》,徐震堮校,北京:中华书局,1984年。

[6] 唐蔚芝、王君九编著:《茹经劝善小说 人兽鉴传奇谱合刊本》,上海:正俗曲社,1949年。

[7] 王志坚:《表异录》,《丛书集成初编》第0194册,北京:中华书局,1985年。

[8] 谢维新:《事类备要》,《景印文渊阁四库全书》子部第941册。

[9] 叶留:《为政善报事类》(阮元辑《宛委别藏》),南京:江苏古籍出版社,1988年。

[10] 于成龙:《于清端公治家规范》,楼含松主编《中国历代家训集成》第6册《清代编一》,杭州:浙江古籍出版社,2017年。

[11] 俞樾:《右台仙馆笔记》,《春在堂全书》第5册,南京:凤凰出版社,2010年。

[12] 愈园主人:《迎天榜》,文化部社会文化事业管理局等联合组成古本戏曲丛刊编辑委员会《古本戏曲丛刊》第五集,北京:商务印书馆,1964年。

[13] 中共闻喜县委宣传部编:《裴氏家训汇编》,北京:中国发展出版社,2018年。

(九)其他古籍文献

[1] 蔡元定:《发微论》,《景印文渊阁四库全书》子部第808册。

[2] 曹无极:《万寿仙书》,《四库全书存目丛书》子部第261册。

[3] 陈淳著:《北溪字义》,熊国桢、高流水点校,北京:中华书局,2009年。

[4] 程颐、程颢:《二程遗书》,北京:中华书局,1981年。

［5］程颐：《伊川易传》，《景印文渊阁四库全书》经部第 9 册。

［6］方东树：《大意尊闻》，《四库未收书辑刊》第六辑第 12 册。

［7］方东树：《汉学商兑》，漆永祥校，北京：北京联合出版公司，2017 年。

［8］顾炎武著：《日知录校注》，陈垣校注，合肥：安徽大学出版社，2007 年。

［9］黄宗羲：《思旧录》，沈善洪主编《黄宗羲全集》，杭州：浙江古籍出版社，2005 年。

［10］焦袁熹：《此木轩四书说》，《景印文渊阁四库全书》经部第 210 册。

［11］李颙：《四书反身录》，《四库全书存目丛书》经部第 173 册。

［12］刘沅：《槐轩杂著》，厦门大学图书馆藏咸丰六年（1856）刻本。

［13］刘宗周：《人谱类记》，《景印文渊阁四库全书》子部第 717 册。

［14］吕留良：《吕晚村先生四书讲义》，《续修四库全书》经部第 165 册。

［15］吕留良：《天盖楼四书语录》，《四库禁毁书丛刊》经部第 1 册。

［16］邵雍：《梦林玄解》，《续修四库全书》子部第 1064 册。

［17］释志盘：《佛祖统纪》，《续修四库全书》子部第 1287 册。

［18］汪昂：《勿药玄诠》，《续修四库全书》子部第 1030 册。

［19］王艮：《心斋王先生语录》，《四库全书存目丛书》子部第 10 册。

［20］王阳明著：《传习录上》，张怀承注译，长沙：岳麓书社，2004 年。

［21］杨起元：《证学编》，《四库全书存目丛书》子部第 90 册。

［22］俞樾：《群经平议》，《春在堂全书》第 1 册，南京：凤凰出版社，2010 年。

［23］俞樾：《诸子平议》，《春在堂全书》第 2 册，南京：凤凰出版社，2010 年。

［24］张尔岐著：《周易说略》，周立升点校，济南：齐鲁出版社，1993 年。

［25］张镜心撰、冒起宗订：《驭交纪》，伍崇曜《粤雅堂丛书续集》第 27 册，厦门大学图书馆藏清代咸丰刻本。

［26］张之洞：《书目问答补正》，北京：燕山出版社，2008 年。

［27］朱鉴编：《朱文公易说》，《景印文渊阁四库全书》经部第 55 册。

［28］朱轼：《驳吕留良四书讲义》，《四库未收书辑刊》第六辑第 3 册。

［29］朱熹：《四书章句集注》，北京：中华书局，2011 年。

［30］朱熹著，黎靖德编：《朱子语类》，王星贤点校，北京：中华书局，1986 年。

三、其他文献

（一）小说、文史资料、资料汇编

［1］陈元晖主编、璩鑫圭编：《中国近代教育史资料汇编·鸦片战争时期教育》，上海：上海教育出版社，2007年。

［2］福建省政协文史资料委员会编：《文史资料选编》第3卷《文化编》，福州：福建人民出版社，2001年。

［3］何桂清：《实业传家桂馨堂》，自贡文史资料研究委员会《自贡文史资料选辑》第24辑《自流井盐业世家》，成都：四川人民出版社，1995年。

［4］何远景主编：《内蒙古自治区线装古籍联合目录》中册，北京：北京图书馆出版社，2004年。

［5］济南市政协文史资料委员会编：《济南历代墓志铭》，济南：黄河出版社，2002年。

［6］蒋元卿：《皖人书录》，合肥：黄山书社，1989年。

［7］李宝嘉著：《官场现形记》，阚健点校，合肥：安徽文艺出版社，2003年。

［8］李修生主编：《古本戏曲剧目提要》，北京：文化艺术出版社，1997年。

［9］矛盾：《子夜》，北京：人民文学出版社，2004年。

［10］濮文起主编：《新编中国民间宗教辞典》，福州：福建人民出版社，2015年。

［11］佚名：《综论义和团》，中国社会科学院近代史研究所《近代史资料》编译室主编《近代史资料专刊·义和团史料》上册，北京：知识产权出版社，2013年。

［12］张恨水：《啼笑因缘》，贵阳：贵州人民出版社，2003年。

（二）报纸、杂志、档案、族谱

［1］《桐城麻溪姚氏宗谱》：国家图书馆藏民国己未年（1919）重修本

［2］《扬善半月刊》：1933年第1卷第1期—1937年第5卷第3期。

［3］刘铭传：《刘铭传抚台前后档案》，沈云龙主编《近代中国史料丛刊续编》第734种，台北：文海出版社，1948年。

［4］聂其杰：《聂氏家言选刊》，北京：中华书局，1927年。

［5］周作人：（署名十山）《善书》，《亦报》1951年2月2日。

［6］周作人：（署名知堂）《乡土研究与民艺》，《古今》第52期，1944年8月1日。

［7］周作人：《拥护〈达生集〉等》，《骆驼草》第6期，1930年6月16日。

四、中文著作（含译著）

［1］艾尔曼：《从理学到朴学——中华帝国晚期思想与社会变化面面观》，赵刚译，南京：江苏人民出版社，1995年。

［2］艾尔曼：《经学、政治和宗族——中华帝国晚期常州今文学派研究》，赵刚译，南京：江苏人民出版社，1998年。

［3］安乐哲、郝大维：《切中伦常——〈中庸〉的新诠与新译》，彭国翔译，北京：中国社会科学出版社，2011年。

［4］包弼德：《历史上的理学》，王昌伟译，杭州：浙江大学出版社，2010年。

［5］包筠雅：《功过格——明清社会的道德秩序》，杜正贞、张林译，赵世瑜校，杭州：浙江人民出版社，1999年。

［6］卜道成：《朱熹和他的前辈们——朱熹与宋代新儒学导论》，谢晓东译，厦门：厦门大学出版社，2010年。

［7］卜正民：《为权力祈祷——佛教与晚明中国士绅社会的形成》，张华译，南京：江苏人民出版社，2005年。

［8］蔡方鹿：《中国经学与宋明理学研究》，北京：人民出版社，2011年。

［9］曹聚仁：《曹聚仁杂文集》，北京：生活·读书·新知三联书店，1994年。

［10］曹聚仁：《山水·思想·人物》，北京：生活·读书·新知三联书店，2007年。

［11］柴德赓：《清代学术史讲义》，北京：商务印书馆，2013年。

［12］陈来：《古代思想文化的世界——春秋时代的宗教、伦理与社会思想》，北京：生活·读书·新知三联书店，2002年。

［13］陈来：《宋明理学》，上海：华东师范大学出版社，2004年。

［14］陈宁：《中国古代命运观的现代诠释》，沈阳：辽宁教育出版社，1999年。

［15］陈平原：《书里书外（增订本）》，北京：生活·读书·新知三联书店，2018年。

［16］陈平原：《左图右史与西学东渐：晚清画报研究》，北京：生活·读书·新知三联书店，2018年。

［17］陈弱水：《公共意识与中国文化》，北京：新星出版社，2006 年。

［18］陈弱水：《唐代文士与中国思想的转型》，桂林：广西师范大学出版社，2009 年。

［19］陈霞：《道教劝善书研究》，成都：巴蜀书社，1999 年。

［20］陈寅恪：《金明馆丛稿二编》，北京：生活 · 读书 · 新知三联书店，2001 年。

［21］陈垣：《陈垣学术论集》第 1 辑，北京：中华书局，1982 年。

［22］陈垣：《南宋初河北新道教考》，上海：上海书店出版社，1990 年。

［23］岛田虔次：《朱子学与阳明学》，西安：陕西师范大学出版社，1986 年。

［24］蒂菲纳 · 萨莫瓦约：《互文性研究》，邵炜译，天津：天津人民出版社，2003 年。

［25］董馥荣：《清代顺治康熙时期地方志编纂研究》，上海：上海远东出版社，2018 年。

［26］费孝通：《文化的生与死》，上海：上海人民出版社，2009 年。

［27］夫马进：《中国善会善堂史研究》，杨文信等译，北京：商务印书馆，2005 年。

［28］福井康顺等监修：《道教》第 2 卷，朱越利译，上海：上海古籍出版社，1992 年。

［29］福井康顺等监修：《道教》第 3 卷，朱越利译，上海：上海古籍出版社，1992 年。

［30］傅斯年著，欧阳哲生主编：《傅斯年全集》第 2 卷，长沙：湖南教育出版社，2000 年。

［31］傅斯年著，欧阳哲生主编：《傅斯年全集》第 5 卷，长沙：湖南教育出版社，2000 年。

［32］高阳：《翁同龢传》，上海：上海三联书店，2004 年。

［33］葛兆光：《葛兆光自选集》，桂林：广西师范大学出版社，1997 年。

［34］葛兆光：《屈服史及其他——六朝隋唐道教的思想史研究》，北京：生活 · 读书 · 新知三联书店，2003 年。

［35］葛兆光：《中国思想史》第 1 卷，上海：复旦大学出版社，2013 年。

［36］葛兆光：《中国思想史》第 2 卷，上海：复旦大学出版社，2019 年。

［37］谷川道雄：《中国中世社会与共同体》，马彪译，上海：上海古籍出版社，2013 年

［38］郭孟良：《晚明商业出版》，北京：中国善书出版社，2010 年。

［39］贺昌盛主编：《再造文明》，杭州：浙江教育出版社，2014年。

［40］何宗美：《文人结社与明代文学的演进》，北京：人民出版社，2011年。

［41］恒慕义主编：《清代名人传略》，中国人民大学清史研究所《清代名人传略》翻译组译，西宁：青海人民出版社，1990年。

［42］胡适：《胡适全集》第4卷，合肥：安徽教育出版社，2003年。

［43］胡适：《胡适全集》第8卷，合肥：安徽教育出版社，2003年。

［44］胡元玲：《刘宗周慎独之学阐微》，台北：学生书局，2009年。

［45］黄进兴：《李绂与清代陆王学派》，郝素玲等译，南京：江苏教育出版社，2010年。

［46］黄进兴：《优入圣域——权力、信仰与正当性》，西安：陕西师范大学出版社，1998年。

［47］黄俊杰：《东亚儒学史的新视野》，台北：喜马拉雅研究发展基金会，2000年。

［48］黄俊杰：《中国经典诠释传统·通论篇》，台北：喜马拉雅研究发展基金会，1992年。

［49］黄明理：《儒者归有光析论》，台北：理仁书局，2009年。

［50］吉冈义丰：《中国民间宗教概说》，余万居译，台北：华宇出版社，1985年。

［51］季家珍：《历史宝筏——过去、西方与中国的妇女问题》，杨可译，南京：江苏人民出版社，2011年。

［52］蒋维乔：《中国佛教史》，北京：中国书籍出版社，2016年。

［53］酒井忠夫：《中国善书研究（增补版）》，刘岳兵等译，南京：江苏人民出版社，2010年。

［54］李刚：《劝善成仙——道教生命伦理》，成都：四川人民出版社，1994年。

［55］李嘉球：《苏州状元》，上海：上海社科院出版社，1993年。

［56］李剑国：《唐前志怪小说史》，北京：人民文学出版社，2011年。

［57］李剑国：《唐前志怪小说史》，天津：南开大学出版社，1984年。

［58］李晋华：《明代敕撰书考附引得》，北平：哈佛燕京学社，1932年。

［59］李庆：《日本汉学史》第三部《转折与发展（1945—1971）》，上海：上海外语教育出版社，2004年。

［60］李孝悌：《恋恋红尘——中国的城市、欲望与生活》，上海：上海人民出版社，2007年。

[61] 李孝悌:《清末民初下层社会启蒙运动(1901—1911)》,石家庄:河北教育出版社,1999年。

[62] 李洵:《下学集》,北京:中国社会科学出版社,1995年。

[63] 梁其姿:《施善与教化——明清的慈善组织》,石家庄:河北教育出版社,2001年。

[64] 梁启超:《清代学术概论》,上海:上海古籍出版社,1998年。

[65] 梁启超著,王德峰编选:《梁启超文选》,上海:上海远东出版社,2011年。

[66] 列文森:《儒教中国及其现代命运》,郑大华等译,桂林:广西师范大学出版社,2009年。

[67] 林放:《世象杂谈》,上海:上海文化出版社,1984年。

[68] 林海权:《李贽年谱考略》,福州:福建人民出版社,1992年。

[69] 凌郁之:《走向世俗——宋代文言小说的变迁》,北京:中华书局,2007年。

[70] 刘涤凡:《道教入世转向与儒学世俗神学化的关系》,台北:学生书局,2006年。

[71] 刘涤凡:《唐前果报系统的建构与融合》,台北:学生书局,1999年。

[72] 刘文英、曹田玉:《梦与中国文化》,北京:人民出版社,2003年。

[73] 刘飆:《鄂东状元陈沆研究》,武汉:武汉大学出版社,2016年。

[74] 刘苑如:《身体·性别·阶级——六朝志怪的常异论述与小说美学》,台北:"中央"研究院中文哲研究所,2000年。

[75] 鲁迅:《中国小说史略》,上海:上海古籍出版社,1998年。

[76] 陆萼廷:《清代戏曲家丛考》,上海:学林出版社,1995年。

[77] 罗贝尔·埃斯卡皮:《文学社会学——罗·埃斯卡皮文论选》,王美华、于沛译,杭州:浙江人民出版社,1987年。

[78] 吕妙芬:《孝治天下——〈孝经〉与近世中国的政治与文化》,台北:联经出版有限责任公司,2011年。

[79] 吕妙芬:《阳明学士人社群——历史、思想与实践》,北京:新星出版社,2006年。

[80] 马西沙、韩秉方:《中国民间宗教史》,上海:上海人民出版社,1992年。

[81] 马学良:《云南彝族礼俗研究文集》,成都:四川民族出版社,1983年。

［82］孟森：《明清史论著集刊正续编》，石家庄：河北教育出版社，2000年。

［83］孟森：《心史丛刊》，秦人路校点，长沙：岳麓书社，1986年

［84］墨子刻：《摆脱困境——新儒学与中国政治文化的演进》，颜世安译，南京：江苏人民出版社，1996年。

［85］牟宗三：《心体与性体》，上海：上海古籍出版社，1999年。

［86］木山英雄：《北京苦住庵记——日中战争时代的周作人》，赵京华译，北京：生活·读书·新知三联书店，2008年。

［87］倪德卫：《章学诚的生平与思想（1733—1801）》，杨立华译，南京：江苏人民出版社，2008年。

［88］逢成华主编：《书法与生活：中国当代书法批评的另类视角》，上海：上海人民出版社，2018年。

［89］蒲慕州：《追寻一己之福——中国古代的信仰世界》，上海：上海古籍出版社，2007年。

［90］钱钟书：《管锥编》第1册，北京：中华书局，1979年。

［91］钱钟书著，范旭仑、李洪岩编：《钱钟书评论》，北京：社会科学文献出版社，1996年。

［92］秦家懿：《朱熹的宗教思想》，曹剑波译，厦门：厦门大学出版社，2010年。

［93］卿希泰主编：《中国道教史（修订本）》，成都：四川人民出版社，1996年。

［94］秋月观瑛：《中国近世道教的形成——净明道的基础研究》，丁培仁译，北京：中国社会科学出版社，2005年。

［95］饶宗颐：《澄心论萃》，上海：上海文艺出版社，1996年。

［96］芮哲非：《谷腾堡在上海——中国印刷资本业的发展（1876—1937）》，张志强、潘文年、鄯毅、郝彬彬译，郭晶校，北京：商务印书馆，2014年。

［97］山口久和：《章学诚的知识论——以考证学批判为中心》，王标译，上海：上海古籍出版社，2006年。

［98］山田贤：《移民的秩序——清代四川地域社会史研究》，曲建文译，卿学民、刘景文校，北京：编译出版社，2011年。

［99］史华兹：《古代中国的思想世界》，程钢译，刘东校，南京：江苏人民出版社，2004年。

［100］双流县社会科学界联合会、双流传统文化研习会编撰：《槐轩

概述：川西夫子刘沅与槐轩学说》，上海：上海科学技术文献出版社，2015年。

[101] 宋光宇：《宗教与社会》，台北：东大书局，1995年。

[102] 太田辰夫：《西游记研究》，王言译，上海：复旦大学出版社，2017年。

[103] 唐君毅：《中西哲学与理想主义》，《唐君毅全集》第28卷，北京：九州出版社，2016年。

[104] 唐长孺：《魏晋南北朝史论丛（外一种）》，石家庄：河北教育出版社，2000年。

[105] 漥德忠：《道教入门》，萧坤华译，成都：四川人民出版社，1996年。

[106] 漥德忠：《道教史》，萧坤华译，上海：上海译文出版社，1990年。

[107] 王爱和：《中国古代的宇宙观与政治文化》，金蕾、徐峰译，上海：上海古籍出版社，2011年。

[108] 王东杰：《探索幽冥：乾嘉时期两部志怪中的知识实践》，成都：巴蜀书社，2022年。

[109] 王东杰：《乡里的圣人：颜元与明清思想转型》，南京：南京大学出版社，2021年。

[110] 王尔敏：《明清社会文化生态》，桂林：广西师范大学出版社，2009年

[111] 王汎森：《权力的毛细管作用：清代的思想、学术与心态》，北京：北京大学出版社，2015年。

[112] 王汎森：《晚明清初思想十论》，上海：复旦大学出版社，2004年。

[113] 王汎森：《章太炎的思想——兼论其对儒学传统的冲击》，上海：上海人民出版社，2012年。

[114] 王汎森：《中国近代思想与学术的系谱》，石家庄：河北教育出版社，2001年。

[115] 王国维：《王国维经典文存》，上海：上海大学出版社，2003年。

[116] 王尽忠：《干宝研究全书》，郑州：中州古籍出版社，2009年。

[117] 王明泽：《陈垣事迹著作编年》，桂林：广西师范大学出版社，2000年。

[118] 魏文华：《大儒董仲舒》，石家庄：花山文艺出版社，2009年。

［119］吴崇恕主编：《孝感文化研究》，北京：社会科学文献出版社，1999 年。

［120］吴震：《〈传习录〉精读》，上海：复旦大学出版社，2011 年。

［121］吴震：《明末清初劝善运动思想研究》，台北：台湾大学出版中心，2009 年。

［122］吴震：《泰州学派研究》，北京：中国人民大学出版社，2009 年。

［123］吴震：《颜茂猷思想研究——17 世纪晚明劝善运动的一项个案考察》，北京：东方出版社，2015 年。

［124］夏晓虹编：《追忆康有为》，北京：中国广播电视出版社，1997 年。

［125］萧登福：《道教与民俗》，台北：文津出版社，2002 年。

［126］萧公权：《中国乡村：19 世纪的帝国控制》，张皓、张升译，北京：九州出版社，2018 年。

［127］谢超凡：《游心与呈艺——晚清文化视阈下的俞樾及其文学著述》，北京：人民出版社，2012 年。

［128］谢国桢：《明末清初的学风》，上海：上海世纪出版集团，2006 年。

［129］谢国桢：《增订晚明史籍考》，上海：上海古籍出版社，1981 年。

［130］谢桃坊：《四川国学小史》，成都：巴蜀书社，2009 年。

［131］辛华、任菁编：《内在超越之路——余其时新儒学论著辑要》，北京：中国广播电视出版社，1992 年。

［132］熊十力：《十力语要》，长沙：岳麓书社，2011 年

［133］徐复观：《徐复观文录选粹》，台湾：学生书局，1980 年。

［134］徐茂明等著：《明清以来苏州文化世族与社会变迁》，北京：中国社会科学出版社，2011 年。

［135］徐雁平：《清代世家与文学传承》，北京：生活·读书·新知三联书店，2012 年。

［136］杨丽莹：《清末民初的石印术与石印本研究：以上海地区为中心》，上海：上海古籍出版社，2018 年。

［137］杨联陞：《中国文化中“报”“保”“包”之意义》，香港：香港中文大学出版社，1987 年。

［138］杨念群：《何处是“江南”？——清朝正统观的确立与士林精神世界的变异（增订版）》，北京：生活·读书·新知三联书店，2017 年。

［139］杨庆堃：《中国社会中的宗教——宗教的现代社会功能与其历史因素之研究》，范丽珠等译，上海：上海人民出版社，2007 年。

[140] 杨向奎:《清儒学案新编》，济南：齐鲁书社，1994 年。

[141] 杨向奎:《中国古代社会与古代思想研究》，上海：上海人民出版社，1964 年。

[142] 姚斯、霍拉勃:《接受美学与接受理论》，周宁、金元浦译，沈阳：辽宁人民出版社，1987 年

[143] 伊沛霞、姚平主编:《当代西方汉学研究集萃 · 宗教史卷》，上海：上海古籍出版社，2012 年。

[144] 游子安:《劝化金箴——清代善书研究》，天津：天津古籍出版社，1992 年。

[145] 游子安:《善与人同——明清以来的慈善与教化》，北京：中华书局，2002 年。

[146] 游子安:《中国善书与宗教——游子安自选集》，台北：博扬文化出版公司，2012 年。

[147] 余英时:《东汉生死观》，侯旭东等译，上海：上海古籍出版社，2005 年。

[148] 余英时:《论戴震与章学诚——清代中期思想史研究》，北京：生活 · 读书 · 新知三联书店，2000 年。

[149] 余英时:《士与中国文化》，上海：上海人民出版社，2003 年。

[150] 余英时:《宋明理学与政治文化》，桂林：广西师范大学出版社，2006 年。

[151] 余英时:《现代儒学的回顾与展望》，北京：生活 · 读书 · 新知三联书店，2004 年。

[152] 余英时:《中国近世宗教伦理与商人精神》，合肥：安徽教育出版社。

[153] 余英时著，何俊编:《余英时学术思想文选》，上海：上海古籍出版社，2010 年。

[154] 余英时著，沈志佳编:《文化评论与中国情怀》，桂林：广西师范大学出版社，2006 年。

[155] 俞平伯:《俞平伯家书》，北京：开明出版社，1996 年。

[156] 俞平伯:《俞平伯杂文论编》，上海：上海古籍出版社，1990 年。

[157] 俞润民:《德清俞氏》，北京：中国人民大学出版社，1999 年。

[158] 俞森林:《中国道教经籍在十九世纪英语世界的译介研究》，成都：巴蜀书社，2015 年。

[159] 张国骥:《清嘉庆道光时期政治危机研究》，长沙：岳麓书社，

2012年。

[160] 张洪彬:《祛魅:天人感应、近代科学与晚清宇宙观念的嬗变》,上海:上海古籍出版社,2021年。

[161] 张君劢、丁文江等:《科学与人生观》,济南:山东人民出版社,1997年。

[162] 张君劢:《新儒家思想史》,北京:中国人民大学出版社,2006年。

[163] 张寿安:《十八世纪礼学考证的思想活力——礼教论争与礼秩重省》,北京:北京大学出版社,2005年。

[164] 张舜徽:《爱晚庐随笔》,长沙:湖南教育出版社,1991年。

[165] 张舜徽:《清人文集别录》,武汉:华中师范大学出版社,2004年。

[166] 张仲民:《出版与文化政治——晚清的"卫生"书籍研究》,上海:上海书店出版社,2009年。

[167] 赵均强、龙伟:《刘伯穀先生访问记》,成都:巴蜀书社,2021年。

[168] 赵克生:《明代地方社会礼教史丛论——以私修礼教书为中心》,北京:中国社会科学出版社,2011年。

[169] 赵园:《明清之际士大夫研究》,北京:北京大学出版社,1999年。

[170] 郑朝晖:《述者微言——惠栋易学的"逻辑化"世界》,北京:人民出版社,2008年。

[171] 郑振铎:《郑振铎全集》第6册,石家庄:花山文艺出版社,1998年。

[172] 郑志明:《台湾扶乩与鸾书现象——善书研究的回顾》,嘉义:南华管理学院,1998年。

[173] 郑志明:《中国善书与宗教》,台北:学生书局,1988年。

[174] 直江广治:《中国民俗文化》,王建朗等译,上海:上海古籍出版社,1991年。

[175] 中村元等编:《中国佛教发展史》,余万居译,台北:天华出版社,1984年。

[176] 周心慧:《中国古代版画史纲》第4册,北京:北京联合出版公司,2018年。

[177] 周膺主编:《洪氏家族与西溪湿地》,北京:当代中国出版社,

2005 年。

[178] 周越然著，陈子善编：《周越然书话》，杭州：浙江人民出版社，1999 年。

[179] 周振鹤撰集：《圣谕广训——集解与研究》，顾美华点校，上海：上海书店出版社，2006 年。

[180] 周治：《道法自然：道教与生态》，成都：四川人民出版社，2012 年。

[181] 周作人著，陈子善、张铁荣编：《周作人集外文（1904—1925）》，海口：海南国际新闻出版中心，1993 年。

[182] 周作人著，钟叔河编：《周作人文选（1937—1944）》，广州：广州出版社，1995 年。

[183] 周作人著，钟叔河编：《周作人文选（1930—1936）》，广州：广州出版社，1995 年。

[184] 朱越利主编：《道藏说略》，北京：燕山出版社，2009 年。

五、中文论文（含译文）

（一）期刊论文

[1] 包筠雅：《明末清初的善书与社会意识形态变迁的关系》，《近代中国史研究通讯》第 16 期，1993 年 9 月。

[2] 本杰明・史华兹著：《论中国思想中不存在化约主义》，张宝慧译，《开放时代》2001 年第 5 期。

[3] 常建华：《乡约的推行与明朝对基层社会的治理》，朱诚如主编《明清论丛》第 4 辑，北京：紫禁城出版社，2003 年。

[4] 陈时龙：《清代的六谕诠释传统》，《吉林大学》（社会科学学报）2022 年第 3 期。

[5] 陈晓红：《方东树著述考略》，《古籍整理研究学刊》2010 年第 3 期。

[6] 成棣：《出世与淑世——彭绍升与清代中期的王学余波》，邓秉元主编《新经学》第 3 辑，上海：上海人民出版社，2018 年。

[7] 成中英：《双向诠释与义理的深化与广化——跨文化与跨哲学的理解如何可能》，耿幼壮、杨慧琳主编《世界汉学》第 7 卷，北京：中国人民大学出版社，2011 年。

[8] 邓长风：《五位清代江苏戏曲家生平考略——美国国会图书馆读书札记之十六》，《苏州科技学院学报》（社会科学版）1994 年第 1 期。

[9] 杜景：《家庭教育的典范——郑珍〈母教录〉刍议》，《贵州文史

丛刊》1998年第3期。

[10] 范纯武：《飞鸾、修真与办善——郑观应与上海的宗教世界》，巫仁恕、康豹、林美莉主编《从城市看中国现代性》，台北："中央"研究院近代史研究所，2010年。

[11] 范纯武：《中国善书研究的反思》，《台湾宗教研究通讯》创刊号，2000年1月。

[12] 范金民：《鼎革与变迁——明清之际江南士人行为方式的转向》，《清华大学学报》（哲学社会科学版）2010年第2期。

[13] 房秀丽：《李二曲悔过自新说之诠解》，《山东大学学报》（哲学社会科学版）2006年第2期。

[14] 冯贤亮：《明清江南的正统寺庙、民间信仰与政府控制》，《江苏社会科学》2002年第3期。

[15] 夫马进：《善会善堂的开端》，刘俊文主编《日本中青年学者论中国史·宋元明清卷》，上海：上海古籍出版社，1995年。

[16] 高木智见著，周吟译：《在修己与治人之间——汉代翕然考》，《中华文史论丛》2013年第1期。

[17] 葛兆光：《论晚清佛学复兴》，陈平原、王守常、汪晖主编《学人》第10辑，南京：江苏文艺出版社，1996年。

[18] 葛兆光：《十八世纪的思想与学术——评艾尔曼〈从理学到朴学〉》，《读书》1996年第6期。

[19] 葛兆光：《思想史——既做加法，又做减法》，《读书》2003年第1期。

[20] 葛兆光：《晚清民初巨变：现代中国佛学复兴的历史背景》，方立天、末木文美士主编《东亚佛教研究》第5辑，北京：宗教文化出版社，2014年。

[21] 龚鹏程：《乾嘉年间的鬼狐怪谈》，《中华文史论丛》2007年第2期。

[22] 沟口雄三：《明清时期的人性论》，刘俊文主编《日本学者研究中国史论著选译》第7卷《思想宗教》，北京：中华书局，1982年。

[23] 郭正宜：《〈太上感应篇〉在闽西客家村落的实践——以连城县培田村吴泰均为中心》，《成大宗教与文化学报》第10期，2008年6月。

[24] 贾乃谦：《朱溶及其〈忠义录〉》，《古籍整理研究学刊》1985年第3期。

[25] 酒井忠夫：《功过格研究》，刘俊文主编《日本学者研究中国史

论著选译》第 7 卷《思想宗教》，北京：中华书局 1993 年。

［26］酒井忠夫：《善书的流传以及新儒教、新道教和民间信仰（民间宗教结社）》，青格力译，路遥主编《民间信仰与社会生活》，上海：上海人民出版社，2012 年。

［27］酒井忠夫著：《中国的民族道教》，汪吉人译，《真如学报》1942 年第 3 期。

［28］李伯重：《回顾与展望——中国社会经济史学百年沧桑》，《文史哲》2008 年第 1 期。

［29］李刚：《〈太上感应篇〉初探》，《宗教学研究》1988 年第 1 期。

［30］李裕民：《吕留良著作考》，《浙江学刊》1993 年第 4 期。

［31］梁其姿：《十七、十八世纪长江下游的蒙学》，张国刚、余新忠主编《新近海外中国社会史论文选译》，天津：天津古籍出版社，2010 年。

［32］刘文忠：《试论方东树〈昭昧詹言〉的诗歌鉴赏》，《江淮论坛》1983 年第 5 期。

［33］刘志刚：《时代感与包容度——明清易代的五种解释模式》，《清华大学学报》（哲学社会科学版）2010 年第 2 期。

［34］刘志伟：《区域史研究的人文主义取向》，姜伯勤《石濂大汕与澳门禅史——清初岭南禅学》，上海：学林出版社，1999 年。

［35］刘祖国、桑萌春：《注释学视野下的〈太上感应篇〉研究——以惠栋、俞樾对〈太上感应篇〉的注释为例》，《古籍研究》2020 年上卷，南京：凤凰出版社，2020 年。

［36］鲁道夫・瓦格纳：《进入全球想象图景：上海的〈点石斋画报〉》，刘东主编《中国学术》总第 8 辑，北京：商务印书馆，2001 年。

［37］路遥主编：《民间信仰与社会生活》，上海：上海人民出版社，2012 年。

［38］罗志田：《因相近而区分——“问题与主义”之争再认识之一》，《近代史研究》2005 年 3 期。

［39］吕妙芬：《施闰章的家族记忆与自我认同》，《汉学研究》第 21 卷第 2 期，2003 年 12 月。

［40］吕妙芬：《晚明〈孝经〉论述的宗教性意涵——虞淳熙的孝论及其文化脉络》，《“中央”研究院近代史研究所集刊》第 48 期，2005 年 6 月。

［41］马方方：《20 世纪初新知识界的“国民”话语与新女性建构》，《史学月刊》2012 年第 12 期。

［42］马明达：《王源学行述略》，《暨南史学》第三辑，广州：暨南大

学出版社，2004年。

［43］莫尼卡著：《"清代道藏"——江南蒋元庭本〈道藏辑要〉之研究》，万钧译，《宗教学研究》2010年第3期。

［44］内山俊彦著：《孟子中的天与人——以自然观与政治思想的关联为契机》，曹峰译，刘黛校，曹峰主编《日本学者论中国哲学史》，上海：华东师范大学出版社，2010年。

［45］欧福克著，王亚译：《近代成都宗教、文化、慈善中的刘门及刘氏家族》，《宗教学研究》2021年第2期。

［46］山田庆儿著：《〈物类相感志〉的产生及其思考方法》，王文亮、黄玮译，《哲学研究》1990年第4期。

［47］沈铭贤：《从"天人感应"到"人天感应"——"天人合一"的古今命运管窥》，《哲学研究》1997年第10期。

［48］沈延国校录《章太炎先生手批〈二林居集〉辑录》，钱仲联主编《明清诗文研究资料辑丛》，长春：吉林文史出版社，1990年。

［49］史革新：《试论晚清诸子学的兴起》，《史学月刊》2006年第2期。

［50］司马富著《清代的占卜》，单富良译，伊沛霞、姚平主编《当代西方汉学研究集萃·思想文化史卷》，上海：上海古籍出版社，2012年。

［51］宋光宇：《关于善书的研究及其展望》，《新史学》第5卷第4期，1994年12月。

［52］宋光宇：《众善奉行，诸恶莫作——有关台湾善书的研究及其展望》，《台北文献》直字第111期，1995年3月。

［53］孙江：《橘朴和鲁迅》，《读书》2012年第3期。

［54］孙雨晨：《清代课子图母教文化的当下意义》，《教育现代化》2016年第8期。

［55］檀上宽：《明清乡绅论》，刘俊文主编《日本学者研究中国史论著选译》第2卷《专论》，北京：中华书局，1993年。

［56］唐桂梅：《〈圣经汇纂〉与善书体系的初步建构——法国国家图书馆藏稀见文献〈圣经汇纂〉初探》，《宗教学研究》2018年第1期。

［57］田丰：《存其醇而去其疵——方宗诚删订方东树遗文述评》，《古典文学知识》2018年第2期。

［58］王汎森：《明末清初的人谱与省过会》，《"中央"研究院历史语言研究所集刊》第63卷第3册，1993年7月。

［59］王汎森：《中国近代思想文化史研究的一些思考》，康乐、彭明辉主编《史学方法与历史解释》，北京：中国大百科全书出版社，2005年。

[60] 王公伟:《试析中国净土思想发展的路径》,《社会科学战线》2005 年第 6 期。

[61] 王利器:《〈太上感应篇〉解题》,《中国道教》1989 年第 4 期。

[62] 王伟萍:《中国传统的母教和父教》,《运城学院学报》2012 年第 1 期。

[63] 王振忠:《博取旁搜读善书》,《中华读书报》2006 年 5 月 24 日。

[64] 王振忠:《清朝民国时期的善书与徽州社会》,朱万曙、米盖拉主编《徽州——书业与地域文化》,北京:中华书局,2010 年。

[65] 吴存存:《晚明色情小说中说教内容之嬗变及其特征》,《明清小说研究》1998 年第 4 期。

[66] 吴震:《"云起社"与 17 世纪福建乡绅的劝善活动》,《云南大学学报》(社会科学版)2012 年第 5 期。

[67] 吴震:《"证人社"与明季江南士绅的思想动向》,《中华文史论丛》2008 年第 1 期。

[68] 吴震:《从"宋明"转向"明清"——就儒学与宗教的关系看明清思想的连续性》,《复旦学报》(社会科学版)2010 年第 1 期。

[69] 吴震:《德福一致——关于儒学宗教性问题的一项考察》,《船山学刊》2012 年第 4 期。

[70] 吴震:《关于袁了凡善书的文献学考察——以〈省身录〉〈立命篇〉〈阴骘录〉为中心》,《中国哲学史》2016 年第 3 期。

[71] 吴震:《明末清初道德劝善思想溯源》,《复旦学报》(社会科学版)2008 年第 6 期。

[72] 吴震:《晚明时代儒家伦理的宗教化趋向——以颜茂猷〈迪吉录〉为例》,《国学学刊》2009 年第 1 期。

[73] 吴震:《中国善书思想在东亚的多元形态——从区域史的观点看》,《复旦学报》(社会科学版)2011 年第 5 期。

[74] 徐雁平:《课读图与文学传承中的母教》,南京大学古典文献研究所主办《古典文献研究》第 11 辑,南京:凤凰出版社,2008 年。

[75] 杨华:《列文森与中国近代思想史研究》,《河北学刊》2003 年第 3 期。

[76] 杨净麟:《略论藕益智旭的〈辟邪集〉对天主教天主观的批判》,《宗教学研究》2010 年第 4 期。

[77] 杨念群:《清朝帝王的"教养观"与"学者型官僚"的基层治理模式——从地方官对乾隆帝一份谕旨的执行力说起》,杨念群主编《新史

学——清史研究的新境》，北京：中华书局，2011 年。

［78］杨儒宾：《“性命”怎么和“天道”相贯通的——理学家对孟子核心概念的改造》，《杭州师范大学学报（社会科学版）》2010 年第 1 期。

［79］杨儒宾：《作为性命之学的经学——理学的经典诠释》，《长庚人文社会学报》第 2 卷第 2 期，2009 年。

［80］姚彬彬：《从“以经解经”到“以〈易〉解经”——清代以来儒学经典诠释中的一条哲学性进路》，《福建师范大学学报》（哲学社会科学版）2020 年第 6 期。

［81］游子安：《从宣讲圣谕到说善书——近代劝善方式之传承》，《文化遗产》2008 年第 2 期。

［82］游子安：《论清代江苏长洲彭氏家学、善书与善举》，《大陆杂志》第 91 卷第 1 期，1995 年 7 月。

［83］游子安：《明末清初功过格的盛行及善书所反映的江南社会》，《中国史研究》1997 年第 4 期。

［84］余新忠：《明清时期孝行的文本解读——以江南方志记载为中心》，张国刚主编《中国家庭史论》，天津：南开大学出版社，2003 年。

［85］张勤：《慈善的方志书写与记忆的文本形塑》，《上海地方志》2020 年第 2 期。

［86］张舜徽：《清人笔记条辨叙目》，《文史哲》1979 年第 4 期。

［87］张乡里：《〈感应类从志〉与〈博物志〉关系考》，《浙江树人大学学报》（人文社会科学）2016 年第 2 期。

［88］张祎琛：《明清善书研究综述》，《理论界》2009 年第 8 期。

［89］张昭军：《圣贤学问与世俗教化——晚清时期程朱理学与纲常名教关系辨析》，《孔子研究》2008 年第 4 期。

［90］赵均强：《〈刘门教与济幽救阳〉正误三则——兼与马西沙、韩秉方先生商榷》，《宗教学研究》2009 年第 2 期。

［91］赵克生：《从循道宣诵到乡约会讲——明代地方社会的圣谕宣讲》，《史学月刊》2012 年第 1 期。

［92］赵世瑜：《“不清不明”与“无明不清”——明清易代的区域社会史解释》，《学术月刊》2010 年第 7 期。

［93］赵园：《〈人谱〉与儒家道德伦理秩序的建构》，《河北学刊》2006 年第 1 期。

［94］郑志明：《台湾善书研究的回顾》，《东方宗教研究》第 5 卷第 7 期，1996 年 10 月。

［95］郑志明：《台湾善书研究的现况与展望》，《宗教哲学》第2卷第4期，1996年。

［96］重田德：《乡绅支配的成立与结构》，刘俊文主编《日本学者研究中国史论著选译》第2卷《专论》，北京：中华书局，1993年。

［97］朱新屋：《20世纪以来中国善书研究的回顾与展望》，《西华师范大学学报》（哲学社会科学版）2014年第1期。

［98］朱新屋：《地方志中的善书史料及其利用——以光绪〈湖南通志〉为例》，《湖南城市学院学报》2011年第6期。

［99］朱新屋：《明清善书编纂的史学化倾向——以彭希涑〈二十二史感应录〉为例》，苏州博物馆编《苏州文博论丛》（总第二辑），北京：文物出版社，2011年。

［100］朱新屋：《清代"理学别派"与善书运动：以罗有高〈书济阳张子立命说辩后〉为中心》，《云梦学刊》2017年第6期。

［101］朱新屋：《清代初年的善书编纂与社会教化——以于觉世和贾棠的华南实践为例》，《江西社会科学》2015年第11期。

［102］朱新屋：《在宿命与立命之间——李绂与晚明清初命运观的调和》，《天中学刊》2013年第2期。

［103］朱新屋：《中国善书研究的儒学维度及其困境——兼评吴震〈明末清初劝善运动思想研究〉》，常建华主编《中国社会历史评论》，天津：天津古籍出版社，2012年。

［104］朱新屋：《作而非述——从〈太上感应篇注〉看惠栋的学术取向》，《苏州科技学院学报（社会科学版）》2012年第5期。

［105］朱越利：《〈太上感应篇〉与北宋末南宋初的道教改革》，《世界宗教研究》1983年第4期。

［106］朱越利：《鲁迅和橘朴的谈话》，中国中日关系研究会编《日本的中国移民》，北京：生活·读书·新知三联书店，1987年。

（二）学位论文

［1］白宝福：《明代如皋冒氏家族研究》，西南大学历史文化学院硕士学位论文，2010年。

［2］陈步桐：《〈大明仁孝皇后劝善书〉研究》，哈尔滨师范大学历史系硕士论文，2021年。

［3］范纯武：《清末民间慈善事业与鸾堂运动》，台湾中正大学硕士学位论文，1996年。

［4］高琪：《吴伟业与娄东诗派初探》，苏州大学中文系硕士学位论

文，2005 年。

［5］葛慧烨：《清代慈善家彭绍升研究》，苏州大学历史系硕士学位论文，2008 年。

［6］李晓春：《天命之性与气质之性——宋代性二元论研究》，华东师范大学哲学系博士学位论文，2001 年。

［7］林祯祥：《宋代善书研究》，台湾东吴大学硕士学位论文，1997 年。

［8］刘昶：《晚清江南慈善人物群体研究——以余治为中心》，苏州大学历史系硕士学位论文，2009 年。

［9］王建美：《张尔岐思想研究》，河北师范大学历史文化学院硕士学位论文，2003 年。

［10］袁朗：《葛洪〈抱朴子〉接受研究》，华东师范大学博士学位论文，2015 年。

［11］张明明：《林昌彝交游与唱酬述论》，福建师范大学中文系硕士学位论文，2008 年。

［12］张仙武：《清代阴骘文化研究——以〈文昌帝君阴骘文〉相关文献为讨论中心》，台湾师范大学历史研究所博士学位论文，2010 年。

［13］张祎琛：《清代善书的刊刻及传播》，复旦大学历史系博士学位论文，2010 年。

（三）会议论文

［1］石立善：《清代儒学家与〈太上感应篇〉——惠栋〈太上感感应篇笺注〉与俞樾〈太上感应篇缵义〉的比较考察》，《2012 国际儒学论坛论文集》，上海师范大学哲学学院，2012 年。

六、外文论著

（一）英文著作

［1］Charles Taylor， *A secular Age*， The Belknap Press of Harvard University Press， 2007.

［2］David Johson， Andrew J. Nathan and Evelyn S. Srawski， .edt. *Popular Culture in Late Imperial China*， Berkeley and Los Angeles： University of California Press， 1985.

［3］Gérard Genette, *Paratexts*： *Thresholds of Interpretation*, Translated by Janee. Lewin， Cambridge University Press， 1997.

［4］Joanna Handlin Smith， *The art of doing good*： *Charity in Late Ming Dynasty*， University of California Press， 2009.

［5］Kristofer Schipper and Franciscus Verellen, .edt. *The Taoist Canon*: *A Historical Companion to the Daozang*, Chicago & London: The University of Chicago Press, 2004. Vol. 2.

［6］Patricia Ebrey, *Confucianism and Family Rituals in Imperial China*: *A Social History of Writing About Rites*. Princeton : Princeton University Press, 1991.

［7］Philip A. Clart, *The Ritual Context of Morality Books*: *A Case-Study of A Taiwanese Spirit-Writing Cult*, M. A., University of Bonn (Germany), 1989.

［8］Philip Clart & Gregory Adam Scott, eds., *Religious Publishing and Print Culture in Modern China, 1800-2012*, Boston: de Gruyter, 2015.

［9］Terry F. Kleeman, *A God's Own Tale* : *The Book of Transformations of Wenchang, the Divine Lord of Zitong*, New York : State University of New York Press, 1994.

［10］William T. Rowe, *Saving the World*: *Chen Hongmou and Elite Consciousness in Eighteenth-Century China*, Stanford: Stanford University Press, 2001.

（二）英文论文

［1］Catherine Bell, *A Precious Raft to Save the World*: *The Interaction of Scriptural Traditions and Printing in a Chinese Morality Book. Late Imperial China* 17,1996, pp. 158-200.

［2］Catherine Bell, *Printine and Religion in China*: *Some Evidence from the Taishang Ganying Pian, Joural of Chinese Religion*, Fall, 1992. pp. 173-186.

［3］Cynthia Brokaw, *Yuan Huang* （*1533-1606*） *and The Ledgers of Merit and Demerit, Harvard Journal of Asiatic Studies*, Vol. 47, No. (Jun., 1987), pp. 137-195.

［4］Joanna F. Handlin Smith, *Liberating Animals in Ming-Qing China*: *Buddhist Inspiration and Elite Imagination*, *The Journal of Asian Studies*, Vol. 58, No. (Feb., 1999), pp. 51-84.

［5］Liu Ts' un-yan, *Yuan Huang and His 'Four Admonitions'*, *Journal of the Oriental Society of Australia*,Vol.5, No.& No.2 (11967), pp. 108-113

［6］Liu TSs' un-yan, *The Penetration of Taoism into the Ming Neo-Confucianist Elite*, *T' oung Pao*, Second Series, Vol. 57, Livr. 1/4. (May,

1988).

［7］Paul Russell Katz, *Morality Books and the Growth of Local Cults: A Case Study of the Palace of Guidance*, *Journal of Humanities East/West*, 14,1996, pp. 203-241.

［8］Pei-yi Wu, *Self-examination and Confession of Sins in Traditional China*, *Harvard Journal of Asiatic Studies Vol.* 39 no. 1 (Jun., 1979), pp. 5-38.

［9］Prasenjit Duara, *Superscribing Symbol: The Myth of Guandi, Chinese God of war*, *The Journal of Asian Studies* 47, no. 4, (Nov. 1988), pp. 778-795.

［10］Rania Huntington, *Memory, Mourning, and Genre in the Works of Yu Yue*, *Harvard Journal of Asiatic Studies*, Vol. 67, No. 2 (Dec., 2007), pp. 253-293.

［11］Stevan Harrell, *The Concept of Fate in Chinese Folk Ideology*, *Modern China*, Vol. 13, No. 2, Symposium on Hegemony and Chinese Folk Ideologies, Part I (Jan., 1987), pp. 90-109.

［12］Tadao Sakai, *Confucianism and Popular Education Works*, in *self and Society in Ming Thought*, William T.de Bary(ed.), New York: Columbia University Press, 1970.

［13］Terry F. Kleeman, *The Expansion of The Wen-Ch' ang Cult*, in *Religion and Society in Tang and Sung China*, Patricia Buckley Ebrey and Peter N. Gregory edt. Honolulu: University of Hawaii Press, 1993.

（三）日文著作

［1］奥崎裕司:《中国乡绅地主の研究》，东京：汲古书院，1978年。

［2］根岸佶:《中国社会に於ける指導層——耆老紳士の研究》，东京：和平书房，1947年。

［3］橘朴:《支那思想研究》，东京：日本评论社，1936年。

［4］平野义太郎:《北支の村落社会》，东京：白印本，1944年。

［5］小柳司气太:《老庄思想と道教》，东京：关书院，1935年。

（四）日文论文

［1］奥崎裕司:《明末清初の利殖规范——功过格の一侧面》，佐久间重男先生米寿纪念会编《佐久间重男先生米寿纪念明代史论集》，东京：汲古书院，1983年。

［2］奥崎裕司:《中国明代の下层民众の生き方——善书にあられた

一侧面》,《专修史学》1981年第13期。

[3] 吉冈义丰:《太上感应篇の作者につぃて》,《宗教研究》第127期,1951年。

[4] 酒井忠夫:《明末清初の社会におけゐ大众的读书人と善书·清言》,酒井忠夫主编《道教の综合研究》,东京:国书刊行会,1977年。

[5] 酒井忠夫:《中国史上の庶民教育与善书运动》,多贺秋五郎编《中世纪亚洲教育史研究》,东京:国书刊行会,1980年。

[6] 橘朴:《道教と神话传说——中国の民间信仰》,东京:改造社,1948年。

[7] 橘朴:《通俗道教の经典(上)》,《月刊支那研究》第1卷第5号,1924年。

[8] 平野义太郎:《支那における乡党の社会协同生活を规律する民族道德——功过格を中心として》,《法律时报》第15卷第11号,1943年。

[9] 水越知:《李昌龄〈乐善录〉について——南宋期の善书に关する一考察》,《东方宗教》2009年第113期。

后 记

2023 年冬日的一个夜晚，我在烟台山的咖啡馆里初步“改定”了书稿——这里之所以给“改定”加上双引号，是因为我自己也不知道，一部书稿到底怎样才算“改定”。尽管历史研究总是以承认人的“有限理性”为前提的，但学者在开展历史研究时却总是不免犯下“追求完美”的通病——说实话，我真的不知道一部书稿要改多少遍才算“完美”。我真切地感觉到，所谓“改定”书稿，只是作者改得麻木了，不得已先画上句号而已。

本书是在我博士论文的基础上完成的。说起来，从 2003 年进入厦门大学求学到 2013 年博士毕业，过去了整整 10 年；从 2013 年博士毕业到现在，又过去了整整 10 年。信息时代带给人们一种对时间的复杂感受，使我们同时感到“恍如隔世”却又“仿佛就在昨天”。人们逐渐变得健忘，变得不再对他人的经验感兴趣，“历史”前所未有地变成了“立死”。世界仿佛成了巨大的黑洞，个体仿佛成了心灵的孤岛，人们不愿意分享，也同时缺少合格的倾听者——选择走上学术的道路，本身就是选择一种“无声无光”的生活，忍受或者享受孤独，忍受或者享受误解，成为唯一的选择。10 年前，我多少还是一个“乳臭未干”的“毛头小子”——原谅我用这类词汇形容年近而立的自己，对于一个从未走出过校园的学生来说，这些标签恐怕是合适的。毕竟，那时还带着对社会的模糊感受，对生命的全新体验，对未来的憧憬渴望。

岁月不居，时节如流。时间像一把杀猪刀，10 年后，我遽然变成了一个油腻的中年人。特别是在 2019 年 4 月 29 日，父亲去世以后，那种生命的脆弱感带给我一种前所未有的紧迫感，又同时有一种无所适从的无力感——或者更准确地说，是一种由无意义感带来的无所适从感。父亲那么正直善良，却要承受如此巨大的痛苦、留下如此巨大的遗憾，他曾经那么笃信的“善有善报、恶有恶报”再也得不到证明……成为两个孩子的父亲以后，我才对父亲这个角色有更多的体会。是的，当我们从小就被灌输“世上只有妈妈好”的时候，父亲这个角色就已经社会性死亡了，在多数中国人的生命中父亲是被低估，甚至被忽略的角色，往往是一种可近可远、可有可无的存在。只有在父亲离开这个世界以后，我们才能真切地体会到一个“儿子”和他的“父亲”之间，顽固到难以割舍、强烈到挥之不去的血肉联系。心底里那种世界坍塌的感觉，随着工作上遭遇的一次又一次挫折，变得越来越强烈。而当一个中年人对社会有清晰的感受，不再着迷于新的生命体验，对未来也不再充满憧憬渴望时，生活在这个世界上的凭据早已不是自己——自我无法确证，意义无所证实，这大概就是儒家所谓的“忘我”。

此刻，闽江之畔的这间咖啡馆依然灯火通明、人声鼎沸，窗外则是寒星点点、漆黑无垠。这让我想起意大利作家安东尼奥·塔布齐（Antonio Tabucchi）在《时光匆匆老去》中对夜晚的描写：“夜晚能是什么样子的呢。夜晚就是夜晚自己，夜晚是绝对的，它渗透在每个空间，它必需独自存在，就像独自存在的幽灵一样，你知道幽灵就在那里，站在你跟前，也在你身后，无处不在，如果你躲在某个有亮光的小地方藏身，你就会离不开光亮，就像大海围绕着小小灯塔，四周是无法逾越的黑夜。”这个“夜晚”太像“自己”了，“夜晚就是夜晚”“夜晚是绝对的”“它必需独自存在”，不正是每个中年男人的写照吗？在博士毕业整整 10 年以后，我才发现学术之路比当初想象中的更加艰难。当我年复一年在为职称评聘苦苦追求时，那种“四周是无法逾越的黑夜”的感觉实在是太真实了。我常常在想，如果父亲还在，他一定不愿看到我过得这么挣扎。可是，我们又能怎样呢？塔布齐还说：“生命是由空气构成的，一吹，它就不见了。”想不到竟是真的。

不过，现实恐怕还不至于这么糟。即使是在经历了多年挣扎以后，我仍然记得父亲教给我的谨慎的乐观。时至今日，我仍然认为“以学术为业”是最适合自己脾性的道路。当在被手机宰制的间隙读完一本学术著作时，当在繁忙的生活中偶然冒出“烟士披里纯”（inspiration）时，当一篇构思了很长时间的论文核对完注释时，当一部自己珍视已久想要改定到“完美”的书稿总算达成心理预期可以交付出版时，那种发自心底的快感（乃至自豪感）是任何东西都无法替代的。长期以来，我们人文学者都笃信马克斯·韦伯的信条，总是觉得“人类是悬挂在自己编织的意义之网上的动物”。于是，对意义的追求成为人文学者“以学术为业”的天职。即使是在“不发表就死亡”的学术环境中，真正感到“学术生涯是一场鲁莽的赌博”时，仍然愿意直面“我们应当做什么？我们应当如何生活？”这个存在主义之问，并像马克斯·韦伯一样从心底发出“自然，我只为我的天职而活着”的确定性回答。这种快感尽管短暂却高亢，仿佛可以盖过随之而来的那种无意义感——据说，人们越来越相信（或者接受、容忍），人生可以是没有意义的。就像有一位哲学学者说：“人生不需要意义，人生需要刻画，每一个中年人的任务都是去刻画人生。”完成本部书稿以后，这种感受同样侵袭着我，多少也让我可以卸下远行的包袱，更加轻松地“重新”出发。

本书是我出版的第 7 本著作（含译著、编著）。如果从“一本书主义”的角度来看，本书耗费时间最长，耗费精力最大，无疑是我最重要的著作——原谅我在这本最重要的著作的“后记”中，废话连篇地写下上面这段多少有些深沉的话。不过，考虑到本书处理的命题是“命运”（由“命”和“运”组成），这也就合情合理了。人们总是说，一个学者研究什么同他的生命历程通常是联系在一起的。学者未必充满这种学术自觉，但“把自己作为方法”恐怕不能算是学术自觉，而是一种由学术训练带来的职业自觉。2018 年 9 月，我以博士论文为基础申报的国家社科基金后期资助获得批准。在经过短暂的喜悦后，我开始严肃地对待这部自己耗费了大量时间和心思的著作。当时我就在心底暗自发愿，一定要让自己“不悔少作”，期待再经过几年精心的打磨，把这部书稿修改到“完美”。在过去的这些年，我不得不一边对抗教学任务的繁重，一边对抗日常生活的琐碎，常常在夜深人静的时候，面对一盏青灯，思考“命运”这个既严肃冷酷又神秘莫测的话题。这段经历让我常常兴奋莫名，也常常感慨不定。于是，在反复琢磨以后，我决定不再修改本书，而是作为定稿交给出版社——我情知它离“完美”还有很远的距离，但我已经不打算继续修改下去了。

这种心态使得我更愿意保持这部书稿的“连续性”，以至于在写这篇“后记”的时候，我仍然想把原来博士论文的“后记”大体上援引过来，特别是对诸位师友的感激。当时我的“后记”中写道：“从本科毕业论文写作偶然遇见的线索开始，至硕士期间的初步探索，到博士论文的专题写作，始终得到业师张侃教授的指导、鼓励和帮助。从寻找资料到解读资料，从分析方法到研究视野，从学术回顾到研究可能，无一不是在张师的关怀中完成。尤其是过去三年两次赴杭州、上海、南京、苏州、温州和北京找资料，在人脉和费用诸多方面，均赖张师相助才得以顺利完成。为此过去这些年追随张师左右，总能一次次领略学术研究的新境：渊博的知识，新颖的方法，宽阔的视野。”博士毕业以后，我几乎“斩断”了原有的学术联系，但张师却常常主动嘘寒问暖、耳提面命，使我多少不敢过分躺平或松懈。我由此知道，所谓“一日为师，终身为父”，更多的是对老师（而不是学生）而言的。每每想到这点，我就更加惭愧不已，却又无可奈何。在 2022 年暑期的“瑶川论坛”上，我忐忑地邀请张师为本书写序。张师慨然应允，他对青年学者的当代际遇甚至比我更有感触。这使我感到，不论经过多少年，张师对待学生的真挚负责未尝丝毫改变。

被关心和被重视的感觉总是带给人们前进的动力。本书在写作和修改过程中，得到郑振满老师的诸多关怀。我仍然记得毕业那年的夏天，在厦大西村的一间咖啡屋里，我以在校生的身份最后一次向郑师请益。在当时的论文“后记”中，我写下复杂的感受：“只是惭愧我生性懒惰，为学悟性不足，学力有限，常常难以领会郑师的指导，成绩微薄，难有突破。唯愿在未来的学术道路中，勤勤恳恳，踏踏实实，做出点滴成绩以为交代。”多年以后回顾这次见面，郑师的话仍如在昨日。他在交谈中不经意间说的那句话，“（你也）算是我的学生”，我一直放在心底。每当工作没有起色、生活处于低谷时，我都会想起这句温暖的话。虽然这些年走得比当初想象中更加艰难，但内心对郑师的感激无以复加。我要感激的师友实在太多了，在大学求学期间遇到的黄顺力、王日根、刘永华、黄向春、饶伟新、林枫、陈永福等诸位恩师，都给本书提供过重要指导和帮助；郑莉师姐给我多次寄过在田野中发现的《感应篇》资料。这些年我之所以没有主动跟诸位老师联系，更多的是一种“报喜不报忧”的“游子心态”。他们一定是理解并宽容的。我还要感谢暨南国际大学徐泓老师、中山大学黄国信老师，他们在论文答辩时给我提出了许多高屋建瓴又具体而微的修改意见。在我参加田野调查和学术会议时，有幸向台湾“中央研究院”李孝悌老师和王鸿泰老师、南开大学常建华老师、武汉大学徐斌老师、中国社会科学院贺照田老师请教；福建师范大学谢必震老师，帮我推荐申报后期资助，在此一并致谢。

感谢的名单无法一一罗列，也不免挂一漏万，但从本科到博士求学期间遇见的一众同窗好友，同我日常多有交流、帮助，却是我不能不在这里感谢的：本科同学徐鑫、孙杰、吴宗元、柳亚平、巫能昌、董思思、刘琛、漆跃文、刘佳佳、揭上锋、齐仁达、张居迅、蔡喜鹏，硕士同学蔡泽亚、彭聪、赵传孝、周慧辉、邱柳柳，博士同学曾伟、杜玉玲和王玉娟，以及李建安、邹方幸、朱忠飞、陈天勇等师兄，刘小华、李雪华、张明、林梅等师姐，杨换宇、曾龙生、方勇骏、宫凌海、万来志、陈显露、廖涵、温海波、董乾坤等师弟，解美婷、石路遥、董丽琼、舒满君、蔡丹妮、孙三妹等师妹。尽管到马克思主义学院工作以后，我基本上脱离了原有的“学术圈”（如果存在一种叫“学术圈”的东西的话）——“脱离”

形成某种“封闭”，“封闭”造成某种“社恐”，“社恐”则带来某种“苦闷”，仿佛生活一旦成为思考的对象，就只剩下负面情绪价值。有人说，学者无法享受“肤浅的快乐”，只能直面“深刻的痛苦”，大抵如此吧——但是这里感谢的诸多同窗好友大部分仍在学界，甚至大部分也像我一样，仍在为职称评聘挣扎拼搏，于是，我们彼此之间总是多了一份心照不宣的默契。

最后我还要真诚感谢陕西人民出版社愿意出版本书。我要感谢韩琳老师，我们在签订合同之前虽从未见面，却在为数不多的电话交流中感到彼此的真诚。她身上那种对学术的敬畏、对出版的认真，足以带给任何一位苦闷的青年学者以感动；她的声音清脆而温柔、明快而含蕴，使我相信待世界以温厚者，世界必以温厚待之。特别要感谢的是，她愿意原原本本保留占据本书相当大篇幅的“附录二：中国近世《感应篇》知见录”——我相信如果本书还有什么学术价值的话，那么保留的这部分内容将是其中最重要的部分。我要感谢责任编辑晏藜，她的严谨细致使本书避免了许多不必要的错误。更重要的是，她的宽容同学界的苛刻形成鲜明对比。这使我仍然相信这个世界是美好的。

朱新屋于福州烟台山

初稿写于2023年12月23日

定于2024年2月29日